Einführung in die experimentelle Wirtschaftsforschung

Joachim Weimann

Jeannette Brosig-Koch

Einführung in die experimentelle Wirtschaftsforschung

 Springer Gabler

Joachim Weimann
Universität Magdeburg
Magdeburg, Deutschland

Jeannette Brosig-Koch
Universität Duisburg-Essen
Essen, Deutschland

ISBN 978-3-642-32764-3
https://doi.org/10.1007/978-3-642-32765-0

ISBN 978-3-642-32765-0 (eBook)

Die Deutsche Nationalbibliothek verzeichnet diese Publikation in der Deutschen Nationalbibliografie; detaillierte bibliografische Daten sind im Internet über http://dnb.d-nb.de abrufbar.

Springer Gabler

Lektorat: Dr. Isabella Hanser

Gedruckt auf säurefreiem und chlorfrei gebleichtem Papier

Springer Gabler ist ein Imprint der eingetragenen Gesellschaft Springer-Verlag GmbH, DE und ist ein Teil von Springer Nature.
Die Anschrift der Gesellschaft ist: Heidelberger Platz 3, 14197 Berlin, Germany

Für unsere Familien und in Erinnerung an Thomas

Über dieses Buch

Die experimentelle Wirtschaftsforschung ist heute aus der modernen wirtschaftswissenschaftlichen Forschung nicht mehr wegzudenken. Laborexperimente, die der zentrale Gegenstand dieses Buches sind, werden inzwischen eingesetzt, um eine große Bandbreite ökonomischer Fragestellungen in allen Bereichen der Ökonomik zu behandeln. Man findet sie in der betriebswirtschaftlichen Forschung, im Bereich Industrieökonomik, der Finanzwissenschaft, der Kapitalmarktforschung, der Makroökonomik, der Gesundheitsökonomik und auf vielen anderen Feldern. Mit dem Aufschwung der experimentellen Forschung ist die Entwicklung einer immer differenzierteren Methodik einhergegangen, die viel dazu beigetragen hat, dass die Qualität der Laborexperimente immer weiter gestiegen ist.

Allerdings hat das auch zur Folge, dass es immer wichtiger geworden ist, sehr genau zu wissen, *wie* man eine Forschungsfrage im Labor methodisch sauber untersucht. Dieses Lehrbuch will Forschenden, die das Labor benutzen wollen, genau dabei helfen. Wir haben uns dabei vorgenommen, ein Buch zu schreiben, von dem sowohl Wissenschaftlerinnen und Wissenschaftler profitieren können, die bereits Erfahrung im Labor gesammelt haben, als auch solche, die mit dieser Methode beginnen zu arbeiten. Es sind keinerlei besondere Vorkenntnisse erforderlich, um dieses Buch benutzen zu können.

Natürlich steht die *wirtschafts*wissenschaftliche Forschung im Mittelpunkt dieses Buches, aber wir hoffen, dass auch Kolleginnen und Kollegen aus anderen, angrenzenden Disziplinen, in denen begonnen wird Laborexperimente zu benutzen, davon profitieren können. Wir haben uns jedenfalls Mühe gegeben, so wenig Ökonomik vorauszusetzen wie möglich. Das äußert sich zum Beispiel darin, dass wir zwei Anhänge geschrieben haben, in denen einerseits wichtige spieltheoretische Begriffe erläutert sind und andererseits wichtige Basisexperimente erklärt werden, die in der Wirtschaftswissenschaft verwendet werden.

Das Buch gliedert sich in insgesamt vier Teile (zuzüglich den Anhängen). Der erste Teil ist der Versuch, die experimentelle Methode in den Kontext der wirtschaftswissenschaftlichen Forschung einzuordnen. Das erschien uns notwendig und sinnvoll, weil die Wirtschaftswissenschaft traditionell *keine* experimentelle Disziplin war und sich in ihren Anfängen sehr deutlich von der Psychologie abgegrenzt hat. Es bedarf deshalb einer Erklärung, wie es dazu kommen konnte, dass heute die normative Theorie mit ihren axiomatischen Modellen zusammen mit Experimenten und einer immer wichtiger werdenden Verhaltensökonomik das wissenschaftliche Feld beherrschen können. Eine solche Erklärung versuchen wir im ersten Teil zu liefern.

Der zweite Teil des Buches ist gewissermaßen sein Kern, denn in ihm geht es um die methodischen Grundlagen. Wir haben versucht, die aus unserer (subjektiven) Sicht wichtigsten methodischen Fragen aufzugreifen. Natürlich verbinden wir damit nicht den Anspruch auf Vollständigkeit und natürlich bleibt es eine subjektive Auswahl. Geholfen hat uns dabei die regelmäßige Lektüre des Newsletters der Economic Science Association

(„esa-announce@googlegroups.com"), der uns viele Anregungen geliefert hat. Der ESA Gemeinschaft sei an dieser Stelle herzlich gedankt.

Der dritte Teil des Buches beschäftigt sich mit der ganz praktischen Durchführung von Experimenten. Die ist wichtig, denn sowohl Ökonominnen und Ökonomen als auch Sozialwissenschaftlerinnen und Sozialwissenschaftler[1] sind es üblicherweise nicht gewöhnt, von ihrem Schreibtisch aufzustehen und ganz praktisch in einem Labor zu arbeiten. Deshalb schien es uns wichtig, einerseits nützliche Hinweise zu geben, wie man die Arbeit dort gestalten kann, und andererseits auch auf die schlimmsten Fallstricke hinzuweisen, die bei der Arbeit im Labor lauern.

Der vierte Teil des Buches befasst sich mit der statistischen Auswertung der Daten, die im Labor erzeugt werden. Dabei war es uns wichtig darauf hinzuweisen, dass die statistische Analyse nicht erst dann beginnen sollte, wenn das Experiment abgeschlossen ist. Vielmehr sollte man bereits bei der Konzeption des Experiments an die nachfolgende statistische Analyse denken. Fehler, die beim Design des Experiments gemacht werden, lassen sich durch Statistik nicht mehr korrigieren. Der vierte Teil hat uns vor die größten „Auswahlprobleme" gestellt. Die Literatur zu den statistischen Methoden, die bei Labordaten zur Anwendung kommen können, ist sehr umfangreich und die Zahl der in Frage kommenden Verfahren sehr groß. Wir mussten deshalb wählen, was wir aufnehmen und wie weit wir auf die Details eines Verfahrens eingehen. An vielen Stellen verweisen wir auf weiterführende Lehrbücher, weil es den Rahmen dieses Buches gesprengt hätte, noch differenzierter über die Verfahren zu berichten.

Bei der Arbeit an Teil vier hat uns Sönke Hoffmann in einer Weise unterstützt, deren Bedeutung gar nicht überschätzt werden kann. Wir hätten es gerne gesehen, wenn Sönke Mitautor des Buches geworden wäre. Sein Beitrag hätte das auf jeden Fall gerechtfertigt. Danken möchten wir auch den Mitarbeiterinnen des Springer Verlages, namentlich Barbara Fess und Isabella Hanser, für ihre Unterstützung und vor allem für die Geduld, die sie mit uns hatten.

Wir hoffen sehr, dass das Buch in der Lehre eingesetzt wird und dass es denen, die im Labor forschen, ein wenig hilft, die immer höheren methodischen Standards zu erfüllen, die die Forschung verlangt. Wenn es gut läuft, wird es weitere Auflagen des Buches geben und wir würden uns sehr freuen, wenn diejenigen, die das Buch lesen und nutzen, uns wissen lassen, wenn sie etwas vermissen oder etwas anders sehen, als wir es dargestellt haben. Falls das Buch gefällt, freuen wir uns natürlich auch über positive Rückmeldungen. Wir sind erreichbar unter

Joachim.Weimann@ovgu.de und

Jeannette.Brosig-Koch@ibes.uni-due.de

---

[1] Wir haben uns entschieden, im Buch auf die genderneutrale Nennung jeweils beider Geschlechter zu verzichten und nur die männliche Form zu verwenden. Dies dient der besseren Lesbarkeit. Wir möchten aber ausdrücklich darauf hinweisen, dass nicht nur das Autorenpaar dieses Buches, sondern auch die wissenschaftliche Praxis zeigen, dass Frauen eine ebensowichtige Rolle in der experimentellen Wirtschaftsforschung spielen wie Männer und wir möchten junge Wissenschaftlerinnen ausdrücklich ermutigen, den Weg in die Akademia zu gehen.

Über die Autoren

Prof. Dr. Joachim Weimann ist in Düsseldorf geboren. Das Studium der VWL absolvierte er an der Universität Bielefeld. Promoviert und habilitiert hat er an der Universität Dortmund. Nach einem ersten Ruf an die Ruhr-Universität Bochum erhielt er 1994 den Ruf an die Otto-von-Guericke-Universität Magdeburg. Dort ist er bis heute Inhaber des Lehrstuhls für Wirtschaftspolitik. Er ist Autor zahlreicher Publikationen in internationalen wissenschaftlichen Journalen und von sieben Monographien, darunter drei Lehrbüchern. Er ist Vorsitzender der Gesellschaft für experimentelle Wirtschaftsforschung und Leitender Direktor des MaXLab (Magdeburger Labor für experimentelle Wirtschaftsforschung), Mitglied des Senats- und des Bewilligungsausschusses für Graduiertenkollegs der Deutschen Forschungsgemeinschaft, Vorsitzender des ISSM (Institut für Standortforschung und Steuerpolitik Magdeburg) und Mitglied von ACATECH (Akademie der Technikwissenschaften). Er war von 1998 bis 2008 Dekan der Fakultät für Wirtschaftswissenschaft an der Universität Magdeburg und von 1998 bis 2011 Mitglied des wissenschaftlichen Senats der Universität Magdeburg. Neben der experimentellen Wirtschaftsforschung gilt sein wissenschaftliches Interesse der Arbeitsmarktforschung, der Glücksforschung und der Umweltökonomik. Zur Arbeitsmarkt- und zu Fragen der Umweltpolitik äußert sich Prof. Weimann auch immer wieder in der Öffentlichkeit. Die FAZ führte ihn mehrfach in der Liste der 50 einflussreichsten Ökonomen Deutschlands.

Prof. Dr. Jeannette Brosig-Koch ist seit 2008 Inhaberin des Lehrstuhls für quantitative Wirtschaftspolitik an der Universität Duisburg-Essen und Gründungsdirektorin des Essener Labors für experimentelle Wirtschaftsforschung (elfe). Nach ihrer Promotion an der Otto-von-Guericke-Universität Magdeburg im Fach Volkswirtschaftslehre forschte sie unter anderem an der Penn State University in den USA sowie an der Universität zu Köln. Sie wurde zweimal mit dem Heinz-Sauermann-Preis der Gesellschaft für experimentelle Wirtschaftsforschung ausgezeichnet und erhielt bereits mit 32 Jahren einen Ruf auf einen Lehrstuhl für Volkswirtschaftslehre. Jeannette Brosig-Koch hat in zahlreichen internationalen Fachzeitschriften publiziert. Ihre aktuellen Forschungsarbeiten beschäftigen sich mit verschiedenen Fragestellungen im Bereich der experimentellen Gesundheitsökonomik und des Marktdesigns. Jeannette Brosig-Koch ist Mitglied des Fachkollegiums Wirtschaftswissenschaften der Deutschen Forschungsgemeinschaft, Vorsitzende des Sozialwissenschaftlichen Ausschusses des Vereins für Socialpolitik und Generalsekretärin der Deutschen Gesellschaft für Gesundheitsökonomie.

Inhaltsverzeichnis

Abbildungsverzeichnis

Das Studium des Verhaltens

Im ersten Teil des Buches bereiten wir gewissermaßen die Bühne für das, was später kommt. Experimente sind erst seit relativ kurzer Zeit Bestandteil des wirtschaftswissenschaftlichen Handwerkszeugs und es ist wichtig zu verstehen, wie sich dieses Instrument in den ökonomischen Instrumentenkasten einsortiert.

Dabei kommt es uns auch darauf an, eine Einordnung in das „Große und Ganze" der Disziplin zu liefern. Die Ausführungen zur Geschichte des Faches sind dabei hilfreich, können aber von Lesern, die nur an der Methodik interessiert sind, übersprungen werden.

Die Ausflüge in die Geschichte des Faches, die wir in den Kap. 2 und 3 machen, dienen dazu zu erklären, wie die Verhaltensökonomik trotz einer langen Dominanz der normativen Theorie entstehen konnte und warum beide als sich ergänzende Teile zu verstehen sind.

Kap. 4 befasst sich mit der externen Validität von Experimenten. Darunter versteht man die Frage, ob experimentelle Befunde auf die Realität übertragen werden können oder nicht.

Am Ende des ersten Teils sollten Leser in der Lage sein, die experimentelle Ökonomik einerseits in den Kontext der ökonomischen Forschung einzuordnen und andererseits zu verstehen, wie sich ökonomische Experimente in die Arbeitsteilung zwischen den Disziplinen integriert haben. Außerdem sollten sie wissen, dass die Frage der externen Validität eine wichtige Frage ist, die nicht allgemein beantwortet werden kann, was aber nicht bedeutet, dass ökonomische Experimentalforschung an ihr scheitert.

Im ersten Teil wird es „Fragen" und Zusammenfassungen („Wichtig")
geben und wir haben die eine oder andere „Box" eingebaut, in
der interessante Hintergrundinformationen vermittelt werden.

Inhaltsverzeichnis

Einleitung

1

Die experimentelle Forschung ist aus den Wirtschaftswissenschaften nicht mehr wegzudenken. Sie hat sich als Methode fest etabliert und wird in nahezu allen Teilgebieten der Ökonomik angewendet. Es ist heute selbstverständlich geworden, dass experimentelle Arbeiten in fast allen internationalen ökonomischen Fachzeitschriften veröffentlicht werden und auch in den wissenschaftlichen Topzeitschriften regelmäßig vertreten sind. Das war nicht immer so. Noch vor 30 Jahren waren experimentelle Arbeiten echte Raritäten in den wichtigen Fachzeitschriften und eine experimentelle Forschung auf breiter Front gibt es erst seit den 70er Jahren. Zwar werden bereits seit 1930 ökonomische Experimente durchgeführt, aber Ende der 60er Jahre war es immer noch möglich, die gesamte experimentelle Literatur in einem einzigen Übersichtsaufsatz vorzustellen. Selbst bis in die 90er Jahren hinein konnte man relativ problemlos ein wirtschaftswissenschaftliches Studium absolvieren, ohne auch nur ein einziges Mal in einer Vorlesung erfahren zu haben, dass Ökonomen auch Laborexperimente durchführen.

Mit Experimenten studiert man das Verhalten von Menschen unter kontrollierten Bedingungen. Dies kann im Labor geschehen, aber auch im Feld. Es kann sich um experimentelle Anordnungen handeln, die von Wissenschaftlern gestaltet wurden (im Labor oder im Feld), es kann sich aber auch um Anordnungen handeln, die auf natürliche Weise zustande gekommen sind. Ein hübsches Beispiel für ein natürliches Experiment ist das folgende. In Bremen beschloss eines Tages das dortige klassische Orchester, sich an einer Schule anzusiedeln, die in einer Gegend lag, die von Familien mit geringem Einkommen bewohnt wurde. Das Orchesterleben wurde gewissermaßen mit dem Schulleben verwoben. Daraufhin stieg die Zahl der Bewerber um einen Platz an dieser Schule extrem an. Die Schulbehörde wusste sich nicht anders zu helfen, als die knappen Plätze zu verlosen. So entstand eine wunderbare experimentelle Anordnung, weil die Entscheidung, wer an der Schule sein durfte, rein zufällig getroffen wurde. Auf diese Weise konnte man sicher sein, dass es keine systematische Selektion gab und deshalb wäre es nun möglich, kausale Effekte der Erziehung auf einer „Orchesterschule" zu erforschen. Leider konnte sich die Schulbehörde bisher nicht dazu durchringen.[1]

Die Ökonomik ist eine „Verhaltenswissenschaft", denn in ihrem Mittelpunkt stehen *Entscheidungen* von Menschen, die über die Verwendung knapper Ressourcen befinden. Etwa seit dem Beginn des 20sten Jahrhunderts unterscheidet sich die Wirtschaftswissenschaft von allen anderen Disziplinen, die sich im weitesten Sinne mit menschlichem Verhalten befassen, weil sie formale, mathematische Modelle und abstrakte Theorien benutzt, die auf wohldefinierten Annahmen beruhen. Die Vorgehensweise ist dabei deduktiv: Aus den Annahmen des Modells werden mittels mathematischer Schlüsse Konsequenzen deduziert. Für das Experiment hat diese Methodik ganz erhebliche Vorteile. Genauer gesagt ermöglich die Existenz formaler Theorien ein perfektes Zusammenspiel von Theorie und Experiment.

Wirtschaftswissenschaftliche Forschung, die sich auf Modelle stützt, erlaubt es, die Annahmen, auf denen eine wissenschaftliche Aussage basiert, im mathematischen Sinne exakt anzugeben und damit sehr genau zu benennen, für welche Situation die Theorie anzuwenden ist. Entscheidend ist dabei, dass die formale Methode erlaubt, die Schlussfolgerungen, die Ökonomen ziehen, mit genau der gleichen Exaktheit aus den Annahmen abzuleiten und zu beweisen. Ökonomen können deshalb „wenn-dann" Aussagen machen, an deren Klarheit und Eindeutigkeit ohne formale Methoden nicht zu denken wäre.

---

[1]   Wir danken Nora Szech, die uns diese Geschichte erzählt hat.

Auf den ersten Blick bezahlen die Ökonomen für die Klarheit ihrer Aussagen einen hohen Preis. Indem sie Modelle konstruieren, deren Annahmen von realen Bedingungen der ökonomischen Alltagswelt stark abstrahieren, und indem sie idealtypische Verhaltensmodelle benutzen, scheint eine Überprüfung der Theorie an der Realität kaum möglich. Und was ist eine Theorie wert, die mathematisch elegant eindeutige Aussagen trifft, wenn man nicht wissen kann, ob diese Aussagen irgendeine Bedeutung für die ökonomische Realität haben? Diese „empirische Schwäche" der Theorie wandelt sich in eine Stärke, wenn man die Möglichkeit einer experimentellen Überprüfung unter Laborbedingungen mit einbezieht. Gerade weil die ökonomische Theorie so exakte Angaben über die Voraussetzungen macht, die sie benutzt, lassen sich diese Voraussetzungen im Labor schaffen. Und weil die mathematische Formulierung eindeutige „wenn-dann" Aussagen generiert, ergeben sich ebenso eindeutige Hypothesen darüber, was im Labor beobachtet werden müsste, wenn dort die in der Theorie vorausgesetzten Bedingungen geschaffen werden. Mit Experimenten lässt sich eine hohe *interne Validität* erreichen, d. h. die Experimentatorin oder der Experimentator kann das im Labor abbilden, was der Theoretiker sich am Schreibtisch ausgedacht hat. Auf diese Weise wird die Theorie in geradezu idealtypischer Weise überprüfbar und der Widerspruch zwischen formaler Exaktheit und empirischer Gehaltlosigkeit löst sich auf.

> **Definition**
>
> **Interne Validität:** Darunter versteht man, wie gut es gelingt, ein Modell oder eine Theorie im Labor abzubilden. Ein intern valides Experiment testet genau das Modell, für dessen Überprüfung das Experiment gestaltet wurde.

> **Definition**
>
> **Externe Validität:** Diese bezeichnet die Fähigkeit eines Experiments, Aussagen über die Realität zu machen. Ein extern valides Experiment liefert Beobachtungen, die auf die Realität übertragbar sind.

Die Tatsache, dass Experimente so gut geeignet sind, formale Theorien zu überprüfen, ist vor allem zwei wichtigen Eigenschaften von Experimenten zu verdanken. Experimente erlauben es, die Bedingungen, unter denen Entscheidungen getroffen werden, gezielt und kontrolliert zu variieren. Um ein einfaches Beispiel zu geben: Die Frage, über welche Informationen die Entscheider verfügen und welche sie nicht besitzen, kann im Experiment in jeder erdenklichen Weise beantwortet werden. Experimentatoren haben es in der Hand, mit welcher Information sie die Versuchspersonen versorgen, und sie können so systematisch untersuchen, welchen Einfluss die Informiertheit der Entscheider auf die Entscheidung hat. Diese Möglichkeit der kontrollierten Variation der für das Verhalten relevanten Variablen verschafft dem Experiment eine zweite sehr wichtige Eigenschaft. Sie erlaubt Forschern, genau die Frage zu stellen, an der sie interessiert sind, und für genau diese Frage Daten zu sammeln. Sie sind nicht darauf angewiesen, dass ihnen die ökonomische Wirklichkeit exakt die Daten zur Verfügung stellt, die sie für die Untersuchung einer speziellen Frage brauchen. Vielmehr sind sie in der Lage, selbst Daten zu nahezu jeder Frage zu erzeugen, die man stellen kann.

Damit aber gehen die Möglichkeiten der experimentellen Forschung über die reine Überprüfung von Theorien hinaus. Man kann sie auch dazu benutzen, nach stilisierten Fakten zu suchen, nach Regelmäßigkeiten des Verhaltens, die nicht oder zumindest noch

1

nicht durch Theorien beschrieben werden. Explorative Experimente liefern auf diese Weise Beobachtungen, die wertvolle Hinweise darauf geben können, wie deskriptiv erfolgreiche Verhaltenstheorien zu gestalten sind. Das Anwendungsgebiet der experimentellen Methode ist damit nicht auf die Bereiche begrenzt, die durch existierende Theorien vorgezeichnet werden. Roth (1995) hat das einmal treffend dadurch beschrieben, dass er Experimenten drei wesentliche Funktionen zuerkannte. Sie können „zu Theoretikern sprechen", indem sie Theorien überprüfen und helfen neue Theorien zu finden, „nach Fakten suchen", indem sie stilisierte Fakten aufdecken, und schließlich können sie „ins Ohr der Prinzen flüstern", d. h. für die Politikberatung eingesetzt werden.

? Fragen

Gegeben die Vorteile des Experiments wie sie in den letzten beiden Abschnitten beschrieben wurden, wie würden Sie Forschung auf der Grundlage von Felddaten charakterisieren, die nicht experimentell erhoben wurden?

Wenn die experimentelle Methode so universell einsetzbar ist und so gut zur formalen Theorie passt, warum hat es dann so lange gedauert, bis sich die experimentelle Forschung durchgesetzt hat? Liegt es nicht auf der Hand Experimente zu machen angesichts der vielen Vorteile, die sie haben? Um verstehen zu können, was die Ökonomen so lange Zeit davon abgehalten hat, das Verhalten realer Menschen zu untersuchen, muss man sich ein wenig mit der Geschichte der Wirtschaftswissenschaft befassen und das Verhältnis beleuchten, in dem die experimentelle Forschung zum „Rest" der Disziplin steht. Das ist für ein Verständnis der experimentellen Methode sehr nützlich und hilfreich, allerdings nicht zwingend notwendig. Leser, die sich ausschließlich für die „Technik" der experimentellen Forschung interessieren, können deshalb die folgenden Ausführungen zur Forschungsgeschichte getrost überspringen. Einsteigen sollten sie jedoch wieder bei ▶ Kap. 4 dieses Buchteils, in dem es um die externe Validität geht, denn dieser Punkt ist für alle, die Experimente durchführen, von erheblicher Bedeutung.

Die normative Theorie und die Verhaltensökonomik

© Springer-Verlag GmbH Deutschland, ein Teil von Springer Nature 2019
J. Weimann und J. Brosig-Koch, *Einführung in die experimentelle Wirtschaftsforschung*,
https://doi.org/10.1007/978-3-642-32765-0_2

2

Wenn man die methodischen Gepflogenheiten in der Wirtschaftswissenschaft gewissermaßen aus der Vogelperspektive betrachtet, fällt eine merkwürdige Zweiteilung auf. Auf der einen Seite haben wir die empirischen Methoden und unter ihnen die experimentelle, mit denen tatsächlich beobachtbares Verhalten untersucht wird. Auf der anderen Seite sehen wir Methoden, die in der Theorieentwicklung eingesetzt werden und die keine Verbindung zu den empirischen Teilen der Disziplin zu haben scheinen. Jemand, der sich beispielsweise mit allgemeiner Gleichgewichtstheorie beschäftigt oder mit spieltheoretischen Modellen arbeitet, um industrieökonomische Fragen zu behandeln, benutzt Annahmen über menschliches Verhalten, die sich explizit nicht auf empirische Befunde stützen. Wir werden diesen Teil der ökonomischen Forschung mit dem Begriff „normative Theorie" bezeichnen. Gemeint ist damit nicht, dass diese Theorien normative Sätze im Sinne von „sollsein-Sätzen" beinhalten, sondern dass sie Annahmen machen, die in dem Sinne normativ sind, als sie nicht empirisch begründet werden. Wir haben bereits darauf hingewiesen, dass die Art und Weise, wie Ökonomen Modelle benutzen, durchaus speziell ist und dass sie erhebliche Vorteile mit sich bringt. Beispielsweise können uns solche Modelle zeigen, welche Befunde in Situationen erwartet werden können, wenn die genutzten Annahmen erfüllt sind. Sie bieten deshalb einen klaren Referenzpunkt für weitere Analysen. Das ändert aber nichts daran, dass die normative Theorie zunächst einmal ziemlich unabhängig von jedweder empirischen Analyse existiert und betrieben wird. Der Zusammenhang zur Empirie wird nicht immer, und wenn, dann häufig *ex post*, d. h. nach der Theoriebildung, hergestellt.

Ein wesentliches Kennzeichen der *neoklassischen* normativen Theorie ist die Verwendung des „Rationalmodells". Damit ist gemeint, dass Entscheidungen als die rationale Auswahl aus einer Menge von Alternativen begriffen werden, die auf der Grundlage einer wohldefinierten Präferenzordnung erfolgt, die bestimmte Eigenschaften besitzt. Das impliziert, dass die neoklassische Theorie Entscheidungen ohne Rückgriff auf psychologische Erkenntnisse modelliert. Das Rationalmodell benutzt *a priori* Annahmen über die Präferenzen und setzt ansonsten ausschließlich Mathematik als Analyseinstrument ein. Psychologie spielt bei der Formulierung der Annahmen keine Rolle. Wir werden im nächsten Kapitel einige Überlegungen dazu anstellen, wie es dazu kommen konnte, dass sich die Neoklassik fast ein Jahrhundert lang sehr erfolgreich mit dem Entscheidungsverhalten befassen konnte, ohne dabei von der Psychologie auch nur Kenntnis zu nehmen.

Neben der neoklassischen Theorie hat sich im Laufe der letzten dreißig Jahre die *Verhaltensökonomik* etablieren können. Wie es dazu kam, werden wir ebenfalls im nächsten Kapitel kurz schildern. Der Unterschied zur Neoklassik besteht darin, dass es in der Verhaltensökonomik darum geht, die Annahmen des Rationalmodells durch empirisch fundierte Verhaltensannahmen zu ersetzen. Die Wurzeln der Verhaltensökonomik sind in der Psychologie zu suchen, aber die Ökonomen haben diese Wurzeln genutzt, um daraus „Pflanzen" zu ziehen, die denen der Neoklassik in einem Punkt sehr ähnlich sind. Wie neoklassische Modelle auch, bedient sich die modere Verhaltensökonomik formaler Modelle, um menschliches Entscheidungsverhalten zu beschreiben. Das ist eine Methodik, die Psychologen eher fremd ist, die aber den Vorteil hat, dass sie es erlaubt, psychologisch motivierte Hypothesen stringent zu modellieren und testbare Prognosen abzuleiten.

? Fragen
   Haben Sie eine Hypothese, warum die Psychologie weitgehend auf die Entwicklung
   formaler Modelle des Entscheidungsverhaltens verzichtet hat? Falls Sie eine haben,
   könnte es sich lohnen, sie im Lichte der Ausführungen der ▶ Kap. 2 und 4 dieses Buchteils
   zu überprüfen!

Man muss sich an dieser Stelle klarmachen, dass die Verhaltensökonomik nicht mit der experimentellen Forschung gleichgesetzt werden kann. Zwar benutzen Verhaltensökonomen sehr häufig Experimente, um Aussagen über menschliches Entscheidungsverhalten zu gewinnen. Aber Experimente können durchaus zum Ergebnis haben, dass das Rationalmodell der Neoklassik die beste Erklärung für die Daten liefert. In der Tat wurde dies in einer Reihe von Studien beobachtet. Die experimentelle Methode ist zunächst nicht mehr und nicht weniger als ein Instrument mit dem man menschliches Verhalten unter kontrollierten Bedingungen beobachten kann. Und dieses Lehrbuch handelt davon, wie man dabei vorgehen muss, wenn man verlässliche Ergebnisse erzielen will. In gewisser Weise ist die experimentelle Methode eine Art Brücke zwischen der Neoklassik und der Verhaltensökonomik.

Die normative Theorie dominiert nach wie vor die ökonomische Theoriebildung, aber verhaltenswissenschaftliche Ansätze sind eindeutig auf dem Vormarsch.[1] Das hat zur Folge, dass sich die Wirtschaftswissenschaft in zwei „Lager" teilen lässt: Während man sich in dem einen bemüht zu verstehen, wie sich Menschen tatsächlich verhalten und wie sie tatsächlich zu Entscheidungen kommen, kümmert man sich im anderen Lager weniger um diese Frage und benutzt konsequent die Annahmen, dass sich Menschen strikt rational verhalten und über wohl definierte, stabile Präferenzen verfügen. Um einem Missverständnis schon hier vorzubeugen sei betont, dass es sich nicht um feindliche Lager handelt. Im Gegenteil, zwischen ihnen ist nicht nur eine friedliche Koexistenz möglich, sie können sich durchaus gegenseitig stützen und lassen sich als Komplemente im ökonomischen Werkzeugkasten auffassen.

? Fragen

Was verstehen Sie unter den Begriffen
- Normativer Theorie?
- Rationalmodell?

Dennoch wirken sie in ihrer Gegensätzlichkeit auf den ersten Blick unvereinbar und widersprüchlich. Man muss sich darüber nicht unbedingt Gedanken machen. Solange man die Methoden des einen oder des andern Lagers (oder beider) beherrscht, kann jeder Forscher und jede Forscherin damit in der Gemeinschaft der Wirtschaftswissenschaftler froh werden und Karriere machen. Wer aber diesen Widerspruch auflösen möchte, sollte sich ein wenig mit der Geschichte der experimentellen Forschung befassen und mit der des gesamten Fachs.

Wir werden genau das im Folgenden tun. Als erstes werden wir uns ansehen, wie sich die experimentelle Forschung von ihren Anfängen aus entwickelt hat, und dann werden wir versuchen, diese Entwicklung in das „Große und Ganze" des Faches einzuordnen.

> Wichtig

In der Wirtschaftswissenschaft findet man unterschiedliche Zugänge zum Erkenntnisobjekt. Die normative Theorie benutzt das Rationalmodell, das voraussetzt, dass Menschen fehlerfreie Entscheidungen auf der Grundlage einer gegebenen Präferenzordnung treffen. Die Verhaltensökonomik versucht dagegen Theorien zu entwickeln, die das tatsächlich beobachtbare Verhalten von Menschen beschreiben und dabei Annahmen benutzen, die vom Rationalmodell der Neoklassik abweichen.

---

[1] Für einen Überblick siehe DellaVigna (2009).

Die Geschichte der ökonomischen Experimente

© Springer-Verlag GmbH Deutschland, ein Teil von Springer Nature 2019
J. Weimann und J. Brosig-Koch, *Einführung in die experimentelle Wirtschaftsforschung*,
https://doi.org/10.1007/978-3-642-32765-0_3

3

Wo beginnt die Geschichte einer wissenschaftlichen Methode? Dort, wo sie zum ersten Mal angewendet wurde? Oder dort, wo sie zum ersten Mal Spuren hinterlassen hat? Roth (1995) hat auf diese Frage mit dem Hinweis geantwortet, dass es nicht darauf ankommt, wann etwas zum ersten Mal entdeckt wird, sondern darauf, wann es zum letzten Mal entdeckt wird. Es bleibt für die wissenschaftliche Gemeinschaft folgenlos, wenn irgendjemand irgendwann ein erstes Mal ein Experiment durchführt, aber nur wenige jemals davon erfahren. Zu einer echten Entdeckung wird eine neue Methode erst dann, wenn sie tatsächlich Einfluss auf die Methodik der gesamten Profession gewinnt. Das macht es etwas schwierig, den Beginn der Geschichte der experimentellen Forschung zu datieren, denn vermutlich war es erst das Zusammenwirken mehrerer Pionierleistungen, die dazu führten, dass die Ökonomen insgesamt auf die experimentelle Methode aufmerksam wurden.

Auch wenn es deshalb schwer ist, eine klare geschichtliche Abfolge der Entwicklung zu beschreiben, kann man doch sagen, dass es vor 1960 nur wenig Evidenz für die Existenz experimenteller Forschung in den Wirtschaftswissenschaften gab. Das bedeutet aber nicht, dass diese experimentellen Anekdoten bedeutungslos sind – ganz im Gegenteil, es sind einige äußerst wichtige darunter.

Es ist vermutlich keine Übertreibung, wenn man feststellt, dass die Geschichte der experimentellen Forschung gänzlich anders verlaufen wäre, hätte es nicht eine andere methodische Innovation gegeben, deren Geburtsjahr sich sehr genau datieren lässt. 1944 erschien mit „Theory of Games and Economic Behavior" ein Buch, mit dem seine Verfasser, John von Neumann und Oskar Morgenstern, den Grundstein für die Spieltheorie und damit für die Analyse strategischer Interaktionen legten und gleichzeitig mit der Erwartungsnutzentheorie ein Fundament für die Analyse von individuellen Entscheidungen unter Unsicherheit schufen (von Neumann & Morgenstern 1944). Es war vor allem John Nash, Reinhard Selten und John Harsanyi vorbehalten, das so entstandene Fundament in einer Weise zu erweitern, die es zu einer soliden Basis für ein gigantisches Forschungsprogramm werden ließen. Den Ökonomen wurde mit der nicht-kooperativen Spieltheorie ein mächtiges Instrument an die Hand gegeben, mit dem sich strategische Interaktionen exakt beschreiben und analysieren lassen. Benötigt wird dafür vor allem die formale Beschreibung der Regeln, nach denen die Akteure des Spiels miteinander agieren. Stark vereinfacht enthalten diese Regeln Angaben darüber, wer spielt, welche Alternativen jeder Spieler zur Verfügung hat (welche Züge sie oder er ausführen kann), über welche Information sie oder er verfügt und welche Konsequenzen jede mögliche Kombination von Zügen für jeden Spieler hat.[1]

> **Definition**
>
> Zwei Spieler und B befinden sich in einer **strategischen Interaktion**, wenn die Auszahlungen von A davon abhängen, welche Handlung B wählt und zugleich die Auszahlungen von B davon abhängen, welche Handlung A wählt. Die **nicht-kooperative Spieltheorie** beschäftigt sich mit der Analyse solcher strategischen Interaktionen.

Man kann – mit ein bisschen Mühe und Fantasie – jede so geartete Beschreibung eines Spiels lesen wie die Anleitung zur Durchführung eines Experiments. Anders ausgedrückt: Spieltheoretische Modelle schreien geradezu nach einer experimentellen Überprüfung,

---

[1] Am Ende des Buches findet sich ein Anhang, in dem unter anderem auch die wichtigsten Konzepte der Spieltheorie kurz erklärt werden.

weil die Spiele, die auf dem Papier des Theoretikers entstehen, grundsätzlich im Labor tatsächlich durchgeführt werden können. Sie können nur dort realisiert werden, denn im Labor ist es möglich, genau die Randbedingungen und Anreize herzustellen, die im Modell vorkommen. Experimente erlauben es, eine Theorie gewissermaßen im Maßstab 1 : 1 vom Papier in das Labor zu kopieren. Verwendet ein Theoretiker beispielsweise in einem Modell die Ceteris Paribus Klausel und untersucht nur die Rolle weniger endogener Variablen, so kann das im Labor genau nachvollzogen werden. Damit ist im Labor das möglich, was in der Realität nicht gelingen kann: Eine Theorie unter den Voraussetzungen zu testen, die sie selbst für ihre Anwendbarkeit formuliert und die systematisch von den Bedingungen abweichen, die in der Realität erfüllt sind. Durch die Verwendung monetärer Anreize und mit Hilfe der „Induced Value Methode" – auf die wir in ▶ Abschn. 8.1 des zweiten Buchteils genauer eingehen werden – lassen sich im Labor nicht nur die Nebenbedingungen und Annahmen eines Modells installieren, sondern den Versuchspersonen können auch die Präferenzen induziert werden, von denen im Modell ausgegangen wird.

Mit der Spieltheorie betrat eine Methodik die Bühne der ökonomischen Forschung, die das Zusammenspiel von Theorie und Experiment in geradezu idealer Weise möglich macht. Die spieltheoretische Methode zwingt den Theoretiker gewissermaßen, alle die Dinge explizit zu formulieren und zu formalisieren, die man braucht, um eine wohldefinierte Entscheidungssituation im Labor zu schaffen. Bei Modellen, die sich anderer Methoden bedienen und keinerlei strategische Interaktionen abbilden, ist das mitunter deutlich schwieriger. Dennoch ist es möglich und wurde schon früh, d. h. vor 1960 praktiziert.

> **Wichtig**
> Ökonomische Experimente stehen in einem sehr engen Zusammenhang mit der Spieltheorie. Spieltheoretische Modelle enthalten alle die Angaben, die man benötigt, um das Modell originalgetreu im Labor nachzubauen. Das hat die Spieltheorie zur idealen Grundlage für experimentelle Forschung werden lassen.

Louis Leon Thurstone widmete sich bereits 1931 der Frage, ob man ein zentrales Konzept der damals wie heute dominierenden neoklassischen Ökonomik experimentell überprüfen bzw. darstellen kann (Thurstone 1931). Er versuchte Indifferenzkurven experimentell abzuleiten, indem er Versuchspersonen vor die (hypothetische) Wahl zwischen alternativen Güterbündeln stellte. Der Gegenstand dieser Experimente betraf zwar ein Kernelement des ökonomischen Rationalmodells, Thurstone selbst aber war kein Ökonom, sondern Psychologe und die experimentellen Methoden entsprachen denen der experimentellen Psychologie und nicht denen, derer sich experimentelle Ökonomen heute bedienen. Die Kritik, die keine geringeren als Milton Friedman und Wilson Allen Wallis 1942 an diesem Experiment übten (Wallis & Friedman 1942), nimmt denn auch eine klassische Kritik vorweg, die Ökonomen an psychologischen Experimenten äußern. Sie bestand im Wesentlichen darin, dass man aus Antworten auf hypothetische Fragen nichts lernen kann, weil den Versuchspersonen nicht die richtigen Anreize gesetzt werden. Diese Kritik richtet sich damit eigentlich nicht gegen die experimentelle Ökonomik – die gab es zu dieser Zeit noch nicht –, sondern gegen die Versuche von Psychologen, mit ihren Methoden ökonomische Fragestellungen zu untersuchen.

Anders verhält es sich mit dem Experiment, das in Chamberlin (1948) publiziert ist. Edward Hastings Chamberlin gilt zusammen mit Joan Robinson als Begründer der Theorie eingeschränkten Wettbewerbs. Er schuf den Begriff der „Monopolistischen Konkur-

3

renz" und er versuchte als Erster, Märkte im Labor zu erzeugen. Die Methode, die er dabei angewendet hat, wird in einer weiterentwickelten Form auch heute noch verwendet, um Marktexperimente durchzuführen. Ziel seines Versuches war es nachzuweisen, dass man auf Märkten keineswegs damit rechnen kann, dass sich Marktgleichgewichte einstellen. Chamberlin selbst hat die Ergebnisse, die er dabei erzielt hat, als Bestätigung seiner diesbezüglichen Skepsis gesehen. Die Weiterentwicklung seiner eigenen Methode durch Forscher wie Vernon Smith hat allerdings später dazu geführt, dass sich im Labor sehr überzeugend bestätigen ließ, dass Märkte sehr wohl auch unter schwierigen Bedingungen (z. B. bei stark eingeschränkter Information) in der Lage sind, Gleichgewichtspreise zu generieren.

Wie auch immer man die Resultate Chamberlins interpretiert, drei Dinge zeichnen sein Experiment auf jeden Fall aus. Erstens wurden sie von einem Ökonomen durchgeführt, zweitens hatten sie zum Ziel, ein für die ökonomische Theorie zentrales Gleichgewichtskonzept experimentell zu überprüfen, und drittens hat Chamberlin seine Versuchspersonen in Abhängigkeit von ihrem Verhalten im Experiment bezahlt. Es sind vermutlich diese drei Dinge, die viele Ökonomen dazu gebracht haben, die Experimente Chamberlins als die Geburtsstunde der experimentellen Ökonomik anzusehen. Allerdings: Der Name der neuen Methode „Experimentelle Wirtschaftsforschung" bzw. „Experimental Economics" wurde von einem anderen geprägt. Er stammt von Heinz Sauermann, der Ende der 50er Jahre zusammen mit seinem Schüler Reinhard Selten bedeutende Beiträge zur experimentellen Untersuchung von Oligopolmärkten geleistet hat (Sauermann & Selten 1959). Mit Sauermann und Selten zählen zwei bedeutende deutsche Ökonomen zweifellos zu den Pionieren der experimentellen Forschung. Heinz Sauermann gründete 1977 die Gesellschaft für experimentelle Wirtschaftsforschung (GfeW), die noch heute die wissenschaftliche Organisation der deutschsprachigen experimentellen Ökonomen ist und die für sich in Anspruch nehmen kann, die älteste wissenschaftliche Vereinigung experimenteller Ökonomen überhaupt zu sein.[2] Sauermann und Selten ist es auch zu verdanken, dass in den 60er und 70er Jahren deutschsprachige experimentelle Ökonomen international wahrnehmbare Beiträge zur Entwicklung der noch jungen Methode geleistet haben. Auch heute noch sind im deutschsprachigen Raum ausgebildete Ökonomen in der internationalen wissenschaftlichen Gemeinschaft experimenteller Wirtschaftsforscher eine starke Gruppe.

Die Experimente von Sauermann und Selten waren im Unterschied zu den Marktexperimenten Chamberlins von der spieltheoretischen Analyse oligopolistischer Märkte geprägt. So wichtig die ersten Experimente von Psychologen und Ökonomen zu ökonomischen Fragestellungen auch gewesen sein mögen, den entscheidenden Auftrieb bekam die experimentelle Methodik durch die Entwicklung der Erwartungsnutzentheorie und der darauf basierenden Spieltheorie. Besonders zwei Experimente sind dafür wichtige Beispiele.

Im Jahre 1950 erfanden Melvin Dresher und Merrill Flood ein Spiel (siehe dazu Flood 1952, 1958), das seitdem eine bemerkenswerte Karriere in der Wirtschaftswissenschaft hingelegt hat: das Gefangenendilemma. Die beiden Autoren haben dieses Spiel deshalb erdacht, weil sie das Konzept des Nash-Gleichgewichts einem besonders harten Test aus-

---

[2] Vergleiche dazu den Sammelband, der anlässlich des 30-jährigen Bestehens der Gesellschaft für experimentelle Wirtschaftsforschung herausgegeben wurde (Sadrieh & Weimann 2008) und mit dem unter anderem Reinhard Tietz geehrt worden ist, ein weiterer deutscher Pionier der experimentellen Forschung.

setzen wollten (heute würde man von einem Stresstest sprechen). Die Auszahlungen in dem von Dresher und Flood entwickelten Originalspiel sahen wie in ◘ Tab. 3.1 gezeigt aus.

Der Zeilen- und der Spaltenspieler können jeweils zwischen der ersten und der zweiten Zeile bzw. Spalte wählen und es ist klar, dass das Nash-Gleichgewicht bei (2, 1) liegt, denn für den Zeilenspieler ist es dominante Strategie Option 2 zu wählen und für den Spaltenspieler ist es dominante Strategie Option 1 zu wählen. Im Gleichgewicht erhalten beide Spieler eine Auszahlung, die um 1/2 niedriger liegt, als die, die sie erreichen könnten, wenn sie (1, 2) wählen. Das Gleichgewicht ist also ineffizient und es stellt sich die Frage, ob Menschen angesichts dessen dennoch die rationale Lösung wählen und ihre dominanten Strategien spielen. Darin bestand der Stresstest.

> **Definition**
>
> Von einer **dominanten Strategie** spricht man, wenn eine Strategie immer die beste Antwort (i. S. v. auszahlungsmaximierend für diesen Spieler) ist, die ein Spieler auf das, was andere Spieler tun, geben kann. Verfügt ein Spieler über eine dominante Strategie, entbindet ihn das von der Notwendigkeit, Erwartungen darüber zu bilden, was die anderen Spieler tun werden. Gleichgültig, was sie tun, die dominante Strategie ist immer die beste Antwort darauf.

Dresher und Flood haben dieses Spiel im Rahmen eines Experiments mit (nur) einem Paar von Versuchspersonen durchgeführt und es dabei 100 Mal wiederholt.[3] Die Auszahlung erfolgte in US-Penny, d. h. im Gleichgewicht verdient der Spaltenspieler einen halben Dollar und der Zeilenspieler Nichts. Verhalten sich beide Spieler effizient und wählen (1, 2), bekommen beide einen halben Dollar mehr als im Gleichgewicht. Das Ergebnis dieses Experiments zeigte, dass die Versuchspersonen weder das Nash-Gleichgewicht spielten, noch in der Lage waren, sich auf eine effiziente Lösung zu koordinieren. Es ist nicht das konkrete Ergebnis, das diesem Experiment Bedeutung verleiht, sondern die Tatsache, dass erstmals eine spieltheoretische Prognose (rationale Spieler wählen dominante Strategien) und damit gleichzeitig ein spieltheoretisches Gleichgewichtskonzept auf einen experimentellen Prüfstand gestellt wurde. Dort haben das Gefangenendilemma und die eng verwandte Theorie öffentlicher Güter seither unzählige Male gestanden. Dresher und Flood haben mit ihrem Experiment eine ganze Forschungslandschaft erschlossen.

Eine ähnlich nachhaltige Wirkung hatte ein Experiment, das nicht ein Gleichgewichtskonzept überprüfte, sondern die Erwartungsnutzentheorie, und damit einen anderen

◘ **Tab. 3.1** Auszahlungen im Gefangenendilemma von Dresher und Flood (die erste Zahl gibt jeweils die Auszahlung des Zeilenspielers, die zweite Zahl gibt jeweils die des Spaltenspielers an; siehe Flood 1952, 1958)

	Spaltenspieler Option 1	Spaltenspieler Option 2
Zeilenspieler Option 1	−1, 2	1/2, 1
Zeilenspieler Option 2	0, 1/2	1, −1

---

[3] Der optimale Stichprobenumfang ist unter anderem Gegenstand des ▶ Abschn. 23.2 des vierten Buchteils.

zentralen Baustein der Spieltheorie und der modernen Wirtschaftstheorie insgesamt aufs Korn nahm. Maurice Allais ist nicht allein für seine experimentellen Arbeiten mit dem Nobelpreis ausgezeichnet worden, aber sein Name ist untrennbar mit einem experimentellen Befund verbunden, der in einem klaren Widerspruch zur Erwartungsnutzentheorie von von Neumann und Morgenstern steht. Das Allais-Paradoxon beschreibt eine Entscheidung zwischen Lotterien, die systematisch und reproduzierbar zu Ergebnissen führt, die zeigen, dass die Entscheider nicht ihren Erwartungsnutzen maximieren. Dieser Befund ist ebenso folgenreich wie der von Dresher und Flood, denn die Erwartungsnutzentheorie ist auch heute noch die zentrale Theorie, die Entscheidungen unter Unsicherheit beschreibt und damit den Umgang mit Risiken für Ökonomen modellierbar macht. Nach heutigen Maßstäben war Allais Experiment methodisch unzureichend, weil es sich hypothetischer Auszahlungen bediente. Aber das ist für die Bedeutung des Experiments nicht entscheidend. Wichtig ist vielmehr, dass mit dem Allais-Paradoxon ähnlich wie im Fall des Gefangenendilemmas ein Weg gewiesen wurde, auf dem viele experimentelle und theoretische Ökonomen seither gegangen sind. Es sind Leistungen wie diese, die mit dem Nobelpreis gewürdigt werden.

> **Wichtig**
> Aus den frühen Experimenten zur Überprüfung von Prognosen der Erwartungsnutzentheorie und der Spieltheorie sind Forschungsfragen abgeleitet worden, die auch noch heute Gegenstand ökonomischer Experimente sind.

Wie eng der Zusammenhang zwischen Spieltheorie und experimenteller Forschung ist, zeigt sich auch daran, dass unter den frühen Experimentatoren eine Reihe herausragender Spieltheoretiker waren. Neben dem bereits erwähnten Reinhard Selten sind beispielsweise auch John Nash und Thomas Schelling darunter. Nash hat allerdings nur einen relativ kurzen Ausflug in die experimentelle Sphäre unternommen, aber Schelling war bereits 1957 intensiv mit Experimenten zu Koordinationsspielen beschäftigt (Schelling 1957). So eng die Verbindung zwischen der Spieltheorie und dem Experiment auch ist, so wenig selbstverständlich ist dennoch der Brückenschlag von der Theorie zum Experiment. Der Grund dafür liegt in den Schwierigkeiten, die der Theorie aus vielen experimentellen Befunden erwachsen. Die Erwartungsnutzentheorie und somit auch die darauf basierende Spieltheorie benutzen als grundlegende Voraussetzung die Vorstellung von optimierenden Spielern, die sich strikt rational verhalten. Beginnend mit den frühen Experimenten zum Gefangenendilemma von Dresher und Flood sowie den Versuchen, die die Erwartungsnutzentheorie testeten, ist die Geschichte der experimentellen Forschung immer wieder auch eine Geschichte der Befunde gewesen, die sich im Widerspruch zur Rationalitätsannahme befanden. Das bedeutet nicht, dass in Experimenten immer nicht-rationales Verhalten beobachtet wird, aber es kommt relativ häufig vor. Theoretiker, die ganz selbstverständlich davon ausgingen, dass sich die Akteure in ihren Modellen hyperrational verhalten, sahen sich mit Ergebnissen konfrontiert, die zeigten, dass Menschen sich systematisch eingeschränkt rational verhalten. Das macht es nicht leicht, den Weg ins Labor anzutreten. Dass der Brückenschlag dennoch möglich und trotz der Widersprüche und Brüche sehr fruchtbar ist, verdeutlicht eine Anekdote, die sich auf einer Jahrestagung des Vereins für Socialpolitik zugetragen hat.

Auf dieser Tagung hielt Reinhard Selten einen Plenumsvortrag. Nach dem Vortrag, in dem es um Ergebnisse experimenteller Studien ging, fragte ihn der Vorsitzende des Plenums, Hans-Werner Sinn, ob man ihm nicht vorhalten könne in einem gewissen Sinne schizophren zu sein. Schließlich habe er den Nobelpreis für Arbeiten erhalten, in denen er die Rationalitätsannahme der Spieltheorie gewissermaßen auf die Spitze getrieben hat und auf der anderen Seite suche er in seiner experimentellen Arbeit nun nach einer Theorie eingeschränkt rationalen Handels. Reinhard Selten antwortete mit dem Hinweis, dass er nicht schizophren sei, sondern ein methodischer Dualist. Er sei es deswegen, weil es eben sehr wohl sinnvoll ist, einerseits zu untersuchen, wohin strikte Rationalität führen würde bzw. was eine strikt rationale Entscheidung charakterisiert, um andererseits zu konzedieren, dass Menschen zu dieser strikten Rationalität nicht fähig sind, und sich auf die Suche nach einer Theorie zu begeben, die beschreiben kann, was reale Menschen tatsächlich tun, wenn sie Entscheidungen treffen. Dieser Einschätzung ist nur schwer zu widersprechen. Sie macht deutlich, dass trotz der Widersprüche ein Nebeneinander der normativen Theorie und der experimentellen, an realem Verhalten interessierten, Forschung möglich ist.

Die letzten zwei, drei Dekaden haben gezeigt, dass sogar noch mehr möglich ist. Die Verhaltensökonomik versucht mit den Mitteln der normativen Theorie Modelle menschlichen Verhaltens zu entwickeln, die im Einklang mit den experimentellen Befunden der Ökonomen und der Psychologen stehen. Den Durchbruch der Verhaltensökonomik kann man relativ genau datieren. Er erfolgte im Jahr 1979 mit der Veröffentlichung des Aufsatzes „Prospect Theory: An Analysis of Decision under Risk" von Daniel Kahneman und Amos Tversky in der renommierten ökonomischen Zeitschrift *Econometrica* (Kahneman & Tversky 1979). Beide Autoren waren Psychologen und Kahneman wurde unter anderem für diesen Aufsatz 2002 mit dem Nobelpreis ausgezeichnet.[4] Im Unterschied zur neoklassischen Erwartungsnutzentheorie basiert die Erklärung, die die Prospect Theorie für Entscheidungen unter Risiko liefert, auf psychologischen Erkenntnissen und nicht auf einer empirisch nicht geprüften Axiomatik wie der von von Neumann und Morgenstern.

Wahrscheinlich wäre die Dynamik, mit der sich die experimentelle Forschung in der Wirtschaftswissenschaft durchgesetzt hat, ohne die Prospect Theorie deutlich schwächer ausgefallen und die Entstehung der Verhaltensökonomik wäre langsamer vorangekommen. Die Prospect Theorie hat Arbeiten, die von den strikten Annahmen des Rationalmodells abweichen, gewissermaßen den Weg geebnet, hat sie in der Ökonomik salonfähig gemacht. So konnte die Anzahl experimenteller Veröffentlichungen dramatisch wachsen und es bildete sich eine Forschungskultur heraus, die den speziellen Bedürfnissen experimenteller und verhaltensökonomischer Wirtschaftsforschung angepasst ist. Die aktuelle Rolle der Verhaltensökonomik in der Wirtschaftswissenschaft zeigt sich deutlich an der erneuten Verleihung des Nobelpreises an einen Verhaltensökonomen im Jahr 2017, Richard Thaler.

Um diese Forschungskultur besser zu verstehen, muss man wissen, dass ökonomische Experimente grundsätzlich eine andere Art von Erkenntnis hervorbringen als ein theoretisches Papier. Ein Experiment kann immer nur eine einzelne singuläre Beobachtung sein, die in einem gewissen Zeitraum an einem bestimmten Ort und unter bestimmten Bedingungen gemacht wurde. Bis daraus ein Befund wird, der für sich beanspruchen kann, ein gewisses Maß an Allgemeinheit zu besitzen, bedarf es weiterer Versuche an anderen Orten, zu anderen Zeiten unter zumindest ähnlichen Bedingungen.

Das bedeutet, dass Fortschritte in der experimentellen Forschung langsam vor sich gehen. Es braucht Zeit, um alle die Experimente durchzuführen, die man benötigt, um so etwas wie stilisierte Fakten zu erzeugen. Es bedeutet aber auch, dass es einer gewissen

---

[4] Er teilte ihn sich mit Vernon Smith. Amos Tversky wäre vermutlich auch ausgezeichnet worden, wäre er nicht bereits 1996 verstorben.

3

A.3.1 Prospect Theorie

Die **Prospect Theorie** geht davon aus, dass die Bewertung der in einer Lotterie enthaltenen Auszahlungen anhand eines Referenzpunktes erfolgt. Der Referenzpunkt ist nicht fix, sondern kann sich verändern. Anhand des Referenzpunkts werden die Auszahlungen in Gewinne und Verluste unterteilt. Die Bewertungsfunktion verläuft im Gewinnbereich konkav und im Verlustbereich konvex. Außerdem ist die Bewertungsfunktion im Verlustbereich steiler als im Gewinnbereich. Neben den Auszahlungen werden in der Prospect Theorie auch Wahrscheinlichkeiten einer Bewertung unterzogen.

Abstimmung bedarf zwischen denen, die experimentell forschen. Man muss sich darauf einigen, welche Phänomene man arbeitsteilig untersuchen will, um herauszufinden, welche Beobachtungen reproduzierbare Regelmäßigkeiten des Verhaltens sind und welche nur Artefakte einer speziellen Versuchsanordnung. Diese Art der Abstimmung ist seit Beginn der 70er Jahre immer besser gelungen. Es haben sich experimentelle Serien herausgebildet, d. h. es wurden viele Experimente zu ein und demselben „Grundthema" durchgeführt, zu dem es Variationen gibt, die genutzt werden können, um unter den Befunden die Spreu vom Weizen zu trennen. Es haben sich spezielle Fragestellungen herausgebildet, die fast ausschließlich von Experimentatoren und Verhaltensökonomen in Kooperation bearbeitet werden. Der Nachweis der Existenz und die Beschreibung sozialen Verhaltens ist ein solches Thema, Teile des Auktionsdesigns können ähnlich beurteilt werden und die grundlegenden Annahmen der Prospect Theorie sind bis heute Gegenstand experimenteller Labor- und Feldforschung.

Der Wert experimenteller Forschung in den Wirtschaftswissenschaften wird heute von niemandem mehr ernsthaft bezweifelt. Laborexperimente sind eine wichtige Bereicherung des Instrumentariums der Ökonomik. Sie erlauben es, Fragen zu stellen und zu beantworten, die allein auf der Grundlage theoretischer Modelle und klassischer Empirie (gemeint sind Statistik und Ökonometrie) nicht zu beantworten wären. Möglich geworden ist die Entwicklung der experimentellen Forschung durch die Erwartungsnutzen- und der darauf basierenden Spieltheorie, die wie keine andere ökonomische Teildisziplin die Vorlagen für experimentelle Arbeiten lieferten und die in ihrer eigenen Methodik das Experiment gewissermaßen schon angelegt haben. Ohne diese „Geburtshelfer" hätte sich die experimentelle Wirtschaftsforschung niemals zu dem entwickeln können, was sie heute ist. Diese Einsicht liefert den Schlüssel für die Antwort auf die Frage, die wir eingangs gestellt haben und bisher noch nicht beantworten konnten: Wie ist es dazu gekommen, dass aus der Wirtschaftswissenschaft eine Disziplin wurde, die sich ganz selbstverständlich auch des Experiments bedient?

❓ Fragen

Eine Anregung zum Nachdenken: Sehen Sie eher Gemeinsamkeiten oder Unterschiede zwischen der experimentellen Wirtschaftsforschung und der experimentellen Physik?

Die Geschichte des neoklassischen Rationalmodells und der Rückkehr der Psychologie

© Springer-Verlag GmbH Deutschland, ein Teil von Springer Nature 2019
J. Weimann und J. Brosig-Koch, *Einführung in die experimentelle Wirtschaftsforschung*,
https://doi.org/10.1007/978-3-642-32765-0_4

4

Zu Beginn des 20sten Jahrhunderts begann sich der Übergang von der klassischen zur neo-klassischen Ökonomik abzuzeichnen. Die objektive Wertlehre der Klassik wurde ersetzt durch die subjektive Wertlehre, die den Wert der Dinge auf ihre Knappheit und auf den Nutzen zurückführt, den sie Menschen stiften. In dieser dogmengeschichtlichen Phase war die Ökonomik erst in Ansätzen als eigenständige Disziplin etabliert. Ihre Verbindungen zur Philosophie und vor allem zur Psychologie waren noch sehr ausgeprägt. Aus der Korrespondenz Paretos weiß man, dass es sein erklärtes Ziel war, aus der Wirtschafts-wissenschaft eine eigenständige Disziplin zu machen, die einen eigenen Erkenntnisgegen-stand und eine ihr eigene Methodik besitzt, die sie eindeutig von den Nachbardisziplinen abgrenzt.[1] Aber gerade die subjektive Wertlehre stand einer solchen Unabhängigkeit zu-nächst durchaus im Wege. Bruni & Sugden (2009) weisen darauf hin, dass es sein frühe Vertre-ter der Neoklassik gab, die die Verbindung zur Psychologie sogar noch vertiefen wollten. Francis Ysidro Edgeworth und William Stanley Jevons beispielsweise sahen im „Nutzen", der das Zentrum der subjektiven Wertlehre ausmacht, eine psychologische Kategorie. Ins-besondere Edgeworth wollte dies dadurch objektivieren, dass er das Weber-Fechner-Ge-setz, das den logarithmischen Zusammenhang zwischen der Stärke eines Reizes und seiner subjektiven Wahrnehmung beschreibt, auf die Messung von Nutzen übertrug. Die Idee, dass man Nutzen messen und intersubjektiv vergleichen kann, stand gewissermaßen im Raum und gleichzeitig der Selbständigkeit der Ökonomik im Wege. Das Forschungspro-gramm Edgeworths wäre nur zu verwirklichen gewesen, wenn man sich mit dem Wesen des Nutzens beschäftigt hätte. Man hätte untersuchen müssen, was Nutzen eigentlich ist, wovon er abhängt und wie man ihn messen, vergleichen und bewerten kann. Alles das sind Aufgaben, die ohne eine intensive Psychologisierung der ökonomischen Forschung nicht zu bewältigen gewesen wären. Damit aber wäre auch die Methodik der psycholo-gischen Forschung zum wichtigsten Instrument der Ökonomik geworden und das hätte Konsequenzen gehabt, mit denen sich viele neoklassische Ökonomen nicht anfreunden konnten.

Man hätte den Alleinstellungsanspruch der Wirtschaftswissenschaft praktisch aufge-geben. Ökonomische Forschung wäre zu einer Art spezieller Psychologie geworden, in der es vor allem um die Frage geht, wie Menschen Lust und Leid empfinden und wie sie das Eine suchen und das Andere vermeiden. Aber nicht nur die Eigenständigkeit wäre in weite Ferne gerückt, auch der Anspruch auf Wissenschaftlichkeit wäre durch eine zu starke Nähe zur Psychologie stark gefährdet gewesen. Trotz der methodischen Fortschrit-te, die die Psychologie dank der Arbeiten von Ernst-Heinrich Weber (1795 bis 1878) und Gustav Theodor Fechner (1801 bis 1887)[2] zu Beginn des 20ten Jahrhunderts gemacht hat, war die Wissenschaftlichkeit der Psychologie nie unumstritten. Trotz quantitativer Metho-den blieb beispielsweise die Introspektion ein wichtiges methodisches Element, obwohl sie natürlich nicht geeignet ist, objektive, intersubjektiv vergleichbare Daten zu generie-ren (Bruni & Sugden 2007, S. 150 ff). Die psychologische Beschäftigung mit Lust und Leid stand deshalb nicht ganz zu Unrecht in dem Verdacht, ein gewisses Maß an Will-kür zuzulassen, was der Psychologie den Vorwurf einbrachte, keine echte Wissenschaft zu sein.

---

[1]   Vgl. dazu den sehr interessanten Aufsatz von Bruni & Sugden (2009), der die Ausführungen dieses Kapi-tels stark inspiriert hat.

[2]   Fechner gilt als Begründer der modernen Psychologie. 1860 erschien in zwei Bänden sein Hauptwerk „Elemente der Psychophysik", in dem Methoden beschrieben wurden, die quantitative Aussagen über Sinneseindrücke ermöglichen und die auf Vorarbeiten von *Weber* aufbauen (Fechner 1860).

Der Gegenentwurf zu einem psychologisch fundierten Forschungsprogramm bestand in dem Versuch, die Ökonomik von jeglicher Metaphysik vollständig zu befreien und sie hinsichtlich Objektivität und Wissenschaftlichkeit an den Naturwissenschaften zu orientieren. Das Forschungsprogramm Paretos wollte genau dies leisten. Aber wie wird man die Psychologie los, wenn man die Handlungen und Entscheidungen von Menschen analysieren will? Die Vorstellung, dass dabei die Psychologie keine Rolle spielen soll, mag auf den ersten Blick abwegig erscheinen, aber tatsächlich ist es möglich. Der Trick ist, dass sich die Ökonomik Paretos nicht mit dem Wesen der Dinge beschäftigt – also beispielsweise der Frage, was Nutzen ist und wie man ihn messen kann – sondern mit sekundären Prinzipien, die aus dem Wesen der Dinge abgeleitet werden können. Konkret bedeutet das, dass die Grundlage wirtschaftswissenschaftlicher Analysen nicht die metaphysische Betrachtung über die Natur des Nutzens ist, sondern ausschließlich die objektiv beobachtbaren Entscheidungen, die Individuen aus ihrem subjektiven Nutzenkalkül ableiten. Die Idee ist bestechend einfach. Unterstellen wir einmal, dass jeder Mensch sehr genau weiß, welcher Konsum oder welche Wahlhandlung ihm welchen Nutzen verschafft. Unterstellen wir weiterhin, dass sich Menschen entsprechend ihrer Nutzenempfindungen verhalten, also dann, wenn sie die Wahl zwischen zwei Alternativen haben, diejenige wählen, die ihnen den größeren Vorteil verschafft. Wenn wir das unterstellen, dann muss es möglich sein, aus der Beobachtung der Wahlhandlungen auf das zugrundeliegende Nutzenkonzept zu schließen. Die Frage ist nur: Wann dürfen wir das unterstellen? Wann dürfen wir aus den beobachtbaren Entscheidungen darauf schließen, dass Menschen diese Entscheidungen genau deshalb treffen, weil sie dadurch ihren Nutzen maximieren?

Pareto machte daraus das Konzept der Rationalhandlung. Im Kern besteht es in der Idee, dass Menschen sich so verhalten, als würden sie permanent optimieren. Ihren Vorteil messen sie durch eine Nutzenfunktion, die jeder Alternative, die zur Wahl steht, einen Wert zuweist, und die Alternative ist umso besser, je höher dieser Wert ist. Das Optimierungsproblem besteht darin, bei gegebenen Preisen und gegebenem Einkommen genau die Güterkombination auszuwählen, bei der die Nutzenfunktion den höchstmöglichen Wert annimmt. Aber wann kann man aus den beobachteten Wahlhandlungen der Menschen darauf schließen, dass diesen Handlungen tatsächlich ein Nutzenmaximierungskalkül zugrunde liegt? Das paretianische Forschungsprogramm bestand zu einem erheblichen Anteil aus der Frage, wann man davon ausgehen durfte, dass Menschen über eine Präferenzordnung verfügen, die man mit Hilfe einer Nutzenfunktion abbilden darf. Diese Frage bezeichnet das sogenannte Integrabilitätsproblem, das einige der Besten der ökonomischen Zunft des letzten Jahrhunderts sehr ausgiebig beschäftigt hat (Bruni & Sugden 2007, S. 159).[3]

Man muss sich an dieser Stelle klarmachen, dass dann, wenn das Integrabilitätsproblem gelöst ist, die ökonomische Disziplin vollständig auf psychologische Inhalte verzichten kann. Darf unterstellt werden, dass Menschen Wahlhandlungen so treffen, als maximierten sie eine Nutzenfunktion, kann jede Entscheidung als das Ergebnis eines Optimierungskalküls beschrieben werden und die Mathematik nimmt die Stelle der Psychologie ein. Man kann darüber streiten, ob das Integrabilitätsproblem tatsächlich in voller Allgemeinheit und umfassend genug gelöst wurde oder nicht. Wichtig ist, dass die ökonomische

---

[3] Die letzten beiden Absätze sind dem Manuskript des Buches „Geld macht doch glücklich?!" von Andreas Knabe, Ronnie Schöb und Joachim Weimann entnommen (Weimann, Knabe, Schöb 2012). Sie sind ebenfalls in der englischen Fassung des Buches „Mesuring Happiness. The Economics of Well beeing." enthalten (Weimann, Knabe, Schöb 2015).

4

A.4.1 Rationalmodell

Das Rationalmodell besteht aus der Annahme, dass Menschen Entscheidungen auf der Grundlage einer Präferenzordnung über alle zur Wahl stehenden Alternativen treffen. Im Allgemeinen wird unterstellt, dass diese Ordnung vollständig, reflexiv und transitiv ist. Die Präferenzordnung gestattet es, für beliebige Alternativen anzugeben, welche vorgezogen wird, bzw. ob der Entscheider oder die Entscheiderin indifferent zwischen den Alternativen ist. Formal lässt sich diese Präferenzordnung durch eine Nutzenfunktion abbilden, die jeder Alternative eine Zahl zuordnet, wobei die Zahl umso größer ist, je weiter oben die Alternative in der Präferenzordnung steht. Das Rationalmodell unterstellt, dass alle Wahlhandlungen, die auf der Basis dieser Präferenzordnung getroffen werden, fehlerfrei erfolgen, d. h. stets die Alternative gewählt wird, die in der Präferenzordnung „möglichst weit oben steht" bzw. den höchsten Nutzenindex aller erreichbaren Alternativen besitzt.

Profession dieses Problem seit mehr als 70 Jahren als hinreichend gelöst ansieht und den noch offenen Fragen keine besondere Bedeutung zumisst. Die Lösung besteht im Wesentlichen aus der Theorie offenbarter Präferenzen, die entscheidend von Paul Samuelson (1938) geprägt worden ist. Es ist hier nicht der richtige Ort, um auf die Details einzugehen und die Unterschiede zwischen den verschiedenen Axiomen der Theorie offenbarter Präferenzen zu analysieren. Es reicht, das Grundprinzip zu verdeutlichen.

Das Schwache Axiom der Theorie offenbarter Präferenzen kann man in etwas laxer Form wie folgt beschreiben: Angenommen Sie wollen sich selbst oder einem Freund eine neue Krawatte kaufen. Der Verkäufer bietet Ihnen 20 verschiedene Krawatten an und Sie entscheiden sich für die mit den roten Streifen auf weißem Grund. Das schwache Axiom verlangt, dass Sie diese Wahl auch dann treffen, wenn Ihnen nicht 20, sondern nur noch 18 oder 15 Krawatten zur Wahl gestellt werden. Solange die mit den roten Streifen darunter ist, wählen Sie diese und erfüllen damit die Forderung des schwachen Axioms. Samuelson hat gezeigt, dass es dann möglich ist, Ihre Entscheidung als das Ergebnis einer Nutzenmaximierung zu beschreiben, und Ihnen unterstellt werden kann, dass Sie über die Menge der Krawatten eine Rangordnung gebildet haben, die es Ihnen erlaubt bei jedem paarweisen Vergleich anzugeben, welche der beiden Krawatten Sie vorziehen.

Damit ist aber ein wichtiger Teil von Paretos Programm Wirklichkeit geworden. Da für die Anwendung des Rationalmodells nur unterstellt werden muss, dass eine ordinale Ordnung über die Alternativen (die Krawatten) existiert, und deren Existenz angenommen werden darf, wenn das schwache Axiom erfüllt ist, bedarf es nun keinerlei Psychologie mehr, die sich fragt, warum ausgerechnet die rot-weiße Krawatte den höchsten Nutzen stiftet. Vielmehr ist dem Ökonomen damit gestattet, die Entscheidung durch die Maximierung einer Nutzenfunktion zu beschreiben, deren konkrete funktionale Gestalt auch noch weitgehend in sein Belieben gestellt ist, da viele Funktionen geeignet sind, eine ordinale Präferenzordnung abzubilden. Aus der Beschreibung individueller Wahlakte ist die Metaphysik damit vollständig verbannt und die Wissenschaftlichkeit gesichert, weil die Grundlage aller Analysen nun ja objektivierbare Beobachtungen von Wahlhandlungen sind.

Die vollständige Umsetzung des paretianischen Forschungsprogramms ist damit aber noch nicht vollzogen, denn Gegenstand der ökonomischen Forschung ist ja nicht nur die Wahlhandlung des Einzelnen, sondern auch die Lösung von Konflikten, die sich aus den individuellen Wahlhandlungen ergeben. Letztlich geht es Ökonomen um die Frage, wie Ressourcen zu allozieren sind angesichts eines fundamentalen Knappheitsproblems, das verhindert, dass sich alle Ansprüche aller Individuen zugleich erfüllen lassen. Muss die

Vilfredo Pareto war unter anderem Ingenieur und er hat das nach ihm benannte Kriterium auch zunächst für den Bau von Maschinen verwendet: Eine Maschine ist noch nicht optimal konstruiert, wenn es möglich ist, einen Leistungsparameter zu verbessern, ohne dabei einen anderen Parameterwert zu verschlechtern.

Psychologie nicht wieder zurück ins Boot, wenn man dieses Problem lösen will? Angenommen es stehen Ressourcen zu Verfügung, die man entweder für den Bau eines Altenheimes, einer Straße, eines Kindergartens oder eines Bowlingcenters einsetzen kann. Muss man dann nicht die Vorteile jeder Verwendung gegeneinander abwägen und dabei den Nutzen messen, den jede einzelne Maßnahme stiftet? Dann wäre man tatsächlich wieder bei dem „Wesen der Dinge", dann müsste man sich mit „Nutzen" so befassen, wie es Pareto nicht wollte.

Vollendet wird das paretianische Forschungsprogramm erst durch das Konzept der Pareto-Effizienz, das fordert, dass Ressourcen so einzusetzen sind, dass es nicht mehr möglich ist, ein Individuum besser zu stellen, ohne dass zugleich ein anderes Individuum schlechter gestellt wird. Solange wir Pareto-Effizienz verfehlen, verschwenden wir ganz offensichtlich Ressourcen.

Der entscheidende Vorteil des Pareto-Kriteriums besteht darin, dass es – genau wie die Theorie offenbarter Präferenzen – ohne den Vergleich von „Nutzen" auskommt. Es kann zwar sein, dass mit Hilfe dieses Kriteriums keine Entscheidung zwischen dem Kindergarten und dem Altenheim möglich ist, weil beide Verwendungen im Sinne Paretos effizient sind, aber das nehmen Ökonomen in Kauf. Die Vorteile des Effizienzkriteriums sind einfach zu groß. Es verschafft der Ökonomik die Möglichkeit Aussagen über die Vorzugswürdigkeit von gesellschaftlichen Zuständen zu machen, ohne dabei auf Werturteile zurückgreifen zu müssen, die über die Akzeptanz des Pareto-Kriteriums hinausgehen – und wer wollte der Forderung widersprechen, man solle auf die Verschwendung von Ressourcen verzichten?

❓ Fragen

- Warum beinhaltet das Pareto-Kriterium ein Werturteil?
- Welche anderen Werturteile könnten an seiner Stelle verwendet werden, wenn es um die Frage geht, wie knappe Ressourcen verwendet werden sollen?

Das Pareto-Kriterium spielt perfekt mit dem auf einem ordinalen Nutzenkonzept basierenden Rationalmodell zusammen. Beides zusammen versorgt die neoklassische Ökonomik mit einem methodischen Werkzeug, das ungeheuer mächtig ist. Mit ihm ließen und lassen sich ganze Forschungslandschaften erschließen und erkunden. Der ungeheure Erfolg, den die Neoklassik in den letzten 70 Jahren eingefahren hat, ist auf die weitgehende Wertfreiheit ihrer Methode, die universelle Einsetzbarkeit der Mathematik als „Verhaltensmodell" und die Flexibilität zurückzuführen, die es der Neoklassik erlaubt hat, bisher noch jede Kritik auszuhebeln bzw. sich die Kritiker einzuverleiben. Diese Flexibilität entsteht aus der Offenheit der Theorie offenbarter Präferenzen. Diese Theorie macht keine Aussage darüber, was zur Wahl steht und erst recht nicht darüber, was vorzugswürdig ist. Worüber Menschen Präferenzen besitzen, ist in der Neoklassik nicht vorgegeben und deshalb hat beispielsweise der Verweis darauf, dass Menschen nicht nur eigennützig sind (wie in vielen neoklassischen Modellen unterstellt wird), die Neoklassik nicht erschüttern können. Sie lässt zu, dass Menschen eine Präferenz dafür haben können, anderen etwas abzugeben (Samuelson 2005). Der „neoklassische Reparaturbetrieb", der viele kritische Strömungen in das neoklassische Gedankengebäude integriert hat, ist deshalb so erfolgreich, weil sich neoklassische Ökonomen letztlich auf nicht wirklich viel festlegen.

Die Tatsache, dass dennoch bei Vielen der Eindruck entsteht, der neoklassische „*Homo Oeconomicus*" sei „completely selfish" (Levitt & List 2008, S. 909), ist darauf zurückzuführen, dass die Neoklassik gar nicht anders kann, als dann doch sehr konkrete Annahmen über Präferenzen zu machen. Solange das nicht geschieht, ist die Theorie mehr oder weniger inhaltsleer. Aus diesem Grund wird die Annahme des „Mehr ist besser als Weniger" dann letztlich doch getroffen und damit behauptet, dass Menschen ein höheres Einkommen einem niedrigeren immer vorziehen. Der Grund dürfte darin zu suchen sein, dass mit einem höheren Einkommen die Konsummöglichkeiten wachsen und wir beobachten, dass Menschen eine gewisse Vorliebe dafür haben, mehr Möglichkeiten zu besitzen. So ist beides richtig: Grundsätzlich ist die Neoklassik offen für jede Annahme darüber, was Menschen Nutzen stiftet, tatsächlich aber ist die Annahme, dass Menschen eigennützig nach mehr Einkommen streben, die dominierende Annahme in der neoklassischen Theorie. Diese Zwiespältigkeit illustrieren die bekennenden Neoklassiker Binmore & Shaked (2010) sehr schön. Zunächst geben sie zu Protokoll, dass die Neoklassik durch die experimentellen Befunde nicht in Gefahr sei widerlegt zu werden, weil sie ja keine Annahmen über die Präferenzen der Menschen mache (S. 88). Später sprechen sie jedoch nur noch von „money maximization" als der Verhaltenshypothese, die sich als den Ungleichheitsaversionsmodellen überlegen erwiesen habe. Dies ist keine widersprüchliche Argumentation, sondern Ausdruck der Flexibilität der Neoklassik. Grundsätzlich geht sie davon aus, dass Menschen sich in einem materiellen Sinne eigennützig verhalten. Für Situationen, in denen das aber offensichtlich nicht der Fall ist, ist sie durchaus offen dafür zu akzeptieren, dass Menschen auch andere Motive haben können. Diese Flexibilität hinsichtlich der Annahmen über den Inhalt von Präferenzordnungen schützt den eigentlichen Kern der neoklassischen Theorie: Die Annahme, dass Menschen gegeben ihre Präferenzen rational handeln.

> **Wichtig**
>
> Der eigentliche Kern der neoklassischen Theorie ist die Annahme, dass das Rationalmodell geeignet ist menschliches Verhalten abzubilden. Im Gegensatz dazu ist die Annahme, dass sich Menschen eigennützig verhalten, nicht konstitutiv für die Neoklassik, obwohl sie in sehr vielen neoklassischen Modellen benutzt wird. Tatsächlich lässt sich die neoklassische Theorie mit sehr vielen Annahmen über den Inhalt individueller Präferenzen vereinbaren. Das verschafft ihr eine erhebliche Flexibilität, denn durch Variation der Präferenzannahmen lässt sich Verhalten rationalisieren, das unter der Voraussetzung strikt eigennütziger Präferenzen nicht rational wäre.

Angesichts des Erfolges der Neoklassik und angesichts ihrer „Wehrhaftigkeit" stellt sich natürlich die Frage, wie es zur Rückkehr der Psychologie in die ökonomische Welt kommen konnte. Dabei muss man beachten, dass bei aller Flexibilität der neoklassischen Methodik, diese es lange Zeit verstanden hat, die Psychologie aus allem heraus zu halten. Das gelang einerseits dadurch, dass die Möglichkeit in das Rationalmodell aufgenommen wurde, dass Menschen über soziale Präferenzen verfügen können. Auf diese Weise gelang es, einen gewichtigen Teil von Experimenten in das neoklassische Gedankengebäude zu integrieren, in denen sich hartnäckige Abweichungen vom Standardmodell ergeben hatten, ohne von der Rationalitätsannahme Abstriche machen zu müssen. Andererseits gelang die Abgrenzung gegen die Psychologie aber auch dadurch, dass die experimentelle Ökonomik methodisch andere Wege ging als die (ältere) experimentelle Psychologie. Zwei gravierende Unterschiede seien genannt.

In ökonomischen Experimenten werden grundsätzlich reale Anreize geschaffen, d. h. in diesen Experimenten geht es immer um Geld.[4] Psychologen verzichten im Gegensatz dazu in der Regel auf monetäre Anreize. Der zweite Unterschied besteht darin, dass es unter experimentellen Ökonomen geradezu verpönt ist, Versuchspersonen zu manipulieren, indem man ihnen nicht die Wahrheit über den Ablauf des Experiments sagt. Der Grund dafür ist, dass andernfalls die Reputation der Experimentatoren und damit die Kontrolle über die Entscheidungsumgebung gefährdet wären. Die Versuchspersonen würden nicht glauben, was ihnen als Instruktion vorgelegt wird, und dann wäre ihr Verhalten nicht mehr sinnvoll interpretierbar, weil nicht klar ist, welches Spiel sie im Experiment eigentlich gespielt haben (bzw. dachten zu spielen). Psychologen sind diesbezüglich oftmals weniger sensibel und belügen ihre Versuchspersonen zunächst, um sie dann, nach dem Experiment, beim sogenannten „Debriefing" darüber aufzuklären, was wirklich in dem Versuch geschehen ist.[5]

Diese methodischen Unterschiede machten es möglich, die experimentelle Ökonomik sehr deutlich von der Psychologie abzugrenzen. Auf diese Weise ließ sich die experimentelle Forschung in die Neoklassik integrieren, ohne dass damit eine Öffnung gegenüber der Psychologie notwendig gewesen wäre. Ökonomische Experimente befassen sich nach wie vor überwiegend mit Rationalverhalten und versuchen herauszufinden, wie die Präferenzen der Versuchspersonen aussehen. Die Auseinandersetzung mit den psychologischen Grundlagen von Nutzenempfindungen und daraus abgeleiteten Wahlhandlungen ist nach wie vor nicht Gegenstand der neoklassischen Ökonomik. Auf welchem Weg ist die Psychologie dann zurück in die Wirtschaftswissenschaften gelangt?

Der Impuls kam eindeutig von der Seite der Psychologie. Wie schon beschrieben wurde im Jahr 1979 in der Zeitschrift *Econometrica* ein Artikel von Daniel Kahneman und Amos Tversky veröffentlicht: „Prospect Theory: An Analysis of Decision under Risk". Und mit diesem Artikel betrat gewissermaßen die Verhaltensökonomik die akademische Bühne. Das Besondere an der Arbeit von Kahneman und Tversky war, dass Psychologen eine formale Theorie vorlegten, die in der Lage war, eine Reihe von Beobachtungen abzubilden, die mit der ökonomischen Standardtheorie, der Erwartungsnutzentheorie, nicht erklärbar waren. Dies gelang, indem nicht *a priori* getroffene Annahmen über die Rationalität der Akteure den Ausgangspunkt der Modellierung bildeten, sondern experimentell belegte Erkenntnisse der Psychologie über den Umgang realer Menschen mit Unsicherheit. Das war ein Vorgehen, das sich grundlegend von dem der Neoklassik unterschied, denn es stellte in Frage, dass sich Menschen grundsätzlich rational verhalten. Die Psychologie wies darauf hin, dass es Befunde gibt, die zeigen, dass Menschen in einer systematischen Weise von dem abweichen können, was im Sinne der Neoklassik rational wäre. Und diese Befunde wurden im Wesentlichen durch experimentelle Forschung erhoben. Damit trafen zwei Dinge zusammen, die gemeinsam die Entwicklung der Verhaltensökonomik massiv befördert haben. Einerseits ein nicht von der Hand zu weisender Einwand der Psychologen und andererseits die experimentelle Ökonomik, die Experimente in der Wirtschaftswis-

---

4   Wir werden uns in ▶ Kap. 8 des zweiten Buchteils damit näher befassen.
5   Mit diesem Punkt werden wir uns in ▶ Kap. 9 des zweiten Buchteils näher befassen.

4

senschaft hoffähig machte und damit die Brücke gebaut hatte, über die psychologische Erkenntnisse in die Ökonomik wandern konnten.

Seit dieser Zeit steht die Frage auf der Tagesordnung, in welchen Fällen das neoklassische Rationalmodell anwendbar ist und in welchen nicht. Die Antwort auf diese Frage ist keineswegs trivial. Es reicht dafür nicht aus, in einem Experiment einmal beobachtet zu haben, dass Menschen sich anders verhalten, als es das Rationalmodell voraussagt. Es muss vielmehr auch geklärt werden, welcher Art die Abweichung ist und ob sie als systematisch angesehen werden kann.

Um Abweichungen identifizieren zu können, muss man sich zunächst darauf verständigen, was man unter dem Rationalmodell verstehen will. Zwei Varianten kommen in Frage: Zum einen die Modelle, die lediglich unterstellen, dass sich Menschen rational verhalten bei gegebenen, aber beliebigen Zielen, die sie verfolgen, und zum anderen Modelle, die zusätzlich die Annahme verwenden, dass sich Menschen strikt eigennützig verhalten, d. h. ein höheres Einkommen immer einem niedrigeren Einkommen vorziehen. Wir wollen im Folgenden von der ersten Variante ausgehen, weil die Annahme des strikten Eigennutzes nicht konstitutiv für die Rationalität von Verhalten ist. Die zweite Variante entspricht der neoklassischen Standardtheorie, denn dort wird im Allgemeinen die Annahme eigennütziger Akteure getroffen.

Gegeben diese Interpretation, reduzieren sich Abweichungen vom Rationalmodell auf solche Fälle, in denen Menschen systematisch Entscheidungen treffen, die nicht konsistent sind im Hinblick auf die Ziele, die sie verfolgen – ganz gleich, welche Ziele das sind. Das bedeutet, dass Abweichungen von der neoklassischen Standardtheorie, die dadurch geheilt werden können, dass die Annahme eigennütziger Motive durch eine andere Annahme hinsichtlich der Präferenzen ersetzt werden, *nicht* als Abweichung vom Rationalmodell zu werten sind. Beispielsweise lassen sich viele Fälle, in denen experimentelle Beobachtungen im Widerspruch zur Standardtheorie stehen, in Einklang mit dem Rationalmodell bringen, indem unterstellt wird, dass Menschen „soziale Präferenzen" besitzen.[6] Ein nicht unerheblicher Teil der experimentellen Literatur befasst sich mit der Frage, welche Art von Präferenzen geeignet sind, Beobachtungen so zu organisieren, dass sie mit der Annahme rationalen Verhaltens wieder in Einklang gebracht werden können. Beispielsweise unterstellen die Ungleichheitsaversionsmodelle von Bolton & Ockenfels (2000) sowie Fehr & Schmidt (1999), dass Menschen nicht nur eine Präferenz für ihre eigene absolute Auszahlung haben, sondern auch für die eigene relative Auszahlung. Eine andere prominente These ist, dass sich Menschen reziprok verhalten, d. h. bereit sind, Menschen etwas Gutes zu tun, die zuvor „nett" zu ihnen waren, und Menschen zu bestrafen, von denen sie unfair behandelt worden sind.[7] Charness & Rabin (2002) gehen davon aus, dass Menschen sowohl eine Aversion gegen Ungleichheit besitzen, als auch einen Sinn für Effizienz. Mit einer gewissen Berechtigung wird dieser Zweig der Literatur auch als der „neoklassische Reparaturbetrieb" bezeichnet, weil durch geeignete Änderung der Annahmen über die zugrundeliegenden Präferenzen, der Kern des neoklassischen Modells – die Annahme rationalen Verhaltens – geschützt werden kann.

---

[6]   Die Literatur zu „sozialen Präferenzen" ist inzwischen sehr umfangreich. Im Kern ist damit gemeint, dass Menschen nicht nur ihr eigenes Wohlergehen berücksichtigen, sondern auch das anderer Menschen, wenn sie Entscheidungen treffen.

[7]   Für einen Überblick vgl. z. B. Fehr & Schmidt (2006), Camerer (2003) oder Cooper & Kagel (2015). Allerdings deutet sich in komplexeren Entscheidungssituationen an, dass allein die Abweichung von der Annahme strikt eigennützigen Verhaltens nicht ausreicht, um das beobachtete Verhalten abzubilden (siehe z. B. Bolton & Brosig 2006).

Der neoklassische Reparaturbetrieb kann aber nicht alle Verhaltensweisen, die unter kontrollierten Laborbedingungen beobachtet werden, in das Rationalmodell integrieren. Es bleibt eine ganze Reihe von Abweichungen, die nur dadurch zu erklären sind, dass Menschen tatsächlich nicht rational handeln. Die Verhaltensökonomik spricht in diesem Zusammenhang von *Heuristiken* und *Verzerrungen*: Menschen benutzen Heuristiken, um komplizierte Entscheidungen zu vereinfachen, und sie unterliegen Verzerrungen, d. h. sie treffen Entscheidungen, die nicht in ihrem wahren Interesse liegen. Die Ursachen und Ausprägungen solcher Verzerrungen sind vielgestaltig. Chetty (2015) und DellaVigna (2009) schlagen eine formale Charakterisierung vor, die im Wesentlichen drei Bereiche identifiziert, in denen es zu Abweichungen vom Rationalmodell kommen kann: Erstens, die Präferenzordnung weist nicht die Standardeigenschaften auf, die im neoklassischen Modell vorausgesetzt werden. Beispielsweise verstößt die Abhängigkeit der Präferenzen von einem Referenzpunkt, wie sie in der Prospect Theorie unterstellt wird, gegen die Standardannahmen der Neoklassik. Zweitens, Menschen bilden nicht-rationale Erwartungen. Beispielsweise überschätzen sie systematisch ihre eigenen Fähigkeiten, was beispielsweise zu zeitinkonsistenten Entscheidungen führen kann. Die Unfähigkeit bayesianische Erwartungen zu bilden hat Phänomene wie den Spielertrugschluss (englisch „Gamblers Fallacy") zur Folge. Drittens, bei gegebenen Erwartungen und Präferenzen kann die Entscheidungsfindung selbst nicht rational erfolgen. Beispielsweise lassen sich Menschen von der Präsentation der Entscheidung beeinflussen (man spricht dabei von Präsentations- oder Framingeffekten) oder sie beachten wichtige Entscheidungsfaktoren nicht oder zu wenig, weil sie unachtsam sind oder sich von sozialem Druck beeinflussen lassen.

Definition

Zeitinkonsistentes Verhalten liegt vor, wenn im Zeitpunkt t eine Entscheidung über das Verhalten in $t+1$ getroffen wird und das tatsächliche Verhalten im Zeitpunkt $t+1$ dann von dieser Entscheidung abweicht.

Unter dem Spielertrugschluss (Gamblers Fallacy) versteht man, dass irrtümlich angenommen wird, dass Zufallszüge aus einer Urne ohne Zurücklegen durchgeführt werden, obwohl sie mit Zurücklegen erfolgen. Deshalb glauben Roulettespieler, die der Gamblers Fallacy unterliegen, dass die Wahrscheinlichkeit für „Rot" höher ist als die für „Schwarz", wenn zuvor mehrfach hintereinander „Schwarz" beobachtet wurde.

Chetty (2015) schlägt eine einfache Charakterisierung von verhaltensökonomisch relevanten Verzerrungen vor: Während im neoklassischen Modell die Präferenzordnung des Entscheiders durch eine Nutzenfunktion wahrheitsgemäß abgebildet wird, deren Maximierung dann letztlich die rationale Entscheidung liefert, unterscheidet man in der Verhaltensökonomik zwischen dem *Erfahrungsnutzen* $u(c)$ und dem *Entscheidungsnutzen* $v(c)$. Ersterer ist der Nutzen, den der Entscheider tatsächlich erfährt, wenn seine Entscheidung wirksam wird. Letzterer ist der Nutzen, von dem der Entscheider zum Zeitpunkt der Entscheidung glaubt, es sei sein wahrer Nutzen. Während die Neoklassik unterstellt, dass $u(c) = v(c)$, lässt die Verhaltensökonomik zu, dass beide voneinander abweichen. $e(c) = u(c) - v(c)$ lässt sich in Analogie zu einem externen Effekt als *Internalität* interpretieren, als einen Keil, den der Entscheider selbst zwischen seinen wahren Nutzen und den Nutzen treibt, den er bei der Entscheidung zugrunde legt.[8]

---

[8]   Teile dieses Abschnittes sind Weimann (2015) entnommen.

4

Die bereits erwähnten Arbeiten von Chetty (2015) und DellaVigna (2009) bieten sehr gute Überblicke über die verschiedenen Formen, die Heuristiken und Verzerrungen annehmen können und demonstrieren darüber hinaus, dass es sich dabei nicht um Phänomene handelt, die nur im Labor beobachtet werden können, sondern dass es inzwischen eine ganze Reihe von empirischen Befunden gibt, die zeigen, dass sich diese Abweichungen vom Rationalmodell auch im Feld wiederfinden lassen. Das bedeutet, dass die verhaltensökonomischen Befunde nicht nur Widersprüche zum Rationalmodell aufdecken, sondern dass sie auch über eine hohe *externe Validität* verfügen, d. h. eben auch außerhalb des Labors feststellbar sind. Damit kommen wir zu einem Punkt, der für die experimentelle Forschung insgesamt von großer Bedeutung ist und dem deshalb ein eigenes Kapitel gewidmet sei.

> **Wichtig**
>
> Da sich ökonomische Experimente methodisch von denen unterscheiden, die typischerweise in der Psychologie durchgeführt werden, konnte die experimentelle Methode in den Instrumentenkasten der Wirtschaftswissenschat aufgenommen werden, ohne dass die Eigenständigkeit der Ökonomik gefährdet wurde. Mit der Veröffentlichung der Prospect Theorie und der dadurch initiierten Erstarkung der Verhaltensökonomik, ist jedoch das Rationalmodell der neoklassischen Theorie auf den wissenschaftlichen Prüfstand geraten. Rationalität bedeutet „konsistentes Verhalten in Bezug auf gegebene Ziele". Die Prüfung bezieht sich auf die Konsistenz des Verhaltens. Inkonsistenz lässt sich allgemein als eine *Internalität* charakterisieren. Dabei handelt es sich um eine Differenz zwischen den Entscheidungsnutzen (der bei der Entscheidung unterstellt wird) und dem Erfahrungsnutzen (der tatsächlich erfahren wird).

Externe Validität

© Springer-Verlag GmbH Deutschland, ein Teil von Springer Nature 2019
J. Weimann und J. Brosig-Koch, *Einführung in die experimentelle Wirtschaftsforschung*,
https://doi.org/10.1007/978-3-642-32765-0_5

5

Bei der *internen* Validität geht es darum, ob ein Experiment tatsächlich das Modell oder die Theorie abbildet, das oder die abgebildet werden soll. Die *externe Validität* berührt die Frage, ob das, was im Labor beobachtet wird, auf die reale Welt außerhalb des Labors übertragen werden kann. Es gibt eine durchaus wichtige Beziehung zwischen der internen und der externen Validität von Experimenten, die mitunter für einige Verwirrung sorgt. Manche Forscher vertreten die Ansicht, dass externe Validität zumindest bei klassischen Experimenten keine große Rolle spielt, weil Experimente dazu da sind, Theorien zu überprüfen, und deshalb die Frage, ob die experimentellen Ergebnisse auch in der Realität gelten, irrelevant sei (Schramm 2005). Selbst wenn man diese Auffassung teilt, bleibt die Frage, welchen Sinn dann die Theorien machen, die im Labor getestet werden. Irgendeine Verbindung zur realen Welt muss doch vorliegen, sonst gibt die Forschung (Theorie und Experiment) den Anspruch auf, empirisch relevant zu sein. Rein normative Theorien, die ganz bewusst kontrafaktische Alternativen zur Realität konstruieren, dürfen das. Aber die muss man nicht experimentell überprüfen. Der empirische Test von Theorien macht nur dann wirklich Sinn, wenn hinter der Forschung die Absicht steht, letztlich Phänomene zu erklären, die in der realen Welt vorkommen. Das aber bedeutet, dass Fragen der internen und externen Validität immer gemeinsam auftreten. Erfolgreiche Forschung setzt voraus, dass das Experiment tatsächlich die Theorie testet, die es testen will, und dass daraus Beobachtungen resultieren, die dazu beitragen, dass reale Phänomene besser verstanden werden. Dabei schlagen sich interne und externe Validität an einer Stelle mit dem gleichen Problem herum.

Die ökonomische Theorie ist sehr darauf bedacht, möglichst allgemeine Aussagen abzuleiten. Spezielle Annahmen über Nutzen- oder Produktionsfunktionen werden deshalb nur dann getroffen, wenn Aussagen von größerer Allgemeinheit nicht möglich sind. Dieses Modellierungsziel ist für sich genommen sehr sinnvoll. Allerdings schließt es ein, dass fast alle ökonomischen Modelle ohne irgendeinen Kontext funktionieren. Sie sind nicht beschränkt auf bestimmte Bedingungen, die im „Umfeld" des zu beschreibenden Phänomens erfüllt sein müssen, weil dieses Umfeld als irrelevant angesehen wird. Experimentatoren machen sich das zunutze. Wenn der Kontext keine Rolle spielt, dann kann man die Theorie auch in der artifiziellen Umgebung eines Labors testen, denn dann behauptet sie ja, auch dort gültig zu sein. Wird allerdings eine Theorie im Labor widerlegt, dann kontern Theoretiker durchaus schon mal mit dem Hinweis, dass sie ein Modell gemacht hätten für einen realen ökonomischen Kontext und nicht fürs Labor. Bolton (2010) hat das Problem mit einem sehr schönen Bild beschrieben. Man kann Theorien als Landkarten interpretieren, die auf die Wiedergabe von Details verzichten, um allgemein gültige abstrakte Zusammenhänge deutlich zu machen. Wer wissen will, wie er von A nach B kommt, für den ist der Kontext der Straßen, ihre Bebauung, die Anzahl der Bäume am Straßenrand, irrelevant, solange die Straßen verzeichnet sind, die er benutzen muss. Der Grad der Abstraktion, d. h. die Allgemeinheit, mit der die Theorie arbeitet, ist dabei aber kontextabhängig. Bolton verweist auf das Beispiel einer U-Bahn Karte. Man kennt diese Karten, auf denen es nur gerade Linien gibt und weder Straßen noch Plätze. Diese Pläne sind extrem hilfreich, wenn man wissen will, mit welchen Linien man von A nach B kommt und wo man umsteigen muss. Aber sie sind nur hilfreich für den U-Bahn Fahrer. Für Fußgänger sind sie völlig ungeeignet. Wenn also ein Experimentator auf die Idee kommt, den U-Bahn Plan mit einem Fußgänger zu testen, wird er zu dem Schluss kommen, dass der Plan nichts taugt. Aber dieser Test vernachlässigt den Kontext, in dem der Plan zu sehen ist. Bei U-Bahn Karten ist das kein Problem, denn sie enthalten immer Angaben zu dem Kontext für den sie gemacht wurden. Ökonomische Modelle verzichten darauf und deshalb kann es passieren, dass ein Experimentator einen Fußgänger losschickt, obwohl nur ein U-Bahn Fahrer angemessen wäre.

Experimentatoren sind bei diesem Problem eigentlich in einer komfortablen Lage. Sie können schließlich zu Recht darauf verweisen, dass es die Theorie ist, die den Anspruch auf Allgemeinheit erhebt und an diesem Anspruch gemessen werden muss. Wenn Theoretiker behaupten sollten, dass ihre Theorie nur für bestimmte Kontexte gilt, dann müsste der Kontext mit in die Modellierung aufgenommen werden. Solange dies nicht geschieht, sind die Experimentatoren aus dem Schneider. Allerdings sollten sie sich nicht zu früh freuen, denn im Hinblick auf die externe Validität sind sie mit dem gleichen Problem konfrontiert. Wenn der Kontext für Entscheidungen eine Rolle spielt, dann ist der Laborkontext relevant und dann lassen sich Laborbeobachtungen eben nicht auf die Realität übertragen – jedenfalls nicht ohne Weiteres.[1]

Wenn ein Biologe eine seltene Tierart in der freien Natur beobachtet, muss er sich keine Gedanken darüber machen, ob seine Beobachtungen „extern valide" sind. Beobachtet der gleiche Forscher Tiere, die im Labor gehalten werden, ist die Sache schon nicht mehr so klar, denn die Lebensbedingungen im Labor weichen nun einmal von denen ab, die in der Natur herrschen, und damit ist nicht gesagt, ob das im Labor gezeigte Verhalten auch unter natürlichen Bedingungen anzutreffen ist. In der experimentellen Wirtschaftsforschung sieht das ganz ähnlich aus. Menschen, die sich in einem Labor befinden, sind in einer artifiziellen Umgebung und sie müssen dort Entscheidungen treffen, die sie so und unter solchen Umständen in ihrem realen Leben vermutlich niemals treffen mussten. Können wir dennoch davon ausgehen, dass Experimente extern valide sind? Dürfen wir Erkenntnisse, die im Labor gesammelt werden, ohne Weiteres auf die Realität übertragen?

Bei der Behandlung dieser Frage muss man zwei methodische Aspekte sauber voneinander trennen. Der erste betrifft die Möglichkeiten und Grenzen induktiver Schlüsse und der zweite die Tatsache, dass die singulären Beobachtungen, aus denen diese Schlüsse gezogen werden, in einer Laborumgebung gemacht worden sind. Welche Möglichkeiten die Induktion bietet, ist eine Frage, die sich auch außerhalb des Labors stellt. Der Biologe, der Feldforschung betreibt, indem er Tieren in ihrem natürlichen Lebensraum zuschaut, sammelt singuläre Beobachtungen, die für sich noch keine allgemeinen Aussagen über typische Verhaltensweisen einer Art erlauben. Erst wiederholte, unabhängige Beobachtungen ein und desselben Verhaltens lassen den Schluss zu, dass es sich mit hoher Wahrscheinlichkeit um ein arttypisches Verhalten handelt. Mit Sicherheit sind solche induktiven Schlüsse nicht zu ziehen. Auch die Beobachtung von noch so vielen weißen Schwänen lässt *nicht* den Schluss zu, dass alle Schwäne weiß sind. Das wäre eine unzulässige Induktion. Trotz der logischen Unmöglichkeit, aus singulären Beobachtungen allgemeingültige Sätze herzuleiten, ist die Induktion eine unverzichtbare Methodik, ohne die viele Naturwissenschaften und vor allem alle experimentellen Disziplinen nicht denkbar wären.[2]

---

[1] Die Frage der Kontextabhängigkeit von experimentellen Ergebnissen wird in der letzten Zeit sehr intensiv diskutiert. Wir werden auf diese Diskussion noch mehrfach zurückkommen. Vgl. dazu beispielhaft Smith (2010).

[2] Das Buch von Francesco Guala „The Methodology of Experimental Economics" beschäftigt sich sehr intensiv mit der Induktion als wissenschaftlicher Methode und stellt die experimentelle Wirtschaftsforschung dabei in einen größeren methodologischen Zusammenhang. Wir werden diesen wissenschaftstheoretischen Aspekt nicht näher behandeln und verweisen interessierte Leser deshalb auf das Buch von Guala (2005).

5

Die experimentelle Methode ist elementar darauf angewiesen, dass aus ihren Beobachtungen auf allgemeine Zusammenhänge (die zumindest mit hoher Wahrscheinlichkeit gelten) geschlossen werden kann. Allerdings gilt das nicht für die *einzelne* Beobachtung, die in einem *einzelnen* Experiment gemacht wird. Die Existenz von allgemeinen Zusammenhängen darf nur dann vermutet werden, wenn sich Beobachtungen *reproduzieren* lassen und wenn sie sich als robust gegen Änderungen der Versuchsanordnungen erwiesen haben. Das gilt für jede Art von experimenteller Untersuchung. Ob ein Experiment für den Test eines Modells benutzt wird oder um Politik zu beraten oder um Fakten über Verhalten zu sammeln, ist dabei gleichgültig. Verallgemeinernde Schlüsse sind erst möglich, wenn eine große Zahl von unabhängigen Beobachtungen vorliegt, die gleiche oder zumindest ähnliche Zusammenhänge zeigen. Gesucht sind *stilisierte Fakten* des Verhaltens, die sich immer wieder bestätigen lassen und unter unterschiedlichsten Bedingungen reproduziert werden können.

Damit ist nicht gemeint, dass innerhalb eines Experiments eine hinreichend große Zahl von unabhängigen Beobachtungen gemacht werden muss. Das ist zweifellos notwendig – wir werden bei der Behandlung der statistischen Verfahren in Teil 4 darauf noch ausführlich zu sprechen kommen. Dies ist jedoch nur die Vorbedingung dafür, dass wir eine einzelne statistisch signifikante Beobachtung erhalten können. Aber diese Beobachtung gilt nur für die Versuchspersonen, die am Experiment teilgenommen haben, und sie gilt nur für den Ort und den Zeitpunkt, an dem das Experiment stattgefunden hat. Ob sie auch an anderen Orten, zu anderen Zeitpunkten für andere Versuchspersonen gilt, ist zunächst völlig offen. Erst wenn es gleichlautende Befunde aus unterschiedlichen Experimenten gibt, können wir davon ausgehen, dass wir es mit hoher Wahrscheinlichkeit mit einer Regularität menschlichen Verhaltens zu tun haben.

? **Fragen**

Vergewissern Sie sich, dass Sie die folgenden Begriffe verstanden haben und richtig einordnen können:

- Induktion bzw. induktives Schließen
- Singularität einer Beobachtung
- Reproduktion von Beobachtungen

Der Reproduktion von Experimenten kommt deshalb eine große Bedeutung zu – was ein gewisses Problem darstellt. So notwendig Replikationen auch sind, so unbeliebt sind sie unter Experimentatoren. Das Experiment einer oder eines Anderen zu wiederholen ist langweilig und in aller Regel verspricht es keine besonderen Publikationserfolge, denn nur wenige Zeitschriften sind bereit, Ergebnisse zu veröffentlichen, die es so schon an anderer Stelle gab. Das hat den Effekt, dass Replikationen in Reinkultur nur sehr selten anzutreffen sind. In aller Regel sind sie in Veröffentlichungen „versteckt", in denen ein neuer Aspekt eines alten Problems untersucht wird. Dabei braucht man für gewöhnlich eine Basisanordnung (englisch „Baseline-Treatment"), mit der man die Ergebnisse des neuen Experimentdesigns vergleichen kann. Diese Basisanordnungen sind häufig in vielen Experimenten identisch und so kommt man gewissermaßen im Vorbeigehen zu den notwendigen Replikationen. Charness (2010), der den gleichen Punkt macht, weist in diesem Zusammenhang völlig zu Recht darauf hin, dass die Notwendigkeit von Reproduktionen ein starkes Argument für die Verwendung von Laborexperimenten ist. Im Gegensatz zu Feldexperimenten haben Experimente, die unter Laborbedingungen stattfinden, den Vorteil, dass die experimentelle Anordnung leicht reproduziert werden kann.

Aus diesem Grund werden die Instruktionen, die die Versuchspersonen erhalten, und das Experimentdesign mit veröffentlicht, denn so lassen sich die Experimente tatsächlich 1 : 1 wiederherstellen.

> **> Wichtig**
> - Die externe Validität experimenteller Resultate ist wichtig, weil mit Experimenten in aller Regel immer auch ein empirischer Erklärungsanspruch verbunden ist.
> - Der Kontext einer Entscheidung *kann* eine Rolle spielen. Das ist sowohl für formale Modelle (die vom Kontext abstrahieren) als auch für Laborexperimente ein Problem, weil diese in einem speziellen Labor*kontext* ablaufen.
> - Experimente müssen reproduzierbar sein. Nur dann gelingt der Übergang von singulären Beobachtungen zu stilisierten Fakten.

An dieser Stelle sei auf einen Punkt aufmerksam gemacht, der nicht nur Replikationsstudien betrifft, sondern auch „ganz normale" Experimente. Bei der experimentellen Forschung geht es darum, Effekte zu identifizieren, die hinreichend robust sind. Deshalb ist es nicht unbedingt erwünscht, dass alle Versuche in einer Versuchsreihe immer vollständig identisch ablaufen. Im Gegenteil, kleine Variationen sind durchaus sinnvoll. Beispielsweise könnte man der Meinung sein, dass es notwendig ist, dass alle Durchläufe (englisch „Sessions") eines Experiments von den gleichen Personen durchgeführt werden, weil die Person des Experimentators einen Einfluss auf das Verhalten der Versuchspersonen haben kann. Das kann natürlich der Fall sein. Beispielsweise könnte es wichtig sein, welches Geschlecht der Experimentator hat. Aber es stellt sich die Frage, ob man an Effekten interessiert sein sollte, deren Auftreten davon abhängt, ob ein Mann oder eine Frau den Versuch leitet?! Von einem robusten Effekt könnte man in diesem Fall sicher nicht sprechen.

Aber auch dann, wenn Replikationen erfolgreich sind und man tatsächlich von einem stilisierten Fakt reden kann, der robust ist, bleibt es dabei, dass er sich auf die Laborumgebung bezieht. Der Naturforscher, der tausend weiße Schwäne beobachtet hat, kann behaupten, dass der nächste Schwan, der gesichtet wird, mit hoher Wahrscheinlichkeit weiß sein wird, und er macht damit eine Aussage über die reale Welt. Ein experimenteller Wirtschaftsforscher, der ein Dutzend Arbeitsmarktexperimente gemacht hat und seine Ergebnisse auch in vergleichbaren Studien anderer Forscher bestätigt findet, kann deshalb noch immer nicht sagen, dass sich reale Arbeitsmärkte genauso abspielen, wie es im Labor beobachtet wurde. Man kann den Experimentatoren durchaus vorhalten, dass ihre Beobachtungen aus artifiziellen Umgebungen stammen und deshalb nicht ohne Weiteres auf die Realität übertragbar sind.

Eine Zeit lang haben experimentelle Wirtschaftsforscher auf diesen Vorwurf mit einer ganz geschickten Replik geantwortet (beispielsweise Plott 1982, Falk & Heckman 2009). Sie bestand in dem Hinweis, dass die Entscheidungen, die Menschen im Labor treffen, ja gar nicht artifiziell sind, sondern sehr wohl real! Das ist in der Tat richtig. In ökonomischen Experimenten werden die Versuchspersonen mit „richtigen" Entscheidungen konfrontiert, bei denen es um „richtiges" Geld geht, das ihnen real ausgezahlt wird. Versuchspersonen in einem Laborexperiment tun nicht nur so, als würden sie entscheiden, sondern sie entscheiden tatsächlich. Insofern haben Experimentatoren recht, wenn sie darauf verweisen, dass sie sich alle Mühe geben, im Labor reale Entscheidungen herbeizuführen. Besonders deutlich wird dieses Bemühen daran, dass ökonomische Experimente immer mit realen Anreizen funktionieren, d. h. die Versuchspersonen bekommen die Konsequenzen ihrer Entscheidungen real zu spüren – an der mehr oder weniger üppigen Auszahlung, die sie am Ende des Experiments einstreichen können.

Aber wenn man ehrlich ist, dann muss man eingestehen, dass die Verwendung realer, monetärer Anreize in erster Linie der Herstellung der *internen* Validität dient und erst in zweiter etwas mit der *externen* Validität zu tun hat. Indem man Geld zahlt, stellt man sicher, dass im Experiment tatsächlich genau die Anreize existieren, die im Modell als wirksam angenommen werden. Erst dadurch können Experimente überhaupt für sich in Anspruch nehmen, theoretische Modelle abzubilden. Sie können aber keineswegs von sich behaupten, auch unmittelbar auf reale Situationen übertragbar zu sein, weil sie monetäre Anreize bieten. Die Replik der Experimentatoren ist wirklich clever, aber sie löst natürlich das Problem nicht. Die Frage, ob die Beobachtung *realer* Laborentscheidungen Aussagen über *reale* Entscheidungen außerhalb des Labors erlaubt, ist damit weiterhin offen.

Letztendlich dürfte die Frage der externen Validität in größerer Allgemeinheit nicht zu beantworten sein, denn in letzter Konsequenz ist sie eine empirisch zu behandelnde Frage. Im Idealfall lässt sich die Übertragbarkeit experimenteller Resultate selbst experimentell überprüfen. Um einen solchen Idealfall zu konstruieren, braucht man eine geschlossene methodische Kette. Sie beginnt mit einem Modell. Nehmen wir als Beispiel ein Modell, das untersucht, wie sich rationale Bieter unter den Regeln einer eBay-Auktion verhalten werden. Dazu bestimmt der Theoretiker die Nash-gleichgewichtige Bietstrategie und leitet daraus eine Prognose über das Verhalten in der Auktion ab. Mit diesem Modell geht er dann zum Experimentator und bittet ihn um eine Überprüfung der theoretisch hergeleiteten Prognose. Die Schwierigkeit bei der empirischen Überprüfung des Modells besteht darin, dass die Zahlungsbereitschaft, die ein einzelner Bieter besitzt, zwar für sein Gebot ausschlaggebend ist, aber nicht direkt beobachtet werden kann. Im Labor lässt sich dieses Problem leicht lösen. Der Experimentator teilt jeder Versuchsperson vor der Auktion mit, welchen Wert das zu versteigernde Gut für sie hat, d. h. wie viel Geld ausgezahlt wird, wenn sie die Auktion gewinnt. Von dieser Auszahlung geht dann noch der Preis ab, der in der Auktion ermittelt wird. Was übrig bleibt, kann die Versuchsperson mit nach Hause nehmen. Wird jetzt die Auktion durchgeführt, weiß der Experimentator, wie hoch die maximale Zahlungsbereitschaft jedes einzelnen Bieters ist – er hat sie ja gerade selbst „induziert". Das Induzieren von Präferenzen ist nur in einem kontrollierten Laborversuch möglich und Friedman (2010, S. 29) bezeichnet diese Technik, die grundlegend von Smith (1976) beschrieben wird, als einen „Cornerstone" der experimentellen Wirtschaftsforschung.

Mit Hilfe der Methode induzierter Werte (englisch „Induced Value Method") liefert das Experiment Beobachtungen, an denen sich die Güte der theoretischen Prognose messen lässt. Nehmen wir an, dass das Experiment die Theorie bestätigt, d. h. die Versuchspersonen geben Gebote ab, die denen entsprechen, die sie im Nash-Gleichgewicht des Spiels abgeben sollten. Damit ist das Modell mit einem *intern validen* Experiment im *Labor* bestätigt worden. Der nächste Schritt besteht darin, das Ganze außerhalb des Labors zu wiederholen. Das geschieht mit einem *kontrollierten Feldexperiment*. Nehmen wir an, dass die Auktionsform auf einer Internetplattform eingesetzt werden soll. In dem Feldversuch wird diese Plattform mit allen realen Eigenschaften, die sie aufweist, als Experimentumgebung genutzt. Die vom Experimentator rekrutierten Versuchspersonen sitzen nun aber nicht im Labor vor einem PC, sondern bequem bei sich zu Hause, d. h. sie sind in exakt der Situation, in der die „echten" Nutzer der Plattform auch sind. Ansonsten läuft der Feldversuch genauso wie der im Labor, d. h. die Versuchspersonen erfahren den Wert, den das Gut für sie hat, und geben dann ihre Gebote ab. Nehmen wir an, dass sich auch in dieser Umgebung zeigt, dass die Prognose des Modells zutrifft. Der letzte Schritt ist dann das *natürliche Feldexperiment*, das darin besteht, dass man das Verhalten realer Nutzer (die nicht wissen, dass sie an einem Experiment teilnehmen) auf der Internetplattform beobachtet. Da man deren Zahlungsbereitschaften natürlich nicht kennt, muss man allerdings die Methodik ein wenig variieren. Beispielsweise könnte man zwei verschiedene Auktionsdesigns benutzen, die zu unterschiedlichen Nash-Gleichgewichten führen. Nehmen wir an, das Modell liefert dazu eine qualitative Prognose, indem es voraussagt, unter welchem Design sich ein höherer Preis einstellen wird (bei identischen Gütern, die zur Versteigerung kommen). Dann können in kontrollierter Form reale Versteigerungen eingerichtet werden, die es erlauben, diese qualitative Prognose zu überprüfen. Kommt auch diese Überprüfung zu einem positiven Ergebnis, ist damit gezeigt, dass das Modell das tatsächliche Verhalten von realen Bietern in realen Auktionen mit hoher Wahrscheinlichkeit zutreffend beschreibt.

Manchmal funktionieren methodische Ketten auch in umgekehrter Reihenfolge. Bolton et al. (2013) berichten über einen solchen Fall. eBay bietet seinen Nutzern die Möglichkeit, Feedback zu den Transaktionen zu geben, die sie abgewickelt haben. Käufer und Verkäufer können über die Erfahrungen berichten, die sie miteinander gemacht haben, und so können Akteure auf eBay sich eine positive Reputation schaffen, indem sie möglichst viele positive Feedbacks sammeln. Dabei fällt auf, dass der Anteil der negativen Feedbacks sehr klein ist. Das gilt auch im internationalen Vergleich – mit einer Ausnahme. In Brasilien ist der Anteil negativer Feedbacks signifikant höher als in den anderen Ländern. Ticken die Brasilianer anders? Spielt der kulturelle Hintergrund eine Rolle? Oder liegt der Unterschied daran, dass in Brasilien ein anderes Design des Reputationsmechanismus gewählt wurde? In Brasilien können die Akteure verdeckt Bewertungen abgeben, d. h. sie sind vor Vergeltungsmaßnahmen (in Form einer ebenfalls schlechten Bewertung) geschützt. Bolton et al. (2008) konnten diese Frage im Labor klären, indem sie ein Experiment durchführten, bei dem der Effekt der beiden Designs des Reputationsmechanismus isoliert untersucht wurde. Der Befund zeigt, dass bei verdeckter Bewertung der Anteil negativer Bewertungen deutlich höher ausfiel.

Auch das Auktionsexperiment von Brosig & Reiß (2007) ist von empirischen Befunden motiviert. So stellte man in empirischen Untersuchungen zu Beschaffungsauktionen fest, dass Unternehmen, die in früheren Auktionen nicht gewonnen hatten, sich eher an späteren Auktionen beteiligten als solche, die bereits in früheren Auktionen gewonnen hatten (Jofre-Bonet & Pesendorfer 2000, 2003). Auch zeigte sich, dass Unternehmen, die am Morgen in Auktionen verloren hatten, am Nachmittag aggressiver boten als die Gewinner aus den Morgenauktionen (De Silva et al. 2002). Es wurde vermutet, dass begrenzte Kapazitäten der Unternehmen für dieses Verhalten verantwortlich sind. Dies wurde von Brosig-Koch & Reiß (2007) unter kontrollierten Laborbedingungen getestet. In der Tat beobachteten sie in ihren Beschaffungsauktionen ein ähnliches Verhalten, das sich in ihrem Laborexperiment klar auf die begrenzten Kapazitäten zurückführen lässt.

Die methodische Kette erlaubt auch in diesem Fall die unmittelbare Überprüfung der *externen Validität*. Das ist der Tatsache zu verdanken, dass die Kette bis in die Realität reicht, weil sie kontrollierte Feldexperimente zulässt. Das gelingt in unseren Beispielen, weil elektronische Marktplätze eine für Experimentatoren wundervolle Eigenschaft besitzen. Sie lassen sich einerseits eins zu eins im Labor nachbauen und andererseits in ihrer realen Umgebung als Labor nutzen. Leider ist das die Ausnahme. Die Regel ist, dass sich die methodische Kette nicht so weit spannen lässt, weil der Sprung vom Labor ins Feld nicht vollständig gelingt. Wenn wir beispielsweise im Labor einen Arbeitsmarkt installieren, auf dem sich die Anbieter und die Nachfrager von Arbeit begegnen, um dort Löhne auszuhandeln und zu entscheiden, wie intensiv sie arbeiten möchten, dann müssen wir uns der Tatsache bewusst sein, dass es auf diesem Laborarbeitsmarkt viele Dinge nicht gibt, die auf realen Arbeitsmärkten sowohl die Löhne als auch die abgelieferte Arbeitsleistung maßgeblich mitbestimmen. Weil das so ist, ist die *externe Validität* experimenteller Arbeitsmärkte eingeschränkt.

Das bedeutet aber nicht, dass die Beobachtungen, die auf dem Laborarbeitsmarkt gemacht werden, auf realen Arbeitsmärkten keine Rolle spielen. Im Gegenteil, es kann sehr wohl sein, dass das Experiment Regularitäten im Zusammenspiel von Arbeitsanbietern und -nachfragern aufdeckt, die dem Beobachter realer Märkte verborgen bleiben. Ob das der Fall ist oder ob das, was im Labor beobachtet wurde, ein experimentelles Artefakt ist, kann allerdings aus dem Laborversuch allein nicht geschlossen werden. Dazu sind weitere empirische Untersuchungen realer Märkte notwendig, die sehr viel schwieriger sind als der Feldversuch, den man bei Internetauktionen anwenden kann. Der große Vorteil, den die experimentelle Analyse in diesem Fall schafft, besteht darin, dass sie den Blick der Empiriker schärft und ihnen sehr genau zeigt, wohin sie schauen sollen.

> **Wichtig**
> - Experimente sollten robuste Resultate erzeugen. Aber auch robuste stilisierte Fakten müssen nicht notwendigerweise extern valide sein.
> - Monetäre Anreize sichern die *interne* Validität, stellen aber nicht automatisch *externe* Validität her.
> - Die Frage nach der externen Validität eines Experiments ist letztlich nur empirisch zu beantworten. Hilfreich sind dabei methodische Ketten, die von der Theorie bis zum Feldversuch reichen.

Kann man externe Validität nicht auch ohne empirische Bestätigung einfach unterstellen? Warum sollten sich Menschen im Labor gänzlich anders verhalten als im „realen Leben"? Schließlich geben die Versuchspersonen ihre Persönlichkeit, ihre Einstellungen, Werte und Präferenzen nicht an der Labortür ab. Warum also sollten sie im Labor etwas Anderes tun als außerhalb? Die Entscheider sind im Labor die gleichen wie außerhalb, aber sind auch die Entscheidungssituationen vor und hinter der Labortür die gleichen? Ganz sicher nicht und die entscheidende Frage ist deshalb, wie stark die konkrete Ausgestaltung des Entscheidungsproblems das Verhalten der einzelnen Akteure beeinflusst. Ein Beispiel mag den Punkt etwas deutlicher werden lassen:

In der experimentellen Forschung wird das Diktatorspiel benutzt, um Aufschluss darüber zu bekommen, wie sich Menschen verhalten, wenn sie die Wahl haben zwischen einer Auszahlung, die sie selbst bekommen, und einer Zahlung an einen Anderen. Dazu wird eine Versuchsperson (der Diktator) mit Geld ausgestattet (sagen wir 10 €) und es wird ihr zugleich mitgeteilt, dass es eine zweite Versuchsperson gibt, die kein Geld erhalten hat. Der Diktator kann dann entscheiden, ob er von seiner Ausstattung etwas an den anderen Spieler abgibt oder die 10 € für sich behält. Es ist ein stilisierter Fakt, dass in solchen Experimenten die Diktatoren im Durchschnitt einen beträchtlichen Anteil an die zweite Versuchsperson abgeben. Das ist ein erstaunliches Ergebnis, das von dem, was wir außerhalb des Labors beobachten, stark abweicht. Dort kommt es so gut wie nie vor, dass Menschen anderen Menschen, die ihnen wildfremd sind und über die sie so gut wie nichts wissen, Geld schenken. Menschen spenden, aber das tun sie für wohltätige Zwecke und nicht einfach so. Menschen machen Geschenke, aber auch dafür haben sie in aller Regel gute Gründe, die meistens in der beschenkten Person liegen. Im Diktatorspielexperiment ist alles das nicht gegeben. Die Diktatoren wissen nicht, ob der andere Versuchsperson männlich oder weiblich ist, bedürftig oder wohlhabend, sie kennen weder Namen noch sonst etwas von ihr – und dennoch machen sie diesem unbekannten Menschen Geschenke. Offensichtlich geschieht dies deshalb, weil die spezifische experimentelle Situation, in die sie der Experimentator gebracht hat, ein solches Verhalten nahelegt. Daraus aber zu schlussfolgern, dass die gleichen Versuchspersonen, die im Experiment etwas abgeben, auch in der realen Welt Geld an Fremde verschenken, ist nicht ohne Weiteres möglich. Wir werden diesen Punkt in ▶ Kap. 11 des zweiten Buchteils ausführlicher diskutieren.

Dieses Beispiel macht deutlich, dass die externe Validität vermutlich davon abhängen wird, wie ähnlich die Entscheidungssituationen innerhalb und außerhalb des Labors sind. Cherry et al. (2002) haben beispielsweise gezeigt, dass die Abgaben im Diktatorspielexperiment sehr deutlich zurückgehen, wenn die Diktatoren ihre Anfangsausstattung nicht vom Experimentator geschenkt bekommen, sondern dafür arbeiten müssen. Das nähert die Laborsituation der realen an, denn Geld, das man verschenken könnte, hat man in aller Regel nicht selbst geschenkt bekommen, sondern durch Arbeit erworben. Smith (2010, S. 13) fordert in diesem Zusammenhang, dass Experimentatoren sich immer vorstellen sollen, wie sich die Versuchspersonen wohl verhielten, wenn sie mit eigenem Geld spielen müssten. Die Verwendung eigenen Geldes stellt eine Art Parallelität zwischen Laborversuchen und Realität her und je eher eine solche Parallelität gegeben ist, umso eher können wir davon ausgehen, dass die Experimente extern valide sind. Wie notwendig es ist, auf eine möglichst ausgeprägte Parallelität zu achten, zeigt sich gerade im Zusammenhang mit dem Phänomen sozialer Präferenzen. So stellt DellaVigna (2009) fest, dass man im Labor sehr viel mehr „soziales Verhalten" beobachtet als in der Realität. Es ist eine wichtige Aufgabe der experimentellen Forschung herauszufinden, warum das so ist.

Die Frage der externen Validität von Laborexperimenten ist in den letzten Jahren durch eine Diskussion in den Fokus der Disziplin geraten, die sich um die Frage dreht, ob es einen qualitativen Unterschied zwischen Labor- und Feldversuchen gibt, der daraus resultiert, dass Feldversuche eine höhere externe Validität besitzen als Laborexperimente. Aufgestellt wurde diese Behauptung vor allem von Levitt & List (2007, 2008) und sie hat zu einer Kontroverse geführt, die teilweise auf höchster wissenschaftlicher Ebene (gemessen an der Bedeutung der Zeitschriften, in denen entsprechende Beiträge erschienen) ausgetragen wurde. So erschien in „Science" sowohl ein „laborkritisches" Papier von Levitt & List (2007), als auch eine vehemente Verteidigung der Laborexperimente durch Falk & Heckman (2009). Diese Diskussion ist aus unserer Sicht nicht so sehr deswegen interessant, weil es tatsächlich eine Hierarchie der Methoden gibt, sondern weil sie potentielle Schwachstellen der experimentellen Methodik sehr klar zutage gefördert hat. Die Ausführungen, die wir zur Bedeutung methodischer Ketten bereits gemacht haben, zeigen, dass wir von einer strikt komplementären Beziehung von Labor- und Feldexperimenten ausgehen. Sie sind keine Alternative und sie haben jeweils eigene Stärken und eigene Schwächen. Dennoch bietet es sich an, die Diskussion, die sich zwischen „Feld" und „Labor" abgespielt hat, dafür zu nutzen, um einige methodische Punkte aufzuzeigen, an denen man aufpassen muss. Wir werden diese Punkte in Teil 2 im Detail aufgreifen und diskutieren.

In ihrem Beitrag aus dem Jahr 2007 haben Levitt & List eine Liste von Schwachstellen vorgestellt, die sie bei Laborexperimenten ausmachen und von denen sie behaupten, dass Feldexperimente sie nicht oder zumindest weniger stark ausgeprägt besitzen. Falk & Heckman (2009) nehmen sich diese Liste vor und versuchen die einzelnen Kritikpunkte zu entkräften (Croson & Gächter 2010). Der erste Punkt auf der Levitt & List Liste betrifft die Auswahl der Versuchspersonen. Die Behauptung ist, dass es dabei zu einem Selektionsprozess kommt, der die Ergebnisse von Laborexperimenten verfälscht. Die Selektion beschränkt sich nicht nur darauf, dass in aller Regel ausschließlich Studierende als

Versuchspersonen dienen, sondern schließt ein, dass es nur *bestimmte* Studierende sind, die sich für Experimente zur Verfügung stellen. Tatsächlich kann man sich durchaus vorstellen, dass bestimmte Charaktereigenschaften oder Persönlichkeitsmerkmale unter den Versuchspersonen häufiger zu finden sind als in der gesamten Studierendenschaft. Beispielsweise wissen die Versuchspersonen vor ihrem ersten Besuch im Labor nicht genau, was auf sie zukommt. Experimentier- und risikofreudige Typen könnten dieser Ungewissheit eher etwas Positives abgewinnen und gerade deshalb an einem Experiment teilnehmen, um herauszufinden, was im Labor passiert. Risikoscheue Studierende könnten von der Unsicherheit eher abgeschreckt sein.

Falk & Heckman (2009) halten diesem Einwand entgegen, dass man den Einfluss von Persönlichkeitsmerkmalen auf das Verhalten im Labor kontrollieren kann. So kann man die Versuchspersonen einen Fragebogen ausfüllen lassen, mit dessen Hilfe solche Merkmale erfasst werden können. Bekannt ist beispielsweise der so genannte Big Five Persönlichkeitstest oder der NEo-FFI Test, der eine Weiterentwicklung des Big Five ist (Simon 2006). Auf diese Weise wird die Persönlichkeitsstruktur der Versuchspersonen zu einer weiteren erklärenden Variablen für das beobachtete Verhalten. Darüber hinaus weisen Falk und Heckman darauf hin, dass Selektionsprobleme natürlich auch bei Feldexperimenten auftreten können. Das ist zwar richtig, aber man muss natürlich einräumen, dass Feldexperimente, die keine aktive Auswahl der Versuchspersonen durch den Experimentator vorsehen, weniger mit diesem Problem zu kämpfen haben. Die Diskussion um mögliche Selektionsprozesse bei der Auswahl der Versuchspersonen macht deutlich, dass diesem Auswahlvorgang besondere Aufmerksamkeit gebührt. Wir werden uns deshalb mit diesem Problem im ▶ Kap. 9 des zweiten Buchteils noch ausführlich befassen. Allerdings gibt es inzwischen experimentelle Evidenz dafür, dass eine systematische Selektion bei der Rekrutierung von studentischen Versuchspersonen nicht festzustellen ist (Falk et al. 2013).

Der nächste Punkt auf der Liste betrifft das Verhalten der Versuchspersonen im Labor. Levitt & List vermuten, dass die Tatsache, dass die Versuchspersonen beobachtet werden, ihr Verhalten verändert. In der Tat ist nicht abzustreiten, dass sich die Laborsituation in diesem Punkt von der Realität unterscheidet – auch wenn es im wirklichen Leben durchaus Situationen gibt, in denen man ebenfalls unter Beobachtung steht. Es könnte beispielsweise sein, dass die Versuchspersonen ein Verhalten zeigen, von dem sie annehmen, dass der Experimentator es von ihnen erwartet. Es könnte auch sein, dass sie egoistische Entscheidungen nicht treffen, weil sie nicht gern dabei beobachtet werden wollen, wenn sie sich eigennützig verhalten. Man kann diesen Einwand gegen die externe Validität von Laborexperimenten allerdings dadurch entkräften, dass man durch Doppelblindanordnungen die Versuchspersonen vor der direkten Beobachtung durch den Experimentator „schützt". Im Ergebnis hat eine Doppelblindanordnung zur Folge, dass der Experimentator zwar weiß, wie sich die Versuchsperson mit der Nummer X verhalten hat, aber nicht weiß, wer von den Personen im Labor die Nummer X hatte. Die erhoffte Wirkung kann eine solche Anordnung natürlich nur dann haben, wenn sie für die Versuchspersonen so transparent gemacht wird, dass sie tatsächlich auch sicher sein können, dass niemand erfahren kann, wie sie sich verhalten haben. In ▶ Abschn. 11.2 des zweiten Buchteils werden wir auf diesen Punkt zurückkommen und erläutern, wie man transparente Doppelblindanordnungen gestalten kann.

Der nächste Punkt auf Levitts & Lists Liste ist gewissermaßen ein alter Hut. Er besteht in der Befürchtung, dass die Beträge, um die es bei Laborexperimenten geht, zu klein und unbedeutend sein könnten, um tatsächlich die Anreize zu bieten, die man braucht. Dieser Einwand ist von Anfang an gegen Laborexperimente erhoben worden und Falk & Heckman weisen zu Recht darauf hin, dass er eigentlich längst als erledigt angesehen werden kann. Selbstverständlich ist es leicht möglich, die Auszahlungshöhen in Experimenten zu variieren und dadurch zu überprüfen, ob es einen Unterschied macht, wenn die Auszahlungen deutlich höher gewählt werden, als dies üblicherweise in Experimenten der Fall ist. Die experimentellen Ergebnisse zu der Frage, wie sich höhere Auszahlungen auf das Laborverhalten auswirken, sind durchwachsen. Carpenter et al. (2005) finden beispielsweise weder im Ultimatumspielexperiment noch im Diktatorspielexperiment einen Unterschied zwischen Anordnungen bei denen es um 10 $ oder 100 $ geht. Allerdings können sie im Ultimatumspielexperiment nur Aussagen über das Verhalten der Proposers (diejenigen, die einen Vorschlag unterbreiten) machen, weil alle Angebote (bis auf eines) angenommen werden und deshalb über die Annahmegrenze der Responders (diejenigen, die annehmen oder ablehnen) nichts gesagt werden kann. Andersen et al. (2011) zeigen, dass diese Grenze bei höheren Auszahlungen tendenziell fällt und sie behaupten, dass sie für hinreichend große Auszahlungen gegen Null gehen würde. Slonim & Roth (1998) beobachten, dass die Varianz im Verhalten mit steigenden Auszahlungen abnimmt. Camerer & Hogarth (1999) finden in einer Meta-Analyse dagegen keine starken Effekte der Auszahlungshöhe und Fehr et al. (2014) können ebenfalls keinen Unterschied zwischen hohen und niedrigen Auszahlungen feststellen. Insgesamt zeigt sich damit, dass der Auszahlungshöhe zwar eine gewisse Bedeutung zukommt, aber die Höhe der Auszahlungen im Experiment kein prinzipielles Problem zu sein scheinen. Auch auf diesen Punkt werden wir im zweiten Buchteil in ▶ Abschn. 8.2 noch ausführlich eingehen.

Ernster zu nehmen ist dagegen der Einwand, dass die Versuchspersonen in aller Regel nicht genug Gelegenheit haben, Erfahrungen zu sammeln und zu lernen. Das ist in der Tat häufig der Fall. Laborexperimente dauern oft nicht länger als eine bis zwei Stunden. Es ist offensichtlich, dass in solch kurzen Fristen die Möglichkeiten Erfahrungen zu sammeln sehr begrenzt sind. Falk und Heckman verweisen zwar darauf, dass man den Einfluss von Lernen und Erfahrung auf das Verhalten experimentell testen kann. Fakt ist allerdings, dass dies sehr selten geschieht. Auch auf diesen Punkt werden wir noch zurückkommen.

Abgesehen von den einzelnen Punkten, die Levitt und List aufführen, kritisieren sie, dass Laborexperimente einfach zu weit von der realen Welt entfernt sind, als dass man ihre Ergebnisse auf eben diese Welt übertragen kann. Entscheidende Bedeutung hat dabei der schon erwähnte Kontext, in dem ökonomische Prozesse und Entscheidungen ablaufen und der nach Überzeugung vieler Ökonomen eben doch einen wichtigen Einfluss besitzt. Wird diese Kontextabhängigkeit ignoriert, sind Analogieschlüsse vom Labor auf die Realität nicht möglich. Allerdings stellt sich die Frage, warum dieser Punkt häufig nur im Zusammenhang mit Laborversuchen aufgeworfen wird. Wenn es eine Kontextabhängigkeit gibt, dann muss dieser auf allen methodischen Ebenen berücksichtigt werden, d. h. eben auch in den Modellen und bei den Feldversuchen. Mit ihrem Streben nach größtmöglicher Allgemeinheit hat die ökonomische Theorie den Gedanken der Kontextabhängigkeit sehr gründlich aus ihrem Gedankengebäude vertrieben. Dass Kontexte auch im Labor kaum eine Rolle spielen ist eine unmittelbare Folge davon, denn wenn Experimente Theorien testen wollen, die kontextfrei sind, müssen auch die experimentellen Anordnungen kontextfrei gestaltet werden (Alekseev et al. 2017). Wenn im Zusammenhang mit der Diskussion um die externe Validität von Experimenten ausschließlich die Wirklichkeitsferne der Laborexperimente diskutiert wird, greift das zu kurz. Wenn schon, dann muss dieser Punkt für alle methodischen Werkzeuge gelten, derer sich Ökonomen bedienen.

Auch Theoretiker, die ein Arbeitsmarktmodell entwickeln, schaffen durch die Annahmen seines Modells einen ganz speziellen Raum, innerhalb dessen Akteure mit ebenfalls durch Annahmen geschaffenen Eigenschaften Entscheidungen treffen. Ob dieser Raum und die Annahmen des Modells geeignet sind, Aussagen abzuleiten, die auch außerhalb des Modells, in der realen Welt, Gültigkeit beanspruchen können, ist *a priori* keineswegs klar. In vielen Fällen ist es sogar höchst ungewiss. Beispielsweise benötigen spieltheoretische Modelle, um Nash-Gleichgewichte bestimmen zu können, sehr weitgehende Annahmen über das Verhalten der einzelnen Spieler. Ihnen muss nicht nur vollständig und strikt rationales Verhalten unterstellt werden, sondern es muss auch angenommen werden, dass die Rationalität der Spieler gemeinsames Wissen (englisch „Common Knowledge")[3] ist. Außerdem müssen auch die Erwartungen der Spieler (englisch „Beliefs") Common Knowledge sein. Es ist in vielen Fällen ganz sicher nicht davon auszugehen, dass diese Annahmen außerhalb des Modells erfüllt sind. Am ehesten lassen sie sich noch im Labor erfüllen – zumindest die Erwartungen der Versuchspersonen lassen sich dort kontrollieren und induzieren.

Ob Modelle etwas über die Realität sagen oder nicht, ist eine Frage, die letztlich mit der nach der nach der externen Validität von Experimenten eng verknüpft ist. Sie lässt sich am einfachsten beantworten, wenn methodische Ketten möglich sind, wie sie oben am Beispiel der Internetauktion beschrieben wurden. So gesehen sitzen die Theoretiker und die experimentellen Ökonomen bei dieser Frage in einem Boot. Sollten Theoretiker Experimente ablehnen, weil deren externe Validität nicht gesichert ist, übersehen sie die Notwendigkeit, die externe Validität der Theorie nachweisen zu müssen, und sie übersehen, dass sie das am besten zusammen mit den Experimentatoren tun können.[4]

> **Wichtig**
> Für die externe Validität von Laborversuchen ist die Parallelität zwischen der Situation im Labor und realen Entscheidungen sehr wichtig. Je ausgeprägter die Parallelität, umso eher kann mit extern validen Resultaten gerechnet werden.
>
> Experimentelle Forschung weist einige spezielle Probleme auf, die intensiv in der Literatur diskutiert wurden: Mögliche Selektionseffekte bei der Gewinnung von Versuchspersonen, Verhaltensveränderungen durch Beobachtung, fehlende Möglichkeiten Erfahrungen zu sammeln und zu lernen sowie potentiell zu geringe Auszahlungen zählen dazu. Alle diese Punkte werden in speziellen Kapiteln im zweiten Teil dieses Buches diskutiert.
>
> Der Einwand, Experimente seien zu artifiziell oder zu abstrakt, um extern valide Erkenntnisse zu liefern, muss sich gegen alle Instrumente ökonomischer Forschung richten, die mit Vereinfachungen und Abstraktionen arbeiten, also *auch* gegen die formale Modellierung. Ob er berechtigt ist, ist in jedem Fall eine empirisch zu beantwortende Frage.

Zusammenfassend kann man festhalten, dass die Frage der externen Validität für die experimentelle Forschung deshalb eine so hohe Bedeutung hat, weil die Wirtschaftswissenschaft letztlich eine empirische Disziplin ist, deren Ziel darin besteht, Aussagen darüber

---

[3]   Alle sind rational, alle wissen, dass alle rational sind, alle wissen, dass alle wissen, dass alle rational sind usw.

[4]   Vgl. dazu Weimann (2015) oder die Diskussion im vierten Teilkapitel des 2015 von Guillaume R. Fréchette und Andrew Schotter herausgegebenen „Handbook of Experimental Methodology" (Fréchette & Schotter 2015).

zu entwickeln, was in realen Ökonomien geschieht. Wenn man den Versuch unternimmt, ökonomisch relevante Entscheidungssituationen im Labor zu untersuchen, dann liegt die Frage, was man daraus über die reale Welt lernen kann, auf der Hand. Sie drängt sich geradezu auf. Deshalb werden experimentelle Forscher auch immer wieder mit dieser Frage konfrontiert – und das völlig zu Recht. Eine Antwort ist in allgemeingültiger Form nicht möglich, sondern kann nur im Einzelfall gegeben werden und die externe Validität verschiedener Experimente kann durchaus sehr unterschiedlich ausfallen.

❓ Fragen

- Stellt sich die Frage der externen Validität eigentlich auch bei naturwissenschaftlichen Versuchen, beispielsweise in der Physik oder der Chemie?
- Unter welchen Bedingungen kann man sicher davon ausgehen, dass naturwissenschaftliche Experimente extern valide sind?

Verhaltensforschung: Eine interdisziplinäre Angelegenheit

© Springer-Verlag GmbH Deutschland, ein Teil von Springer Nature 2019
J. Weimann und J. Brosig-Koch, *Einführung in die experimentelle Wirtschaftsforschung*,
https://doi.org/10.1007/978-3-642-32765-0_6

Das menschliche Verhalten ist nicht nur Gegenstand wirtschaftswissenschaftlicher Forschung. Im Gegenteil, die Ökonomen haben sich lange Zeit relativ wenig darum gekümmert, das Verhalten realer Menschen zu untersuchen. Andere Disziplinen sind da wesentlich aktiver gewesen und haben deshalb eine lange Tradition und einen großen Fundus an Erkenntnissen. Allen voran hat sich die Psychologie natürlich von Anfang an dafür interessiert, was das menschliche Verhalten steuert. Die Sozialpsychologie untersucht solches Verhalten in gesellschaftlichen Kontexten und richtet den Blick nicht nur auf einzelne Akteure, sondern auch auf Gruppen und deren Verhaltensdynamik. Eine eher medizinisch geprägte Sicht auf das Verhalten haben die Neurowissenschaften und die Genetik, die allerdings deutlich jünger sind als die Psychologie.

Welche Verbindungen hat die experimentelle Wirtschaftsforschung zu diesen Nachbardisziplinen? Was können Ökonomen von Psychologen, Neurowissenschaftlern und Genetikern lernen? Für dieses Buch von besonderem Interesse sind natürlich die Fragen, welche methodischen Unterschiede zwischen den Disziplinen bestehen und wie sich eine Zusammenarbeit – eventuell trotz bestehender methodischer Unterschiede – organisieren lässt.

▪ Ökonomik und Psychologie

Wir haben ja bereits gesehen, dass das neoklassische Forschungsprogramm mit dem Versuch einherging, die Wirtschaftswissenschaft von der Psychologie vollständig abzukoppeln und eine „psychologiefreie Forschung" zu betreiben. Mit der experimentellen Wirtschaftsforschung auf der einen Seite und der Verhaltensökonomik auf der anderen ist der Bezug zur Psychologie zurückgekehrt und auf den ersten Blick scheint das zu einer weitgehenden Annäherung der Disziplinen geführt zu haben. Dass mit *Daniel Kahneman* ein Psychologe mit dem Wirtschaftsnobelpreis ausgezeichnet wurde, ist in der Tat ein weithin sichtbares Zeichen dafür. Dennoch bestehen auch heute noch erhebliche methodische Unterschiede zwischen der experimentellen Wirtschaftsforschung, einschließlich der Verhaltensökonomik, in der auch viele Psychologen beschäftigt sind, und weiten Teilen der experimentellen Psychologie.

Die Psychologie hat eine wesentlich längere experimentelle „Geschichte" als die Ökonomik. Deshalb könnt man sich vorstellen, dass die experimentelle Wirtschaftsforschung quasi eine Anwendung psychologischer Methoden auf spezielle – eben ökonomische – Fragestellungen ist. Aber die Ökonomen sind auch hier wieder einmal ihren eigenen Weg gegangen und heute muss man wohl eher sagen, dass die Psychologen, die sich mit verhaltensökonomischen Fragen befassen, eher auf die ökonomische Methodik zurückgreifen, als dass es anders herum wäre. Was unterscheidet ökonomische von psychologischen Experimenten?

Von einigen Details abgesehen, sind es vor allem zwei methodische Grundsatzentscheidungen, die die beiden Disziplinen voneinander unterscheiden. Die erste besteht darin, dass Ökonomen grundsätzlich nur Experimente anerkennen, in denen die Versuchspersonen mit realen Anreizen konfrontiert werden. In fast allen Fällen handelt es sich bei diesen Anreizen um Geld. Der Hintergrund dieses Prinzips ökonomischer Experimente ist die theoretische Grundlage, auf der sich die experimentelle Wirtschaftsforschung abspielt. Ökonomische Modelle beschreiben menschliches Verhalten meist als Ergebnis von Optimierungen, bei denen materielle Anreize eine sehr große Rolle spielen. Nutzenfunktionen bilden diese Anreize formal ab und im Experiment lassen sich diese durch Auszahlungsfunktionen installieren. Damit gelingt die schon angesprochene enge Anbindung des Experiments an die Theorie. Diese Verbindung ist in der Psychologie notgedrungen lockerer, denn die Psychologen formulieren ihre Modelle meist nicht mit Hilfe mathematischer Gleichungen oder einer anderen formalen Sprache, die sich 1 : 1 ins Labor übersetzen ließe. Deshalb ist für psychologische Experimente die Verwendung von monetären Anreizen auch nicht in dem Maße zwingend wie für Ökonomen.

Zwei Fragen werden im Zusammenhang mit der Verwendung oder dem Verzicht auf monetäre Anreize immer wieder diskutiert. Die erste liegt auf der Hand: Macht es einen Unterschied, ob Versuchspersonen um echtes Geld spielen oder verhalten sie sich bei rein fiktiven Auszahlungen genauso? Diese Frage ist natürlich experimentell untersucht worden und man kann die Ergebnisse sehr einfach zusammenfassen: Manchmal macht es keinen Unterschied, häufig macht es einen.[1] Ökonomen ziehen daraus einen einfachen Schluss: Es ist besser reale Anreize zu verwenden, weil man dann auf der sicheren Seite ist.

Die Grundsatzentscheidung zugunsten von monetären Anreizen hat einen angenehmen Nebeneffekt. Sie erleichtert die Gewinnung von Versuchspersonen. Das ist ein durchaus wichtiger Punkt, denn mitunter ist eine große Zahl von Versuchspersonen notwendig, um eine hinreichend große Zahl von unabhängigen Beobachtungen zu gewinnen. Vor allem Studierende wissen es in der Regel zu schätzen, dass man mit der Teilnahme an Experimenten etwas dazu verdienen kann. Diesen Effekt sollte man bei der Wahl der Auszahlungshöhe mit beachten. Ein Labor, das die Reputation besitzt gut zu zahlen, wird kaum Schwierigkeiten haben Versuchspersonen zu finden. Ist man dagegen zu sparsam bei der Verwendung von Experimentgeldern, kann sich schnell herausstellen, dass man am falschen Platz gespart hat, weil man zwar noch Geld übrig hat, um weitere Experimente durchzuführen, aber leider keine Versuchspersonen mehr.

Auf der anderen Seite macht der Verzicht auf reale Anreize die Rekrutierung von Versuchspersonen zu einem echten Problem. In der Psychologie wird dieses mitunter in einer Weise gelöst, die geeignet ist, neue Probleme zu schaffen. Psychologiestudierende werden ganz einfach *verpflichtet* während des Studiums an einer bestimmten Anzahl von Experimenten teilzunehmen. Das wirft natürlich die Frage auf, welchen Motiven eine Versuchsperson folgt, die gezwungenermaßen an einem Experiment teilnimmt. Man kann sich Vieles vorstellen. Ärger über die geopferte Zeit könnte genauso gut eine Rolle spielen wie der Wunsch, es der Experimentatorin oder dem Experimentator „Recht" zu machen. Der Punkt ist: Man weiß es nicht, d. h. man hat keine Kontrolle darüber. Das Verhalten von zum Experiment gezwungenen Versuchspersonen ist deshalb nur sehr schwer zu interpretieren.

Die zweite Grundsatzentscheidung, die Ökonomen getroffen haben und die sie von ihren psychologischen Kollegen außerhalb der Verhaltensökonomik deutlich unterscheidet, besteht darin, dass sie Versuchspersonen niemals belügen. Die Manipulation von Versuchspersonen ist in der experimentellen Wirtschaftswissenschaft im höchsten Maße verpönt – und das aus gutem Grund. Man kann aus dem Verhalten von Versuchspersonen nur dann etwas lernen, wenn man die Bedingungen kennt, unter denen die Versuchspersonen ihre Entscheidungen getroffen haben. Das ist ja der Vorteil des Experiments. Man kann die Umstände, unter denen entschieden wird, kontrollieren. Das gelingt aber nicht mehr, wenn man nicht davon ausgehen kann, dass die Versuchspersonen dem Experimentator glauben. Die experimentelle Zunft braucht die Reputation, dass sie den Versuchspersonen genau das erzählt, was auch tatsächlich im Experiment passiert. Verspielt sie diese

---

[1]   Vgl. dazu ▶ Kap. 8 im zweiten Buchteil sowie Lichters et al. (2014), die die Bedeutung realer Anreize für Experimente in der Marktforschung diskutieren.

6

Reputation, weiß kein Experimentator mehr, was die Versuchspersonen für den wahren Versuchsaufbau halten. Deshalb achten Herausgeber sowie Gutachter wissenschaftlicher Zeitschriften sehr darauf, dass die Regeln eingehalten werden, auf die man sich implizit verständigt hat. Wir werden uns in ▶ Abschn. 9.1 im zweiten Buchteil noch näher mit diesem Punkt befassen.

Eigentlich ist das Argument für einen ehrlichen Umgang mit den Versuchspersonen sehr überzeugend. Aber nicht alle Psychologen sind bereit ihm zu folgen. Mitunter argumentieren sie, dass man viele interessante Fragestellungen nicht behandeln könnte, wenn man immer die Wahrheit sagen muss. Ökonomen glauben daran nicht. Sie sind davon überzeugt, dass man jede Frage experimentieren kann ohne zu lügen. Allerdings kann es sein, dass es etwas länger dauert und teurer ist als ein Experiment, in dem man die Unwahrheit sagt. Wenig überzeugend ist auch der Hinweis, dass Psychologen letztlich auch immer ehrlich sind, weil sie ja nach dem Versuch die Versuchspersonen einem „Debriefing" unterziehen, d. h. ihnen zum Abschluss sagen, was *wirklich* gespielt wurde. Im Grunde machen sie dadurch nur noch alles schlimmer, weil sich dann erst recht herumspricht, dass zu Beginn des Versuchs gelogen wurde.

■ Neurowissenschaften und Genetik

In den letzten Jahren haben die Naturwissenschaften für die Erforschung menschlichen Verhaltens erheblich an Bedeutung gewonnen. Verantwortlich für diese Entwicklung waren vor allem technologische Innovationen im Bereich der bildgebenden Verfahren bei den Neurowissenschaften und die erheblichen Fortschritte, die bei der Entschlüsselung des genetischen Codes gemacht worden sind. Beginnen wir mit der Neurowissenschaft, die heute bereits sehr ausgeprägte Kooperationen mit der experimentellen Ökonomik entwickelt hat.

Die Neurowissenschaften verfügen heute über verschiedene technische Verfahren, um Vorgänge im Gehirn sichtbar zu machen. Schon lange bekannt ist das EEG (Elektroenzephalogramm), bei dem Spannungsschwankungen auf der Kopfhaut aufgezeichnet werden. Die Potentialschwankungen sind auf die Spannungsveränderungen einzelner Gehirnzellen zurückzuführen, die sich aufsummieren und dann auf der Kopfhaut gemessen werden können. Der Nachteil dieser Methode ist die relativ schlechte räumliche Auflösung, die mehrere Zentimeter betragen kann. Außerdem können nur Spannungsveränderungen abgeleitet werden, die von oberflächlichen Gehirnarealen ausgehen. Tiefergelegene Bereiche werden durch das EEG nicht erfasst. Vorteilhaft ist bei dieser Methode dagegen die hohe zeitliche Auflösung, d. h. zwischen der Gehirnaktivität und ihrer Aufzeichnung vergeht nur sehr wenig Zeit.

Erheblich größere Bedeutung für die Neurowissenschaften haben inzwischen die bildgebenden Verfahren im engeren Sinne erlangt, allen voran die funktionale Magnetresonanztomographie (fMRT). Bei diesem Verfahren wird vereinfacht ausgedrückt der Blutfluss im Gehirn gemessen. Dabei macht man sich zunutze, dass Hämoglobin als Sauerstofftransporteur im oxygenierten Zustand andere magnetische Eigenschaften besitzt als im desoxygenierten Zustand. Laienhaft ausgedrückt kann man dies ausnutzen, um darzustellen, an welchen Stellen des Gehirns Sauerstoff verbraucht wird und damit eine erhöhte Aktivität der Gehirnzellen vorliegt. Gemessen wird dabei der sogenannte „Blood Oxygenation Level Dependent (BOLD)"-Effekt.

Um fMRT Aufnahmen richtig interpretieren zu können, muss man wissen, dass es sich dabei um die Darstellung von statistisch signifikanten Unterschieden zwischen Gehirnen in unterschiedlichen Situationen handelt. Normalerweise wird im MRT Scanner zunächst ein Scann des Gehirns im Ruhezustand gemacht. Dann werden die Versuchspersonen mit einer Aufgabe konfrontiert und, während sie diese lösen, wird wiederum eine Aufnahme gemacht. Die dabei gemessenen Aktivierungen der einzelnen Gehirnareale werden mit denen im Ruhezustand verglichen und die statistisch signifikanten Abweichungen werden bildlich dargestellt. Solche Darstellung kennt man inzwischen. Man sieht einen Schnitt durch das Gehirn und darin rote und gelbe Flecken. Solche Darstellungen verführen dazu anzunehmen, dass ausschließlich diese Areale gerade aktiv sind. Tatsächlich ist das gesamte Gehirn permanent in Aktion und die „Flecken" kennzeichnen nur die Areale, die im Vergleich zum Ruhezustand stärker aktiv sind.

Der entscheidende Punkt ist, dass man auf diese Weise erkennen kann, welche Teile des Gehirns bei der Entscheidung oder der Aktion, die die Versuchsperson gerade trifft bzw. ausführt, besonders aktiv sind. Das erlaubt Rückschlüsse darauf, welche Art von „Gedanken" sich die Versuchspersonen machen, wenn man weiß, für welche Aufgaben die einzelnen Gehirnareale zuständig sind. Solches Wissen schöpfen die Neurowissenschaften aus verschiedenen Quellen. Eine wichtige Rolle spielt die Untersuchung von Patienten mit Läsionen einzelner Hirnareale. Fällt eine bestimmte Hirnregion aus, kann man beobachten, welche Hirnleistung dann nicht mehr verfügbar ist. Der Tierversuch (insbesondere die Primatenforschung) liefert weitere Hinweise und schließlich sind es die fMRT Untersuchungen selbst, die helfen zu verstehen, welcher Teil des Gehirns welche Aufgabe erledigt. In der letzten Zeit kommt auch verstärkt die Transkranielle Magnetstimulation (TMS) zum Einsatz, bei der durch starke Magnetfelder bestimmte Teile des Gehirns entweder stimuliert oder gehemmt werden können.

Die bildgebenden Verfahren sind noch relativ jung. Die ersten Aufnahmen von Hirnaktivitäten stammen aus dem Jahr 1992, sind also gerade einmal 26 Jahre alt. Die Möglichkeiten und Grenzen dieser Verfahren sind deshalb zum gegenwärtigen Zeitpunkt nur sehr schwer abzuschätzen. Entscheidend wird sein, ob sich die Auflösung der Bilder weiter steigern lässt und ob die zeitliche Auflösung verbessert werden kann, die deutlich schlechter ist als die beim EEG, und auch, welches Wissen bezüglich der Aufgaben von Gehirnarealen und deren Interaktion noch generiert wird. Natürlich werden die zukünftigen Entwicklungen auch dafür entscheidend sein, wie gut sich ökonomische Fragestellungen mit Hilfe bildgebender Verfahren behandeln lassen. Aber schon heute ist die *Neuroökonomik*, also die Verbindung klassischer experimenteller Verfahren der Wirtschaftswissenschaft mit den bildgebenden Verfahren der Neurowissenschaften, auf dem Weg, sich einen festen Platz im Wissenschaftsbetrieb zu erobern. Obwohl inzwischen eine Reihe experimenteller Ökonomen auch neuroökonomisch arbeiten, finden sich bisher allerdings nur sehr wenige neuroökonomische Arbeiten in wirtschaftswissenschaftlichen Fachzeitschriften. Ursache dafür dürfte eine gewisse Skepsis sein, die viele Ökonomen der neuen Disziplin entgegenbringen.

Stellvertretend sei an dieser Stelle Douglas Bernheim (2009) genannt, der einige durchaus starke Argumente gegen die Neuroökonomik ins Feld führt. Aus Sicht der Ökonomen ist das Gehirn eine „Black Box". Wir können beobachten, was hineingeht (Informationen) und was herauskommt (Entscheidungen), aber nicht, was in der Box passiert. Bernheim fragt, ob wir für die Analyse ökonomischer Fragen diese Box öffnen müssen. Reicht es nicht beispielsweise zu wissen, dass sich Menschen in bestimmten Situationen reziprok verhalten? Müssen wir auch noch wissen, warum sie das tun? Wir studieren ja auch nicht Verfahrenstechnik, um Produktionstheorie betreiben zu können. Das Argument ist, dass man nicht jede schwarze Kiste aufmachen muss. Manchmal ist es besser, man lässt sie zu, weil man dadurch Ressourcen spart, die an anderer Stelle besser eingesetzt werden können.

Die Neuroökonomik macht aus Bernheims Sich nur dann Sinn, wenn sie mindestens eine von zwei Bedingungen erfüllt. Erstens, sie muss eine Diskriminierung zwischen alternativen Theorien möglich machen, die ohne den Einsatz bildgebender Verfahren nicht möglich wäre, und zweitens muss die Kenntnis neuronaler Prozesse *ökonomische* Konsequenzen haben. Diese beiden Forderungen machen durchaus Sinn und deshalb wollen wir den Faden, den Bernheim damit spinnt, aufnehmen.

Die Theorie offenbarter Präferenzen basiert auf Beobachtungen von Wahlhandlungen. Nicht beobachten kann man die Motive, die diesen Handlungen zugrunde liegen. Die bildgebenden Verfahren eröffnen unter Umständen die Möglichkeit, solche Motive zu beobachten. Beispielsweise kann man im Scanner feststellen, ob und wie stark bestimmte Emotionen bei einer Entscheidung eine Rolle gespielt haben oder ob sich der Entscheider mit einem Konflikt herumgeschlagen hat oder nicht und vieles mehr. Wenn wir die Forderungen Bernheims ernst nehmen und die Beobachtbarkeit von Motiven als die entscheidende Innovation der Neurowissenschaften ansehen, dann folgt daraus, dass neuroökonomische Forschung dann Sinn macht, wenn man durch genauere Informationen über Handlungsmotive zwischen alternativen Theorien entscheiden kann oder wenn die Kenntnis von Motiven ökonomische Konsequenzen hat.

Damit haben wir ein Kriterium, das es erlaubt zu entscheiden, ob der Einsatz neurowissenschaftlicher Instrumente gerechtfertigt und sinnvoll ist oder nicht. Bleibt noch eine Frage zu klären: Warum sollten sich Neurowissenschaftler für ökonomische Fragen interessieren? Dass sie sich dafür interessieren, ist eine entscheidende Voraussetzung für neuroökonomische Arbeiten, denn ohne die Mitarbeit von Neurowissenschaftlern fehlt die entscheidende Kompetenz, die man für diese Arbeiten braucht. Glücklicherweise sind einige Neurowissenschaftler sehr an einer Kooperation mit Ökonomen interessiert, denn die liefern etwas, was der naturwissenschaftlichen Seite fehlt: Strukturierte und theoretisch bearbeitete Vorstellungen davon, wie Entscheidungen ablaufen und welche Art von Entscheidungen es zu unterscheiden gilt. Es reicht eben nicht, nur Gehirndaten zu sammeln, man muss auch einen theoretischen Rahmen haben, um die Daten sinnvoll interpretieren zu können. Das nachfolgende Zitat macht den Punkt ziemlich deutlich.

》 Within neuroscience, for example, we are awash with data that in many cases lack a coherent theoretical understanding (a quick trip to the poster floor of the Society for Neuroscience meeting can be convincing on this point) (Cohen & Blum 2002, S. 194).

Im Unterschied zu den Neurowissenschaften, die inzwischen eine gut funktionierende Kooperation mit der experimentellen Ökonomik eingegangen sind,[2] steht die Verbindung von experimenteller Ökonomik und der Genetik noch relativ am Anfang. Auch hier stellt sich natürlich die Frage, ob aus ökonomischer Sicht eine enge Kooperation sinnvoll ist. Hilft es Ökonomen, wenn man herausfindet, welche Gene dafür verantwortlich sind, dass Menschen mehr oder weniger kooperativ sind, oder andere Eigenschaften besitzen, die für ökonomische Entscheidungen relevant sein könnten? Es ist deutlich schwieriger auf diese Frage eine überzeugende Antwort zu finden als auf die analoge Frage bei den Neurowissenschaften. Im Bereich der Genetik profitieren die naturwissenschaftlichen und medizinischen Disziplinen, die sich mit „Behavioral Genetics" befassen, von den Modellen

---

[2]   Eine Zusammenfassung findet sich in Glimcher et al. (2013).

und der Methodik experimenteller Wirtschaftsforschung, weil diese es erleichtert, experimentelle Anordnungen zu finden, die Aufschluss über die genetischen Determinanten bestimmter Verhaltensweisen liefern können. Worin der Vorteil dieser Zusammenarbeit für die ökonomische Forschung liegt, muss sich erst noch erweisen.

> **Wichtig**
>
> Die Zusammenarbeit zwischen den experimentellen Ökonomen und den Psychologen ist im Bereich der Verhaltensökonomik ausgeprägt und unproblematisch. In Teilen der Psychologie werden allerdings experimentelle Methoden verwendet, die Ökonomen nicht übernehmen können. So verzichten psychologische Experimente häufig auf monetäre Anreize und unterrichten Versuchspersonen mitunter nicht wahrheitsgemäß über den Versuchsaufbau. Die Zusammenarbeit mit den Neurowissenschaften ist weit fortgeschritten und hat zur Entstehung der Neuroökonomik geführt. Die Zusammenarbeit mit Genetikern steht noch an ihrem Anfang.

Literatur

Alekseev, A., G. Charness, U. Gneezy (2017): Experimental methods: When and why contextual instructions are important. *Journal of Economic Behavior & Organization*, 134, 48–59.

Andersen S., S. Ertaç, U. Gneezy, M. Hoffman, J. A. List, 2011. Stakes Matter in Ultimatum Games, American Economic Review, 101 (7), 3427–3439.

Bernheim, B.D., (2009): The Psychology and Neurobiology of Judgement and Decision Making: What's in it for Economists? In: P.W. Glimcher, C.F. Camerer, E. Fehr, R.A. Poldrack (Hrsg.): *Neuroeconomics. Decision Making and the Brain.* Academic Press, 115–126.

Binmore, K., A. Shaked (2010): Experimental economics: Where next?. *Journal of Economic Behavior & Organization*, 73 (1), 87–100.

Bolton, G.E. (2010): Testing models and internalizing context: A comment on "Theory and experiment: What are the questions?". *Journal of Economic Behavior & Organization*, 73 (1), 16–20.

Bolton, G.E., J. Brosig-Koch (2012): How do coalitions get built? Evidence from an extensive form coalition game with and without communication. *International Journal of Game Theory*, 41, 623–649.

Bolton, G.E., B. Greiner, A. Ockenfels (2013): Engineering trust: Reciprocity in the production of reputation information. *Management Science*, 59 (2), 265–285.

Bolton, G.E., C. Loebbecke, A. Ockenfels, (2008). Does competition promote trust and trustworthiness in online trading? An experimental study. *Journal of Management Information Systems*, 25 (2), 145–170.

Bolton, G.E., A.Ockenfels (2000): A Theory of Equity, Reciprocity and Competition. *American Economic Review*, 90 (1), 166–193.

Brosig, J., J.P. Reiß (2007): Entry decisions and bidding behavior in sequential first-price procurement auctions: an experimental study. *Games and Economic Behavior*, 58, 50–74.

Bruni, L., R. Sugden (2007): The road not taken: how psychology was removed from economics, and how it might be brought back. *The Economic Journal*, 117, 146–173.

Camerer C.F., R.M. Hogarth (1999): The effects of financial incentives in experiments: A re-view and capital-labor-production framework. *Journal of Risk and Uncertainty*, 19, 7–42.

Camerer, C. (2003): *Behavioral Game Theory: Experiments in Strategic Interaction*. Princeton University Press.

Carpenter J., E. Verhoogen, S. Burks (2005): The effect of stakes in distribution experiments. *Economics Letters*, 86, 393–398.

Chamberlin, E. (1948): An experimental imperfect market. *Journal of Political Economy*, 56, 95–108.

Charness, G. (2010): Laboratory experiments: Challenges and promise: A review of "Theory and Experiment: What are the Questions?" by Vernon Smith. *Journal of Economic Behavior & Organization*, 73 (1), 21–23.

Charness, G., M. Rabin (2002): Understanding Social Preferences with Simple Tests. *Quarterly Journal of Economics*, 111 (3), 817–869.

Cherry T., P. Frykblom, J. Shogren (2002): Hardnose the Dictator. *American Economic Review*, 92, 4, 1218–1221.

Chetty, R. (2015): Behavioral economics and public policy: A pragmatic perspective. *American Economic Review*, 105 (5), 1–33.

Cohen J., K. Blum (2002): Reward and decision. *Neuron*, 36 (2), 193–198.

Cooper, D. J., J.H. Kagel (2015): Other-regarding preferences. In J.H. Kagel, A.E. Roth (Hrsg.): *The Handbook of Experimental Economics Volume 2*. Princeton University Press, 217–289.

Croson, R., S. Gächter (2010): The science of experimental economics. *Journal of Economic Behavior & Organization*, 73 (1), 122–131.

DellaVigna, S. (2009): Psychology and Economics: Evidence from the Field. *Journal of Economic Literature* 47 (2), S. 315–372.

De Silva, D.G., T. Dunne, G. Kosmopoulou (2002): Sequential bidding in auctions of construction contracts. *Economics Letters*, 76 (2), 239–244.

Falk, A., J.J. Heckman (2009): Lab experiments are a major source of knowledge in the social sciences. *Science*, 326 (5952), 535–538.

Falk A., S. Meier, C. Zehnder (2013). Do lab experiments misrepresent social preferences? The case of self selected student samples. *Journal of the European Economic Association*, 11 (4), 839–852.

Fechner, G.T. (1860): *Elemente der Psychophysik*. Breitkopf und Hartel.

Fehr, E., K.M. Schmidt (1999): A Theory of Fairness, Competition and Cooperation. *Quarterly Journal of Economics*, 114 (3), 817–868.

Fehr, E., K.M. Schmidt (2006): The economics of fairness, reciprocity and altruism–experimental evidence and new theories. In S.-C. Kolm, J.M. Ythier (Hrsg.): *Handbook of the Economics of Giving, Altruism and Reciprocity*, 1, 615–691.

Fehr, E., E. Tougareva, U. Fischbacher (2014): Do high stakes and competition undermine fair behaviour? Evidence from Russia. *Journal of Economic Behavior & Organization*, 108, 354–363.

Flood, M.M. (1952): Some Experimental Games. *Research Memorandum RM-789*, RAND Corporation, June.

Flood, M.M. (1958): Some Experimental Games. *Management Science*, 5 (1), 5–26.

Fréchette, G.R., A. Schotter (2015): *Handbook of Experimental Economic Methodology*, Oxford University Press.

Friedman D. (2010).: Preferences, beliefs and equilibrium: What have experiments taught us? *Journal of Economic Behavior & Organization*, 73, 29–33.

Glimcher, P.W., C.F. Camerer, E. Fehr, R.A. Poldrack (2013): *Neuroeconomics. Decision Making and the Brain*. Academic Press.

Guala, F. (2005): *The Methodology of Experimental Economics*. Cambridge University Press.

Jofre-Bonet, M., M. Pesendorfer (2000): Bidding behavior in a repeated procurement auction. European Economic Review, 44 (4–6), 1006–1020.

Jofre-Bonet, M., M. Pesendorfer (2003): Estimation of a dynamic auction game. *Econometrica*, 71 (5), 1443–1489.

Kahneman, D., A. Tversky (1979): Prospect theory: An analysis of decision under risk. *Econometrica*, 47 (2), 263–91.

Levitt S.D., J.A. List (2007): What do laboratory experiments measuring social preferences reveal about the real world? *Journal of Economic Perspectives*, 21, 153–174.

Levitt, S.D., J.A. List (2008): Homo economicus evolves. *Science*, 31, 909–910.

Lichters, M., H. Müller, M. Sarstedt, B. Vogt (2016): How durable are compromise effects? *Journal of Business Research*, 69 (10), 4056–4064.

Plott, C.R. (1982): Industrial organization theory and experimental economics. *Journal of Economic Literature*, 20 (4), 1485–1527.

Roth, A.E. (1995): Introduction. In J.H. Kagel, A.E. Roth (Hrsg.): *The Handbook of Experimental Economics*. Princeton University Press, 3–109.

Roth, A.E., V. Prasnikar, M. Okuno-Fujiwara, S. Zamir (1991): Bargaining and Market Behavior in Jerusalem, Ljubljana, Pittsburgh, and Tokyo: An Experimental Study. *American Economic Review*, 81, 1068–95.

Sadrieh, K., J. Weimann (2008): *Experimental Economics in Germany, Austria, and Switzerland. A Collection of Papers in Honor of Reinhard Tietz*, Marburg.

Samuelson L. (2005): Economic Theory and Experimental Economics. *Journal of Economic Literature*, 43 (1), 65–107.

Samuelson, P.A. (1938): A note on the pure theory of consumer's behaviour. *Economica*, 5 (17), 61–71.

Sauermann, H., R. Selten, (1959): Ein Oligopolexperiment. *Zeitschrift für die gesamte Staatswissenschaft/Journal of Institutional and Theoretical Economics*, 115 (3), 427–471.

Schelling, T.C. (1957): Bargaining, communication, and limited war. *Conflict Resolution*, 1(1), 19–36.

Schram, A. (2005): Artificiality: The tension between internal and external validity in economic experiments. *Journal of Economic Methodology*, 12, 225–237.

Simon,W. (2006): *Persönlichkeitsmodelle und Persönlichkeitstests*. Heidesheim.

Slonim R., A.E. Roth (1998). Learning in High Stakes Ultimatum Games: An Experiment in the Slovak Republic. *Econometrica*, 66 (3), 569–596.

Smith V. (1976): Experimental Economics: Induced Value Theory. *American Economic Review*. 66 (2), Papers and Proceedings, 274–279.

Smith, V. (2010): Experimental Methods in Economics. In Smith V.L. (2010) experimental methods in economics. In S.N. Durlauf, L.E. Blume (Hrsg.): *Behavioural and Experimental Economics*. Palgrave Macmillan, 120–136.

Thurstone, L.L. (1931): The indifference function. *Journal of Social Psychology*, 2 (2), 139–167.

Von Neumann, J., O. Morgenstern (1944): *Theory of Games and Economic Behavior*. Princeton University Press.

Wallis, W.A., M. Friedman (1942): The Empirical Derivation of Indifference Functions. In O. Lange, F. McYntire, T. Yntema (Hrsg.): *Studies in Mathematical Economics and Econometrics*. University of Chicago Press, 175–89.

Weimann, J., A. Knabe, R. Schöb (2012): *Geld macht doch glücklich: Wo die ökonomische Glücksforschung irrt.* Schäffer-Poeschel Verlag für Wirtschaft Steuern Recht.

Weimann, J., A. Knabe, R. Schöb (2015): *Measuring Happiness. The Economics of wellbeing.* MIT Press.

Weimann J. (2015): Die Rolle von Verhaltensökonomik und experimenteller Forschung in Wirtschaftswissenschaft und Politikberatung. *Perspektiven der Wirtschaftspolitik*, 16 (3), 231–252.

Methodische Grundlagen

Nachdem wir im ersten Teil die Bühne bereitet haben, auf der sich die experimentelle Ökonomik abspielt, geht es im zweiten Teil nun um die methodischen Grundlagen. Die Zeiten sind lange vorbei, in denen Ökonomen „einfach mal ein Experiment" gemacht haben, um zu sehen, was passiert, wenn man Versuchspersonen in eine bestimmte Entscheidungsumgebung versetzt. Inzwischen haben sich methodische Standards und Verfahren herausgebildet. Deren Beachtung ist eine wichtige Voraussetzung für die Erlangung experimenteller Resultate, die für sich in Anspruch nehmen können, den wissenschaftlichen Maßstäben der ökonomischen Profession zu genügen.

Wir haben die wichtigsten methodischen Grundsätze in Gruppen zusammengefasst, die sich jeweils an einem Bestandteil eines Experiments orientieren. Wie schon im ersten Teil wird es auch im zweiten Teil Fragen und Zusammenfassungen geben und wir haben wieder die eine oder andere „Box" eingebaut, in der interessante (Rand-)Aspekte etwas ausführlicher erläutert werden.

Inhaltsverzeichnis

Einleitung

© Springer-Verlag GmbH Deutschland, ein Teil von Springer Nature 2019
J. Weimann und J. Brosig-Koch, *Einführung in die experimentelle Wirtschaftsforschung*,
https://doi.org/10.1007/978-3-642-32765-0_7

》 However, there is an aspect of experimental design that is probably closer connected
to theory than empirical work: As designers, we are responsible for the environment in
which the data are generated (Muriel Niederle 2015, S. 105).

Dieses Zitat aus dem 2015 von Guillaume Fréchette und Andrew Schotter herausgegebenen „Handbook of Experimental Economic Methodology" (Fréchette & Schotter 2015)
macht deutlich, warum die Beschäftigung mit den methodischen Grundlagen der experimentellen Forschung so wichtig ist. Es kommt auf das Design eines Experimentes an und
es kommt darauf an, wie ein Experiment praktisch durchgeführt wird. Deshalb werden wir
uns in diesem zweiten Teil zunächst mit den grundlegenden Fragen der Gestaltung eines
Experiments befassen und im dritten Teil dann ganz nah an der experimentellen Praxis
beschreiben, wie ein konkretes Experiment ablaufen kann.

Bei allen diesen Betrachtungen stellt sich natürlich die Frage nach dem Benchmark.
Was ist eigentlich ein gutes Experiment? In dem Aufsatz von Muriel Niederle, aus dem
das obige Zitat stammt, wird argumentiert, dass ein gutes Experiment es schafft, den wichtigsten Effekt, den eine Theorie beschreibt, zu testen und gleichzeitig dabei für alle plausi-
blen alternativen Erklärungen zu kontrollieren. Dahinter steht die Einsicht, dass es häufig
(wenn nicht sogar immer) mehr als eine potentielle Erklärung für eine empirisch beobachtbare Regularität geben kann. Ein gutes Experiment kann aus vielen alternativen
Kausalzusammenhängen den herausfinden, der tatsächlich das beobachtete Phänomen
beschreibt. Experimente, die das leisten, sind ganz sicher gute Experimente.

Aber man sollte sich dabei klarmachen, dass dies ein sehr hoher Anspruch ist, der nur
relativ selten eingelöst werden kann. Dass liegt schon daran, dass keineswegs immer alle
Alternativen bekannt sind. Was man also durch das Design eines Experimentes erreichen
sollte, ist möglichst auszuschließen, dass die Resultate durch Effekte beeinflusst werden,
die nicht in den vermuteten kausalen Zusammenhängen liegen. Wenn ein fehlerhaftes
Design oder die ungeschickte Durchführung eines Experiments für die beobachtete Regularität verantwortlich ist, dann hat man ganz sicher kein gutes Experiment durchgeführt.
Deshalb lohnt es sich darüber nachzudenken, wie sich welche Elemente eines experimentellen Designs auf das Verhalten der Versuchspersonen auswirken können. Nur so kann
man am Ende sicher sein, dass das, was man als Resultat erhält, eine empirisch bedeutsame
Regularität ist und nicht nur ein Artefakt eines schlechten Experiments.

Das gilt auch dann, wenn man Experimente vorwiegend dazu benutzt, nach stilisierten
Fakten zu suchen. Auch hier gilt es auszuschließen, dass bestimmte Eigenschaften des Designs, die nicht unmittelbar oder mittelbar dafür eingesetzt werden, empirisch relevante
Einflüsse im Labor zu gestalten, das Verhalten der Versuchspersonen beeinflussen. Folgendes Beispiel soll dies veranschaulichen. Wenn Versuchspersonen bestimmte Dinge tun,
um dem Experimentator zu gefallen (man spricht in diesem Zusammenhang vom Experimentatoreffekt oder „Experimenter Demand Effect"), dann ist ein Designelement für das
Resultat verantwortlich, das eigentlich keine Rolle spielen sollte und das verhindert, dass
das Experiment Aussagen über einen empirisch relevanten Zusammenhang machen kann.
Die folgenden Überlegungen sollen dazu dienen, vor einem in diesem Sinne „schlechten
Design" zu schützen.

Es geht um Geld

8.1 Die „Induced Value" Methode

Im Kern geht es bei allen experimentellen Untersuchungen darum, Beobachtungen unter kontrollierten Bedingungen machen zu können. Beispielsweise versucht man in Experimenten mit Tieren, deren Lernfähigkeit zu erforschen. Dazu werden bestimmte Signale mit Belohnungen (in Form von Nahrung) kombiniert und man beobachtet, ob das Versuchstier in der Lage ist, aus dem Signal auf die damit verbundene Belohnung zu schließen. Durch kontrollierte Variation der Signale und der Belohnungen lassen sich so Schlüsse auf die Lernfähigkeit der Tiere ziehen. Implizit gehen solche Versuche von der Annahme aus, dass die Tiere die als Belohnung angebotenen Nahrungsmittel gern mögen und dass sie es vorziehen mehr davon zu haben. Nur dann ist es gerechtfertigt anzunehmen, dass die Tiere Anstrengungen unternehmen (lernen ist anstrengend), um an die Nahrung zu kommen. Nun ist die Annahme, dass beispielsweise Affen gern süßes Obst essen und hinter bestimmten „Leckereien" besonders her sind, nicht allzu gewagt. Dass dem so ist, kann man leicht beobachten. Die Verhaltenshypothese für einen Primaten lautet deshalb „ich will lieber mehr als weniger Bananen".

Wie aber verhält es sich bei Versuchen mit Menschen? Die ökonomische Theorie beschreibt letztlich vor allem die Art und Weise, wie Menschen Entscheidungen treffen. Von zentraler Bedeutung sind dabei die Präferenzen, die den Akteuren unterstellt werden. Rationale Entscheidungen sind immer auf das Ziel bezogen, das man verfolgt. Damit ist es nicht möglich, eine Prognose darüber abzugeben, was ein rational entscheidender Mensch tun wird, wenn man nicht weiß, welches Ziel dieser Mensch verfolgt. Deshalb wären Experimente, die Theorien testen, aber auch solche, die theoriefrei sind, ohne Annahmen über die zugrundeliegenden Präferenzen wertlos. Das Problem dabei ist, dass die Präferenzen von Menschen fraglos differenzierter sein dürften als die von Primaten. Das heißt, es macht wenig Sinn zu unterstellen, dass Menschen mehr Bananen weniger Bananen immer vorziehen. Zum Glück ist aber der Unterschied zwischen uns (den Menschen) und unseren genetisch engsten Verwandten doch nicht so groß, denn es gibt für uns gewissermaßen ein Bananen-Äquivalent und das ist Geld.

Vernon Smith (1976) hat dieses Äquivalent systematisch in die experimentelle Methodik eingeführt und dem ganzen dabei einen Namen gegeben: „Induced Value Method" (frei übersetzbar mit „Methode induzierter Bewertungen"). Die Idee dabei ist sehr einfach. Man geht davon aus, dass der Konsum jedes Gutes Nutzen stiftet, für den es ein monetäres Äquivalent gibt – gewissermaßen die Zahlungsbereitschaft für das betreffende Gut. Wenn man jeden Nutzenwert durch Geld ausdrücken kann, dann kann man eine Nutzenfunktion auch durch eine „Geldfunktion" ersetzen und indem man diese Geldfunktion als „Auszahlungsfunktion" in das Experiment einführt, hat man damit den Versuchspersonen von außen die Nutzenfunktion *induziert*, die bei der Bewertung von Handlungsoptionen verwendet wird. Ein Beispiel verdeutlicht den Vorgang am besten:

Öffentliche Güter sind u. a. dadurch gekennzeichnet, dass man von ihrem Konsum nicht ausgeschlossen werden kann. Beispielsweise profitieren alle Anwohner von einer Verbesserung der Luftqualität in einer bestimmten Region, aber niemand kann vom Konsum der sauberen Luft ausgeschlossen werden. Weil das so ist, prognostiziert die neoklassische Theorie, dass öffentliche Güter nicht privat angeboten werden können. Niemand wird bereit sein, für sie einen Preis zu zahlen, denn Konsum ist ja auch möglich, ohne dafür zu bezahlen. Ein gravierendes Problem bei der Erforschung und bei der Bereitstellung öffentlicher Güter ist, dass man den wahren Nutzen nicht kennt, den Menschen aus dem

Konsum solcher Güter ziehen. Es handelt sich um private Information. Nur der einzelne Anwohner weiß, welchen Vorteil ihm das öffentliche Gut „bessere Luft" verschafft und was ihm das tatsächlich wert ist. Wie also sollte man in einem Experiment erforschen, ob und unter welchen Umständen Menschen bereit sind, sich an der Bereitstellung eines öffentlichen Gutes zu beteiligen? Leistet jemand einen Beitrag, so kann man nicht wissen, ob dieser seinem Vorteil entspricht oder nicht.

Mit Hilfe der Induced Value Methode ist es kein Problem, ein öffentliches Gut im Labor zu installieren, bei dem der Experimentator volle Kontrolle über die Präferenzen der Versuchspersonen besitzt. Dazu setzt er den sogenannten „*Voluntary Contribution Mechanism*" ein, der erstmals von Isaac et al. (1984) eingeführt wurde. Die Versuchspersonen erhalten eine Anfangsausstattung in Höhe von z_i. Beliebige Anteile davon können in ein öffentliches Gut investiert werden. Jede Investition eines Euro in das öffentliche Gut führt dazu, dass *alle N* Versuchspersonen jeweils eine Auszahlung in Höhe von a_i bekommen. Das Geld, das Versuchsperson i nicht in das öffentliche Gut investiert, kann sie behalten. Die Auszahlungsfunktion ist so gestaltet, dass $Na_i > 1$ und $a_i < 1$. Das hat zur Folge, dass es für die einzelne – egoistische und rationale – Versuchsperson nicht lohnend ist, in das öffentliche Gut zu investieren. Die Auszahlung, die daraus für ihn selbst resultiert, ist geringer ist als die, die er bekommt, wenn er das Geld behält. Folgt eine Versuchsperson dieser Strategie, realisiert sie eine Auszahlung von z_i. Gleichzeitig ist es aber für die Gruppe das Beste, wenn alle Versuchspersonen ihre gesamte Anfangsausstattung in das öffentliche Gut investieren, denn dann bekommt jede Versuchsperson eine Auszahlung von $Nz_i a_i > z_i$. Damit sorgt die Auszahlungsfunktion des Voluntary Contribution Mechanism dafür, dass genau das Dilemma entsteht, das auch in der Realität die Problematik öffentlicher Güter ausmacht: Individuell rationales Verhalten führt zu kollektiv nicht-rationalen Entscheidungen.

Das Beispiel sollte das Prinzip der Induced Value Methode klargemacht haben. Die Versuchspersonen konsumieren nicht „saubere Luft" oder irgendein anderes öffentliches Gut, sondern Geld. Die Voraussetzung der Induced Value Methode ist, dass Menschen auf Geld genauso reagieren wie Affen auf Bananen – mehr davon ist immer besser als weniger. Das ist zugleich eine von insgesamt drei Voraussetzungen, die Smith (1976) nennt, damit die Induced Value Methode angewendet werden kann. Erstens, die Nutzenfunktion muss monoton in Geld wachsen. Etwas technischer ausgedrückt: Wenn ein Entscheider aus zwei Alternativen auswählen kann und eine der beiden ist mit einer höheren Auszahlung verbunden als die andere, dann wird der Entscheider oder die Entscheiderin immer die Alternative mit der höheren Auszahlung wählen (Smith 1976, S. 275).

Zweitens, die Auszahlungen müssen salient sein. Unter der sogenannten „Salience" Forderung ist zu verstehen, dass die Entscheidung, die eine Versuchsperson in einem Experiment zu treffen hat, tatsächlich auch auszahlungsrelevant sein muss. Dabei lohnt es sich, ein bisschen tiefer darüber nachzudenken, was damit gemeint ist. Glenn Harrison hat in einem Aufsatz, der 1989 im *American Economic Review* publiziert wurde, eine Debatte darüber losgetreten, welche Eigenschaften eine Auszahlungsfunktion haben muss, damit sie tatsächlich Präferenzen richtig induziert (Harrison 1989). Sein Punkt war, dass es dabei darauf ankommt, dass die Auszahlungsfunktion nicht zu flach verläuft. Tut sie das, haben unterschiedliche Entscheidungen nur geringe Auswirkungen auf die resultierenden Auszahlungen, was dazu führen kann, dass Versuchspersonen nicht viel Mühe darauf verwenden, die tatsächlich für sie optimale Entscheidung zu treffen, weil ein Fehler sich kaum finanziell auswirkt. Der Beitrag hatte eine intensive Diskussion zur Folge, auf die wir etwas später näher eingehen werden (siehe Box 8.1).

Die dritte Voraussetzung, die Smith nennt, ist die der Dominanz („Dominance") der Auszahlungen. Man muss sich als Experimentator darüber im Klaren sein, dass Versuchspersonen auch andere Dinge im Kopf haben könnten als das Geld, das sie in einem Versuch verdienen können. Beispielsweise mögen es Menschen nicht, wenn sie sich langweilen oder wenn sie glauben, ihre knappe Zeit würde verschwendet. Langweilen sich Versuchspersonen, könnten sie einen Anreiz haben, die Sache dadurch interessanter zu gestalten, dass sie Dinge ausprobieren, ohne dabei allzu sehr auf ihre Auszahlungen zu achten. Es gibt zahlreiche weitere Gründe, die Versuchspersonen davon abbringen können, ausschließlich ihre Auszahlung zu maximieren. Sie könnten Erwartungen darüber bilden, was der Experimentator wohl von ihnen will und sich entsprechend verhalten (der schon erwähnte Experimentatoreffekt). Sie könnten aber auch soziale Vergleiche anstellen und sich darum bemühen, besser abzuschneiden als die anderen Versuchspersonen, indem sie Dinge tun, die anderen schaden. Sie könnten aber auch altruistische Gefühle entwickeln oder über Fairness nachdenken. Alles das und vieles mehr kann passieren. Was Smith mit „Dominance" meint, ist, dass trotz allen diesen Ablenkungen das Streben nach einer möglichst hohen Auszahlung immer noch an erster Stelle steht und im Zweifelsfall jeweils die Alternative gewählt wird, die die höchste Auszahlung sichert.

An dieser Stelle sei ein Hinweis eingeflochten, der auf die Ausführungen im ersten Kapitel im Teil 1 des Buches verweist. Dort haben wir auf die Entwicklung der Verhaltensökonomik und ihrer grundlegenden Annahmen hingewiesen, die im Wesentlichen aus der Psychologie stammen. Bei der Einschätzung, ob die Induced Value Methode funktioniert oder nicht, kommt es sehr darauf an, wie stark die verschiedenen Motive sind, die Menschen im Labor antreiben. Ökonomen neigen dazu anzunehmen, dass der Wunsch mehr Einkommen zu erzielen alles andere überlagert und viel stärker ist als die oben genannten „Ablenkungen". Psychologen sehen das ein wenig anders. Die gesamte Verhaltensökonomik beschäftigt sich ja gerade mit Phänomenen, die dazu führen, dass Menschen verzerrte Entscheidungen treffen, eben weil sie sich von ihrem eigentlichen Ziel ablenken lassen. Und Psychologen wissen, dass Menschen für solche Verzerrungen wahrscheinlich deutlich anfälliger sind als Ökonomen gemeinhin glauben.

Selbst wenn es so ist, dass das Motiv Geld zu verdienen im Experiment dominiert, kann es sein, dass mehr Geld nicht immer auch besser ist. Zwei Beispiele seien dafür genannt. Erstens kann es sein, dass innerhalb des Experiments subjektive Kosten auftreten, die nicht in der Auszahlungsfunktion berücksichtig sind, aber dennoch die Entscheidung der Versuchspersonen beeinflussen. Ein einfaches Beispiel sind die Kosten, die mit dem Lesen und dem Verstehen der Instruktionen verbunden sind. Wie hoch diese Kosten sind, ist einerseits von der Komplexität der Versuchsanordnung abhängig und andererseits von der Auffassungsgabe der Versuchspersonen. Ersteres kann der Experimentator steuern und möglichst geschickt gestalten, letztes kann er nicht direkt beobachten, sondern höchstens indirekt über die Rekrutierung eines entsprechenden Versuchspersonenpools beeinflussen. Wenn es einer Versuchsperson schwerfällt, die Aufgabe zu verstehen, die ihr im Versuch gestellt wird, dann wird sie vermutlich von einer die Auszahlung maximierenden Entscheidung abweichen, weil sie sich zu sehr anstrengen müsste, um diese ermitteln zu können. Ein zweites Beispiel ist die Existenz altruistischer Präferenzen. Verfügt ein Entscheider oder eine Entscheiderin über solche Präferenzen, ist es offensichtlich, dass mehr Geld für sich selbst nicht immer besser als weniger Geld für sich selbst sein muss. Allerdings stellt sich die Frage, ob die Existenz altruistischer – oder allgemeiner – sozialer

Präferenzen wirklich ein Fall ist, in dem die Induced Value Methode nicht sinnvoll angewendet werden kann.

Was würde passieren, wenn ein Experiment in jeder Hinsicht perfekt gestaltet würde, d. h. alle Voraussetzungen der Induced Value Methode bestmöglich gegeben wären? Wenn außerdem noch davon ausgegangen werden kann, dass die Versuchspersonen in der Lage sind eine rationale Entscheidung zu treffen – beispielsweise, weil das Experiment so einfach ist, dass es sehr leicht fällt, sich rational zu verhalten? Im Grunde genommen gibt es dann nur noch zwei Möglichkeiten: Entweder die Versuchspersonen tun genau das, was die Theorie rationaler Entscheidungen unter der Annahme einer in der eigenen monetären Auszahlung monoton wachsenden Nutzenfunktion prognostizieren würde oder die Versuchspersonen haben noch andere Motive als die Maximierung ihres Einkommens. Das bedeutet, dass auch ein perfekt kontrolliertes Experiment noch Freiheitsgrade besitzt. Und das ist gut so, denn wäre das nicht der Fall, müsste man das Experiment nicht durchführen. Das bedeutet aber auch, dass eine korrekt angewendete Induced Value Methode in der Lage ist individuelle Präferenzen aufzudecken, die nicht der Standardannahme folgen, das mehr für sich immer besser ist als weniger. Anders ausgedrückt: Die Entdeckung, dass Menschen soziale Präferenzen haben können, wäre ohne die Induced Value Methode kaum möglich gewesen.

> ❱ **Wichtig**
>
> In der ökonomischen Theorie werden die Motive individuellen Handels durch eine Präferenzordnung abgebildet, die wiederum durch eine Nutzenfunktion dargestellt werden kann. In der Spieltheorie wird daraus eine Auszahlungsfunktion, wobei die Auszahlungen in Form von Nutzeneinheiten erfolgen. Die experimentelle Forschung ersetzt die Nutzenauszahlungen durch Geldauszahlungen und induziert damit eine Nutzenfunktion. Dies gelingt dann, wenn vor allem drei Bedingungen erfüllt sind:
> 1. Der tatsächlich empfundene Nutzen aus Einkommen muss monoton mit der Auszahlung wachsen.
> 2. Die Auszahlungen im Experiment müssen *salient* sein, d. h. sie müssen spürbar von der Entscheidung der Versuchsperson abhängen.
> 3. Die Auszahlung muss *dominant* sein, d. h. das Einkommensmotiv sollte andere Motive (wie beispielsweise die Vermeidung von Langeweile) dominieren.
>
> Auch dann, wenn alle diese Bedingungen erfüllt sind, haben Versuchspersonen noch immer die Freiheit, anderen Motiven als der Auszahlungsmaximierung zu folgen oder nicht rational zu handeln. Das eröffnet die Möglichkeit, genau dies im Experiment aufzudecken.

Was kann man tun, um eine möglichst gute Kontrolle der Präferenzen der Versuchspersonen zu erreichen? Es gibt ein paar Dinge, auf die man achten sollte:

Auszahlungen sollten spürbar sein Damit ist gemeint, dass man nur dann damit rechnen kann, dass die Versuchspersonen auf die Auszahlung achten, wenn diese so gestaltet ist, dass es sich auch lohnt darauf zu achten. Wir werden im nächsten Abschnitt näher auf die Frage eingehen, *wie hoch* die Auszahlungen im Durchschnitt idealerweise sein sollten, aber schon hier kann man als Richtschnur die Opportunitätskosten nennen, die den Versuchspersonen durch die Teilnahme am Experiment entstehen. Bei Studierenden könnte das beispielsweise der Stundensatz sein, den sie als studentische Hilfskraft für die Dauer des Experiments erhalten würden.

Subjektive Kosten sollten minimiert werden Damit ist gemeint, dass es den Versuchspersonen möglichst leichtgemacht werden sollte, die im Experiment gestellte Aufgabe zu verstehen und die für sie beste Entscheidung zu treffen. Das ist einer der Gründe, warum Experimente einfach sein sollten. Es hat seine Tücken, wenn man Versuchspersonen vor komplexe Entscheidungsprobleme stellt, von denen man nicht weiß, ob sie diese überhaupt verstehen bzw. ob sie Lust haben, diese zu verstehen. Ein wichtiger Punkt ist die Gestaltung der Instruktionen. Sie sollten so einfach und leicht verständlich sein wie nur möglich. Eine durchaus heikle Frage ist in diesem Zusammenhang, wie man mit Fragen umgeht, die einzelne Versuchspersonen zu den Instruktionen haben. Soll man diese vor der gesamten Gruppe laut beantworten oder lieber „privatissime"? Weil es sich dabei eher um eine Frage der experimentellen Praxis handelt, werden wir darauf in Teil 3 eingehen.

Verwendung einer neutralen Sprache Dabei geht es vor allem darum, sogenannte Experimentatoreffekte zu vermeiden. Das heißt, bei den Versuchspersonen sollte nicht der Eindruck entstehen, dass das Experiment einem bestimmten Zweck dient. Um ein einfaches Beispiel zu nennen: Verschiedentlich wurden Experimente durchgeführt, um herauszufinden, ob sich ostdeutsche Studierende anders verhalten als westdeutsche (Ockenfels & Weimann 1999 und Brosig-Koch et al. 2011). Bei einem solchen Experiment muss natürlich kontrolliert werden, ob eine Versuchsperson der einen oder der anderen Gruppe zuzuordnen ist. Wenn es um den reinen Vergleich der Entscheidungen geht, darf aus dem gesamten Aufbau des Experiments für die Versuchspersonen nicht ersichtlich werden, dass es um einen Ost-West Vergleich geht. Das bedeutet, dass dies weder aus der Rekrutierungsmethode noch aus den Instruktionen herausgelesen werden darf. Würden nämlich die Versuchspersonen davon ausgehen, dass es um einen solchen Vergleich geht, entstünde mit hoher Wahrscheinlichkeit eine Art Wettkampf zwischen den beiden Gruppen, der keinerlei Rückschlüsse auf die eigentlich interessierende Frage mehr zulassen würde.

Gelegenheit zum Lernen geben Experimente sollten einfach sein – darauf haben wir schon hingewiesen. Aber auch einfache Spiele sollten von den Versuchspersonen geübt werden, bevor es zum eigentlichen Experiment kommt. Es ist durchaus möglich, dass sich in den ersten Durchläufen eines Experimentes Lernprozesse abspielen. Wenn das Experiment nicht dazu entworfen wurde, um genau diese Lernprozesse zu beobachten, dann hat das Lernen des Spiels im eigentlichen Experiment nichts verloren. Dort soll getestet werden, ob sich Versuchspersonen, die das Spiel kennen und verstanden haben, so verhalten, wie es die Hypothese des Experiments voraussagt, oder nicht. Deshalb muss der Lernprozess vor dem Experiment ablaufen. Dies kann zum Beispiel dadurch geschehen, dass Proberunden gegen den Computer gespielt werden. Das hat den Vorteil, dass die Versuchspersonen in den Proberunden alle die gleiche Erfahrung machen. Vermeiden sollte man dagegen Proberunden, die die Versuchspersonen untereinander spielen. Experimente müssen mit mehreren Gruppen durchgeführt werden, um unabhängige Beobachtungen zu erhalten. Wenn die Proberunden innerhalb jeder Gruppe gespielt werden, dann kann es passieren, dass die Versuchspersonen in verschiedenen Gruppen bereits vor dem Experiment sehr unterschiedliche Erfahrungen sammeln. Diese können dann im Experiment als Referenzpunkt dienen und das Verhalten dort beeinflussen. Das sollte aber ausgeschlossen werden.

Eine durchaus heikle Frage ist, ob man eine experimentelle Sitzung (gebräuchlich ist hier der engl. Begriff „Session") nur einmal durchführt oder ob man den Versuchspersonen wiederholt die Gelegenheit gibt, die experimentelle Situation zu erleben – beispielsweise indem man den Versuch im Abstand von einer Woche noch einmal durchführt. Es geht also nicht um die Wiederholung des Experiments innerhalb einer Session (das ist durchaus üblich), sondern darum, die Session als Ganzes zu wiederholen. Dafür spricht, dass man eigentlich daran interessiert ist, „reifes" Verhalten zu beobachten, d. h. Verhalten, das nicht davon beeinflusst wird, dass die Entscheidungssituation neu und ungewohnt ist. Außerdem erhöht eine Wiederholung tendenziell die externe Validität, denn die meisten Entscheidungsprobleme, die experimentiert werden, treten in der Realität nicht einmal auf, sondern wiederholen sich in ungleichmäßigen Abständen. Der Nachteil, der bei einer Wiederholung der Session in Kauf genommen werden muss, ist, dass der Experimentator keine Kontrolle darüber hat, was zwischen den Wiederholungen passiert. Es kann durchaus sein, dass die Versuchspersonen in der Zwischenzeit Erfahrungen sammeln, die ihr Verhalten stark beeinflussen. Das Problem ist, dass man nicht weiß, welche Erfahrungen das sind. Es ist vermutlich dieses methodische Problem, das bisher Experimentatoren weitgehend davon abgehalten hat, Experimentsessions zu wiederholen.[1] Wir werden auf diesen Punkt an verschiedenen Stellen dieses Buches zurückkommen.

8.2 Die Höhe der Auszahlungen

Es geht um Geld. Aber um wie viel Geld es denn nun tatsächlich gehen soll, ist eine Frage, um die wir uns bisher ein wenig herumgedrückt haben. Haben monetäre Anreize eine Wirkung und wenn ja, wie hängt diese von der Höhe der Auszahlungen ab? Das ist eine Frage, die immer wieder an die experimentelle Wirtschaftsforschung gerichtet wird. Zwei extreme Positionen sind in dieser Angelegenheit denkbar: Die eine geht davon aus, dass es überhaupt keinen Unterschied macht, ob man monetäre Anreize setzt oder nicht. Sollte sich diese These als richtig erweisen, würde das bedeuten, dass in den letzten Jahrzehnten Geld in erheblichem Umfang verschwendet worden ist, weil es in ökonomischen Experimenten für die Auszahlung der Versuchspersonen verwendet wurde, obwohl eine solche überhaupt nicht notwendig war. Die andere Extremposition besagt, dass alle Abweichungen vom Rationalmodell, die man in Experimenten beobachten kann, verschwinden, wenn man die Auszahlungen nur hinreichend hoch ansetzt. Sollte diese These stimmen, wären die Implikationen nicht so klar. Im Prinzip würde es darauf hinauslaufen, dass das ökonomische Rationalmodell nur für solche Entscheidungssituationen angewendet werden kann, in denen hohe Beträge auf dem Spiel stehen. Die meisten Entscheidungen, die Menschen jeden Tag treffen, sind allerdings nicht von dieser Art. Insofern würde die Forschung, die sich mit Abweichungen vom Rationalmodell befasst, noch ein sehr weites Anwendungsgebiet haben.

Wir haben bereits im ersten Teil in ▶ Kap. 4 auf einige experimentelle Befunde zu der Frage verwiesen, welchen Einfluss die Auszahlungshöhe auf das Verhalten von Versuchspersonen hat. In der Mehrheit kommen die Studien zu dem Schluss, dass der Effekt nicht gravierend ist. Aber es lohnt sich, die Befunde etwas genauer zu betrachten. Ergiebig sind dabei die Metastudien, die zu dieser Frage durchgeführt worden sind, weil sie eine hohe

---

[1]   Ausnahmen sind Volk et al. 2012, Carlsson et al. 2014, Sass & Weimann 2015, Brosig-Koch et al. 2017 und Sass et al. 2018.

Zahl von Experimenten (nicht nur ökonomische) auswerten.[2] Camerer & Hogarth (1999) haben in ihrer Studie 74 Arbeiten analysiert, in denen die Wirkung unterschiedlicher Auszahlungshöhen untersucht wurde. Die wichtigste Botschaft, die ihrer Studie zu entnehmen ist, lautet, dass die beiden oben beschriebenen extremen Positionen falsch sind. Monetäre Anreize sind nicht wirkungslos (d. h., Entscheidungen sollten nicht hypothetisch abgefragt, sondern mit entsprechenden monetären Konsequenzen versehen werden) und die Abweichungen vom Rationalmodell verschwinden nicht bei höheren Auszahlungen. Der letzte Punkt kann noch etwas präziser gefasst werden. Die Autoren finden keine einzige Studie, für die gilt, dass eine Abweichung vom Rationalmodell, die bei niedrigen Auszahlungen beobachtet wurde, verschwindet, wenn man die Auszahlung erhöht.

Allerdings zeigt sich in der Arbeit von Camerer und Hogarth auch, dass die Wirkung von Anreizen nicht immer gleich ist, sondern durchaus von den speziellen Umständen des Experiments abhängen kann. Eine Erhöhung der Auszahlungen wirkt sich zum Beispiel dann aus, wenn die Auszahlung, die eine Versuchsperson am Ende des Experiments erhält, davon abhängt, wie sehr sie sich anstrengt. Ein gutes Beispiel sind Experimente, in denen die Erinnerungsfähigkeit getestet wird. Hier lohnt es sich für die Versuchspersonen genauer aufzupassen und je mehr man damit verdienen kann, umso genauer passen diese auch tatsächlich auf. Es zeigt sich auch, dass die Abgaben im Diktatorspiel durchaus auf die Auszahlungshöhe reagieren. Je mehr Geld dem Diktator gegeben wird, umso geringer ist der Anteil, der an den Receiver abgegeben wird. Eine mögliche Erklärung dafür könnte sein, dass die Diktatoren davon ausgehen, dass die „andere Versuchsperson" Transaktionskosten auf sich nehmen musste, um an dem Experiment teilzunehmen, und bereit sind, ihr diese zu ersetzen. Da die Transaktionskosten unabhängig von der Höhe des zu verteilenden Betrages sind, würde dies den negativen Zusammenhang zwischen Auszahlungshöhe und relativem Anteil, der abgegeben wird, erklären.

Keinen Einfluss hat die Auszahlungshöhe dagegen in solchen Experimenten, in denen die Versuchspersonen bereits eine hinreichend hohe intrinsische Motivation[3] haben oder in denen sich zusätzliche Anstrengung nicht lohnt, weil die Auszahlungsfunktion flach ist. Allerdings zeigt sich in solchen Experimenten, dass die Varianz abnimmt, d. h. die mittlere erbrachte Leistung bleibt gleich, aber es gibt weniger Abweichungen nach oben oder unten. Ebenfalls wenig Einfluss hat die Auszahlungshöhe auf das Verhalten unter Risiko. Bestenfalls gibt es eine leichte Tendenz zu mehr risikoaversem Verhalten.

Die Ergebnisse von Camerer und Hogarth werden in einigen anderen kleineren Metastudien mehr oder weniger deutlich bestätigt, so dass man folgenden Schluss ziehen kann. Anreize sind wichtig (wer sollte daran noch glauben, wenn es Ökonomen nicht tun) und sie wirken sich dann aus, wenn es für die Versuchspersonen möglich ist, durch höhere Anstrengung mehr Geld zu verdienen. Das ist ein Zusammenhang, der wenig überrascht. Weniger Einfluss hat die Auszahlungshöhe dagegen in vielen ökonomischen Experimenten, in denen es nicht auf das Anstrengungsniveau ankommt. Soweit wir uns mit solchen Experimenten befassen, dürfte die Faustregel ausreichen, dass man spürbare, aber nicht exorbitant hohe Anreize setzen muss. In der Regel orientiert man sich bei der Auszahlungshöhe an den Opportunitätskosten der Versuchspersonen.

---

[2]   Für einen Überblick vgl. Feltovich (2011).
[3]   Allerdings gibt es auch Evidenz, dass monetäre Anreize die intrinsische Motivation zerstören können (siehe beispielsweise Gneezy & Rustichini 2000, Mellström & Johannesson 2008, Fryer 2013, Frey & Oberholzer-Gee 1997).

❓ Fragen

Die Begriffe „Nutzenfunktion" und „Auszahlungsfunktion" bezeichnen in der Spieltheorie nahezu identische Dinge. Wenn in der experimentellen Forschung von Auszahlungsfunktionen die Rede ist, ist damit aber etwas Anderes gemeint.

➖ Worin besteht genau der Unterschied?

Die Begriffe „Dominanz" und „Salienz" werden zur Charakterisierung von Auszahlungsfunktionen verwendet.

➖ Worin bestehen in diesem Fall die Unterschiede?

➖ Kann eine Auszahlungsfunktion zwar dominant, aber nicht salient sein oder salient, aber nicht dominant?

A.8.1 Flache Auszahlungsfunktionen

Im Jahre 1989 erschien im *American Economic Review* (AER) ein Beitrag von Glenn W. Harrison mit dem Titel „*Theory and Missbehavior of First-Price Auctions*" (Harrison 1989). Anders als der Titel vermuten lässt, geht es in der Arbeit nicht primär um Auktionen und deren Analyse, sondern vielmehr um einen methodischen Punkt, der von allgemeinem Interesse ist. Das dürfte auch der Grund dafür sein, dass allein 1992 fünf Beiträge im AER zu dem Thema veröffentlicht wurden (einschließlich einer Antwort Harrisons auf seine Kritiker).[4] Das Studium dieser Beiträge ist durchaus unterhaltsam. Beispielsweise wenn Harrison darauf hinweist, dass einzelne Aspekte in den Arbeiten der anderen Autoren ungefähr so dringlich seien wie das Studium der Frühstückskarte auf der Titanic (Harrison 1992, S. 1437). Aber im Kern geht es um eine wichtige methodische Frage. Ausgangspunkt der Diskussion ist eine Beobachtung, die beispielsweise Cox et al. (1982) bei Experimenten zur Erstpreisauktion gemacht haben: Die Bieter geben in diesen Auktionen höhere Gebote ab als das Nash-Gleichgewicht unter der Annahme risikoneutralen Verhaltens prognostiziert. Eine Erklärung für diese Abweichung vom Rationalmodell könnte sein, dass die Bieter nicht risikoneutral sind (wie im Modell unterstellt), sondern risikoavers. Harrison (1989) misstraut den Befunden, die in den verschiedenen Experimenten gemacht wurden aus folgendem Grund. Man muss grundsätzlich zwischen dem Signalraum und dem Auszahlungsraum eines Experiments unterscheiden. Der Signalraum umfasst die Strategien oder Aktionen, die die Versuchspersonen wählen können. In einem Auktionsexperiment sind das die Gebote, die sie abgeben können. Der Auszahlungsraum ist dagegen durch die aus den Geboten der Teilnehmer resultierenden monetären Auszahlungen definiert. Die Abweichung vom Nash-Gleichgewicht wurde von Cox et al. (1982) im Signalraum gemessen und dort war sie sehr deutlich. Harrison weist darauf hin, dass die Abweichungen im Auszahlungsraum aber nur extrem klein sind. In einem Beispiel rechnet er vor, dass eine signifikante Abweichung um 13 Cent im Signalraum zu Abweichungen im Auszahlungsraum führen, die (abhängig von der induzierten Bewertung des Gutes, um das es bei der Versteigerung geht) zwischen 0,1 und 0,6 Cent liegen. Warum, so schlussfolgert Harrison, sollte sich eine Versuchsperson Gedanken darum machen, was das optimale Gebot ist, wenn sie damit nur den Bruchteil eines Cents gewinnen kann?! Das ist eine berechtigte Frage und die methodische Konsequenz, die daraus folgt, wenn man die Harrison Kritik akzeptiert, ist, dass Auszahlungsfunktionen nicht flach verlaufen dürfen. Es darf nicht so sein, dass starke Abweichungen von der Prognose nur zu minimalen Unterschieden in den Auszahlungen führen.

Letztlich geht es bei der Diskussion um die Frage, wie wichtig das Kriterium der Dominanz ist. Harrison kritisiert, dass es bei den Experimenten von Cox et al. (1982) verletzt war. Aus der Sicht der Versuchspersonen war die monetäre Konsequenz der Abweichung nicht so dominant, als dass sie die Entscheidung hätte maßgeblich steuern können. Deshalb, so Harrison, kann man aus den Experimenten auch nicht den Schluss ziehen, dass Menschen in Erstpreisauktionen zu hohe Gebote abgeben. Ob sie sich in solchen Auktionen risikoscheu oder risikoneutral verhalten, ist deshalb eine bestenfalls nachgeordnete Frage (ebenso bedeutsam, wie die Frühstückskarte auf der Titanic nach der Kollision mit dem Eisberg).

Nicht alle Forscher konnten dieser Argumentation komplett folgen und so kam es zu der bereits angesprochenen Diskussion im AER. Allerdings ging diese nur zum kleineren Teil um den methodischen Kern der Harrison Kritik und zum größeren um die Interpretation der Erstpreisauktionsexperimente. So kritisiert beispielsweise Friedman (1992), dass Harrison mit der von ihm vorgeschlagenen Metrik (die Abweichungen von der Auszahlung im Nash-Gleichgewicht) die zu hohen Gebote in der Erstpreisauktion nicht *erklären* kann. Worauf Harrison (1992, S. 1436) antwortet, dass er das auch gar nicht wollte. Kagel & Roth (1992) stimmen der methodischen Harrison Kritik im Grundsatz zu und auch Merlo & Schotter (1992) bezeichnen den Punkt, den Harrison macht, als „undoubtedly correct" (S. 1413). Cox et al. (1992), deren Experimente durch die Harrison Kritik unmittelbar angegriffen wurden, unterstellen, dass Harrison implizit eine kardinale Nutzenfunktion eingeführt habe, was mit der subjektiven Erwartungsnutzentheorie nicht vereinbar sei. Unabhängig von der Frage, ob das tatsächlich so zu sehen ist (was Harrison 1992, S. 1438, bezweifelt), geht dieser Einwand an der eigentlichen Kritik, dass zu flache Auszahlungsfunktionen das Erfordernis der Dominanz und auch das der Salienz verletzen, vorbei. Pikanterweise gehört Vernon Smith, der diese Kriterien formulierte, als er die Induced Value Theorie einführte, zu den Autoren in Cox et al. (1992) und Cox et al. (1982).

Ein Kritikpunkt, der von Merlo & Schotter (1992) gegen die Harrison Kritik vorgebracht wird, sei an dieser Stelle etwas näher betrachtet. Sie argumentieren, dass der Punkt, den Harrison macht, zweifelsfrei richtig sei, aber nur dann wirklich eine Rolle spiele, wenn die Versuchspersonen die Auszahlungsfunktion auch tatsächlich als flach wahrnehmen würden. Dagegen sprechen aus ihrer Sicht zwei Argumente. Zum einen gibt es unter den Versuchspersonen Menschen, die analytisch an die ihnen gestellte Aufgabe herangehen. Merlo und Schotter bezeichnen solche Leute als „Theoretiker", die schon beim ersten Durchgang eines Experiments die optimale Lösung berechnen und diese dann konsequent spielen. Im Unterschied dazu gibt es Versuchspersonen, die während des Experimentes ausprobieren, was wohl die beste Strategie sein könnte (das sind die „Experimentatoren"). Klar ist, dass die Harrison Kritik nur auf die zweite Gruppe zutreffen kann und das auch nur dann, wenn beim Ausprobieren deutlich wird, dass die Auszahlungsfunktion flach ist. Tatsächlich kann es sein, dass die Informationen, die Versuchspersonen während eines Experiments erhalten, nicht ausreichen, um die Auszahlungsfunktion hinreichend deutlich werden zu lassen.

Der Einwand von Merlo & Schotter ist nicht ganz von der Hand zu weisen, aber ändert an der Bedeutung der Harrison Kritik wenig. Es wäre keine gute methodische Praxis, wenn man flache Auszahlungsfunktionen benutzt und dann darauf hofft, dass die Versuchspersonen es schon nicht merken werden, dass es sich eigentlich kaum lohnt, intensiv zu überlegen, was denn die rationale (auszahlungsmaximierende) Strategie ist.

Zusammengefasst lautet unsere Empfehlung, die wir aus der Diskussion um die Harrison Kritik ableiten, sich methodisch auf die sichere Seite zu begeben. Eine zu flache Auszahlungsfunktion *kann* man kritisieren und mit einer gewissen Wahrscheinlichkeit erfolgt die Kritik zu Recht. Eine steile Auszahlungsfunktion ist vor solcher Kritik sicher und sie ist geeignet, den Kriterien der Dominanz und der Salienz Rechnung zu tragen, deren Sinnhaftigkeit eigentlich niemand in der experimentellen Forschung bezweifelt. Aus diesem Grund empfehlen wir die Verwendung von hinreichend steilen Auszahlungsfunktionen.

8.3 Darf man von Versuchspersonen Geld nehmen?

Die Überschrift dieses Abschnitts mag etwas provokant erscheinen, trifft aber ein wichtiges methodisches Problem ziemlich genau. In ökonomischen Kontexten, aber auch in anderen gesellschaftlich wichtigen Situationen, kann es passieren, dass Entscheidungen, die Menschen treffen, in Verlusten resultieren. Manchmal ist es sogar so, dass Menschen nur noch Einfluss darauf haben, wie hoch ein Verlust ausfällt, und nicht mehr die Möglichkeit besitzen, den Verlust gänzlich zu vermeiden. Eine wichtige und interessante Frage ist, ob sich das Entscheidungsverhalten bei Verlusten spiegelbildlich zu dem bei Gewinnen verhält oder ob es systematische Unterschiede gibt. Experimentell kommt man in diesem Punkt nur weiter, wenn man Experimente durchführt, in denen Versuchspersonen tatsächlich einen Verlust erleiden können oder sogar mit Sicherheit einen Verlust in Kauf nehmen müssen. In einem solchen Fall nimmt der Experimentator den Versuchspersonen Geld weg – darf er das? Sollte er das tun?

Mitunter wird behauptet, dass es unethisch sei, von Versuchspersonen Geld zu nehmen, wenn sie im Labor Verluste machen. Der Hintergrund für diese Einschätzung ist, dass Versuchspersonen Kosten auf sich nehmen, wenn sie an einem Versuch teilnehmen, und deshalb eine „gerechte" Entlohnung erwarten dürfen. Außerdem kommen sie mit der Erwartung ins Labor dort Geld zu verdienen und werden im Verlustfall sehr übel enttäuscht. Diese ethischen Zweifel könnte man allerdings leicht dadurch ausräumen, dass man schon in der Einladung darauf hinweist, dass es sein kann, dass bei dem Versuch Verluste entstehen, die dann von den Versuchspersonen zu tragen sind. Mit hoher Wahrscheinlichkeit dürften es aber nicht die Gewissensbisse der Experimentatoren sein, die sie davon abhalten, Experimente durchzuführen, an deren Ende die Versuchspersonen bezahlen müssen. Dahinter steckt ein viel profanerer Grund. Ein Labor, das solche Experimente durchführt, wird sehr schnell sehr große Probleme bei der Rekrutierung von Versuchspersonen bekommen. Die Motivation, sich für einen Versuch zur Verfügung zu stellen, sinkt eben rapide, wenn man erwarten muss, dass man am Ende zur Kasse gebeten wird.

Das stellt die Experimentatoren vor ein Dilemma. Auf der einen Seite ist es wichtig zu erfahren, wie Menschen auf mögliche Verluste reagieren. Auf der anderen Seite müssen Experimente so gestaltet werden, dass die Versuchspersonen am Ende Geld bekommen und nicht etwas bezahlen müssen. Eine beliebte Methode, dieses Dilemma zu umgehen, besteht darin, Experimente so zu gestalten, dass zwar die Möglichkeit besteht, dass in einzelnen Teilen des Experiments Verluste entstehen, im Durchschnitt aber kein Verlust am Ende des Experiments dabei herauskommt. Ein schönes Beispiel für diese Variante ist der Versuch von Rydval & Ortmann (2005). Dabei ging es um die Frage, ob negative Auszahlungen im sogenannten „Stag-Hunt Game" zu einer Verbesserung der Koordinationsleistung der Versuchspersonen führt.

Ausgehend von einem Stag-Hunt-Spiel mit positiven Auszahlungen, wurde die Auszahlung durch affine Transformationen in eine mit negativen Werten überführt. Die beiden ◻ Tab. 8.1 und 8.2 zeigen das exemplarisch.

◻ Tab. 8.1 Auszahlungen eines Stag-Hunt-Spiels

	C	D
A	80, 80	10, 50
B	50, 10	50, 50

◻ Tab. 8.2 Transformierte Auszahlungen eines Stag-Hunt Spiels

	C	D
A	60, 60	−150, −30
B	−30, −150	−30, −30

◘ Tab. 8.2 erhält man, wenn man von den Werten der ersten zunächst 60 subtrahiert und dann das Ergebnis mit 3 multipliziert. Transformationen dieser Art (affine Transformationen) verändern die strategische Struktur des Spiels nicht und sollten deshalb auch keinerlei Auswirkungen auf die Wahl der Strategie haben. In beiden Spielen ist (A, C) die auszahlungsdominante Lösung und (B, D) die risikodominante Lösung. Man weiß, dass Versuchspersonen sich schwer damit tun, sich auf die effiziente Lösung zu koordinieren und die Frage, die Rydval und Ortmann interessierte, war, ob sich daran etwas ändert, wenn man ein Spiel benutzt, in dem die risikodominante Strategie sicher zu einem Verlust führt. Tatsächlich ist dies der Fall. Der Versuch Verluste zu vermeiden und die Erwartung, dass die andere Versuchsperson das auch tut, führen zu einer häufigeren Realisierung der auszahlungsdominanten Lösung. Für uns ist dieses Ergebnis hier nicht so wichtig, sondern die Art und Weise, wie Verluste in das Experiment eingeführt wurden. Die Versuchspersonen spielten nicht nur das Spiel der ◘ Tab. 8.2, sondern insgesamt fünf verschiedene Spiele, wobei nur in zwei dieser Spiele Verluste eintreten konnten. Im Ergebnis waren es nur zwei Versuchspersonen, die tatsächlich einen Verlust in dem Experiment realisierten. Eine davon erschien nie bei der Auszahlungsstelle und der anderen wurde freigestellt, ob sie den Verlust bezahlen wollte oder nicht. Die Autoren schreiben dazu: *„Individual rationality suggests what happened."* (Fußnote 5 auf S. 104).

Verluste einzuführen, ohne dass tatsächlich Verluste entstehen, ist eine Möglichkeit, das oben beschriebene Dilemma zu umgehen. Ganz ähnlich verfahren zum Beispiel Cachon & Camerer (1996). Sie eröffnen den Versuchspersonen eine „Opt-Out" Möglichkeit, die es ihnen erlaubt, Verluste dann doch zu vermeiden. Aber solche Verfahren sind Kompromisse, denn tatsächlich bildet man damit Verluste nur in einem eingeschränkten Sinne ab. Wenn man für Verluste am Ende nicht voll aufkommen muss, kann dies das Verhalten verzerren. Eine häufig realisierte Alternative dazu besteht darin, den Versuchspersonen eine hinreichend hohe Aufwandspauschale (englisch „Show-up Fee") zu zahlen, aus der dann die evtl. Verluste beglichen werden können (siehe auch Box 8.2). Eine weitere Alternative bieten Kroll et al. (2014) an. Sie untersuchen die Nash-Verhandlungslösung in einem Experiment, in dem auch über Verluste verhandelt wird. Der Trick ist: Verluste werden nicht durch negative Auszahlungen abgebildet, sondern über Wartezeit, die die Versuchspersonen in Kauf nehmen müssen, bevor sie ihre Auszahlung erhalten. Die Versuchspersonen realisierten also einen „Zeitverlust", für den es natürlich ein monetäres Äquivalent gibt, ohne dass die unangenehme Situation entsteht, die Versuchspersonen „zur Kasse bitten zu müssen". Im Gegenteil, am Ende der Wartezeit erfolgt eine Auszahlung, d. h. das Experiment endet letztlich mit einem positiven Erlebnis, was dazu beitragen dürfte, den Ruf des Labors zu erhalten und die Gewinnung weiterer Versuchspersonen nicht zu erschweren. Allerdings verliert man durch dieses Verfahren auch Kontrolle über die Höhe der Verluste. Diese lässt sich nur dann exakt bestimmen, wenn man die genauen Opportunitätskosten der Versuchspersonen für die Wartezeit kennt.

Am nächsten kommt man echten Verlusten vermutlich durch folgendes Verfahren: Man führt zuerst ein Experiment durch, bei dem die Versuchspersonen mit Sicherheit Geld verdienen. Dieses Experiment dient dazu, sie mit einem Einkommen auszustatten, dass dann später bei dem eigentlichen Experiment, in dem Verluste anfallen können, eingesetzt werden kann. Damit das Ganze funktioniert, muss allerdings zwischen den beiden Experimenten eine gewisse Zeit vergehen, damit die Versuchspersonen das Geld, das sie verdient haben, auch wirklich als ihr eigenes Geld ansehen und nicht mehr als vom Experimentator bereitgestellte Anfangsausstattung. Die richtige Spanne zwischen den beiden Experimenten zu finden ist allerdings nicht ganz einfach. Dauert es zu lange, haben die

Eine „Show-up Fee" (Teilnahmepauschale) ist ein Betrag, den die Versuchspersonen dafür erhalten, dass sie am Experiment teilnehmen, und der unabhängig davon gezahlt wird, welche Entscheidungen im Experiment getroffen werden. Abgesehen von evtl. Einkommenseffekten hat ein solcher Fixbetrag keinerlei direkte Wirkung auf das Verhalten im Experiment. Warum also sollte man ihn zahlen? Eine mögliche Funktion kann darin bestehen, dass man in Experimenten, in denen Verluste entstehen können, eine Art Polster schafft, das eventuell anfallende Verluste abfedert und dafür sorgt, dass die Versuchspersonen am Ende auf jeden Fall eine positive Auszahlung erhalten. Häufiger wird die Show-up Fee aber eingesetzt, um sicherzustellen, dass auch solche Versuchspersonen, die im Experiment eine Rolle erwischen, in der man *per se* nicht viel verdienen kann, eine angemessene Entlohnung bekommen. In der Regel wird es so sein, dass für die Auszahlung an die Versuchspersonen ein bestimmtes Budget zur Verfügung steht, das dann aufgeteilt werden muss auf die Show-up Fee und den Teil der Auszahlung, der von den Entscheidungen abhängen soll. Es gibt keine Regel, nach der man die Aufteilung vornehmen soll, aber es gibt einen Zielkonflikt, dessen man sich bewusst sein sollte. Je höher die Show-up Fee, umso geringer ist die Anreizwirkung, die von der „entscheidungsabhängigen" Auszahlung ausgeht. Man muss also eine kluge Abwägung treffen zwischen dem Ziel, die Versuchspersonen nicht zu enttäuschen, und dem Ziel, hinreichend starke Anreize zu setzen. Man kann die Show-up Fee allerdings auch ganz anders nutzen. Anderson et al. (2008) erzeugen durch unterschiedlich hohe fixe Auszahlungen in einem öffentliches-Gut-Experiment Asymmetrie zwischen den Versuchspersonen. Wird diese öffentlich gemacht, führt das übrigens dazu, dass die Beiträge zum öffentlichen Gut insgesamt sinken.

Versuchspersonen vergessen, dass sie ja kürzlich im Labor Geld verdient haben, von dem sie jetzt einen Teil wieder abgeben müssen. Ist die Spanne zu kurz, sehen sie das Geld nicht wirklich als eigenes Geld an, das sie zum Ausgleich des Verlustes opfern müssen. Das Verfahren hat noch einen weiteren Nachteil. Die Erfahrung zeigt,[5] das Versuchspersonen schon nach drei Tagen das Geld, das sie bekommen haben, als das ihrige ansehen und dann sehr ungehalten reagieren können, wenn der Experimentator ihnen zumutet dafür zu bezahlen, dass sie an einem Experiment teilgenommen haben.

❓ Fragen

Insgesamt gibt es vier „Tricks" mit denen man Experimente durchführen kann, bei denen Verluste entstehen, ohne dass die Versuchspersonen tatsächlich etwas aus der eigenen Tasche bezahlen müssen. Nennen und beschreiben Sie diese.

Insgesamt muss man zu dem Schluss kommen, dass es sehr schwierig ist, Verluste im Labor einzuführen. Versuchspersonen reagieren darauf und die Gefahr, dass man sich den eigenen Versuchspersonenpool mit solchen Experimenten „verdirbt", ist nicht gering.

8.4 Der House-Money Effekt

Monetäre Anreize werden im Experiment in aller Regel dadurch geschaffen, dass man den Versuchspersonen gewissermaßen Geld in die Hand drückt, mit dem sie dann im Expe-

---

[5] Gewonnen wurde diese Erfahrung durch Gespräche mit einem erfahrenen Experimentator, der solche Versuche häufig durchgeführt hat.

riment hantieren können. Die Idee dabei ist, dass es für den Wert, den Geld hat, keine Rolle spielt, woher es stammt. Ob man für 10 € hart arbeitet, es auf der Straße findet oder bei einer Lotterie gewinnt, ändert nichts an der Menge an Gütern, die man dafür kaufen kann. Warum also sollten geschenkte 10 € weniger wert sein als erarbeitete? Diese Sichtweise entspringt dem Rationalmodell, denn an der Überlegung, dass Geld immer gleich viel wert ist, lässt sich nicht rütteln und es wäre unter den Voraussetzungen des neoklassischen Rationalmodells schlicht nicht vernünftig, geschenktes Geld anders zu bewerten als erarbeitetes.

Aber schon 1994 haben Loewenstein und Issacharoff in einem Experiment gezeigt, dass für die Bewertung von Einkommen die Frage, woher dieses Einkommen stammt, von Bedeutung ist (Loewenstein & Issacharoff 1994). Da liegt es nahe, dass es auch einen Unterschied macht, ob man in einem Experiment „eigenes Geld" oder vom Experimentator geschenktes Geld einsetzt. Dieses geschenkte Geld ist so etwas wie ein unerwarteter Gewinn (englisch „Windfall Profit"), also Einkommen, das einem einfach so zufliegt, ohne dass man dafür etwas tun muss. Stellen Sie sich vor, Sie sind mit einem Freund oder einer Freundin in der Stadt zum Einkaufen. In einer Pause gehen Sie in ein Lokal, um einen Kaffee zu trinken, und in diesem Lokal steht ein Glücksspielautomat. Ihre Begleitung überredet Sie, einen Euro in das Gerät zu schmeißen und Sie gewinnen tatsächlich auf Anhieb 50 €. Wie wird Ihre Einkaufstour weiter verlaufen? Genauso wie ohne den unerwarteten Gewinn von 50 €? Oder werden Sie mehr ausgeben? Und werden Sie von Ihrem Gewinn an Ihre Begleitung etwas abgeben? Vergleichen Sie diese Situation mit einer, in der Sie den Glücksspielautomaten ignorieren, aber am Vortag durch die Übernahme einer zusätzlichen Arbeit 50 € mehr verdient haben. In beiden Fällen haben Sie gleich viel Geld zur Verfügung – verhalten sie sich auch gleich?

Es ist durchaus naheliegend, dass der unerwartete Gewinn Ihr Verhalten verändert – auch wenn das nur schwer mit Rationalverhalten in Einklang zu bringen ist. Vermuten kann man, dass nach einem unerwarteten Gewinn die Konsumneigung ebenso steigt wie die Risikobereitschaft. Wenn dem so ist, dann ist das natürlich für die Gestaltung der Auszahlungen in einem Experiment hoch relevant. Die Frage ist nur, wie man die Wirkung von Geldgeschenken experimentell überprüfen kann. Wie soll man Menschen dazu bringen, eigenes Geld im Experiment einzusetzen? Ein solcher Versuch dürfte die Rekrutierung von Versuchspersonen ziemlich schwierig gestalten. Aus diesem Grund geht man anders vor.

Anstatt eigenes Geld einsetzen zu müssen, lässt man Versuchspersonen für das Geld, das sie vom Experimentator bekommen, eine Leistung erbringen. Welche Form diese Leistung hat, kann dabei frei gewählt werden. Wir werden uns mit den gängigsten Methoden, die dabei zum Einsatz kommen, im ▶ Abschn. 13.2 noch ausgiebig befassen. An dieser Stelle beschränken wir uns auf das Beispiel, dass man Versuchspersonen Quizfragen beantworten lassen kann, um sie dann entsprechend ihres Abschneidens bei dem Quiz auszuzahlen. Entscheidend ist, dass die Versuchspersonen nicht länger das Gefühl haben, dass sie das Geld, das sie im Experiment einsetzen, geschenkt bekommen haben. Das ist zwar nicht ganz das Gleiche wie eigenes, selbst verdientes Geld einzusetzen, aber wenn sich herausstellt, dass in diesem Sinne „nicht geschenktes Geld" anders behandelt wird als geschenktes, dann kann man sicher davon ausgehen, dass es den sogenannten „House-Money Effekt" gibt, der genau das beschreibt.

Clark (2002) hat die Wirkung von House-Money im Kontext eines öffentliches-Gut-Experiments untersucht. In solchen Experimenten beobachtet man häufig, dass die Versuchspersonen deutlich höhere Kooperationsbeiträge leisten, als es das Rationalmodell prognostiziert. Eine mögliche Erklärung für die starke Abweichung vom Nash-Gleichgewicht könnte darin bestehen, dass man eher bereit ist, an die Gruppe zu denken und sich kooperativ zu verhalten, wenn man House-Money dafür einsetzen kann. Allerdings findet Clark keinen signifikanten Unterschied zwischen den Beiträgen der Gruppen mit und ohne House-Money. Dieses Ergebnis wurde fünf Jahre später von Harrison (2007) relativiert. Er konnte zeigen, dass sich in den Daten von Clark sehr wohl ein House-Money Effekt nachweisen lässt, wenn man die individuellen Daten betrachtet und berücksichtigt, dass diese die Struktur von Paneldaten haben.[6] Allerdings finden auch Cherry et al. (2005) keinen House-Money Effekt in einem öffentliches-Gut-Spiel, so dass man sagen kann, dass der Effekt in diesem Kontext – wenn er denn vorliegt – nicht sehr ausgeprägt ist. Jedenfalls liefert er keine Erklärung für die vergleichsweise hohen Abgaben im öffentliches-Gut-Experiment.

Kroll et al. (2007) untersuchen den House-Money Effekt in einem Best-Shot-Experiment mit heterogenen Akteuren. Dabei handelt es sich um ein sequentielles öffentliches-Gut-Spiel, von dem bekannt ist, dass sich die experimentellen Ergebnisse sehr deutlich von denen der Experimente zu simultanen öffentliches-Gut-Spielen unterscheiden. Während es in letzteren, wie schon erwähnt wurde, zu deutlichen Abweichungen vom Nash-Gleichgewicht kommt, ist das im Best-Shot-Spiel nicht der Fall. Dort verhalten sich Versuchspersonen relativ nah an der Nash-Prognose und dort zeigt sich auch ein deutlicher House-Money Effekt. Kroll et al. führen die unterschiedliche Stärke des House-Money Effekts in den beiden Experimenten darauf zurück, dass sowohl das Nash-Gleichgewicht im simultanen öffentliches-Gut-Experiment (alle Spieler leisten keinen Beitrag) als auch die effiziente Lösung (alle Spieler investieren ihre gesamte Ausstattung in das öffentliche Gut) symmetrisch sind, während das Gleichgewicht im Best-Shot-Spiel asymmetrisch ist. Warum die Symmetrie eine so große Rolle spielen soll, ist allerdings nicht klar.

Muehlbacher & Kirchler (2009) können doch noch einen House-Money Effekt in einem öffentliches-Gut-Experiment ausmachen. In ihrem Experiment vergleichen sie nicht die Beiträge mit und ohne House-Money, sondern sie variieren die Anstrengung, die beim „Erwerb" des Experimentgeldes erbracht werden muss. Es zeig sich, dass die Kooperationsbereitschaft geringer ist, wenn die Anstrengung hoch ist, man also hart für sein Geld arbeiten muss.

Ein besonders ausgeprägter House-Money Effekt wurde in Diktatorspielexperimenten beobachtet. Cherry et al. (2002) zeigen, dass die Abgaben an den Receiver tatsächlich nahezu auf Null fallen, wenn zwei Dinge zusammenkommen. Erstens, wenn die Versuchspersonen für das Geld, das sie dann zwischen sich und dem Receiver aufteilen können, arbeiten müssen. Zweitens, wenn die Abgabe komplett anonym erfolgt, das heißt in einer Doppelblindanordnung.[7] Das ist eine Beobachtung, die durchaus plausibel ist, denn es ist fraglich, warum in Diktatorspielexperimenten Menschen anderen, ihnen wildfremden Menschen Geld schenken, dies in ihrem realen Leben aber kaum machen. Die Doppelblind-Anordnung könnte dafür sorgen, dass ein möglicher Experimentatoreffekt unterdrückt wird und der Ausschluss von House-Money macht es leicht, sich selbst davon zu überzeugen, dass es keinerlei Verpflichtung gibt, dem anderen etwas abzugeben. Denken Sie an unser Beispiel mit dem Lotteriegewinn bei der Shopping-Tour. Die meisten

---

[6] Die statistische Analyse von Paneldaten unterscheidet sich von der einer Zeitreihe, bei der die einzelnen Beobachtungen unabhängig sind. Wir werden auf diesen Punkt im vierten Buchteil kurz eingehen.

[7] Darunter versteht man, dass weder die Versuchspersonen untereinander noch der Experimentator beobachten kann, was eine Versuchsperson tut. Wie man solche Anordnungen herstellen kann und welche Effekte sie haben, werden wir im ▶ Abschn. 11.2 noch ausführlich erläutern.

Menschen werden danach ihre Begleitung wenigstens zum Essen einladen – was sie ohne das House-Money bei gleichem Einkommen vielleicht nicht getan hätten. Cherry & Shogren (2008) können den House-Money Effekt im Diktatorspielexperiment noch einmal bestätigen.

Oxoby & Spraggon (2008) erweitern diesen Befund um einen interessanten Aspekt. In ihrer Basisanordnung wurde den Versuchspersonen das Geld wie üblich geschenkt. In diesem Fall gaben die Diktatoren durchschnittlich etwa 20 % an den Receiver ab. Das ist ein Wert, der sich ähnlich in vielen anderen Diktatorspielexperimenten gezeigt hat. In einer zweiten Anordnung mussten die Diktatoren für das Geld arbeiten, das sie anschließend verteilen konnten. Das Ergebnis war identisch mit dem bei Cherry et al., die Diktatoren behielten nahezu alles für sich. In der dritten Anordnung mussten die Receiver für das Geld arbeiten, über das dann die Diktatoren verfügen konnten. In diesem Fall waren die Diktatoren tatsächlich großzügiger, denn sie gaben über 50 % an die Receiver ab. Ohne dieses Verhalten weiter zu bewerten, zeigt sich wieder, dass die Frage, woher das Geld kommt, über das Versuchspersonen verfügen, eine gewichtige Rolle spielen kann. Carlsson et al. (2013) können zeigen, dass der Unterschied zwischen geschenktem und nicht geschenktem Geld auch in einem Feldversuch deutlich auftritt. Auch im Feldversuch geben Diktatoren, die einen unerwarteten Gewinn bekamen, deutlich mehr ab, als die, die für das Geld arbeiten mussten.

Die methodische Lehre, die man aus diesen Befunden ziehen kann, ist, dass die Art und Weise, wie Versuchspersonen zu Geld kommen, durchaus eine Rolle spielen kann. Will man den House-Money Effekt vermeiden, muss man seine Versuchspersonen für das Geld arbeiten lassen. Allerdings ist das nicht immer zwingend notwendig. Wenn in allen experimentellen Anordnungen mit House-Money gearbeitet wird, könnte sich der Effekt gewissermaßen neutralisieren und es ließen sich dann durchaus Kausalanalysen anstellen, die sich auf die verbleibenden Unterschiede zwischen den Anordnungen beziehen.

> **Wichtig**
> In Laborexperimenten müssen die Versuchspersonen kein eigenes Geld einsetzen. Vielmehr werden sie in aller Regel von dem Experimentator mit Geld ausgestattet, das sie dann im Experiment einsetzen können. Dieses Geld nennt man „House-Money". Grundsätzlich kann es sein, dass sich Menschen anders verhalten, wenn sie mit geschenktem Geld hantieren, als wenn sie selbst verdientes Geld einsetzen. Ist dies der Fall, spricht man von einem House-Money Effekt. Ein solcher kann vorliegen, muss aber nicht. Ausgeprägte House-Money Effekte hat man in Diktatorspielexperimenten gefunden. In öffentliches-Gut-Experimenten scheint dieser Effekt dagegen nur schwach ausgeprägt zu sein.
>
> Will man House-Money Effekte ausschließen, empfiehlt es sich, Versuchspersonen eine Leistung erbringen zu lassen, für die sie dann bezahlt werden. Auf diese Weise wird aus geschenktem Geld erarbeitete Geld und der House-Money Effekt wird abgemildert oder verschwindet im Idealfall ganz.

Die Versuchspersonen

© Springer-Verlag GmbH Deutschland, ein Teil von Springer Nature 2019
J. Weimann und J. Brosig-Koch, *Einführung in die experimentelle Wirtschaftsforschung*,
https://doi.org/10.1007/978-3-642-32765-0_9

Letztlich dreht sich in einem Experiment alles um die Versuchspersonen, die teilnehmen. Ihr Verhalten entscheidet über das Ergebnis des Experiments, ihren Entscheidungen gilt das ganze Interesse der Forscher, die im Labor arbeiten. Angesichts dieser Wichtigkeit sollte man bei der Auswahl und der Behandlung seiner Versuchspersonen keinen Fehler machen. Das klingt einfach, aber es gibt ein paar wichtige Dinge, auf die man achten muss.

9.1 Darf man Versuchspersonen belügen?

Experimente, in denen die Versuchspersonen Verluste erleiden können, sind sehr selten und noch seltener sind Experimente, in denen sie dann tatsächlich etwas bezahlen müssen. Am allerseltensten aber sind Experimente, in denen Versuchspersonen belogen werden – jedenfalls in der experimentellen Wirtschaftsforschung. Auf den ersten Blick wirkt das wie eine Selbstverständlichkeit, denn Lügen scheint mindestens so unethisch wie Geld verlangen zu sein. Insofern sollte es klar sein, dass man so etwas nicht tut. Bei näherem Hinsehen zeigt sich aber, dass die Ehrlichkeit im Labor eine Spezialität der Ökonomen ist und dass es andere Disziplinen gibt, die es damit bei weitem nicht so genau nehmen wie sie. Es lohnt sich deshalb, einen Blick darauf zu werfen, warum Ökonomen auf Ehrlichkeit bestehen und warum beispielsweise experimentelle Psychologen das häufig nicht tun. Was also spricht für und was spricht gegen die Manipulation von Versuchspersonen?

Falls Leser dieses Buches vorhaben, eine experimentelle Arbeit in einer ökonomischen Fachzeitschrift zu publizieren, kann man ihnen nur ganz dringend davon abraten, Versuchspersonen zu belügen. Ein solcher „Betrug" (englisch „Deception") würde die Annahmewahrscheinlichkeit der Arbeit sofort auf „Null" befördern, weil die Editoren ökonomischer Zeitschriften in dieser Frage äußerst restriktiv sind. Sie sind das nicht ohne Grund, denn innerhalb der wissenschaftlichen Gemeinschaft experimenteller Ökonomen gibt es einen sehr breiten Konsens darüber, dass Deception nicht zu dulden ist. Die Begründung dafür ist im Wesentlichen ein spieltheoretisches Argument.

Wenn in Experimenten gelogen wird, dann geschieht dies nicht im Verborgenen, sondern wird in den entsprechenden Publikationen erwähnt. Außerdem gibt es nach einem solchen Experiment aus ethischen Gründen typischerweise ein „Debriefing", in dem die Versuchspersonen darüber aufgeklärt werden, dass sie belogen wurden. Das bedeutet, dass die Unehrlichkeit des Experimentators in jedem Fall öffentlich wird. Das aber, so das Argument, würde dazu führen, dass die Experimentatoren die Reputation erwerben, nicht ehrlich zu sein. Das wiederum hätte fatale Folgen, denn wenn die Versuchspersonen davon ausgehen, dass sie im Labor belogen werden, wie soll dann noch eine Kontrolle ihrer Präferenzen möglich sein? Wenn der Experimentator nicht weiß, was die Versuchspersonen darüber denken, welches Spiel sie in Wahrheit spielen, dann kann er genau genommen aus ihrem Verhalten auch keine Rückschlüsse mehr ziehen. Das gilt es zu verhindern und das geht nur, indem die Experimentatoren ihre Reputation ehrlich zu sein verteidigen.

Wenn Versuchspersonen ein ökonomisches Labor betreten, können sie davon ausgehen, dass das, was in den Instruktionen zu dem Experiment steht, auch das ist, was tatsächlich passiert. In einem psychologischen Labor können sie sich da nicht sicher sein. Verändert das ihr Verhalten? Die Frage ist, ob die Vermutung der Ökonomen, dass Deception die Versuchspersonen „verdirbt", berechtigt ist oder nicht. Bonetti (1998) gehört zu den Wenigen, die daran Zweifel haben. Er vermutet, dass es kaum einen Effekt hat, wenn bekannt wird, dass Versuchspersonen belogen werden. Er hat damit heftigen Widerspruch provoziert, beispielsweise von Hey (1998) und McDaniel & Starmer (1998). Tatsächlich gibt es Studien von Psychologen, die keine starken Effekte von Deception finden.[1] Allerdings wurden diese Versuche mit Psychologiestudierenden gemacht, deren Erfahrung ist, dass sie regelmäßig belogen werden. Wenn das zur Folge hat, dass man aus ihrem Verhalten keine Schlüsse mehr ziehen kann, dann gilt das natürlich auch für die Versuche, mit denen die Wirkung von Deception untersucht wurde.

Für Ökonomen stellt sich bei dem Versuch, die Wirkung von Lügen experimentell zu prüfen, ein gewisses Dilemma. Um ein solches Experiment durchführen zu können, müssten sie ja auch eine Anordnung experimentieren, in der gelogen wird – genau das verbietet ihnen aber der methodische Standard, dem sie sich verpflichtet fühlen. Jamison et al. (2008) haben einen Weg um das Dilemma herum gefunden. An der University of California at Berkeley gibt es zwei Versuchspersonenpools. In dem einen (der von Ökonomen genutzt wird) herrscht die sogenannte „No-Deception Rule", in dem anderen darf gelogen werden. Damit kann man lügen, ohne den Versuchspersonenpool zu verderben. In ihrem Experiment gab es zwei Anordnungen, eine mit Betrug und anschließendem Debriefing und eine ohne Betrug. Der Betrug bestand darin, dass die Versuchspersonen gegen einen Computer spielten und nicht, wie in den Instruktionen ausgeführt wurde, gegen eine andere Person. Gespielt wurde das „Vertrauensspiel", bei dem eine Versuchsperson einem Partner Geld schicken kann (das dann verdreifacht beim Partner ankommt) in der Hoffnung, dass der Partner im zweiten Schritt Geld zurückschickt und die Gesamtauszahlung fair aufteilt. Nach drei Wochen wurden die Versuchspersonen von einem anderen Experimentator erneut eingeladen und nun wurden drei experimentelle Anordnungen benutzt: Das Gefangenendilemmaspiel, ein Diktatorspiel und eine Lotterieauswahl. Die Forschungsfrage war, ob der Betrug im ersten Versuch Einfluss auf die Teilnahmebereitschaft und auf das Verhalten im zweiten Versuch hat. Es zeigte sich, dass Beides der Fall war und dass die „Betrugseffekte" besonders ausgeprägt bei Frauen waren. Betrogene Frauen waren weniger bereit, an dem zweiten Versuch teilzunehmen, erst Recht, wenn sie in dem ersten Versuch das Pech gehabt hatten, dass ihr Vertrauen in den Partner nicht belohnt wurde. Die Teilnehmenden an dem zweiten Versuch verhielten sich bei der Lotterieauswahl inkonsistenter, wenn sie im ersten Versuch belogen worden waren, und sie waren in diesem Fall weniger großzügig im Diktatorspiel. Außerdem waren insbesondere die betrogenen Frauen weniger bereit, im Gefangenendilemma zu kooperieren.

Damit scheint der Nachweis erbracht, dass Deception tatsächlich zu Verhaltensveränderungen führen kann, die es schwer machen, die Ergebnisse eines Experiments vernünftig zu interpretieren. Wie soll man das Verhalten im Diktatorspiel deuten, wenn egoistisches Verhalten ein Resultat der Erfahrung sein kann, dass man in der Vergangenheit gegen einen Computer gespielt hat anstatt wie versprochen gegen einen Menschen?! Barrera & Simpson (2012) haben den Versuch mit ein paar Abwandlungen repliziert. Beispielsweise mussten die Versuchspersonen an beiden Experimenten teilnehmen (sonst gab es keine Credit Points). Dies geschah, um die Selbstselektion, die Jamison et al. beobachtet hatten, auszuschließen. Barrera und Simpson finden im Unterschied zu Jamison et al. keinen Effect von Deception.

Alberti & Güth (2013) haben ebenfalls den Versuch unternommen, das oben angesprochene Dilemma zu umgehen und die Wirkung von Betrug experimentell zu untersuchen. Ihr „Trick" bestand darin, dass sie eine Versuchsperson als Experimentator benutzen, die entweder ehrlich sein oder betrügen kann. Auf diese Weise werden die eigentlichen Experimentatoren gewissermaßen aus der Schusslinie genommen, weil man aus dem Expe-

---

[1]   Vgl. für einen Überblick Ortmann & Hertwig (2002).

riment nicht schließen kann, dass Experimentatoren die Unwahrheit sagen könnten. Es zeigte sich, dass in diesem Fall keine Wirkungen von Deception ausgingen. Das legt den Verdacht nahe, dass ein Betrug, der Bestandteil des Verhaltens einer Versuchsperson ist, anders wahrgenommen wird als ein Betrug, den die Experimentatoren oder „das Labor" zu verantworten haben.

Eine interessante Meinung zu der Frage, ob man betrügen darf oder nicht, stammt von Cooper (2014). Auf der einen Seite argumentiert er durchaus im Sinne des oben vorgetragenen spieltheoretischen Argumentes, auf der anderen Seite diskutiert er aber auch Fälle, in denen Betrug vielleicht doch nicht so schlimm sei. Beispielsweise dann, wenn es sehr schwierig wäre, die Studie durchzuführen, ohne dass man die Versuchspersonen belügt, oder wenn der Erkenntnisgewinn aus dem Experiment sehr hoch, der Schaden durch Deception aber vergleichsweise gering ist. Es stellt sich allerdings die Frage, wie (und von wem) entschieden werden soll, wann Ergebnisse wichtig genug sind bzw. wann ein ehrliches Experiment schwierig genug ist, um Betrug zu rechtfertigen. Ganz ähnlich verhält es sich mit Coopers Aussage, dass er als Editor des „Journal of Experimental Economics" zwar Papiere strikt ablehnen würde, in denen Deception vorkommt, aber als Editor des „Journal of Wine Economics" deutlich großzügiger handeln würde. Seine Vermutung ist: „The reputation of experimental economics is probably little affected by papers published in JWE, and evidence for an indirect effect is weak in any case." (S. 113). Auch hier stellt sich die Frage, wann eine Zeitschrift weit genug von der experimentellen Szene entfernt ist, damit es keine unerwünschten Reputationseffekte gibt. Vielleicht ist es doch eine ziemlich gute Idee, allen diesen schwierigen Abwägungen und Bewertungen aus dem Weg zu gehen, indem man einfach die allgemeine Regel befolgt, dass Betrug grundsätzlich nicht erlaubt ist. Dann muss man sich auch um die nicht ganz eindeutigen experimentellen Befunde keine großen Gedanken mehr machen. Indem man ehrlich ist, bewegt man sich immer auf der sicheren Seite (fast wie im richtigen Leben).

Es bleibt in diesem Zusammenhang allerdings eine wichtige Frage zu klären: Wann beginnt die Unehrlichkeit? Ist es schon Deception, wenn man Versuchspersonen nicht über alles informiert? Ein Beispiel: Bei manchen Experimenten ist es wichtig, dass die Versuchspersonen nicht von vornherein wissen, wie lange das Experiment dauert bzw. wie häufig es durchgeführt wird. Bei öffentliches-Gut-Experimenten hat man beispielsweise untersucht, was geschieht, wenn die Versuchspersonen, nachdem sie das Experiment bereits einmal durchlaufen hatten (über z. B. zehn Runden), überraschend das gleiche Experiment noch einmal durchlaufen. Interessant ist dabei, ob sie nach einem solchen sogenannten „Restart" dort weiter machen, wo sie in der letzten Runde des ersten Durchgangs aufgehört haben (also bei in der Regel sehr geringen Kooperationsleistungen), oder ob sie neu beginnen und sich ähnlich verhalten wie beim Start des ersten Experiments.[2] Entscheidend ist dabei, dass die Versuchspersonen nicht wissen, dass es einen zweiten Durchgang geben wird, wenn sie den ersten beginnen. Es gibt viele Varianten von unvollständiger Information, die Versuchspersonen erhalten können. Die Konvention ist, dies nicht als Betrug anzusehen. Man könnte die Regel etwa so formulieren: Alles, was den Versuchspersonen gesagt wird, muss der Wahrheit entsprechen. Aber man muss ihnen nicht immer die ganze Wahrheit auf einmal sagen. Cooper (2014, S. 112) drückt das so aus: „Deception is generally considered a sin of commission rather than omission."

---

[2]   Tatsächlich tun sie genau das (vgl. Andreoni 1988).

? **Fragen**

Bitte entscheiden Sie für die folgenden Fälle, ob eine unzulässige Manipulation der Versuchspersonen (Deception) vorliegt oder nicht:

1. In einem Experiment, an dem eine Gruppe von Versuchspersonen beteiligt ist (beispielsweise ein öffentliches-Gut-Experiment), wird den Versuchspersonen gesagt, dass die Gruppe 60 Personen umfasst. Tatsächlich sind es nur 6.
2. Den Versuchspersonen wird zu Beginn des Experiments gesagt, dass das Spiel genau einmal gespielt wird. Nachdem dies geschehen ist, wird es dennoch wiederholt.
3. Den Versuchspersonen wird das Spiel erklärt, ohne dass etwas dazu gesagt wird, wie oft es durchgeführt wird. Dann wird es dreimal gespielt und die Versuchspersonen wissen jeweils nicht, ob es noch ein weiteres Spiel geben wird.

9.2 Sind Studierende die richtigen Versuchspersonen?

Uns ist keine Statistik dazu bekannt, aber wir sind ziemlich sicher, dass weit über 90 % aller Laborexperimente mit studentischen Versuchspersonen durchgeführt werden. Und das gilt nicht nur für ökonomische Laborexperimente. Ist das die richtige Wahl? Das ist eine Frage, die immer wieder kritisch aufgeworfen wird. Kann man aus dem Verhalten von Studierenden wirklich etwas über das Verhalten von Menschen im Allgemeinen lernen? Oder sind Studierende eigentlich zu „speziell", d. h. zu wenig repräsentativ? Einige kritische Stimmen befürchten genau das.[3]

Beginnen wir damit zu erklären, warum eigentlich Studierende bei Experimentatoren so beliebt sind. Sie haben einfach viele Vorteile (Feltovich 2011). Zunächst sind sie gut verfügbar, weil an Universitäten in großer Zahl vertreten und mit relativ viel frei disponierbarer Zeit gesegnet. Deshalb können sie beispielsweise nachmittags um 14:00 Uhr oder vormittags um 10:00 Uhr an einem Experiment teilnehmen. Ein weiterer Vorteil ist, dass man davon ausgehen kann, dass Studierende in der Regel relativ leicht und relativ schnell verstehen, was man im Experiment von ihnen will. Ein gut durchgeführtes Experiment stellt sicher, dass die Versuchspersonen die Instruktionen verstanden haben und die Regeln des Spiels kennen. Bei Studierenden kann man ziemlich sicher sein, dass sie dazu in der Lage sind. Aus Sicht der Experimentatoren ist es darüber hinaus ein Vorteil, dass Studierende häufig knapp bei Kasse sind und deshalb gern die Gelegenheit nutzen, durch die Teilnahme an einem Experiment etwas dazu zu verdienen. Die relativ geringen Opportunitätskosten der Zeit bewirken, dass die monetären Anreize, die im Experiment gesetzt werden, auch tatsächlich hohes Gewicht bekommen.

Diese Vorteile sind gewissermaßen Spiegelbilder der Nachteile, die man hat, wenn man Experimente mit nicht-studentischen Versuchspersonen durchführt. Deren Rekrutierung ist ungleich schwieriger und aufwändiger. Handelt es sich um berufstätige Menschen, kommen nur Laborzeiten nach Feierabend in Frage. Das heißt, man muss Menschen dazu bringen, ihre knappe Freizeit abends im Labor zu verbringen anstatt zu Hause bei ihren Familien. Darüber hinaus ist schon der Erstkontakt schwierig herzustellen. Studierende lassen sich verhältnismäßig leicht in Vorlesungen anwerben und sind daher in aller Regel zahlreich in einer Versuchspersonendatenbank vertreten. Die Rekrutierung geht gewissermaßen auf Knopfdruck bzw. durch ein paar Klicks. Für Nicht-Studierende trifft das nicht

---

[3]   Stellvertretend seien Harrison & List (2004) genannt.

zu. Das Normalverfahren ist, dass man eine Zufallsauswahl aus dem Telefonbuch trifft und dann entweder anruft oder einen Brief schreibt. Beides ist aufwändig und die Erfolgsquote ist erfahrungsgemäß nicht sehr hoch, weshalb man eine große Zahl von Kontakten braucht, um die erforderliche Anzahl von Versuchspersonen zu gewinnen.

Wir haben an anderer Stelle gesagt, dass die Opportunitätskosten der Versuchspersonen die Untergrenze für die Auszahlungen bilden, die im Experiment erfolgen sollten. Bei Erwerbstätigen sind diese Kosten deutlich höher als bei Studierenden und deshalb werden Versuche mit Nicht-Studierenden immer teurer als solche mit Studierenden. Die schwierigere Rekrutierung und die höheren Kosten lassen den Aufwand steigen, den es für ein Experiment zu betreiben gilt, aber sie machen Experimente mit Nicht-Studierenden deshalb nicht unmöglich. Ein paar andere Schwierigkeiten sind schwerer zu beseitigen. Zunächst einmal hat man keinerlei Kontrolle über den Hintergrund der Versuchspersonen, ihre Erfahrungen, ihren Bildungsstand usw. Zwar kann man Einiges nachträglich erfragen, aber bei der Rekrutierung weiß man nicht genau, wen man einlädt. Das betrifft insbesondere auch die Einstellung der Versuchspersonen zu einem Experiment und den Experimentatoren. Zwei Effekte sind möglich. Insbesondere akademisch nicht ausgebildete Versuchspersonen könnten durch die für sie völlig fremde Atmosphäre in einem Labor und dadurch, dass sie an einer Universität sind, eingeschüchtert sein. Das könnte dazu führen, dass sie einem besonders stark ausgeprägten Experimentatoreffekt unterliegen, weil sie sich große Mühe geben, in dieser Situation genau das zu tun, was sie glauben, was man von ihnen will.[4]

Aber auch der gegenteilige Effekt ist denkbar. Ein Autor dieses Buches hat einmal die Erfahrung gemacht, dass in einem Experiment mit Nicht-Studierenden einige wenige Versuchspersonen nach dem Studium der Instruktionen sofort das Labor verließen und dabei Bemerkungen wie „Verschwendung von Steuergeldern!", „So ein Quatsch!" und Ähnliches machten – in einem Fall unterstrichen von laut zugeschlagenen Türen. Studierenden ist der Sinn und Zweck von Experimenten im Großen und Ganzen geläufig, bei Nicht-Studierenden kann es durchaus sein, dass diese Methode manchmal Kopfschütteln hervorruft.

Angesichts der Vorteile, die Studierende als Versuchspersonen haben und der Nachteile, die Nicht-Studierende mitbringen, ist es nicht verwunderlich, dass so selten mit Nicht-Studierenden experimentiert wird. Allerdings haben wir bisher nur die Vorteile aufgezählt, die studentische Versuchspersonen haben. Ihren größten Nachteil haben wir bislang verschwiegen. Wenn man Studierende in sein Labor einlädt, kann es sein, dass man damit einen zweifachen Selektionseffekt auslöst.[5] Erstens unterscheiden sich Studierende systematisch vom Durchschnitt der Bevölkerung. Einerseits sind sie jünger und besser ausgebildet, andererseits verfügen sie aber nicht über bestimmte Erfahrungen, die ein Durchschnittserwachsener besitzt. So haben sie keine Berufserfahrung, wissen nicht, wie es ist, wenn man Einkommensteuern zahlen muss oder um sein Gehalt verhandelt. Diese systematischen Unterschiede machen eine Übertragung der bei Studierenden beobachteten Entscheidungen auf den Bevölkerungsdurchschnitt schwierig.

Aber es kommt ein zweiter Selektionseffekt hinzu – jedenfalls dann, wenn Studierende freiwillig an Experimenten teilnehmen. Man kann nicht ausschließen, dass sich nur bestimmte Typen von Studierenden an Experimenten beteiligen. Die Sorge ist insbesondere,

---

4   Wir werden auf diesen Punkt im ▶ Abschn. 11.1 noch einmal zurückkommen.
5   Es gibt inzwischen eine umfangreiche Literatur zu den Selektionseffekten, die mit studentischen Versuchspersonen verbunden sein können. Beispielsweise Exadaktylos et al. (2013), Feltovich (2011), Harrison et al. (2009), Falk et al. (2013), Anderson et al. (2013), Cleave et al. (2013), Abeler und Nosenzo (2015), Cappelen et al. (2015) sowie Belot et al. (2015).

dass dieser zweite Selektionsprozess die Präferenzen der Versuchspersonen betrifft und zwar sowohl ihre *Risikopräferenzen* als auch ihre *sozialen Präferenzen*.

Definition

Mit dem Begriff „Risikopräferenz" ist die Einstellung eines Menschen zum Risiko gemeint. Er kann risikofreudig, -neutral oder -avers sein. Wie genau diese Begriffe abgegrenzt sind, wird in ▶ Abschn. 10.1 beschrieben.

Unter „sozialer Präferenz" versteht man die Neigung eines Menschen, in bestimmten Situationen von rein eigennützigem Verhalten abzuweichen. Beispielsweise, weil das Wohlergehen anderer auch eine Rolle spielt (Altruismus) oder weil man es nicht mag, dass Vorteile sehr ungleich verteilt sind (Ungleichheitsaversion). Auch Reziprozität, also der Wunsch „Gutes mit Gutem zu vergelten" kann ein Grund sein soziales Verhalten zu zeigen.

Harrison et al. (2009) sorgen sich vor allem um mögliche Selektionseffekte hinsichtlich der Risikoeinstellung. Da bei Experimenten die Zuordnung der Teilnehmer zu den einzelnen Anordnungen zufällig erfolgt, kann man bei der Einteilung Glück oder Pech haben. Beispielsweise kann man bei einem Diktatorspielexperiment entweder in die Rolle des Diktators oder des Receiver geraten. Erstere ist sicherlich vorteilhafter als letztere. Dieser Risikoaspekt könnte risikoaverse Studierende von der Teilnahme an einem Experiment abhalten bzw. risikofreudige Studierende vermehrt anlocken. Das Ergebnis wäre eine Auswahl von Versuchspersonen, die überdurchschnittlich risikobereit sind. Allerdings weisen Harrison et al. darauf hin, dass der Effekt auch in die andere Richtung gehen kann, wenn in einem Labor regelmäßig üppige Show-up Fees gezahlt werden, also Antrittsgelder, derer man sich sicher sein kann, sobald man an dem Experiment teilnimmt (vgl. Box 8.2). Hohe sichere Auszahlungen könnten überdurchschnittlich risikoaverse Versuchspersonen anlocken.

Natürlich kann man die verschiedenen Hypothesen zu potentiellen Selektionseffekten experimentell testen. Harrison et al. haben das getan und sie stellen fest, dass es tatsächlich Effekte gibt. So steigt die Risikobereitschaft innerhalb der Versuchspersonengruppe bei randomisierten Experimenten (mit unsicherer Auszahlung) allgemein an, ohne dass es allerdings zu einer Veränderung der Anteile der relativen Risikoaversionen kommt. Die risikoscheuen werden genauso risikofreudiger wie die ohnehin schon risikofreudigen. Auch der gegenteilige Effekt lässt sich bei Harrison et al. nachweisen, d. h. bei Verwendung von Show-up Fees resultieren Versuchspersonengruppen, die weniger risikofreudig sind als die die man ohne solche fixen Zahlungen bekommt.

Der Befund von Harrison et al. wird durch die Untersuchung von Cleave et al. (2013) relativiert. In ihrem Experiment nahmen 1173 Studierende zunächst an einem Hörsaalexperiment teil, in dem es unter anderem um eine Lotterieauswahl ging. Danach wurden alle Studierenden, die an dem Hörsaalexperiment teilgenommen hatten, zu einem Laborversuch eingeladen. Auf diese Weise wurde die Gruppe in zwei Untergruppen geteilt: Diejenigen, die die Einladung zum Experiment annahmen, bildeten die eine und diejenigen, die dies nicht taten, die andere Untergruppe. Im letzten Schritt wurden die Risikoeinstellungen in beiden Gruppen mit den Daten aus dem ersten Experiment ermittelt und es zeigte sich kein signifikanter Unterschied. Dieser Befund deutet darauf hin, dass es keine systematische Selektion gibt, die dazu führt, dass vor allem die Risikofreudigen an einem Experiment teilnehmen.

Nicht nur die Risikoeinstellung der Versuchspersonen steht im Verdacht, bei der Selektion eine Rolle zu spielen, auch soziale Präferenzen könnten betroffen sein. Man kann sich grundsätzlich vorstellen, dass Menschen mit ausgeprägten sozialen Präferenzen eher weniger häufig an Experimenten teilnehmen, in denen es um Geld geht und das Einkommensmotiv eine große Rolle spielt. Allerdings wäre auch die gegenteilige Vorstellung nicht absurd, denn durch die Teilnahme an einem Experiment erweist man ja auch der Wissenschaft (und damit der Allgemeinheit) einen Dienst. Ob es deshalb zu einer Selektion von besonders sozial eingestellten Studierenden kommt, haben Falk et al. (2013) untersucht. Dazu haben sie zunächst einen Feldversuch durchgeführt, in dem man sich mehr oder weniger sozial verhalten konnte. Im zweiten Schritt wurden die Teilnehmer dann zu einem Laborexperiment eingeladen. Es zeigte sich, dass die Frage, wie sozial man im ersten Versuch war, keinen signifikanten Einfluss auf die Entscheidung hatte, am zweiten Experiment teilzunehmen. Die Autoren schließen daraus, dass man davon ausgehen kann, dass es keinerlei Selektionseffekte bei freiwilliger Teilnahme an einem Experiment gibt.

Zu einem ähnlichen Ergebnis kommen Anderson et al. (2013) im Hinblick auf Selektionseffekte bei Nicht-Studierenden, also bei – wie die Autoren schreiben – *Erwachsenen*. Das Experiment, in dem die Versuchspersonen mehr oder weniger ausgeprägte „soziale Präferenzen" offenbarten, wurde mit drei Gruppen durchgeführt: Studierende eines Colleges, *Erwachsenen*, die einem entsprechenden Aufruf freiwillig folgten (und bei denen deshalb ein Selektionsprozess stattfinden konnte) und einer Gruppe von Berufskraftfahrern, die in einem Weiterbildungsprogramm waren. In der letzten Gruppe nahmen 92 % aller Mitglieder der Gruppe an dem Experiment teil, so dass von einer Selektion kaum auszugehen ist. Dabei dürften die geringen Opportunitätskosten einer Teilnahme eine wichtige Rolle gespielt haben. Wie schon bei Falk et al. (2013) zeigte sich auch in diesem Experiment kein signifikanter Unterschied zwischen den freiwilligen *Erwachsenen* und den Kraftfahrern, bei denen keine Selektion stattgefunden hatte. Tatsächlich spricht damit einiges dafür, dass im Hinblick auf soziale Präferenzen kein Selektionseffekt bei der Rekrutierung von Versuchspersonen zu befürchten ist.

Bisher haben wir nur über den zweiten Selektionseffekt gesprochen, der dadurch entsteht, dass die Studierenden sich freiwillig zu einem Experiment melden. Wie sieht es mit dem Ersten aus? Sind Studierende anders als Nicht-Studierende? Exadaktylos et al. (2013) kommen zu dem Schluss, dass es im Hinblick auf ihr soziales Verhalten keinen signifikanten Unterschied zwischen freiwilligen studentischen Versuchspersonen und freiwilligen Nicht-Studierenden gibt. Allerdings steht diesem Befund eine ganze Reihe von Beobachtungen gegenüber, die signifikante Unterschiede zwischen Studierenden und Nicht-Studierenden zeigen. So stellen Falk et al. (2013) fest, dass die Nicht-Studierenden in einem Vertrauensspiel deutlich höhere Beträge an den Erstziehenden zurückzahlen als Studierende. Auch in dem bereits erwähnten Experiment von Anderson et al. (2013) zeigt sich, dass sich die Studierenden wesentlich eigennütziger verhalten als die freiwilligen Nicht-Studierenden und die Berufskraftfahrer. Cappelen et al. (2015) untersuchen soziales Verhalten einmal in einem Diktatorspielexperiment und in einem Vertrauensspielexperiment. Auch sie finden signifikant stärker ausgeprägte soziale Präferenzen in der Gruppe von Versuchspersonen, die aus repräsentativ (für die norwegische Gesellschaft) ausgewählten Nicht-Studierenden bestand, verglichen mit einer Gruppe studentischer Versuchspersonen. Und auch Belot et al. (2015) kommen zu dem gleichen Ergebnis. Sie finden darüber hinaus, dass Studierende eher in der Lage sind, strategisch zu denken als die „Normalbürger" und sie schlussfolgern daraus: *„Experiments using students are likely to overestimate the extent of selfish and rational behavior in the general population."* (Belot et al. 2015, S. 26).

Allerdings stellt sich die Frage, ob diese Schlussfolgerung ohne Weiteres gezogen werden darf. Wir haben schon einmal darauf hingewiesen, dass es sein kann, dass nicht-studentische Versuchspersonen einem starken Experimentatoreffekt ausgesetzt sind. Gerade, wenn es um die Frage geht, ob man sich eher eigennützig oder sozial verhalten soll, könnte dies eine entscheidende Rolle spielen. Man versetze sich in einen Menschen, der nie studiert hat und im erwachsenen Alter zu einem Experiment in ein wissenschaftliches Labor eingeladen wird. Nicht vertraut mit den experimentellen Methoden in den Wirtschafts- und Sozialwissenschaften wird ein solcher Mensch wahrscheinlich sehr unsicher darüber sein, was genau von ihm erwartet wird. Er oder sie wird auch nicht wissen, wie weit den Experimentatoren zu trauen ist, wie sehr man unter Beobachtung steht und ob nicht-soziales Verhalten nicht doch sanktioniert wird. Angesichts dieser Unsicherheit kommt geradezu zwangsläufig die Frage auf: „Was wollen die von mir?" In einer solchen Situation ist es vielleicht sehr schwer sich eigennützig zu verhalten, obwohl man eigentlich genau das täte, wenn man nicht gerade unter Beobachtung in einem Labor säße. Studierende, erst recht solche, die regelmäßig an Experimenten teilnehmen oder die in Vorlesungen über Experimente informiert werden, tun sich an dieser Stelle vermutlich leichter, weil sie mit der Situation vertraut sind und die Erfahrung gemacht haben, dass ihr Verhalten im Labor ausschließlich monetäre Konsequenzen hat. Man kann einen solchen asymmetrischen Experimentatoreffekt nicht ausschließen, aber es ist natürlich auch nicht sicher, dass er existiert. Für eine Klärung dieser Frage wäre es notwendig, Experimente mit einem erfahrenen Pool von Nicht-Studierenden durchzuführen, um zu prüfen, ob Erfahrung dazu führt, dass die Bereitschaft zu egoistischem Verhalten zunimmt.

Einen interessanten Unterschied zwischen Studierenden und Nicht-Studierenden haben Bortolotti et al. (2015) beobachtet. Aus der experimentellen Literatur ist bekannt, dass Bestrafungsmöglichkeiten in öffentliches-Gut-Spielen dazu führen, dass die Kooperationsbereitschaft stark steigt (Gächter & Fehr 2000). Genau diesen Effekt beobachteten die Autoren auch bei den studentischen Versuchspersonen. Bei den Nicht-Studierenden blieb dieser Effekt jedoch aus, Bestrafungsandrohungen blieben ohne Wirkung. Im Ergebnis drehte sich die Reihung der Kooperationsfähigkeit um: Ohne Bestrafung kooperierten die Nicht-Studierenden stärker als die Studierenden, mit Bestrafung war es umgekehrt.

Bisher können wir festhalten, dass es durchaus Unterschiede im Verhalten von Studierenden und Nicht-Studierenden gibt, wenn auch nicht ganz klar ist, wie ausgeprägt diese sind. Damit ist die Frage der Übertragbarkeit von Beobachtungen, die man mit Studierenden macht, auf die allgemeine Bevölkerung noch nicht abschließend geklärt. Es bleibt der Punkt, dass Studierende eine ganze Reihe von Erfahrungen fehlen, die die durchschnittliche erwachsene Bevölkerung in ihrem Leben bereits gemacht hat. Mitunter wird in diesem Zusammenhang die Frage aufgeworfen, ob man von studentischem Verhalten auf das Verhalten von Experten schließen kann. Das ist eine durchaus wichtige Frage, denn häufig sind bei experimentellen Untersuchungen Phänomene von Interesse, bei denen in der realen Welt Experten die Entscheidungen treffen. Das ist beispielsweise bei Verhandlungen der Fall, an der Börse, in der Arztpraxis oder bei vielen Entscheidungen, die in Unternehmen getroffen werden. Sollte man also Experimente, die spezielle Situationen abbilden, mit Experten durchführen, die sich in solchen Situationen sehr genau auskennen?

Die Ergebnisse sind gemischt. Beispielsweise hat sich gezeigt, dass Experten, dann, wenn das Experiment exakt die Art von Entscheidungen verlangt, die sie in ihrem Alltag eingeübt haben, erfolgreicher abschneiden als Studierende. Aber Feltovich (2011) weist darauf hin, dass der Einsatz von Experten im Experiment durchaus auch kontraproduktiv sein kann. Ist die Entscheidungssituation nicht völlig identisch mit der des Alltags, neigen

Experten dazu, ihre antrainierten Routinen dennoch einzusetzen, obwohl sie eigentlich auf das Entscheidungsproblem nicht genau passen. Das bedeutet, dass sie eine Weile brauchen, um sich an die im Vergleich zum Alltag neue Situation anzupassen und deshalb in solchen Experimenten nicht besser abschneiden als studentische Versuchspersonen.

Alles in allem sind studentische Versuchspersonen nicht die schlechteste Wahl. Die Unterschiede zum Rest der Bevölkerung sind eher moderat und der Einsatz von Experten in Experimenten ist nicht unproblematisch. Deshalb dürften Studierende als Versuchspersonen in der überwiegenden Mehrzahl der Fälle eine gute Alternative darstellen. Das schließt nicht aus, dass es spezielle Fragestellungen geben kann, in denen es geboten erscheint, Experimente mit Nicht-Studierenden oder mit Experten durchzuführen. Allerdings muss man sich dabei bewusst sein, dass dies den Aufwand bei der Rekrutierung massiv erhöhen kann. Aber auch wenn man innerhalb der Gruppe der Studierenden bleibt, muss man bei der Rekrutierung auf einige Dinge achten, denn Studierende sind nicht immer gleich Studierende.

9.3   Welche Rolle spielt das Studienfach?

Seit dem berühmten Aufsatz von Marwell & Ames (1981) ist bekannt, dass sich Studierende der Wirtschaftswissenschaft anders verhalten als Studierende anderer Disziplinen. Vor allem scheinen Erstere weniger kooperativ zu sein als Letztere. Frank et al. (1993) bestätigen diese Beobachtung. Für die Methodik der experimentellen Wirtschaftsforschung ist eine Bewertung dieser Beobachtung eigentlich nicht wichtig. Entscheidend ist jedoch, dass man in Experimenten Selektionseffekte erhält, wenn man bei der Auswahl der Versuchspersonen nicht auf das Studienfach achtet. Hat man beispielsweise bei einem öffentliches-Gut-Experiment in einer Anordnung deutlich mehr Studierende der Wirtschaftswissenschaft als in einer anderen, kann diese Selektion der Versuchspersonen zu „Effekten" führen, die nicht auftreten, wenn beide Anordnungen nur mit Studierenden anderer Fachrichtungen oder nur mit Studierenden der Wirtschaftswissenschaft durchgeführt werden.

Aber bei diesem Hinweis allein wollen wir es nicht belassen, denn es lohnt sich, noch etwas genauer auf den Ökonomeneffekt zu schauen. Rubinstein (2006) hat die Diskussion um diesen Effekt noch einmal angeheizt und ihr eine neue Richtung gegeben. In einem Experiment, das ohne starke monetäre Anreize arbeitete, sondern vor allem auf einer Befragung basierte, wurden Studierende der Wirtschaftswissenschaft und Studierende anderer Fachrichtungen mit einer fiktiven Unternehmensentscheidung konfrontiert. Sie sollten sich in die Lage eines Managers versetzen, der zu entscheiden hat, wie viele Arbeiter in der Zukunft beschäftigt werden sollen. Grundlage der Entscheidung war eine Tabelle bzw. eine Formel, die den Zusammenhang zwischen Beschäftigungshöhe und Unternehmensgewinn angab. Um den maximalen Gewinn zu realisieren, hätte eine große Zahl von Mitarbeitern entlassen werden müssen, weil das Unternehmen in einer konjunkturell schwierigen Lage war. Rubinstein untersuchte die Frage, ob die Anzahl der Entlassungen davon abhing, welches Fach die Versuchspersonen studierten und ob sie die Entscheidungsgrundlage in Form einer Tabelle oder in Form einer mathematischen Gewinnformel vermittelt bekamen. Das Ergebnis war eindeutig: Studierende der Wirtschaftswissenschaft entlassen mehr Menschen als Studierende anderer Fachrichtungen und die Formel führt zu mehr Entlassungen als die Tabelle.

Die Schlussfolgerungen, die Rubinstein aus seinen Ergebnissen zieht, sind sehr weitreichend. So fordert er beispielsweise, dass man die mathematische Ausbildung in den Wirtschaftswissenschaften kritisch hinterfragen muss, weil sie tendenziell dazu zu führen scheint, dass die Studierenden kein „soziales Gewissen" oder „soziale Verantwortung" entwickeln. An diesen beiden Dingen scheint es Studierenden der Wirtschaftswissenschaft grundsätzlich zu mangeln und das veranlasst Rubinstein zu einer sehr kritischen Haltung zum wirtschaftswissenschaftlichen Studium.

Es stellt sich allerdings die Frage, ob das Rubinstein-Experiment wirklich solche Schlussfolgerungen zulässt. Dem stehen einige methodische Probleme entgegen, die dieses Experiment aufwirft. Beispielsweise könnte es sein, dass gerade die Studierenden der Wirtschaftswissenschaft einem starken Experimentatoreffekt ausgesetzt gewesen sind. Ein wirtschaftswissenschaftliches Studium absolviert man häufig mit dem Ziel, irgendwann einmal in einem Unternehmen zu arbeiten und dort Entscheidungen zu treffen. Dabei sollte ein gut ausgebildeter Manager vor allem die Interessen des Unternehmens im Auge haben. Alles andere würde einem Manager von seinem Arbeitgeber zurecht als Fehlverhalten vorgeworfen. Den Studierenden der Wirtschaftswissenschaft ist die Perspektive des Managements deshalb vertraut und es liegt nahe, in dem Experiment eine Art Test zu sehen, ob man im Studium etwas gelernt hat. Dazu kommt, dass man als Studierender der Wirtschaftswissenschaft lernt, dass eine Entlassung kein Schicksalsschlag sein muss, wenn man einen funktionierenden Arbeitsmarkt voraussetzen kann. Kritisch ist auch, dass Rubinstein den Unterschied zwischen Studierenden der Wirtschaftswissenschaft und Studierenden anderer Fachrichtungen auf die Ausbildung zurückführt und einen Selektionsprozess nicht in Erwägung zieht. Vielleicht haben ja diejenigen, die sich für ein wirtschaftswissenschaftliches Studium entscheiden, *per se* andere Einstellungen als „die Anderen".

Brosig et al. (2010) haben das Rubinstein-Experiment wiederholt und dabei so modifiziert, dass untersucht werden konnte, ob die oben angesprochenen Probleme tatsächlich zum Tragen kommen. Eine wichtige Veränderung war, dass das Experiment sowohl mit Anfängern im ersten Semester als auch mit fortgeschrittenen Studierenden höherer Semester durchgeführt wurde. Außerdem wurde eine weitere Frage an die Versuchspersonen gerichtet, in der sie sich in die Situation eines Managers versetzen sollten, der kurz vor der Pensionierung steht und nur noch diese eine Entscheidung zu treffen hat, wie viele Menschen zu entlassen sind. Durch diese beiden Modifikationen konnte getestet werden, ob die wirtschaftswissenschaftliche Ausbildung dafür verantwortlich ist, dass Menschen dem Schicksal der Beschäftigten wenig Aufmerksamkeit widmen, und ob die spezifische Rolle, in der zu entscheiden war, einen Einfluss hatte. Im Ergebnis zeigte sich, dass es keinen signifikanten Unterschied im Verhalten der Erstsemester und der Fortgeschrittenen gab (weder bei den Studierenden der Wirtschaftswissenschaft noch bei den Studierenden anderer Fachrichtungen). Wenn überhaupt, dann entließen die älteren Studierenden etwas weniger Leute als die „Frischlinge". Das spricht für einen Selektionseffekt und gegen Rubinsteins These, dass das Studium die Menschen verändert. Auch die Rolle, in die sich die Versuchspersonen versetzen sollten, spielte eine Rolle. Wenn man kurz vor der Pension steht und die eigene Karriere nicht mehr davon abhängt, das zu tun, was der Arbeitgeber erwartet, entlassen auch die Studierenden der Wirtschaftswissenschaft deutlich weniger Beschäftigte als in der Rolle des aktiven Managers.

Insgesamt zeigen sich allerdings auch bei Brosig et al. (2010), dass die Studierenden der Wirtschaftswissenschaft eher bereit zu entlassen als die Studierenden anderer Fachrichtungen. Auch die Präsentation der Entscheidungsaufgabe mit Hilfe einer mathematischen

Formel führt dazu, dass mehr Menschen entlassen werden und vor allem, dass die gewinn-maximale Zahl der Entlassungen häufiger gewählt wird. Allerdings könnte auch dahinter ein Experimentatoreffekt stecken. Wenn man eine Gewinnfunktion präsentiert bekommt, dann ist es für Studierende, die mathematisch geschult sind, selbstverständlich, diese erst einmal zu maximieren. Die Wenigsten werden diese Art der Präsentation als Aufforde-rung verstehen, aus der Funktion eine Tabelle abzuleiten. Und es liegt ebenfalls nahe, dass Versuchspersonen die Idee entwickeln, dass es in dem Experiment gerade darum geht, die Funktion richtig abzuleiten und die gewinnmaximale Beschäftigung zu ermitteln. Dieser Demand Effekt (siehe dazu auch ▶ Abschn. 11.1) könnte erklären, warum auch Studierende anderer Fachrichtungen häufig das Gewinnmaximum realisierten, wenn ihnen die Formel präsentiert wurde.

Einen etwas anderen Blick auf die Frage, wie sich Studierende der Wirtschaftswissen-schaft verhalten, haben Ockenfels & Weimann (1999). In ihrem Experiment geht es eigent-lich um die Frage, ob sich ost- und westdeutsche Studierende unterschiedlich verhalten. Zu diesem Zweck haben sie Experimente in zwei westdeutschen und einer ostdeutschen Stadt durchgeführt, an denen jeweils Studierende verschiedener Fakultäten teilnahmen. Gespielt wurden ein öffentliches-Gut-Experiment und ein Solidaritätsspielexperiment[6]. Neben dem Studienfach wurde auch für das Geschlecht kontrolliert. Dabei zeigte sich in allen drei Städten, dass es einen Interaktionseffekt zwischen dem Studienfach (wirt-schaftswissenschaftlich oder nicht-wirtschaftswissenschaftlich) und dem Geschlecht gab. Im Solidaritätsspielexperiment gab es zwischen den weiblichen Studierenden der Wirt-schaftswissenschaft und den Studierenden anderer Fachrichtungen keinen Unterschied. Wohl aber zwischen den männlichen Studierenden der Wirtschaftswissenschaft und den Studierenden anderer Fachrichtungen. Das deutet darauf hin, dass sich der Studienfach-effekt auf die männlichen Studierenden beschränkt. Dieser, eher zufällig erhobene Be-fund könnte erklären, warum in Studien, in denen Geschlechtereffekte untersucht wurden, nicht immer eindeutige Ergebnisse herauskamen. Wird nicht für das Studienfach kon-trolliert, kann es sein, dass ein mehr oder weniger hoher Anteil männlicher Studierender der Wirtschaftswissenschaft dazu führt, dass sich manchmal Geschlechtereffekte zeigen, manchmal aber auch nicht.

Die Hauptfrage im Experiment von Ockenfels & Weimann (1999) lautete jedoch, ob der unterschiedliche kulturelle Hintergrund von Studierenden, die in einem sozialisti-schen oder einem kapitalistischen System aufgewachsen sind, eine Rolle spielt. Das ist genau die Frage, der wir uns im folgenden Abschnitt widmen.

> **Wichtig**
> Die allermeisten Experimente werden mit Studierenden als Versuchspersonen durchgeführt. Grundsätzlich besteht dabei die Gefahr von Verzerrungen, weil Studierende sich anders verhalten könnten als nichtstudierende Menschen. Dafür gibt es auch durchaus Hinweise, allerdings scheinen die Unterschiede nicht sehr ausgeprägt. Studentische Versuchspersonen weisen gegenüber nicht-studentischen Versuchspersonen erhebliche Vorteile auf, weil sie leicht gewinnbar sind, ein hohes Verständnis mitbringen und es relativ einfach ist spürbare monetäre Anreize zu schaffen.

---

[6]   Das wir im nächsten Abschnitt näher erläutern.

Bei der Entscheidung darüber, wie man die Versuchspersonen rekrutiert, muss beachtet werden, dass auch dann, wenn man auf Studierende zurückgreift, Selektionsprozesse eine Rolle spielen können. Hinsichtlich der Risikoeinstellung und der sozialen Präferenzen muss man sich weniger Gedanken machen, aber man sollte unbedingt das Studienfach kontrollieren, denn Studierende der Wirtschaftswissenschaft zeigen mitunter ein anderes Verhalten als Studierende anderer Fachrichtungen.

9.4 Kulturelle Unterschiede

Die experimentelle Methode wird längst weltweit angewendet. Die Arbeiten, die dabei entstehen, werden international publiziert und von der internationalen wissenschaftlichen Gemeinschaft wahrgenommen, für die Landesgrenzen nicht wirklich wichtig sind. Aber das alles ändert nichts daran, dass die Versuchspersonen fast immer innerhalb der Region rekrutiert werden, in der sich das betreffende Labor gerade befindet. Das wirft die Frage auf, ob experimentelle Ergebnisse, die in unterschiedlichen Ländern erzielt wurden, ohne Weiteres miteinander verglichen werden können. Anders formuliert: Ist es gleichgültig, aus welchem Land die Versuchspersonen kommen und welchen kulturellen Hintergrund sie haben? Inzwischen gibt es zu dieser Frage eine große Zahl von Untersuchungen, die hier nicht alle referiert werden können. Der Tenor, der sich aus der gesamten Literatur ergibt ist, dass der kulturelle Hintergrund sehr wohl eine wichtige Rolle spielt. Wie, das sei an einigen Beispielen erläutert.

Beginnen wir mit einer Arbeit, die im Nachhinein eine gewisse politische Aktualität, um nicht zu sagen Brisanz erlangt hat. Csukás et al. (2008) haben in vier Ländern jeweils mit studentischen Versuchspersonen das Vertrauensspiel untersucht. Beteiligt waren Brasilien, Griechenland, Ungarn und Russland. Untersucht wurde zum einen, wie groß das Vertrauen der Erstziehenden (der „Trustors") war, das sich in der Höhe der Beträge widerspiegelt, die an den Zweitziehenden (dem „Trustee") abgegeben werden. Je höher die Abgaben, umso eher wird der Trustor darauf vertrauen, dass ihn der Trustee auf der zweiten Stufe des Spiels entschädigt, indem er ihm etwas zurückgibt. Zum anderen wurde untersucht, in welchem Umfang sich die Trustees reziprok verhalten und das in sie gesetzte Vertrauen rechtfertigen, indem sie dem Trustor einen nennenswerten Anteil des erhaltenen Geldes zurückschicken.

Csukás et al. finden, dass es Unterschiede zwischen den Ländern gibt. Ein Befund war, dass reziprokes Verhalten in Russland sehr stark ausgeprägt war, deutlich stärker als in den anderen drei Ländern. Der wichtigste und inzwischen etwas brisante Befund ist jedoch, dass sich die griechischen Studierenden hochsignifikant von den Nicht-griechischen unterschieden. In Athen wurde deutlich weniger an die Empfänger abgegeben als in den anderen Ländern. Die griechischen Trustors vertrauen nicht darauf, dass sie von ihren Landsleuten viel zurückbekommen. Wie sich zeigte, war dieses Misstrauen durchaus begründet, denn die Trustees gaben auch signifikant geringere Anteile des erhaltenen Geldes zurück als die Trustees in den anderen Ländern. Das Vertrauensspiel erlaubt den Versuchspersonen eine erhebliche Erhöhung der Gesamtauszahlung dadurch zu realisieren, dass sie sich vertrauen und sich als vertrauenswürdig erweisen. In dem Maße, in dem Vertrauen und Reziprozität als Verhaltensweisen ausgeprägt sind, ist es möglich diese Erhöhung der Gesamtauszahlung zu realisieren. Offensichtlich waren bei den Versuchspersonen in Griechenland diese beiden Fähigkeiten deutlich schwächer ausgeprägt als bei denen in den anderen Ländern.

Studien, in denen kulturelle Unterschiede untersucht werden, haben in der Regel mit methodischen Problemen zu kämpfen, die sich daraus ergeben, dass sichergestellt werden muss, dass sich die Experimente in den unterschiedlichen Ländern ausschließlich hinsichtlich des kulturellen Hintergrundes der Versuchspersonen unterscheiden. Das ist deshalb nicht trivial, weil sich zwei Experimente, die in zwei Ländern stattfinden, auch noch in anderen Dimensionen unterscheiden können. Beispielsweise häufig in der Sprache, die gesprochen wird, und möglicherweise auch in der Währung, in der ausgezahlt wird. Der Sprachunterschied erzwingt unter Umständen den Einsatz unterschiedlicher Experimentatoren, die jeweils die Landessprache sprechen, und damit einen weiteren Unterschied. Alle diese Probleme, die den interkulturellen Vergleich erschweren können, traten bei dem kulturvergleichenden Experiment von Ockenfels & Weimann (1999) nicht auf, weil in ihm das Verhalten ost- und westdeutscher Studierende verglichen wurden. Beide Gruppen sprachen die gleiche Sprache und verfügten über die gleiche Währung. Die Experimentatoren waren ebenfalls dieselben. Nur der kulturelle Hintergrund der Versuchspersonen war sehr unterschiedlich. Die ostdeutschen Studierenden, die an den Versuchen teilnahmen, waren allesamt in einem sozialistischen System aufgewachsen und sozialisiert worden (die Versuche fanden 1995/96 statt). Die westdeutschen Versuchspersonen dagegen wuchsen unter kapitalistischen Bedingungen auf.

Wie schon erwähnt, wurden zwei Experimente für den interkulturellen Vergleich benutzt. Ein öffentliches-Gut-Experiment, das in Gruppen mit je fünf Versuchspersonen gespielt wurde, und ein Solidaritätsspielexperiment, das wie folgt funktioniert. Drei Versuchspersonen bilden eine Gruppe, bleiben aber anonym (Doppelblindanordnung). Jede der Versuchspersonen kann durch einen Würfelwurf einen Betrag X mit der Wahrscheinlichkeit 2/3 gewinnen. Bevor gewürfelt wird, muss die Versuchsperson aber entscheiden, wie viel sie von ihrem Gewinn an potentielle Verlierer abgibt (falls sie gewinnt). Sie muss also eine Angabe darüber machen, wie viel sie an einen Verlierer zahlt und wie viel an zwei Verlierer. Erst danach entscheidet der Würfel, ob die Versuchsperson zu den Gewinnern in der Gruppe zählt oder zu den Verlierern.

Die Ergebnisse des Ost-West Vergleichs waren sehr eindeutig und sie waren durchaus überraschend. Es zeigte sich, dass die ostdeutschen Versuchspersonen deutlich weniger kooperativ waren (im öffentliches-Gut-Experiment) und auch sehr viel weniger an die Verlierer im Solidaritätsspiel abgaben als die westdeutschen Versuchspersonen. Offensichtlich hatte die Prägung, die sie in einem sozialistischen System erfahren hatten, nicht die Wirkung, die man erwarten würde. Andererseits zeigt das Experiment sehr deutlich, dass Marktsysteme die Menschen nicht moralisch deformieren. Das Gegenteil scheint der Fall zu sein. Damit dezentrale Systeme funktionieren können, bedarf es vielleicht eines gewissen Maßes an Kooperationsbereitschaft und einer gewissen Solidarität.

Brosig-Koch et al. (2011) haben das Solidaritätsspielexperiment von Ockenfels & Weimann (1999) identisch wiederholt. Im Unterschied zum ersten Experiment konnte bei den ostdeutschen Versuchspersonen des Zweiten nicht mehr die Rede davon sein, dass sie unter den Bedingungen eines sozialistischen Systems aufgewachsen sind, denn zur Zeit der Wende waren sie im Durchschnitt etwas mehr als zwei Jahre alt. Überraschenderweise war der Befund jedoch der gleiche. Die Daten waren fast identisch mit denen, die im Jahr 1995/96 erhoben wurden. Das spricht dafür, dass der kulturelle Hintergrund der Eltern eine wichtige und persistente Rolle bei der Herausbildung von sozialen Verhaltensnormen spielt.

Eine wichtige Beobachtung in den Experimenten von Ockenfels & Weimann (1999) sowie in denen von Brosig-Koch et al. (2011) war, dass die Versuchspersonen im Solidaritätsspielexperiment sehr genaue Prognosen darüber abgaben, welche Abgaben die anderen Versuchspersonen im Durchschnitt leisten werden. Die sozialen Normen, die das Abgabeverhalten regelten, waren allen Beteiligten offenbar gut bekannt und sie unterschieden sich in Ost und West. Dieser Befund wurde in ähnlicher Form an einer ganz anderen Stelle ebenfalls erhoben. Goerg et al. (2016) haben ein kulturvergleichendes Experiment an einer besonders brisanten Stelle durchgeführt. Sie haben das Vertrauensspielexperiment mit Palästinensern und Israelis gespielt. Das wichtigste Ergebnis dabei war, dass beide Gruppen über sehr klare Positionen in Bezug auf Vertrauen und Reziprozität verfügten und dass diese Positionen sehr unterschiedlich ausfielen. Während die Palästinenser sehr vertrauensvoll waren und hohe Beträge an den Trustee abgaben, waren die Israelis deutlich weniger vertrauensvoll. Auch beim Zurückgeben zeigte sich ein ähnlicher Unterschied. Während die Palästinenser sehr viel zurückgaben, hielten sich die Israelis deutlich zurück. Alle diese Befunden galten sowohl in gemischten Paaren (Israeli spielt mit Palästinenser) als auch in den Experimenten, in denen die beiden Gruppen unter sich waren. Kulturelle Unterschiede dieser Art können zu erheblichen Konflikten führen. Wenn beispielsweise ein Israeli in der Rolle des Trustor ist und ein Palästinenser in der Rolle des Trustee, wird der Israeli entsprechend des für ihn gültigen „Vertrauensniveaus" nur wenig abgeben. Der Palästinenser wird das unter Umständen aber nicht als „normales Verhalten eines Israeli" deuten, sondern als Diskriminierung.

Interkulturelle Studien haben inzwischen deutlich gemacht, dass man davon ausgehen kann, dass sich soziale Normen „lokal" sehr unterschiedlich herausbilden können. Man muss sich an dieser Stelle klarmachen, dass das eine in zweierlei Hinsicht bedeutsame Erkenntnis ist. Erstens macht sie noch einmal deutlich, dass menschliche Entscheidungen eben auch von sozialen Normen massiv beeinflusst werden – und nicht nur von einem rationalen, materiellen Abwägungsprozess. Zweitens hebt sie den universellen Erklärungsanspruch des Rationalmodells noch einmal auf. Es zeigt sich, dass die Erklärung bestimmter Verhaltensdifferenzen oft nur unter Rückgriff auf lokal beschränkte soziale Normen möglich ist. Es ist eine wichtige Forschungsfrage der Zukunft, für welche Art von Entscheidungen das gilt und für welche nach wie vor der Universalanspruch des Rationalmodells erhoben werden kann. Bei all den kulturellen Unterschieden, die die bisherige experimentelle Forschung offenbart hat, sollte jedoch betont werden, dass sich diese meist auf Niveauunterschiede beschränken und nur sehr selten auch qualitative Unterschiede beinhalten. Das heißt, die in Laborexperimenten nachgewiesenen menschlichen Verhaltens*muster* scheinen auch über kulturelle Grenzen hinweg sehr ähnlich zu sein.

? **Fragen**
Wie schätzen Sie die externe Validität der im letzten Abschnitt vorgestellten Experimente zu kulturellen Unterschieden ein?

Präferenzen, Auszahlungen und Erwartungen

© Springer-Verlag GmbH Deutschland, ein Teil von Springer Nature 2019
J. Weimann und J. Brosig-Koch, *Einführung in die experimentelle Wirtschaftsforschung*,
https://doi.org/10.1007/978-3-642-32765-0_10

10.1 Risikoverhalten im Labor

Im Kontext des ökonomischen Rationalmodells wird die Entscheidung von Menschen grundsätzlich als eine Wahlhandlung begriffen, bei der aus einer wohldefinierten Menge von Alternativen unter Beachtung der jeweiligen Restriktionen ausgewählt wird. Voraussetzung dafür ist die Existenz einer Präferenz, die die zur Wahl stehenden Alternativen in eine Ordnung überführt. Diese Präferenzordnung wird durch eine Nutzenfunktion abgebildet, die den Elementen der Alternativenmenge Werte entsprechend ihrer Position in der Präferenzordnung zuordnet. Auf diese Weise werden drei verschiedene Arten von Auswahlhandlungen abgebildet: Erstens die Wahl zwischen alternativen Güterbündeln, zweitens die Entscheidung über den Zeitpunkt von Konsumakten (Konsum heute oder in der Zukunft) und drittens eine Wahl zwischen Lotterien, das heißt zwischen unterschiedlichen mit Risiko behafteten Alternativen.

Die erste Entscheidung wird auf der Grundlage einer Präferenzordnung über Güterbündel getroffen, die zweite setzt die Existenz einer *Zeitpräferenzrate* voraus. Mit dieser Rate werden der gegenwärtige und der zukünftige Konsum bewertet. In der Regel bedeutet die Verlagerung von Konsum in die Zukunft, dass temporär auf Konsum verzichtet werden muss, was zu einer Nutzeneinbuße führt. Entsprechend des Ausmaßes dieser Einbuße gibt die Zeitpräferenzrate an, um wie viel der zukünftige Konsum höher sein muss, um einem Konsum in der Gegenwart zu entsprechen.

Die dritte Wahl setzt voraus, dass der Entscheider eine Vorstellung davon besitzt, wie er das *Risiko* bewertet, das mit unterschiedlichen Lotterien verbunden ist. Man spricht in diesem Zusammenhang von einer *Risikopräferenz*. In der Ökonomik unterscheidet man häufig basierend auf der Erwartungsnutzentheorie drei „Klassen" von Risikopräferenzen: Risikoneutralität liegt vor, wenn ein Entscheider indifferent ist, wenn er zwischen einer Lotterie und einer sicheren Auszahlung auswählen muss, die genau dem Erwartungswert der Lotterie entspricht. Der Entscheider schenkt also in dem Sinne dem mit der Lotterie verbundenen Risiko keinerlei Beachtung. Risikoscheue (bzw. risikoaverse) Entscheider ziehen die sichere Auszahlung der Lotterie mit identischem Erwartungswert vor, weil sie dadurch das Risiko vermeiden können. Risikofreudige Menschen hingegen präferieren die Lotterie gegenüber der sicheren Auszahlung, weil sie die Chance schätzen, die in der Lotterie steckt.[1]

Was hat das alles mit der experimentellen Forschung zu tun? Im Labor können grundsätzlich alle drei Präferenzarten (Güterpräferenz, Zeitpräferenz und Risikopräferenz) eine Rolle spielen. Wie die Präferenz über Güter abgebildet wird, haben wir mit der Induced-Value Methode bereits geklärt. Zeitpräferenzen spielen in Experimenten eher selten eine Rolle, weil Entscheidungen im Labor meist unmittelbar und nicht erst in der fernen Zukunft Konsequenzen haben. Deshalb ist die Kenntnis der entsprechenden Zeitpräferenz für die Durchführung einer experimentellen Studie meist nicht ganz so wichtig – es sei denn, sie ist genau der Gegenstand der Untersuchung. Ganz anders sieht das mit der Risikopräferenz aus. In vielen Situationen ist es für den Experimentator sehr wichtig zu wissen,

---

[1]   Streng genommen ist hier die zweite Ableitung der Nutzenfunktion entscheidend für die Unterscheidung zwischen Risikoneutralität (zweite Ableitung gleich Null), Risikoaversion (zweite Ableitung negativ) und Risikofreude (zweite Ableitung positiv). Es gibt auch Charakterisierungen von Risikopräferenzen, die sich nach höheren Ableitungen der Nutzenfunktion richten wie beispielsweise Prudence (positive dritte Ableitung der Nutzenfunktion, siehe Kimball 1990) und Temperance (negative vierte Ableitung der Nutzenfunktion, siehe Kimball 1992).

welche Risikoeinstellung die Versuchspersonen haben. Ganz offensichtlich ist das in den Fällen, in denen Modelle getestet werden sollen, die Annahmen über die Risikoeinstellung der Akteure machen. Setzt beispielsweise ein Auktionsmodell voraus, dass die Bieter sich risikoneutral verhalten, und basiert das Nash-Gleichgewicht auf dieser Annahme, so kann das Modell im Labor auch nur mit Versuchspersonen getestet werden, die tatsächlich risikoneutral sind. Testet man es mit risikoaversen Versuchspersonen, wird man das Nash-Gleichgewicht unter Umständen nicht beobachten, obwohl das Modell mit risikoneutralen Versuchspersonen vielleicht bestätigt worden wäre.

Es stellt sich natürlich die Frage, ob man Risikopräferenzen nicht ähnlich induzieren kann wie Präferenzen über Güterbündel. Roth & Malouf (1979) beschreiben ein Verfahren, das eine relativ einfache Möglichkeit darstellt, das zu tun. Nehmen wir an, dass die Auszahlung in einem Experiment nicht in Geld besteht, sondern in Losen für eine binäre Lotterie, also eine Lotterie, bei der es nur zwei mögliche Auszahlungen gibt (häufig eine Auszahlung ungleich Null mit Wahrscheinlichkeit x und eine Auszahlung von Null mit der Gegenwahrscheinlichkeit $1 - x$). Unterstellen wir strikten Eigennutz und vollständige Rationalität, dann sollten die Versuchspersonen in diesem Experiment die Anzahl der *erwarteten* Lose maximieren – was aber nichts anderes ist als risikoneutrales Verhalten. Durch diese einfache Umgestaltung der Auszahlungen scheint man also Risikoneutralität induzieren zu können. Das würde natürlich das eben besprochene Problem lösen, denn wenn man Risikoneutralität induzieren kann, muss man die Risikopräferenz der Versuchspersonen nicht mehr ermitteln.

Leider haben Selten et al. (1999) den Glauben daran, dass diese Methode funktioniert, ziemlich stark beschädigt. Sie haben Experimente durchgeführt und dabei den Auszahlungsmechanismus variiert. Einmal gab es Geld, das andere Mal gab es Lose für eine binäre Lotterie. Als Referenzpunkt diente das Verhalten, das bei Risikoneutralität zu erwarten gewesen wäre. Tatsächlich zeigte sich, dass mit Geldauszahlungen kein risikoneutrales Verhalten induziert werden konnte. Aber die Lotterielose waren nicht besser darin. Im Gegenteil, die Abweichungen von der risikoneutralen Entscheidung waren sogar noch größer als in der Geldanordnung. Harrison et al. (2013) haben noch einmal einen Versuch unternommen, die Sache zu retten. Sie konnten in ihrem Experiment zeigen, dass dann, wenn man sehr einfache nicht wiederholte Spiele betrachtet, die Verwendung von Lotterielosen tatsächlich signifikant häufiger zu risikoneutralem Verhalten führt. Allerdings stieg die Rate zwar signifikant, aber nur sehr schwach an, nämlich um gerade einmal 14 %.

Es ist höchst fraglich, ob sich für wiederholte Spiele ein ähnliches Resultat ergeben würde, denn Harrison et al. haben in einem anderen Papier (Harrison et al. 2015) einen Befund erhoben, der diesbezüglich bedenklich stimmt. Damit es zur Induktion von Risikoneutralität kommen kann, muss ein Axiom erfüllt sein, das etwas darüber sagt, wie sich erwartungsnutzenmaximierende Individuen verhalten, wenn sie es mit einer zusammengesetzten Lotterie (englisch „Compound Lottery") zu tun bekommen, d. h. mit einer Lotterie, deren Gewinne wiederum Lotterielose sind. Das „Reduction of Compound Lotteries" Axiom (ROCL) besagt, dass der Tatsache, dass mehrere Lotterien im Spiel sind, wenig Beachtung geschenkt wird. Letztlich werden nur die endgültigen Auszahlungen, gewichtet mit den Wahrscheinlichkeiten für den Eintritt der verschiedenen Lotterien betrachtet, d. h. es gilt, dass die zusammengesetzte Lotterie äquivalent zu der einfachen Lotterie ist, die man erhält, wenn man als Wahrscheinlichkeiten die gemeinsamen Wahrscheinlichkeiten für die Wahl einer Lotterie und der entsprechenden Auszahlungen einsetzt.

Machen wir ein Beispiel. In einem Spiel kann mit jeweils der Wahrscheinlichkeit 1/2 ein Los von den Lotterien L^1 oder L^2 gewonnen werden. L^1 zahlt mit der Wahrscheinlichkeit 1/3 einen Gewinn von 10 € und mit der Gegenwahrscheinlichkeit 0 €. L^2 zahlt mit der Wahrscheinlichkeit von je 1/2 5 € oder 1 €. Das ergibt die zusammengesetzte Lotterie

$$L^G = \left\{ L^1, \frac{1}{2}; L^2, \frac{1}{2} \right\}.$$

ROCL besagt, dass ein Entscheider zwischen dieser zusammengesetzten Lotterie und der Lotterie

$$L = \left\{ 0, \frac{1}{3}; 1, \frac{1}{4}; 5, \frac{1}{4}; 10, \frac{1}{6} \right\}$$

indifferent ist. L erhält man, indem man die Wahrscheinlichkeiten für die Konsequenzen {0, 1, 5, 10} in den beiden Lotterien mit den Wahrscheinlichkeiten für das Auftreten der Lotterien multipliziert. Die Summe der so gewonnenen Wahrscheinlichkeiten ergibt 1. In dem Experiment von Harrison et al. (2015) zeigt sich, dass ROCL bei einfachen Entscheidungssituationen durchaus erfüllt zu sein scheint. Aber wenn mehrere Entscheidungen zu treffen sind und am Ende zufällig ermittelt wird, welche der Entscheidungen auszahlungsrelevant ist, kommt es zu Verstößen gegen ROCL. Damit aber entfällt für Experimente mit komplexeren Entscheidungssituationen die theoretische Rechtfertigung dafür, warum binäre Lotterien Risikoneutralität induzieren sollen.

Gegeben diese Ergebnisse kommt man vermutlich nicht darum herum, die Risikopräferenzen der Versuchspersonen aufzudecken. Dafür gibt es eine ganze Reihe von Methoden, die in der Literatur intensiv diskutiert worden sind. Es sei an dieser Stelle darauf hingewiesen, dass diese Literatur inzwischen so umfangreich ist, dass man ohne Weiteres zur Frage der Risikopräferenzen ein eigenes Lehrbuch verfassen könnte.[2] Wir können uns hier nur auf die wichtigsten Methoden konzentrieren und versuchen ihre Vorteile und die mit ihnen verbundenen Probleme zu skizzieren.

Am weitesten verbreitet und am bekanntesten ist das *Preislisten-Verfahren* (englisch „Multiple Price List", MPL), das insbesondere von Holt und Laury (2002) verwendet wurde und deshalb auch unter dem Namen *Holt-Laury Verfahren* bekannt ist. Bei diesem Verfahren müssen die Versuchspersonen eine Reihe von Auswahlentscheidungen zwischen jeweils zwei binären Lotterien treffen. Die Lotterie **A** hat Auszahlungen, die relativ eng beieinander liegen, beispielsweise 2,00 $ und 1,60 $.[3] Die Lotterie **B** hat weiter auseinanderliegende Auszahlungen, beispielsweise 3,85 $ und 0,10 $. Die zehn Auswahlentscheidungen zwischen den beiden Lotterien unterscheiden sich bezüglich der Wahrscheinlichkeiten, mit denen die Auszahlungen eintreffen. ❏ Tab. 10.1 gibt ein Beispiel.

Bis einschließlich der vierten Auswahlentscheidung hat Lotterie **A** eine höhere erwartete Auszahlung als Lotterie **B**, d. h. ein risikoneutraler Entscheider sollte bei den ersten vier Entscheidungen die Lotterie **A** wählen. Ein risikoaverser Entscheider wird noch bei der fünften und ggf. auch noch bei den Entscheidungen sechs bis maximal neun nicht zu Lotterie **B** wechseln. Risikoaversion bedeutet ja, dass man bereit ist, eine niedrigere erwartete Auszahlung in Kauf zu nehmen, wenn man dadurch das Risiko reduzieren kann. Ab welcher Zeile von A nach B gewechselt wird, gibt damit Auskunft über das Ausmaß der Risikoaversion des Entscheiders (Harrison & Rutström 2008, S. 47). Sehr häufig wird das Holt-Laury Verfahren in Verbindung mit dem „Random Lottery" Verfahren

---

[2]   Beispielsweise umfasst allein der Beitrag von Harrison & Rutström (2008) im Band 12 von „Research in Experimental Economics" zu diesem Thema etwa 150 Seiten.

[3]   Die Zahlen und die nachfolgende Tabelle sind dem Beitrag von Harrison & Rutström (2008) entnommen.

◻ Tab. 10.1 Auswahlentscheidung im Holt-Laury Verfahren. (In Anlehnung an Harrison & Rutström 2008, S. 46)

Lotterie A		Lotterie B				
p(2,00 $)	p(1,6 $)	p(3,85 $)	p(0,10 $)	Erwartungswert A	Erwartungswert B	Differenz
0,1	0,9	0,1	0,9	1,64	0,48	1,17
0,2	0,8	0,2	0,8	1,68	0,85	0,83
0,3	0,7	0,3	0,7	1,72	1,23	0,49
0,4	0,6	0,4	0,6	1,76	1,60	0,16
0,5	0,5	0,5	0,5	1,80	1,98	−0,17
0,6	0,4	0,6	0,4	1,84	2,23	−0,51
0,7	0,3	0,7	0,3	1,88	2,73	−0,84
0,8	0,2	0,8	0,2	1,92	3,10	−1,18
0,9	0,1	0,9	0,1	1,96	3,48	−1,52
1,0	0,0	1,0	0,0	2,00	3,85	−1,85

angewendet. Das bedeutet, dass nicht alle Zeilen der ◻ Tab. 10.1 gespielt und ausgezahlt werden, sondern nur eine zufällig ausgewählte. Dieser Auszahlungsmodus ändert nichts an der Anreizkompatibilität des Verfahrens. Gegeben, dass ein Zufallszug bestimmt, welche Zeile gespielt wird, ist es beste Antwort, jeweils eine Wahl zu treffen, die der tatsächlich vorhandenen Risikoeinstellung entspricht. Damit ist (bei rationalem Verhalten der Versuchspersonen) ausgeschlossen, dass es zu strategischem Verhalten kommt, bei dem eine andere Lotterie gewählt wird als der eigentlich präferierten. Dennoch hat das Random Lottery Verfahren gewisse Tücken und ist Gegenstand intensiver methodischer Diskussionen gewesen. Das hängt damit zusammen, dass es nicht nur in Verbindung mit dem Holt-Laury-Verfahren angewendet wird, sondern grundsätzlich als Verfahren gilt, mit dem sich Einkommenseffekte vermeiden lassen, weil nur eine der Entscheidungen, die die Versuchspersonen treffen, tatsächlich zu einer Auszahlung führt. Eine feine Sache, wenn dabei gewährleistet ist, dass diese Art der Auszahlung nicht zu einer Verhaltensänderung der Versuchspersonen führen kann. Genau das ist strittig und deshalb werden wir uns das Verfahren später noch genauer ansehen.

Das Holt-Laury-Verfahren hat verschiedene Vorteile, die erklären, warum es relativ häufig verwendet wird. Es ist einfach zu verstehen und leicht anzuwenden. Dazu kommt, dass es gewissermaßen eingebaute Kontrollen hat, mit denen überprüft werden kann, ob die Versuchspersonen das Verfahren verstanden haben. Beispielsweise sollte man in der letzten Zeile nicht **A** wählen – es sei denn, man zieht sichere 2,00 $ sicheren 3,60 $ vor. Außerdem sollten die Entscheidungen monoton sein. Wenn man einmal von **A** nach **B** gewechselt hat, sollten diejenigen, die das Verfahren verstanden haben und sich gemäß der Erwartungsnutzentheorie verhalten, nicht wieder zurückwechseln. Ein weiterer Vorteil ist, dass das Verfahren anreizkompatibel ist.

Neben dem Holt-Laury-Verfahren existieren noch Weitere, mit denen man Risikopräferenzen grundsätzlich aufdecken kann. Eines davon wollen wir noch genauer vorstellen, weil es ebenfalls sehr gebräuchlich ist und nicht nur bei der Aufdeckung von Risikopräferenzen zum Einsatz kommt. Das Becker-DeGroot-Marschak Verfahren gibt es bereits seit 1964 (Becker et al. 1964). Bei diesem Verfahren werden die Versuchspersonen mit Lotterien ausgestattet und aufgefordert „Verkaufspreise" anzugeben. Damit ist gemeint, dass sie den Preis benennen sollen, ab dem sie bereit sind, die Lotterie zu verkaufen. Den Versuchspersonen wird mitgeteilt, dass ein „Einkaufspreis" zufällig aus dem relevanten Intervall ausgewählt wird. Beispielsweise könnte dieses Intervall zwischen der minimalen und der maximalen Auszahlung der Lotterie liegen. Liegt der Verkaufspreis über dem Einkaufspreis, wird die Lotterie gespielt, liegt er darunter, wird sie zum Einkaufspreis an den Experimentator verkauft. Der Zufallszug hat zur Folge, dass das Verfahren anreizkompatibel ist. Gegeben, dass der Einkaufspreis unabhängig davon ist, welcher Verkaufspreis gewählt wird, ist es schwach dominante Strategie in diesem Spiel, als Verkaufspreis die wahre Wertschätzung der Lotterie anzugeben. Aus den genannten Preisen können dann Rückschlüsse auf die Risikopräferenzen gezogen werden. So impliziert Risikoneutralität, dass die Verkaufspreise den erwarteten Auszahlungen entsprechen, Risikoaversion, dass sie darunter liegen, und Risikofreude, dass sie darüber liegen.

❓ Fragen

- Ist die Kontrolle der Risikopräferenz auch in solchen Experimenten notwendig, in denen es nicht um die Überprüfung eines Modells geht?
- Kann man diese Frage allgemein beantworten oder ist eine fallweise Betrachtung notwendig?

Das BDM-Verfahren kann ganz allgemein dazu verwendet werden, Zahlungsbereitschaften für Güter anreizkompatibel zu ermitteln. Allerdings setzt das voraus, dass die Versuchspersonen verstanden haben, dass es tatsächlich schwach dominante Strategie ist, die wahre Wertschätzung als Preis zu benennen. Zwar kann diese Voraussetzung nicht als selbstverständlich erfüllt angesehen werden, aber sie lässt sich relativ leicht anhand von Beispielen erläutern. Sind die Instruktionen entsprechend sorgfältig formuliert, sollte es zumindest keine Verständnisprobleme geben, die dem BDM-Verfahren im Wege stehen. Holt-Laury- und BDM-Verfahren lassen sich beide einfach anwenden und decken die Risikoeinstellung von Versuchspersonen vergleichsweise sicher auf. Viele weitere Verfahren, die in der Literatur diskutiert werden, sind Varianten und Spielarten dieser beiden Verfahren. Harrison & Rutström (2008) nennen darüber hinaus noch drei weitere Verfahren, die sich konzeptionell von den bisher Genannten unterscheiden, die hier aber nur kurz erwähnt seien, weil sie entweder Schwächen aufweisen oder keinen erkennbaren Vorteil gegenüber Holt-Laury und BDM-Verfahren besitzen.

Das „Random Lottery Pair" Verfahren geht auf Hey & Orme (1994) zurück (Harrison & Rutström 2008, S. 50 ff). Bei diesem Verfahren müssen die Versuchspersonen wiederholt aus zwei Lotterien eine auswählen. Die Lotterien haben feste Auszahlungen[4] und variieren in den Wahrscheinlichkeiten. Aus den so gewonnenen Daten lässt sich dann eine Erwartungsnutzenfunktion schätzen, deren funktionale Form über die Risikopräferenz informiert. Im Unterschied zu den bisher besprochenen Verfahren ist damit ein unmittelbarer Schluss auf die Risikoeinstellung nicht möglich – trotz des vergleichsweise hohen Aufwands, der mit dem Verfahren verbunden ist. Binswanger (1980, 1981) hat ein Verfahren vorgeschlagen, bei dem die Versuchspersonen mit Lotterien konfrontiert werden,

---

[4]   Bei Hey & Orme (1994) sind dies 0, 10, 20, und 30 englische Pfund und es mussten 100 Entscheidungen getroffen werden.

die jeweils mit Wahrscheinlichkeit 1/2 eine höhere und eine niedrigere Auszahlung realisieren. Sie sind so angeordnet, dass der Erwartungswert steigt, gleichzeitig aber auch die Varianz. Die Versuchspersonen müssen eine Lotterie auswählen, die dann ausgeführt wird. Das Verfahren ähnelt dem von Holt und Laury, verwendet aber konstante Wahrscheinlichkeiten. Als letztes diskutieren Harrison und Rutström (2008) das Trade-off Verfahren von Wakker & Deneffe (1996), das aber den erheblichen Nachteil mitbringt, dass es nicht anreizkompatibel ist.

> **Wichtig**
>
> Es spricht Einiges dafür, dass sich Risikopräferenzen nicht im Labor induzieren lassen. Da es aber häufig notwendig ist die Risikopräferenzen zu kontrollieren, wird versucht diese zu ermitteln. Dazu steht eine ganze Reihe von Verfahren zur Verfügung. Die am häufigsten verwendeten Verfahren sind das Holt-Laury und das BDM-Verfahren, die beide den Vorteil haben, dass sie einfach angewendet werden können und anreizkompatibel sind.

10.2 Die Wahl des Auszahlungsmechanismus

Ökonomische Experimente benutzen in aller Regel monetäre Auszahlungen, um die Anreize im Labor zu installieren, die entweder im (zu testenden) Modell als wirksam angenommen werden oder von denen man annimmt, dass sie bei realen Entscheidungen eine Rolle spielen. Dabei stellt sich nicht nur die Frage, wie hoch die Anreize sein müssen, sondern auch, nach welchem Verfahren sie gezahlt werden sollen. Wenn es sich um ein Experiment handelt, das eine einmalige Entscheidung einer Person untersucht, ohne dass es zu einer Interaktion mit anderen Versuchspersonen kommt, dann ist klar, dass der Betrag ausgezahlt wird, der sich aus der Entscheidung der Versuchsperson ergibt. Auch wenn das Experiment ein Spiel abbildet, an dem n Personen beteiligt sind, die aber nur einmal eine Entscheidung treffen, werden in der Regel die Beträge ausgezahlt, die sich aus den n Entscheidungen ergeben.

Aber selbst in diesen einfachen Fällen kann auch ein anderer Mechanismus angewendet werden, den man mit „Between-Subject Random Lottery Incentive Mechnism" bezeichnet. Nehmen wir an, eine Gruppe von n Personen ist an einem Experiment beteiligt, bei dem es um eine einzige Entscheidung geht und keinerlei strategische Interaktion zwischen den Personen existiert. Die Auszahlungsregel könnte dann vorsehen, dass von den n Versuchspersonen, nur $m < n$ ausgezahlt werden. Der Grund für einen solchen Mechanismus könnte der Wunsch sein, knappe Experimentgelder zu sparen bzw. mit den vorhandenen Geldern möglichst viele Beobachtungen zu gewinnen. Dies gelingt jedoch nicht, wenn sich bei Anwendung dieses Mechanismus die durchschnittlich erwartbare Auszahlungshöhe der Versuchspersonen nach wie vor an deren Opportunitätskosten orientiert (siehe ▶ Abschn. 8.2). Zudem stellt sich die Frage, ob die Verwendung eines solchen Mechanismus das Ergebnis des Experiments beeinflusst oder nicht.

In deutlich verschärfter Form tritt diese Frage in den Vordergrund, wenn die Versuchspersonen mehrere Entscheidungen treffen. Im letzten Abschnitt haben wir Experimente behandelt, die genau das vorsehen. Um Auskunft über die Risikopräferenz zu bekommen, müssen die Versuchspersonen in aller Regel mehrere Lotterievergleiche durchführen. Aber wiederholte Entscheidungen oder mehrere ähnliche Entscheidungen sind keine exklusive Eigenschaft von Experimenten zur Aufdeckung von Risikopräferenzen, sondern sind in vielen Kontexten anzutreffen. Auf den ersten Blick könnte man meinen, dass es in solchen Fällen gewissermaßen der Goldstandard ist, einfach alle Entscheidungen aller Versuchspersonen auszuzahlen. Ob man diesen Standard erreicht, hängt dann nur noch von den Mitteln ab, die man zur Verfügung hat. Aber diese Sicht ist falsch, denn die Auszahlungsmethode „alle für alles" ist nur dann unproblematisch, wenn gesichert ist, dass die Versuchspersonen unter dieser Methode jede einzelne Entscheidung genau so behandeln, als müssten sie *nur diese eine Entscheidung treffen*. Sie müssen also jede Entscheidung isoliert betrachten. Es gibt aber gute Gründe anzunehmen, dass in vielen Fällen das gerade nicht gesichert ist. Zwei Effekte können dafür sorgen, dass die Isolationsannahme nicht erfüllt ist.

Erstens können *Einkommenseffekte* zur Folge haben, dass Entscheidungen, die später im Verlauf des Experiments erfolgen, unter anderen Bedingungen ablaufen als die frühen Entscheidungen. Wenn alle Entscheidungen ausgezahlt werden, kann sich eine Versuchsperson ausrechnen, wie viel sie bereits verdient hat. Dass dies unter Umständen starke Effekte auf das Entscheidungsverhalten haben kann, zeigt folgendes Beispiel: Nehmen wir an, eine Versuchsperson strebt an, mindestens die Opportunitätskosten zu verdienen, die die Teilnahme an dem Experiment verursacht. Nehmen wir weiterhin an, es geht um ein Experiment, in dem soziale Präferenzen eine Rolle spielen können. Dann ist es durchaus plausibel, dass sich das Verhalten ändern kann, sobald die Opportunitätskosten „eingespielt" sind. Das aber bedeutet, dass die Isolationsannahme nicht erfüllt ist, denn dann hängt das Verhalten bei einer Entscheidung davon ab, was bei den davorliegenden Entscheidungen passiert ist.

Der zweite Effekt, der die Isolationseigenschaft zerstören kann, ist der *Portfolioeffekt*. Damit ist gemeint, dass bei risikobehafteten Entscheidungen die Zusammenfassung von Entscheidungen zu anderen Ergebnissen führen kann als alle Einzelentscheidungen für sich genommen. Nehmen wir als Beispiel die zweifache Wahl zwischen zwei Lotterien **A** und **B**, wobei Erstere risikoärmer ist als Letztere. Ein risikoaverser Entscheider würde bei *isolierter* Entscheidung (**A, A**) wählen und ein risikofreudiger (**B, B**). Kann der Entscheider jedoch ein Portfolio aus beiden Lotterien bilden, kann es sein, dass (**A, B**) einen höheren Erwartungsnutzen hat als (**A, A**) und der risikoaverse Entscheider deshalb (**A, B**) vorzieht (Cox et al. 2015).

Einkommens- und Portfolioeffekt können bei wiederholten Entscheidungen in vielen Fällen auftreten und sind deshalb durch geeignete Wahl des Auszahlungsmechanismus auszuschließen. Aber was ist eine geeignete Wahl? Cox et al. (2015) zählen eine ganze Reihe von Mechanismen auf, die angewendet werden könnten: „sequentielle Auszahlung jeder Entscheidung", „Auszahlung aller Entscheidungen am Ende des Experiments", „zufällige Auszahlung einiger Entscheidungen aller Versuchspersonen", „zufällige Auszahlung nur einer Entscheidung jeder Versuchsperson" bis zu „zufällige Auswahl von (einer oder mehreren) Versuchspersonen und Auszahlung (einer oder mehrerer) Entscheidungen".

Ausgesprochen großer Beliebtheit erfreut sich der sogenannte „Random Lottery Incentive Mechanism" (RLM), der entweder Between-Subject (nicht alle Versuchspersonen werden ausgezahlt) oder Within-Subject (alle Versuchspersonen werden ausgezahlt, aber nicht alle Entscheidungen) angewendet werden kann. Ursprünglich wurde dieser Auszahlungsmechanismus ausschließlich eingesetzt, um Einkommens- und Portfolioeffekte zu verhindern. Die Tatsache, dass man damit auch mehr Beobachtungen für das gleiche per Entscheidung angezeigte Geld einkaufen kann, war eher ein glücklicher „Beifang" (Harrison & Rutström 2008, S. 116). Es ist zunächst eine offene Frage, welche Wirkungen

RLM hat. Gilt unter diesem die Isolationsannahme? Und welche Wirkung hat es, wenn jede Entscheidung nur mit einer unter Umständen sehr kleinen Wahrscheinlichkeit auszahlungsrelevant ist? Besonders kritisch könnte man die Between-Subject Variante sehen, denn diese impliziert ja, dass eine ganze Reihe von Versuchspersonen ohne jede Auszahlung nach Hause gehen muss. Sind dann die Anreize wirklich noch hinreichend stark? Und welche Wirkung hat ein solcher Auszahlungsmodus auf die Gewinnbarkeit von Versuchspersonen? Man muss dabei bedenken, dass es durchaus einen Zielkonflikt bei der Gestaltung des Auszahlungsmodus gibt. Wenn man zum Beispiel nur eine Versuchsperson von 30 auszahlt und dieser Person nur eine Entscheidung von 100 auszahlt, führt das dazu, dass die Wahrscheinlichkeit, dass eine konkrete Entscheidung tatsächlich zur Auszahlung kommt, nur $1/3000 = 0{,}00033$ beträgt. Natürlich kann man die Auszahlung pro Entscheidung sehr hoch machen. Nehmen wir an, das Experiment dauert eine Stunde und pro Versuchsperson werden Opportunitätskosten von 10 € angenommen. Dann sollte die mittlere Auszahlung 10 € sein, d. h. der oder die Glückliche, die ausgewählt wird, muss bzw. kann pro Entscheidung 300 € erhalten, ohne dass das Budget für das Experiment überschritten wird. Die Aussicht mit der Wahrscheinlichkeit von $1/30 = 0{,}033$ stolze 300 € in einer Stunde zu verdienen, ist vielleicht nicht schlecht und kann durchaus Menschen motivieren, an dem Experiment teilzunehmen. Allerdings ist dann wahrscheinlich, dass man sich einen Selektionseffekt einfängt, denn solche riskanten Auszahlungsmechanismen sind vor allem für risikofreudige Studierende interessant. Risikoaverse Menschen werden unter den Bedingungen eines solchen RLM das Labor eher meiden.

Verglichen damit ist die Within-Subject Variante des RLM relativ unproblematisch. Ein möglicher Nachteil könnte darin bestehen, dass die Bedeutung einer Einzelentscheidung abnimmt, weil diese nur mit der Wahrscheinlichkeit $1/N$ auszahlungsrelevant wird, wenn eine von N Entscheidungen ausgezahlt werden soll. Diesem Effekt kann man entgegenwirken, indem die Auszahlung einer zufällig ausgewählten Runde N-mal ausgezahlt wird. Damit verhindert man, dass es zu Einkommens- oder Portfolioeffekten kommen kann, ohne den Anreiz für die Versuchsperson zu verringern, sich in jeder Runde anzustrengen. Allerdings sind diese Vorteile nicht kostenlos zu haben, denn dieses Verfahren ist genauso teuer wie die Auszahlung jeder einzelnen Runde. Natürlich sind kostensenkende Maßnahmen möglich. Beispielsweise könnte die zufällig bestimmte Runde nicht N-mal, sondern nur M-mal ausgezahlt werden, wobei $1 \leq M \leq N$. Je nachdem, wie groß man M wählt, hat man entweder einen stärkeren „Spareffekt" oder einen größeren „Anreizeffekt" (siehe dazu auch die Ausführungen in ▶ Abschn. 8.2).

10.3 Die Abfrage von Erwartungen

Der große Vorteil der experimentellen Methode besteht darin, dass sie es erlaubt Entscheidungen unter kontrollierten Bedingungen zu beobachten. Indem einzelne Parameter der Anordnungen systematisch verändert werden, gelangen wir zu Verhaltensdaten, die Aufschluss darüber geben, wie die Bedingungen, unter denen entschieden wird, das Verhalten der Versuchspersonen beeinflussen. Allerdings müssen wir dabei eine Einschränkung in Kauf nehmen. Das Verhalten, das wir beobachten, ist das Ergebnis von individuellen Kalkülen (voll rationalen oder eingeschränkt rationalen), bei denen zwei Dinge eine wichtige Rolle spielen, die wir nicht direkt beobachten können: Die *Präferenzen* der Versuchspersonen und ihre *Erwartungen* (englisch „Beliefs"). Dabei kann es vorkommen, dass sich aus den Verhaltensdaten nicht ableiten lässt, welchen Beitrag diese beiden Dinge an der Entscheidung hatten. Ein einfaches Beispiel (Manski 2002 und Schotter & Trevino 2014) mag das verdeutlichen: In einem Ultimatumspiel muss der Erstziehende (Proposer) entscheiden, wie viel er dem Zweitziehenden (Responder) anbietet. Nehmen wir an, wir beobachten, dass eine Aufteilung des „Kuchens" zu gleichen Teilen vorgeschlagen wird. Ein naheliegender Schluss könnte sein, dass der Proposer ausgeprägte „soziale" Präferenzen besitzt und deshalb eine faire Verteilung vorschlägt. Genauso gut könnte es aber sein, dass der Proposer *erwartet*, dass der Responder auf ein nicht faires Angebot sehr aggressiv reagiert und ablehnt. Ist der Proposer hinreichend risikoscheu, so kann ihn die *Erwartung* eines solchen Responderverhaltens dazu bringen 50:50 vorzuschlagen. Bei diesem Vorschlag kann er sich sehr sicher sein, dass er angenommen wird.[5] In diesem Fall kann es durchaus sein, dass der Proposer auf Fairness nicht den geringsten Wert legt, ihn seine Erwartungen aber dennoch dazu bringen ein „faires" Angebot vorzulegen.

Das Beispiel zeigt, dass es durchaus Situationen geben kann, in denen es vorteilhaft wäre zu wissen, welche Erwartungen die Versuchspersonen besitzen. Natürlich ist es auch möglich, durch geschickte Variation des Designs eine Vorstellung davon zu entwickeln, welche Rolle die Erwartungen gespielt haben. Beispielsweise kann man das Ultimatumspiel zu einem Diktatorspiel machen, indem man dem Responder die Möglichkeit nimmt, das Angebot des Proposer abzulehnen. In diesem Fall muss Letzterer keine Erwartung darüber bilden, was Ersterer tun wird. Die Differenz zwischen dem Verhalten im Diktatorspiel und im Ultimatumspiel erlaubt dann abzuschätzen, wie stark die Erwartung eines aggressiven Responderverhaltens das Proposerverhalten beeinflusst hat (siehe beispielsweise Forsythe et al. 1994).

Allerdings ist diese Methode nicht perfekt. Sie setzt nämlich voraus, dass die Versuchspersonen die beiden Spiele mehr oder weniger gleich wahrnehmen. Insbesondere darf es nicht so sein, dass das jeweilige Design dazu führt, dass die Versuchspersonen unterschiedliche Vorstellungen davon entwickeln, welches Verhalten „angemessen" oder „sozial erwünscht" sein könnte. Deshalb kann auch dann, wenn man Designvariationen benutzen kann, um die Rolle von Erwartungen aufzudecken, eine Abfrage der Erwartungen interessant sein.

Wenn man sich mit der Möglichkeit beschäftigt, Erwartungen zu erheben, stellen sich zwei wichtige Fragen: Erstens, wie macht man das am besten, und zweitens, hat die Abfrage irgendwelche Auswirkungen auf das Verhalten der Versuchspersonen? Sollte letzteres der Fall sein, hat man ein Problem, denn wenn die Abfrage das Verhalten verändert, wissen wir selbst bei erfolgreicher Abfrage der Erwartungen nicht, welche Erwartungen einer Entscheidung ohne Abfrage der Erwartungen zugrunde liegen. Auf den ersten Blick gibt es eine einfache Lösung für dieses Problem: Man kann die Erwartungen abfragen, *nachdem* die Versuchspersonen ihre Entscheidung getroffen haben. Aber auch das hat Nachteile. So ist zum Beispiel nicht klar, ob es dann nicht zu einer nachträglichen Anpassung der Erwartungen kommt. Es könnte durchaus so sein, dass die Erwartungen dann nicht die Grundlage der Entscheidung sind, sondern umgekehrt die bereits getroffene Entscheidung determiniert, welche Erwartungen bei der späteren Abfrage angegeben werden. Diese Gefahr wird natürlich kleiner, wenn man monetäre Anreize dafür schafft, die wahren Erwartungen anzugeben. Womit wir zurück bei der Frage sind, *wie* man Erwartungen abfragen sollte.

---

[5]   Solche Vorschläge werden tatsächlich praktisch immer angenommen. Vgl. z. B. Güth & Kocher (2014).

Grundsätzlich kann man Erwartungen mit und ohne monetären Anreiz abfragen. Werden Anreize benutzt, kommt häufig eine sogenannte „Scoring Rule" zum Einsatz. Darunter versteht man einen Auszahlungsmechanismus, der einerseits von den Erwartungen abhängt, die eine Versuchsperson *berichtet*, und andererseits davon, welche wahre Erwartung sie hat. In Anlehnung an Schotter & Trevino (2014) betrachten wir zur Veranschaulichung eine binäre Zufallsvariable, die entweder die Ausprägung A oder das Komplement A^c annehmen kann. Sei p die Wahrscheinlichkeit, mit der Versuchsperson i erwartet, dass A eintritt, und sei r die berichtete Wahrscheinlichkeit. Die Scoring Rule besteht dann in einer Lotterie, deren Auszahlungen S_A und S_{Ac} aus der Sicht der Versuchsperson mit den Wahrscheinlichkeiten p und $(1-p)$ realisiert werden und deren Höhe von der berichteten Wahrscheinlichkeit r abhängt:

$$L_A, A_c = p S_A(r) + (1-p) S_{Ac}(r).$$

Geeignet sind solche Scoring Rules, für die gilt, dass der Wert der Lotterie genau dann maximal wird, wenn die Versuchsperson $p = r$ wählt, also die Wahrscheinlichkeit berichtet, die sie auch tatsächlich als die richtige annimmt. Scoring Rules mit dieser Eigenschaft nennt man „Proper". Die vielleicht bekannteste Proper Scoring Rule ist die Quadratische (englisch „Quadratic Scoring Rule", QSR), deren Auszahlungen wie folgt definiert sind:

$$S_i(r) = \alpha - \beta \sum_{k=1}^{n} (I_k - r_k)^2.$$

Dabei ist n die Anzahl der möglichen Ereignisse, die eintreten *können* (von denen aber nur eines tatsächlich eintritt), und I_k ist eine Indikatorfunktion, die den Wert 1 annimmt, wenn das Ereignis k eintritt, und 0 sonst. Jeder Fehler, den die Versuchsperson macht, wird mit einer „Strafe" belegt in Höhe von

$$-\beta (I_k - r_k)^2.$$

Das Quadrat sorgt dafür, dass die Strafe immer negativ ist. Jemand, der genau weiß, dass das Ereignis i eintritt, würde $r_i = 1$ wählen und $r_j = 0$ (für alle $i \neq j$). Die QSR besitzt die Eigenschaft „Proper" zu sein, solange die Versuchspersonen risikoneutral sind. Sind die Versuchspersonen risikoavers, muss die Scoring Rule angepasst werden. Dabei gibt es mehrere Möglichkeiten. Einen vergleichsweise aufwändigen und komplizierten Weg zeigen Offerman et al. (2009). Um ihn zu gehen, muss man zunächst die Versuchspersonen einem Testverfahren unterziehen, mit dem man ihre Risikopräferenzen genauer bestimmen kann, um danach dann individuell spezifische Korrekturen an der jeweiligen Scoring Rule vorzunehmen. Einfacher ist es, eine stochastische Scoring Rule zu verwenden, bei der die Auszahlungen $S(r)$ keine Geldbeträge, sondern Lotterien sind. Wie das funktioniert sei am Beispiel des Becker-DeGroot-Marschak Verfahrens erläutert, mit dem sich nicht nur Zahlungsbereitschaften ermitteln lassen, sondern auch Wahrscheinlichkeitseinschätzungen.[6]

Holt & Smith (2009) benutzen folgende Anordnung: Zwei Urnen A und B sind mit roten und schwarzen Kugeln gefüllt. A hat 1/3 rote und 2/3 schwarze Kugeln, bei B ist das Verhältnis genau anders herum. Es werden Kugeln aus einer der Urnen gezogen (mit

---

[6]   Schotter & Trevino (2014), S. 107. Vgl. auch Holt & Smith (2009) sowie Karni (2009).

Zurücklegen) und die Versuchspersonen sollen die Wahrscheinlichkeit angeben, mit der sie glauben, dass aus der Urne A gezogen wurde. Dazu muss eine Zahl R zwischen 0 und 100 genannt werden. Danach wird zufällig eine Zahl t aus dem gleichen Intervall gezogen. Wenn $R \geq t$ erhält die Versuchsperson den Betrag V, wenn es sich tatsächlich um die Urne A gehandelt hat, und 0 sonst. Gilt $R < t$ wird eine Lotterie gespielt, bei der V mit der Wahrscheinlichkeit $t/100$ gewonnen wird und 0 mit der Wahrscheinlichkeit $(1 - t/100)$. Nehmen wir an, dass die Versuchsperson mit der Wahrscheinlichkeit p^* davon ausgeht, dass es sich um die Urne A handelt. Es ist leicht zu sehen, dass es dann die beste Strategie ist, $R = p^*$ zu wählen. Würde ein kleinerer Wert gewählt, hätte das zur Folge, dass es passieren kann, dass $R < t < p^*$ gezogen wird. Das aber hätte zur Folge, dass eine Lotterie um den Preis V gespielt wird, die eine (aus der Sicht der Versuchsperson) kleinere Gewinnwahrscheinlichkeit hat, als sie gehabt hätte, wenn $R = p^*$ gewählt worden wäre. Genauso wenig ist es von Vorteil, ein $R > p^*$ zu melden. Damit ist dieses Verfahren tatsächlich „Proper" und zwar unabhängig von der Risikoeinstellung der Versuchspersonen.

Es ist also auf jeden Fall möglich, die Erwartungen von Versuchspersonen anreizkompatibel abzufragen – unabhängig von ihrer Risikopräferenz. Aber sollte man das deshalb auch tun? Immerhin ist so eine Abfrage einigermaßen aufwändig. Braucht man überhaupt ein Verfahren, das Anreize setzt? Reicht es nicht, einfach die Erwartungen abzufragen? Und wenn man Erwartungen erhebt, mit welcher Qualität der Antworten kann man rechnen? Zudem bleibt immer noch die Frage, ob die Abfrage von Erwartungen nicht dazu führt, dass sich das Verhalten ändert.

Zu dem letzten Punkt gibt es einige Hinweise, die zeigen, dass die vorherige Abfrage von Erwartungen nicht dazu führt, dass sich das Verhalten ändert.[7] Allerdings finden Schotter & Trevino (2014), dass die Abfrage von Erwartungen dazu führen kann, dass die Versuchspersonen das Spiel schneller lernen. Wird ein Experiment wiederholt, beobachtet man unter Umständen mit Erwartungsabfrage bereits zu einem frühen Zeitpunkt Verhaltensweisen, die sonst erst später im Verlauf des Experiments auftreten.

Es bleibt die Frage zu klären, ob die Verwendung von ausgeklügelten Verfahren zur Abfrage von Erwartungen den Aufwand rechtfertigen, den man treiben muss, um sie einzusetzen. Trautmann & van de Kuilen (2015) haben sich dieser Frage angenommen und eine Reihe von Verfahren einem Test unterzogen. Sie bedienten sich dabei einer Variante des Ultimatumspiels, in der der Proposer 20 Dollar aufteilen konnte. Allerdings hatte er nur sechs verschiedene Aufteilungen dieses Betrages, von denen er eine wählen musste [(20, 0); (16, 4); (12, 8); (8, 12); (4,16); (0, 20)]. Es wurde jeweils erhoben, wie hoch der Proposer die Annahmewahrscheinlichkeit bei den verschiedenen Abgabeentscheidungen einschätzt. Bei den Responders wurde danach gefragt, wie hoch sie die Wahrscheinlichkeit dafür einschätzen, dass der Proposer die einzelnen Aufteilungen wählt.

In der Studie wurde getestet, wie gut die anreizkompatiblen Verfahren im Vergleich zu einer einfachen Abfrage abschneiden. Die Autoren nennen diese einfache Abfrage „Introspection", weil es dabei lediglich darum geht, sich in die andere Person hineinzuversetzen, und nicht darum, mit einer möglichst genauen Abschätzung Geld zu verdienen. Insgesamt waren es sechs verschiedene Verfahren, die auf den Prüfstand kamen und die hinsichtlich ihrer internen und externen Validität getestet wurden. Die externe Validität beschreibt dabei, wie gut die Versuchspersonen in der Lage waren, die tatsächlichen Wahrscheinlichkeiten (die empirischen Häufigkeiten) abzuschätzen. Die interne Validität wurde mit zwei

---

7   Schotter & Trevino (2014), Nyarko & Schotter (2002), Costa-Gomes & Weizsäcker (2008) und Ivanov (2011).

Maßen erfasst. Einerseits wurde die Konsistenz des eigenen Verhaltens mit der berichteten Erwartung überprüft, andererseits wurde die Additivität der Wahrscheinlichkeiten getestet. Wenn beispielsweise die Responders angaben, für wie wahrscheinlich sie die Wahl der sechs Aufteilungen halten, dann sollten sich diese Wahrscheinlichkeiten zu 1 addieren. Außerdem wurde für die Aufteilung (12, 8) sowohl nach der Wahrscheinlichkeit gefragt, mit der der Proposer diese wählt, als auch nach der Gegenwahrscheinlichkeit, mit der er dies nicht tut. Bei den Proposers wurde für diese Aufteilung nach der Annahme- und der Ablehnungswahrscheinlichkeit gefragt. Auch hier sollten sich die Antworten zu 1 addieren.

Die Verfahren, die gegen die Introspection Methode antreten, sind die Quadratische Scoring Rule (QSR), eine QSR, die um Risikoaversion korrigiert ist, eine Probability Matching Methode, die in etwa dem Becker-DeGroot-Marschak Verfahren entspricht, sowie ein Verfahren, das Outcome Matching genannt wird. Dabei geht es darum, das Sicherheitsäquivalent (SÄ) für eine Lotterie abzufragen, die einen bestimmten Betrag zahlt, wenn ein bestimmtes Ereignis eintritt, und Null sonst. Beispielsweise könnte dieses Ereignis darin bestehen, dass ein Responder das Angebot (12, 8) annimmt. Die Lotterie zahlt dann, wenn das geschieht, beispielsweise 15 € und 0 sonst. Unter der Voraussetzung, dass der Entscheider bzw. die Entscheiderin risikoneutral ist und die Erwartung hat, dass die Annahme mit der Wahrscheinlichkeit p erfolgt, ist das Sicherheitsäquivalent der daraus resultierenden Lotterie identisch mit deren Erwartungswert: $15p + (1 - p)0 = 15p = SÄ$ und damit $p = SÄ/15$. Damit kann durch Abfrage des Sicherheitsäquivalentes die vom Entscheider unterstellte Wahrscheinlichkeit p unmittelbar berechnet werden. Die Abfrage erfolgt durch den Vergleich der Lotterie mit aufsteigenden Beträgen, die anstelle der Lotterie ausgezahlt werden. Der Betrag, ab dem die sichere Auszahlung vorgezogen wird, entspricht dem Sicherheitsäquivalent.

Die letzte Methode, die ins Rennen geht, ist eine, bei der das Outcome Matching so korrigiert wird, dass es auch für risikoaverse Entscheider anwendbar ist (d. h. die Eigenschaft der Properness erhält).

Das eigentliche Experiment bestand aus drei Stufen. Auf der ersten Stufe wurde ein Ultimatumspiel unter Verwendung der Strategiemethode[8] gespielt, auf der zweiten wurden die Erwartungen der Versuchspersonen abgefragt und auf der letzten Stufe wurde die Risikoeinstellung mit einem einfachen Lotterievergleich abgeprüft. Die Versuchspersonen erhielten keinerlei Feedback nach den ersten beiden Stufen. Ausbezahlt wurde nach der dritten Stufe. Dabei wurde eine der drei Stufen zufällig bestimmt und *eine* der dort getroffenen Entscheidungen ausgezahlt. Dieses Verfahren wurde angewendet, um einer Gefahr vorzubeugen, die entsteht, wenn Versuchspersonen sowohl Entscheidungen über ihr eigenes Verhalten treffen als auch ihre Erwartungen angeben sollen. Wird beides entlohnt, kann es sein, dass die Versuchspersonen dies nutzen, um sich durch Hedging eine sichere Auszahlung zu verschaffen. Blanco et al. (2010) verdeutlichen diese Strategie an einem einfachen 2×2 Koordinationsspiel: Zwei Versuchspersonen haben die Wahl zwischen A *und* B. Wählen Beide das Gleiche, gibt es eine Auszahlung von x, andernfalls eine von 0. Gleichzeitig sollen sie ihre Erwartung über die Wahl des anderen Versuchspersonen nennen und, wenn sie richtig liegen, bekommen sie ebenfalls x. Wählt eine Versuchsperson A

---

[8] Die Strategiemethode wird in ▶ Abschn. 13.1 behandelt. Bei ihr geben die Versuchspersonen komplette Strategien an, anstatt auf einen speziellen Zug einer anderen Versuchsperson zu reagieren. So müssen beispielsweise im Ultimatumspiel die Responders angeben, ab welchem Angebot des Proposer sie bereit sind das Angebot anzunehmen.

und sagt, sie erwarte B, kann sie sich dadurch die Auszahlung von x sichern. Allerdings berichtet sie dann nicht mehr ihre wahren Erwartungen. Diese Form von Hedging kann immer dann auftreten, wenn die Versuchspersonen für die Angabe ihrer Erwartungen bezahlt werden. Wenn also monetäre Anreize eingesetzt werden, sollte über den Auszahlungsmechanismus sichergestellt sein, dass Hedging ausgeschlossen ist.

Die Ergebnisse, zu denen Trautmann und van de Kuilen kommen, sind ein wenig ernüchternd. Beginnen wir mit der internen Validität. Werden die Proposers gebeten, sowohl die Annahme- als auch die Ablehnungswahrscheinlichkeit für das Angebot (12, 8) anzugeben, addieren sich die beiden Wahrscheinlichkeiten fast immer zu Werten, die größer als 100 % sind. Das gleiche gilt für die Responders, wenn sie nach der Wahrscheinlichkeit für dieses Angebot und nach der Gegenwahrscheinlichkeit gefragt werden. Unabhängig von der Methode, mit der die Erwartungen abgefragt werden, liegen die Summen in der Größenordnung von etwa 105 %. Bei den Proposers sind alle Mittelwertabweichungen von 100 % signifikant auf dem 5 % Niveau. Angesichts der Tatsache, dass die beiden Wahrscheinlichkeiten unmittelbar zusammen abgefragt wurden, ist diese Beobachtung erstaunlich. Aber immerhin liegt die Summe der Wahrscheinlichkeiten zumindest in der Nähe von 100 %. Das ist bei der Summe der sechs Wahrscheinlichkeiten, die die Proposers für die sechs möglichen Aufteilungsvorschläge angeben, völlig anders. Dort liegt die mittlere Summe mehrheitlich über 200 %! Es lassen sich dabei keine signifikanten Unterschiede zwischen den sechs getesteten Methoden feststellen, d. h. die mit Anreizen arbeitenden Abfragemethoden schneiden nicht besser ab als „Introspection". Im Gegenteil, die Differenz zwischen der Summe der sechs Wahrscheinlichkeiten und 100 % ist bei der einfachen Abfrage ohne finanzielle Anreize am kleinsten.

Das zweite Maß für die interne Validität ist die Konsistenz der Entscheidungen im Hinblick auf die Erwartungen. In diesem Punkt schneidet „Introspection" deutlich schlechter ab als die mit Anreizen arbeitenden Verfahren. Allerdings lassen sich unter den Verfahren, die Anreize benutzen, wiederum keine signifikanten Unterschiede feststellen.

Das letzte Maß, das zur Anwendung kommt, ist die externe Validität. Diese wird ermittelt, indem die Erwartungen der Versuchspersonen mit den tatsächlich gemessenen relativen Häufigkeiten verglichen werden. Als Maß wird dabei die Summe der quadrierten Abweichungen (Brier Score) verwendet. Die Daten zeigen, dass es keine signifikanten Unterschiede hinsichtlich der Prognosegenauigkeit zwischen den verschiedenen Abfragemethoden gibt. Die einfache Abfrage, die ohne jeden monetären Anreiz auskommt, ist genauso leistungsfähig wie die komplexen Verfahren, wie die QSR oder die korrigierte QSR.

Vor diesem Hintergrund stellt sich die Frage, ob es sich lohnt, den finanziellen und logistischen Aufwand zu betreiben, der mit der Verwendung von Abfragemethoden verbunden ist, die finanzielle Anreize nutzen. Insgesamt zeigen sich vergleichsweise geringe Vorteile, die man dadurch gewinnt. Ob der Aufwand lohnt, kann nur im Einzelfall entschieden werden. Allgemein lässt sich allerdings sagen, dass die Genauigkeit, mit der Erwartungen ermittelt werden, davon abhängen könnte, worüber Erwartungen zu bilden sind. Wenn es darum geht abzuschätzen, wie sich andere Versuchspersonen verhalten werden, und wenn deren Verhalten keinen großen Einfluss auf die eigene Entscheidung hat, dann können Anreize hilfreich sein, um die Versuchspersonen zu motivieren, sich bei der Erwartungsbildung Mühe zu geben. Ist dagegen das Verhalten der Anderen für die eigene Entscheidung wichtig, bedarf es einer von außen gesetzten Motivation vielleicht weniger.

Die Ergebnisse von Trautmann & van de Kuilen weichen in diesem Punkt von früheren Befunden ab. In denen hatte sich nämlich gezeigt, dass dann, wenn eine Erwartungsbildung ausschließlich eine individuelle Entscheidung betrifft, sich keine nennenswerten

Verzerrungen der einfachen Abfrage feststellen lassen, d. h. Introspection funktionierte in diesen Fällen gut (Sonnemans & Offerman 2001). In Situationen, in denen die Versuchspersonen in strategischen Interaktionen mit anderen verbunden waren, konnte das aber nicht bestätigt werden, d. h. dort halfen monetäre Anreize, die Erwartungsbildung zu verbessern (Vieider 2011). Das finden Trautmann & van de Kuilen nicht, denn in ihrem Ultimatumspiel ist die Prognosegenauigkeit bei Introspection genauso gut wie die der inzentivierten Methoden. Offensichtlich *kann* die Abwesenheit von monetären Anreizen in Experimenten mit strategischen Interaktionen ein Problem sein, *muss* es aber nicht. Das alles lässt sich in folgender Empfehlung zusammenfassen:

> **Wichtig**
> Wenn die Abfrage von Erwartungen ein wichtiges Element des Experiments ist und wenn die Erwartungsbildung über einen komplexen Vorgang abläuft, dann sollte man – um sicher zu gehen – eine inzentivierte Methode der Erwartungsabfrage wählen. Dessen ungeachtet dürfte die einfache Abfrage ohne monetäre Anreize in vielen Fällen auch ausreichen. Risikoaversion der Versuchspersonen ist im Prinzip ein Problem, aber die experimentellen Ergebnisse deuten darauf hin, dass dieses quantitativ bei der Erwartungsabfrage keine besondere Rolle spielt.

Der Einfluss des Experimentators

In einem Experiment interagieren Menschen, wobei zwei Interaktionsformen zu unterscheiden sind: Die vertikale Interaktion zwischen der Experimentatorin oder dem Experimentator und Versuchsperson(en) und die horizontale Interaktion zwischen den Versuchspersonen. Die erstgenannte Interaktion ist unvermeidlich, die zweitgenannte kann je nach Design vorliegen, muss aber nicht. In diesem Kapitel wird es vor allem um das Zusammenspiel von Experimentator und Versuchspersonen gehen. Welche Wirkungen und Effekte bei der horizontalen Interaktion zu beachten sind, werden wir im ▶ Kap. 12 genauer betrachten.

Der Experimentator beeinflusst das Geschehen in einem Experiment über verschiedene Kanäle. Manche sind offensichtlich, wie beispielsweise die Instruktionen, die die Versuchspersonen vom Experimentator ausgehändigt bekommen, oder die Übungsaufgaben, mit denen getestet wird, ob die Versuchspersonen das Experiment verstanden haben. Andere sind weniger offensichtlich, aber genauso wichtig. So kann vom Experimentator bewusst oder unbewusst sozialer Druck ausgehen oder es können bei den Versuchspersonen bestimmte Erwartungen darüber erzeugt werden, welchen Zweck das Experiment hat und welches Verhalten jetzt von ihnen erwartet wird. Ebenfalls eine Rolle spielt der sogenannte „Frame" des Experiments, also die Frage, in welche „Geschichte" die Aufgabe verpackt ist, mit der die Versuchspersonen konfrontiert werden.

Gleichgültig welchen Kanal die Experimentatorin gerade benutzt, es ist wichtig, dass es bewusst geschieht und die Einwirkung auf Versuchspersonen so erfolgt, dass sie im Einklang mit dem Ziel des Experiments steht. Deshalb werden im Folgenden die Kanäle einzeln betrachtet, um einen bewussten und zielgerichteten Umgang mit ihnen zu ermöglichen.

11.1 Der Experimentatoreffekt

Im Laborexperiment ist eine Interaktion zwischen dem Experimentator und der Versuchsperson unvermeidlich (und sei es über das Design, das von der Experimentatorin oder dem Experimentator entwickelt wurde). Es kann also nicht darum gehen, jegliche Interaktion zu vermeiden, sondern darum, diese so zu gestalten, dass sich daraus keine verzerrende Beeinflussung des Verhaltens der Versuchspersonen (Experimentatoreffekt) ableiten lässt, die die Interpretierbarkeit der gewonnenen Daten einschränkt.

Zizzo (2010) hat in seiner Arbeit sehr strukturiert und durchdacht die potentiellen Quellen und Ausprägungen von Experimentatoreffekten (englisch „Experimenter Demand Effects") untersucht. Die folgenden Ausführungen stützen sich zu einem großen Teil auf dieses Papier, obwohl wir nicht jede Schlussfolgerung von Zizzo teilen.

Wie sieht die typische experimentelle Situation aus, in der sich Experimentatoreffekte abspielen können? In aller Regel handelt es sich um ein Laborexperiment, das von einem Wissenschaftler mit Studierenden durchgeführt wird. Das begründet eine hierarchische Situation. Nicht nur deshalb, weil Experimentatoren einen höheren Platz auf der Rangskala der wissenschaftlichen Qualifikationen besitzen, sondern vor allem auch deshalb, weil diejenigen, die das Experiment durchführen, in Bezug auf das Experiment den Status von Experten haben, während die Versuchspersonen gewissermaßen Laien sind. Zizzo macht darauf aufmerksam, dass die Versuchspersonen mit dem Wunsch ins Labor kommen zu verstehen, worum es eigentlich geht und was sie tun sollen. Diese Erwartung vorauszusetzen ist ziemlich plausibel, auch wenn es Versuchspersonen geben mag, die andere oder gar keine Erwartung haben. Der Experimentator ist der Experte, von dem Versuchspersonen erfahren, was gespielt wird, und damit auch, was ihre Rolle und ihre Aufgabe in dem Experiment ist. Das hat zur Folge, dass jeder Hinweis, der von dem Experimentator ausgeht, als Information darüber interpretiert werden kann, worum es geht. Dabei spielen die *expliziten* Hinweise in den Instruktionen genauso eine Rolle wie die *impliziten*, die der Experimentator unbewusst oder „aus Versehen" gibt.

Zizzo unterscheidet zwischen *kognitiven Experimentatoreffekten* und solchen Experimentatoreffekten, die durch *sozialen Druck* verursacht werden. Erstere entstehen dadurch, dass der Experimentator den Versuchspersonen das Experiment erklären muss. Das Verstehen dieser Erklärung ist ein kognitiver Vorgang und dabei kann es durchaus passieren, dass die Art und Weise, *wie* erklärt wird, zu einem bestimmten Verständnis führt. Beispielsweise darüber, welches Verhalten in der experimentellen Situation *angemessen* ist. Experimentatoren sollten sich der Tatsache bewusst sein, dass Versuchspersonen unter Umständen jedes Wort „auf die Goldwaage" legen und deshalb auch jedes Wort genau überlegt sein sollte. Werden etwa Beispiele verwendet, um die Auszahlungsfunktion oder andere Elemente des Experiments zu illustrieren, kann es zu Ankereffekten kommen. Die Zahlen, die in den Beispielen verwendet werden, müssen deshalb sorgsam gewählt werden. Kognitive Experimentatoreffekte lauern aber auch an Stellen, an denen man sie nicht unmittelbar vermutet. Beispielsweise wird in manchen Experimenten sehr viel Wert darauf gelegt, den Versuchspersonen zu versichern, dass sie vollkommen anonym entscheiden. Bei Doppelblindanordnungen wird darüber hinaus sichergestellt, dass auch der Experimentator nicht beobachten kann, was die einzelne Versuchsperson tut. Es liegt nahe, dass Versuchspersonen sich die Frage stellen, warum so viel Wert auf Anonymität gelegt wird. Die Antwort könnte sein, dass sie vermutlich deshalb hergestellt wird, weil sie es erleichtert, sich eigennützig zu verhalten. Also will der Experimentator vermutlich genau solches Verhalten in seinem Experiment erzeugen?![1]

Ein sehr geeigneter Kandidat, um potentielle Experimentatoreffekte zu verdeutlichen, ist das Diktatorspielexperiment. Wir haben uns an anderer Stelle bereits mit diesem Experiment befasst und dabei gesehen, dass die Ergebnisse in Diktatorspielexperimenten sehr stark von einzelnen Elementen des Designs abhängen können. Es spricht einiges dafür, dass diese starke Variabilität der Ergebnisse damit zusammenhängen könnte, dass in diesem Experiment Experimentatoreffekte besonders stark ausgeprägt sind. Das dürfte bereits für die Basisanordnung gelten. In dieser erhält eine Versuchsperson (der Diktator) einen Geldbetrag ausgehändigt und wird darüber informiert, dass nebenan eine weitere Versuchsperson sitzt, an die ein beliebiger Anteil des eben erhaltenen Geldes abgegeben werden kann, aber nicht muss. Der potentielle Experimentatoreffekt in dieser Situation ist sehr deutlich. Der Experimentator macht die Versuchspersonen durch die Anordnung und die Instruktionen darauf aufmerksam, dass es sich um ein Experiment handelt, in dem getestet wird, wie bereitwillig man etwas abgibt. Abgeben ist deshalb angesagt, denn es scheint das zu sein, was die Experimentatorin sehen will. Das würde die in der Regel hohen Abgaben erklären, die in solchen Experimenten geleistet werden und die in einem starken Widerspruch zu der Beobachtung stehen, dass Menschen in der Realität fast nie Geschenke völlig grundlos an Unbekannte verteilen.

Vor dem Hintergrund, dass Abgaben im Diktatorspielexperiment zumindest in einem gewissen Umfang auf einen Experimentatoreffekt zurückzuführen sein könnten, erscheinen die Experimentanordnungen, bei denen die Abgaben zurückgehen, in einem neuen Licht. Besonders bemerkenswert sind die bereits erwähnten Ergebnisse von Cherry &

---

[1] Vgl. Zizzo (2010), S. 83, Fußnote 11.

Shogren (2008), die zeigen, dass die Abgaben sehr stark fallen, wenn die Diktatoren für das Geld, das verteilt werden kann, erst arbeiten müssen. Besonders deutlich wird der Experimentatoreffekt aber bei der Designvariation, die List (2007) und Bardsley (2008) vorgenommen haben. In ihren Experimenten erlaubten sie den Diktatoren nicht nur, der anderen Versuchsperson Geld zu schenken, sondern auch, ihr Geld wegzunehmen. Das hatte zur Folge, dass es praktisch zu keinen Abgaben an den Receiver mehr kam. Im Gegenteil, die Diktatoren nahmen Geld weg. Die Experimentatoreffekt-Interpretation dieses Befundes geht wie folgt: Indem die Experimentatoren den Diktatoren die Möglichkeit einräumten, der zweiten Versuchsperson etwas wegzunehmen, versahen sie das Experiment mit einer gänzlich anderen Interpretation. In diesem Experiment ging es nicht mehr um das „Abgeben" und um die Frage, wie generös man sich dabei verhält, sondern um das „Wegnehmen" und die Frage, wie zurückhaltend man dabei ist.

Zizzo macht noch eine weitere wichtige Quelle für potentielle kognitive Experimentatoreffekte aus. Es geht dabei um die sogenannte Strategiemethode. Wie bereits angekündigt, werden wir uns mit dieser Methode im ▶ Abschn. 13.1 noch genauer auseinandersetzen. Aber schon hier sei der Hinweis gegeben, dass die Verwendung dieser Methode durchaus einen Einfluss auf die Art und Weise haben kann, in der das Spiel von den Versuchspersonen wahrgenommen wird. Beispielsweise zwingt die Strategiemethode dazu, quasi den kompletten Strategieraum der anderen Versuchspersonen zu betrachten, weil für jede mögliche Wahl aus diesem Raum eine Angabe dazu gemacht werden muss, wie darauf geantwortet wird. Das kann dazu führen, dass das Verhalten der anderen Versuchspersonen viel stärker in den Mittelpunkt der eigenen Betrachtung rückt als dies ohne die Strategiemethode der Fall ist.[2]

Neben den kognitiven Experimentatoreffekten, bei denen das Verstehen des Experiments durch die Form des Erklärens des Experiments beeinflusst wird, kann es zu unerwünschten Manipulationen der Versuchspersonen durch sozialen Druck kommen. Dieser Druck kann sowohl zwischen den Versuchspersonen entstehen als auch vertikal von dem Experimentator ausgehen. Es gibt viele Gründe, aus denen Menschen sich sozialem Druck beugen. Beispielsweise kann der Wunsch nach *Konformität* eine Rolle spielen oder *soziale Anerkennung*, die dann erfahren wird, wenn man sich entsprechend einer sozialen Norm verhält.[3] Es kann durchaus sein, dass es auch Versuchspersonen gibt, die viel Wert auf *Nonkonformismus* legen und sich deshalb jedem sozialen Druck widersetzen. Es dürfte allerdings keine allzu gewagte Hypothese sein, dass die Nonkonformisten eher selten vorkommen, während der Wunsch danach, sozialen Normen zu entsprechen, weit verbreitet ist.

Experimentatoren können sozialen Druck in unterschiedlichen Formen erzeugen und genau wie bei den kognitiven Experimentatoreffekten kann das bewusst oder unbewusst geschehen. Eine sehr direkte Form sozialen Drucks entsteht, wenn ein Experimentator das Experiment durchführt, den die Versuchspersonen außerhalb des Labors ausschließlich in der Rolle des Lehrers, der unter Umständen zugleich auch noch ein erfolgreicher Forscher ist, wahrgenommen haben. Man stelle sich eine studentische Versuchsperson vor, die Vorlesungen bei einer Professorin hört und Prüfungen bei ihr ablegt. Vielleicht hat die Versuchsperson auch die eine oder andere Forschungsarbeit der Professorin gelesen, die

---

2   In Brosig et al. (2004) wird dieser Aspekt der Strategiemethode unter anderem herangezogen, um die Unterschiede zwischen „Hot" (ohne Strategiemethode) und „Cold" (mit Strategiemethode) durchgeführten Experimenten zu erklären. Vgl. ▶ Abschn. 13.1.

3   Vergleiche dazu beispielsweise die Arbeit von Krupka & Weber (2013), die zeigen, dass man Abgaben im Diktatorspiel als Preis interpretieren kann, der dafür bezahlt wird, einer sozialen Norm folgen zu können.

in internationalen Fachzeitschriften veröffentlicht sind. Dabei hat sie ihre akademische Lehrerin als kompetente Respektsperson kennen- und schätzen gelernt und begegnet ihr nun im Labor wieder. Sie erklärt ihr und allen anderen Versuchspersonen das Experiment und verhält sich dabei vollkommen neutral, d. h. sie lässt durch Mimik und Betonung nicht erkennen, dass sie irgendeine bestimmte Erwartung an die Versuchspersonen hat. Dennoch dürfte sich unsere studentische Versuchsperson einem gewissen Druck ausgesetzt fühlen. Sie will die Professorin vielleicht nicht enttäuschen, und selbst wenn eine Doppelblindanordnung sicherstellt, dass die Professorin nicht beobachten kann, was die Versuchspersonen tun, könnte sie der Wunsch antreiben, das Experiment für ihre Professorin erfolgreich zu gestalten. Dass in dieser Situation tatsächlich sozialer Druck entsteht, wird deutlich, wenn man diese Situation mit der vergleicht, in der das Experiment von einer jungen Mitarbeiterin durchgeführt wird, die der Student (oder die Studentin) noch nie zuvor gesehen hat. Es dürfte kaum einen Anlass geben, diesem Menschen einen Gefallen zu erweisen oder sich um dessen Anerkennung zu bemühen.

Brañas-Garza (2007) hat experimentell untersucht, wie es sich auswirkt, wenn ein Professor oder ein Mitarbeiter ein Experiment durchführen. Er hat dazu ein Diktatorspielexperiment verwendet, das jeweils in zwei Varianten durchgeführt wurde. Einmal mit einer neutralen Beschreibung des Spiels und einmal mit der gleichen Beschreibung, aber ergänzt um den Satz: *„Note that your recipient relies on you."* Dieser Satz war in Großbuchstaben unter die Instruktionen geschrieben. Brañas-Garza bezeichnet die beiden Instruktionen als unterschiedliche Frames für ein und dasselbe Spiel und geht auf den Experimentatoreffekt, der mit diesen Frames verbunden ist, in seinem Papier nicht explizit ein. Zizzo (2010) vermutet aber – und dieser Vermutung schließen wir uns an – dass mit der Schlussbotschaft ein starker Experimentatoreffekt verbunden ist. Das Experiment wurde in beiden Anordnungen einmal im Klassenraum von Brañas-Garza selbst und einmal im Labor von einem Mitarbeiter durchgeführt. Der Zusatz hatte in beiden Fällen die Wirkung, dass die Diktatoren deutlich generöser wurden. Beim Professor war die Wirkung allerdings deutlich stärker als bei dem Mitarbeiter. Zwar kann man ein Klassenraumexperiment nicht unmittelbar mit einem Laborexperiment vergleichen,[4] dennoch geht der Effekt in die vermutete Richtung und steht zumindest nicht im Widerspruch zu der Hypothese, dass die Autorität eines Experimentators beziehungsweise seine Stellung in der akademischen Hierarchie ein bedeutsamer Faktor für die Stärke eines möglichen Experimentatoreffekts sein dürfte. Wir werden auf das Experiment von Brañas-Garza (2007) noch einmal zurückkommen, wenn wir über die Wirkung von Frames sprechen (siehe ▶ Abschn. 11.3).

Zizzo (2010) macht an einigen Beispielen auch deutlich, dass es mitunter schwierig ist, die Wirkung eines Experimentatoreffekts von anderen Effekten zu unterscheiden. Nehmen wir an, ein Experiment testet ein relativ kompliziertes spieltheoretisches Modell. Beispielsweise ein öffentliches-Gut-Experiment mit einer nicht-linearen Produktionsfunktion und einer inneren Lösung. Der Experimentator geht davon aus, dass nicht alle Versuchspersonen in der Lage sind, ad hoc das Gleichgewicht des Spiels zu bestimmen. Abgesehen von anderen Dingen hängt die Fähigkeit das Spiel zu lösen von den spieltheoretischen Vorkenntnissen der Versuchspersonen ab und die seien sehr unterschiedlich. In diesem Fall ist klar, dass mit dem Experiment nicht nur das spieltheoretische Modell überprüft wird, sondern auch die Fähigkeit der Versuchspersonen, das Nash-Gleichgewicht berechnen zu können. Eine naheliegende Lösung für dieses Problem könnte darin bestehen, den

---

4   Worauf auch Zizzo (2010) hinweist.

Versuchspersonen vor dem Experiment zu erklären, wie das Gleichgewicht aussieht, dass dieses Gleichgewicht ineffizient ist und wie die effiziente Lösung aussehen würde. Mit dieser Information versehen sind die Versuchspersonen im Experiment in der Lage, eine Wahl zu treffen zwischen dem, was individuell rational ist, und der kollektiv rationalen Lösung.

Auf den ersten Blick hat der Experimentator lediglich dafür gesorgt, dass das Verständnis für das spieltheoretische Modell, das getestet werden soll, verbessert wird. Es kann aber nicht ausgeschlossen werden, dass er damit zugleich einen Experimentatoreffekt ausgelöst hat. Indem sie explizit aufzeigt, dass das Gleichgewicht des Spiels nicht effizient ist, könnte sie bei den Versuchspersonen den Eindruck erwecken, dass es *sozial erwünscht* ist, vom Gleichgewicht abzuweichen. Verstärkend kommt hinzu, dass dieser Eindruck in einer hierarchischen Beziehung hergestellt wird. Die Experimentatorin tritt den Versuchspersonen als Expertin gegenüber und „erklärt" das Spiel. Es ist deshalb nicht klar, ob das Verhalten der Versuchspersonen auf ihr gestiegenes Verständnis des Spiels zurückzuführen ist oder darauf, dass sie den vermuteten Anweisungen der Experimentatorin gefolgt sind.

Dieses Beispiel zeigt einen interessanten Zielkonflikt. Auf der einen Seite ist die Tatsache, dass die Versuchspersonen mit dem Verständnis des Experiments überfordert sein dürften, ein echtes Problem. Schließlich setzt ein erfolgreiches Experiment voraus, dass die Versuchspersonen genau wissen, welche Konsequenzen ihre Entscheidungen haben. Auf der anderen Seite führt der Versuch, dieses Problem zu lösen, zu einem neuen Problem, einem potentiellen Experimentatoreffekt. Wir werden auf diesen Punkt und auf das Beispiel noch einmal zurückkommen.

Die bisher besprochenen Formen von Experimentatoreffekten, die auf sozialen Druck beruhen, sind eher subtiler Natur. Es geht natürlich auch sehr viel direkter. Die Instruktionen, die die Versuchspersonen zu Beginn eines Experiments erhalten, sind bestens dafür geeignet, massive Experimentatoreffekte zu erzeugen. Im Verdacht dies zu tun steht beispielsweise die Sprache, die verwendet wird. Man kann Dinge betont neutral beschreiben oder mehr oder weniger mit Wertungen „aufladen". Bei näherem Hinsehen zeigt sich allerdings auch in diesem Fall, dass es schwierig ist, unterschiedliche Effekte auseinander zu halten. Zwei Beispiele mögen den Punkt verdeutlichen.

Liberman et al. (2004) berichten über zwei öffentliches-Gut-Experimente, die vollkommen identisch waren bis auf den Namen, der den Versuchspersonen mitgeteilt wurde. Einmal war es ein „Community" Spiel und einmal ein „Wall Street" Spiel. Tatsächlich hatten die Namen einen massiven Einfluss auf die Ergebnisse. Im Community Spiel wurde deutlich stärker kooperiert als im Wall Street Spiel. Auch in dem Experiment von Burnham et al. (2000) war es nur ein Wort, das geändert wurde und massive Effekte auslöste. In ihrem Experiment konnten zwei Versuchspersonen ihre Auszahlung gegenüber der Gleichgewichtsauszahlung deutlich erhöhen, indem Versuchsperson 1 Versuchsperson 2 Vertrauen entgegenbrachte und Versuchsperson 2 sich reziprok verhielt und das Vertrauen rechtfertigte. In der ersten Anordnung wurde die andere Versuchsperson jeweils als „Partner" bezeichnet, in der zweiten Anordnung als „Opponent". Das Wort „Partner" führte zu deutlich mehr Vertrauen und Vertrauenswürdigkeit zu Beginn des Experiments. Beides ließ allerdings in späteren Runden nach.[5]

Die entscheidende Frage ist in beiden Fällen, welcher Effekt tatsächlich vorliegt. Ist es die jeweilige Wertung, die mit den Begriffen verbunden ist, oder ist es ein Experimen-

---

[5]   Vgl. zu diesen beiden Spielen auch Abbink & Hennig-Schmidt (2006).

tatoreffekt? Letzterer könnte darin bestehen, dass die Versuchspersonen dann, wenn ein Spiel „Wall Street" heißt, das Gefühl haben, dass der Experimentator testen will, wie gut sie sich durchsetzen können. Heißt das Spiel dagegen „Community", will der Experimentator vielleicht wissen, wie gut die Versuchspersonen als soziale Wesen funktionieren. Wird die andere Person als Partner bezeichnet, geht es dem Experimentator offenbar darum, die Fähigkeit zur Zusammenarbeit zu testen. Nennt man ihn dagegen „Opponent", dann steht offenbar Wettbewerb auf dem Programm und es gilt sich durchzusetzen.

Abbink & Hennig-Schmidt (2006) haben die Wirkung einer nicht-neutralen Sprache in den Instruktionen mit Hilfe eines Experiments getestet, in dem es um Korruption ging. In der nicht neutralen Variante gab es eine *Firma*, die einen *Beamten* eine *private Zahlung* zukommen lassen konnte. Der Beamte konnte daraufhin eine *Erlaubnis erteilen* oder *keine Erlaubnis erteilen*. In der neutralen Fassung der Instruktionen, gab es dagegen nur *Spieler 1* und *Spieler 2*, einen *Transfer* und die Möglichkeit *Y* oder *X* zu wählen. Während also die nicht-neutrale Beschreibung eindeutig klarmachte, dass es um Bestechung ging, war die neutrale Fassung deutlich abstrakter. Es zeigte sich, dass die unterschiedlichen Beschreibungen der Situation keinen Einfluss auf das Ergebnis hatten. Eine mögliche Erklärung dafür könnte sein, dass der Experimentatoreffekt in diesem Experiment relativ gering ist. In beiden Varianten des Experiments ist den Versuchspersonen vielleicht nicht ganz klar, welche Erwartung der Experimentator hat oder was für ein Verhalten er sehen möchte. Das würde dafür sprechen, dass in den beiden anderen Beispielen der Effekt deshalb so stark ausgeprägt ist, weil dort sehr deutlich wird, was der Experimentator erwartet. Daraus folgt, dass es bei der Formulierung von Instruktionen weniger darum geht, durch einen bestimmten Frame das Verhalten zu beeinflussen, als darum, massive Experimentatoreffekte zu vermeiden, die durch die Wahl eines bestimmten Frames erzeugt werden.

Sozialer Druck kann in den Instruktionen auch sehr explizit aufgebaut werden. Das Musterbeispiel dafür haben Binmore et al. (1985) geliefert. Sie schrieben in ihren Instruktionen:

>> How do we want you to play? YOU WILL BE DOING US A FAVOUR IF YOU SIMPLY SET OUT TO MAXIMIZE YOUR WINNINGS.

Um einschätzen zu können, wie problematisch diese Anweisung ist, muss man den Hintergrund des Papiers ein bisschen beleuchten. Es ging um die Grundsatzfrage, ob die nicht-kooperative Spieltheorie geeignet ist, menschliches Verhalten zu prognostizieren oder nicht. Ausgelöst hatten diese Debatte Güth et al. (1982) mit ihrer Arbeit zum Ultimatumspiel, in der sie zeigen, dass die Versuchspersonen im Durchschnitt das nicht-kooperative Gleichgewicht *nicht* spielten. Binmore et al. ging es also darum, den Gegenbeweis anzutreten und nachzuweisen, dass sich Versuchspersonen sehr wohl so verhalten, wie es die Spieltheorie voraussagt. Genau das zu tun, darum bitten sie ihre Versuchspersonen. Dass dies ein Experimentatoreffekt ist, der die Interpretierbarkeit der experimentellen Ergebnisse beeinträchtigt, dürfte klar sein.

> ### Wichtig
> Man unterscheidet grundsätzlich zwischen *kognitiven Experimentatoreffekten* und solchen, die durch *sozialen Druck* entstehen. Für beide Arten gibt es jeweils mehrere Kanäle, über die sie Wirkung entfalten können. Die kognitiven Experimentatoreffekte entstehen vor allem deshalb, weil Versuchspersonen versuchen, aus den Informationen, die sie von der Versuchsleitung bekommen, herauszulesen, worum es in dem

Experiment geht und was das angemessene Verhalten ist. Dabei spielen nicht nur die Informationen eine Rolle, die durch die Instruktionen vermittelt werden, sondern auch andere, die unter Umständen unterbewusst an die Versuchspersonen gesendet werden.

Sozialer Druck kann entstehen, weil es zwischen Versuchspersonen und Experimentatoren ein natürliches Gefälle gibt, das daraus resultiert, dass Experimentatoren Experten für das Experiment sind und die Versuchspersonen Laien. Dazu kommt häufig, dass der Leiter des Experiments auf einer höheren Stufe auf der akademischen Qualifikationsleiter stehen.

Es stellt sich die Frage, ob das Vorliegen eines Experimentatoreffekts immer dazu führt, dass die Interpretation experimenteller Ergebnisse eingeschränkt ist. Zizzo (2010) zeigt sehr deutlich und gut nachvollziehbar, dass dies keineswegs immer der Fall sein muss. Es kommt darauf an, in welche Richtung der Experimentatoreffekt wirkt und in welche Richtung der Effekt geht, der experimentell untersucht werden soll (im Folgenden Experimenteffekt). Zizzo unterscheidet drei Fälle. Der Experimentatoreffekt kann orthogonal zum Experimenteffekt sein, ihm genau entgegengesetzt wirken oder in die gleiche Richtung gehen wie der Experimenteffekt.

Das eben genannte Beispiel von Binmore et al. (1985) ist ein schönes Beispiel dafür, dass der Experimentatoreffekt und der Experimenteffekt in die gleiche Richtung gehen. Das Experiment sollte zeigen, dass Versuchspersonen sich im Sinne der Spieltheorie rational verhalten und genau dazu fordert der Experimentatoreffekt sie auf. Das ist der klassische Fall, in dem ein Experimentatoreffekt hochgradig problematisch sein kann. Der Grund ist einfach: Zeigt sich, dass sich die Versuchspersonen tatsächlich auszahlungsmaximierend verhalten (was tatsächlich der Fall war), ist nicht klar, ob sie das tun, weil es ihren ureigenen Wünschen und Präferenzen entspricht oder weil sie massiv dazu vom Experimentator aufgefordert wurden.

Auf ein anderes Beispiel, bei dem der Experimentatoreffekt in die gleiche Richtung wie der Experimenteffekt geht, weisen Hoffman et al. (1996) hin – allerdings ohne dabei von einem Experimentatoreffekt zu sprechen. Sie untersuchen die Wirkung von mehr oder weniger großer „sozialer Distanz" zwischen Versuchspersonen und Experimentator auf das Abgabeverhalten in Diktatorspielen. Wir werden auf die Arbeit im nächsten Abschnitt noch einmal eingehen, wenn es um Doppelblindanordnungen geht, denn Hoffman et al. (1996) waren die ersten, die sich damit in ökonomischen Experimenten auseinandergesetzt haben. Im Rahmen ihrer Arbeit haben sie aber nicht nur Doppelblindanordnungen ausprobiert, sondern auch ein berühmtes Diktatorspielexperiment von Forsythe et al. (1994) wiederholt. Sie konnten die relativ hohen Abgaben, die in diesem Experiment beobachtet wurden, reproduzieren. Dann wiederholten sie das Experiment von Forsythe et al. mit einer vergleichsweise geringen Variation. In den Instruktionen des Forsythe et al. Experiments stand, dass der Diktator *„has been provisionally allocated"* 10 $ und dass die Aufgabe darin besteht, zu entscheiden, *„how to divide"* diesen Betrag. Diese beiden Formulierungen wurden gestrichen und durch eine einfache Beschreibung der Spielsituation ersetzt. Das Ergebnis war, dass in dem Experiment mit den neuen Instruktionen der Anteil der Diktatoren, die sich entschieden *nichts* abzugeben, signifikant anstieg. Auch wenn sie es nicht so benennen, haben Hoffman et al. (1996) damit einen Experimentatoreffekt nachgewiesen, der in die gleiche Richtung ging wie der Effekt, der im Experiment nachgewiesen werden sollte. Forsythe et al. wollten zeigen, dass in Diktatorspielexperimenten Abgaben geleistet werden. Genau dazu haben die beiden Formulierungen aber implizit aufgerufen, denn die Ausstattung des Diktators war ja nur „vorläufig" und es sollte entschieden werden, wie der Betrag „aufzuteilen" ist.

Allerdings ist nicht klar, ob ein Experimentatoreffekt immer nachteilig sein muss. Es ist durchaus vorstellbar, dass das Experiment zeigt, dass der Experimenteffekt eintritt, obwohl der Experimentatoreffekt in die entgegengesetzte Richtung gewirkt hat. Auch hierfür gibt es ein Beispiel:

Sturm & Weimann (2006) haben ein Experiment durchgeführt, das dem bereits erwähnten öffentliches-Gut-Experiment mit einer inneren Lösung entspricht. Inhaltlich ging es um das Verhalten von Ländern bei Klimaverhandlungen und die Frage, zu welchen Vermeidungsaktivitäten sie sich verpflichten, wenn es einen Vorreiter unter ihnen gibt. In einer gesonderten Sitzung wurden die Versuchspersonen über die theoretische Grundlage des Experiments umfassend aufgeklärt. Sie kannten danach das Nash-Gleichgewicht und die effiziente Lösung. In dem Experiment gab es einen Vorreiter, der als erstes über seine Vermeidung entschied. Die anderen Versuchspersonen erfuhren dessen Entscheidung und entschieden dann ihrerseits simultan. Das Experiment lief über zehn Runden. Im spieltheoretischen Gleichgewicht leistet der Vorreiter einen *geringeren* Beitrag zum öffentlichen Gut als bei simultaner Entscheidung der gesamten Gruppe, denn er befindet sich in der Rolle eines Stackelberg-Führers. Der prognostizierte Experimenteffekt besteht damit in einer geringeren Bereitstellung des öffentlichen Gutes mit Vorreiter im Vergleich zu der Situation, in der alle simultan entscheiden.

Es ist jedoch wahrscheinlich, dass die Unterrichtung der Versuchspersonen zusammen mit dem Design des Experiments einen Experimentatoreffekt ausgelöst haben. Da die Differenz zwischen Gleichgewicht und effizienter Lösung explizit aufgezeigt wurde, dürfte auch klar sein, in welche Richtung dieser potentielle Experimentatoreffekt wirkt. Den Versuchspersonen wurde der Eindruck vermittelt, dass es darum geht herauszufinden, ob die Existenz eines Anführers dabei *hilft*, die effiziente Lösung zu erreichen. Der Hintergrund für dieses Experimentdesign war die Tatsache, dass in der klimapolitischen Diskussion immer wieder die Position vertreten wird (insbesondere in Europa), dass es eines Vorreiters bedarf, wenn man Länder dazu bewegen will, selbst im Klimaschutz aktiv zu werden.

Der potentielle Experimentatoreffekt ging deshalb, um diese politische Sichtweise abzubilden, in die entgegengesetzte Richtung wie die spieltheoretische Prognose, die besagt, dass Leadership die Erfolgsaussichten internationaler Klimaverhandlungen *reduziert*.[6] Das Ergebnis des Experiments deuten einerseits auf einen Experimentatoreffekt, aber andererseits auch darauf hin, dass sich der Experimenteffekt trotz des Experimentatoreffekts durchsetzte. Anfänglich versuchten die Vorreiter die Kooperation anzukurbeln und leisteten höhere Beiträge als im Gleichgewicht. Sie hatten dabei aber nur mäßigen Erfolg und im Laufe des Experiments erlahmte die Kooperationsbereitschaft und das Verhalten näherte sich dem Gleichgewicht. Der *beobachtete* Effekt ging damit in die entgegengesetzte Richtung des vermuteten Experimentatoreffekts und bestätigte den Experimenteffekt. Das aber macht den Befund erst recht stark. Obwohl der Experimentatoreffekt eigentlich zu einer positiven Wirkung von Leadership hätte führen müssen, bleibt diese aus. Das verstärkt das Ergebnis, dass die reine Existenz eines Vorreiters bei der Bereitstellung öffentlichen Gutes nicht dazu führt, dass mehr Kooperation entsteht.

---

[6] Tatsächlich wurde das Experiment auch als Klimaverhandlung vorgestellt, d. h. die Versuchspersonen wurden gebeten sich vorzustellen, dass sie ihr Land bei einer internationalen Klimaverhandlung vertreten. Zur Wirkung solcher Frames vgl. ▶ Abschn. 11.3.

Ein Experimentatoreffekt, der dem Experimenteffekt entgegenwirkt, muss also nicht notwendigerweise schädlich sein. Allerdings wird der Experimenteffekt insgesamt kleiner ausfallen als ohne Vorliegen des Experimentatoreffekts und es kann natürlich auch vorkommen, dass der Experimentatoreffekt den Experimenteffekt gerade neutralisiert oder sogar komplett überlagert. Das hätte dann zur Folge, dass der eigentliche Experimenteffekt nicht beobachtet werden kann, obwohl dieser ohne den Experimentatoreffekt vorgelegen hätte. Es bedarf deshalb einer sorgfältigen Beachtung aller möglichen potentiellen Experimentatoreffekte, die mit einem Experimentdesign verbunden sind.

Am wenigsten problematisch sind solche Experimentatoreffekte, die weder positiv noch negativ mit dem Experimenteffekt korreliert sind. Zizzo (2010) spricht in diesem Zusammenhang von *orthogonalen* Experimentatoreffekten. Solche liegen dann vor, wenn die Versuchspersonen nicht erraten können, was der eigentliche Sinn des Experiments ist. Auch dann mag immer noch ein Experimentatoreffekt vorliegen, aber er zieht das Verhalten der Versuchspersonen nicht in eine bestimmte Richtung, sondern hat gewissermaßen eine neutrale Wirkung. Was kann man tun, um diese Art von Experimentatoreffekt herzustellen?

Zunächst einmal ist festzustellen, dass sich nicht vermeiden lässt, dass Experimentatoren mit den Versuchspersonen in Kontakt kommen. Es kann auch nicht immer vermieden werden, dass dabei Experimentatoreffekte auftreten. Mitunter muss sogar bewusst in Kauf genommen werden, dass es zu solchen Effekten kommt. Das ist vor allem dann der Fall, wenn bestimmte Frames eines Experimentes eine wichtige Rolle spielen – aus welchem Grund auch immer. Wenn man sich der Tatsache bewusst ist, dass man sich mit einem bestimmten Frame möglicherweise auch einen bestimmten Experimentatoreffekt einhandelt, dann kann es notwendig werden abzuwägen, welches das kleinere Übel ist. Einen Experimentatoreffekt durch einen grundsätzlichen Verzicht auf Kontext vermeiden zu wollen, ist sicher keine gute Forschungsstrategie. In manchen Experimenten ist es durchaus sinnvoll, die Entscheidung in einen bestimmten Kontext einzubetten. Es muss vielmehr darum gehen, sich der potentiellen Experimentatoreffekte bewusst zu sein und sie wie andere Elemente des experimentellen Designs mit großer Sorgfalt zu gestalten. Gleichwohl sollte man wissen, wie man Experimentatoreffekte effektiv reduzieren kann (Zizzo 2010, S. 88 ff.).

Da sozialer Druck durch den Kontakt zwischen Experimentatoren und Versuchspersonen entstehen kann, sollte man versuchen, diesen Kontakt zu minimieren. Ratsam ist es auf jeden Fall, den vertikalen Abstand auf der akademischen Qualifikationsleiter zu minimieren. Es ist kein Ausdruck von Faulheit, wenn Professoren die eigentliche Laborarbeit Assistenten oder Hilfskräften überlassen. Um kognitive Experimentatoreffekte zu vermeiden, sollten Experimente so gestaltet sein, dass sich den Versuchspersonen nicht ohne Weiteres erschließt, was mit dem Experiment untersucht werden soll. Wird die Forschungsfrage durch Vergleiche zwischen verschiedenen Anordnungen beantwortet, ist es von Vorteil, wenn Versuchspersonen jeweils nur an einer Anordnung teilnehmen. Solche „Between-Subject" Anordnungen machen es leichter, den Sinn und Zweck des Experimentes vor den Versuchspersonen zu verbergen. Durchlaufen Versuchspersonen mehrere Anordnungen, kann die Variation der Anordnungen unter Umständen Aufschluss darüber geben, welche Ziele mit dem Experiment verbunden sind. Sind Hinweise des Experimentators notwendig, die auf ein bestimmtes Verhalten im Experiment abzielen, sollten diese in alle möglichen Richtungen gegeben werden. Mitunter ist es auch notwendig, Nebelkerzen zu werfen. Ein Beispiel mag das verdeutlichen.

In Brosig et al. (2009) sollte ein Vergleich des Verhaltens von Studierenden, die in West- und in Ostdeutschland geboren wurden, angestellt werden. An der ostdeutschen Universität, an der das Experiment durchgeführt wurde, betrug allerdings der Anteil der Versuchspersonen, die aus Westdeutschland stammten, annähernd 50 %.[7] Da für den Versuch eine homogene Gruppe von Ostdeutschen benötigt wurde, musste bei der Rekrutierung für die Herkunft der Versuchspersonen kontrolliert werden. Die Rekrutierung der Versuchspersonen erfolgte über eine Datenbank, in der potentielle Versuchspersonen erfasst sind. Allerdings enthielten die individuellen Daten der potentiellen Versuchspersonen keine Angabe zu ihrem Geburtsort. Würde man bei der Einladung darauf hinweisen, dass nur ostdeutsche Versuchspersonen teilnehmen dürfen, hätte das einen starken Experimentatoreffekt auslösen können. Aus diesem Grund wurde folgendes Verfahren angewendet. Brosig et al. sendeten einer großen Zahl von Versuchspersonen einen sehr umfangreichen Fragebogen, der eine große Zahl von Fragen aller Art enthielt. Eine der Fragen war die nach dem Ort, an dem die betreffende Person ihr Abitur abgelegt hat. Die Antwort auf diese Frage erlaubte es, ost- und westdeutsche Versuchspersonen zu unterscheiden und eine homogene Gruppe ostdeutscher Studierender einzuladen, ohne dass diesen bewusst war, dass bei der Rekrutierung ihre Herkunft eine Rolle gespielt hat.

> **Wichtig**
>
> Experimentatoreffekte können in unterschiedliche Richtungen wirken. Bezugspunkt ist dabei der Anordnungseffekt, der im Experiment erwartet wird (Experimenteffekt). Der Experimentatoreffekt kann in die gleiche Richtung gehen, dem Anordnungseffekt entgegengesetzt sein oder orthogonal dazu.
>
> Problematisch sind vor allem Experimentatoreffekte, die in die gleiche Richtung gehen wie der Effekt, den man im Experiment erwartet. In einem solchen Fall lässt sich nur schwer entscheiden, ob das, was man beobachtet, auf den Experimentatoreffekt zurückzuführen ist oder auf die Bedingungen der Anordnung. Geht der Experimentatoreffekt in die entgegengesetzte Richtung, kann das dazu führen, dass er den Experimenteffekt gerade kompensiert und man keine eindeutigen Effekte nachweisen kann. Am wenigsten problematisch sind Experimentatoreffekte, die orthogonal zu dem Experimenteffekt sind. Sie dürften am wenigsten dazu führen, dass das Verhalten der Versuchspersonen in einer Weise beeinflusst wird, die die Interpretation der Resultate des Experiments behindert.

Zizzo (2010) empfiehlt weiterhin, mögliche Frames zu vermeiden, also keine mehr oder weniger realistischen Geschichten zu den Experimenten zu erzählen. Das ist allerdings ein Rat, dem man unserer Einschätzung nach nicht bedingungslos folgen sollte. Frames können durchaus sinnvolle Funktionen haben. Dieser Gedanke führt uns zu dem Thema des übernächsten Abschnitts, der sich mit dem Framing von Experimenten befasst. Zuvor werden noch die angekündigten Ausführungen zu Doppelblindanordnungen präsentiert.

---

[7] Der Anteil der ostdeutschen Versuchspersonen an der westdeutschen Universität lag dagegen weit unter 2 %.

11.2 Doppelblindanordnungen

Im vorangegangenen Abschnitt haben wir bereits auf eine Arbeit von Hoffman et al. (1996) hingewiesen, in der erstmals die Wirkung einer Doppelblindanordnung untersucht wurde. Der Hintergrund dafür war der Befund, dass in Diktatorspielen relativ hohe Abgaben zu beobachten waren. Hoffman et al. vermuteten, dass dabei die „soziale Distanz", die in einem Experiment herrscht, eine wichtige Rolle spielt. Darunter verstehen sie das Ausmaß an Reziprozität, das Menschen in einer gegebenen sozialen Interaktion annehmen. Sie variieren diese Distanz, indem sie eine sogenannte Doppelblindanordnung (englisch „Double Blind Procedure") für ein Diktatorspielexperiment benutzen. Darunter versteht man ein experimentelles Design, das sicherstellt, dass die Experimentatoren nicht beobachten können, wie sich die einzelne Versuchsperson verhält, und bei dem auch die Versuchspersonen untereinander ihre Anonymität wahren. In der Regel geschieht dies dadurch, dass die Versuchspersonen Identifikationsnummern zufällig und verdeckt ziehen. Das hat dann zur Folge, dass die Experimentatoren zwar wissen, wie sich zum Beispiel die Versuchsperson Nummer 17 verhalten hat, aber nicht, wer Nummer 17 ist. Im ▶ Abschn. 18.2 des dritten Buchteils werden wir näher erläutern, wie man es bewerkstelligen kann, dass diese Anonymität auch bei der Auszahlung der Versuchspersonen erhalten bleibt.[8] Unter einer Einfachblindanordnung (englisch „Single Blind Procedure") versteht man, dass die Versuchspersonen sich untereinander nicht beobachten können, der Experimentator aber sieht, was die einzelne Person tut.[9]

Hoffman et al. stellten fest, dass die Variation der sozialen Distanz tatsächlich zu Veränderungen des Abgabeverhaltens in Diktatorspielen führte. Wie ist dieser Befund zu interpretieren? Und bedeutet er, dass Doppelblindanordnungen notwendig sind, um verlässliche Ergebnisse zu bekommen? Die Arbeit von Hoffman et al. (1996), zu der es einen Vorläufer gibt – Hoffman et al. (1994) –, der allerdings unter methodischen Schwächen litt, hat eine ganze Reihe von weiteren Arbeiten motiviert, in denen untersucht wird, ob auch in anderen Spielen ein Doppelblindeffekt zu beobachten ist und ob das, was Hoffman et al. beobachtet haben, tatsächlich auf die Reziprozität zwischen Experimentator und Versuchsperson zurückgeführt werden kann.

Doppelblindanordnungen sollten unbedingt in einem engen Zusammenhang mit dem Thema des letzten Abschnitts – dem Experimentatoreffekt – gesehen werden. Das ist schon deshalb notwendig, weil nicht auszuschließen ist, dass die Verwendung einer Doppelblindanordnung ihrerseits einen Experimentatoreffekt auslöst. Wenn Experimentatoren ihre Versuchspersonen ausdrücklich darauf aufmerksam machen, dass sie anonym agieren und nicht vom Experimentator beobachtet werden können, dann liegt es nahe, dass die Versuchspersonen das zum Anlass nehmen, darüber nachzudenken, warum es dem Experimentator wohl so wichtig ist, dass sie unbeobachtet agieren können. In einem Diktatorspiele könnte das zum Beispiel darauf hinweisen, dass der Versuch darauf abzielt nachzuweisen, dass unter Anonymität weniger an den Receiver abgegeben wird – und das könnte genau dieses Verhalten befördern.

---

[8]   Was ein nicht ganz triviales Problem ist, weil man in der Regel für die Abrechnung der Experimentgelder eine von der Versuchsperson unterschriebene Quittung braucht.

[9]   Es sei darauf hingewiesen, dass der Doppelblindbegriff, wie er hier verwendet wird, nicht identisch ist mit dem, der beispielsweise in der Medizin geläufig ist. Dort versteht man darunter, dass bei Medikamentenstudien weder der Arzt, der das Medikament ausgibt, noch der Patient, der an der Studie teilnimmt, weiß, ob der zu testende Wirkstoff verabreicht wird oder ein Placebo.

Barmettler et al. (2012) verfolgen genau diese Spur. Sie vergleichen in drei Standardexperimenten (Diktator-, Ultimatum- und Vertrauensspiel) jeweils eine einfachblinde und eine doppelblinde Anordnung, ohne aber in den Instruktionen darauf hinzuweisen, dass in der Doppelblindanordnung nicht beobachtet werden kann, was die Versuchspersonen tun. Dass dies tatsächlich der Fall ist, ergab sich vielmehr unmittelbar aus dem Design des Experiments bzw. vor allem aus den Modalitäten des Auszahlungsverfahrens. Das experimentelle Design war relativ kompliziert, deshalb seien Leser für Details auf das Papier von Barmettler et al. (2012) verwiesen. Das Ergebnis des Experiments bestätigt, dass bei einer Doppelblindanordnung, bei der nicht explizit darauf verwiesen wird, dass sie die Anonymität der Versuchspersonen sicherstellt, kein Unterschied zwischen einer Doppelblindanordnung und einer Einfachblindanordnung festzustellen ist. Dies gilt sowohl für Diktatorspielexperimente als auch für Ultimatumspielexperimente und Vertrauensspielexperimente. Das spricht dafür, dass mit einer bestimmten Einbindung von Doppelblindanordnungen ein Experimentatoreffekt verbunden sein kann.

Es spricht noch eine weitere Beobachtung dafür, dass sich Doppelblindanordnungen vor allem dort auswirken, wo mit einem starken Experimentatoreffekt zu rechnen ist. Das dürfte insbesondere in Diktatorspielexperimenten der Fall sein (siehe die diesbezüglichen Ausführungen im vorherigen Abschnitt). Auch das Vertrauensspiel hat Elemente, die Ähnlichkeit mit dem Diktatorspiel besitzen. Auf der zweiten Stufe dieses Spiels kann nämlich der Zweitziehende wie ein Diktator entscheiden, wie viel seiner gesamten Ausstattung er an den Erstziehenden zurückgeben will. Cox & Deck (2005) zeigen, dass sich auf dieser zweiten Stufe eine Doppelblindanordnung auswirkt, bei der explizit auf die Anonymität der Versuchspersonen hingewiesen wurde. Unter Doppelblindbedingungen geben die Zweitziehenden (Diktatoren) weniger zurück. Bei den Erstziehenden hat die Doppelblindanordnung dagegen keine Verhaltensänderung zur Folge. Das Gleiche gilt für öffentliches-Gut-Experimente. Laury et al. (1995) zeigen, dass es keinen signifikanten Unterschied zwischen den Kooperationsraten unter Doppelblind- und unter Einzelblindbedingungen gibt. Es ist sehr gut möglich, dass bei strategischen Spielen die Interaktion zwischen den Versuchspersonen sehr viel bedeutsamer ist als die zwischen Experimentator und Versuchsperson.

Auch in einem Experiment von Fischbacher & Föllmi-Heusi (2013) zeigt sich, dass die Doppelblindanordnung nicht zu Verhaltensänderungen führt. In diesem Experiment ging es um die Bereitschaft zu lügen. Die Versuchspersonen konnten verdeckt einen Würfelwurf ausführen und meldeten dann das Ergebnis an den Experimentator. Die Auszahlung stieg für die Werte von 1 bis 5 an, bei 6 war sie Null. Es zeigte sich, dass nicht die statistisch zu erwartende Gleichverteilung über die sechs Werte gemeldet wurde, sondern dass die Zahlen mit der höchsten Auszahlung ungefähr doppelt so häufig vorkamen wie die mit den niedrigen Auszahlungen. Die Doppelblindanordnung bestand darin, dass die Versuchspersonen nicht nur verdeckt würfeln konnten, sondern auch die Meldung „ihrer" Zahl verdeckt abgeben konnten. Eine mögliche Erklärung dafür, dass diese Doppelblindanordnung keine Wirkung zeigte, könnte darin bestehen, dass durch den verdeckten Würfelwurf bereits ein hinreichend großes Maß an Anonymität gewährleistet ist. Eine Versuchsperson, die eine „5" meldet, kann auch tatsächlich diese Zahl gewürfelt haben. Der Experimentator kann sie also unmöglich als Lügner identifizieren.

Es zeigt sich damit, dass vollständige Anonymität der Versuchspersonen nicht unbedingt erforderlich ist, um sicherzustellen, dass Versuchspersonen vom Experimentator unbeeinflusst agieren. Experimentatoreffekte vermitteln sich eben nicht nur dadurch, dass Versuchspersonen beobachtet werden können, sondern vor allem auch durch das

Design des Experimentes in allen seinen Einzelheiten. Unter Umständen erzeugt eine Doppelblindanordnung eher einen Experimentatoreffekt als dass sie einen vermeidet. Deshalb sollte man mit Doppelblindanordnungen vorsichtig umgehen und sich ihrer möglichen Effekte bewusst sein.

Bleibt die Frage zu klären, ob es wirklich, wie Hoffman et al. (1996) behauptet haben, die Reziprozität in der Beziehung zwischen Versuchsperson und Experimentator ist, die das Verhalten in bestimmten Experimenten determiniert. Überspitzt formuliert läuft diese Behauptung ja darauf hinaus, dass die Abgaben in einem Diktatorspielexperiment vor allem deshalb erfolgen, weil sich die Versuchspersonen in einer reziproken Beziehung zum Experimentator wähnen. Sie geben etwas vom Kuchen ab und erwarten im Gegenzug Wohlwollen und Anerkennung vom Experimentator. Für echten Altruismus gegenüber dem Receiver ist bei dieser Sichtweise nicht mehr viel Platz. Eckel & Grossman (1996) glauben daran nicht und versuchen dies mit folgendem Experiment zu widerlegen: In einem Diktatorspielexperiment, das doppelblind durchgeführt wurde, gab es zwei Anordnungen. In der ersten war der Receiver eine andere studentische Versuchsperson, in der zweiten war es das Amerikanische Rote Kreuz, also eine gemeinnützige wohltätige Organisation. Es zeigte sich, dass im ersten Fall lediglich 10,6 % der Ausstattung abgegeben wurde. Ein Wert, der in etwa in der gleichen Größenordnung liegt wie der, den Hoffman et al. (1996) in der Doppelblindanordnung beobachten. In der zweiten Anordnung stieg dieser Wert aber auf 30,1 % an! Eckel und Grossman schließen daraus, dass es auch unter Doppelblindanordnungen echten Altruismus zu beobachten gibt. Allerdings ist diese Schlussfolgerung nicht zwingend. Man muss sich die Frage stellen, warum Studierende *im Experiment* 30 % ihres Einkommens an das Rote Kreuz spenden, dies im realen Leben aber wohl kaum tun. Der Grund könnte wiederum ein starker Experimentatoreffekt sein. In der ersten Anordnung wird abgeprüft, wie viel Geld die Versuchsperson unter anonymen Bedingungen an einen vollständig unbekannten Menschen abgibt, von dem nicht bekannt ist, ob er in irgendeiner Weise „bedürftig" ist. In der zweiten Anordnung wird getestet, welchen Anteil eine Versuchsperson von geschenktem Geld an eine wohltätige Organisation weiterreicht, die damit Menschen in Not hilft. Offensichtlich soll mit der zweiten Anordnung etwas Anderes abgeprüft werden als mit der ersten. Entsprechend könnten Versuchspersonen die beiden Situationen auch jeweils anders beurteilen und andere Schlüsse ziehen hinsichtlich der Frage, was von ihnen in dem Experiment erwartet wird.

Die Frage, ob Reziprozität hinter dem Doppelblindeffekt steckt, ist auch in anderen Experimenten untersucht worden. Beispielsweise bei Charness & Gneezy (2008) oder Bohnet & Frey (1999). Allerdings stand bei diesen Experimenten nicht so sehr die Interaktion zwischen Experimentator und Versuchsperson im Mittelpunkt, sondern die zwischen den Versuchspersonen. Deshalb werden wir uns mit diesen durchaus interessanten Experimenten erst im ▶ Abschn. 12.1 näher befassen.

> ❯ **Wichtig**
> Doppelblindanordnungen sollen sicherstellen, dass die Entscheidungen der Versuchspersonen nicht von denen beobachtet werden können, die das Experiment durchführen. Hintergrund ist die Vermutung, das dann, wenn das Verhalten der einzelnen Versuchsperson beobachtet werden kann, dies zu einem über sozialen Druck vermittelten Experimentatoreffekt führt.
> Allerdings deuten die Befunde darauf hin, mit einer Doppelblindanordnung, bei deren Implementierung die Anonymität der Entscheidungen besonders herausgestellt wird, ebenfalls ein Experimentatoreffekt verbunden sein könnte. Dieser stellt sich

ein, weil die ausdrückliche Betonung der Tatsache, dass die Versuchspersonen vor Beobachtung sicher sind, dazu führt, dass Versuchspersonen darüber nachdenken, warum es den Experimentatoren so wichtig ist, ein solch hohes Maß an Anonymität herzustellen. Es empfiehlt sich deshalb, bei Verwendung einer Doppelblindanordnung nicht explizit darauf hinzuweisen, dass damit Anonymität erreicht werden soll.

11.3   Der Frame des Experiments

Der Frame eines Experiments ist die Art und Weise, wie den Versuchspersonen ein konkretes Entscheidungsproblem präsentiert wird. Framingeffekte sind entsprechend Veränderungen im Verhalten der Versuchspersonen, die allein dadurch entstehen, weil die Präsentation des Entscheidungsproblems verändert wird, ohne das Problem selbst und seine Lösung zu verändern. Trotz dieser auf den ersten Blick eindeutigen Definition hat der Begriff „Framingeffekt" ein wenig den Charakter eines Sammelbegriffs, denn es werden sehr viele Designänderungen und daraus resultierende Effekte darunter subsumiert. Die Einsicht, dass es Framingeffekte gibt, ist schon sehr alt. Schon Pruitt (1967) hat darauf hingewiesen, dass unterschiedliche Darstellungen des Gefangenendilemmas zu unterschiedlichen Kooperationsraten führen.[10] Berühmt ist auch das Phänomen der Präferenzumkehr bei der Bewertung von Lotterien (Lichtenstein & Slovic 1971). Versuchspersonen werden vor die Wahl gestellt, entweder eine sogenannte P-Wette (kleiner Preis mit hoher Gewinnwahrscheinlichkeit oder Null) oder eine $-Wette (hoher Gewinn mit mittlerer Gewinnwahrscheinlichkeit oder Null) zu spielen. In aller Regel entscheiden sich die Versuchspersonen für die P-Wette. Fragt man allerdings nach dem niedrigsten Preis, zu dem man die Wetten gerade noch verkaufen würde, bekommt die $-Wette den höheren Preis. Diese klassischen Beispiele verdeutlichen das Prinzip des Framingeffekts: Es geht jeweils um das gleiche Spiel bzw. um die gleichen Lotterien, aber das Verhalten im Spiel und die Bewertung der Lotterien hängen von der Art der Präsentation bzw. Entscheidungsabfrage ab.

In der jüngeren Literatur spielen zwei Formen von Framingeffekten eine besondere Rolle: Der erste tritt auf, wenn lediglich der Name eines Spiels verändert wird. Man spricht hier vom sogenannten „Label Frame". Wir haben auf das folgende Beispiel bereits im vorangegangenen Abschnitt hingewiesen: Ob man ein öffentliches-Gut-Experiment „Community" Spiel oder „Wall Street" Spiel nennt, macht einen Unterschied. Es ist kein Zufall, dass wir dieses Beispiel auch bemüht haben, als wir den Experimentatoreffekt diskutierten, denn wie wir sehen werden, gibt es eine enge Beziehung zwischen Experimentatoreffekt und Framingeffekt, die allerdings in der Literatur nicht immer die ihr unserer Ansicht nach gebührende Beachtung gefunden hat.[11] Wir werden auf diesen Punkt noch zurückkommen.

Der zweite Framingeffekt, der viel Beachtung gefunden hat, ist der sogenannte „Valence Frame". Damit ist gemeint, dass mit bestimmten Begriffen eine wertbehaftete Aufladung verbunden ist. Das Standardbeispiel betrifft wiederum das öffentliches-Gut-Spiel, das man in einer „Give" oder einer „Take" Variante spielen kann (Dufwenberg et al. 2012).

---

[10]   Man kann das Spiel entweder in der gewohnten Normalform darstellen oder in der „Decomposed Game" Version, in der jeweils angegeben wird, wie sich die Wahl der eigenen Strategie auf die eigene Auszahlung und die Auszahlung des Anderen auswirkt.

[11]   Eine Ausnahme, auf die auch schon hingewiesen wurde, ist Zizzo (2010).

Beim „Give-Frame" bekommen die einzelnen Mitglieder einer Gruppe jeweils eine Anfangsausstattung (z_i), die sie entweder behalten oder zu einem beliebigen Teil an ein Gemeinschaftsprojekt (das öffentliche Gut) weitergeben können. In der Take-Variante des Experiments ist die gesamte Anfangsausstattung (also die Summe der z_i) in dem Gemeinschaftsprojekt und die Versuchspersonen können bis zur Höhe von z_i daraus Geld entnehmen. Offensichtlich handelt es sich in beiden Fällen um das gleiche Entscheidungsproblem, aber der experimentelle Befund besagt, dass unter dem Give-Frame deutlich mehr in die öffentliche Anlage investiert wird als unter dem Take-Frame.

Die Beobachtung, dass die Ergebnisse von Experimenten stark durch den jeweiligen Frame beeinflusst werden können, hat dazu geführt, dass sich *neutrale* Frames als Standard herausgebildet haben – zumindest dann, wenn es um den Test von allgemeinen Modellen geht. Das bedeutet, dass man bewusst auf Namen verzichtet, die man einer Interaktion oder den beteiligten Personen geben könnte, und auch sonst die Beschreibung des Versuchs so wertfrei und neutral gestaltet wie nur eben möglich. Abbink & Hennig-Schmidt (2006) weisen darauf hin, dass das zur Folge hat, dass sehr abstrakte Experimente durchgeführt werden, mit denen unter Umständen aber sehr konkrete und praxisnahe Fragen beantwortet werden sollen.[12] Kritiker haben Zweifel daran, dass dies gelingen kann und verweisen auf die damit stark eingeschränkte externe Validität experimenteller Untersuchungen (Eckel & Grossman 1996). Insofern ist die Frage, ob Framingeffekte tatsächlich in der Häufung und in der Stärke auftreten, wie allgemein angenommen wird, von einiger Bedeutung.

Die experimentelle Evidenz zu Framingeffekten ist in Bezug auf wichtige Standardexperimente allerdings nicht ganz eindeutig. Wir zeigen zunächst einige Beispiele für auf den ersten Blick widersprüchliche Beobachtungen. Danach werden wir die Frage behandeln, warum es eigentlich zu einem Framingeffekt kommt und welche Kanäle dabei eine Rolle spielen. Diese Betrachtung wird die zuvor aufgezeigten Widersprüche auflösen und uns in die Lage versetzen, eine Empfehlung für den Umgang mit Frames zu geben und die kritische Bedeutung von Framingeffekten etwas zu relativieren.

Im Zusammenhang mit Framingeffekten stehen vor allem zwei ökonomische Standardexperimente im Mittelpunkt des Interesses: Öffentliches-Gut-Experiment und Diktatorspielexperiment. Insbesondere das Diktatorspielexperiment steht bei vielen (aber nicht allen) experimentellen Ökonomen im Verdacht, besonders anfällig für Framingeffekte zu sein. Beispielsweise haben Experimente gezeigt, dass die soziale Distanz eine wichtige Rolle spielt (Hoffman et al. 1996), die Ausgestaltung des Strategieraums (List 2007, Bardsley 2008) oder die Herkunft des Geldes, das es zu verteilen gilt (siehe ▶ Abschn. 11.1). Fehr und Schmidt kommen deshalb zu dem Schluss, „... *the dictator game seems to be a rather fragile situation in which minor factors can have large effects.*" (Fehr & Schmidt 2006, S. 659).

Explizit untersucht wird ein Framingeffekt in dem Diktatorspielexperiment von Brañas-Garza (2007). Brañas-Garza findet, dass dann, wenn der Satz „*RECUERDA el esta en tus manos*"[13] den Instruktionen zugefügt wird, die Abgaben an den Receiver höher ausfallen. Er interpretiert seinen Befund so, dass dieser Satz einen Frame erzeugt, der den Diktator daran erinnert, dass er sich in einer zwar vorteilhaften, aber unfairen Situation

---

[12]   Sie verweisen beispielsweise auf Irlenbusch & Sutter (2006), die mit einem abstrakten Experiment das Verhalten von EU-Staaten abbilden möchten, oder auf Erhard & Keser (1999), die in gleicher Weise versuchen, den Beitritt zu einer Gewerkschaft abzubilden.

[13]   Wörtlich übersetzt: Erinnere dich daran, dass er in deinen Händen ist. Gemeint ist der Empfänger der Abgabe des Diktators.

befindet. Das Gegenstück dazu liefern Dreber et al. (2013). In ihrem Experiment werden sowohl der Label Frame als auch der Valence Frame von Diktatorspielexperimenten systematisch variiert. Als Namen werden „Give Game" und „Keep Game" verwendet, die Aktionen werden einmal „Transfers" und zum anderen „Give" oder „Keep" genannt. Außerdem wird die Ausgangssituation variiert, d. h. einmal hatte der Receiver die Anfangsausstattung und der Diktator konnte diese an sich nehmen, einmal hatte der Diktator das Geld und konnte davon an den Receiver abgeben. Schließlich wurde auch noch die Information variiert, die der Receiver hatte. Einmal wussten die Receivers, dass sie sich in einem Diktatorspiel befanden, einmal hatten sie keine Ahnung, woher das Geld stammt (so sie welches bekamen). Der Befund, zu dem Dreber et al. (2013) gelangen, ist eindeutig: Es lässt sich kein Framingeffekt ausmachen. Die Abgaben unterscheiden sich in den unterschiedlichen Frames kaum voneinander. In ihrer Schlussfolgerung nehmen sie unmittelbar Bezug auf die oben zitierte Einschätzung von Fehr & Schmidt (2006): „*... our current view ist the polar opposite of Fehr and Schmidt's (2006) hypothesis, ...*".

Wir haben im vorangegangenen Abschnitt bereits auf die Wirkung von Label und Valence Frames in öffentliches-Gut-Experimenten hingewiesen. Um den Spielnamen zu variieren, wurde einmal eine neutrale Beschreibung gewählt und einmal wurde das öffentliche Gut als „Gemeinschaftsprojekt"[14] bezeichnet. Zusammen mit dem Take und dem Give Frame erhalten sie ein 2 × 2 Design. Die Beiträge zu dem öffentlichen Gut in den vier Anordnungen des 2 × 2 Designs unterschieden sich nicht allzu stark. Lediglich einer von sechs Vergleichen zwischen den Anordnungen lieferte einen signifikanten Unterschied: Die Anordnung „Give, Neutral" wies signifikant höhere Beiträge auf als die Anordnung „Take, Community".

Es sei an dieser Stelle auch noch einmal an das Experiment von Abbink & Hennig-Schmidt (2006) erinnert, in dem gezeigt wurde, dass ein realistischer Frame für ein Korruptionsexperiment keinen Unterschied zu einem neutralen Frame ergab. Auch dieser Befund zeigt, dass die Frage, wie oft und wie stark Framingeffekte wirken, nicht einfach zu beantworten ist, weil sich sowohl Experimente finden lassen, in denen die Ergebnisse sehr robust auf Änderungen des Frames reagieren als auch solche, wo sie sehr sensibel sind. Um sich diesem Rätsel zu nähern, macht es Sinn zu überlegen, warum der Frame eines Experiments überhaupt eine Wirkung entfalten kann.

Nehmen wir an, dass Versuchspersonen, wenn sie ein Labor betreten und die Instruktionen für ein Experiment ausgehändigt bekommen, zunächst einmal darum bemüht sind zu verstehen, worum es in dem Experiment geht und welches Verhalten von ihnen erwartet wird. Der Frames des Experiments dient den Versuchspersonen dann als Orientierungshilfe. Wie heißt das Experiment? Wie wird die Aktion genannt, die ich durchführen muss? Welche Schlüsse lassen sich aus der Art der Aufgabenstellung ziehen, mit der ich hier konfrontiert werde? Fragen dieser Art werden Versuchspersonen beschäftigen. Dabei muss man sich klarmachen, dass die Versuchspersonen davon ausgehen, dass der Frame – also die Antworten auf ihre Fragen – von den Experimentatoren festgesetzt wurde. Diejenigen, die die Instruktionen geschrieben und das Experiment gestaltet haben, geben damit die Hinweise, die die Versuchspersonen verwerten, um sich einen Reim auf das Experiment zu machen. Das bedeutet, dass mit jedem Frame – gleichgültig, wie er gestaltet ist – potentiell auch immer ein Experimentatoreffekt verbunden sein kann. Akzeptiert man diese Überlegung, kann die Frage, ob eine Veränderung des Frames Auswirkungen auf das Verhalten hat, auch davon abhängen, ob damit der potentielle Experimentatoref-

---

14   Da das Experiment in Deutschland durchgeführt wurde, war dies auch die Originalbezeichnung.

fekt verändert wird und ob von dieser Änderung eine Wirkung ausgeht. Natürlich wird das Verhalten der Versuchspersonen nicht allein durch Experimentatoreffekte bestimmt. Im Idealfall ist der Einfluss der Experimentatoren eher gering und die Wirkung der monetären Anreize dominiert die Entscheidung. Dennoch sollte man sich bei der Gestaltung eines Experiments des potentiellen Zusammenhangs zwischen Frame und Experimentatoreffekt zumindest bewusst sein.

Das Verhalten von Versuchspersonen kann auch davon abhängen, welche Erwartungen die Versuchspersonen hinsichtlich des Verhaltens der anderen Versuchspersonen haben. Dufwenberg et al. (2011) verweisen darauf, dass der Frame eines Experiments auch im Hinblick auf die Erwartungen der Versuchspersonen eine wichtige Rolle spielen kann. Erweitert man den theoretischen Rahmen und bezieht die sogenannte psychologische Spieltheorie (siehe z. B. Geanapoklos et al. 1989) mit ein, kann das Verhalten einer Versuchsperson durchaus auch von Erwartungen zweiter Ordnung abhängen. Dufwenberg et al. benutzen folgendes Beispiel, um dies zu demonstrieren. Angenommen ein Diktator in einem Diktatorspielexperiment ist schuldavers (englisch „Guilt Avers"), d. h. er oder sie möchte dem Receiver so viel abgeben, wie der Receiver glaubt, dass er bekommen wird. Versucht der Diktator den Receiver in diesem Sinne nicht zu enttäuschen, dann muss er eine Erwartung über die Erwartung des Receiver bilden und dementsprechend seine Abgabe gestalten. Der Frame eines Diktatorspiels kann sehr wohl diese Erwartung zweiter Ordnung beeinflussen. Dufwenberg et al. schlagen zwei Namen vor, von denen sie erwarten, dass sie zu sehr unterschiedlichen Abgaben eines schuldaversen Diktators führen würden: In einem *„Let's-Split-a-Grand"* Spiel würde vermutlich die Hälfte abgegeben, in einem *„German Tipping"* Spiel dagegen nur sehr wenig.[15]

In ihrem Experiment mit vier verschiedenen Frames eines öffentliches-Gut-Spiels beobachten Dufwenberg et al. nicht nur die Beiträge der Versuchspersonen, sondern auch ihre Erwartungen erster und zweiter Ordnung und sie können zeigen, dass das Verhalten in den vier Anordnungen sowohl mit der Annahme von „schuldaversen" Versuchspersonen als auch mit der Annahme reziproken Verhaltens vereinbar ist. Beides deutet darauf hin, dass für das Verhalten der Versuchspersonen die Erwartungen erster und zweiter Ordnung wichtig waren.

Wir haben damit zwei Kanäle identifiziert, über die ein Frame wirken könnte. Einerseits kann er eine Erwartung darüber erzeugen, was der Experimentator von den Versuchspersonen will, und transportiert darüber einen potentiellen Experimentatoreffekt. Andererseits erlaubt er es, eine Erwartung darüber zu bilden, was die anderen Versuchspersonen tun werden und was sie erwarten. Sowohl die Erwartung über die Ziele des Experimentators als auch die über das Verhalten der anderen Versuchspersonen können das eigene Verhalten beeinflussen. Ein dritter Kanal, über den der Frame eines Experiments das Verhalten beeinflussen kann, ist die Aktivierung von Normen. Indem der Frame einen bestimmten Kontext herstellt, in dem die Versuchspersonen Entscheidungen treffen sollen, kann es sein, dass sich mit diesem Kontext soziale Normen verbinden, die einzuhalten für Versuchspersonen wichtig ist. Wenn solche Normen nur in bestimmten Kontexten wirksam sind, dann kann von dem Frame eines Experiments unmittelbar eine Art „normsetzende" Wirkung ausgehen. Auch auf diese Weise können Variationen des Frames Verhaltensunterschiede erzeugen.

---

[15]   Der Name des zweiten Spiels bezieht sich vermutlich auf die in Deutschland üblichen, relativ niedrigen Trinkgelder (im Vergleich zu beispielsweise den USA).

Schauen wir uns die Framingeffekte im Diktatorspiel- und im öffentliches-Gut-Experiment noch einmal an. Brañas-Garza (2007) konnte einen starken Framingeffekt in einem Diktatorspiel erzeugen, Dreber et al. (2013) dagegen fanden, dass unterschiedliche Frames keine Wirkung auf das Verhalten der Diktatoren hatten. Eine Möglichkeit, den Unterschied zwischen den beiden Befunden zu erklären, besteht darin, die Stärke des Experimentatoreffekts und die Aktivierung von Normen als Erklärung heranzuziehen. Brañas-Garza (2007) appelliert sehr unmittelbar und direkt an das Gewissen der Diktatoren und er macht unmissverständlich klar, dass der Experimentator es als nicht angemessen erachten würde, wenn der Diktator seine Position ausnutzt und dem Receiver nichts abgibt. Zugleich schafft er damit einen Kontext, in dem altruistisches Verhalten angemessen erscheint, weil eine entsprechende soziale Norm existiert (würde der Experimentator sonst so deutlich werden?!). Die Frames, die Dreber et al. verwenden, haben dagegen einen weitaus weniger appellativen Charakter. Aus der Sicht der Diktatoren dürfte mit der Grundanordnung des Diktatorspiels bereits ein starker Experimentatoreffekt verbunden sein, denn dabei geht es ganz offensichtlich um einen Test der Bereitschaft zu „teilen" oder „altruistisch" zu sein. Ob es dabei darum geht, zu entscheiden, ob man etwas abgibt (Give Frame) oder etwas behält (Keep Frame), ändert an der Grundanordnung des Experiments und an der grundsätzlichen Botschaft des Experimentators nicht sehr viel. Vielleicht hätte sich ein stärkerer Framingeffekt bei Dreber et al. gezeigt, wenn man das Spiel „Take Game" (im Gegensatz zu Give Game) genannt hätte, denn in dieser Bezeichnung steckt eine Aufforderung, die eine andere Stoßrichtung hat als die zu „geben" oder zu „behalten" (siehe dazu die bereits zuvor beschriebenen Experimente von List 2007 und Bardsley 2008).

Auch in den öffentliches-Gut-Experimenten könnte vor allem ein Experimentatoreffekt und die Aktivierung von Normen eine wichtige Rolle beim Zustandekommen eines Framingeffektes spielen. Es dürfte klar sein, dass die Bezeichnung eines Spiels als „Wall Street Game" eine völlig andere Erwartung bezüglich der Absicht des Experimentators erzeugt als die Bezeichnung „Community Game" und den Kontext der Entscheidung (einschließlich der dort geltenden Normen) stark verändert. Bei dem von Dufwenberg et al. (2011) vorgenommenen Vergleich der Beiträge zu einem öffentlichen Gut, das einmal neutral und einmal als „Gemeinschaftsprojekt" bezeichnet wird, kommt dieser Effekt allerdings nicht zum Tragen. Die Autoren begründen das damit, dass der Begriff „Gemeinschaft" in Deutschland (wo das Experiment stattfand) einen Bedeutungswandel hin zu einer eher negativen Konnotation erfahren habe. Diese Erklärung ist ein wenig spekulativ, aber wenn sie richtig sein sollte, dann könnte das die zurückgehenden Beiträge erklären, denn dann fordert der Experimentator dazu auf, zu einem Projekt beizutragen, das von den Versuchspersonen negativ bewertet wird.

Auch im Hinblick auf die Wirkung des Frames auf die Erwartungen der Versuchspersonen hinsichtlich des Verhaltens der anderen Versuchspersonen ist der potentielle Experimentatoreffekt wichtig. Er hat nämlich die Eigenschaft, dass er unmittelbar Common Knowledge herstellt. Alle Versuchspersonen wissen, dass alle Versuchspersonen die gleichen Instruktionen erhalten und die gleichen Informationen haben. Wenn ein Frame eine Wirkung hat, dann ist es eine rationale Erwartung, dass diese nicht nur bei einem selbst, sondern auch bei den anderen Versuchspersonen vorliegt. Indem sich der Frame an alle Versuchspersonen in der gleichen Form richtet, erzeugt er eine Grundlage für die Erwartungsbildung, die seine eigentliche appellative Wirkung noch verstärkt. Wird ein öffentliches-Gut-Experiment als „Give Game" präsentiert, weiß jede einzelne Versuchsperson, dass nicht nur sie selbst durch diesen Frame und die damit verbundene Botschaft des Experimentators aufgefordert wird, etwas zum Gemeinschaftsprojekt dazu zu *geben*, sondern dass die gleiche Aufforderung auch an alle anderen Versuchspersonen geht. Konditional kooperative Versuchspersonen sind nur dann bereit, etwas zu einem öffentlichen Gut beizutragen, wenn sie sicher sein können, dass auch Andere das Gleiche tun. Diese Erwartung kann durch den Frame und den potentiellen Experimentatoreffekt eines Give Games erzeugt werden. Das hat auch bei Dufwenberg et al. funktioniert, denn der Give Frame hatte auch dort eine signifikant positive Wirkung auf die Beiträge zum öffentlichen Gut.

Welche Implikationen ergeben sich daraus für den Umgang mit experimentellen Frames? Die erste besteht darin, dass sich jeder, der oder die Experimente durchführt, darüber klar sein sollte, dass es keine experimentelle Anordnung gibt, die *keinen* Frame enthält, und auch keine, bei der man Experimentatoreffekte vollkommen ausschließen kann. Wird ein Experiment maximal neutral gestaltet und der Kontakt zwischen Experimentator und Versuchspersonen auf das absolute Minimum reduziert, könnten Versuchspersonen auch daraus Schlussfolgerungen über den Sinn und Zweck des Experiments und die Angemessenheit ihres Verhaltens ableiten. Damit ist auch klar, dass das Streben nach einem möglichst neutralen Frame nicht immer sinnvoll sein muss. In vielen Fällen mag es gerechtfertigt sein, aber wenn man mit einem Experiment Aussagen über das Verhalten in einem bestimmten realen Entscheidungskontext ableiten möchte, wird es fragwürdig. Wenn in der Realität ein Frame wirkt, beispielsweise, weil er bestimmte Normen aktiviert, dieser Frame aber im Experiment nicht vorkommt, was kann man dann aus dem Experiment über die Realität lernen? Man kann es auch etwas anders formulieren: Mit dem Versuch potentielle Experimentatoreffekte zu minimieren ist die Gefahr verbunden, dass man die Wirkung von Normen verhindert, die in der Realität eine wichtige Rolle spielen können.

In jedem Fall sollte man sich beim Design eines Experiments die Frage stellen, welche Art von Experimentatoreffekt oder Normenaktivierung mit dem gewählten Frame verbunden sein könnte. Das gilt natürlich erst recht, wenn nicht-neutrale Frames verwendet werden. Gleichzeitig sollte die Frage beantwortet werden, in welcher Weise der Frame (und damit die Norm bzw. der Experimentatoreffekt) die Erwartungsbildung der Versuchspersonen über das Verhalten der anderen Versuchspersonen beeinflussen könnte. Alle diese Überlegungen sollten dann bei der Interpretation der Ergebnisse des Experimentes berücksichtigt werden.

Ein letzter Gedanke erscheint uns ganz wichtig. Der Frame und potentielle Experimentatoreffekte sollten als ganz normale Designelemente eines Experiments angesehen werden. Das schließt ein, dass es sich dabei um Elemente handeln kann, deren Wirkung sich experimentell überprüfen lässt. So wie andere Designvariablen auch, stehen diese beiden eng verbundenen Elemente des Designs zur Disposition, wenn es darum geht, sinnvolle Anordnungen zu kreieren. Das wäre ganz im Sinne von Loomes (1999), den Abbink & Hennig-Schmidt (2006, S. 104) zitieren: *„It may be rather more useful to try to study the impact of context than to pursue the impossible goal of eliminating it"*. Allerdings stellt sich bei dem Versuch, Loomes Forderung nachzukommen, ein nicht unerhebliches Problem. Man kann die Wirkung unterschiedlicher Frames experimentell untersuchen. Aber letztlich vergleicht man dabei immer das Verhalten in einem Experiment mit dem Verhalten in einem anderen Experiment. Was fehlt ist der Vergleich mit dem Verhalten in der „natürlichen" oder „realen" Umwelt, also dem Verhalten, das sich unter den Frames einstellt, die nicht ein Experimentator festlegt, sondern die Welt, in der wir leben.

> **Wichtig**
> Der Frame eines Experiments vermittelt Informationen, die die Versuchspersonen dazu nutzen könnten, um sich eine Vorstellung davon zu machen, worum es in dem Experiment geht und was das angemessene Verhalten ist. Da der Frame von dem Experimentator bewusst gestaltet wird, ist deshalb mit *jedem* Frame auch ein potentieller Experimentatoreffekt verbunden. Das ist der erste Wirkungskanal für einen Framingeffekt.
>
> Der zweite Wirkungskanal besteht darin, dass durch den Frame auch die Erwartungen der Versuchspersonen über das Verhalten der anderen Versuchspersonen beeinflusst werden kann. Dies gilt erst recht, weil der Frame unmittelbar Common Knowledge schafft.
>
> Ein dritter Wirkungskanal entsteht dadurch, dass mit einem Frame die Aktivierung sozialer Normen einhergehen kann. Dabei ist wichtig zu beachten, dass solche Normen auch in der Realität wirken können. Soll ein reales Phänomen im Labor abgebildet werden, sollte deshalb auf einen entsprechenden Frame nicht verzichtet werden.

11.4 Instruktionen und Verständnistests

Alle Elemente eines experimentellen Designs müssen den Versuchspersonen vermittelt werden. Dies geschieht in den Instruktionen, die entweder mündlich gegeben oder schriftlich an die Versuchspersonen verteilt werden. Zwei wichtige Fragen sind dabei von Interesse. Erstens, wie können die Instruktionen so vermittelt werden, dass gesichert ist, dass alle Versuchspersonen sie auch tatsächlich zur Kenntnis genommen und verstanden haben, und zweitens, wie können potentiell störende Effekte ausgeschlossen werden? Beide Fragen stellen sich nicht nur im Hinblick auf die eigentlichen Instruktionen, also die Beschreibung des Experiments, sondern auch auf die Kontrollfragen, mit denen abgeprüft werden kann (und sollte), ob alle Versuchspersonen wirklich verstanden haben, wie das Experiment funktioniert.

Instruktionen sollten idealerweise schriftlich verfasst und als Schriftstück an die Versuchspersonen ausgeteilt werden. Ein wichtiger Grund dafür ist, dass auf diese Weise gesichert ist, dass die Versuchspersonen auch während des laufenden Experiments noch einmal in die Instruktionen schauen können, wenn ihnen irgendetwas unklar ist. Auch wird auf diese Weise eine mit den Sitzungen variierende Wiedergabe der Instruktionen (und sei es nur eine Variation der Betonung der Wörter) ausgeschlossen, die bei mündlicher Vermittlung durchaus vorkommen kann, Allerdings lässt sich durch die mündliche Wiedergabe der Instruktionen erreichen, dass diese für die Versuchspersonen Common Knowledge sind. Das heißt, die Versuchspersonen wissen, dass alle wissen, dass alle wissen, …, dass alle wissen, was in den Instruktionen steht. Daher kommt es in Experimenten recht häufig vor, dass die Instruktionen schriftlich verteilt, aber auch noch zusätzlich vorgelesen werden. Was die inhaltliche Gestaltung der Instruktionen angeht, so gibt es drei Punkte, die man beachten sollte:

1. Die Beschreibung des Experiments sollte so kurz und knapp sein wie eben möglich. Der Grund dafür ist sehr einfach: Menschen – auch Studierende – scheuen häufig davor zurück, lange Texte zu lesen. Im Zeitalter von Twitter und Facebook hat sich diese Tendenz eher verstärkt. Deshalb sollten die Instruktionen nicht zu lang sein. Selbstverständlich sollte der Versuch, die Instruktionen kurz zu halten, nicht auf Kosten der Verständlichkeit gehen – womit wir beim zweiten Punkt wären.

2. Die Beschreibung des Experimentes muss so einfach und verständlich sein, wie nur möglich. Eine wichtige Frage ist in diesem Zusammenhang, ob man mit Beispielen arbeiten soll. Diese haben den Vorteil, dass sie Dinge transparent machen, aber sie haben den Nachteil, dass mit ihnen unter Umständen ein Experimentatoreffekt oder ein Ankereffekt verbunden sein kann. Deshalb ist bei dem Einsatz von Beispielen sehr sorgfältig zu überlegen, welche Werte benutzt werden. Auf jeden Fall ist es ratsam mehrere Beispiele zu verwenden, die unterschiedliche, idealerweise zufällig festgelegte Werte benutzen, um die genannten Effekte zu vermeiden.

3. Instruktionen sind der Ort, an dem Experimentatoreffekte generiert oder Normen getriggert werden können. Dessen muss man sich bewusst sein. Das heißt, man muss beim Verfassen der Instruktionen stets daran denken, dass man Botschaften an die Versuchspersonen sendet, die diese benutzen könnten, um zu verstehen, was sie tun sollen.

Wenn man schriftliche Instruktionen verteilt und es dabei belässt, dann überlässt man es den Versuchspersonen, ob sie die Instruktionen aufmerksam lesen oder nicht. Die Versuchspersonen entscheiden dann gewissermaßen autark, wie intensiv sie sich mit der Beschreibung des Experiments befassen. Dabei dürfte es große Unterschiede geben. Während die Einen es dabei belassen die Instruktionen zu überfliegen, werden Andere sie sorgfältig und genau lesen und versuchen, das Experiment wirklich genau zu verstehen. Wenn man etwas mehr Sicherheit darüber haben möchte, dass alle die Instruktionen komplett gelesen haben, dann ist es ratsam, sie den Versuchspersonen laut vorzulesen. Die Erfahrung lehrt, dass dann, wenn der Experimentator der Gruppe die Instruktionen vorliest, fast alle Versuchspersonen auf das Blatt schauen und mitlesen. Deshalb ist mit diesem Verfahren relativ sichergestellt, dass alle die Instruktionen gelesen haben. Wie schon geschrieben ist es allerdings notwendig, dieses „Vorlesen" so homogen wie möglich zu gestalten. Das heißt unter anderem, dass weder der Vorlesende noch die Betonung der Wörter zwischen den Sessions variieren sollte.

Wie soll man mit Fragen umgehen, die die Versuchspersonen noch haben, nachdem sie die Instruktionen kennen? Wir empfehlen, Fragen nicht öffentlich stellen zu lassen. Man sollte deshalb das Vorlesen der Instruktionen nicht damit abschließen, dass man in die Runde fragt, ob jemand dazu noch eine Frage hat, sondern darauf hinweisen, dass Fragen nur unter Ausschluss der „Öffentlichkeit" gestellt werden können und dann bilateral zwischen Versuchsperson und Experimentator geklärt werden. Nur wenn sich zeigt, dass ein bestimmter Punkt von mehreren Versuchspersonen nicht oder falsch verstanden wurde, bietet es sich an eine „öffentliche" Klarstellung an alle zu geben. In der Regel deutet das darauf hin, dass die Instruktionen noch nicht optimal gestaltet sind und entsprechend verbessert werden sollten. Im Idealfall treten solche Dinge im Pilotexperiment auf und können dann vor dem eigentlichen Versuch noch korrigiert werden.

Warum ist es eher ungünstig, Fragen öffentlich stellen zu lassen? Das Problem dabei ist, dass man keine Kontrolle darüber hat, was gefragt wird. Das hat zur Folge, dass auch Fragen gestellt werden können, bei denen es nicht um das Verständnis des Experiments geht, sondern darum, Hinweise auf die eigenen Erwartungen oder das eigene Verhalten zu geben oder zu eruieren, wie man sich denn nun verhalten solle. Ein Beispiel soll den Punkt verdeutlichen. Angenommen es wird ein öffentliches-Gut-Experiment durchgeführt. Eine eher verhängnisvolle Frage wäre zum Beispiel: *„Sehe ich das richtig, dass wir alle unsere gesamte Anfangsausstattung in die öffentliche Anlage zahlen sollten?"* Fragen dieser Art können einen sehr starken Effekt auf das Verhalten aller Versuchspersonen haben, weil sie als eine Art Koordinationsmittel wirken. Da man nicht weiß, welche Art von Fragen gestellt wird, ist es besser erst gar keine öffentlich zuzulassen. Man entgeht damit der Gefahr, dass eine Frage wie die oben erwähnte eine ganze Sitzung wertlos macht. Allerdings sollte man bei der Beantwortung der Fragen darauf achten, dass dies immer auf die gleiche Weise geschieht, so dass sich keine Unterschiede zwischen den Anordnungen ergeben. Als hilfreich hat es sich erwiesen, vorab einen Katalog mit möglichen Fragen und den entsprechenden Antworten zu erstellen, der dann im Laufe des Experiments gegebenenfalls ergänzt werden kann. Dieser Katalog kann dann an alle beteiligten Experimentatoren weitergegeben werden, denn manchmal ist es aus Zeitgründen nicht ein Experimentator allein, der bzw. die alle Fragen im Experiment beantwortet.

Auch für Experimentatoren gilt, dass Vertrauen gut aber Kontrolle besser ist. Deshalb ist es ratsam, zu kontrollieren, ob die Versuchspersonen das Experiment wirklich verstanden haben. Kontrollfragen sind deshalb wichtig. Aber sie bergen auch die bereits genannten Risiken. Sie können einen Experimentatoreffekt auslösen, Normen aktivieren oder es kann zu Ankereffekten kommen. Insbesondere letztere scheinen sehr naheliegend. Betrachten wir wiederum ein öffentliches-Gut-Experiment. Eine naheliegende Kontrollfrage wäre, den Versuchspersonen die Beiträge der „Anderen" und einen eigenen Beitrag vorzugeben und sie dann berechnen zu lassen, wie hoch die Auszahlungen ausfallen. Damit kann relativ effektiv und einfach überprüft werden, ob jemand das Spiel verstanden hat oder nicht. Aber welche Zahlen soll man dabei wählen? Die Gefahr, dass man damit einen Anker setzt, an dem sich die Versuchspersonen später bei ihren Entscheidungen orientieren, ist nicht von der Hand zu weisen.

Roux & Thöni (2015) sind der Frage nach möglichen Ankereffekten und Experimentatoreffekten durch Kontrollfragen experimentell nachgegangen. Sie haben dazu ein Experiment zum Verhalten bei eingeschränktem Mengenwettbewerb (Cournot-Oligopol) benutzt, weil die Berechnung des Gleichgewichts in diesem Spiel nicht trivial ist und Kontrollfragen deshalb besonders wichtig sind. Es wurden Experimente mit 2, 4, 6 und 8 Spielern durchgeführt. Bei den Kontrollfragen wurden den Versuchspersonen die durchschnittliche Produktionsmenge der anderen Spieler und eine eigene Produktionsmenge vorgegeben. Die dabei verwendeten Zahlen wurden in allen Durchgängen des Experiments zufällig bestimmt. Aber nur in der Hälfte der Fälle wussten die Versuchspersonen, dass die Zahlen das Ergebnis eines Zufallszuges waren. In der anderen Hälfte mussten sie dagegen den Eindruck haben, dass sie vom Experimentator ausgedacht waren. Auf diese Weise konnten sowohl mögliche Ankereffekte untersucht werden als auch ein potentieller Experimentatoreffekt.

Das Ergebnis dieses Experiments fiel überraschend eindeutig aus. Es ließen sich weder Ankereffekte noch ein Experimentatoreffekt ausmachen. Die Autoren haben dabei nichts unversucht gelassen, einen solchen nachzuweisen. Aber weder für die erste Runde noch für spätere Runden konnten irgendwelche Effekte beobachtet werden. Dieses Resultat beruhigt ein wenig, denn es zeigt, dass experimentelle Resultate nicht so fragil und sensibel sind, dass es reicht eine bestimmte Kontrollfrage zu stellen, um das Ergebnis des Experiments zu beeinflussen. Einschränkend sei allerdings angemerkt, dass Experimentatoreffekte in Experimenten, bei denen die Versuchspersonen im Wettbewerb miteinander stehen, eher schwach ausgeprägt sind. Deshalb wäre es vielleicht sinnvoller gewesen, die Wirkung von Kontrollfragen beispielsweise in einem Koordinationsspielexperiment zu untersuchen.

Trotz dieser Beruhigung sollte man beim Stellen von Kontrollfragen auf Nummer sichergehen. Entweder sollte man die Werte zufällig auswählen und die Versuchspersonen darüber informieren oder verschiedene Werte benutzen, die Hinweise in alle möglichen Richtungen geben. Alternativ kann man auch die Versuchspersonen zu Beginn der Kontrollfragen selbst Zahlen generieren lassen, die dann in den Kontrollfragen benutzt werden. Vielleicht sind solche Maßnahmen gar nicht nötig, aber es kostet nicht viel sie zu ergreifen und man kann sicher sein, dass man mit den Kontrollfragen nicht doch einen Effekt ausgelöst hat, den man eigentlich nicht haben möchte. Einen Punkt sollte man aber unbedingt beachten: Alle Versuchspersonen sollten die *gleichen* Kontrollfragen bekommen. Wenn also Werte zufällig bestimmt werden, dann sollte das einmal für alle Teilnehmer erfolgen und nicht für Jeden einzeln. Damit wird sichergestellt, dass die Versuchspersonengruppe im Hinblick auf ihre Vorerfahrung homogen ist.[16]

? Fragen

Bei computerisierten Experimenten wäre es natürlich auch denkbar, den Versuchspersonen die Instruktionen „online" zur Verfügung zu stellen und auf gedruckte Instruktionen zu verzichten. Wie beurteilen Sie diese Methode?

11

---

[16] Natürlich kann man auch die Werte zufällig pro Versuchsperson ziehen. Um für diese heterogenen Vorerfahrungen zu kontrollieren, benötigt man jedoch eine entsprechend große Stichprobe (siehe auch Teil 4 des Buches).

Die Interaktion von Versuchspersonen

Neben der Interaktion mit dem Experimentator kann es in Experimenten natürlich auch zu Interaktionen zwischen den Versuchspersonen kommen. In Experimenten, die strategische Interaktionen abbilden, ist das natürlich evident. Aber es gibt Formen des Austausches zwischen Versuchspersonen, die über ein rein strategisches Zusammenspiel hinausgehen. Reputationseffekte, die mit der Identifikation von einzelnen Personen einhergehen können, und die Wirkungen von Kommunikation sind dafür prominente Beispiele. Es ist eine Frage des experimentellen Designs, ob solche Effekte möglich sind oder nicht. In jedem Fall ist es wichtig, ihre Wirkung abschätzen zu können, wenn man darüber entscheidet, ob nicht-anonyme Interaktionen zwischen Versuchspersonen möglich sein sollen oder nicht.

Was spricht eigentlich dafür, Experimente so zu gestalten, dass die Versuchspersonen untereinander anonym bleiben? Der wichtigste Grund ist gerade die Vermeidung von Reputations- und Kommunikationseffekten. Sie wird häufig angestrebt, weil man befürchtet, dass man die Kontrolle über das Experiment verliert, wenn man sie zulässt. Das führt aber dazu, dass sich der experimentelle Kontext mitunter stark von dem unterscheidet, in dem reale Interaktionen stattfinden.

Ein gutes Beispiel dafür sind Experimente, die Koordinationsprobleme behandeln. Eines der Arbeitspferde auf diesem Gebiet ist das Minimum-Effort-Koordinationsspielexperiment. Dabei geht es um eine Gruppe von Spielern, die gemeinsam eine Aufgabe erledigen müssen. Jeder Einzelne kann dafür eine kleinere oder größere Anstrengung (englisch „Effort") leisten, die Kosten verursacht. Die Auszahlung an alle Gruppenmitglieder hängt davon ab, wie hoch die geringste Anstrengung war, die ein Gruppenmitglied geleistet hat. Das schwächste Glied der Kette entscheidet also. In diesem Spiel gibt es ein auszahlungsdominantes Gleichgewicht, das darin besteht, dass alle Spieler die höchste Anstrengung leisten. Man beachte, dass es in diesem Spiel keinerlei Freifahreroption gibt, d. h. es ist eine beste Antwort, Maximales zu leisten, wenn alle anderen das auch tun. Allerdings besteht das Risiko, dass man sich umsonst anstrengt, weil irgendein Gruppenmitglied nicht die maximale Anstrengung geleistet hat. Deshalb ist es ein risikodominantes Gleichgewicht, wenn alle Spieler die geringstmögliche Anstrengung wählen. Die Frage ist, auf welches Gleichgewicht die Koordination bei Wiederholung des Spiels hinausläuft. Seit der Arbeit von van Huyck et al. (1990) ist bekannt, dass Gruppen, die mehr als vier Mitglieder haben, in der Regel nicht in der Lage sind, sich auf das auszahlungsdominante Gleichgewicht zu koordinieren.

Diese Erkenntnis hat zu einer Vielzahl von nachfolgenden Experimenten geführt, die sich der Frage gewidmet haben, unter welchen Bedingungen sich die Koordinationsleistung verbessert. Das ist eine interessante Frage, aber ist es auch eine Frage, die sich in irgendeiner realen Situation stellt? Sehr viele der Experimente, die das Koordinationsproblem behandeln, wurden anonym durchgeführt, d. h. die Gruppenmitglieder kannten sich nicht und hatten keine Gelegenheit miteinander zu kommunizieren. Kann man sich vorstellen, dass es in der Realität Situationen gibt, in denen eine Gruppe von sechs oder sieben Personen eine gemeinsame Aufgabe erledigen muss, das schwächste Gruppenmitglied über die Belohnung aller entscheidet und dies *in vollständiger Anonymität* geschieht? Dafür ein Beispiel zu finden dürfte schwerfallen. Mitunter wird auf Situationen verwiesen, in denen es nicht erwünscht ist, sich persönlich zu begegnen. Beispielsweise wenn es um implizite Preisabsprachen geht. Allerdings taugt auch das nicht als Beispiel, weil es bei solchen Absprachen meist darum geht, vor allem ein Kooperationsproblem zu lösen und nicht so sehr ein Koordinationsproblem.

Es stellt durchaus eine Einschränkung dar, in Experimenten Designs zu benutzen, von denen bekannt ist, dass sie so in realen Situationen nicht gegeben sind. Anstatt Reputations- und Kommunikationseffekte kategorisch auszuschließen, kann es deshalb eine sinnvolle Strategie sein, sie bewusst zuzulassen, um nicht einen vielleicht wichtigen Aspekt realer Entscheidungsumgebungen zu ignorieren. Natürlich sollte man in diesem Fall wissen, welche Wirkungen Kommunikation und Reputation entfalten können.

12.1 Reputationseffekte und soziale Distanz

Spielt Reputation wirklich eine große Rolle? Und wenn ja, wodurch werden Reputationseffekte ausgelöst? Wie viel soziale Interaktion ist notwendig, damit Versuchspersonen beginnen, sich Gedanken über ihre Reputation zu machen? Und wie unterscheidet sich die Reputationswirkung von dem, was eine Verringerung der sozialen Distanz auslöst? Alvin Roth vermutet, dass es einer Interaktion von Angesicht zu Angesicht bedarf, um sozial eingeübte Verhaltensweisen in Gang zu setzen: *„Face to face interactions call into play all of social training we are endowed with."* (Roth 1995, S. 295). Aber wie stark muss diese Interaktion sein?

Brosig et al. (2003) haben untersucht, wie sich die Kommunikation zwischen Versuchspersonen und reduzierte Anonymität auf das Verhalten in einem öffentliches-Gut-Experiment auswirken. In Gruppen zu vier Spielern wurde ein solches Spiel über 10 Runden gespielt. Vor dem eigentlichen Experiment gab es eine „Kommunikationsphase", die über insgesamt sieben verschiedene Anordnungen variierte. Eine Variation bestand darin, dass sich die vier Gruppenmitglieder auf einem Bildschirm etwa 10 Sekunden lang sehen konnten. Es war ihnen also möglich, die anderen drei Gruppenmitglieder visuell zu identifizieren. Eigentlich sollte das bereits genügen, um einen Reputationseffekt in Gang zu bringen, denn nach einer solchen Identifikation muss jede Versuchsperson damit rechnen, später auf dem Campus von den anderen drei Spielern erkannt zu werden. Das Verhalten im Experiment könnte deshalb später noch Gegenstand von Gesprächen, Diskussionen oder anderen Interaktionsformen sein. Grundsätzlich ist nicht auszuschließen, dass dies das Verhalten im Experiment beeinflusst. Es zeigte sich jedoch, dass eine ausschließliche visuelle Identifikation der anderen Spieler überhaupt keinen Effekt hatte. Die Beiträge der Gruppen, in denen sich die Versuchspersonen sahen, unterschieden sich statistisch nicht von denen der Gruppen, die in vollkommener Anonymität handelten. Auch die geringere soziale Distanz, die damit einhergeht, dass man weiß, wie die anderen aussehen, hatte keinerlei Einfluss auf das Verhalten im Experiment.

Einen sehr ähnlichen Befund haben Bohnet & Frey (1999) in einem Diktatorspielexperiment erhoben. Dieses Experiment wurde doppelblind durchgeführt, d. h. der Experimentator konnte das Abgabeverhalten der Diktatoren nicht beobachten. Aber die Interaktion zwischen Diktator und Receiver wurde variiert. Alle Versuche fanden in einem Klassenraum statt. Als Vergleichspunkt wurde das Experiment anonym durchgeführt. Die Receivers wussten nicht, wer der Diktator ist, und die Diktatoren wurden nicht darüber informiert, wer die Abgabe erhielt. In der zweiten Anordnung wurde eine einseitige Identifikation durchgeführt. Dies geschah dadurch, dass sich der Receiver von seinem Platz erhob und damit von dem jeweiligen Diktator identifiziert werden konnte. Wie schon bei Brosig et al. (2003) hatte diese einfache Identifikation keinen Effekt. Allerdings geht von ihr auch kein Reputationseffekt aus, denn die Receiver bleiben in einem Diktatorspielexperiment ja vollständig inaktiv. Vor diesem Hintergrund ist es durchaus erstaunlich, was in der dritten Anordnung geschah. Dort kam es wiederum zu der eben beschriebenen einseitigen Identifikation, aber diesmal sagten die Receivers ihren Namen und nannten ihr liebstes Hobby. Obwohl auch in dieser Anordnung *kein* Reputationseffekt auftreten kann, stiegen die Abgaben signifikant an. Offensichtlich spielt es eine Rolle, wie bekannt die andere Person ist. Die soziale Distanz ist zumindest in Diktatorspielexperimenten bedeutsam.

Dass aber auch Reputationseffekte eine Rolle spielen, wurde in der vierten Anordnung deutlich, die Bohnet & Frey (1999) benutzt haben. In dieser kam es zu einer wechselseitigen Identifikation. Beide, Diktator und Receiver, erhoben sich von ihren Sitzen und konnten sich damit wechselseitig identifizieren. Die Folge war, dass nunmehr 71 % der Diktatoren entschieden, den Betrag von 13 Franken zu gleichen Teilen aufzuteilen. Bei der einseitigen Identifikation waren es nur 39 % (ohne Namensnennung) bzw. 16 % (mit Namensnennung). Erstaunlich ist bei diesem Versuch allerdings, dass es in den beiden Anordnungen mit den höchsten Abgaben eine relativ hohe Anzahl von sogenannten „Super Fair Offers" gab. Darunter versteht man Abgaben von mehr als der Hälfte. Ein solches Verhalten beobachtet man sowohl in Diktator- als auch in Ultimatumspielexperimenten sehr selten. Die Tatsache, dass Bohnet und Frey sehr viele solcher Beobachtungen haben, könnte darauf hinweisen, dass die Klassenraumsituation eine Rolle gespielt hat.

Charness & Greezy (2008) haben versucht, die soziale Distanz von möglichen Reputationseffekten zu trennen. Dazu haben sie in einem Diktator- und einem Ultimatumspielexperiment jeweils zwei Versuchspersonen von unterschiedlichen Universitäten (Tilburg und Amsterdam) zusammengebracht. Auch wenn sich die beiden kennenlernten, war nicht zu befürchten, dass sie sich nach dem Experiment jemals wieder treffen würden. Reputationseffekte konnten dadurch weitestgehend ausgeschlossen werden. Zwei Anordnungen wurden verglichen. Als Referenzpunkt wurden beide Experimente anonym gespielt. In der zweiten Anordnung wurde den Versuchspersonen der Nachname des jeweils andern Spielers genannt. Vornamen wurden nicht angegeben, um eventuelle Geschlechtereffekte zu vermeiden. Es zeigte sich, dass diese Intervention im Diktatorspielexperiment starke Auswirkungen hatte. Waren die Namen bekannt, wurde erheblich mehr abgegeben als in der anonymen Situation. Im Ultimatumspielexperiment zeigte sich dagegen kein Effekt. Die Angebote der Proposers blieben von der geringeren sozialen Distanz unberührt.

He et al. (2016) untersuchen die Wirkung sozialer Distanz im Gefangenendilemmaspiel. Die Autoren vergleichen eine Anordnung mit einer zehn Sekunden dauernden visuellen Identifikation der beiden Spieler *vor* ihrer Interaktion mit einer Anordnung, in der sich die Spieler erst *nach* der Interaktion visuell identifizieren können. Aus dem Befund, dass sich weder die Erwartungen der Spieler noch deren Verhalten zwischen beiden Anordnungen unterscheiden, schließen sie, dass soziale Distanz in dieser Entscheidungsumgebung keine Rolle spielt. Andere Studien zum Vertrauensspiel finden jedoch positive Effekte von sozialer Distanz auf das Verhalten (siehe z. B. Buchan et al. 2006 oder Charness et al. 2007). Brosig-Koch und Heinrich (2018) zeigen in ihrem Auktionsexperiment, das eine gewisse Ähnlichkeit mit dem Vertrauensspiel besitzt, dass die Reduktion sozialer Distanz vor allem dann eine Verhaltenswirkung hat, wenn es den Teilnehmern nicht möglich ist, konkrete Versprechen (engl. „Promises") abzugeben.

Zumindest in Diktatorspielexperimenten spielt offensichtlich Beides eine Rolle: Reputationseffekte und soziale Distanz können hier das Verhalten deutlich in Richtung großzügiger Abgaben verändern. In strategischen Situationen scheinen dagegen Reputationseffekte keine so große Rolle zu spielen. Die Tatsache, dass die soziale Distanz das Verhalten im Labor beeinflussen kann, deutet darauf hin, dass auch außerhalb des Labors wichtig ist, wie anonym man agiert oder wie nah man anderen Menschen kommt. Das sollte bedacht werden, wenn man darüber entscheidet, welche Interaktionen im Labor zugelassen werden sollen. Strikte Anonymität erleichtert das Leben des Experimentators, denn sie sorgt dafür, dass die Interaktionsbedingungen gut kontrolliert werden können. Eine reduzierte soziale Distanz ist immer potentiell mit einem Kontrollverlust verbunden. Aber man sollte sich darüber im Klaren sein, dass Anonymität zu bestimmten Verhaltensweisen führen kann, die bei geringerer sozialer Distanz nicht auftreten. Ist das reale Phänomen, das experimentell untersucht werden soll, nicht durch strikte Anonymität gekennzeichnet, geht mit anonym durchgeführten Experimenten eine erhebliche Einschränkung der externen Validität einher.

12.2 Kommunikationseffekte

Bei vielen Themen, die in den letzten Abschnitten angesprochen wurden, kann Kommunikation eine Rolle spielen. Und zwar nicht nur die Kommunikation zwischen Versuchsperson und Experimentator bzw. Experimentatorin, sondern auch die Kommunikation zwischen den Versuchspersonen. Von dieser soll jetzt die Rede sein.

▪ Die Kontrolle der Kommunikation

Wie auch immer die Kommunikation zwischen Versuchspersonen gestaltet werden soll, wichtig ist dabei, dass der Experimentator die Kontrolle darüber behält, wie die Versuchspersonen interagieren. Dabei geht es nicht nur um das Experiment selbst, sondern auch um das Geschehen vor und nach dem Experiment. Wie diese Kontrolle im Einzelnen hergestellt werden kann, werden wir in Teil 3 näher erläutern, wenn es um die praktische Umsetzung von Experimenten geht. Aber schon hier sei darauf hingewiesen, dass es ratsam sein kann, bereits bei der Rekrutierung der Versuchspersonen darauf zu achten, dass unkontrollierte Kommunikation möglichst ausgeschlossen werden kann. Das Gleiche gilt für den Weg, den die Versuchspersonen in das Labor nehmen, und die Art und Weise, wie sie das Labor nach dem Experiment verlassen. Eine lückenlose Kontrolle der Kommunikation setzt voraus, dass alle diese Schritte mit einbezogen werden.

▪ Der Zielkonflikt zwischen Kontrolle und externer Validität

Das Grundproblem, das sich im Zusammenhang mit der Kommunikation unter Versuchspersonen stellt, kann durch einen Zielkonflikt beschrieben werden. Werden Experimente in vollständiger Anonymität gespielt, hat man eine größere Kontrolle über die Interaktion, denn Effekte, die durch Kommunikation ausgelöst werden, kann man dann ausschließen. Das erleichtert die Interpretation der Ergebnisse und es entbindet davon, die Kommunikationswirkungen zu isolieren und zu identifizieren. Allerdings sorgt man dadurch, dass man Kommunikation zwischen den handelnden Personen vollständig ausschaltet, dafür, dass man sich von vielen realen Kontexten, in denen Menschen agieren, weit entfernt. Vollständige Anonymität *und* vollständige Sprachlosigkeit sind gleichzeitig in der „realen Welt" nur selten anzutreffen. Selbst wenn man versucht, diese Bedingungen damit zu rechtfertigen, dass Menschen in größeren Gruppen quasi anonym agieren, überzeugt das nicht wirklich, denn selbst dann tauschen sich Menschen in aller Regel mit anderen Menschen aus. Man sollte sich an dieser Stelle klarmachen, dass ein sehr artifizieller Umgang mit Anonymität und Kommunikationsmöglichkeiten durchaus dazu führen kann, dass es zu einem Experimentatoreffekt kommt. Versuchspersonen könnten sich überlegen, warum so viel Wert daraufgelegt wird, dass sie anonym bleiben und mit niemandem sprechen dürfen. Es ist nicht auszuschließen, dass sie den Schluss ziehen, dass dies geschieht, um bestimmte Verhaltensweisen zu ermöglichen oder zu befördern – die dann offenbar auch erwünscht sind.

Das bedeutet auf der anderen Seite natürlich nicht, dass es nicht Situationen gibt, die man im Labor am besten durch anonyme und kommunikationsfreie Anordnungen abbildet. Beispielsweise kann man argumentieren, dass Entscheidungen auf (insbesondere Online-)Märkten häufig von Akteuren allein zu treffen sind, ohne dass es zu einer Interaktion mit anderen Menschen kommt. Dennoch bleibt der Zielkonflikt tendenziell bestehen: Je mehr man Kontrolle über die Interaktion der Versuchspersonen anstrebt, umso weiter entfernt man sich häufig von realen Kontexten. Grundsätzlich bleibt dabei aber festzuhalten, dass dieser Zielkonflikt vor allem darauf zurückzuführen ist, dass ökonomische Experimente in den meisten Fällen eine Theorie überprüfen sollen. Dafür braucht man Kontrolle und dafür nehmen experimentelle Ökonomen die Künstlichkeit der Entscheidungsumgebung in Kauf.

Der Grund dafür, dass die allermeisten Experimente Kommunikation ausschließen, liegt darin begründet, dass vielfach die Befürchtung besteht, dass Kommunikation viele ganz unterschiedliche Wirkungen haben kann und dass man, wenn man sie zulässt, die Fähigkeit verliert, die Resultate des Experiments noch sinnvoll zu interpretieren. Auf der anderen Seite hat die Furcht vor der Unkontrollierbarkeit der Kommunikationseffekte dazu geführt, dass auch ökonomische Phänomene in sprachloser Anonymität untersucht werden, für die man sich beim besten Willen nicht vorstellen kann, dass sie in der Realität auch nur annähernd unter solchen Bedingungen ablaufen. Beispielsweise dürfte es nur sehr wenige Verhandlungen geben, bei denen diejenigen, die verhandeln, niemals ein Wort miteinander wechseln und sich darüber hinaus auch nicht kennen. Vor diesem Hintergrund stellt sich die Frage, ob die Befürchtung, dass man zu viel Kontrolle aufgibt, wenn man Kommunikation zulässt, wirklich berechtigt ist. Dabei muss man berücksichtigen, dass es unterschiedliche Formen von Kommunikation gibt und unterschiedliche Techniken zum Einsatz kommen können, die sich hinsichtlich der Kontrolle über die Kommunikationswirkungen stark unterscheiden.

▪ Kommunikationsformen

Kommunikation kann zu unterschiedlichen Zwecken eingesetzt werden. Sie kann der Übermittlung von Informationen dienen, die die Kommunikationspartner besitzen. Sie kann aber auch dafür genutzt werden, beispielsweise einen visuellen (Geschlecht, Aussehen, Mimik) oder akustischen (Dialekt, Betonung) Eindruck von den Kommunikationspartnern zu erhalten. Kommunikation kann uni-, bi- oder multidirektional sein. Sie kann „von Angesicht zu Angesicht" ablaufen (englisch „Face-to-Face") oder ohne Blickkontakt und Nachrichten können gesprochen, geschrieben oder mit Gebärden übermittelt werden. Selbst innerhalb dieser Kommunikationsformen gibt es noch Variationsmöglichkeiten. Beispielsweise kann Face-to-Face bedeuten, dass die Versuchspersonen an einem Tisch sitzen und miteinander sprechen, Face-to-Face kann aber durch eine Videokonferenz hergestellt werden. Schriftliche Nachrichten lassen sich durch ein Chatprogramm übermitteln oder durch handschriftliche Nachrichten.

Weitere Differenzierungen sind möglich. Beispielsweise kann der zulässige Kommunikationsinhalt beschränkt oder unbeschränkt sein. Im ersten Fall könnte man nur Absprachen zulassen, die sich auf die im Experiment gestellte Aufgabe beziehen, oder die Versuchspersonen dürfen über alles reden, nur nicht über das Experiment. Wird beispielsweise genau deshalb die Schriftform gewählt, weil man zwar Kommunikation erlauben, dabei aber Reputationseffekte ausschließen möchte, sollte es verboten sein, Nachrichten zu senden, die einen Rückschluss auf die Identität des Absenders erlauben.

Schließlich stellt sich für den Experimentator die Frage, in welcher Form und in welchem Umfang die Kommunikation aufgezeichnet und ausgewertet werden soll. Wird beispielsweise eine Videokonferenz aufgezeichnet, ist man in der Lage, nicht nur die Inhalte der Kommunikation auszuwerten, sondern auch die Gestik und Mimik der Versuchspersonen. Mit Hilfe geeigneter Software ist eine solche Auswertung inzwischen auch maschinell möglich. Eye-tracking erlaubt es, die Art und Weise, in der Menschen Informationen wahrnehmen, nachzuverfolgen. Damit wird selbst die unstrukturierte Face-to-Face Kommunikation in einem erheblichen Umfang kontrollierbarer.

- **Kommunikationswirkungen**

Die Analyse der Kommunikationswirkungen sollte vor dem Hintergrund der ökonomischen Bewertung von Kommunikation erfolgen. Im Zentrum steht dabei der spieltheoretische Begriff des „Cheap Talk". Im Allgemeinen versteht man darunter Kommunikation, die nicht dazu führt, dass sich die Auszahlungen der Spieler verändern. Diese Form von Kommunikation kann Verhaltenswirkungen haben, sofern die Interessen der Spieler hinreichend ähnlich sind. Haben die Spieler jedoch gegensätzliche Interessen – wie beispielsweise im Gefangenendilemma – sollte diese Form der Kommunikation das Verhalten nicht beeinflussen.[1] Kartik (2009) fasst die Definition von Cheap Talk noch etwas deutlicher. Für ihn ist Cheap Talk in einer strategischen Interaktion dann gegeben, wenn es für die Spieler nicht möglich ist, den Wahrheitsgehalt von Informationen, die sie von anderen Spielern erhalten, zu prüfen und wenn es möglich ist zu lügen, ohne dass dabei Kosten entstehen. Wie sich noch zeigen wird, ist die zuletzt genannte Voraussetzung durchaus bedeutsam und in einem gewissen Sinne kritisch.

Aus spieltheoretischer Sicht sind Experimente, in denen die Interessen der Spieler gegensätzlich sind und in denen es zu Kommunikation zwischen den Versuchspersonen kommt, völlig unbedenklich – zumindest dann, wenn diese Kommunikation lediglich Cheap Talk sein kann. Da Cheap Talk hier nichts am Verhalten ändern sollte, kann man es auch weglassen. Wenn wir der Definition von Kartik (2009) folgen, dann ist allerdings nicht mehr so klar, wann man in solchen Situationen noch von Cheap Talk ausgehen kann und wann nicht. Das hängt dann davon ab, ob demjenigen, der lügt, dadurch Kosten entstehen oder nicht. Da auch psychologische Ursachen für solche Kosten denkbar sind – die sich nicht unmittelbar beobachten lassen –, kann es deshalb sein, dass Kommunikation gar nicht „Cheap" ist, obwohl sie auf den ersten Blick so aussieht. Es kann damit auch

---

[1] Für eine ausführliche Diskussion der spieltheoretisch prognostizierten Verhaltenswirkungen von Cheap Talk siehe Crawford (1998).

aus theoretischer Sicht nicht ausgeschlossen werden, dass Kommunikation in sehr vielen Kontexten und Spielen eine Wirkung hat.

Wie sieht der experimentelle Befund aus? Wirkt Kommunikation zwischen den Versuchspersonen und wirken die unterschiedlichen Kommunikationsformen in der gleichen Weise? Um diese Frage beantworten zu können, werden wir einige Beispiele aus der Literatur vorstellen, in denen Kommunikationswirkungen in unterschiedlichen Spielen untersucht worden sind. Wie immer in diesem Buch wird es dabei nicht darum gehen, einen Literaturüberblick zu geben, sondern darum, anhand von Beispielen wichtige methodische Aspekte zu veranschaulichen.

An welchen Stellen kann man sich relativ leicht vorstellen, dass Kommunikation zwischen Versuchspersonen eine Wirkung entfaltet? Als erstes dürften einem dabei Experimente in den Sinn kommen, die das Koordinationsproblem behandeln, wie das Minimum-Effort-Koordinationsspielexperiment, auf das wir bereits zu Beginn dieses Kapitels kurz zu sprechen gekommen sind. Dort hatten wir argumentiert, dass es eigentlich keinen Sinn macht, solche Experimente anonym und ohne Kommunikationsmöglichkeit durchzuführen, weil in der Realität entsprechende Situationen kaum zu finden sein dürften. Dahinter stand natürlich die Erwartung, dass sich das Koordinationsproblem mehr oder weniger erledigt, wenn diejenigen, denen es sich stellt, miteinander kommunizieren können. Tatsächlich kann Kommunikation im Minimum-Effort-Koordinationsspiel auch gemäß der spieltheoretischen Prognose Verhaltenswirkungen nach sich ziehen, weil die Spieler ein gemeinsames Interesse haben – nämlich das auszahlungsdominante Gleichgewicht zu realisieren. Wenn sich beispielsweise die Spieler wechselseitig versprechen, die höchste Anstrengung zu leisten, gibt es keinerlei Anreiz für die Akteure, das Anstrengungsniveau, dass sie beabsichtigen zu spielen, falsch anzugeben. Lügen ist keine rationale Strategie in diesem Spiel. Das verleiht den Ankündigungen eine hohe Glaubwürdigkeit und das wiederum versetzt die Spieler in die Lage, via Kommunikation die auszahlungsdominante Lösung zu einer Art Fokalpunkt zu machen, an dem sich alle orientieren.

Riechmann & Weimann (2008) haben ein klassisches Minimum-Effort-Koordinationsspiel um eine Kommunikationsphase erweitert, in der die Versuchspersonen Gelegenheit hatten, miteinander über das Spiel zu sprechen. Die Kommunikation erfolgte Face-to-Face. Der Effekt war eindeutig. Nach einer solchen Gesprächsrunde waren alle Gruppen in der Lage, sich auf das auszahlungsdominante Gleichgewicht zu koordinieren. Gruppen, die vorher nicht miteinander reden konnten, scheiterten dagegen bei dieser Aufgabe. Blume & Ortmann (2000) kommen in einem ähnlichen Experiment ebenfalls zu dem Ergebnis, dass mit Kommunikation deutlich häufiger die effiziente Lösung realisiert wird als ohne. Tatsächlich scheint sich das Koordinationsproblem aufzulösen (zumindest wenn alle Spieler ähnliche Interessen haben), wenn den Versuchspersonen Gelegenheit gegeben wird, sich abzustimmen. Das verstärkt noch einmal den Punkt, den wir zu Beginn des Kapitels gemacht haben. Wenn sich kein Koordinationsproblem mehr stellt, wenn Kommunikation zugelassen ist, und wenn in realen Situationen letzteres genau der Fall ist, warum dann das Minimum-Effort-Koordinationsspiel anonym experimentieren?

❓ Fragen

Was genau ist der Unterschied zwischen einem Koordinationsproblem und einem Kooperationsproblem?

Verhalten wechselseitig abstimmen zu können ist nicht nur in reinen Koordinationsspielen *prima facie* vorteilhaft. Auch wenn es darum geht, Kartellabsprachen zu treffen, liegt

---

A.12.2 Bertrand-Oligopol

Das Bertrand-Modell beschreibt den Wettbewerb zwischen Oligopolisten, die ein vollständig homogenes Gut anbieten, deren Produkte also perfekte Substitute sind. Die einzige strategische Variable ist der Preis. Das einzige Nash-Gleichgewicht im reinen Bertrand-Wettbewerb zwischen zwei symmetrischen Anbietern besteht darin, dass beide Anbieter den Grenzkostenpreis wählen. Das heißt, dass bereits bei zwei Anbietern ein reiner Preiswettbewerb dazu führt, dass sich die Wettbewerber auf den Grenzkostenpreis herunter konkurrieren. Das Modell vermittelt eine gute Intuition dafür warum Unternehmen häufig große Anstrengungen unternehmen, um einen reinen Preiswettbewerb zu vermeiden.

---

die Vermutung nahe, dass sich die Möglichkeit der Absprache auf das Zustandekommen und die Stabilität von Kartellen auswirken könnte. Hier ist es aber so, dass wir es – rein eigennütziges Verhalten vorausgesetzt – mit einem Spiel mit Dilemmastruktur zu tun haben. Das heißt, die Interessen der Spieler sind sich nicht ähnlich. Jeder hat zwar ein Interesse daran, dass sich die anderen an die Absprache halten, man selbst würde aber lieber abweichen. Fonseca & Normann (2008) haben überprüft, ob dies tatsächlich der Fall ist. Sie führten ein Experiment durch, in dem sich entweder zwei, vier, sechs oder acht Spieler in einem eingeschränkten Preiswettbewerb (Bertrand-Oligopol) befanden. Jede Anordnung wurde in zwei Varianten gespielt. Einmal ohne Kommunikation und einmal mit der Möglichkeit, sich über ein Chat-Programm eine Minute lang abzustimmen. Obwohl dies nicht gerade eine exzessive Form der Kommunikation ist und obwohl dadurch theoretisch keine Verhaltenswirkung ausgelöst werden sollte, zeigte sich doch ein deutlicher Effekt. Mit dem Chat sind die Preise, die die Firmen setzen, höher als ohne und auch die Unternehmensgewinne steigen, wenn Kommunikation möglich ist. Allerdings wirkt sich die Kommunikation nicht bei allen Spieleranzahlen gleich aus. Die Wirkung ist bei zwei und acht Firmen vergleichsweise schwach und sie ist bei vier und sechs Firmen stark. Das liegt daran, dass bei zwei Firmen auch ohne Kommunikation die Preise bereits deutlich höher sind als in den Anordnungen mit mehr als zwei Spielern, so dass die Kommunikationswirkung *a priori* beschränkt ist. Mit steigender Firmenzahl gelingt die Koordination auf hohe Preise immer schlechter, dennoch ist sie auch bei acht Firmen immer noch wirksam. Im Vergleich zur Anordnung ohne Kommunikation steigt der Preis dort von 1,1 auf 55,2!

In den bisher genannten Beispielen befinden sich die Versuchspersonen in einer strategischen Interaktion, in der sich abgestimmtes Verhalten für sie insgesamt sehr positiv auswirken kann. Wie aber wirkt Kommunikation im Diktatorspiel, in dem strategische Überlegungen keinerlei Rolle spielen? Ganz grundsätzlich kann Kommunikation dazu führen, dass sich die strategischen Bedingungen ändern, beispielsweise, weil Reputationseffekte eine Rolle spielen, oder sie kann bewirken, dass Versuchspersonen die Entscheidungssituation anders auffassen. Greiner et al. (2012) versuchen in ihrem Experiment den letzten Punkt zu isolieren. Erreicht wird dies mit einem Drei-Personen-Diktatorspielexperiment bei dem der Diktator vollkommen anonym bleibt, die beiden potentiellen Receiver ihm aber Botschaften schicken können. Neben einer Basisanordnung ohne Kommunikation wird in einer zweiten Anordnung dem Diktator ein Videobild der beiden Receivers gezeigt. In der dritten Anordnung darf einer der Receiver dem Diktator etwas sagen. Die Kommunikation ist also strikt unidirektional und schließt Reputationseffekte vollständig aus. Nachdem die Diktatoren ihre Entscheidung getroffen hatten, wurden sie gebeten, die

Receiver im Hinblick auf sechs verschiedene Kriterien[2] zu bewerten. Kommunikations-wirkungen können in diesem Experiment nur dann eintreten, wenn die „Besichtigung" der Receiver oder die Videobotschaft die Wahrnehmung der Entscheidungssituation ver-ändern. Tatsächlich ist dies der Fall, allerdings in durchaus differenzierter Form.

Die reine Identifikation der Receiver hatte nicht zur Folge, dass die Abgaben insge-samt stiegen. Aber die Diktatoren differenzierten stärker zwischen den beiden Receivern. Diejenigen, die besser bewertet wurden, erhielten großzügigere Beträge. Hatte einer der Receiver die Gelegenheit, eine mündliche Botschaft an den Diktator zu schicken, wurde mehr an diesen Empfänger abgegeben. Allerding nicht auf Kosten des anderen Empfän-gers, sondern auf Kosten des Diktators. Die Interpretation der Autoren für dieses Resultat ist, dass für die Verteilung des Geldes die soziale Bewertung der Empfänger eine wichti-ge Rolle spielt und dass diese Bewertung durch die direkte Ansprache, die in der dritten Anordnung möglich war, beeinflusst wird.

Das zuvor betrachtete Minimum-Effort-Koordinationsspiel ist dadurch gekennzeich-net, dass kein Konflikt zwischen den Interessen der Versuchspersonen besteht, und das Diktatorspiel zeichnet sich dadurch aus, dass es keinerlei strategische Interaktion zwischen den Beteiligten gibt. Im Bertrand-Wettbewerb hatten wir gesehen, dass Kommunikation trotz entgegengesetzter Interessen der Spieler einen positiven Effekt auf die Preise haben kann, die Spieler sich also insgesamt besserstellen können. Lässt sich diese Beobachtung auch auf andere Spiele übertragen, in denen ein ausgeprägter Konflikt zwischen den Spie-lern besteht? Untersuchungen zum Ultimatumspiel geben darauf eine differenzierte Ant-wort. Roth (1995) untersucht in seinem Experiment, wie sich soziale Kontakte auf das Verhalten im Ultimatumspiel auswirken. Dazu ließ er die Versuchspersonen vor dem Ex-periment miteinander reden. In einer Anordnung durfte über alles gesprochen werden, in einer anderen war es untersagt über das Experiment zu sprechen. Die Wirkung war in beiden Fällen die gleiche. Es kam zu einem deutlichen Anstieg der Gleichaufteilung. Kommunikation führte also dazu, dass die „faire" Lösung häufiger gewählt wurde.

Rankin (2013) gestaltete die Kommunikation im Ultimatumspiel deutlich restriktiver und erzielte damit eine völlig andere Wirkung. In seinem Experiment konnten die Respon-der an den Proposer eine Forderung richten. Dies geschah unter Wahrung der Anonymität der Versuchspersonen. Die Responder erwiesen sich in diesem Experiment als harte Ver-handler. Der Durchschnitt aller Forderungen lag über 50 %. Auf den ersten Blick taten sie sich damit keinen Gefallen, denn im Durchschnitt fallen die Angebote der Proposer in der Anordnung mit Forderung des Responders niedriger aus als in der Anordnung ohne Forderung. Als Folge dieser niedrigen Angebote ist auch die Anzahl der Ablehnungen mit Kommunikation größer als ohne. Auf den zweiten Blick zeigt sich aber, dass es dennoch eine sinnvolle Strategie ist, eine hohe Forderung zu stellen, denn die statistische Analyse zeigt, dass höhere Forderungen auch zu höheren Angeboten führen. Wenn die Responder die Möglichkeit haben, Forderungen zu stellen, verschlechtert das zwar insgesamt eher ihre Position als dass es sie verbessert, dennoch ist es sinnvoll, unter diesen Bedingungen eine hohe Forderung zu stellen. Zwar bleiben 92 % der Angebote unter den Forderungen der Responder, aber dennoch haben die Forderungen die Wirkung eines Ankers. Wenn man fordern kann, versuchen die Responder offenbar einen Bluff und erreichen damit immerhin, dass das Angebot höher ausfällt als wenn sie von vornherein eine bescheidene

---

[2]   Dies geschah mit Hilfe von bipolaren Skalen, die folgende Begriffspaare abfragten: „aktiv – passiv", „lebendig – langweilig", „attraktiv – unattraktiv", „freundlich – unfreundlich", „stark – schwach", „einfluss-reich – nicht einflussreich".

Forderung abgeben. Ganz offensichtlich hat die unidirektionale Kommunikation in diesem Experiment eine völlig andere Wirkung als die Face-to-Face Kommunikation bei Roth (1995).

Von besonderem Interesse ist die Frage, wie sich Kommunikation ganz allgemein in Dilemma-Situationen auswirkt. Sind die Befunde aus dem Bertrand-Experiment auch auf andere Dilemmata übertragbar? Inwiefern besteht die Möglichkeit, die Kooperationsfähigkeit durch Kommunikation zu steigern? Wir möchten bei der Beantwortung dieser Frage mit einer Studie beginnen die zwei zentrale Ergebnisse der Forschung zu dieser Frage klar herausarbeitet.

Brosig et al. (2003) haben untersucht, wie sich verschiedene Kommunikationsformen in einem öffentliches-Gut-Experiment auswirken. Gespielt wurde dieses Experiment in Vierergruppen über zehn Runden, d. h. die Versuchspersonen mussten zehnmal hintereinander entscheiden, welchen Teil ihrer Anfangsausstattung (die in jeder Runde die Gleiche war) sie für die Bereitstellung eines öffentlichen Gutes einsetzen und welchen Teil sie für sich behalten. In der Referenzanordnung wurde das Spiel ohne jede Interaktion der Versuchspersonen durchgeführt. Die Gruppenmitglieder saßen während des Experiments in schalldichten Kabinen und hatten keinerlei Möglichkeit vor oder nach dem Experiment miteinander in Kontakt zu kommen. In den weiteren Anordnungen wurde dem eigentlichen öffentliches-Gut-Spiel eine Kommunikationsphase vorgeschaltet, in der insgesamt sechs verschiedene Kommunikationsformen zum Einsatz kamen. Drei davon sahen eine aktive Kommunikation vor, in der die Spieler miteinander sprechen konnten. Die anderen drei waren passiver Natur, d. h. die Spieler konnten dabei nur Nachrichten empfangen.

Die erste passive Kommunikationsform bestand darin, dass sich die Spieler für 10 Sekunden auf einem Monitor, der in vier Bereiche unterteilt war, ansehen konnten. Sie erhielten also die Information darüber, wie die anderen Gruppenmitglieder aussahen. Mit dieser Identifikation sollte geprüft werden, ob die durch das Zeigen des Gesichts potentiell auslösbaren Reputationseffekte ausreichen, um das Kooperationsverhalten zu verändern. Die zweite passive Kommunikationsform bestand darin, dass der Gruppe ein Video vorgespielt wurde, in dem einer der Experimentatoren das Spiel erläuterte und dabei das Dilemma klarmachte, in dem sich die Versuchspersonen befanden. Auch wurde in dem Video erläutert, dass kooperatives Verhalten aus diesem Dilemma herausführt. Hintergrund für diese Anordnung war die Frage, ob durch unidirektionale Kommunikation, wie sie beispielsweise durch Massenmedien erfolgt, eine Wirkung auf das Beitragsverhalten erreicht werden kann. Die dritte passive Kommunikationsform wurde vor dem gleichen Hintergrund gewählt. In ihr wurde der Gruppe ein Video vorgestellt, das die Videokonferenz einer anderen Gruppe zeigte, die ebenfalls an dem Experiment teilnahm. In dieser Konferenz einigten sich die Versuchspersonen darauf, in allen Runden ihre gesamte Ausstattung in die öffentliche Anlage zu investieren.

Die erste aktive Kommunikationsform bestand in einer Telefonkonferenz, d. h. die Gruppenmitglieder konnten miteinander sprechen, aber sich nicht sehen. Die Kommunikationsinhalte wurden – bis auf die Identität der Versuchspersonen – nicht eingeschränkt. Die zweite Stufe der aktiven Kommunikation bestand in einer Video-Konferenz, bei der sich alle vier Gruppenmitglieder auf den vier Quadranten ihres Monitors sehen konnten. Die letzte aktive Kommunikationsform war dann ein Gespräch, das in einem separaten Raum geführt wurde und bei dem die Gruppenmitglieder gemeinsam an einem Tisch saßen. Die Kommunikationsinhalte wurden elektronisch aufgezeichnet und später ausgewertet.

Das Experiment hat zwei wichtige Ergebnisse. Erstens, Kommunikation wirkt sich positiv auf den durchschnittlichen Beitrag zum öffentlichen Gut aus, und zweitens, die Kommunikationswirkung ist von der Kommunikationsform stark abhängig. Die Beobachtung, dass Kommunikation vor einem öffentliches-Gut-Spiel dazu führt, dass die Kooperationsbereitschaft steigt, wurde schon früh gemacht. Dawes et al. (1977) und Isaac et al. (1984) sowie Isaac & Walker (1988) gehören zu den frühen Arbeiten, die das zeigen. Auch bei Brosig et al. (2003) trat diese Wirkung ein, aber bei weitem nicht in allen Kommunikationsanordnungen. Die reine Identifikation der Versuchspersonen hatte überhaupt keinen Effekt auf das Verhalten. Zwar zeigen die anderen beiden passiven, unidirektionalen Kommunikationsformen einen positiven Effekt auf die Beiträge, dieser beschränkt sich aber auf die ersten Runden. Ähnlich war es bei der rein verbalen bidirektionalen Kommunikation. Auch die Telefonkonferenz konnte die Kooperationsbereitschaft nur kurzfristig in den ersten Runden steigern. Das Bild änderte sich jedoch vollständig in den beiden Anordnungen, in denen zu der verbalen Kommunikation auch der Blickkontakt kam. Sowohl die Video-Konferenz als auch das Gespräch am Tisch hatten zur Folge, dass die Gruppen in der Lage waren, fast 100 % kooperatives Verhalten zu realisieren. Die Analyse der Kommunikationsinhalte ergab, dass sich diese in den drei aktiven Kommunikationsanordnungen praktisch nicht voneinander unterschieden. In fast allen Gesprächen verabredeten die Versuchspersonen zu 100 % zu kooperieren und sie versprachen sich gegenseitig, die Kooperation einzustellen, falls einer in der Gruppe von dieser kooperativen Lösung abwich. Durchgesetzt werden konnte diese Lösung aber nur dann, wenn die Gruppenmitglieder während des Gesprächs Blickkontakt hatten.

Kommunikation von Angesicht zu Angesicht hat damit auch dann eine massive Wirkung, wenn sie Cheap Talk ist und (egoistische) Spieler gegensätzliche Interessen haben. Eine wichtige Einsicht ist dabei, dass, solange es keinen Blickkontakt gibt, die Kommunikation tatsächlich wenig effektiv in dem Sinne ist, dass sie zu keiner nachhaltigen Verhaltensänderung führt. Warum aber ändert der Blickkontakt das so dramatisch? Eine Möglichkeit besteht darin, dass er dazu führt, dass die Kommunikation Face-to-Face eben nicht mehr „Cheap" ist. Beispielsweise, weil nach einer solchen Kommunikation Lügen schwieriger ist beziehungsweise mit Kosten einhergeht. Wir werden auf diesen Punkt zurückkommen.

Auch Kommunikation in Form eines Austauschs schriftlicher Nachrichten kann sich auf das Verhalten auswirken. Ben-Ner et al. (2011) haben die Kommunikationswirkung in einem einfachen Vertrauensspiel untersucht. Der Erstziehende („Trustor") und der Zweitziehende („Trustee") wurden jeweils mit 10 $ ausgestattet, Abgaben an den Trustee wurden verdreifacht. Neben einer Basisanordnung ohne jede Kommunikation gab es zwei weitere Anordnungen. In einer davon konnten die beiden Spieler vor ihrer Entscheidung sich wechselseitig nicht-bindende Vorschläge unterbreiten. Dazu klickten sie jeweils eine Zeile und eine Spalte in einer Matrix an, die alle möglichen Abgaben des Trustor (dargestellt in elf Zeilen) und alle möglichen Rückgaben (in %) des Trustee (dargestellt in sieben Spalten) enthielt. In der zweiten Kommunikationsanordnung konnten die beiden Spieler, bevor sie einen Vorschlag unterbreiteten, mit Hilfe eines Chat-Programms eine Minute lang Nachrichten austauschen. Dabei blieben sie anonym. Der Vorschlag wurde dann mit Hilfe der gleichen Matrix gemacht, die schon in der ersten Kommunikationsanordnung verwendet wurde.

Es zeigte sich, dass allein der Austausch von numerischen Vorschlägen praktisch keine Wirkung auf das Verhalten der beiden Spieler hatte. Erst als der Chat dazukam, stieg die durchschnittliche Abgabe der Trustors von 7,66 $ auf 9,21 $ und die durchschnittliche Rückgabe von 45 auf 56 %. Der Anstieg ist vor allem darauf zurückzuführen, dass es zu mehr effizienten und fairen Lösungen kam (Abgabe von 10 $, Rückgabe von 20 $). Allerdings gab es immer noch eine Reihe von Trustees, die sich entschieden, nichts zurückzugeben. Die Autoren erklären ihre Resultate damit, dass die Vorschläge, die unterbreitet werden, eine Art Selbstbindung sind, die aber erst dann wirklich wirksam wird, wenn sie durch ausformulierte Sätze quasi bestätigt wird. Charness & Dufwenberg (2006) haben ebenfalls die Kommunikationswirkung in Vertrauensspielen untersucht und kommen zu ganz ähnlichen Ergebnissen wie Ben-Ner et al. (2011), leiten daraus aber eine etwas andere Erklärung ab. Wir werden darauf zurückkommen, wenn wir uns mit der Frage befassen, welche Ursachen die Kommunikationswirkung haben könnte.

Im Zusammenhang mit der Wirkung von Kommunikation in Dilemma-Situationen ist ein Experiment von Sutter & Strassmair (2009) besonders interessant, weil es einerseits an die Literatur zu öffentliches-Gut-Experimenten anknüpft, gleichzeitig aber auch einen Bogen zu den Arbeiten schlägt, die sich mit kollusivem Verhalten befassen (wie z. B. Fonseca & Normann 2012). Sutter und Strassmair untersuchen ein Turnier, das zwischen je zwei Gruppen von drei Spielern gespielt wird. Die Gruppen müssen über die Höhe einer „Anstrengung" entscheiden, die sich aus der Summe der Anstrengungen der Mitglieder und einem zufälligen Schock zusammensetzt. Die Gruppe mit der höheren Anstrengung gewinnt den Wettkampf. Da für jedes einzelne Gruppenmitglied Anstrengung Kosten verursacht, entsteht *innerhalb* der Gruppe ein öffentliches Gut Problem. *Zwischen* den Gruppen besteht die Möglichkeit einer kostensenkenden Absprache (Kollusion). Untersucht wird die Wirkung von Kommunikation innerhalb der Gruppen und zwischen den Gruppen.

Kommunikation innerhalb der Gruppen hat zur Folge, dass die Anstrengungen steigen. Der Grund ist, dass Kommunikation das Freifahrerproblem reduziert, mit dem sich die Gruppen konfrontiert sehen. Eine wichtige Rolle spielt dabei, dass geringe Anstrengungen beobachtet werden können und von den anderen Gruppenmitgliedern durch verbale Äußerungen „bestraft" werden. Dass Kommunikation bei einem Wettbewerb zwischen Individuen zu Kollusion führt, hat Harbring (2006) gezeigt. Dasselbe scheint aber nicht bei den Gruppen von Sutter & Strassmair (2009) zu passieren. Hier hat die Kommunikation zwischen den Gruppen keinen signifikanten Effekt auf die Anstrengungen. Kombiniert man die Kommunikation zwischen Gruppen mit der Kommunikation innerhalb der Gruppen, führt dies insgesamt zu einem Anstieg der Anstrengungen gegenüber der Anordnung ohne Kommunikation.

Kommunikation, das haben die Ausführungen bis hierher gezeigt, entfaltet in vielen Experimenten eine starke Wirkung. Sie kann Kooperation ermöglichen und macht Kollusion wahrscheinlicher. Sie kann zu „fairen" Verhandlungslösungen führen und das Vertrauen und die Vertrauenswürdigkeit im Vertrauensspiel steigern. Die Frage ist, warum sie diese Wirkungen entfaltet. Wenn man entscheiden muss, ob und in welcher Form Kommunikation in einem Experiment zugelassen werden soll, ist es hilfreich, die Kanäle zu kennen, über die Kommunikation das Verhalten beeinflussen kann. Es ist nicht klar, ob alle Kanäle wirklich bekannt sind und wir bereits ein umfassendes Verständnis der Kommunikationswirkung haben, aber es lassen sich doch einige Aussagen machen, die einige Plausibilität beanspruchen können und für die experimentelle Evidenz vorliegt.

> **Wichtig**

Ganz zweifellos ist die Kommunikation zwischen Menschen ein sehr wichtiges Element ihres Zusammenlebens und sie ist mitbestimmend für ihr Verhalten. Dennoch finden die meisten Laborexperimente unter Ausschluss von Kommunikation statt. Der

Grund ist, dass Kommunikationswirkungen sehr schwer zu kontrollieren sind und dies die Interpretation von experimentellen Ergebnissen sehr erschweren kann. Das führt allerdings zu einem unglücklichen Zielkonflikt. Indem auf Kommunikation verzichtet wird, lassen sich Anordnungseffekte zwar besser interpretieren, aber es entsteht unter Umständen eine sehr artifizielle Anonymität, die so in der Realität selten anzutreffen ist und die deshalb die externe Validität der Experimente stark einschränkt. Allerdings gibt es auch Entscheidungssituationen, für die eine anonyme Situation ohne Kommunikation durchaus angemessen ist. Ein Beispiel dafür sind Entscheidungen, die Akteure auf Märkten mit nahezu vollständigem Wettbewerb treffen.

Die Wirkung von Kommunikation zu untersuchen sowie Techniken zu entwickeln, um die Kommunikationswirkung zu messen und von anderen Effekten zu isolieren, ist gleichwohl eine wichtige Aufgabe. Die experimentellen Befunde zur Wirkung von Kommunikation zeigen, dass sie Kooperation ermöglichen kann und Kollusion wahrscheinlicher macht. Sie kann zu „fairen" Verhandlungslösungen führen und das Vertrauen und die Vertrauenswürdigkeit im Vertrauensspiel steigern.

12.3 Mögliche Ursachen für Kommunikationseffekte

Wie und warum Kommunikation wirkt, hängt zu einem erheblichen Teil von dem Kontext ab, in dem sie stattfindet, und von der Kommunikationsform. Als kritisch für die nachhaltige Wirkung von Kommunikation hat sich die Frage herausgestellt, ob die Kommunikation mittels einem mit Blickkontakt verbundenem verbalen Austausch erfolgt oder nicht. Offensichtlich kommt es hier auf die Kombination von Sprache und visueller Identifikation an. Die reine Identifikation des Gegenübers scheint nicht viel zu verändern, aber der Face-to-Face Austausch von Nachrichten hat einen starken Einfluss auf das Verhalten. Dass diese Form der Kommunikation eine besondere Rolle spielt, sollte eigentlich nicht überraschen. Über einen sehr langen Zeitraum hinweg war das Gespräch von Angesicht zu Angesicht die einzige Form der Verständigung. Evolutionär dürfte sie deshalb eine wichtige Rolle gespielt haben. Aber auch im individuellen Sozialisierungsprozess eines jeden Menschen kommt ihr eine überragende Bedeutung zu. Lange bevor man lernt, andere Kommunikationswege zu nutzen, begegnen Menschen ihren engsten Bezugspersonen praktisch ausschließlich Face-to-Face. Das sind natürlich reine Plausibilitätsüberlegungen, die aber mit der experimentellen Evidenz, über die wir berichtet haben, in Einklang stehen.

Es bietet sich an, die verschiedenen Kontexte, in denen sich Kommunikationseffekte nachweisen lassen, getrennt zu betrachten. Ein durchaus relevanter Teil von Situationen, in denen sich die Spieler koordinieren müssen, lässt sich dadurch kennzeichnen, dass die Interessen der Beteiligten relativ ähnlich sind, es aber unglücklicherweise verschiedene Gleichgewichte gibt, die unterschiedliche Qualitäten besitzen. Die Aufgabe besteht dann darin, sich auf ein besonders vorzugswürdiges Gleichgewicht zu verständigen. In einer solchen Situation kann Kommunikation dazu genutzt werden, eine Selbstbindung zu schaffen und die Information über diese Selbstbindung zu verbreiten. Der entscheidende Punkt dabei ist, dass eine solche Selbstbindung *glaubwürdig* ist, weil sie sich auf ein Nash-Gleichgewicht bezieht (Farrell & Rabin 1996). Wenn Kommunikation es schafft, eine Art Fokalpunkt zu schaffen, und dieser Fokalpunkt ein Nash-Gleichgewicht ist, dann ist relativ klar, warum Kommunikation Wirkung zeigt. In einer solchen Situation reicht es aus, relativ schwache Formen von Kommunikation einzuführen. Selbst unidirektionale Kommunikation bei vollständiger Anonymität kann ausreichen, um die Koordination zu bewerkstelligen. Die Glaubwürdigkeit von Botschaften führt dazu, dass es keine weiteren Zutaten braucht, um Kommunikationswirkung zu erzielen.

Das ändert sich, wenn wir zu Situationen übergehen, in denen es einen Konflikt zwischen den Spielern gibt. Dies ist beispielsweise in öffentliches-Gut-Spielen der Fall. Auch im Ultimatumspiel gibt es gegensätzliche Interessen der Spieler. Die Selbstbindung, die beispielsweise darin besteht sich im öffentliches-Gut-Spiel auf ein effizientes Beitragsverhalten zu verpflichten, ist nicht glaubwürdig, weil sie sich nicht auf ein Nash-Gleichgewicht bezieht. Dennoch beobachten wir im Experiment, dass sie funktioniert, und zwar vor allem dann, wenn die Kommunikation Face-to-Face erfolgt (Brosig et al. 2003). Wenn man unterstellt, dass zumindest einige der Beteiligten glauben, dass nicht alle Spieler rein egoistisch handeln, sondern sich beispielsweise konditional kooperativ verhalten – eine Annahme, für die es durchaus experimentelle Evidenz gibt (siehe Fischbacher et al. 2001) – kann man mehrere Gleichgewichte ableiten, die unterschiedliche Qualitäten besitzen. Das Dilemmaspiel bekommt dann den Charakter eines Koordinationsspiels. Die Aufgabe besteht in diesem Fall wiederum darin, sich auf ein besonders vorzugswürdiges Gleichgewicht zu verständigen.

Eine konsistente Erklärung der Kommunikationswirkung kann somit an zwei Punkten anknüpfen. Entweder verändern durch die Kommunikation ausgelöste Reputationseffekte die strategische Situation – und damit das Gleichgewicht – oder die Kommunikation mit den Mitspielern ändert die Einstellung zu ihnen bzw. liefert zusätzliche Informationen, die zu einer anderen Wahrnehmung der Entscheidungssituation führen. Die experimentelle Evidenz spricht dafür, dass reine Reputationseffekte eine eher geringe Rolle spielen dürften. In den Experimenten zeigte sich, dass es nicht reicht, dass sich die Versuchspersonen visuell identifizieren können, um Verhaltensänderungen auszulösen. Das spricht für den zweiten Punkt, dass sich die Wahrnehmung der Entscheidungssituation ändert, wenn kommuniziert wird. Eine mögliche Erklärung dafür, wie dies geschehen kann, lässt sich auf der Grundlage der sogenannten „psychologischen Spieltheorie" finden, die auf Geanapoklos et al. (1989) zurückgeht. Charness & Duwenberg (2006) zeigen, dass sich die Kommunikationswirkung in Dilemmasituationen durch Schuldaversion (englisch „Guilt Aversion") abbilden lässt. Die Theorie dazu lässt sich wie folgt skizzieren:

Zwei Spieler A und B befinden sich in einer Situation, in der Spieler B von Spieler A etwas bekommen kann (einen Transfer, einen Kooperationsbeitrag oder ähnliches). A geht davon aus, dass B diesbezüglich eine bestimmte Erwartung an ihn hat. Darüber bildet A selbst eine Erwartung. A kann die von ihm erwartete Erwartung des B erfüllen oder verletzen. In letzterem Fall kann die damit verbundene erwartete Enttäuschung von B bei A zu einem Schuldgefühl führen. Wenn Menschen es nicht mögen, dass sie sich schuldig fühlen, dient die Erfüllung der Erwartung der Abwehr dieses Gefühls. Entscheidend ist dabei, dass durch Kommunikation, und insbesondere durch Face-to-Face Kommunikation, die Erwartungen von A über die Erwartungen von B verändert werden können. Dies geschieht in der Regel über Absprachen (englisch „Promises"), die während der Kommunikation getroffen werden. Erwartet A nach einem Gespräch mit B, dass B mehr von ihm erwartet als er vor dem Gespräch angenommen hatte, wächst der Druck auf A, zur Vermeidung von Schuld die Leistung für B zu erhöhen.

Entscheidend in dieser Argumentationskette sind die Erwartungen zweiter Ordnung, die A bildet. Charness & Dufwenberg (2006) benutzen eine Variante des Vertrauensspiels, um experimentell zu testen, ob sich diese Erwartung entsprechend der theoretischen Vorhersage der Schuldaversionstheorie verändert (siehe ◘ Abb. 12.1).

Im ersten Zug entscheidet A, ob er eine Option wählt, die beiden Spielern 5 auszahlt, oder B die Entscheidung überlässt entweder seinerseits eine Option zu wählen, die B 14 und A 0 einbringt, oder die endgültige Auszahlung für A zufällig bestimmen zu lassen. Mit Wahrscheinlichkeit 1/6 geht A bei diesem Zufallszug leer aus, mit Wahrscheinlichkeit 5/6 erhält A 12. B hat eine sichere Auszahlung von 10, wenn er den Zufallszug wählt. In diesem Fall bekommen also beide Spieler im Erwartungswert 10 und damit die doppelte Auszahlung, die sie hätten, würde A mit der Wahl der Option, die beiden Spielern 5 auszahlt, das Spiel beenden.

A hat eine Erwartung darüber, mit welcher Wahrscheinlichkeit B nett ist und den Zufallszug wählt, wenn A ihm dazu Gelegenheit gibt. Über diese Erwartung bildet B eine Erwartung und die sei τ_B. γ_B misst die Sensibilität von B im Hinblick auf ein schlechtes Gewissen, das er sich einhandelt, wenn er die Erwartung von A nicht erfüllt. Wenn er sich nicht für den Zufallszug entscheidet, entgeht A im Erwartungswert eine Auszahlung von 10. Unter Einbeziehung der Schuldaversion ist die Auszahlung von B in diesem Fall $= 14 - \gamma_B\,10\,\tau_B$. Je stärker B erwartet, dass A von ihm erwartet den Zufallszug zu wählen, und je sensibler B auf „Schuld" reagiert, umso geringer ist die Auszahlung, wenn er das Spiel sofort beendet.

In dem Experiment von Charness & Dufwenberg (2006) wurden die A-Spieler nach ihrer Entscheidung gefragt, wie hoch der von ihnen erwartete Anteil der B-Spieler ist, die sich für den Zufallszug entscheiden. Die B-Spieler wurden danach gefragt, welche Antwort sie von den A-Spielern erwarten. Das Experiment wurde mit und ohne Kommunikation gespielt, wobei Kommunikation darin bestand, dass die B-Spieler eine Nachricht an die A-Spieler senden konnten. Das zentrale Ergebnis des Experiments besteht darin, dass sich durch die Kommunikation die Erwartungen der B-Spieler hinsichtlich der Erwartungen der A-Spieler veränderten und dass die Outside Option von den B-Spielern seltener gewählt wurde. Dieses Ergebnis steht im Einklang mit der These, dass es Schuldaversion ist, die die Wirkung von Kommunikation begründet. Zudem kann durch Schuldaversion erklärt werden, warum Versprechen der Versuchspersonen während der Kommunikation eine große Wirkung entfalten. Diese nicht einzuhalten fällt bei Vorliegen von Schuldaversion schwer.

Das schließt natürlich nicht aus, dass auch andere psychologische Gründe dafür existieren, warum Kommunikation die Einstellung zu den Kommunikationspartnern verändert. Beispielsweise könnte Empathie eine wichtige Rolle spielen und die wiederum muss nicht allein Grundlage für Schuldaversion sein, sondern kann zum Beispiel auch Sympathie begründen. In etwas verallgemeinerter Form liefert Kartik (2009) die spieltheoretische Begründung dafür, dass solche psychologischen Motive auch bei Rationalverhalten dazu führen, dass sich unterschiedliche Gleichgewichte ergeben. Im Zentrum stehen dabei die Kosten, mit denen Lügen bzw. die Nichteinhaltung von Versprechen verbunden sind. Wo-

12

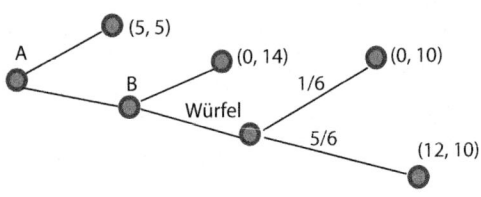

◘ **Abb. 12.1** Spielbaum im Experiment von Charness & Dufwenberg. (Vgl. Charness & Dufwenberg 2006, S. 1581)

her diese Kosten kommen, bleibt dabei offen. Es kann Schuldaversion sein, eine generelle Vorliebe für das Einhalten von Versprechen (Vanberg 2008) oder das Streben nach Konsistenz (Ellingsen & Johannesson 2004). Natürlich könnte auch die soziale Distanz zwischen den Versuchspersonen eine Rolle spielen (inwiefern sowohl Versprechen als auch Argumente zur Reduktion sozialer Distanz das Verhalten beeinflussen, untersucht die bereits genannte Studie von Brosig-Koch und Heinrich 2018, die auf Labor- und Felddaten basiert). Die vielleicht wichtigste Einsicht des Modells besteht darin, dass mit steigenden Kosten der Lüge die Gleichgewichte immer weniger Unwahrheit enthalten. Sind die Kosten dagegen gering, kommt es zu dem was Kartik „Language Inflation" nennt: Im Gleichgewicht lügen alle und diejenigen, die belogen werden, wissen das. Dennoch muss man weiter lügen, weil die Belogenen für die Lüge korrigieren und deshalb die Wahrheit nicht belohnt wird, sondern der gleichen Korrektur unterzogen wird.

Zusammengefasst lässt sich für das zwölfte Kapitel festhalten, dass die Kommunikationswirkung sehr stark von der Art und Weise abhängt, in der kommuniziert wird. Bei der Gestaltung des experimentellen (Kommunikations-)Designs gibt es immer eine Abwägung zwischen interner und externer Validität – und diese Abwägung sollte stets vor dem Hintergrund der Forschungsfrage erfolgen, die man mit dem Experiment beantworten möchte.

Die Entscheidung der Versuchspersonen

In Laborexperimenten geht es darum, Versuchspersonen mit Fragestellungen zu konfrontieren und ihre Entscheidungen unter kontrollierten Bedingungen zu beobachten. Experimentatoren richten also gewissermaßen Fragen an die Versuchspersonen, die diese durch ihre Entscheidungen beantworten. Aber wie sollen diese Fragen formuliert werden? Und in welcher Form sollen die Antworten erhoben werden? Auf diese beiden methodischen Fragen gibt es keine eindeutige Antwort, denn es gibt unterschiedliche Wege und Methoden und alle haben ihre Vor- und Nachteile. Deshalb müssen vor den Versuchspersonen erst einmal die Experimentatoren eine Entscheidung treffen: Welches Erhebungsdesign ist für unser konkretes Experiment das Beste? Eine Antwort lässt sich nur dann finden, wenn man die Forschungsfrage kennt, die dem Experiment zugrunde liegt und wenn die Hypothesen für das Experiment feststehen. Beides, die Formulierung der Forschungsfrage und das Aufstellen von Hypothesen sind daher wichtige erste Schritte auf dem Weg zum passenden experimentellen Design. Die Frage nach der richtigen statistischen Analyse der Ergebnisse spielt ebenfalls eine wichtige Rolle. Wir werden in Teil 4 darauf eingehen. Die folgenden Abschnitte sollen einen Überblick dazu geben, welche Möglichkeiten es für die Entscheidungsabfrage gibt.

13.1 Strategiemethode versus direkte Antwort

Bei Experimenten, in denen es um das Entscheidungsverhalten einzelner Versuchspersonen geht und keinerlei strategische Interaktion stattfindet, ist die Erhebungsmethode in aller Regel einfach zu bestimmen: Die Versuchspersonen werden mit einem konkreten Entscheidungsproblem konfrontiert, d. h. sie müssen eine Auswahl treffen und diese Auswahl wird abgefragt. Deutlich komplexer kann die Sache werden, wenn es im Experiment zu strategischen Interaktionen kommt. Dabei ist es zunächst einmal unerheblich, ob das Spiel, das die Versuchspersonen spielen, simultan oder sequentiell abläuft. Zum besseren Verständnis ist es aber einfacher, von einem sequentiellen Spiel auszugehen.

Der Normalfall besteht dann darin, dass die Spieler in der vorgesehenen Reihenfolge ihre Züge ausführen. Dabei reagiert der Zweitziehende auf den Zug des Erstziehenden, der Drittziehende auf den des Zweitziehenden usw. Die Spieler geben also eine direkte Antwort auf das, was der vor ihnen Ziehende tut. Diese Methode der Ermittlung von Antworten ist einfach und leicht zu verstehen. Aber sie kann aus der Sicht der Experimentatoren einen erheblichen Nachteil haben. Nehmen wir das einfachste sequentielle Spiel, das man sich vorstellen kann. Zwei Spieler wählen jeweils zwischen zwei möglichen Alternativen. In diesem Fall gibt es vier mögliche Ausgänge des Spiels. Jede einzelne Entscheidung, die beobachtet wird, liefert aber nur Informationen über einen der vier möglichen Pfade, auf denen der Spielbaum durchlaufen werden kann. Nehmen wir an, der Erstziehende hat die Wahl zwischen den Alternativen a und b. Wenn die Erstziehenden (aus welchem Grund auch immer) eine Vorliebe für a haben und in neun von zehn Fällen diese Strategie wählen, wird es ziemlich schwierig und teuer, genug Beobachtungen in dem auf b folgenden Teilspiel zu sammeln.

Die Strategiemethode, die im Wesentlichen auf eine Arbeit von Selten (1967) zurückgeht, verspricht eine elegante Lösung für dieses Problem. Anstatt den Zweitziehenden mit der Entscheidung des Erstziehenden zu konfrontieren, stellt man ihm die Aufgabe, eine komplette Strategie anzugeben. In unserem einfachen Beispiel müsste er damit angeben, was er an den beiden Knoten tun wird, an die er gelangen kann. Er muss also angeben, wie er antwortet, wenn der Erstziehende a spielt und wenn er b spielt. Das Ergebnis des

Spiels erhält man, indem der Zug, für den sich der Erstziehende entscheidet, mit der entsprechenden Antwort aus der Strategie des Zweitziehenden kombiniert wird. Auf diese Weise sammelt der Experimentator Informationen über das Verhalten im gesamten Spiel. In einem Laborexperiment kostet jede Entscheidung Geld und Zeit. Die Strategiemethode verspricht, mit Beidem sehr sparsam umzugehen. Einen Einfluss auf die Entscheidung sollte die Anwendung dieser Methode nicht haben, denn warum sollte der Zweitziehende in seiner Strategie eine andere Antwort auf den Zug a (oder den Zug b) angeben als die, die er dann wählen würde, wenn er eine direkte Antwort auf den Zug des Erstziehenden geben müsste?! Genau diese Frage war Gegenstand einer ganzen Reihe von Untersuchungen und lange Zeit (genauer gesagt bis 2003) sprach vieles dafür, dass es in der Tat keinen Unterschied macht, welches Erhebungsverfahren verwendet wird.

Brandts & Charness (2011) haben in einem Übersichtsartikel alle Experimente zusammengetragen, die sich damit befassen, ob die Strategiemethode zu den gleichen Ergebnissen führt wie die Erhebung direkter Antworten. Die Mehrzahl der dort aufgeführten Studien findet keinen Unterschied, aber es gibt vier Studien, die durchaus eindeutige und signifikante Effekte finden.[1] Zur Verdeutlichung stellen wir eine davon etwas näher vor.

Brosig et al. (2004) verwenden in ihrem Experiment zur Überprüfung der Strategiemethode ein einfaches sequentielles Spiel mit dem in ◘ Abb. 13.1 dargestellten Spielbaum.

Das Spiel wurde in zwei Varianten gespielt, die sich lediglich in der Auszahlung an den Zweitziehenden im Endknoten, der auf B und 1 folgt, unterschieden – $(-4, 5)$ versus $(-4, 0)$. Die Prognose des teilspielperfekten Gleichgewichts bei rein egoistischem Verhalten ist in beiden Varianten gleich: Der Erstziehende E wird B wählen und der Zweitziehende Z wird 2 wählen. Die Auszahlungsvariation sollte also theoretisch völlig unerheblich sein. Allerdings ist dieses Gleichgewicht ineffizient, denn beide Spieler können sich besser stellen, wenn Spieler E A und Spieler Z 2 wählt. Spielt E allerdings A, so ist es die beste Antwort von Z, diesen Zug auszubeuten und 1 zu spielen. Andererseits, wenn E B spielt, besteht für Z die Möglichkeit, durch Wahl von 1 den Erstziehenden zu bestrafen. Den Bestrafungskosten von 2 oder 7, die Spieler Z entstehen, steht ein Verlust von 14 für Spieler E gegenüber. Die beiden Varianten des Spiels unterscheiden sich also hinsichtlich der Effektivität, mit der Z den E bestrafen kann.

Beide Experimente wurde jeweils mit direkter Abfrage („Hot") und mit der Strategiemethode („Cold") durchgeführt. Im Hinblick auf das Verhalten des Zweitziehenden zeigte sich, dass diese sich überwiegend wie theoretisch prognostiziert verhielten, d. h. fast immer ihre beste Antwort spielten. Mit einer Ausnahme: Wurde das Spiel „Hot" gespielt und waren die Bestrafungsmöglichkeiten gut, wurden über 40 % der B-Züge von E durch die

◘ **Abb. 13.1** Spielbaum im Experiment von Brosig et al. (Vgl. Brosig et al. 2004, S. 579)

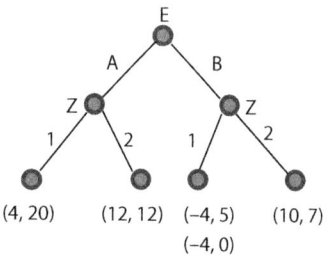

---

[1]   Eine ganze Reihe von Studien liefern unterschiedliche Ergebnisse, d. h. in einzelnen Anordnungen wirkt sich die Strategiemethode aus, in anderen nicht. Vgl. Brandts & Charness (2011).

Z-Spieler bestraft. In der „Cold" Variante des gleichen Spiels wurden nur 4 % der B-Züge bestraft. Die Interpretation dieses Ergebnisses ist naheliegend: Wird man unmittelbar mit einem unfreundlichen Zug konfrontiert, ist die Bereitschaft unter eigenen Kosten eine Bestrafung durchzuführen deutlich ausgeprägter als wenn man mit der hypothetischen Möglichkeit konfrontiert wird, dass der andere Spieler unfreundlich sein könnte.

Die Übersicht bei Brandts & Charness (2011) zeigt deutlich, dass die Strategiemethode dann, wenn es um Bestrafungsentscheidungen geht, nicht immer neutral ist. Ein ganz ähnliches Verhalten wie bei Brosig et al. (2004) findet sich auch bei Brandts & Charness (2003) und bei Oxoby & McLeish (2004). Es ist deshalb gerechtfertigt zu vermuten, dass in Experimenten, in denen Versuchspersonen darüber entscheiden können, ob sie andere Versuchspersonen bestrafen wollen, die Strategiemethode eine Art „Abkühlungseffekt" hat, der dazu führt, dass Bestrafungen seltener durchgeführt werden. Einen ganz ähnlichen Effekt beobachteten Grimm & Mengel (2011) ohne die Strategiemethode zu verwenden. In ihrem Ultimatumspielexperiment mussten die Responders einen Fragebogen ausfüllen, nachdem sie ihre Entscheidung getroffen hatten. Danach wurden sie gefragt, ob sie bei ihrer ursprünglichen Entscheidung bleiben oder diese ändern wollten. Tatsächlich taten das einige Versuchspersonen und es zeigte sich, dass in der Anordnung mit der „zweiten Chance" signifikant weniger Angebote der Proposers abgelehnt wurden als in einer Anordnung, in der die Responders nicht die Gelegenheit hatten, ihre Entscheidung zu revidieren. Offensichtlich ist die Entscheidung, den Proposer zu bestrafen, leichter zu treffen, wenn man unmittelbar mit seinem Angebot konfrontiert wird, als wenn man Gelegenheit hatte, darüber eine Weile nachzudenken.

Brandts & Charness (2011) machen noch andere Aspekte aus, die einen Unterschied zwischen der Strategiemethode und der direkten Abfrage begünstigen. Es hat den Anschein als seien einfache Entscheidungen, bei denen die Versuchspersonen aus wenigen Alternativen auswählen müssen, anfälliger als komplexe Entscheidungen. Das Nachdenken über eine schwerer erfassbare Entscheidungssituation scheint einen Abkühlungseffekt zu haben, der dem von Grimm & Mengel (2011) beobachteten ähnlich ist. Wird die Entscheidung im Experiment wiederholt getroffen, hat das ebenfalls zur Folge, dass die Differenzen zwischen „Hot" und „Cold" gespielten Anordnungen geringer werden.

Allerdings sind damit vermutlich nicht alle Effekte erfasst, die die Verwendung der Strategiemethode haben kann. Das zeigt sich beispielsweise daran, dass bei Brosig et al. (2004) nicht nur die Zweitziehenden auf die Verwendung der Strategiemethode reagieren, sondern auch die Erstziehenden. Zur Erinnerung: Die Erstziehenden hatten die Wahl zwischen A und B. Letzterer war der Gleichgewichtszug, ersterer ein Zug, der den Zweitziehenden in die Rolle eines Diktators bringt, der 24 € entweder fair (12, 12) oder zu seinen Gunsten (4, 20) aufteilen kann. Es zeigt sich, dass der Anteil der A-Züge in den beiden Anordnungen, in denen die Strategiemethode angewendet wurde, signifikant höher waren als in den entsprechenden Anordnungen mit direkter Abfrage. Auf den ersten Blick ist es nicht verwunderlich, dass die Erstziehenden einen Unterschied zwischen der „Hot" und der „Cold" Variante sehen, denn sie könnten ja antizipieren, dass ein B-Zug in der „Hot" Variante häufiger bestraft wird als in der „Cold" Variante. Dann allerdings sollten sie in den „Hot" Anordnungen häufiger A spielen und nicht in den „Cold" Anordnungen. Da in allen Anordnungen der A-Zug fast immer ausgebeutet wurde, muss die Entscheidung der Erstziehenden in den Experimenten mit der Strategiemethode auf einer falschen Erwartung hinsichtlich des Verhaltens der Zweitziehenden beruht haben. Brosig et al. (2004) vermuten hierzu unter anderem, dass bei der Strategiemethode der Zweitziehende das gesamte Spiel durchdenken muss, d. h. er muss sich die Auszahlungen an allen Endknoten ansehen und eine Entscheidung für jeden möglichen Spielverlauf treffen. Dies könnte – so die mögliche Erwartung des Erstziehenden – die nette Geste, die mit einem A-Zug des E verbunden ist, deutlicher machen und damit die Wahrscheinlichkeit des 1-Zuges (Belohnung) erhöhen.

? Fragen
- Fallen Ihnen reale Situationen ein, die man entweder „Hot" oder „Cold" gestalten kann?
- Welche Lehren würden Sie für solche Situationen aus den hier berichteten experimentellen Befunden ziehen?

Zusammengefasst kann man sagen, dass die Verwendung der Strategiemethode durchaus erhebliche Vorteile hat. Sie erlaubt es häufig die knappen Mittel, die für Experimente zur Verfügung stehen, so einzusetzen, dass ein Maximum an Information gewonnen werden kann. In vielen Fällen ist es sehr wahrscheinlich, dass die Strategiemethode nicht zu anderen Ergebnissen führt als die Erhebung direkter Antworten. Aber es kann auch vorkommen, dass die Art der Entscheidungsabfrage Verhaltensunterschiede auslöst. Insbesondere, wenn es um Bestrafung geht, ist Vorsicht geboten. Bestehen Zweifel, ob die Strategiemethode im konkreten Fall neutral ist oder nicht, hilft ein Kontrollversuch, bei dem die Verfahren gegenübergestellt werden.

13.2 Experimente mit realen Anstrengungen

In ökonomischen Experimenten geht es fast immer um Entscheidungen, bei denen Kosten eine Rolle spielen. Sei es, dass die Versuchspersonen vor einer Verteilungsaufgabe stehen, bei der jede Abgabe, die sie leisten, zu Lasten ihrer Auszahlung geht, sei es, dass sie Güter erwerben oder einen Beitrag zur Produktion von Gütern erbringen. Mitunter werden auch Arbeitsanstrengungen, die man unternimmt, um eine Aufgabe zu erfüllen, durch entsprechend gestaltete Kostenfunktionen abgebildet (beispielsweise im Minimum-Effort-Koordinationsspiel). Um Kosten im Labor zu implementieren, wird in der Regel ein zweistufiges Verfahren verwendet. Die erste Stufe besteht darin, dass den Versuchspersonen Einkommen in Form einer Anfangsausstattung gegeben wird (englisch „House Money"). Dieses Einkommen kann dann zur Deckung der anfallenden Kosten verwendet werden. Auf der zweiten Stufe werden die Kosten in Form einer mathematischen Funktion angegeben. Dabei bestehen erhebliche Gestaltungsspielräume. Beispielsweise kann die Kostenfunktion konvex verlaufen, um abzubilden, dass Anstrengungen, die man leistet, immer schwerer fallen.

Kosten auf diese Weise zu induzieren hat erhebliche Vorteile. Vor allem deshalb, weil der Experimentator dabei die vollständige Kontrolle behält. Weil die Kosten Bestandteil der Auszahlungsfunktion sind, ist unzweifelhaft, in welcher Höhe sie tatsächlich anfallen. Dieses hohe Maß an Kontrolle hat aber seinen Preis. Beide Stufen des Verfahrens sind durchaus mit Problem verbunden. Im ▶ Abschn. 8.4 haben wir uns mit dem House-Money Effekt beschäftigt. Menschen gehen mit geschenktem Geld unter Umständen anders um als mit dem Geld, für das sie gearbeitet haben. Versuchspersonen erst Geld zu schenken, das sie dann zur Deckung von Kosten einsetzen können, ist deshalb nicht unproblematisch. Man muss davon ausgehen, dass der Einsatz von House-Money die externe Validität von Experimenten beeinträchtigen kann. Das gleiche gilt für die Vorgabe einer Kostenfunktion. In aller Regel begegnen uns Kosten – gleich welcher Art – in der Realität nicht in Form einer mathematischen Funktion. Das gilt erst recht, wenn es um physische oder psychische Anstrengungen geht, die wir beispielsweise bei der Erledigung von Arbeit auf uns nehmen.

Nun kommt man um Beides nicht herum: Man muss die Versuchspersonen mit Geld ausstatten, weil sie, wenn sie mit eigenem Geld spielen müssten, vermutlich nicht am Experiment teilnehmen würden, und man muss in der Lage sein, Kosten im Experiment zu installieren. Eine Alternative zu der Vergabe von House-Money besteht darin, die Versuchspersonen für das Geld, das sie bekommen, arbeiten zu lassen und Anstrengungen in Form von realen Arbeitsanstrengungen (englisch „Real Effort") einzuführen. Das steigert die externe Validität und vermeidet den House-Money Effekt, hat aber den Nachteil, dass die Kontrolle über die Kosten verloren geht. Lässt man Versuchspersonen „arbeiten", um ihnen Kosten aufzuerlegen, hängt die tatsächliche Höhe der Kosten, die die Versuchspersonen tragen, von dem Arbeitsleid ab, das sie erleiden – und das ist nicht beobachtbar!

In der Literatur unterscheidet man zwischen „Real Effort" Designs und „Chosen Effort" Designs (Gill & Prowse 2012). Bei ersteren müssen reale Anstrengungen erbracht werden, bei letzteren wird ein Anstrengungsniveau gewählt, mit dem Kosten verbunden sind, die durch eine entsprechende Kostenfunktion vorgegeben werden. Die Frage ist, unter welchen Bedingungen ein Real Effort Design angezeigt ist und vor allem, wie dieses konkret gestaltet werden kann. Um die letztgenannte Frage beantworten zu können, muss man bedenken, dass die Verwendung realer Anstrengungen im Experiment auf zweierlei Art zu einem Verlust an Kontrolle führt. Erstens sind die Fähigkeiten und Präferenzen der Versuchspersonen im Hinblick auf die ihnen gestellte Aufgabe nicht beobachtbar, so dass *a priori* das tatsächliche Arbeitsleid nicht beobachtbar ist. Zweitens lassen sich Lerneffekte bei wiederholter Durchführung einer Aufgabe kaum vermeiden, d. h. die tatsächlichen Anstrengungen und die damit verbundenen tatsächlichen Kosten können sich auch noch im Verlauf des Experiments verändern.

Welche Anforderungen sollte eine Arbeitsleistung, die in einem Experiment zu erbringen ist, sinnvollerweise erfüllen? Eine wichtige Anforderung ist, dass sie so gestaltet ist, dass man davon ausgehen kann, dass zumindest zu Beginn des Experiments alle Versuchspersonen gleich gut darin sind, diese Leistung zu erbringen. Es sollten also keine Vorkenntnisse erforderlich sein, die in unterschiedlichem Maße vorliegen können, und die persönliche Begabung sollte keine wichtige Rolle spielen. Klar ist außerdem, dass die Aufgabe leicht zu erklären sein sollte, sodass die Versuchspersonen sicher verstehen, worum es geht. Schließlich sollte das Arbeitsergebnis gut und sicher messbar sein und einen Vergleich zwischen den Versuchspersonen ermöglichen. Schließlich sollte die Aufgabe so gestaltet sein, dass eventuelle Lerneffekte minimiert werden und messbar sind, so dass gegebenenfalls um diese Effekte korrigiert werden kann.

Eine zentrale Frage ist natürlich, ob die Verwendung von realen Arbeitsanstrengungen zu anderen Ergebnissen führt als die Auswahl eines monetäre Kosten verursachenden Anstrengungsniveaus. Es gibt unseres Wissens nur wenige Studien, in denen ein direkter Vergleich angestellt wird. Eine sei hier etwas ausführlicher vorgestellt, weil sich an ihr einige wichtige methodische Aspekte von Experimenten mit realen Anstrengungen gut demonstrieren lassen. Brüggen & Strobel (2007) führen den Vergleich durch, um eine sehr spezielle Forschungsfrage zu beantworten. Es geht um einen zentralen Befund aus sogenannten „Gift-Exchange"-Experimenten. Im Gift-Exchange-Spiel unterbreiten Unternehmen Arbeitern Lohnangebote. Nachdem die Arbeiter ein Lohnangebot angenommen haben, entscheiden sie darüber, wie sehr sie sich bei der Arbeit anstrengen. Im teilspiel-perfekten Gleichgewicht antizipieren die Unternehmen, dass es für die Arbeiter immer beste Antwort ist die geringstmögliche Anstrengung zu wählen, und bieten deshalb den geringstmöglichen Lohn an. Im Experiment zeigt sich allerdings, dass die Unternehmen höhere Löhne als im Gleichgewicht anbieten und dass die Arbeiter darauf mit höherer Anstrengung reagieren. Dieses Verhalten im Gift-Exchange-Spiel gilt als Musterbeispiel für Reziprozität und hat nicht zuletzt in der Arbeitsmarktliteratur große Bedeutung erlangt (Fehr et al. 1993, 1998).

Die Frage, die Brüggen und Strobel beantworten wollen, lautet, ob auch dann noch die Reziprozität im Gift-Exchange-Experiment beobachtet werden kann, wenn die Arbeiter in diesem Experiment reale Arbeitsleistungen erbringen müssen und nicht ihr Anstrengungsniveau einfach wählen können. Die Arbeitsleistung, die in ihrem Experiment zu erbringen war, bestand darin, innerhalb von fünf Minuten möglichst viele Multiplikationsaufgaben zu lösen, bei denen zwei zweistellige Zahlen miteinander multipliziert werden mussten. Auf den ersten Blick ist diese Aufgabe nicht sehr gut geeignet, denn erstens können Versuchspersonen mehr oder weniger gut Kopfrechnen und zweitens dürften Lerneffekte auftreten, wenn die Aufgabe mehrfach zu erledigen ist (was in dem Experiment der Fall war). Aber Brüggen und Strobel finden einen geschickten Weg, um für beide Effekte zu kontrollieren.

Die Versuchspersonen wurden eine Woche vor dem Versuch eingeladen und mussten Multiplikationsaufgaben lösen. Für jede richtige Multiplikation bekamen sie einen festen Betrag ausgezahlt, so dass es sich lohnte, fünf Minuten lang konzentriert zu rechnen. Auf diese Weise erfuhren die Experimentatoren, wie gut die einzelnen Versuchspersonen in dieser Disziplin waren. Die Leistung im eigentlichen Experiment wurde dann in Prozent der Leistung in dem Vorversuch gewertet. Wenn also jemand im Vorversuch 20 und im Gift-Exchange-Experiment nur 10 Aufgaben löst, dann hat er eine Anstrengung in Höhe von 50 % seiner Leistungsfähigkeit erbracht. Um mögliche Lerneffekte zu erfassen, wurde eine Gruppe von Versuchspersonen zweimal dem Vorversuch unterzogen, mit einer Woche Pause dazwischen. Es zeigte sich, dass beim zweiten Mal die Rechenleistung etwa 20 % höher lag. Mit diesem Faktor wurden die Leistungen im Gift-Exchange-Experiment korrigiert.

Schließlich mussten die Versuchspersonen am Ende des Experiments einen Fragebogen ausfüllen, mit dem erhoben wurde, ob ihnen die Arbeit Freude bereitet hat. Das ist eine durchaus wichtige Frage, denn man muss bedenken, dass die Versuchspersonen, die die Rolle der Arbeiter hatten, nach Annahme des Vertrags fünf Minuten Zeit bekamen, um zu rechnen. Die Alternative zum Rechnen war dabei die fünf Minuten einfach abzuwarten, was vergleichsweise langweilig ist. Es zeigte sich tatsächlich, dass die Versuchspersonen einen gewissen Spaß an der Arbeit hatten, so dass die Rechenaufgaben nicht zwingend mit Arbeitsleid verbunden waren.

Brüggen & Strobel (2007) beobachteten, dass es in beiden Anordnungen, d. h. unter „Real Efforts" und unter „Chosen Efforts" zu der gleichen Reaktion auf die Lohnangebote kam. In beiden Fällen steigerten die Arbeiter ihren Arbeitseinsatz, wenn der Lohn erhöht wurde. In beiden Fällen kam es also zu Reziprozität. Es zeigten sich aber auch bemerkenswerte Unterschiede. Beispielsweise war die Varianz der Anstrengungen bei realer Arbeitsleistung deutlich höher als bei einfacher Auswahl des Anstrengungsniveaus. Ebenfalls erstaunlich war, dass die durchschnittliche Arbeitsleistung bei den Rechenaufgaben um den Faktor vier höher lag als bei der Auswahl der Anstrengungsniveaus.[2]

Das Experiment von Brüggen & Strobel (2007) zeigt, dass bei entsprechender Wahl der Arbeitsaufgabe umfangreiche Korrekturen notwendig sind, um Begabungs- und Lerneffekte zu berücksichtigen. In der Literatur findet sich eine große Anzahl von Arbeitsaufgaben, die mehrheitlich geringere Ansprüche an die Begabung stellen als das Kopfrechnen bei Brüggen und Strobel. Eine kleine Auswahl: Gneezy et al. (2003) lassen die Versuchspersonen Wege aus Labyrinthen finden, bei Hoffman et al. (1994) müssen sie allgemeine Quizfragen beantworten, Sutter & Weck-Hannemann (2003) stellen die Versuchspersonen vor mathematische Probleme und Fahr & Irlenbusch (2000) lassen ihre Versuchspersonen Walnüsse knacken. Beliebt ist auch das Falten und Eintüten von Briefen, wie es zum Beispiel bei Blaufuß et al. (2013) und Fochmann & Weimann (2013) praktiziert wurde.[3]

Zwei Verfahren, um Real Efforts zu generieren seien hier etwas näher vorgestellt, weil sie den Vorteil haben, relativ gut die meisten der oben genannten Anforderungen zu erfüllen. Gill & Prowse (2012) schlagen ein sogenanntes „Slider-Verfahren" vor. Dabei werden Slider verwendet, die mit der Computermaus auf einem Intervall von 0 bis 100 bewegt werden können. 48 davon befinden sich auf einer Seite und alle stehen zu Beginn auf dem Wert 0. Die Aufgabe besteht darin, innerhalb von zwei Minuten möglichst viele Slider genau auf den Wert 50 einzustellen. Das Verfahren ist einfach zu vermitteln und anzuwenden, weil die Slider mit z-tree erstellt wurden, einer Programmiersprache, die in experimentellen Laboren weit verbreitet ist. Die Autoren bieten das entsprechende Programm kostenlos an. Allerdings kann auch das Slider-Verfahren nicht ausschließen, dass es zu Lerneffekten kommt, wenn es wiederholt verwendet wird. An dieser Stelle setzt das zweite Verfahren an, das hier vorgestellt werden soll. Benndorf et al. (2018) knüpfen an ein Verfahren an, dass Erkal et al. (2011) eingeführt haben. Den Versuchspersonen wird eine Tabelle bereitgestellt, in der Buchstaben ein jeweils dreistelliger Code zugeordnet wird. Danach bekommen die Versuchspersonen einfache Worte präsentiert und sie müssen den Buchstaben, aus denen das Wort besteht, jeweils die zugehörigen Codezahlen zuordnen. Die Innovation, die Benndorf et al. vorschlagen, besteht darin, dass sie nach jedem Durchgang die Tabelle in zweifacher Hinsicht verändern: Sowohl die Reihenfolge der Buchstaben als auch die Zahlencodes werden zufällig variiert. Der Effekt ist, dass die Codes nicht gelernt werden können, und das führt dazu, dass die Lerneffekte insgesamt sehr gering ausfallen. Bei zehnfacher Wiederholung der Aufgabe stieg in dem Experiment von Benndorf et al. die Arbeitsleistung nur um 8 %. Bei anderen Aufgaben steigt sie häufig um 20 % und mehr. Beide Verfahren können allerdings nicht ausschließen, dass die Versuchspersonen Spaß an der Aufgabe haben.

Abschließend sei angemerkt, dass es eine offene Frage ist, ob mit Arbeitsaufgaben, wie sie hier beschrieben werden, die externe Validität wirklich gesteigert werden kann. Dagegen spricht, dass die Arbeitsaufträge, mit denen die Versuchspersonen konfrontiert werden, doch sehr weit von dem entfernt sind, was im realen Leben an Arbeit zu erledigen ist. Dahinter steckt ein schwieriger Zielkonflikt: Je näher man die Arbeitsaufgabe an die

---

[2]   Der Eigenwert der Arbeit hat dazu natürlich beigetragen, allerdings ist die Anstrengungsleistung bei den „Chosen Efforts" erstaunlich gering. Sie liegt bei 23 %, was Kosten in Höhe von 1,3 Geldeinheiten verursacht (0,13 €). Im Payoff-Raum gemessen liegt das nahe am Gleichgewicht.

[3]   Um eine Vorstellung von der Arbeitsleistung der Versuchspersonen zu geben: In dem zweiten Experiment (Fochmann & Weimann 2013) wurden 43.300 Briefe gefaltet und in Umschläge gesteckt. Durchschnittlich verbrachten die Versuchspersonen 72 Minuten im Labor, wobei sie die Dauer ihres Aufenthaltes frei wählen konnten.

Realität heranführt, umso weniger Kontrolle wird man über die tatsächlichen Kosten haben, die die Versuchspersonen tragen. Nimmt man diesen Kontrollverlust in Kauf, kann man sich dadurch helfen, dass man eine große Zahl von Versuchspersonen in den einzelnen Anordnungen einsetzt. Dann ist die Wahrscheinlichkeit, dass Unterschiede zwischen den Anordnungen auf die Verteilung der Begabungen und Präferenzen im Hinblick auf die Arbeitsaufgabe zurückzuführen sind, entsprechend klein.

13.3 Within- oder Between-Subject Design?

Im Zentrum experimenteller Forschung steht der Vergleich von experimentellen Anordnungen unter kontrollierten Bedingungen. Ein Experiment, das nur aus einer Anordnung besteht, macht relativ wenig Sinn. Es geht also praktisch immer darum, dass Versuchspersonen unter verschiedenen Bedingungen Entscheidungen treffen, wobei sich die Anordnungen, die verglichen werden, möglichst nur in einem Parameter unterscheiden, so dass kausale Schlussfolgerungen möglich werden. Eine grundsätzliche Designfrage ist dabei, ob die einzelnen Versuchspersonen jeweils unterschiedliche Anordnungen durchlaufen oder ob in jeder Anordnung verschiedene Versuchspersonen agieren, die auch nur an einer Anordnung teilnehmen. Im ersten Fall spricht man von einem „Within-Subject Design", weil der Vergleich „innerhalb" ein und derselben Versuchsperson abläuft und in zweiten Fall von einem „Between-Subject Design", weil der Vergleich *zwischen* Versuchspersonen abläuft.

Beide Designs werden in der experimentellen Forschung angewendet und beide Designs haben ihre spezifischen Vor- und Nachteile, die wir im Folgenden diskutieren werden.

- **Vorteile des Within-Subject Designs**

Ein sehr naheliegender Vorteil besteht darin, dass die Anzahl der Beobachtungen pro Versuchsperson höher ist, wenn jede Versuchsperson an mehreren Anordnungen teilnimmt, als wenn zu jeder Anordnung immer neue Versuchspersonen eingeladen werden. Charness et al. (2012) benutzen ein sehr einfaches Beispiel, um den Punkt zu verdeutlichen. Angenommen man führt ein Experiment durch, bei dem man die Zahlungsbereitschaft für ein belegtes Brötchen beim Bäcker um die Ecke und am Verkaufsstand in der Abflughalle des Großflughafens vergleichen will. Im Within Design würde jede Versuchsperson zunächst ihre Zahlungsbereitschaft an der einen und danach an der anderen Stelle angeben, d. h. man erhält pro Person zwei Angaben und damit doppelt so viele, wie bei einem Between Design. Offensichtlich ist allerdings auch, dass dieser Vorteil damit einhergeht, dass die beiden Beobachtungen nicht unabhängig voneinander sein dürften.

Im Vergleich zu einem Between Design hat das Within Design den Vorteil, dass für die interne Validität des Experiments nicht erforderlich ist, dass eine erfolgreiche Randomisierung durchgeführt worden ist (Charness et al. 2012). Werden am Flughafen und in der Bäckerei verschiedene Personen nach ihren Zahlungsbereitschaften befragt, muss sichergestellt sein, dass die Aufteilung auf die beiden Gruppen rein zufällig erfolgte und es dabei zu keinerlei Selektionseffekten gekommen ist. Das erübrigt sich bei einem Within Design.

Ein weiterer Vorteil des Within Designs sehen Charness et al. (2012) darin, dass es eine größere Nähe zur Theorie aufweist. Wenn beispielsweise die Nachfragefunktion eines Haushalts formuliert wird, dann steht dahinter die Vorstellung, dass der Haushalt mit unterschiedlichen Preisen konfrontiert wird und diesen unterschiedliche Nachfrageentscheidungen zuordnet – also ein „Within" Zusammenhang zwischen Preis und Nachfragemenge besteht. Dazu kommt, dass es auch in der Realität darauf ankommt, die Reaktion von Akteuren auf Parameterveränderungen zu beschreiben. Man kann deshalb dem Within Design nicht nur eine höhere interne, sondern auch eine höhere externe Validität zugestehen.

So bietet sich ein Within-Subject Design an, wenn man die Verhaltenseffekte, die auf die Einführung einer bestimmten Maßnahme (z. B. eines neuen Vergütungssystems) im Labor testen möchte. Hier möchte man feststellen, wie sich Versuchspersonen, die mit der alten Maßnahme vertraut sind, auf die neue Maßnahme reagieren – und dies lässt sich sehr gut in einem Within-Subject Design beobachten.

■ Nachteile des Within-Subject Designs

Wie schon erwähnt, lässt sich beim Within Design nicht vermeiden, dass zwischen den einzelnen Beobachtungen in den verschiedenen Anordnungen Abhängigkeiten entstehen. Die können durchaus gewollt sein, wie am Ende des letzten Absatzes kurz geschildert wird. Gehen wir aber zurück zu unserem Brötchenbeispiel. Wenn ein und dieselbe Person beide Zahlungsbereitschaften angibt, dann kann es dazu kommen, dass die erste Angabe einen Anker für die zweite setzt. Um die Ergebnisse interpretieren zu können, muss für diesen Ankereffekt korrigiert werden. Eine Möglichkeit ist natürlich, die Hälfte der Versuchspersonen erst zum Flughafen zu schicken und die andere Hälfte erst zum Bäcker. Die Variation der Reihenfolge gibt Auskunft darüber, ob es einen Ankereffekt gibt, der sich in Gestalt eines Reihenfolgeeffekts zeigt. Sollte ein solcher festzustellen sein, kommt man in ein Dilemma. Natürlich kann man einfach nur die jeweils erste der beiden Beobachtungen betrachten, denn bei denen gibt es den Ankereffekt ja nicht. Dann ist man aber praktisch in einem Between Design. Die andere Möglichkeit ist, dass man die Beobachtungen quasi mittelt. Allerdings ist dann nicht mehr so ganz klar, wie man das Ergebnis interpretieren soll. Die mittlere Differenz zwischen den Zahlungsbereitschaften wird ja nur dann der wahren entsprechen, wenn die Verzerrungen, die durch die Reihenfolge entstehen, symmetrisch sind. Ob das aber der Fall ist, ist keineswegs sicher.

Die Abhängigkeit der Beobachtungen hat auch unmittelbare Auswirkungen auf die Analyse der Daten. Dadurch, dass ein und dieselbe Person unterschiedliche Angaben macht, entsteht eine Panelstruktur der Daten. Das erzwingt den Einsatz von ökonometrischen und statistischen Methoden, die es erlauben, der Tatsache Rechnung zu tragen, dass die Beobachtungen, die von einer Person stammen, Effekten ausgesetzt sind, die auf den Eigenschaften dieser Person basieren.

Wie ausgeprägt die Abhängigkeit zwischen den einzelnen Beobachtungen eines Within Design sind, hängt von dem jeweiligen Experiment ab. Sie ist besonders auffällig, wenn bei den einzelnen Anordnungen ein Übungseffekt auftreten kann. Das ist beispielsweise dann der Fall, wenn ein Parameterwert zwischen den Anordnungen variiert wird, aber die Grundanordnung des Experiments identisch ist und so gestaltet wurde, dass Versuchspersonen von Mal zu Mal besser darin werden, eine Entscheidung zu treffen. Man kann diesen Punkt verallgemeinern. Immer dann, wenn einzelne Anordnungen bei den Versuchspersonen in irgendeiner Weise „nachwirken", sind Within Designs besonders anfällig für Verzerrungen.

Das vermutlich größte Problem, das man sich mit einem Within Design einhandeln kann, besteht zweifellos darin, dass die Konfrontation der Versuchspersonen mit unterschiedlichen Anordnungen dazu führen kann, dass ein Experimentatoreffekt auftritt.

Wenn sich die Anordnungen nur dadurch unterscheiden, dass ein einziger Parameter der Versuchsanordnung verändert wurde, dann zeigt diese Veränderung der Versuchsperson sehr genau, worum es in dem Experiment geht. Im Extremfall legt der Experimentator oder die Experimentatorin mit seinem oder ihrem Versuchsaufbau die Forschungsfrage komplett offen. Das kann, muss aber nicht, dazu führen, dass Versuchspersonen versuchen, sich so zu verhalten, wie sie vermuten, dass es der Experimentator oder die Experimentatorin erwartet. Wird beispielsweise ein Preis variiert, so wäre die Erwartung, dass man bei einem Preisanstieg vermutlich seine Nachfrage reduzieren soll. Alles, was wir im ▶ Abschn. 11.1 zum Experimentatoreffekt gesagt haben, muss bei Within Designs in besonderer Weise beachtet werden.

- **Vorteile des Between-Subject Designs**

Ein klarer Vorteil von Between Anordnungen besteht darin, dass sie sehr einfach zu handhaben sind. Alle Überlegungen, die im Zusammenhang mit Übertragungseffekten zwischen Anordnungen bei Within Designs angestellt werden müssen, können hier entfallen. Die einzige Voraussetzung, die erfüllt werden muss, ist, dass die Zuweisung der Versuchspersonen auf die verschiedenen Anordnungen randomisiert erfolgt. Das bedeutet nicht nur, dass man den Zufall entscheiden lässt, wer in welche Gruppe kommt, sondern auch, dass man kontrolliert, ob es bei der Randomisierung „zufällig" zu einer Selektion gekommen ist. Beispielsweise sollte man kontrollieren, ob die Geschlechterverteilung in den Gruppen einigermaßen gleichmäßig ist. Eine gefährliche Selektion könnte auch dann entstehen, wenn die Verteilung der Studienfächer sehr ungleich wäre. Würde Anordnung A beispielsweise mehrheitlich von Studierenden der Wirtschaftswissenschaft gespielt und Anordnung B überwiegend von Studierenden der Geisteswissenschaften, könnte diese zufällige Selektion zu Verzerrungen führen. Wenn die Randomisierung allerdings erfolgreich ist, dann gilt uneingeschränkt, dass *„random asignment is a powerful tool"* (Charness et al. 2012, S. 3). Das gilt deshalb, weil bei erfolgreicher Randomisierung die Möglichkeit besteht, kausale Effekte sehr sicher nachzuweisen. Wenn sich in einem Between Design ein Anordnungseffekt hoch signifikant nachweisen lässt, dann spricht einiges dafür, dass der Parameter, der verändert wurde, kausal für die Verhaltensunterschiede verantwortlich ist.

Ebenfalls vorteilhaft ist der Umstand, dass die statistische Analyse von Between Daten einfacher ist als die von Within Daten, weil nicht für Abhängigkeiten zwischen den Datenpunkten korrigiert werden muss. Charness et al. (2012) gehen davon aus, dass Between Designs im Vergleich zu Within Designs eher zu konservativen Ergebnissen führen. Das spricht ebenfalls dafür, dass dann, wenn sich ein Effekt im Between-Subject Design signifikant nachweisen lässt, dieser Befund mit relativ hoher Sicherheit eine Kausalität aufdeckt.

- **Die Nachteile des Between-Subject Designs**

Die Nachteile sind gewissermaßen spiegelbildlich zu den Vorteilen des Within Designs. So braucht man unter Umständen deutlich mehr Ressourcen (Zeit, Geld, Versuchspersonen), um zu statistisch aussagekräftigen Daten zu kommen als bei Within Designs. Anders ausgedrückt, bei gleichem Ressourceneinsatz dürfte man mit einem Between Design eine geringere statistische „Power" erreichen als bei einem Within Design. Darüber hinaus ist auch die externe Validität nicht so unmittelbar gegeben wie bei Within Designs. Allerdings kann man durchaus argumentieren, dass dieser Nachteil durch die hohe Sicherheit, die man beim Nachweis von kausalen Effekten gewinnt, mehr als kompensiert wird.

Wie man sieht, haben beide Verfahren ihre Vor- und Nachteile. Man kann die Probleme, die sich bei Within Designs durch Übertragungseffekte zwischen den Anordnungen ergeben, dadurch ein bisschen abmildern, dass man zwischen die Anordnungen, auf die es in dem Experiment ankommt, Anordnungen einstreut, die mit der eigentlichen Forschungsfrage nichts zu tun haben und die nur deshalb durchgeführt werden, um die Versuchspersonen abzulenken und auch ein bisschen zu irritieren, so dass sie die Forschungsfrage nicht so einfach aus den Anordnungen schließen können. Allerdings dauert das Experiment dann länger und ist mit einem höheren Ressourceneinsatz verbunden. Zudem sind auch hier Lerneffekte nicht ausgeschlossen. Man kann beide Designs auch sehr sinnvoll miteinander kombinieren. Nehmen wir an, in einem Experiment werden zwei Anordnungen A und B gespielt. Eine Hälfte der Versuchspersonen durchläuft A, die andere Hälfte B. Damit hat man ein klassisches Between-Subject Design realisiert. Es spricht aber nichts dagegen, danach diejenigen, die A gespielt haben, auch noch B spielen zu lassen und die, die B hatten, A zu präsentieren. Das ändert an der Qualität der Daten des ersten Durchgangs gar nichts, aber man gewinnt jetzt ein Within Design mit Kontrolle der Reihenfolge hinzu. Auf diese Weise kann man die Vorteile beider Verfahren in einem Experiment nutzen.

> **Wichtig**
> Bei der Frage, worüber die Versuchspersonen entscheiden sollen, müssen Experimentatoren drei grundsätzliche Entscheidungen treffen. Erstens müssen sie festlegen, ob die Versuchspersonen auf eine konkrete Entscheidung eines anderen Spielers reagieren sollen oder ob sie eine komplette Strategie angeben müssen. Die Strategiemethode besteht darin, dass für alle möglichen Züge der anderen Spieler eine Antwort angegeben wird. Wir haben gesehen, dass die Strategiemethode erhebliche Vorteile hat, weil sie es ermöglicht viele Entscheidungen mit relativ geringem Aufwand zu generieren. Man muss sich aber darüber im Klaren sein, dass sie auch dazu führen kann, dass die Antworten der Spieler anders ausfallen als bei direkter Antwort auf eine Entscheidung des Gegenspielers.
>
> Zweitens müssen die Experimentatoren entscheiden, ob sie den Versuchspersonen Geld geben, ohne dass diese eine Vorleistung erbringen, oder ob sie eine solche Vorleistung verlangen. Entscheiden sie sich dafür, zur Vermeidung eines House-Money Effekts die Versuchspersonen für ihr Geld „arbeiten" zu lassen, muss entschieden werden, welche Art von Arbeit verlangt wird. Problematisch sind dabei vor allem Lerneffekte, die dazu führen, dass sich die Arbeitsleistung über die Zeit nicht linear entwickelt.
>
> Die dritte Grundsatzentscheidung ist die zwischen einem Within-Subject Design und einem Between-Subject Design. Beide haben Vor- und Nachteile, die man sorgsam abwägen muss. Eine Daumenregel besteht darin, dass ein Between Design statistisch einfacher zu behandeln ist, dafür ein Within Design in vielen Fällen ein gewisses Plus bei der externen Validität aufweisen kann.

13

Die Wiederholung von Spielen

© Springer-Verlag GmbH Deutschland, ein Teil von Springer Nature 2019
J. Weimann und J. Brosig-Koch, *Einführung in die experimentelle Wirtschaftsforschung*,
https://doi.org/10.1007/978-3-642-32765-0_14

Die wenigsten ökonomisch interessanten Entscheidungen sind so gelagert, dass man sie einmal trifft und dann nie wieder mit ihnen konfrontiert wird. Die Regel ist, dass man Entscheidungen immer wieder treffen muss. Manche trifft man sogar sehr oft. In einem gewissen Sinne ist das auch gut so, denn das gibt uns Gelegenheit zu lernen und unser Verhalten an Erfahrungen anzupassen. Dies ist auch der Grund, warum sehr viele Spiele wiederholt durchgeführt werden. Das heißt, dass Versuchspersonen ein und dieselbe Entscheidung mehrfach innerhalb eines Experimentes treffen. Die methodischen Implikationen, die das hat, hängen davon ab, wie die Wiederholungen gestaltet werden. Beispielsweise gilt für Experimente, in denen es zu strategischen Interaktionen kommt, dass es einen erheblichen Unterschied macht, ob diese Interaktion in Form eines wiederholten „One-Shot"-Spiels stattfindet – also in jeder Runde mit einem neuen Partner – oder ob es sich um eine wiederholte Interaktion mit ein und demselben Partner handelt. Grundsätzlich möglich – wenn auch selten praktiziert – ist auch die Wiederholung experimenteller Sitzungen mit denselben Versuchspersonen. Auch dabei gilt es einige Dinge zu beachten, damit die gewonnenen Daten noch sinnvoll interpretiert werden können.

14.1 Wiederholung innerhalb einer Sitzung

Die Mehrheit der in ökonomischen Experimenten getesteten Spiele wird über mehrere Runden durchgeführt, d. h. das jeweilige Spiel wird mit den gleichen Versuchspersonen innerhalb einer Sitzung wiederholt gespielt. Der Hauptgrund für diese Wiederholungen ist, dass man den Versuchspersonen dadurch Gelegenheit gibt, Erfahrungen zu sammeln und das Spiel zu lernen. Zu einem kleineren Teil geht es auch darum zu studieren, ob und wie sich das Verhalten verändert, wenn ein und dieselbe Aufgabe wiederholt gelöst werden muss. Beispielsweise werden öffentliches-Gut-Experiment in aller Regel über 10 Runden gespielt. Ein stilisierter Fakt, den man aus Hunderten solcher Experimente ableiten kann, besteht darin, dass die Beiträge zur Erstellung des öffentlichen Gutes bei Wiederholung des Spiels fallen. Fischbacher & Gächter (2010) zeigen, dass mit hoher Wahrscheinlichkeit soziales Lernen hinter diesem Phänomen steckt.

Lernen setzt voraus, dass die Versuchspersonen Informationen erhalten oder Erfahrungen sammeln, aus denen sie Schlüsse ziehen können. Welche Informationen die Versuchspersonen bekommen, ist aber wiederum eine Frage des experimentellen Designs. Das bedeutet, dass mit diesem Design auch die Lernmöglichkeiten in einem Experiment festgelegt werden.

Bevor wir uns mit dem Lernen in Experimenten befassen, kommen wir zunächst auf einen Punkt aus dem vorherigen Abschnitt zurück. Für die strategische Situation, in der sich die Versuchspersonen befinden, ist von großer Bedeutung, ob sie bei den Spielwiederholungen stets mit neuen Partnern zusammengeführt werden oder ob sie mit ein und derselben Person mehrfach interagieren. Dabei ist es nicht entscheidend, dass sie sicher wissen, dass sie immer mit dem gleichen Partner spielen. Es reicht, wenn die Wahrscheinlichkeit dafür, noch einmal auf die gleiche Person zu treffen, hinreichend groß ist. Dieser Punkt ist deshalb so wichtig, weil bei einer wiederholten Interaktion Reputationseffekte eine Rolle spielen können, die bei einmaliger Interaktion ausgeschlossen sind. In vielen Experimenten, die man in der Literatur findet, ist diese Unterscheidung nicht in der Schärfe und Genauigkeit erkennbar, die eigentlich wünschenswert wäre.

Beispielsweise unterscheidet man häufig zwischen „Partner Design" und „Stranger Design". Mit Erstem ist gemeint, dass ein wiederholtes Experiment in festen Gruppen durchgeführt wird. Die Versuchspersonen wissen also, dass sie in jeder Runde mit den- oder derselben Person(en) zusammenspielen und sie erhalten Informationen über das Verhalten der anderen Personen in den einzelnen Runden. Bei einem Partner Design ist klar, dass es sich um eine wiederholte Interaktion handelt und dass Reputations- und Lerneffekte auftreten können, die bei einmaliger Interaktion nicht möglich sind. Beispielsweise lernen die Versuchspersonen etwas darüber, wie die anderen Personen sich verhalten haben und sie wissen, dass die anderen Personen ihrerseits beobachten können, was sie selbst getan haben. Dass beides Auswirkungen auf zukünftige Spielrunden haben kann, dürfte klar sein.

Eine strategisch völlig andere Situation liegt dagegen vor, wenn die Versuchspersonen wissen, dass sie mit jeder anderen Versuchsperson nur einmal interagieren.[1] Zwar kann man dann ganz allgemein etwas über das Verhalten lernen, aber man erfährt daraus nicht, wie sich die Spielpartner der nächsten Runde genau verhalten werden, denn deren Verhalten kann man in den Vorrunden nicht beobachten und man kann ihnen auch keine direkten „Botschaften" durch das eigene Verhalten schicken. Um direkte und indirekte Reputations- und Lerneffekte trennscharf abzugrenzen, sollten deshalb Stranger Designs so gestaltet sein, dass die Versuchspersonen wissen, dass sie in zukünftigen Runden mit Sicherheit nicht wieder auf Versuchspersonen der aktuellen Runde treffen. Indirekte Effekte sind nur dann ausgeschlossen, wenn darüber hinaus sicher ist, dass die Versuchspersonen, mit denen in Runde t interagiert wird, auch indirekt keinen Kontakt mit Versuchspersonen hatten, mit denen die Versuchsperson in $t - i$ interagiert hat. Um das sicherzustellen, hat sich das sogenannte „Round-Robin" Design bewährt. Angenommen ein Zwei-Personen-Spiel soll zehn Mal One-Shot wiederholt werden. Dann benötigt man zur Installation einer Round-Robin Anordnung 20 Versuchspersonen. Diese werden in zwei Gruppen zu je 10 aufgeteilt. Um die Methode zu verdeutlichen, stelle man sich diese 10 Versuchspersonen in zwei Kreisen vor, die konzentrisch angeordnet sind, so dass sich 10 Paare ergeben (siehe ◘ Abb. 14.1).

Nach einer Runde wird einer der beiden Kreise eine Stelle weitergedreht, so dass sich 10 neue Paare ergeben. Diese Rotation wird in der gleichen Richtung solange wiederholt, bis 10 Runden zusammenkommen. Dieses Verfahren zur Herstellung von wiederholten One-Shot-Spielen wurde von Cooper et al. (1996) vorgeschlagen. Kamecke (1997) hat gezeigt, dass es das einzige Verfahren ist, mit dem sich direkte oder indirekte Reputationseffekte vermeiden lassen.

◘ **Abb. 14.1** Round-Robin Design

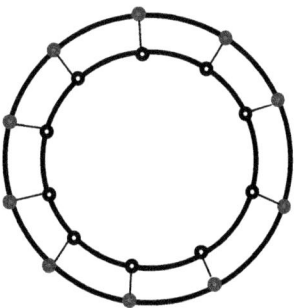

Verzichtet man auf das Round-Robin Design und bildet lediglich in jeder Spielrunde zufällig neue Paare, kann das zu einem Problem führen. Nehmen wir an, in einem Zwei-Personen-Experiment gibt es zwei Rollen. Jeweils fünf Versuchspersonen erhalten die Rolle A und 5 Versuchspersonen erhalten die Rolle B. Dann wird das Spiel zehn Mal gespielt und in jeder Runde werden fünf neue Paare gebildet. Auch solche Designs werden mitunter als Stranger Designs bezeichnet. Aber streng genommen handelt es sich um ein wiederholtes Spiel, denn die Wahrscheinlichkeit, dass man mehrfach mit wenigstens einer der Versuchsperson aus der anderen Gruppe interagiert, ist 1. Die Folge ist, dass Reputationseffekte eine Rolle spielen können.

Welche Rolle spielt „Lernen" bei wiederholten Experimenten? Dazu muss man sich zunächst klarmachen, dass es unterschiedliche Dinge gibt, die in einem Experiment gelernt werden können. Es ist sinnvoll, dabei zu unterscheiden, ob es sich um Dinge handelt, die man nur lernen kann, wenn man von dem Experimentator entsprechende Informationen (Feedback) bekommt, oder um solche, die sich auch ohne jedes Feedback lernen lassen. Zu Ersterem gehört beispielsweise Lernen über das Verhalten der anderen Versuchspersonen. Aus diesem Verhalten lassen sich unterschiedliche Schlüsse ziehen. In strategischen Situationen hilft die Information dabei, bessere Erwartungen über zukünftige Züge der anderen Spieler zu bilden. Aber die Information kann auch dazu genutzt werden, um zu erfahren, welche „soziale Norm" gerade wirksam ist. Beispielsweise in Experimenten, in denen sich Versuchspersonen mehr oder weniger sozial verhalten können.

In komplexeren Entscheidungssituationen führt die Spielwiederholung ganz sicher auch dazu, dass die Versuchspersonen das Spiel besser verstehen lernen. Das *muss* nicht in jedem Fall bedeuten, dass sie sich deshalb dem theoretisch prognostizierten Verhalten annähern, kann es aber. Auch dafür ist eine elementare Voraussetzung, dass die Versuchspersonen nach jeder Runde ein Feedback bekommen. Allerdings reicht es in diesem Fall unter Umständen, sie über ihre eigene Auszahlung zu informieren.

Die Versuchspersonen können jedoch auch etwas lernen, ohne dass sie ein Feedback bekommen. Weber (2003) hat gezeigt, dass es sogar möglich ist, dass Versuchspersonen etwas über das Verhalten Anderer lernen, ohne dass man ihnen sagt, wie sich diese verhalten haben. Das Experiment, in dem er solches „Lernen ohne Feedback" beobachtet hat, benutzte ein sogenanntes Zahlenwahlspiel (englisch „Guessing Game"). In diesem Spiel geht es darum, dass alle Mitglieder einer Gruppe eine Zahl zwischen 0 und 100 nennen. Es gewinnt das Gruppenmitglied, dessen Zahl am nächsten an 2/3 des Durchschnitts aller genannten Zahlen liegt. Aus der Forschung ist bekannt, dass das Verhalten, das in solchen Experimenten beobachtet werden kann, gut durch das sogenannte „k-Level Reasoning" erklärt werden kann. Ein Level-0 Spieler würde eine Zahl rein zufällig wählen. Ein Level-1 Spieler unterstellt, dass die anderen Spieler Level-0 Spieler sind, und wählt deshalb 2/3 von 50 als Zahl (also 33). Ein Level-2 Spieler unterstellt, dass die anderen Spieler Level-1 Spieler sind, und wählt 2/3 von 33 (also 22) und so weiter. Im Nash-Gleichgewicht des Spiels wählen alle Spieler die Null. Weber konnte beobachten, dass sich die Versuchspersonen bei Wiederholung des Spiels dem Gleichgewicht näherten, obwohl sie keinerlei Feedback bekamen. Die Erklärung dafür ist, dass eine Versuchsperson, die sich in Runde 1 wie ein Level-1 Typ verhalten hat, in Runde 2 davon ausgehen könnte, dass sich nunmehr die Anderen wie Level-1 Spieler verhalten und deshalb zum Level-2 Spieler wird. Dafür muss sie sich nur überlegen, dass die Andern vielleicht genauso überlegt haben wie sie selbst.

Aber ohne Feedback gibt es noch mehr zu lernen. Vor allem über sich selbst. Man erfährt, wie man sich fühlt, wenn man eine bestimmte Strategie spielt. Das ist besonders dann wichtig, wenn das Experiment die Versuchspersonen in einen Konflikt bringt. Beispielsweise zwischen egoistischem und sozialem Verhalten. Derjenige, der sich egoistisch verhalten hat, lernt vielleicht, dass dieses Verhalten nicht sanktioniert wurde – weder vom Experimentator noch vom eigenen Gewissen. Diejenige, die sich sozial verhielt, lernt vielleicht, dass sie in der letzten Runde genug für andere getan hat und nun auch einmal an sich selbst denken kann. Außerdem lernen Versuchspersonen ganz allgemein, wie es ist, das Experiment zu durchlaufen. Sie gewöhnen sich an die Umgebung, an die Abläufe und an die Gegenwart eines Experimentators. Die Situation, in der sie sich befinden, verliert ihre Fremdheit. Alles das kann zu Verhaltensänderungen führen, die sich über die Zeit einstellen. Lassen sich solche Veränderungen beobachten, kann es lohnend sein zu untersuchen, welche Ursache sie haben. Mitunter ist das möglich, indem man Lernmöglichkeiten variiert und beobachtet, ob dies das Verhalten verändert. Grundsätzlich gilt, dass es wichtig es ist, die Lernmöglichkeiten in einem wiederholten Experiment möglichst gut zu kontrollieren.

Ein besonderes Problem im Zusammenhang mit der Wiederholung von Experimenten stellt der Versuch dar, „unendlich oft" wiederholte Spiele ins Labor zu bringen. Dass dieser Versuch unternommen wird, liegt daran, dass unendlich oft wiederholte Spiele aus spieltheoretischer Sicht eine wichtige Rolle spielen. Bestes Beispiel dafür ist die Tatsache, dass kooperatives Verhalten – sofern Egoismus und Rationalität der Spieler gemeinsames Wissen ist – in Gefangenendilemma-Situationen spieltheoretisch eigentlich nur dann modelliert werden kann, wenn das Spiel unendlich oft wiederholt wird. Nun ist es klar, dass sich ein Experiment nicht wirklich unendlich oft wiederholen lässt. Die gängigste Methode, so etwas Ähnliches wie „Unendlichkeit" im Labor zu implementieren, besteht darin, Experimente unbestimmt oft zu wiederholen. Das wird dadurch erreicht, dass man nach einer gewissen Anzahl von sicheren Wiederholungen eine nächste Runde nur mit einer vorgegebenen Wahrscheinlichkeit spielt, so dass es in endlicher Zeit zu einem Abbruch des Experiments kommt, die Versuchspersonen aber nicht wissen, wann das der Fall ist. Diese Methode stößt allerdings schnell auf natürliche Grenzen. Bruttel & Kamecke (2012) machen darauf aufmerksam, dass Laborexperimente nur eine gewisse Anzahl von Stunden dauern können und dass das bedingt, dass die Abbruchwahrscheinlichkeit in der Regel entweder sehr hoch sein muss oder nicht stationär sein kann, weil sie irgendwann gegen Eins gehen muss. Das hat zur Folge, dass auch in Experimenten mit zufälligem Abbruch das geschieht, was man bei Experimenten mit fester Rundenzahl den Schlussrundeneffekt nennt. Bei Kooperationsexperimenten besteht dieser beispielsweise darin, dass in den letzten Runden die Kooperationsbereitschaft zurückgeht.

Bruttel & Kamecke (2012) schlagen ein Verfahren vor, das diesen Effekt umgeht, aber den Nachteil hat, vergleichsweise kompliziert zu sein. Sie lassen die Versuchspersonen zunächst eine Reihe von nacheinander folgenden Entscheidungen treffen. Dies geschieht solange, bis (in einem Zwei-Personen-Spiel mit jeweils zwei reinen Strategien) eine der vier möglichen Strategiekombinationen zweimal hintereinander gespielt wird. Geschieht dies, wird diese Kombination als das gewertet, was bis ins Unendliche gespielt wird, und der Computer rechnet unter Verwendung eines Diskontfaktors von 0,8 die daraus resultierenden Auszahlungen aus. Alternativ können die Versuchspersonen nach den Einführungsrunden auch selbst ihre zukünftige Strategie benennen, indem sie angeben, wie sie in der Folgerunde spielen, wenn in der aktuellen Runde eine der vier möglichen Strategiekombinationen auftritt. Es zeigte sich in dem Experiment von Bruttel & Kamecke, dass insbesondere das erstgenannte Verfahren eine stabilisierende Wirkung hatte und den Schlussrundeneffekt abmildern konnte.

❓ Fragen

Fallen Ihnen (außer dem Versuch „Unendlichkeit" herzustellen) noch andere Gründe ein, warum man Experimente mit unsicherem Ende spielen sollte?

Wenn in einem Experiment Versuchspersonen die gleiche Entscheidung mehrmals hintereinander treffen, hat das Auswirkungen auf die statistische Analyse der Daten. Diese haben dann den Charakter von Paneldaten, d. h. zu ein und derselben Person gibt es mehrere zeitlich unterschiedliche Beobachtungen. Das macht es erforderlich, dass die spezifischen Bedingungen, die in der einzelnen Versuchsperson liegen (beispielsweise ihre Präferenzen, ihre Persönlichkeit) und die sich über die verschiedenen Durchläufe des Experiments ja nicht ändern, berücksichtigt werden. Die Verfahren, die dafür zur Verfügung stehen, werden wir in Teil 4 behandeln, in dem es um die statistische Analyse geht.

❯ Wichtig

Bei der Wiederholung von Spielen innerhalb einer Sitzung kann es zu unterschiedlichen Lerneffekten kommen. Welche möglich sind, legt der Experimentator zumindest teilweise durch das Design des Experiments fest. Wenn beispielsweise immer die gleichen Partner zusammen das Spiel spielen, ergeben sich andere Lernmöglichkeiten, als wenn in jeder Runde mit neuen Versuchspersonen gespielt wird. Wenn das Experiment so gestaltet werden soll, dass One-Shot Interaktionen wiederholt durchgeführt werden, dann sollte unbedingt ein Round-Robin Design gewählt werden, weil nur durch ein solches direkte und indirekte Reputationseffekte vermieden werden können.

Welche Lerneffekte auftreten hängt auch von der Komplexität und der Art des Spiels ab. Bei komplexeren Spielen kann Wiederholung dazu führen, dass das Spiel immer besser verstanden wird.

Bei wiederholten Spielen ist es wichtig, ob die Versuchspersonen wissen, wie häufig gespielt wird, oder darüber im Unklaren gelassen werden. Mit zufälligem Abbruch gespielte Spiele können als (mehr oder weniger enges) Substitut für unendliche Spiele benutzt werden.

14.2 Wiederholung von Sitzungen

Dass Spiele innerhalb einer Sitzung wiederholt durchgeführt werden, ist sehr häufig der Fall. Vermutlich sogar in der Mehrzahl der Experimente. Dass aber ganze Sitzungen identisch mit den gleichen Versuchspersonen wiederholt werden, ist sehr selten (Ausnahmen sind Volk et al. 2012, Carlsson et al. 2014, Sass & Weimann 2015, Brosig-Koch et al. 2017 und Sass et al. 2018). Dabei machen solche Wiederholungen durchaus Sinn. Wie wir bereits ausgeführt haben, sind die allermeisten Entscheidungen, die Menschen treffen, nicht der Gestalt, dass sie nur einmal anfallen. Sie fallen wiederholt an. Das gleiche gilt für viele Interaktionen, in denen wir uns mit unseren Mitmenschen befinden. Ob wir kooperativ sind oder nicht, ob wir bereit sind, freiwillig auf Einkommen zu verzichten, um Anderen zu helfen, ob wir die Wahrheit sagen, obwohl eine Lüge uns mehr bringen würde – alles das sind Fragen, die sich jedem Menschen sehr oft und in sehr ähnlicher Weise stellen. Die Frage ist doch, ob man aus Experimenten, die in ihrer ganz speziellen Art nur einmal stattfinden, lernen kann, wie sich Menschen in solchermaßen wiederkehrenden Situationen verhalten. Die Frage erscheint umso berechtigter, als die experimentelle Situation eben eine besondere ist, die sich unvermeidbar von realen Situationen unterscheidet. Wäre es nicht sinnvoll, Sitzungen zu wiederholen, um sie so den realen Entscheidungen ähnlicher zu machen?

Ein zweiter Punkt kommt hinzu. Laborexperimente konfrontieren die Versuchspersonen mit einer sehr speziellen und notwendigerweise artifiziellen Situation. Wir haben an vielen Stellen in diesem Buch darauf hingewiesen, dass diese spezielle Laborsituation Auswirkungen auf das Verhalten der Versuchspersonen haben kann. Diese Effekte dürften umso stärker sein, je fremder die Laborumgebung für die Versuchspersonen ist. Durch wiederholte Sitzungen, zwischen denen eine gewisse Zeit vergeht, kann es gelingen, die Versuchspersonen an die experimentelle Situation zu gewöhnen und ihnen dadurch die Fremdheit zu nehmen. Die Vermutung liegt nahe, dass dadurch zum Beispiel potentielle Experimentatoreffekte abgemildert werden können. Die Versuchspersonen stehen unter Beobachtung und das kann ihr Verhalten beeinflussen. Aber man kann sich daran gewöhnen beobachtet zu werden und, wenn das geschieht, dann zeigt sich in wiederholten Sitzungen eher das „wahre" Verhalten als in solchen, die nur einmal durchgeführt werden.

Warum aber sollte man diese Effekte nicht auch dadurch erzielen können, dass man das Spiel innerhalb einer Sitzung wiederholt? Zumindest zwei Argumente sprechen dagegen. Erstens könnte es sein, dass Versuchspersonen ein wiederholtes One-Shot-Spiel innerhalb einer Sitzung als *ein* Spiel ansehen. Ein Beispiel mag den Punkt verdeutlichen: In der Literatur wird das Phänomen des „Moral Self Licensing" beschrieben.[2] Darunter versteht man, dass sich Menschen, nachdem sie etwas „Gutes" oder „Soziales" getan haben, das Recht zubilligen, bei der nächsten Gelegenheit mehr an sich selbst zu denken und eigennütziger zu handeln. Dieses Phänomen wird man vermutlich eher bei wiederholten Sitzungen beobachten können als in wiederholten Spielen in einer Sitzung, weil in letzterem Fall die Entscheidungen als Ganzes betrachtet werden könnten und es deshalb gar nicht zu einer echten Wiederholung der Situation kommt.

Der zweite Grund ist, dass Versuchspersonen bei der Entscheidung darüber, wie sie sich in dem Experiment verhalten sollen, vermutlich auch an den Opportunitätskosten orientieren, die die Teilnahme an dem Experiment verursacht. Wird ein Experiment über mehrere Runden gespielt und werden diese Runden ausgezahlt, dann bedeutet das, dass die durchschnittlichen Opportunitätskosten pro Runde im Experimentverlauf fallen. Damit sind die einzelnen Runden aber nicht mehr identisch. Beispielsweise könnte es sein, dass Versuchspersonen mit dem Ziel ins Experiment gehen, dass sie auf jeden Fall ihre Opportunitätskosten verdienen wollen. Ist dieses Ziel erreicht, kann es sein, dass sich dadurch das Verhalten ändert.

Es gibt also durchaus gute Gründe, Sitzungen identisch zu wiederholen. Warum sind dann Experimente, die genau das tun, die große Ausnahme? Jede Antwort auf diese Frage hat natürlich spekulative Anteile. Eine Vermutung besteht darin, dass experimentelle Ökonomen von solchen Experimenten absehen, weil diese mit einem unvermeidbaren Kontrollverlust einhergehen. Es ist nicht möglich, für alles zu kontrollieren, was die Versuchspersonen zwischen den einzelnen Sitzungen tun, und es kann nicht ausgeschlossen werden, dass dabei auch Dinge passieren, die das Verhalten im Experiment beeinflussen können. Damit ist ein Vorteil von Laborexperimenten – die hohe interne Validität – eingeschränkt.

---

[2] Merritt et al. (2010) geben einen Überblick zur Literatur zu „Moral Licensing". Aktuellere experimentelle Studien, die sich auf diesen Effekt beziehen, wurden beispielsweise von Brañas-Garza et al. (2013), Ploner & Regner (2013), Clot et al. (2014), Cojoc und Stoian (2014) oder Brosig-Koch et al. (2017) durchgeführt.

Eine naheliegende Komplikation bei solchen Experimenten könnte beispielsweise sein, dass die Versuchspersonen zwischen den Experimenten miteinander reden. Dabei kann alles Mögliche passieren. Sie könnten sich darüber unterhalten, welches Verhalten in dem Experiment angemessen ist, oder sich absprechen und so weiter. Der Experimentator hätte in einem solchen Fall überhaupt keine Kontrolle über die Kommunikationsinhalte und damit auch nicht mehr über das Experiment. Unkontrollierte Gespräche zwischen den Versuchspersonen sind gewissermaßen der GAU bei Experimenten mit wiederholten Sitzungen. Allerdings lässt sich dieser GAU relativ leicht verhindern. Dazu ist es notwendig, die Anonymität der Versuchspersonen strikt einzuhalten. Das beginnt bereits bei der Auswahl der Versuchspersonen. Wenn es sich um Studierende handelt (was die Regel ist), dann sollten die Teilnehmer nicht alle aus der gleichen Fakultät und möglichst auch nicht aus dem gleichen Studienjahr sein. Das reduziert bereits die Wahrscheinlichkeit, dass man sich nach dem Experiment zufällig begegnet. Sehr wichtig ist natürlich, dass die Versuchspersonen vor, während und nach dem Experiment keinerlei Kontakt zueinander haben. Sie sollten deshalb einzeln zu unterschiedlichen Treffpunkten eingeladen und von dort abgeholt werden. Während des Experiments sollten sie in blick- und schalldichten Kabinen sitzen, so dass eine Kontaktaufnahme mit den Mitspielern unmöglich ist. Nach dem Experiment müssen sie einzeln aus den Kabinen herausgeführt werden, so dass auch zu diesem Zeitpunkt kein Kontakt zustande kommen kann. Beachtet man alle diese Regeln, ist zumindest die Wahrscheinlichkeit dafür, dass es zu einer direkten Kommunikation zwischen den Versuchspersonen kommt, sehr klein.

Nicht vermeiden kann man natürlich, dass die Versuchspersonen mit anderen Menschen über das Experiment sprechen und dabei Erfahrungen sammeln, über die Experimentatoren keine Kontrolle haben. Auch wenn man sich nicht darauf verlassen kann, dass sich die Versuchspersonen daran halten, sollte in den Instruktionen auf jeden Fall der Hinweis enthalten sein, dass solche Gespräche unerwünscht sind. Es ist auch nicht möglich auszuschließen, dass sich Versuchspersonen auf eigene Faust über das Experiment informieren. Beispielsweise dadurch, dass sie im Internet recherchieren. Zwar dürfte ein solches Verhalten eher die Ausnahme sein, aber ausschließen kann man es nicht. Alle diese Aspekte führen dazu, dass der Experimentator Kontrolle verliert. Aber das muss nicht heißen, dass die Ergebnisse wiederholter Sitzungen nicht interpretierbar sind. Man muss zunächst konzedieren, dass Menschen auch in der Realität zwischen zwei mehr oder weniger identischen Entscheidungssituationen neue Informationen sammeln und Erkenntnisse gewinnen. Das heißt, die Einschränkung der internen Validität geht mit einer Erhöhung der externen Validität einher. In der Realität wird der Informations- und Erkenntnisgewinn eher wenig systematisch ablaufen, d. h. die Erfahrungen, die gesammelt werden, dürften zufällig verteilt sein. Man könnte argumentieren, dass dies genauso zwischen experimentellen Sitzungen abläuft. Das aber bedeutet, dass die Einflüsse, denen die Versuchspersonen zwischen zwei Sitzungen ausgesetzt sind, in sehr verschiedene Richtungen gehen dürften. Zeigt sich aber im Experiment, dass sich über die Sitzungen hinweg eine einheitliche Verhaltensänderung ergibt, wäre es dieser Argumentation zufolge zumindest sehr unwahrscheinlich, dass diese durch Erfahrungen erzeugt wird, die zwischen den Sitzungen gemacht wurden.

Ein weiteres Problem bei wiederholten Sitzungen sind unzuverlässige Versuchspersonen, die nicht zu allen Sitzungen erscheinen. Ausfälle von Versuchspersonen sind nicht nur ärgerlich, sondern reduzieren auch die Interpretierbarkeit der experimentellen Ergebnisse, denn es kann nicht ausgeschlossen werden, dass mit dem Ausfall von Versuchspersonen ein Selektionsprozess einhergeht. Beispielsweise könnte es sein, dass vor allem solche Versuchspersonen in späteren Sitzungen fehlen, die in früheren Sitzungen bestimmte Erfahrungen gemacht haben. Ein sehr probates Mittel gegen solche Ausfälle ist die Verlagerung der Auszahlungen an das Ende der Serie. Die Drohung, leer auszugehen, wenn man nicht zu allen Sitzungen erscheint, ist durchaus glaubwürdig und dürfte ihre Wirkung nicht verfehlen.

Die Gestaltung der Auszahlungen in wiederholten Sitzungen sollte darüber hinaus gut überlegt sein. Wird eine Sitzung beispielsweise vier Mal gespielt, kann es geschehen, dass die Auszahlungen in den ersten Sitzungen zu Einkommenseffekten führen, die das Verhalten in den nachfolgenden Sitzungen beeinflussen. Es ist ebenfalls möglich, dass Versuchspersonen eine Art Portfolioplanung durchführen und ihre Auszahlungen über die vier Sitzungen in der einen oder anderen Weise steuern. Beide Effekte lassen sich ausschalten, wenn am Ende der letzten Sitzung eine der vier Sitzungen ausgelost wird, die dann auszahlungsrelevant ist. Wenn man verhindern möchte, dass die Anreize dadurch zu schwach werden, kann man die Erlöse aus dieser Sitzung vier Mal auszahlen. Dieses Verfahren hat noch einen weiteren Vorteil, der bei bestimmten Experimenten eine Rolle spielen kann: Mit diesem Auszahlungsverfahren kann man verhindert, dass durch die Auszahlungen Informationen über das Verhalten der anderen Versuchspersonen an die Versuchspersonen gelangt. Das kann beispielsweise dann wichtig sein, wenn das Experiment darauf abzielt, den reinen Wiederholungseffekt zu untersuchen und man dabei Lern- und Reputationseffekte möglichst ausschließen möchte.

Die Wiederholung von Sitzungen wirft zwar eine Reihe von zusätzlichen methodischen Problemen auf, sie ist aber auf der anderen Seite in der Lage einige Probleme zu lösen, die im Zusammenhang mit konventionellen Experimenten immer wieder aufgeworfen werden[3] und die vor allem die externe Validität von Experimenten betreffen. Beispielsweise wird als kritisch angesehen, dass Versuchspersonen zu wenig Gelegenheit haben, sich an die künstliche experimentelle Situation zu gewöhnen. Damit einher geht der Vorwurf, dass Experimente den Versuchspersonen zu wenig Raum für Lernprozesse und das Sammeln von Erfahrungen geben. Alle diese Punkte verbessern sich natürlich, wenn man Versuchspersonen Sitzungen wiederholen lässt. Der Kontrollverlust, der damit einhergeht, ist nicht zu leugnen, aber es dürfte ebenfalls ziemlich sicher sein, dass wiederholte Sitzungen dazu führen, dass im Experiment „reiferes" Verhalten beobachtet werden kann. Das heißt, Verhalten, das ggf. stärker reflektiert wurde und das deshalb dem Verhalten in realen Kontexten näher kommen könnte als das in nur einmal durchgeführten Sitzungen beobachtete Verhalten. Diesen Vorteil gilt es gegen den Nachteil des Kontrollverlustes abzuwägen.

> **Wichtig**
> Die Wiederholung von Sitzungen wird vergleichsweise selten durchgeführt. Ein Grund dafür dürfte die Tatsache sein, dass sich nicht kontrollieren lässt, was die Versuchspersonen zwischen den Sitzungen tun, so dass von einem Kontrollverlust auszugehen ist. Dem steht allerdings gegenüber, dass durch die Wiederholung ein Anstieg der externen Validität erreicht werden kann und man in die Lage versetzt wird, „reifes" Verhalten im Labor zu beobachten. Der Kontrollverlust kann insbesondere dadurch minimiert werden, dass man die Wahrscheinlichkeit eines Kontaktes zwischen den Versuchspersonen so klein wie möglich macht. Dies gelingt vor allem durch strikte Anonymität während des Experiments.

---

[3] Vgl. beispielsweise die Diskussion, die vor allem von Levitt & List (2007) angestoßen wurde.

Die Reproduzierbarkeit von Experimenten

© Springer-Verlag GmbH Deutschland, ein Teil von Springer Nature 2019
J. Weimann und J. Brosig-Koch, *Einführung in die experimentelle Wirtschaftsforschung*,
https://doi.org/10.1007/978-3-642-32765-0_15

Wissenschaftliche Forschung zielt darauf ab, allgemeine Aussagen über kausale Zusammenhänge zu machen, deren Gültigkeit intersubjektiv überprüfbar ist. Ein Experiment, das in einem bestimmten Labor zu einem bestimmten Zeitpunkt mit bestimmten Versuchspersonen durchgeführt wurde, kann nicht die Grundlage für eine solche Aussage sein. Seine Resultate sind zunächst nicht mehr als eine singuläre Beobachtung. Wird ein kausaler Zusammenhang nachgewiesen, so gilt der für dieses spezielle Experiment, aber er ist nicht ohne Weiteres verallgemeinerbar. Verwertbar werden experimentelle Befunde – wenn man es genau nimmt – eigentlich erst dann, wenn sie mehrmals nachgewiesen wurden und sich gezeigt hat, dass sie unabhängig von Zeit und Ort gelten. Dass eine bestimmte Kausalität tatsächlich vorliegt, lässt sich mit experimentellen Methoden natürlich nicht als Wahrheit ausweisen. Das gilt für alle experimentellen und auch alle empirischen Disziplinen. Um es mit einem berühmten Beispiel zu beschreiben: Auch, wenn man noch so viele weiße Schwäne beobachtet hat, kann man logisch daraus nicht den Satz ableiten „Alle Schwäne sind weiß." Das wäre ein unzulässiger Induktionsschluss.

Aber letztlich ist es nicht das Ziel experimenteller Forschung in diesem Sinne „wahre" Sätze zu erzeugen. Es geht vielmehr darum, empirische, experimentelle Evidenzen zu erzeugen. Das bedeutet, dass man Einsichten darüber gewinnt, welche kausalen Zusammenhänge unter welchen Umständen wahrscheinlich anzutreffen sind. Aber auch das gelingt nicht mit einem einzigen Experiment. Man benötigt dazu die Erfahrung, dass sich Beobachtungen relativ zuverlässig reproduzieren lassen. Das hat einige methodische Implikationen, die sich auch auf das Design von Experimenten auswirken können. Die wichtigste Implikation besteht darin, dass Experimente grundsätzlich so gestaltet werden müssen, dass sie reproduzierbar sind.

Die Forderung nach Reproduzierbarkeit ist für wissenschaftliches Arbeiten essentiell. Ist sie nicht erfüllt, kann eine Grundvoraussetzung für die Wissenschaftlichkeit von Ergebnissen nicht erfüllt sein: die intersubjektive Überprüfbarkeit von wissenschaftlichen Aussagen. Grundsätzlich gilt, dass sich Experimente sehr gut reproduzieren lassen. Voraussetzung dafür ist, dass das Design des Experiments keine Elemente enthält, die an einem bestimmten Ort oder an eine bestimmte Person gebunden sind. Ein experimentelles Ergebnis, das nur dann beobachtet werden kann, wenn das Experiment von Mitarbeiter X durchgeführt wird, nicht aber, wenn es jemand anderes betreut, ist wertlos. Das Gleiche gilt, wenn das Resultat nur in einem bestimmten Labor beobachtet werden kann. Experimentelle Designs müssen also grundsätzlich so gestaltet sein, dass sie in jedem beliebigen Labor von jedem beliebigen Experimentator und jeder beliebigen Experimentatorin reproduziert werden können.

Ein Design, das die Reproduzierbarkeit eines Experiments erlaubt, reicht aber nicht aus. Damit eine Reproduktion tatsächlich durchgeführt werden kann, muss das Design mit allen seinen Elementen auch entsprechend gut dokumentiert sein. Eine umfassende Dokumentation muss sicherstellen, dass das Experiment an einem anderen Ort durch andere Personen identisch durchgeführt werden kann. Das bedeutet, dass sämtliche Hilfsmittel, die zum Einsatz kamen, bereitgestellt werden müssen. Beispielsweise die Instruktionen, die die Versuchspersonen erhalten haben. Aber auch die Software, die bei dem Versuch verwendet wurde, sollte denen, die es reproduzieren wollen, zur Verfügung stehen. Darüber hinaus muss der Ablauf des Experiments sehr genau dokumentiert werden. Dazu gehört zum Beispiel das Prozedere, mit dem die Versuchspersonen eingeladen wurden, die Art und Weise, wie sie im Labor empfangen wurden, ob und in welcher Form sie Kontakt zueinander hatten, wie die Instruktionen verteilt wurden, ob sie vorgelesen wurden und wie mit Verständnisfragen der Versuchspersonen umgegangen wurde. Jedes Detail kann wichtig sein. Selbstverständlich gehören auch die Rohdaten, die in einem Experiment erhoben werden, zu den Dingen, die dokumentiert werden müssen. Das ist zwar für die Wiederholung des Experiments nicht zwingend notwendig, aber Reproduzierbarkeit bezieht sich nicht allein auf das Experiment, sondern auch auf die nachgelagerte statistische Analyse. Diese nachzuvollziehen kann mehrere Gründe haben. Einerseits kann die Analyse dabei auf Fehlerfreiheit geprüft werden. Andererseits ist die Anzahl der möglichen statistischen Verfahren, die man zur Anwendung bringen kann, sehr groß. Mitunter stellt sich die Frage, ob sich an den Ergebnissen etwas ändert, wenn man andere statistische Verfahren einsetzt. Auch das ist eine Art Robustheitscheck, den man durchführen kann und der etwas über die Stabilität der Resultate sagt.

Eine saubere und umfassende Dokumentation eines Experiments ist eine notwendige Bedingung dafür, dass es reproduziert werden kann, aber sie ist nicht hinreichend. Denn damit es zu einer identischen Wiederholung des Experiments kommen kann, müssen alle diese Dokumente auch zugänglich sein. Das ist ein nicht zu unterschätzendes Problem. Gegenwärtig ist die Situation in der experimentellen Ökonomik so, dass es mehr oder weniger Zufall ist, ob man an die Informationen gelangt, die man braucht, um ein bestimmtes Experiment zu wiederholen. In der Praxis läuft das so ab, dass man dem entsprechenden Kollegen oder der Kollegin eine E-Mail schreibt und um Herausgabe der Dokumentation bittet. Ob man dabei Erfolg hat, hängt davon ab, wie gut die Dokumentationsabteilung in dem betreffenden Labor organisiert ist. Es kann schon mal vorkommen, dass Dinge verlorengehen. Diese Gefahr ist vor allem dann hoch, wenn viele Autoren an dem Experiment mitgearbeitet haben, die sich alle gegenseitig darauf verlassen haben, dass der oder die anderen schon dokumentieren werden. In der letzten Zeit gibt es an verschiedenen Stellen Initiativen, die darauf abzielen, zentrale Stellen zu schaffen, an denen Experimentdaten gesammelt, aufbereitet und so zur Verfügung gestellt werden, dass eine Reproduktion der Experimente gesichert ist. Zu der Zeit, zu der diese Zeilen geschrieben werden, fördert beispielsweise die Deutsche Forschungsgemeinschaft ein Projekt, das zum Ziel hat eine entsprechende Datenbank zu schaffen, die experimentelle Daten über alle Sozialwissenschaften hinweg sammelt und in einem Repositorium zur Verfügung stellt. Im Idealfall führen solche Initiativen dazu, dass eine zentrale Sammelstelle entsteht, die klare Richtlinien erstellt, wie Experimente zu dokumentieren sind, und die alle Experimente, die entsprechend aufbereitet gelagert werden, für alle Forscher weltweit zur Verfügung stellt. In diesem Fall ist es leicht vorstellbar, dass sich eine Art Routine einstellt, die beinhaltet, dass jedes Experiment, das irgendwo auf der Welt durchgeführt wird, auch entsprechend dokumentiert wird. Routinen sind dabei sehr hilfreich, denn wenn sie existieren, kann man ein Experiment von vornherein so gestalten, dass es standardmäßig leicht in der richtigen Weise dokumentiert werden kann.

Um die identische Reproduktion eines Experiments zu ermöglichen, ist es notwendig, das experimentelle Design detailliert bereitzustellen. Das bedeutet allerdings nicht, dass man bei der Reproduktion von Experimenten nicht auch Variationen im Design zulassen darf. Solange das Experiment in allen wesentlichen Aspekten abgebildet ist, kann es sogar sehr hilfreich sein, wenn kleinere Abweichungen vom Original bei der Reproduktion vorkommen. Es geht letztendlich darum, *robuste* Resultate zu erhalten und eine experimentelle Beobachtung, die verschwindet, wenn das Experiment ein klein wenig anders durchgeführt wird, ist nicht robust.

Die Reproduzierbarkeit von Experimenten ist nicht nur deshalb wichtig, weil sie die Voraussetzung dafür ist, dass man zu verallgemeinerbaren, robusten Kausalaussagen kommen kann. Sie hat noch eine zweite, ebenfalls sehr wichtige Funktion. Sie ist ein unverzichtbares Instrument bei der Sicherung guter wissenschaftlicher Praxis. Dahinter verbirgt sich, dass es im sehr kompetitiven Wissenschaftsbetrieb erhebliche Anreize gibt, von dieser abzuweichen. Die Chance ein experimentelles Resultat gut zu publizieren ist umso größer, je unerwarteter und überraschender ein Ergebnis ist. Solche Ergebnisse lassen sich leicht herstellen – wenn man die Daten manipuliert. Die Rechnung dabei ist sehr einfach. Je leichter es ist, ein Experiment zu reproduzieren, umso weniger lohnt sich die Manipulation von Daten. Wenn jemand sensationelle Ergebnisse erfindet, kann er in diesem Fall ziemlich sicher sein, dass es Menschen geben wird, die sich die Mühe machen, das Experiment nachzubauen. Wie groß die Gefahr ist, dass Daten manipuliert werden, zeigen spektakuläre Beispiele aus den Naturwissenschaften. Dort sind Experimente mitunter sehr viel schwieriger zu reproduzieren, weil sie mit einem erheblichen apparativen und personellen Aufwand einhergehen können.

Die experimentellen Ökonomen haben ein massives Interesse daran, dass in ihrer wissenschaftlichen Gemeinschaft alles mit rechten Dingen zugeht. Käme es zu Manipulationen, würde das die Glaubwürdigkeit der ganzen Profession massiv erschüttern. Indem sichergestellt wird, dass sich Experimente leicht reproduzieren lassen, schützt sich die wissenschaftliche Gemeinschaft sehr effektiv vor dieser Gefahr. Das größte Problem bei der Reproduktion von Experimenten ist meist nicht das Experiment selbst, sondern die Tatsache, dass es im Wissenschaftsbetrieb viel zu wenig Anreize gibt, solche Reproduktionen durchzuführen. Das Experiment eines oder einer anderen nachzumachen – womöglich mit dem gleichen Ergebnis – ist wenig kreativ und befriedigt wissenschaftliche Neugierde nur in einem sehr eingeschränkten Maße. Dazu kommt, dass die Publikationschancen für eine reine Reproduktion äußerst gering sind. Die Information, dass sich ein bestimmtes Resultat hat reproduzieren lassen, kann im Prinzip in einem Satz zusammengefasst werden: „Die Ergebnisse des Experiments, das Herr X oder Frau Y in Z veröffentlicht hat, konnten reproduziert werden." Das ist nichts, was den Impact-Faktor einer Fachzeitschrift nach oben bringen könnte. Wenn aber niemand einfache Reproduktionen hochrangig veröffentlichen will, warum dann überhaupt welche herstellen?

Reproduktionen sind dann natürlich interessant, wenn sie zeigen, dass sich das Resultat eines Experimentes *nicht* bestätigen lässt. Aber ob das der Fall ist, weiß man natürlich erst nachdem man das Experiment wiederholt hat. Deshalb wirkt auch dieser Anreiz nicht besonders, denn die Gefahr ist doch recht groß, dass man das Gleiche herausbekommt wie im Ursprungsexperiment. Die Tatsache, dass trotz dieser Probleme viele Experimente dennoch wiederholt worden sind, ist darauf zurückzuführen, dass viele Experimente nicht vollkommen neu gestaltet wurden, sondern Variationen bereits bekannter Designs sind. Das hat zur Folge, dass die Basisanordnung, die bei dem entsprechenden Experimenttyp verwendet wird, auch bei den Variationen gespielt wird. Beispielsweise wurde das Ultimatumspielexperiment in sehr vielen Varianten durchgeführt. In den meisten dieser Varianten benötigt man das ursprüngliche Ultimatumspiel als Bezug, an dem die Wirkungen gemessen werden, die eine neue Variation des Experiments hat. Auf diese Weise entstehen gewissermaßen nebenbei Reproduktionen der Grundanordnung. Das Gleiche gilt für alle wichtigen experimentellen Anordnungen, die in immer neuen Variationen untersucht worden sind.

Es bleibt dennoch ein grundlegendes Problem der experimentellen Wirtschaftsforschung, dass die Anreize, die so wichtigen Reproduktionen von Experimenten durchzuführen, schwach sind.

> **Wichtig**

Experimente müssen reproduzierbar sein, weil sich nur dann aus einzelnen Beobachtungen, die zeit- und raumgebunden sind, stilisierte Fakten machen lassen, d. h.
Beobachtungen, die sich immer wieder reproduzieren lassen. Außerdem sichert die
Reproduzierbarkeit die Verlässlichkeit experimenteller Ergebnisse und schützt die
wissenschaftliche Gemeinschaft vor Manipulationen. So notwendig Reproduktionen
sind, so gering sind allerdings die Anreize sie durchzuführen.

Literatur

Abbink, K., H. Hennig-Schmidt (2006): Neutral versus loaded instructions in a bribery experiment. *Experimental Economics*, 9 (2), 103–121.

Abeler, J., D. Nosenzo (2015): Self-selection into laboratory experiments: pro-social motives versus monetary incentives. *Experimental Economics*, 18 (2), 195–214.

Alberti, F., W. Güth (2013): Studying deception without deceiving participants: An experiment of deception experiments. *Journal of Economic Behavior & Organization*, 93, 196–204.

Anderson, J., S. Burks, J. Carpenter, L. Gotte, K. Maurer, D. Nosenzo, R. Potter, K. Rocha, A. Rustichini (2013): Self-selection and variations in the laboratory measurement of other-regarding preferences across subject pools: evidence from one college student and two adult samples. *Experimental Economics*, 16 (2), 170–189.

Anderson L.R., J.M. Mellor, J. Milyo (2008): Inequality and public good provision: An experimental analysis. *Journal of Socio-Economics*, 37, 1010–1028.

Andreoni J. (1988): Why free ride?: Strategies and learning in public goods experiments. *Journal of Public Economics*, 37, 291–304.

Bardsley, N. (2008): Dictator game giving: altruism or artefact?. *Experimental Economics*, 11 (2), 122–133.

Barrera, D., B. Simpson (2012): Much Ado About Deception: Consequences of Deceiving Research Participants in the Social Sciences. *Sociological Methods Research*, 41 (3), 383–413.

Barmettler, F., E. Fehr, C. Zehnder (2012): Big experimenter is watching you! Anonymity and prosocial behavior in the laboratory. *Games and Economic Behavior*, 75 (1), 17–34.

Becker, G.M., M.H. DeGroot, J. Marschak (1964): Measuring utility by a single-response sequential method. *Systems Research and Behavioral Science*, 9 (3), 226–232.

Belot, M., R. Duch, L. Miller (2015): A comprehensive comparison of students and non-students in classic experimental games. *Journal of Economic Behavior & Organization*, 113, 26–33.

Benndorf V., H. Rau, C. Sölch (2018): Minimizing Learning Behavior in Experiments with Repeated Real-Effort Tasks. SSRN: https://ssrn.com/abstract=2503029 or https://doi.org/10.2139/ssrn.2503029.

Ben-Ner A., L. Putterman, T. Ren (2011): Lavish returns on cheap talk: Two-way communication in trust games. *Journal of Socio-Economics*, 40, 1–13.

Binmore K., A. Shaked, J. Sutton (1985): Testing Noncooperative Bargaining Theory: A Preliminary Study. *American Economic Review*, 75 (5), 1178–1180.

Binswanger, H.P. (1980): Attitudes toward risk: Experimental measurement in rural India. *American Journal of Agricultural Economics*, 62 (3), 395–407.

Binswanger, H.P. (1981). Attitudes toward risk: Theoretical implications of an experiment in rural India. *The Economic Journal*, 91 (364), 867–890.

Blanco, M., D. Engelmann, A.K. Koch, H.T. Normann (2010): Belief elicitation in experiments: is there a hedging problem?. *Experimental Economics*, 13 (4), 412–438.

Blaufuß, K. M., M. Fochmann, J. Hundsdoerfer, J. Weimann (2013): Net wage illusion in a real-effort experiment. *The Scandinavian Journal of Economics*, 115 (2), 476–484.

Blume, A., A. Ortmann (2000): The Effect of Costless Pre-play Communication: Experimental Evidence from a Game with Pareto-ranked Equilibria. *Journal of Economic Theory*, 132, 274–290.

Bortolotti S., M. Casari, F. Pancotto (2015): Norms of punishment: Experiments with students and the general population. *Economic Enquiry*, 53, 1207–1223.

Bohnet, I., B.S. Frey (1999): The sound of silence in prisoner's dilemma and dictator games. *Journal of Economic Behavior & Organization*, 38 (1), 43–57

Bonetti, S. (1998): Experimental economics and deception. *Journal of Economic Psychology*, 19, 377–395.

Brañas-Garza, P. (2007): Promoting helping behavior with framing in dictator games. *Journal of Economic Psychology*, 28, 477–486.

Brañas-Garza, P., M. Bucheli, M.P. Espinosa, T. García-Muñoz (2013): Moral cleansing and moral licenses: experimental evidence. *Economics & Philosophy*, 29 (2), 199–212.

Brandts, J., G. Charness (2003): Truth or consequences: An experiment. *Management Science*, 49 (1), 116–130.

Brandts J., G. Charness (2011): The strategy versus the direct-response method: a first survey of experimental comparisons. *Experimental Economics*, 14, 375–398.

Brosig, J., J. Weimann, A. Ockenfels (2003): The effect of communication media on cooperation. *German Economic Review*, 4 (2), 217–241.

Brosig, J., J. Weimann, C.L. Yang (2004): The hot versus cold effect in a simple bargaining experiment. *Experimental Economics*, 6 (1), 75–90.

Brosig J., T. Heinrich, T. Riechmann, R. Schöb, J. Weimann (2010): Laying off or not? The influence of framing and economics education. *International Review of Economics Education*, 9, 44–55.

Brosig-Koch, J., T. Heinrich (2018): The role of communication content and reputation in the choice of transaction partners. *Games and Economic Behavior*, 112, 49–66.

Brosig-Koch J., C. Helbach, A. Ockenfels, J. Weimann (2011): Still different after all these years: Solidarity behavior in East and West Germany. *Journal of Public Economics*, 95, 1373–1376.

Brosig-Koch, J., T. Riechmann, J. Weimann (2017): The dynamics of behavior in modified dictator games. *PLOS ONE*, 12 (4), e0176199.

Brüggen A., M. Strobel (2007): Real effort versus chosen effort in experiment. *Economics Letters*, 96, 232–236.

Bruttel L., U. Kamecke (2012): Infinity in the Lab. How do People play Repeates Games. *Theory and Decision*, 72, 205–219.

Buchan, N.R., E.J. Johnson, R.T. Croson (2006): Let's get personal: An international examination of the influence of communication, culture and social distance on other regarding preferences. *Journal of Economic Behavior & Organization*, 60 (3), 373–398.

Burnham, T., K. McCabe, V.L. Smith (2000): Friend-or-foe intentionality priming in an extensive form trust game. *Journal of Economic Behavior & Organization*, 43(1), 57–73.

Cachon G., C. Camerer (1996): Loss avoidance and forward induction in experimental coordination games. *Quarterly Journal of Economics*, 111 (1), 166–194.

Cappelen, A.W., K. Nygaard, E. Sørensen, B. Tungodden (2015): Social preferences in the lab: A comparison of students and a representative population. *Scandinavian Journal of Economics*, 117 (4), 1306–1326.

Camerer, C.F., R.M. Hogarth (1999): The effects of financial incentives in experiments: A re-view and capital-labor-production framework. *Journal of Risk and Uncertainty*, 19, 7–42.

Carlsson, F., H. He, P. Martinsson (2013): Easy come, easy go. *Experimental Economics*, 16 (2), 190–207.

Carlsson, F., O. Johansson-Stenman, P.K. Nam (2014): Social preferences are stable over long periods of time. *Journal of Public Economics*, 117, 104–114.

Charness G., M. Dufwenberg (2006): Promises and Partnership, *Econometrica*, 74, 1579–1601.

Charness, G., U. Gneezy (2008): What's in a name? Anonymity and social distance in dictator and ultimatum games. *Journal of Economic Behavior & Organization*, 68 (1), 29–35.

Charness, G., U. Gneezy, M.A. Kuhn (2012): Experimental methods: Between-subject and within-subject design. *Journal of Economic Behavior & Organization*, 81 (1), 1–8.

Charness, G., E. Haruvy, D. Sonsino (2007): Social distance and reciprocity: An internet experiment. *Journal of Economic Behavior & Organization*, 63 (1), 88–103.

Cherry T., P. Frykblom, J. Shogren (2002): Hardnose the Dictator. *American Economic Review*, 92 (4), 1218–1221.

Cherry, T.L., S. Kroll, J.F. Shogren (2005): The impact of endowment heterogeneity and origin on public good contributions: evidence from the lab. *Journal of Economic Behavior & Organization*, 57 (3), 357–365.

Cherry, T.L., J.F. Shogren (2008): Self-interest, sympathy and the origin of endowments. *Economics Letters*, 101 (1), 69–72.

Clark, J. (2002): House money effects in public good experiments. *Experimental Economics*, 5 (3), 223–231.

Cleave, B.L., M. Nikiforakis, R. Slonim (2013): Is there selection bias in laboratory experiments? The case of social and risk preferences. *Experimental Economics*, 16 (3), 372–382.

Clot, S., G. Grolleau, L. Ibanez (2014): Smug alert! Exploring self-licensing behavior in a cheating game. *Economics Letters*, 123 (2), 191–194.

Cojoc, D., A. Stoian (2014): Dishonesty and charitable behavior. *Experimental Economics*, 17 (4), 717–732.

Cooper, D. (2014): A Note on Deception in Economic Experiments. *Journal of Wine Economics*, 9 (2), 111–114.

Cooper R., D.V. DeJong, R. Forsythe, T.W. Ross (1996): Cooperation without reputation: Experimental evidence from prisoner's dilemma games. *Games and Economic Behavior*, 12, 187–218.

Costa-Gomes, M.A., G. Weizsäcker (2008): Stated beliefs and play in normal-form games. *Review of Economic Studies*, 75 (3), 729–762.

Cox, J.C., A.A. Deck (2005): On the nature of reciprocal motives. *Economic Inquiry*, 43 (3), 623–635.

Cox J.C., B. Robertson, V.L. Smith (1982): Theory and Behavior of Single Object Auctions. In V.L. Smith (Hrsg.): *Research in Experimental Economics*, Vol 2, Greenwich, 1–43.

Cox, J.C., V. Sadiraj, U. Schmidt (2015): Paradoxes and mechanisms for choice under risk. *Experimental Economics*, 18 (2), 215–250.

Cox J.C., V.L. Smith, J.M. Walker (1992). Theory and Misbehavior of First-Price Auctions: Comment, *American Economic Review*, 82 (5), 1392–1412.

Crawford, V. (1998): A survey of experiments on communication via cheap talk. *Journal of Economic Theory*, 78 (2), 286–298.

Csukás, C., P. Fracalanza, T. Kovács, M. Willinger (2008): The determinants of trusting and reciprocal behaviour: Evidence from an intercultural experiment. *Journal of Economic Development*, 33 (1), 71–95.

Dawes, R.M., J. McTavish, H. Shaklee (1977): Behavior, communication, and assumptions about other people's behavior in a commons dilemma situation. *Journal of Personality and Social Psychology*, 35 (1), 1–11.

Dreber, A., T. Ellingsen, M. Johannesson, D.G. Rand (2013): Do people care about social context? Framing effects in dictator games. *Experimental Economics*, 16 (3), 349–371.

Dufwenberg, M., S. Gächter, H. Hennig-Schmidt (2011): The framing of games and the psychology of play. *Games and Economic Behavior*, 73, 459–478.

Eckel, C.C., P.J. Grossman (1996): Altruism in anonymous dictator games. Games and Economic Behavior, 16 (2), 181–191.

Ellingsen, T., M. Johannesson (2004): Promises, threats and fairness. *The Economic Journal*, 114 (495), 397–420.

Erkal, N., L. Gangadharan, N. Nikiforakis (2011): Relative earnings and giving in a real-effort experiment. *American Economic Review*, 101 (7), 3330–3348.

Erhard, K-A., C. Keser (1999): Mobility and Cooperation: On the Run, *Scientific series (CIRANO)*, 99s-24.

Exadaktylos, F., A.M. Espín, P. Branas-Garza (2013): Experimental subjects are not different. *Scientific Reports*, 3, 1213.

Fahr, R., B. Irlenbusch (2000): Fairness as a Constraint on Trust in Reciprocity: Earned Property Rights in a Reciprocal Exchange Experiment. *Economics Letters*, 66, 275–282.

Falk A., S. Meier, C. Zehnder (2013): Do lab experiments misrepresent social preferences? The case of self selected student samples. *Journal of the European Economic Association*, 11 (4), 839–852.

Farrell, J., M. Rabin (1996): Cheap talk. *Journal of Economic Perspectives*, 10 (3), 103–118.

Fehr E., E. Kirchler, A. Weichbold, S. Gächter (1998): When social norms overpower competition: Gift exchange in experimental labor markets. *Journal of Labor Economics*, 16 (2), 324–351.

Fehr E., G. Kirchsteiger, A. Riedl (1993): Does fairness prevent market clearing? An experimental investigation. *Quarterly Journal of Economics*, 108, 437–460.

Fehr, E., K.M. Schmidt (2006): The economics of fairness, reciprocity and altruism–experimental evidence and new theories. In S.-C. Kolm, J.M. Ythier (Hrsg.): *Handbook of the Economics of Giving, Altruism and Reciprocity*, 1, 615–691.

Feltovich, N. (2011): What's to know about laboratory experimentation in economics. *Journal of Economic Surveys*, 25, 371–379.

Fischbacher, U., F. Föllmi-Heusi (2013): Lies in disguise—an experimental study on cheating. *Journal of the European Economic Association*, 11 (3), 525–547.

Fischbacher, U., S. Gächter (2010): Social preferences, beliefs, and the dynamics of free riding in public goods experiments. *American Economic Review*, 100 (1), 541–556.

Fischbacher, U., S. Gächter, E. Fehr (2001): Are people conditionally cooperative? Evidence from a public goods experiment. *Economics Letters*, 71 (3), 397–404.

Fochmann, M., J. Weimann (2013): The Effects of Tax Salience and Tax Experience on Individual Work Efforts in a Framed Field Experiment. *Public Finance Analysis*, 69, 1–32.

Fonseca, M.A., H.T. Normann (2008): Mergers, asymmetries and collusion: Experimental evidence. *The Economic Journal*, 118 (527), 387–400.

Fonseca M.A., H.T. Normann (2012): Explicit vs. Tacit collusion – The impact of communication in oligogoply experiments, *European Economic Review*, 56, 1759–1772.

Forsythe, R., J.L. Horowitz, N.E. Savin, M. Sefton (1994): Fairness in simple bargaining experiments. *Games and Economic Behavior*, 6 (3), 347–369.

Frank, R.H., T. Gilovich, D.T. Regan (1993): Does studying economics inhibit cooperation? *Journal of Economic Perspectives*, 7 (2), 159–171.

Fréchette, G.R., A. Schotter (2015): *Handbook of Experimental Economic Methodology*, Oxford University Press.

Frey, B. S., F. Oberholzer-Gee (1997): The cost of price incentives: An empirical analysis of motivation crowding-out. *American Economic Review*, 87 (4), 746–755.

Friedman D. (1992): Theory and Misbehavior of First-Price Auctions: Comment. *American Economic Review*, 82 (5), 1374–1378.

Fryer, R.G. (2013): Teacher incentives and student achievement: Evidence from New York City public schools. *Journal of Labor Economics*, 31 (2), 373–407.

Gächter S., E. Fehr (2000): Cooperation and Punishment in Public Goods Experiments. *American Economic Review*, 90 (4), 980–994.

Geanakoplos J.D., J.D. Pearce, E. Stacchetti (1989): Psychological Games and Sequential Rationality. *Games and Economic Behavior*, 1 (1), 60–79.

Gill, D., V. Prowse (2012): A structural analysis of disappointment aversion in a real effort competition. *American Economic Review*, 102 (1), 469–503.

Gneezy, U., M. Niederle, A. Rustichini (2003): Performance in Competitive Environments: Gender Differences. *Quarterly Journal of Economics*, 118, 1049–1074.

Gneezy, U., A. Rustichini (2000): Pay enough or don't pay at all. *Quarterly Journal of Economics*, 115 (3), 791–810.

Goerg, S.J., H. Hennig-Schmidt, G. Walkowitz, E. Winter (2016): In wrong anticipation-miscalibrated beliefs between Germans, Israelis, and Palestinians. *PLOS ONE*, 11 (6), e0156998.

Greiner B., W. Güth, R. Zultan (2012): Social communication and discrimination: a video experiment. *Experimental Economics*, 15, 398–417.

Grimm V, F. Mengel (2011): Let me sleep on it: Delay reduces rejection rates in ultimatum games. *Economics Letters*, 111 (2), 113–115.

Güth, W., M.G. Kocher (2014): More than thirty years of ultimatum bargaining experiments: Motives, variations, and a survey of the recent literature. *Journal of Economic Behavior & Organization*, 108, 396–409.

Güth, W., R. Schmittberger, B. Schwarze (1982): An experimental analysis of ultimatum bargaining. *Journal of Economic Behavior & Organization*, 3, 367–388.

Harbring C. (2006). The effect of communication in incentive systems – An experimental study. *Managerial Decision Economics*, 27, 333–353.

Harrison G.W. (1989): Theory and Misbehavior of First-Price Auctions. *American Economic Review*, 79 (4), 749–762.

Harrison G.W. (1992): Theory and Misbehavior of First-Price Auctions: Reply. *American Economic Review*, 82 (5), 1426–1443.

Harrison, G.W. (2007): House money effects in public good experiments: Comment. *Experimental Economics*, 10 (4), 429–437.

Harrison, G.W., M.I. Lau, E.E. Rutström (2009): Risk attitudes, randomization to treatment, and self-selection into experiments. *Journal of Economic Behavior & Organization*, 70 (3), 498–507.

Harrison, G.W., J.A. List (2004): Field experiments. *Journal of Economic Literature*, 42 (4), 1009–1055.

Harrison G.W., J. Martínez-Correa, J.T. Swarthout (2013): Inducing risk neutral preferences with binary lotteries: A reconsideration. *Journal of Economic Behavior & Organization*, 94, 145–159.

Harrison, G.W., J. Martínez-Correa, J.T. Swarthout (2015): Reduction of compound lotteries with objective probabilities: Theory and evidence. *Journal of Economic Behavior & Organization*, 119, 32–55.

Harrison, G.W., E.E. Rutström (2008): Risk Aversion in the Laboratory. In J.C. Cox, G.W. Harrison (Hrsg.): *Risk Aversion in Experiments* (Research in Experimental Economics, Vol. 12), Emerald Group Publishing Limited, 41–196.

He, S., T. Offerman, J. van de Ven (2016): The sources of the communication gap. *Management Science*, 63, 2832–2846.

Hey, J.D. (1998): Experimental economics and deception: a comment. *Journal of Economic Psychology*, 19, 397–401.

Hey, J.D., C. Orme (1994): Investigating generalizations of expected utility theory using experimental data. *Econometrica*, 62, 1291–1326.

Hoffman, E., K. McCabe, K. Shachat, V.L. Smith (1994): Preferences, property rights, and anonymity in bargaining games. *Games and Economic Behavior*, 7 (3), 346–380.

Hoffman E., K. McCabe, V.L. Smith (1996): On Expectations and the Monetary Stakes in Ultimatum Games. *International Journal of Game Theory*, 25, 289–300.

Holt, C.A., S.K. Laury (2002): Risk aversion and incentive effects. *American Economic Review*, 92 (5), 1644–1655.

Holt, C. A., A.M. Smith (2009): An update on Bayesian updating. *Journal of Economic Behavior & Organization*, 69 (2), 125–134.

Irlenbusch, B., M. Sutter (2006): An Experimental Analysis of Voting in the Stability and Growth Pact in the European Monetary Union. *Public Choice*, 129 (3–4), 417–434.

Isaac, R.M., J.M. Walker, S.H. Thomas (1984): Divergent evidence on free riding: An experimental examination of possible explanations. *Public Choice*, 43 (2), 113–149.

Isaac, R.M., J.M. Walker (1988): Group Size Effects in Public Goods Provision: The Voluntary Contributions Mechanism. *Quarterly Journal of Economics*, 103 (1). 179–199.

Ivanov, A. (2011): Attitudes to ambiguity in one-shot normal-form games: An experimental study. *Games and Economic Behavior*, 71 (2), 366–394.

Jamison, J., D. Karlan, L. Schechter (2008): To Deceive or not to Deceive: The Effect of Deception on Behavior in Future Laboratory Experiments. *Journal of Economic Behavior & Organization*, 68, 477–488.

Kagel, J.H., A.E. Roth (1992): Theory and misbehavior in first-price auctions: comment. *American Economic Review*, 82 (5), 1379–1391.

Kamecke, U. (1997): Rotations: Matching schemes that efficiently preserve the best reply structure of a one shot game. *International Journal of Game Theory*, 26 (3), 409–417.

Karni, E. (2009): A mechanism for eliciting probabilities. *Econometrica*, 77 (2), 603–606.

Kartik, N. (2009): Strategic communication with lying costs. *Review of Eonmic Studies*, 76, 1359–1395.

Kimball, M.S. (1990): Precautionary Saving in the Small and in the Large. *Econometrica*, 58 (1), 53–73.

Kimball, M.S. (1992): Precautionary Motives for Holding Assets. In P. Newman, M. Milgate, J. Falwell (Hrsg.): *The New Palgrave Dictionary of Money and Finance*, Vol. 3. MacMillan, 158–161.

Kroll E., R. Morgenstern, T. Neumann, S. Schosser, B. Vogt (2014): Bargaining power does not matter when sharing losses – Experimental evidence of equal split in the Nash bargaining game. *Journal of Economic Behavior & Organization*, 108, 261–272.

Kroll, S., T.L. Cherry, J.F. Shogren (2007): The impact of endowment heterogeneity and origin on contributions in best-shot public good games. *Experimental Economics*, 10 (4), 411–428.

Krupka, E.L., R.A. Weber (2013): Identifying social norms using coordination games: Why does dictator game sharing vary?. *Journal of the European Economic Association*, 11 (3), 495–524.

Laury S.K., J.M. Walker, A.W. Williams (1995): Anonymity and the voluntary provision of public goods. *Journal of Economic Behavior and Organization*, 27, 365–380.

Levitt S.D., J.A. List (2007): What do laboratory experiments measuring social preferences reveal about the real world? *Journal of Economic Perspectives*, 21, 153–174.

Liberman, V., S.M. Samuels, L. Ross (2004): The name of the game: Predictive power of reputations versus situational labels in determining prisoner's dilemma game moves. *Personality and Social Psychology Bulletin*, 30 (9), 1175–1185.

Lichtenstein, S., P. Slovic (1971): Reversals of preference between bids and choices in gambling decisions. *Journal of Experimental Psychology*, 89 (1), 46–55.

List, J.A. (2007): On the interpretation of giving in dictator games. *Journal of Political Economy*, 115 (3), 482–493.

Loewenstein, G., S. Issacharoff (1994): Source dependence in the valuation of objects. *Journal of Behavioral Decision Making*, 7 (3), 157–168.

Loomes, G. (1999): Some lessons from past experiments and some challenges for the future. *The Economic Journal*, 109 (453), 35–45.

Manski, C.F. (2002): Identification of decision rules in experiments on simple games of proposal and response. *European Economic Review*, 46 (4), 880–891.

Marwell, G., R.E. Ames (1981): Economists free ride, does anyone else? Experiments on the provision of public goods. *Journal of Public Economics*, 15 (3), 295–310.

McDaniel, T., C. Starmer (1998): Experimental economics and deception: a comment. *Journal of Economic Psychology*, 19, 403–440.

Mellström, C., M. Johannesson (2008): Crowding out in blood donation: Was Titmuss right?. *Journal of the European Economic Association*, 6 (4), 845–863.

Merlo A., A. Schotter (1992): Theory and Misbehavior of First-Price Auctions: Comment. *American Economic Review*, 82 (5), 1413–1425.

Merritt, A.C., D.A. Effron, B. Monin (2010): Moral self-licensing: When being good frees us to be bad, *Social and Personality Psychology Compass*, 4 (5), 344–357.

Muehlbacher, S., E. Kirchler (2009): Origin of endowments in public good games: The impact of effort on contributions. *Journal of Neuroscience, Psychology, and Economics*, 2 (1), 59–67.

Niederle M. (2015): Intelligent Design: The Relationship of Economic Theory to Experiments: Treatment driven Experiments. In G.R. Fréchette, A. Schotter (Hrsg.): *Handbook of Experimental Economic Methodology*, Oxford University Press, 104–131.

Nyarko, Y., A. Schotter (2002): An experimental study of belief learning using elicited beliefs. *Econometrica*, 70 (3), 971–1005.

Ockenfels, A., J. Weimann (1999): Types and Patterns: An Experimental East-West Comparison of Cooperation and Solidarity. *Journal of Public Economics*, 71, 275–287.

Offerman, T.J.S., J.H. Sonnemans (2001): Is the quadratic scoring rule behaviorally incentive compatible?. *CREED Working Paper*.

Offerman, T., J. Sonnemans, G. Van de Kuilen, P.P. Wakker (2009): A truth serum for non-bayesians: Correcting proper Scoring Rules for risk attitudes. *Review of Economic Studies*, 76 (4), 1461–1489.

Ortmann A., R. Hertwig (2002): The costs of deception: evidence from psychology. *Experimental Economics*, 5, 111–131.

Oxoby, R.J., K.N. McLeish (2004): Sequential decision and strategy vector methods in ultimatum bargaining: Evidence on the strength of other-regarding behavior. *Economics Letters*, 84 (3), 399–405.

Oxoby R.J., J. Spraggon (2008): Mine and yours: Property rights in dictator games. *Journal of Economic Behavior & Organization*, 65, 703–713.

Ploner, M., T. Regner (2013): Self-image and moral balancing: An experimental analysis. *Journal of Economic Behavior & Organization*, 93, 374–383.

Pruitt, D.G. (1967): Reward structure and cooperation: The decomposed Prisoner's Dilemma game. *Journal of Personality and Social Psychology*, 7, 21–25.

Rankin F.W. (2003): Communication in Ultimatum Games. *Economics Letters*, 81 (2), 267–271.

Riechmann, T., J. Weimann (2008): Competition as a coordination device: Experimental evidence from a minimum effort coordination game. *European Journal of Political Economy*, 24 (2), 437–454.

Roth, A.E. (1995): Bargaining Experiments. In J.H. Kagel, A.E. Roth (Hrsg.): *Handbook of Experimental Economics*. Princeton University Press, 253–348.

Roth, A.E., M.W. Malouf (1979): Information in Bargaining. *Psychological Review*, 86 (6), 574–594.

Roux, C., C. Thöni (2015): Do control questions influence behavior in experiments?. *Experimental Economics*, 18 (2), 185–194.

Rubinstein, A. (2006): A sceptic's comment on the study of economics. *The Economic Journal*, 116, 1–9.

Rydval, O., A. Ortmann (2005): Loss avoidance as selection principle: evidence from simple stag-hunt games. *Economics Letters*, 88 (1), 101–107.

Sass, M., J. Weimann (2015): Moral self-licensing and the direct touch effect, *Cesifo Working Paper 5174*.

Sass, M., F. Timme, J. Weimann (2018): The Cooperation of Pairs. *Games*, 9, 68.

Schotter, A., I. Trevino (2014): Belief elicitation in the laboratory. *Annual Review of Economics*, 6 (1), 103–128.

Selten, R. (1967): Die Strategiemethode zur Erforschung des eingeschränkt rationalen Verhaltens im Rahmen eines Oligopolexperiments. In H. Sauermann (Hrsg.): *Beiträge zur Experimentellen Wirtschaftsforschung*. JCB Mohr (Paul Siebeck), 136–68.

Selten, R., A. Sadrieh, K. Abbink (1999): Money does not induce risk neutral behavior, but binary lotteries do even worse. *Theory and Decision*, 46, 211–249.

Selten R., R. Stoecker (1986): End behavior in sequences of finite prisoner's dilemma supergames. *Journal of Economic Behavior and Organization*, 7, 47–70.

Smith, V.L. (1976): Experimental economics: Induced value theory. *American Economic Review*, 66 (2), 274–279.

Sturm, B., J. Weimann, (2006): Experiments in environmental economics and some close relatives. *Journal of Economic Surveys*, 20 (3), 419–457.

Sturm, B., J. Weimann (2008): Unilateral Emissions Abatement: An Experiment. In T.L. Cherry, J.F. Shogren and S. Kroll (Hrsg.): *Experimental Methods, Environmental Economics*, Routledge, UK, 157–183.

Sutter, M., H. Weck-Hannemann (2003): Taxation and the Veil of Ignorance – A Real Effort Experiment on the Laffer Curve. *Public Choice*, 115, 217–240.

Sutter M., C. Strassmair (2009): Communication, cooperation and collusion in team tournaments – An experimental study. *Games and Economic Behavior*, 66 (1), 506–525.

Timme F., M. Sass, J. Weimann,(2015): The dynamics of dictator behavior. *Cesifo Working Paper No. 5348*.

Trautmann, S.T., G. van de Kuilen (2015): Belief Elicitation: A Horse Race among Thruth Serums. *The Economic Journal*, 125, 2116–2135.

Vanberg, C. (2008): Why do people keep their promises? An experimental test of two explanations. *Econometrica*, 76 (6), 1467–1480.

Van Huyck, J.B., R.C. Battalio, R.O. Beil (1990): Tacit coordination games, strategic uncertainty, and coordination failure. *American Economic Review*, 80 (1), 234–248.

Vieider, F.M. (2011): Separating real incentives and accountability. *Experimental Economics*, 14 (4), 507–518.

Volk, S., C. Thöni, W. Ruigrok (2012): Temporal stability and psychological foundations of cooperation preferences. *Journal of Economic Behavior & Organization*, 81 (2), 664–676.

Wakker, P., D. Deneffe (1996): Eliciting von Neumann-Morgenstern utilities when probabilities are distorted or unknown. *Management Science*, 42 (8), 1131–1150.

Weber, R.A. (2003): 'Learning' with no feedback in a competitive guessing game. *Games and Economic Behavior*, 44 (1), 134–144.

Zizzo, D.J. (2010): Experimenter demand effects in economic experiments. *Experimental Economics*, 13 (1), 75–98.

Die experimentelle Praxis

In diesem Teil des Buches werden wir die praktischen Aspekte experimenteller Forschung beleuchten. Im Vordergrund steht die Frage, wie man ganz konkret vorgehen soll, wenn man ein Labor einrichtet, ein Experiment plant und dieses dann durchführt. Natürlich spielen dabei die methodischen Grundlagen, die wir im zweiten Teil behandelt haben, eine zentrale Rolle. Es wird deshalb nicht ohne Wiederholungen bereits zuvor beschriebener Sachverhalte abgehen können, aber wir versuchen, die Redundanzen durch entsprechende Verweise auf das Notwendigste zu reduzieren.

Inhaltsverzeichnis

Der Aufbau eines Experimentallabors

Die Grundanordnung eines Labors besteht aus einer Reihe von Computerarbeitsplätzen für die Versuchspersonen und einem Arbeitsplatz für die Experimentatoren, die das Experiment leiten und durchführen. Wenn man plant, ein solches Labor einzurichten, braucht man als erstes eine Art Grundriss, der klärt, wie die Arbeitsplätze der Versuchspersonen angeordnet werden und wie der Experimentatorplatz zu dieser Anordnung gestellt wird. Dabei gibt es zwei Aspekte, die zu beachten sind und die sich in einem gewissen Widerspruch befinden. Zum einen ist es notwendig, dass die Experimentatoren in der Lage sind, die Versuchspersonen zu kontrollieren. Beispielsweise um zu verhindern, dass es zu unerwünschter Kommunikation kommt. Zum anderen sollen die Versuchspersonen aber so wenig wie mögl ich das Gefühl haben, unter Beobachtung zu stehen.

Eine sehr gute Lösung für dieses Problem besteht darin, dass die Versuchspersonenplätze in Kabinen untergebracht werden, die möglichst schalldicht sind (siehe ◖ Abb. 16.1 und 16.2). Auf diese Weise ist unerlaubte Kommunikation zwischen den Versuchspersonen ausgeschlossen, ohne dass der Experimentator quasi hinter den Versuchspersonen stehen muss. Eine Kabinenlösung hat darüber hinaus noch weitere Vorteile. Wenn strikte Anonymität erforderlich ist und die Versuchspersonen sich deshalb nicht begegnen dürfen, kann man sie einzeln in die Kabinen führen und nach dem Experiment auch wieder einzeln daraus entlassen. Auf diese Weise ist auch vor und nach dem Experiment gewährleistet, dass es zu keinerlei Kontakt kommen kann.

Ein weiterer Vorteil von schalldichten Kabinen besteht darin, dass man *erwünschte* Kommunikation zwischen den Versuchspersonen in kontrollierter Form zulassen kann. Da die Arbeitsplätze ohnehin mit Computern ausgestattet werden müssen, ist es kein Problem das System so zu erweitern, dass man mit Hilfe von Kameras, Kopfhörern und Mikrofonen jede Form von Kommunikation ermöglichen kann. Von der Option, über ein Chatprogramm Nachrichten auszutauschen, über Telefonkonferenzen bis hin zu Videokonferenzen lassen sich dann die verschiedensten Kommunikationsformen mühelos einrichten und kontrollieren. Hilfreich ist dabei, wenn die Kabinen mit zwei Monitoren ausgestattet sind. Das macht es möglich, beispielsweise eine Videokonferenz und die Anzeigen der Experimentsoftware gleichzeitig einsehen zu können.

Für eine kontrollierte Kommunikation muss der Experimentatorplatz mit Technik ausgestattet werden, die es erlaubt, beispielsweise eine Videokonferenz mit zu verfolgen. Wird die gesamte Kommunikation digital abgewickelt, ist es ebenfalls kein technisches Problem,

◖ **Abb. 16.1** Schalldichte Kabinen und offene Arbeitsplätze im Magdeburger Labor für experimentelle Wirtschaftsforschung (MaXLab)

■ **Abb. 16.2** Schalldichte Kabinen und offene Arbeitsplätze im Essener Labor für Experimentelle Wirtschaftsforschung (elfe)

sie zu speichern und zu archivieren. Auf diese Weise lassen sich Kommunikationsinhalte und deren Wirkungen sehr effektiv untersuchen.

Ein weiterer Vorteil von Kabinen ist, dass man mit ihnen erreicht, dass die Versuchspersonen keinerlei Ablenkungen ausgesetzt sind. Das erleichtert es ihnen, sich voll und ganz auf das Experiment zu konzentrieren. Das gelingt allerdings nur, wenn die Computer in den Kabinen keinen Internetzugang gewähren und wenn der Gebrauch von Smartphones während des Experiments ausgeschlossen wird. Letzteres lässt sich am Einfachsten dadurch realisieren, dass die Geräte zu Beginn des Experiments abgegeben werden müssen. Eine andere Variante besteht darin, dass die Videokameras, die in den Kabinen für Kommunikationszwecke installiert sind, dafür genutzt werden zu kontrollieren, ob Versuchspersonen ihr Smartphone benutzen. Das hat allerdings den Nachteil, dass man den Versuchspersonen sehr deutlich zu verstehen gibt, dass sie ständig beobachtet werden.

Die Kabinenlösung hat also einige Vorteile, aber sie hat auch Nachteile. Schalldichte Kabinen nehmen deutlich mehr Platz ein als einfache Versuchspersonenplätze. Wenn also der Raum, der für ein Labor zur Verfügung steht, begrenzt ist, muss man unter Umständen bei der Anzahl der Arbeitsplätze Einschränkungen hinnehmen, wenn man eine Kabinenlösung haben möchte. Ein zweiter Nachteil besteht darin, dass Kabinen deutlich teurer sind als einfache Laborarbeitsplätze. Um sie sinnvoll einsetzen zu können, sollten sie unbedingt schalldicht sein. Sie sollten auch nicht zu eng sein und hinreichend Platz bieten, weil sonst die Gefahr besteht, dass sich Versuchspersonen darin unbehaglich fühlen. Aus dem gleichen Grund muss auch für eine gute Lüftung, Klimatisierung und Beleuchtung gesorgt werden. Zudem müssen auch Feuermelder und Ähnliches in den *schall*dichten Kabinen installiert sein (siehe ■ Abb. 16.3). Alle diese Eigenschaften treiben die Kosten für eine Kabine in die Höhe.

Kabinen haben den Vorteil, dass sich mit ihnen die Versuchspersonen sehr gut voneinander separieren lassen und es gelingt, jegliche Kommunikation während des Experiments perfekt zu kontrollieren. Es kann aber auch experimentelle Anordnungen geben, bei denen will man das gar nicht. Beispielsweise kann man sich vorstellen, dass in einem Experiment Gruppen Entscheidungen treffen müssen. Zwar kann man das auch mit Kabinen lösen, indem man eine Videokonferenz der Gruppe ermöglicht. Wenn aber eine möglichst realistische „Face-to-Face" Kommunikation erwünscht ist, dann sind Kabinen eher hinderlich. Im Idealfall ist das Labor so gestaltet, dass es sowohl über eine ausreichende Anzahl von Kabinen verfügt als auch über „offene" Plätze.

Abb. 16.3 Schalldichte Kabine im elfe

Versuchspersonenarbeitsplätze, die nicht in Kabinen untergebracht sind, sollten allerdings auch bestimmte Anforderungen erfüllen. Sie sollten so gestaltet sein, dass sie es den Versuchspersonen erlauben, im Bedarfsfall ungestört von den anderen Teilnehmern zu sein, gleichzeitig aber die Möglichkeit eröffnen, wenn nötig mit den anderen Teilnehmern in Kontakt zu treten. Eine gute Lösung ist es deshalb, wenn die einzelnen Plätze – die natürlich über eine gewisse technische Grundausstattung verfügen sollten – durch Wände seitlich voneinander abgeteilt sind und – je nach Lage der offenen Kabinen – über einen Vorhang verfügen, mit dem auch von hinten ein Sichtschutz hergestellt werden kann (siehe Abb. 16.4). Letzterer hat den Zweck, den Versuchspersonen das Gefühl zu nehmen, permanent beobachtet zu werden. Bei offenem Vorhang ist eine direkte Kommunikation von Angesicht zu Angesicht zwischen den Versuchspersonen möglich. Erleichtert wird diese, wenn die Arbeitsplätze mit Bürostühlen auf Rollen ausgestattet sind.

Es ist sehr sinnvoll, den Experimentatorplatz in der Nähe des Laboreingangs zu platzieren – schon deshalb, weil so der Experimentator am besten kontrollieren kann, wer das Labor betritt und wer es verlässt. Technisch sollte der Experimentatorplatz so ausgestattet sein, dass von ihm aus das Experiment überwacht und gesteuert werden kann. Es hat sich als sehr effektiv und zeitsparend erwiesen, die Experimentsoftware so einzurichten, dass alle Arbeitsplatzrechner vom Experimentatorplatz aus zentral gestartet werden können. Bei Kommunikationsexperimenten ist es wichtig, dass Experimentatoren von ihrem Platz aus die Kommunikation mitverfolgen können. Das ist beispielsweise dann notwendig, wenn die Instruktionen vorsehen, dass die Kommunikationsinhalte beschränkt sind. Damit diese Beschränkung überwacht werden kann, müssen Experimentatoren in der Lage sein „mitzuhören". Selbstverständlich muss dies mit Kopfhörern geschehen, um sicherzustellen, dass die Kommunikationsinhalte vertraulich bleiben.

Neben dem Experimentatorplatz sollte es auch einen Platz für die Auszahlung der Versuchspersonen am Ende des Experiments geben. Es ist sehr hilfreich, wenn dieser Platz nicht von den noch im Labor befindlichen Versuchspersonen eingesehen werden kann.

16

Abb. 16.4 Offener Arbeitsplatz im MaXLab

Im Idealfall bringt man ihn in einem separaten Raum unter. Ist das nicht möglich, kann man sich damit behelfen, dass man auf dem Flur vor dem Labor eine Art mobile Auszahlungsstation aufbaut, an der die Transaktion in Ruhe und ungestört ablaufen kann.

Eine grundsätzliche Frage bei der Einrichtung eines Labors ist, über wie viele Plätze es verfügen soll. Natürlich gilt in den meisten Fällen „mehr ist besser als weniger", aber es sind dabei zwei Restriktionen zu beachten. Erstens ist in der Regel der zur Verfügung stehende Raum beschränkt, was bereits eine Limitierung der Plätze mit sich bringt. Zweitens sollte bedacht werden, dass die Auslastung des Labors erhebliche Ressourcen erfordert. Abgesehen davon, dass man genug experimentelle Projekte und ausreichend Experimentatoren braucht, benötigt man für jeden Versuch hinreichend viele Versuchspersonen und ausreichend finanzielle Mittel, um die monetären Anreize schaffen zu können. Je größer ein Labor ist, umso anspruchsvoller ist es für eine zufriedenstellende Auslastung zu sorgen. Angesichts der Ressourcenknappheit, unter der die ökonomische Laborforschung häufig leidet, und angesichts des Wettbewerbs um diese Ressourcen, in dem Experimentatoren sehr oft stehen, wäre ein dauerhaft nur schwach ausgelastetes Labor schlecht zu rechtfertigen.

Abgesehen von der Anzahl der Plätze und der Größe des Raumes kann man auch darüber nachdenken, das Labor auf mehr als einen Raum zu verteilen. Das verschafft Spielräume bei der Bestimmung der Laborgröße und der Anzahl der Arbeitsplätze. Auf den ersten Blick mag es unpraktisch wirken, wenn man nicht alle Versuchspersonen in einem Raum zusammen unterbringen kann. Aber bei näherem Hinsehen haben zwei Räume auch Vorteile. Idealerweise sollten sie nebeneinanderliegen. Man gewinnt dadurch einige zusätzliche Optionen. Beispielsweise kann man bei starker Auslastung des Labors die Zweiraumlösung nutzen, um unterschiedliche Versuche parallel durchzuführen. Vor allem aber sind zwei Räume dann von Vorteil, wenn im Experiment zwei Gruppen von Versuchspersonen zum Einsatz kommen, die unterschiedliche Rollen im Experiment einnehmen und die sich möglichst nicht begegnen sollen. Indem man die eine Gruppe in den ersten und die andere in den zweiten Laborraum bestellt, lässt sich dies deutlich leichter herstellen, als in dem Fall, in dem nur ein Raum zur Verfügung steht.

Bisher haben wir ausschließlich von der Grundausstattung eines Labors gesprochen, d. h. von den Versuchspersonenplätzen und dem Experimentatorplatz. Die allermeisten

A.16.1 Die richtige Software

Jedes Labor braucht wenigstens zwei Arten von Software. Eine, mit der sich die Experimente programmieren lassen, so dass sie über ein Computernetzwerk abgewickelt werden können, und eine, mit der sich die Verwaltung und Rekrutierung der Versuchspersonen erledigen lässt. Für beide Aufgaben stehen unterschiedliche Softwarelösungen zur Verfügung. Wir können hier nicht alle Programme vorstellen und beschränken uns deshalb auf die, die sich bisher als Standard durchgesetzt haben. Solche Standards zu haben, ist von einem gewissen Vorteil, weil es die Reproduzierbarkeit von Experimenten stark begünstigt. Ein Standard zu sein, heißt allerdings nicht, die beste Lösung zu bieten. Insofern sollte es jedem Labor überlassen bleiben, aus der inzwischen relativ großen Zahl die Programme auszuwählen, die für den konkreten Fall die Besten sind. Allerdings ist in jedem Fall anzuraten, dass sich die in einem Labor Arbeitenden darauf einigen, jeweils nur ein Programm zu nutzen. Das vereinfacht das Leben des Laborleiters ungemein und schützt vor vermeidbaren Fehlern.

Bei der Programmierung von Experimenten hat sich z-Tree als weltweiter Standard herausgebildet. Das Tool wurde von Urs Fischbacher entwickelt und wird seit vielen Jahren gepflegt und weiterentwickelt.[1] z-Tree bietet die Möglichkeit, auf relativ einfache Weise nahezu jedes Experiment zu programmieren. Da es genau auf die Bedürfnisse der experimentellen Wirtschaftsforschung angepasst ist, enthält es hauptsächlich Elemente, die dort auch häufig gebraucht werden. Das hat den Vorteil, dass z-Tree relativ schlank ist und entsprechend einfach gelernt werden kann. Das Programm ist kostenlos erhältlich und es ist gut dokumentiert. In vielen Laboren werden regelmäßige z-Tree Workshops angeboten, in denen zum Beispiel Studenten, die planen im Rahmen ihrer Masterarbeit ein Experiment durchzuführen, den Umgang mit der Software lernen. Wie schon erwähnt, hat es sich als großer Vorteil erwiesen, dass mit z-Tree ein Programm existiert, mit dem auf der ganzen Welt gearbeitet wird. Experimentelle Forschung ist sehr häufig Teamwork und nicht selten setzen sich die Teams international zusammen. Da ist es sehr hilfreich, wenn alle mit der gleichen Software vertraut sind.

Neben der Programmierung der Experimente brauchen Labore, wenn in ihnen regelmäßig Experimente durchgeführt werden sollen, eine professionelle Rekrutierung und Betreuung der Versuchspersonen. Auch dafür stehen Programme zur Verfügung. Eine ganze Zeit lang spielte dabei ORSEE, entwickelt von Ben Greiner,[2] eine ähnliche Rolle wie z-Tree. Anders als bei der Programmierung der Experimente ist es bei der Rekrutierungssoftware nicht so entscheidend, dass viele Labore das gleiche Programm wählen, denn die Rekrutierung findet ja immer lokal statt. Das macht es Newcomern etwas leichter und das ist wahrscheinlich der Grund, aus dem sich mit HROOT inzwischen ein starker Wettbewerber für ORSEE etabliert hat. Beide Lösungen haben einen ähnlichen Leistungsumfang. Mit Hilfe der Rekrutierungssoftware ist es möglich, den Stamm der Versuchspersonen online zu verwalten. Menschen, die an Experimenten teilnehmen möchten, können sich online in der Datenbank registrieren. In der Datenbank werden die wichtigsten Eigenschaften der jeweiligen Versuchsperson erfasst. Neben demographischen Angaben sind das vor allem Informationen darüber, an welchen Experimenten eine bestimmte Versuchsperson bereits teilgenommen hat. Das zu wissen ist sehr wichtig, denn in aller Regel ist man an Versuchspersonen interessiert, die bisher noch keine Erfahrung mit dem geplanten Versuchsaufbau haben. Mitunter möchte man aber auch gerade solche Menschen ins Labor einladen, die schon einmal an einem ähnlichen Versuch teilnahmen.

Die Rekrutierung erfolgt bei beiden Programmen auf die gleiche Weise. Sind die Kriterien für die Auswahl der Versuchspersonen festgelegt, wird eine hinreichend große Zahl von geeigneten potentiellen Teilnehmern zufällig ausgewählt und per E-Mail zu dem Experiment eingeladen. Diejenigen, die teilnehmen wollen, können sich online anmelden. Sobald genug Anmeldungen vorliegen, endet der Rekrutierungsprozess.

16

A.16.2 Braucht man eine Laborleitung?

Die Antwort auf diese Frage hängt natürlich davon ab, wie intensiv das Labor genutzt wird und wie gut es ausgestattet ist. Wird ein Rechnerpool nur gelegentlich für ein Experiment benutzt, braucht man niemanden, der das Labor überwacht. Wenn es sich aber um ein eigens für die Forschung eingerichtetes Labor handelt, das mit der entsprechenden Technik ausgestattet ist, dann ist es unbedingt zu empfehlen, einen Laborleiter zu beschäftigen.

Die Aufgaben der Laborleitung sind vielfältig. An erster Stelle steht die Aufgabe dafür zu sorgen, dass die technischen Voraussetzungen für Experimente jederzeit bestmöglich gegeben sind. Dazu bedarf es einer Person, die sich sowohl mit der Hardware als auch mit der Software, die bei Experimenten zum Einsatz kommt, bestens auskennt. Beide Komponenten entwickeln sich ständig weiter und das Labor sollte möglichst immer auf dem neuesten Stand der Technik sein. Das ist zumindest das Ziel. Wie weit es erreicht werden kann, hängt natürlich von den zur Verfügung stehenden Ressourcen ab. Eine weitere wichtige Aufgabe der Laborleitung besteht darin, regelmäßig neue Versuchspersonen für die Registrierung in der Online-Datenbank anzuwerben. Darüber hinaus sollte die Laborleitung natürlich auch darauf achten, dass die Verteilung der Laborkapazitäten fair erfolgt und dass die Laborregeln auch tatsächlich eingehalten werden. Um allen diesen Aufgaben gerecht zu werden, ist es von großem Vorteil, wenn die Laborleiterin selbst eine aktive Forscherin ist. Auf diese Weise ist gesichert, dass sie „auf Augenhöhe" mit den anderen Labornutzern kommunizieren kann und dass sie den Stand der Wissenschaft kennt. Das macht es sehr viel einfacher einzuschätzen, über welche Technik das Labor verfügen sollte und welche entbehrlich ist.

Labore bestehen auch ausschließlich aus dieser Grundausstattung. Es ist aber durchaus möglich, Labore technologisch aufzurüsten. Beispielsweise durch Geräte mit deren Hilfe „Eye Tracking" möglich ist. Eine mögliche Anwendung dafür ist die Frage, welche der Optionen die auf einem Bildschirm angeboten werden, wie lange und in welcher Reihenfolge angesehen werden. Bisher wird Eye Tracking in ökonomischen Experimenten noch relativ selten verwendet, aber es mag in der Zukunft neue experimentelle Designs geben, die von dieser Technik profitieren können.

In der Psychologie werden relativ häufig Apparaturen verwendet, die es erlauben, physiologische Zustände zu messen, die Rückschlüsse auf emotionale Zustände erlauben. Beispielsweise reagiert der Hautwiderstand auf Stresssituationen. Gleiches gilt für den Puls. Entsprechende Geräte können auch bei ökonomischen Experimenten zum Einsatz kommen. In der Neuroökonomik wird neben der sehr aufwändigen fMRT Methode[3] als bildgebendes Verfahren nach wie vor mit der EEG[4] gearbeitet, bei der elektrische Aktivitäten des Gehirns durch Aufzeichnung von Spannungsunterschieden auf der Kopfhaut sichtbar gemacht werden. Alle diese Methoden kommen in der ökonomischen Laborforschung bisher nur sporadisch zur Anwendung. Ein wichtiger Grund dafür dürfte sein, dass ihre sachkundige Verwendung Kompetenzen erfordert, über die Ökonomen nicht standardmäßig verfügen. Vor diesem Hintergrund ist es sehr zu begrüßen, dass sich inzwischen vereinzelt Laborgemeinschaften herausbilden. Damit sind Labore gemeint, die über eine umfangreiche apparative Ausstattung verfügen und die von Ökonomen, Psychologen und Neurowissenschaftlern genutzt werden. Natürlich bieten solche Labore auch hervorragende Bedingungen für interdisziplinäre Forschung. Angesichts disziplinspezifischer methodischer Anforderungen kann es sinnvoll sein, gemeinsame methodische Standards zu definieren, die dann für alle Nutzer des Labors gelten.

---

[3] Funktionelle Magnetresonanztomographie.
[4] Elektroenzephalografie.

Allgemeine Regeln für die Nutzung des Labors sind nicht nur dann hilfreich, wenn das Labor von unterschiedlichen Disziplinen genutzt wird. Vielmehr sollte man einen allgemeinen Verhaltenskodex bzw. Laborregeln vereinbaren, auf den die Labornutzer verpflichtet werden. Alles, was im Labor geschieht, wirkt sich auf die Reputation aller im Labor arbeitenden Wissenschaftler aus. Deshalb sollte vermieden werden, dass durch das Verhalten Einzelner diese Reputation beschädigt werden kann. Die Laborregeln sollten beispielsweise festlegen, wie damit umzugehen ist, wenn zu wenige Versuchspersonen erscheinen oder es zu einem Rechnerabsturz kommt. Die Regeln sollten weiterhin unbedingt vorsehen, dass Versuchspersonen nicht manipuliert werden dürfen. Hilfreich kann es auch sein, wenn ausgeschlossen wird, dass Versuchspersonen negative Auszahlungen haben, weil so etwas besonders rufschädigend wirkt. Ganz allgemein sollten diejenigen, die das Labor nutzen, sich darauf verständigen, was sie unter den Regeln guter (Labor-)Wissenschaft verstehen und dieses Verständnis dann in Form eines Laborkodex verschriftlichen. Allerdings nützen die besten Laborregeln nichts, wenn ihre Einhaltung nicht überwacht wird. Das führt uns zu der Frage, ob ein Labor einen Laborleiter braucht.

16

Die Vorbereitung eines Experiments

© Springer-Verlag GmbH Deutschland, ein Teil von Springer Nature 2019
J. Weimann und J. Brosig-Koch, *Einführung in die experimentelle Wirtschaftsforschung*,
https://doi.org/10.1007/978-3-642-32765-0_17

In diesem Kapitel beschäftigen wir uns mit der praktischen Seite der Dinge, die ablaufen, bevor die erste Versuchsperson das Labor betritt. Bis dahin muss eine große Zahl von Fragen geklärt werden und die methodischen Grundlagen, die wir in Teil 2 gelegt haben, sollten bei der Beantwortung dieser Fragen Beachtung finden.

17.1   Die Wahl des Designs und der Anordnungen

Die Wahl des experimentellen Designs hängt von der konkreten Forschungsfrage ab, die mit dem Experiment beantwortet werden soll. Das setzt natürlich voraus, dass man sich diese Forschungsfrage genau überlegt. Hat man sie formuliert, muss das Design so gestaltet werden, dass das Experiment Daten produziert, die es erlauben zu entscheiden, wie die Forschungsfrage beantwortet werden kann. Im Idealfall geschieht dies dadurch, dass aus der Forschungsfrage Hypothesen abgeleitet werden, die auf der Grundlage der experimentellen Daten entweder bestätigt oder verworfen werden können. Die Formulierung von Hypothesen dient also vor allem dem Zweck, das experimentelle Design zu bestimmen. Jeder, der ein Experiment durchführt, sollte sich zudem die Frage stellen, welche Information die Daten liefern, die im Experiment erzeugt werden. Sind sie aufgrund dieser Information tatsächlich in der Lage zu entscheiden, ob eine Hypothese zu verwerfen ist oder nicht und ob diese von anderen Hypothesen klar separiert werden kann? Nur wenn diese Fragen mit „Ja" beantwortet werden können, ist das Design auf die Forschungsfrage abgestimmt.

Die Rolle, die Hypothesen bei experimentellen Untersuchungen spielen, ist durchaus umstritten. In manchen Disziplinen wird dazu eine sehr puristische Haltung eingenommen. Die besteht darin, dass nur solche Befunde eines Experiments verwertbar sind, die sich auf die zuvor festgelegten Hypothesen beziehen. Der Grund für diese restriktive Haltung ist die Furcht, dass Hypothesen gewissermaßen *ex post* formuliert werden, also nachdem man die experimentellen Resultate kennt. Das steht in einem Widerspruch zum Idealbild des empirisch arbeitenden Wissenschaftlers, der ein Experiment konzipiert, um damit eine klar formulierte Forschungsfrage zu beantworten. Der erste Schritt muss die Ableitung der Hypothesen aus einer Theorie oder mehreren Theorien sein, die es letztlich zu überprüfen gilt. Wird dieser Weg nicht gegangen, ist das Experiment nicht theoriegeleitet und damit wissenschaftlich minderwertig – so jedenfalls die puristische Sicht auf die Dinge. Wir befürworten an dieser Stelle eine eher pragmatische Sicht. Selbstverständlich sollte es so sein, dass die Theorie oder zumindest eine klare Hypothese das Experiment leitet und das Experimentdesign bestimmt. Aber sollte man deshalb Befunde, die nicht zu den Hypothesen passen, ignorieren? Reinhard Selten, Nobelpreisträger und Pionier der experimentellen Forschung hat dazu folgende Geschichte erzählt, die uns mündlich überliefert ist. Man schickt Raumfahrer zum Mars und sagt ihnen: „Unsere Hypothese ist, dass es auf dem Mars rotes Gestein gibt. Bringt Gestein mit, das mit dieser Hypothese im Einklang steht." Die Raumfahrer landen auf dem Mars und finden rote Steine, aber sie finden noch mehr. Unter jedem Stein, den sie aufheben, finden sie kleine Marswürmer. Was sollen sie machen? Nur die roten Steine mit zur Erde nehmen, weil es keine Hypothese zu der Frage gab, ob und in welcher Form es Leben auf dem Mars gibt? Puristisch betrachtet müssten sie dies tun und eine neue Marsexpedition starten, diesmal ausgestattet mit der Hypothese, dass es Leben auf dem Mars gibt.

Wir schlagen vor, Befunde, die sich in einem Experiment ergeben und die außerhalb der *ex ante* formulierten Hypothesen liegen, nicht zu ignorieren. Die Wissenschaftsge-

17

schichte ist voll von Beispielen für wichtige Entdeckungen, die durch Zufall gemacht wurden und nicht das Ergebnis zielgerichteter Forschung waren. Das bedeutet natürlich nicht, dass man auf die Formulierung von möglichst genauen Hypothesen verzichten soll. Der Zufallsbefund ist eher die Ausnahme als die Regel und wenn man bei der Formulierung der Hypothesen ungenau arbeitet, kann es sich am Ende herausstellen, dass die mit dem Experiment generierten Daten gar nicht geeignet sind, die Forschungsfrage zu beantworten. Das sollte man unbedingt vermeiden.

Bei der Formulierung der Forschungsfrage kommt es nicht allein auf die Kreativität der oder des Forschenden an, sondern auch auf eine sorgfältige Recherche des wissenschaftlichen Umfeldes. Gibt es zu der Fragestellung bereits empirische oder experimentelle Evidenz? Das kann nur eine intensive Literaturrecherche klären. Dabei sollte man sorgfältig vorgehen und die notwendige Zeit investieren. Nichts ist ärgerlicher als ein interessantes experimentelles Resultat zu haben, um dann festzustellen, dass man damit nicht der Erste ist. Zu beachten gilt es dabei, dass experimentelle Arbeiten nicht nur in den einschlägigen ökonomischen Fachzeitschriften veröffentlicht werden, sondern auch zunehmend in allgemeinen wissenschaftlichen Zeitschriften ihren Platz finden.[1] Natürlich muss nicht nur geklärt werden, ob das konkrete Experiment schon an anderer Stelle durchgeführt wurde, sondern es gilt auch, die Literatur ausfindig zu machen, die einen engen Bezug zu der eigenen Forschungsfrage aufweist. Dabei sollte man sich nicht auf die experimentellen Arbeiten beschränken (und auch nicht auf die Arbeiten aus der eigenen Disziplin).

Die experimentelle Forschung steht in einem unmittelbaren Zusammenhang mit der ökonomischen Theorie. Es gilt deshalb auch die Frage zu klären, ob sich in der Literatur Modelle finden, die für die eigene Forschungsfrage relevant sind. Für Ökonomen ist diese Frage von besonderer Bedeutung, denn für die Interpretation der experimentellen Resultate gibt es eine Art Referenzpunkt, an dem man selten vorbeikommt: Welche Prognose lässt sich bei rationalem (und eigennützigem) Verhalten ableiten? Um diese Frage beantworten zu können, braucht man ein entsprechendes Modell. Entweder ein solches existiert in der theoretischen Literatur oder man muss es selbst entwickeln.

Etwas anders liegen die Dinge, wenn es sich um ein Experiment handelt, bei dem bereits klar ist, dass das rationale und eigennützige Verhalten keine brauchbare Prognose liefert. Das gilt für viele der Standardversuche, die in der experimentellen Wirtschaftsforschung benutzt werden. Man kann weder das Verhalten im Ultimatumspielexperiment, noch das in öffentliches-Gut-Experimenten oder im Vertrauensspielexperiment erklären, wenn man annimmt, dass sich alle Versuchspersonen strikt rational verhalten und versuchen, ihre eigene monetäre Auszahlung zu maximieren. In diesem Fall gibt es zwei Möglichkeiten. Entweder man verfügt über ein Modell, das von diesen Annahmen abweicht und das versucht, die experimentellen Befunde zu organisieren, oder man beschränkt sich auf eine rein explorative Studie, in der versucht wird, Informationen über individuelles Verhalten zu gewinnen, die helfen können eine Erklärung für das zu finden, was im Experiment passiert. Bei solchen Studien, die nicht ein konkretes Modell überprüfen und für die bereits gezeigt wurde, dass rationales und eigennütziges Verhalten keine gute Erklärung liefert, ist es mitunter schwierig, vernünftige Hypothesen zu bilden. Es gibt hier mitunter noch keine Theorie, die eine klare Prognose dazu abgeben könnte, was passieren soll. Aber auch wenn die Hypothesen, die man dann benutzen kann, ein gewisses Maß an Willkürlichkeit besitzen, sollten sie *ex ante* formuliert werden.

---

[1] Gemeint sind Zeitschriften wie Nature, PNAS, PLOS ONE oder Science.

Stehen die Hypothesen fest, müssen die experimentellen Variablen definiert werden, die für die Hypothesenprüfung relevant sind. Das ist ein durchaus wichtiger Punkt, bei dem es durchaus Freiheitsgrade gibt. Ein Beispiel dazu: Angenommen es wird ein Experiment mit einem Zwei-Personen-Spiel geplant, bei dem Spieler A den Spieler B bestrafen kann, falls B etwas tut, was A nicht gefällt. Die Strafe besteht darin, dass A die Auszahlung an B reduziert. Die Bestrafung verursacht aber bei A Kosten in Höhe von a für jeden Euro, um den er die Auszahlung von B reduziert. Wenn es darum geht, das Bestrafungsverhalten zu untersuchen, welches ist dann die dafür relevante Variable? Die *Kosten*, die A auf sich nimmt, um zu bestrafen, oder die *Strafe*, die B tragen muss? Es sollte in jedem Fall der Hinweis beachtet werden, der in der Box 8.1 gegeben wurde: Die Auszahlungsfunktion ist entscheidend und die sollte nicht zu flach verlaufen.

Wenn es darangeht, das konkrete Design des Experiments zu entwerfen, muss man sich die Frage stellen, was alles kontrolliert werden muss und wie im Einzelfall die Kontrolle erfolgen soll. Grundsätzlich sind es vier Dinge, die kontrolliert werden können (und auch sollten).

■ 1. Präferenzen, Motive, Einstellungen

Mit der Frage, wie sich Präferenzen kontrollieren lassen, haben wir uns in den ► Kap. 8 und 10 des zweiten Buchteils ausführlich beschäftigt. Die „Induced Value" Methode ersetzt die Nutzenfunktion durch eine Auszahlungsfunktion und unterstellt dabei, dass die Versuchspersonen stets nach der Maxime handeln „eine höhere Auszahlung ist besser als eine niedrigere". Eine naheliegende Hypothese in jedem Experiment, das sich monetärer Anreize bedient, ist deshalb, dass die Versuchspersonen sich so verhalten, dass ihre eigene Auszahlung maximal wird. Aber wie bereits angedeutet, können auch andere Motive eine Rolle spielen. Menschen können sich uneigennützig verhalten, weil sie altruistische Motive haben, oder ganz allgemein das Wohlergehen anderer Versuchspersonen in ihre Überlegungen einbeziehen. Sie können andererseits aber auch bereit sein, ihren Mitspielern Schaden zuzufügen, beispielsweise um sie für bestimmte Verhaltensweisen zu bestrafen oder weil sie einfach „besser" abschneiden wollen als die anderen Versuchspersonen.

Bei der Analyse von Verhaltensmotiven, die sich von der reinen individuellen Auszahlungsmaximierung unterscheiden, muss man sich klarmachen, dass sich solche Motive nicht direkt beobachten lassen. Das bedeutet, auf ihre Existenz kann man nur schließen, wenn sie zu Abweichungen von individuell auszahlungsmaximierendem Verhalten führen. Das ist ein wichtiger Punkt, der bei der Gestaltung des Experiments beachtet werden muss. Wenn es möglich sein soll, aus dem Verhalten der Versuchspersonen auf bestimmte Verhaltensmotive zu schließen, dann müssen die monetären Anreize so gesetzt werden, dass sich aus den Abweichungen von rein eigennützigem Verhalten möglichst klar auf ein bestimmtes Motiv schließen lässt. Das ist mitunter nicht ganz einfach. Ein Beispiel: Wenn wir beobachten, dass die Proposers in einem Ultimatumspielexperiment anbieten, den zu verteilenden Geldbetrag 50 : 50 aufzuteilen, dann können wir daraus nicht unmittelbar auf das Motiv dafür schließen. Es kann sein, dass dahinter ein stark ausgeprägter Sinn für Fairness steckt, es kann aber auch sein, dass dieses Verhalten ausschließlich von der Furcht getrieben ist, dass der Responder ein Angebot ablehnen wird, das für ihn oder sie ungünstiger ist als 50 : 50.

? Fragen

Bei der Behandlung von Auszahlungsfunktionen in Teil 2 haben wir darauf hingewiesen, dass Auszahlungen *salient* und *dominant* sein sollten. Wissen Sie noch, was damit gemeint war?

Falls es die Furcht vor Ablehnung ist, die das Verhalten des Proposer im Ultimatumspielexperiment treibt, dann würde es sich anbieten, die Erwartungen über das Ablehnungsverhalten der Responders abzufragen. Wissen Sie noch, worauf es dabei zu achten gilt?

Alle Motive jenseits der Auszahlungsmaximierung müssen als Verhaltensunterschied zur „rationalen Eigennützigkeit" gedacht werden und es kann sich lohnen darüber nachzudenken, ob aus den Verhaltensunterschieden, die das experimentelle Design zulässt, möglichst eindeutige Schlüsse auf die zugrundeliegenden Motive gezogen werden können.

Bei allen diesen Überlegungen muss ein Aspekt immer mitbedacht werden, den wir bereits sehr ausführlich in ▶ Abschn. 11.1 des zweiten Buchteils diskutiert haben – den Experimentatoreffekt. Es gibt keine allgemeine konkret anwendbare Regel, wie man damit umgehen sollte. Abgesehen von dem immer gültigen Hinweis, dass man sich der Tatsache bewusst sein muss, dass es zu unerwünschten Experimentatoreffekten kommen kann. Ein sinnvolles Vorgehen könnte dabei so aussehen, dass man sich die Frage stellt, welche Schlüsse die Versuchspersonen aus all dem, was der Experimentator tut, ziehen können und ob darunter auch solche sind, von denen man nicht möchte, dass sie im Experiment eine Rolle spielen. Wir haben im ▶ Abschn. 11.1 auch einiges dazu gesagt, wie man solche unerwünschten Effekte ausschließen kann.

■ **2. Restriktionen, unter denen entschieden wird**

Restriktionen, unter denen entschieden werden muss, können sehr unterschiedliche Gestalt annehmen. Im Grunde fällt alles darunter, was die Entscheidungssituation, in die man die Versuchspersonen versetzen möchte, definiert und bestimmt. Bei der Gestaltung dieser Restriktionen muss man eine methodische Grundentscheidung treffen. Soll das Experiment so gestaltet werden, dass die Entscheidung im Labor möglichst parallel zu realen Entscheidungen verläuft, oder geht es darum, eine abstrakte Entscheidungssituation zu schaffen, die vor allem dazu dient ein formales Modell auf den Prüfstand zu stellen?

Inhaltlich lassen sich zwei wichtige Bereiche identifizieren, die praktisch in jedem Experiment zu gestalten sind. Ersten die Auszahlungsbedingungen und zweitens die Information, die die Versuchspersonen erhalten. Bei den Auszahlungsbedingungen geht es natürlich zuallererst um die Auszahlungsfunktion, die ja den Kern des experimentellen Designs ausmacht (siehe dazu ▶ Abschn. 10.2 in Teil 2). Aber es geht auch um andere Fragen. Soll man eine Teilnahmepauschale (englisch „Show-up Fee") – also ein fixes „Antrittsgeld" – zahlen (siehe dazu Box 8.2). Wie hoch soll die Anfangsausstattung sein? Bekommen die Versuchspersonen das Geld geschenkt oder müssen sie zuerst dafür etwas tun, um den House-Money Effekt zu vermeiden (den wir in Teil 2 im ▶ Abschn. 8.4 besprochen haben)? Mit der Auszahlungsfunktion und der Anfangsausstattung wird die Budgetrestriktion der Versuchspersonen definiert – und damit eine der wichtigsten Nebenbedingungen bei ökonomisch relevanten Entscheidungen. Neben den monetären Restriktionen, die in Form von Einkommen und Preisen unsere Entscheidungen einschränken, ist vor allem wichtig, über welche Information wir verfügen, wenn wir Entscheidungen treffen. Es ist ein herausragender Vorteil der experimentellen Methode, dass auch dieser Aspekt vollständig kontrolliert werden kann. Das erlaubt es, die Wirkung, die bestimmte Informationen auf das Verhalten haben, sehr genau zu untersuchen. Deshalb ist es wichtig, bei der Festlegung des Designs sehr sorgfältig zu überlegen, worüber man die Versuchspersonen informieren will. In einem engen Zusammenhang damit steht die Frage, ob und welche Form von Kommunikation zwischen den Versuchspersonen zugelassen werden soll. Im ▶ Kap. 12 des zweiten Buchteils haben wir die Aspekte diskutiert, die dabei eine Rolle spielen können.

■ 3. Die Art der Präsentation (der Frame)

In ▶ Abschn. 11.3 des zweiten Teils haben wir uns sehr ausführlich mit der Frage befasst, welche Rolle der Frame eines Experiments spielen kann. Deshalb seien hier nur noch einmal die wichtigen Fragen genannt, die es im Zusammenhang mit der Wahl des Frames zu beachten gilt. Als Erstes muss sich jeder Experimentator darüber klarwerden, dass es tatsächlich eine aktive Wahl ist, die getroffen werden muss, denn ein Experiment ohne Frame gibt es nicht. Als zweites ist die Frage zu beantworten, ob man eine möglichst neutrale Präsentation des Entscheidungsproblems vorzieht oder ob es darum geht, einem Frame nahe zu kommen, wie er in der Realität anzutreffen ist. Und schließlich sollte der Zusammenhang zwischen der Art der Präsentation eines Experiments und potentiellen Experimentatoreffekten reflektiert werden, wenn dieser Teil des experimentellen Designs gestaltet wird.

■ 4. Erfahrung und Vorwissen der Versuchspersonen

Das Vorwissen oder die Erfahrungen, die Menschen machen, kann ihr Verhalten systematisch beeinflussen (siehe dazu auch ▶ Kap. 9 des zweiten Buchteils). Das bedeutet, dass man dann, wenn man diese Aspekte nicht kontrolliert, in der Gefahr schwebt, Selektionseffekte im Experiment zu haben, die möglichst vermieden werden sollten. Nehmen in einer Anordnung überwiegend Studierende der Wirtschaftswissenschaft teil und in einer anderen vor allem Studierende der Geisteswissenschaften, kann das zu einem Unterschied führen, der aussieht wie ein Anordnungseffekt, der aber in Wahrheit andere Ursachen haben kann.

Solche Effekte können nicht nur durch Studienfächer entstehen. Beispielsweise kann auch die Laborerfahrung der Versuchspersonen eine wichtige Rolle spielen. Machen wir dazu ein Beispiel. In einem Labor wird ein Versuch durchgeführt, bei dem die Versuchspersonen darüber im Unklaren gelassen werden, aus wie vielen Teilen das Experiment besteht. Der Experimentator hängt nun unangekündigt eine weitere Runde oder einen weiteren Durchgang an. Nehmen Versuchspersonen an solch einem Experiment teil, kann es sein, dass dies ihre Erwartung beeinflusst, mit der sie das nächste Mal in ein Experiment gehen. Unter Umständen erwarten sie jetzt wieder, dass es noch einen „Nachschlag" geben wird und das kann ihr Verhalten durchaus beeinflussen.

Ein ähnlicher Effekt kann auftreten, wenn Versuchspersonen bereits früher schon an einem ähnlichen Experiment teilgenommen haben. Das kann leicht passieren, weil viele Experimente zu ein und derselben Grundanordnung durchgeführt werden. Die Erfahrung, die Versuchspersonen in solchen Experimenten sammeln, kann ihr Verhalten in späteren Wiederholungen beeinflussen. Das ist der Grund dafür, warum die Software, mit der die Rekrutierung der Versuchspersonen und die Verwaltung des Versuchspersonenbestandes organisiert wird, die Möglichkeit eröffnet zu speichern, an welchen Experimenten eine Versuchsperson teilgenommen hat. Dann ist es beispielsweise kein Problem, bei der Einladung zu einem Experiment vom Typ X nur solche Versuchspersonen anzuschreiben, die noch nie an einem Experiment des Typ X teilgenommen haben.

17

Nachdem die Frage geklärt ist, wie die Kontrolle der oben genannten Dinge organisiert wird, müssen noch einige wichtige Elemente des Designs bestimmt werden, auf die wir an anderer Stelle ausführlich eingegangen sind und die hier deshalb nur noch einmal erwähnt werden sollen. So muss die Frage beantwortet werden, ob ein Within- oder ein Between-Subject Design gewählt werden soll (vergleiche ▶ Abschn. 13.3 in Teil 2). Schließlich muss geklärt werden, ob die Daten, die das Experiment liefert, den statistischen Anforderungen entsprechen, die für eine aussagefähige Analyse erfüllt sein müssen. Dazu muss geklärt werden, welche statistischen Verfahren zur Anwendung kommen sollen und welche Anforderungen diese Verfahren an die Daten stellen. Im Teil 4 dieses Buches werden wir uns ausführlich mit dieser Frage befassen.

17.2 Instruktionen, Rekrutierung, Ablaufplan und Pilotexperiment

- **Instruktionen erstellen**

Die Versuchspersonen müssen über den Ablauf des Experiments unterrichtet werden und das geschieht mit Hilfe von Instruktionen, die ihnen an die Hand gegeben werden. Wir haben bereits grundlegende Überlegungen dazu angestellt, was Instruktion enthalten sollten und was nicht (vergleiche ▶ Abschn. 11.4 in Teil 2). Hier geht es um die eher praktische Frage, wie man Instruktionen schreiben sollte.

Natürlich gibt es keinen verbindlichen Standardtext, aber nach unserer Erfahrung hat es sich bewährt, die Instruktionen damit einzuleiten, dass man kurz und knapp darüber informiert, dass die Versuchspersonen durch ihr Mitwirken Geld verdienen können und ob es von ihrem eigenen Verhalten oder auch dem Verhalten anderer Versuchspersonen abhängt, wie viel Geld sie am Ende ausgezahlt bekommen. Außerdem sollte man darauf hinweisen, dass es während des Experiments untersagt ist, den Platz zu verlassen und mit anderen Versuchspersonen zu sprechen. Sollte das Experiment eine Kommunikation zwischen den Versuchspersonen vorsehen, muss diese natürlich gesondert erläutert werden. Auch wie man bei Fragen an den Experimentator auf sich aufmerksam machen sollte, wie lange das Experiment dauert, ob es eine Teilnahmepauschale gibt und – falls das Experiment aus mehreren Teilen besteht – wie viele Teile das Experiment hat und wie diese Teile zusammenhängen wird typischerweise in den Instruktionen erläutert.

Nach diesen allgemeinen Angaben muss das experimentelle Design beschrieben werden. Dabei ist wichtig, dass dies so geschieht, dass jede Versuchsperson genau versteht, welche Entscheidung sie treffen muss und welche Konsequenzen diese Entscheidung für sie selbst und gegebenenfalls die anderen Mitspieler hat. Dabei ist allerdings eine Einschränkung zu machen. Insbesondere in Experimenten in denen Lernverhalten untersucht werden soll, ist es mitunter notwendig, den Versuchspersonen *nicht* alles zu verraten, was passiert. Wüssten sie alles, gäbe es nichts mehr zu lernen. Allerdings muss immer sichergestellt sein, dass die Versuchspersonen keinesfalls falsche Informationen erhalten (siehe dazu die Diskussion in ▶ Abschn. 9.1 des zweiten Buchteils).

Instruktionen sollten so einfach wie möglich abgefasst werden und sie sollten nicht zu lang sein. Je länger der Text, umso größer ist die Wahrscheinlichkeit, dass Versuchspersonen ihn nicht bis zum Ende lesen. Wissenschaftler sind es gewohnt, beim Verfassen von Texten davon auszugehen, dass ihre Leser über ein hohes Maß an Sachkenntnis und Intelligenz verfügen. Deshalb fällt es mitunter schwer, einfache Dinge sehr genau und dezidiert zu erklären. Aber genau das ist notwendig, um zu vermeiden, dass Versuchspersonen, die –

aus welchen Gründen auch immer – nicht ganz genau aufpassen, das Experiment missverstehen.

Instruktionen sollten das Experiment umfassend erklären und sie dürfen, wie bereits erwähnt, auf gar keinen Fall unwahre Dinge enthalten. Das bedeutet aber nicht, dass Instruktionen *alles* enthalten müssen, was sich in dem Experiment abspielt. Wie schon beschrieben, kann es beispielsweise in Lernexperimenten sinnvoll sein, die Versuchspersonen über den wahren Auszahlungsmechanismus im Unklaren zu lassen. Mitunter ist es auch notwendig, die Versuchspersonen darüber im Unklaren zu lassen, wie oft das Experiment wiederholt werden wird. Das kann beispielsweise wichtig sein, um Endspieleffekte zu vermeiden. An dieser Stelle kommen wir an einen Punkt, an dem es schwierig werden kann zu entscheiden, ob man noch im Bereich des zulässigen Verschweigens oder schon im Bereich der verbotenen Lüge ist. Beispielsweise wurden öffentliches-Gut-Experimente mit einem sogenannten „Restart" durchgeführt (vgl. Andreoni 1988). Dabei wurde den Versuchspersonen zu Beginn des Experiments lediglich ein normales über 10 Runden gespieltes öffentliches-Gut-Experiment erläutert. Erst nachdem die 10 Runden gespielt waren, wurden sie darüber informiert, dass man das Spiel noch einmal spielen wolle, „weil noch Zeit übrig ist.". Das ist sicher ein Grenzfall. Auf der einen Seite wurde den Versuchspersonen nichts „Falsches" gesagt. Auf der anderen Seite erzeugt man mit einem solchen Vorgehen die Reputation, dass man in Experimenten nie sicher sein kann, ob nicht noch etwas nachkommt. Das ist nicht im Sinne der experimentellen Forschung.

- **Ablaufplan schreiben**

Wenn die Instruktionen geschrieben sind, kann es sich als sinnvoll herausstellen, für das Experiment einen Ablaufplan zu erstellen. Das ist insbesondere dann der Fall, wenn die verschiedenen Sitzungen und Anordnungen nicht immer von denselben Personen durchgeführt werden. Häufig setzt man für die Durchführung eines Experiments bewusst Hilfskräfte oder Assistenten ein, um mögliche Experimentatoreffekte auszuschließen, die von einem Professor ausgehen können. Da kann es sich durchaus ergeben, dass es nicht immer dieselben Personen sind, die im Labor arbeiten. Damit alle Experimente exakt gleich ablaufen, ist ein Ablaufplan in diesem Fall essentiell. Dieser Plan sollte möglichst genau beschreiben, was wann während des Experiments zu geschehen hat. Das beginnt mit dem Einlass der Versuchspersonen ins Labor. Sollen sie einzeln oder als Gruppe in Empfang genommen werden? Welche Maßnahmen zur Aufrechterhaltung der Anonymität sind zu beachten? Wie werden die Instruktionen ausgeteilt bzw. vorgelesen? Wie wird auf Fragen der Versuchspersonen reagiert? Mit allen diesen Detailfragen werden wir uns im ▶ Kap. 18 noch genauer befassen. Hier ist wichtig zu wissen, dass der Ablaufplan alle diese Details beschreiben muss, so dass Jeder und jede, die das Experiment durchführt, vom Einlass der Versuchspersonen bis zur Auszahlung der Experimenterlöse am Ende genau weiß, was wann und wie zu tun und gegenüber den Versuchspersonen mitzuteilen ist. Die Erstellung eines Ablaufplans hat noch einen weiteren Vorteil: Es erleichtert die Replikation des Experiments. Liegt ein solcher Plan vor und wird er jedem, der das Experiment wiederholen will, zugänglich gemacht, hilft das natürlich sehr.

- **Der Pilotversuch**

Ist der Ablaufplan aufgestellt und sind alle Detailfragen geklärt, die in ihm beschrieben werden, könnte man im Prinzip mit dem Experiment beginnen. Aber bevor man das tut, ist es häufig klug, ein Pilotexperiment vorzuschalten. Sinn und Zweck eines solchen Piloten ist es zu untersuchen, ob alles genauso funktioniert, wie man sich das vorgestellt hat. Ein wichtiger Punkt dabei ist natürlich die Software bzw. das konkrete Programm, das man geschrieben hat, um das Experiment abzuwickeln. Bewährt es sich unter realistischen Bedingungen, auch wenn die Benutzer Fehler bei der Eingabe machen (wie das Versuchspersonen schon mal tun)? Es ist viel unangenehmer, einen Fehler erst im eigentlichen Experiment zu entdecken, als wenn er im Pilotversuch auftritt.

Wie man den Pilotversuch gestaltet, ist dabei durchaus offen. Man kann die Anzahl der Versuchsperson in einer Sitzung reduzieren oder die vorgesehene Anzahl einladen. Ersteres ist billiger, das Zweite ist sicherer (beispielsweise, weil man so besser die Dauer der Sitzungen abschätzen kann). Soll das Pilotexperiment nur zum reinen Testen der Abläufe und der Software verwendet werden, kann der Pilotversuch zunächst mit Personen erfolgen, die wissen, dass dies ein Pilotversuch ist. Diese müssen auch nicht auf die übliche Art rekrutiert werden. Es ist nicht auszuschließen, dass eben doch etwas schief geht und in diesem Fall sind die Teilnehmer darauf vorbereitet und es leidet zumindest nicht die Reputation des Labors. Sollen im Pilotexperiment aber bereits valide Daten erhoben werden, sollte man bei der Auswahl der Versuchspersonen keine Abweichung vom eigentlichen Experiment haben, d. h. man sollte die gleiche Rekrutierungsmethode benutzen und den gleichen Versuchspersonenbestand. Auch die Auszahlungen sollten real sein und die gleiche Höhe haben wie im geplanten Experiment.

Neben der Software sollten auch die Instruktionen in einem Pilotversuch intensiv geprüft werden. Dazu kann man die Teilnehmer nach dem Experiment darüber unterrichten, dass es sich um einen Piloten gehandelt hat und sie danach befragen, wie leicht und wie gut sie die Instruktionen verstanden haben. Erfahrungsgemäß sind Versuchspersonen sehr kooperativ, wenn man sie danach befragt, an welchen Stellen sie Verbesserungspotential im Ablauf des Experimentes oder bei der Formulierung der Instruktionen sehen.

Nach dem Abschluss eines Pilotversuches und der Auswertung seiner Ergebnisse stellt sich die Frage, wie man mit den Daten umgehen soll, die dabei gewonnen wurden. Für den Fall, dass man die Versuchspersonen wie im Experiment ausgewählt und ausgezahlt hat, dass alles reibungslos funktioniert hat und keinerlei Änderungen am Design und der Art der Experimentdurchführung notwendig sind, spricht nichts dagegen, die Daten in den Datensatz des Experimentes zu integrieren. Das Pilotexperiment unterscheidet sich dann ja in keiner Weise von den anderen Sitzungen, in denen das Experiment durchgeführt wird. Aber was macht man mit den Daten, wenn etwas im Experiment schiefgelaufen ist? Der Regelfall ist, dass sie dann ebenso wie der ganze Pilotversuch in der Versenkung verschwinden, weil sie für das Experiment nicht brauchbar sind. Ausgenommen sind jedoch Fälle, in denen sich im Pilotversuch die gewählte Parametrisierung als ungeeignet erwiesen hat. Hier entspricht es der wissenschaftlichen Redlichkeit dies zu berichten, da diese Information für die Interpretation der Robustheit der Ergebnisse wichtig ist. Aber auch sonst wäre es sinnvoll, wenn der Pilotversuch mit dem Experiment veröffentlicht würde, und zwar auch dann, wenn etwas nicht geklappt hat. Indem man über Fehler, die durch den Pilotversuch aufgedeckt wurden, berichtet, gibt man Anderen die Gelegenheit, aus diesen Fehlern zu lernen. Das zu ermöglichen fällt vielleicht nicht immer leicht (wer berichtet schon gern über Fehler, die er gemacht hat?!), wäre aber hilfreich für andere Experimentatoren.

■ **Die Rekrutierung der Versuchspersonen**

Bevor man ein Experiment durchführen kann, muss sichergestellt werden, dass man die passenden Versuchspersonen zur Verfügung hat. Solange man sich auf Studenten als Versuchspersonen beschränkt, ist die Rekrutierung relativ einfach. In der Box 16.1 haben wir bereits darauf hingewiesen, dass es verschiedene Softwarelösungen für die Verwaltung eines Versuchspersonenbestandes gibt, die sehr komfortabel sind und die Rekrutierung sehr einfach machen. Allerdings setzt das voraus, dass sich Studierende in die entsprechende Datenbank eintragen und damit bekunden, dass sie Lust haben, an Experimenten teilzunehmen. Das wiederum erreicht man nur, wenn das Labor ein gewisses Maß an Öffentlichkeitsarbeit leistet. Das ist nicht so schwierig. Im Idealfall ist die Hochschulleitung kooperativ und erlaubt dem Labor beispielsweise, die Erstsemester mit einer E-Mail anzuschreiben, in der auf das Labor, die Verdienstmöglichkeiten und das Anmeldeverfahren hingewiesen wird. Natürlich sollte die E-Mail auch einen Link auf das entsprechende Portal enthalten. Besteht keine Möglichkeit, elektronische Post an die potentiellen Versuchspersonen zu schicken, muss man den etwas beschwerlicheren Weg gehen und durch die Hörsäle tingeln, um dort das Labor vorzustellen. Erfahrungsgemäß sind E-Mails aber viel erfolgreicher, weil sie es den Empfängern extrem leicht und einfach machen, sich in die Datenbank einzutragen.

War die Rekrutierung erfolgreich, verfügt das Labor über einen Bestand an potentiellen Versuchspersonen, aus dem nach dem Pilotversuch die einzuladenden Versuchspersonen ausgewählt werden können. Die Kriterien, nach denen das geschieht, können sehr unterschiedlich sein, aber sie müssen immer eine Prämisse beachten, die es bei jeder Einladung von Versuchspersonen zu erfüllen gilt: Selektionseffekte sind zu vermeiden. Dafür ist es zum Beispiel notwendig, dass die Zuweisung der Versuchspersonen auf die verschiedenen Anordnungen des Experiments *randomisiert* erfolgt. Die Software, die man bei der Einladung benutzt, ist dafür ausgestattet und wählt die Einzuladenden für die einzelnen Anordnungen nach einem Zufallsverfahren aus.

Es ist ratsam, immer ein paar Ersatzpersonen einzuladen, die nur dann an dem Experiment teilnehmen, wenn angemeldete Versuchspersonen nicht erscheinen. Wichtig ist, dass man den Versuchspersonen schon in der Einladung mitteilt, dass es sein kann, dass sie als Ersatzperson fungieren und deshalb nur im Bedarfsfall zum Einsatz kommen. Wichtig ist ebenfalls, dass man Ersatzpersonen dann, wenn sie nicht zum Einsatz kommen, für ihr Erscheinen entlohnt. Erfahrungsgemäß haben Ersatzpersonen kein Problem mit ihrer Rolle, wenn sie eine monetäre Entschädigung für die Kosten erhalten, die sie auf sich nahmen, um zum Labor zu kommen. Wie viele Ersatzpersonen man braucht und wie oft es vorkommt, dass Versuchspersonen unentschuldigt nicht erscheinen, hängt wesentlich von der Reputation des Labors ab. Ist das Labor bekannt dafür, dass es hohe Auszahlungen an die Versuchspersonen leistet und dass es auf das Nichterscheinen einer Versuchsperson reagiert, beispielsweise indem es die betreffende Person von weiteren Experimenten ausschließt, dann wird es relativ wenige Ausfälle geben. Es kann auch hilfreich sein, den Versuchspersonen bereits in der Einladung klarzumachen, dass es wichtig ist, dass sie auch tatsächlich erscheinen, weil es um wissenschaftliche Arbeit geht, bei der Steuergelder eingesetzt werden und die scheitern kann, wenn Versuchspersonen einfach nicht kommen.

Wir haben im Teil 2 in ▶ Abschn. 9.2 Überlegungen zu der Frage angestellt, ob Studierende die geeigneten Versuchspersonen sind. Meistens wird dies der Fall sein, aber es kann durchaus Situationen geben, in denen man entweder bestimmte Bevölkerungsgruppen im Labor haben möchte oder einen repräsentativen Querschnitt dieser Gruppen. In

---

A.17.1 Muss man vor eine Ethik-Kommission?

Experimente mit Menschen sind grundsätzlich Kandidaten für eine Bewertung durch eine Ethik-Kommission, weil es Situationen und Versuchsanordnungen geben kann, die gegen ethische Grundsätze verstoßen könnten. Nun ist es allerdings so, dass das bei den allermeisten ökonomischen Experimenten nicht der Fall ist. Die Teilnahme ist freiwillig, wird bezahlt und die Versuchspersonen bekommen weder Elektroschocks, noch erfahren sie andere Formen von Schmerzen, noch werden ihnen körperliche Schäden zugefügt.

Lange Zeit waren Ethik-Kommissionen für experimentelle Ökonomen deshalb nur in sehr seltenen Ausnahmefällen relevant. Daran hat sich inzwischen insofern etwas geändert, als dass viele wissenschaftliche Fachzeitschriften und auch Drittmittelgeber bei Experimenten mit Menschen *grundsätzlich* eine Art ethische Unbedenklichkeitserklärung verlangen, die sich der Experimentator nicht selbst ausstellen kann, sondern die von einer unabhängigen Stelle eingeholt werden muss. Im deutschsprachigen Raum hat die Gesellschaft für experimentelle Wirtschaftsforschung (GfeW) deshalb ein Verfahren entwickelt, mit dessen Hilfe eine solche Unbedenklichkeitserklärung relativ einfach und mit geringen Kosten erworben werden kann. Dazu muss sich der Experimentator einer Befragung unterziehen, die in Form eines Fragebogens alle kritischen Punkte abklopft. Werden alle Fragen so beantwortet, dass sich daraus keinerlei ethische Bedenken ableiten lassen, wird eine Unbedenklichkeitserklärung erstellt. Ist dies an einer oder mehreren Stellen nicht der Fall, wird eine Ethik-Kommission einberufen, die den Fall begutachtet und dann gegebenenfalls eine Unbedenklichkeit ausspricht. Nähere Informationen dazu können der Webseite der GfeW entnommen werden.

---

einem solchen Fall gestaltet sich die Rekrutierung natürlich vollkommen anders als bei Studierenden – vor allem gestaltet sie sich deutlich schwieriger.

❓ Fragen

Können Sie noch angeben, worin die Vorteile und die Nachteile bestanden, wenn man für ein Experiment ausschließlich Studierende rekrutiert?

Die große Herausforderung besteht darin, bei der Rekrutierung von Nicht-Studierenden Selektionsprozesse zu vermeiden. Das ist sehr schwierig, denn letztlich hat man kaum eine Kontrolle darüber, wer tatsächlich teilnimmt und ob es bei der Teilnahmeentscheidung zu einer Selektion gekommen ist. Die Rekrutierung wird etwas leichter, wenn eine bestimmte Gruppe angesprochen werden soll, beispielsweise Schüler oder Kindergartenkinder. In diesem Fall müssen kooperationsbereite Schulen bzw. kooperationsbereite Kindergärten gefunden werden, die bei der Rekrutierung helfen. Noch schwieriger wird es, wenn man nicht-studierende Erwachsene gewinnen will, erst recht, wenn die Auswahl repräsentativ sein soll. Um an solche Versuchspersonen heranzukommen, gibt es verschiedene Wege. Im Idealfall hat man Kontakt zu Organisationen oder Anbietern, die einem eine repräsentative Stichprobe für die Durchführung von Experimenten (allerdings meist kostenpflichtig) zur Verfügung stellen oder man darf das Experiment im Rahmen einer repräsentativen Umfrage durchführen (siehe z. B. Dohmen et al. 2011). Ansonsten kann man es unter anderem mit dem Teilnehmerpool von Online-Arbeitsmärkten wie MTurk (siehe z. B. Horton et al. 2011), einer Anzeige in sozialen Netzwerken, einer Zeitungsanzeige oder, wenn man einen kooperativen Journalisten findet, mit einem Artikel in der Zeitung (siehe z. B. Bosch-Domenech et al. 2002) versuchen. Sehr aufwändig gestaltet sich auch die Zufallsauswahl aus dem Telefonbuch. Da man nicht einfach anrufen darf, empfiehlt es sich, vorher einen Brief zu schreiben, in dem man einen Anruf ankündigt und schon einmal erklärt, worum es geht. Wie schwierig es ist, Selektionsprozesse zu vermeiden, sieht man gut an diesem Beispiel. Viele Menschen lassen sich nicht mehr mit ihrer Adresse in das Telefonbuch eintragen. Die, die das noch immer tun, könnten sich durchaus systematisch vom Durchschnitt unterscheiden. Wie auch immer man die Rekrutierung gestaltet, man sollte darauf gefasst sein, dass man sehr viele Kontakte braucht, bis man die erforderliche Anzahl von Versuchspersonen zusammen hat. Das vor allem dürfte wohl der Grund sein, warum man so wenige Experimente mit Nicht-Studierenden als Versuchspersonen in der Literatur findet.

17

Die Durchführung des Experiments

© Springer-Verlag GmbH Deutschland, ein Teil von Springer Nature 2019
J. Weimann und J. Brosig-Koch, *Einführung in die experimentelle Wirtschaftsforschung*,
https://doi.org/10.1007/978-3-642-32765-0_18

18.1   Zugang zum Labor, Instruktionen, besondere Vorkommnisse

■   **Der Zugang zum Labor**

Wenn der Pilotversuch ausgewertet ist, alle notwendigen Anpassungen des Designs umgesetzt wurden und sich genug Versuchspersonen für das Experiment angemeldet haben, kann das eigentliche Experiment vonstattengehen. Der erste Schritt besteht natürlich darin, die Versuchspersonen in das Labor zu bekommen. Zunächst muss dazu eine Namensliste der angemeldeten Versuchspersonen erstellt werden. Die Frage, wie die Versuchspersonen in das Labor kommen, hängt wesentlich von dem konkreten Experiment ab. Entscheidend ist dabei, wie strikt die Anonymität zwischen den Versuchspersonen gehandhabt werden soll. Wenn es notwendig ist, dass die Versuchspersonen keinerlei Gelegenheit haben sich zu identifizieren, dann macht es wenig Sinn, sie alle zusammen ins Labor einzuladen. Dann benötigt man ein etwas aufwändigeres Verfahren. Das Eintreffen im Labor zeitlich zu staffeln ist nicht sehr ratsam, denn erstens kann das leicht schiefgehen und zweitens kann es dazu führen, dass die ersten Versuchspersonen lange warten müssen, bis alle da sind und der Versuch beginnen kann. Einfacher ist es, eine entsprechende Anzahl von Treffpunkten im Haus festzulegen und jede Versuchsperson zu einem dieser Treffpunkte zu bitten. Dort werden sie dann einzeln von Experimentatoren abgeholt und in das Labor geleitet, wo sie an einem blickdichten Laborplatz von den anderen Teilnehmern nicht gesehen werden können. Es hat sich bei diesem Verfahren als sehr hilfreich herausgestellt, mit Walky-Talkies zu arbeiten, mit denen sich diejenigen verständigen können, die die Versuchspersonen abholen. Auf diese Weise kann man leicht vermeiden, dass sich Versuchspersonen gewissermaßen aus Versehen auf dem Weg ins Labor begegnen.

Ist die Anonymität der Versuchspersonen kein wichtiger Aspekt des Experiments, kann man auf das komplizierte Einsammeln der Versuchspersonen verzichten und sie einfach an einen Ort in der Nähe des Labors bestellen. Das kann ein separater Raum sein oder ein Flur. Sind alle versammelt, erfahren die Ersatzpersonen, ob sie teilnehmen oder mit einer „Entschädigung" nach Hause gehen können. Danach stehen zwei Aufgaben an. Erstens müssen die Namen überprüft werden, damit nach dem Experiment in die Versuchspersonendatenbank eingetragen werden kann, wer an dem Experiment teilgenommen hat und wer unter Umständen unentschuldigt gefehlt hat. Die zweite Aufgabe besteht darin, die Versuchspersonen auf die zu vergebenden Rollen zu verteilen. In den meisten Experimenten gibt es unterschiedliche Rollen: Käufer oder Verkäufer, Anbieter oder Empfänger und so weiter. Nicht selten gibt es zwar nur eine Rolle – zum Beispiel bei der Bereitstellung öffentlicher Güter – aber das Experiment wird in mehreren Gruppen durchgeführt, so dass die Gruppen zusammengestellt werden müssen. Es bietet sich an, die beiden Aufgaben miteinander zu verbinden. Wenn die Namen kontrolliert werden, ziehen die Versuchspersonen „Lose", die ihnen zufällig eine Rolle oder eine Gruppe zuweisen. Ein gut organisiertes Labor hält für solche Zwecke geeignete Lose in Form von Tischtennisbällen, Holzkugeln oder Ähnlichem bereit. Das Verlosen der Rollen und Gruppenzugehörigkeiten sichert, dass die Aufteilung randomisiert erfolgt. Eine randomisierte Aufteilung der Versuchspersonen ist extrem wichtig, um Selektionseffekten vorzubeugen. Mit den Losen können gleichzeitig Identifikationsnummern zugelost werden. Dies muss natürlich so erfolgen, dass der Experimentator die Identifikationsnummer nicht einsehen kann. Die Nummer kann dann anstatt des Namens bei der Entscheidung angegeben werden. Dies erhöht die Anonymität der Entscheidungen.

- **Instruktionen für die Versuchspersonen**

Es gibt keine feste Regel, wie die Instruktionen den Versuchspersonen nahegebracht werden sollen. Wir empfehlen aber, sie zunächst in schriftlicher Form, ausgedruckt auf einem Blatt (nicht online) auszuhändigen, um sie dann, wenn das möglich ist, laut vorzulesen. Das Vorlesen hat fast immer den Effekt, dass die Versuchspersonen den Text auf ihrem Blatt mitlesen und das stellt sicher, dass sie ihn bis zum Ende gelesen haben. Verzichtet man auf das Vorlesen, geht dieser Effekt verloren und man muss sich darauf verlassen, dass alle Versuchspersonen tatsächlich alles bis zum Schluss gelesen haben.

Ob man in der Lage ist, die Instruktionen laut vorzulesen oder nicht, hängt von den Bedingungen des Experiments ab. Wenn die Versuchspersonen sich beispielsweise in schalldichten Kabinen befinden, die sie nicht verlassen sollen, weil sie sich nicht gegenseitig identifizieren dürfen, ist lautes Vorlesen sinnlos. Es sei denn, die Kabinen sind mit Lautsprechern ausgestattet, so dass darüber eine Verständigung möglich ist. Auch wenn mehr als eine Anordnung gleichzeitig im Labor durchgeführt wird, macht es keinen Sinn, die (unterschiedlichen) Instruktionen laut vorzulesen. Befinden sich die Versuchspersonen in einem Labor, sind keine besonderen Vorkehrungen bezüglich ihrer Anonymität zu treffen und nehmen alle Versuchspersonen an derselben Anordnung teil, spricht nichts dagegen, sie als Gruppe zusammenzurufen und die Instruktionen laut zu verlesen. Allerdings sollte das Vorlesen so erfolgen, dass es in allen Sitzungen und in allen Anordnungen möglichst identisch ist (also idealerweise immer von demselben Experimentator in der derselben Betonung).

Wenn alle Versuchspersonen die Instruktionen gelesen haben, sollten sie die Gelegenheit haben, Fragen zu stellen. Wir haben im ▶ Abschn. 11.4 in Teil 2 ausführlich begründet, warum es besser ist, diese Fragen nicht öffentlich stellen zu lassen, sondern privat, d. h. im Gespräch zwischen Versuchsperson und Experimentator. Im gleichen Abschnitt haben wir auch bereits ausführlich beschrieben, wie Verständnistests gestaltet werden sollten, um zu vermeiden, dass es durch diese Tests zu einer ungewollten Beeinflussung der Versuchspersonen kommt.

- **Besondere Vorkommnisse**

Wenn in einem Labor viele Experimente durchgeführt werden, dann passieren irgendwann auch einmal Dinge, die für sich genommen eher unwahrscheinlich sind. Auch wenn sie sehr selten vorkommen, sollte man eine Art Notfallplan im Kopf haben, der in einem solchen Fall angewendet werden kann. Einer der Notfälle, der eintreten kann, ist der Komplettabsturz des Rechnerpools. Ein solcher ist in der Regel nicht in wenigen Augenblicken zu reparieren. Vor allem ist es in einem solchen Fall kaum möglich abzuschätzen, wie lange eine Reparatur dauern wird und ob eine Fortsetzung der Sitzung in Betracht kommt oder nicht. In der Regel bleibt dann nichts anderes übrig, als den Versuch abzubrechen und die Versuchspersonen nach Hause zu schicken. Dabei sollte man mit der Ursache für den Abbruch nicht hinter dem Berg halten. Versuchspersonen verstehen eher, dass es nicht weitergeht, wenn sie wissen warum. Allerdings sollte man auch in einem solchen Moment an die Reputation des Labors denken. Der nützt es, wenn man die Versuchspersonen, die ja keine Auszahlung aus dem Experiment erhalten, wenigstens für die Kosten kompensiert, die ihnen durch die Teilnahme an dem abgebrochenen Experiment entstanden sind. Zwar bekommt das Labor für die Entschädigungszahlungen an die Versuchspersonen keine verwertbaren Daten, aber man rettet die Reputation, dass es sich lohnt an Experimenten teilzunehmen.

Eine andere Art von wenig wahrscheinlichem, aber möglichem Zwischenfall besteht darin, dass Versuchspersonen während der Sitzung ausfallen. Beispielsweise weil ihnen übel wird, sich ein grippaler Infekt bemerkbar macht oder weil sie die Enge der Kabine, in der sie sitzen, nicht lange genug aushalten. In einem solchen Fall gilt natürlich, dass die Gesundheit und das Wohlbefinden der Versuchsperson allerhöchste Priorität haben. Man sollte deshalb unbedingt der Versuchung widerstehen, den betroffenen Mann oder die betroffene Frau überreden zu wollen, doch noch weiter an dem Experiment teilzunehmen. Die Teilnahme an einem Experiment muss strikt freiwillig sein. Um erst gar nicht in eine solche Situation zu kommen, kann es allerdings hilfreich sein, vor Beginn des Experiments alle Versuchspersonen zu fragen, ob sie sich in der Lage sehen, die notwendige Zeit im Labor zu verbringen.

Kommt es dennoch zu einer Erkrankung, hängt es natürlich von der Art des Experiments ab, wie es weitergeht. Grundsätzlich sollte man darauf achten, dass die anderen Versuchspersonen dadurch, dass jemand ausfällt, keinen Nachteil haben. Ein Beispiel. Angenommen es wird ein Experiment in Gruppen zu vier Personen gespielt. Eine Person fällt aus. Die drei verbleibenden Versuchspersonen müssen dann adäquat entlohnt werden. Falls keine Entscheidungen getroffen wurden, kann man eine Pauschale zahlen, die die Opportunitätskosten der Teilnahme abdeckt. Sind Entscheidungen gespeichert, kann man diese ggf. für das gesamte Experiment extrapolieren und entsprechend auszahlen. Natürlich können die so produzierten Daten der Gruppe mit dem Ausfall nicht bei der Auswertung des Experiments berücksichtigt werden.

18.2 Die Organisation der Auszahlung

Wenn alle Entscheidungen getroffen sind und das Experiment abgeschlossen ist, müssen die Auszahlungen an die Versuchspersonen vorgenommen werden. Bevor es zu der Auszahlung kommt, stellt sich mitunter ein Problem, auf das wir kurz eingehen möchten. Das Verhalten von Versuchspersonen kann sehr heterogen sein und das äußert sich unter Umständen auch darin, dass die einzelnen Versuchspersonen sehr unterschiedliche Geschwindigkeiten bei der Lösung der Entscheidungsprobleme an den Tag legen. Das wiederum kann zur Folge haben, dass einzelne Versuchspersonen deutlich früher mit dem Experiment fertig sind als andere. Wie soll man damit umgehen?

Wenn die Auszahlung nicht von der Geschwindigkeit abhängt, mit der entschieden wird, sondern nur von den Entscheidungen selbst, dann gilt: Je früher man das Labor verlässt, umso höher der Stundenlohn. Das schafft starke Anreize, die Entscheidungen möglichst schnell zu treffen. Das liegt aber nicht im Interesse des Experimentators, denn Schnelligkeit kann leicht auf Kosten der Sorgfalt gehen. Die Versuchspersonen sollen sorgfältig und genau über ihre Entscheidungen nachdenken und nicht hastig. Deshalb sollte es sich nicht auszahlen, wenn man schneller ist als die anderen Versuchspersonen. Das ist ein wichtiger Grund dafür, dass die Auszahlung erst erfolgen sollte, wenn *alle* Versuchspersonen fertig sind. Der Nachteil dieser Regel ist, dass es dann vorkommen kann, dass einzelne Versuchspersonen relativ lange untätig darauf warten müssen, bis es zur Auszahlung kommt. Man kann diesen Effekt dadurch reduzieren, dass man das Prinzip „Es geht erst weiter, wenn alle fertig sind" in dem ganzen Experiment anwendet. Werden beispielsweise mehrere Runden gespielt, sollte die nächste Runde immer erst dann gespielt werden, wenn die letzte komplett beendet ist.[1] Dennoch kann es zu Wartezeiten im Labor kommen, die von den Versuchspersonen als unangenehm empfunden werden können. Erfahrene Versuchspersonen nehmen sich deshalb schon mal etwas zum Lesen mit in das Labor, um die Wartezeit sinnvoll nutzen zu können. Allerdings kann auch dies zu stark unterschiedlichen Opportunitätskosten der Zeit bei den Versuchspersonen führen, ist also keine ideale Lösung. Der Einsatz eigener elektronischer Medien sollte grundsätzlich strikt ausgeschlossen werden. Eigene elektronische Medien sollten insbesondere deshalb nicht benutzt werden, weil Versuchspersonen damit während des Experiments unkontrolliert miteinander oder mit Dritten kommunizieren könnten.

Die Auszahlung erst dann vorzunehmen, wenn alle fertig sind, hat noch einen anderen wichtigen Grund. Würde man bereits auszahlen, während das Experiment noch läuft, würde das unweigerlich dazu führen, dass diejenigen, die noch nicht fertig sind, gestört werden und das Gefühl bekommen, dass sie sich beeilen müssen, weil andere ja schon gehen können. Das sollte man unbedingt vermeiden. Die Versuchspersonen müssen nicht wissen, wie schnell die Anderen ihre Aufgabe erfüllen und Unruhe im Labor ist *per se* nicht gut für ein Experiment.

Wenn alle Versuchspersonen mit dem Experiment fertig sind, kann ausgezahlt werden. Wie die Auszahlung organisiert wird, hängt davon ab, ob der Versuch doppelblind durchgeführt wird oder nicht. Beginnen wir mit der Auszahlung in einer Nicht-Doppelblind-Anordnung.

Die Auszahlung sollte idealerweise nicht in dem Raum stattfinden, in dem auch der Versuch durchgeführt wurde. Falls sich dies nicht vermeiden lässt, sollte zumindest dafür gesorgt werden, dass die Anonymität der Auszahlung auf andere Weise gesichert ist. Ein wichtiger Grund dafür ist, dass die Information über die Auszahlung der Anderen geeignet sein könnte, einen sozialen Vergleich anzustellen. Beispielsweise könnte ein kompetitives Element in das Experiment gebracht werden, das nicht erwünscht ist. In aller Regel geht es in Experimenten nicht darum, die Versuchspersonen in einen Wettbewerb zu schicken. Versuchspersonen können aber von sich aus auf die Idee kommen, einen solchen zu veranstalten, indem sie versuchen, besser zu sein als die anderen. Wenn sie nicht erfahren, was die anderen verdienen, kann dieser Wettbewerb nicht stattfinden.

Die Auszahlung sollte deshalb so organisiert sein, dass jede Versuchsperson *einzeln* ausbezahlt wird, ohne dass die anderen beobachten können, wie viel sie bekommt. Das geht am einfachsten, wenn die Auszahlung in einem anderen Raum oder im Flur vor dem Labor vorgenommen wird. Selbstverständlich muss jede Versuchsperson den Erhalt des Geldes mit ihrer Unterschrift quittieren. Um die Auszahlungen an die anderen Versuchspersonen geheim zu halten, könnte man jeder Versuchsperson eine individuelle Quittung vorlegen, die sie unterschreiben muss. Die Anzahl der Quittungen, die das Labor dann verwalten muss, wird dann allerdings sehr schnell sehr groß. Deshalb bietet sich ein Verfahren an, bei dem man alle Versuchspersonen und ihre Auszahlungen auf ein Blatt in eine Liste eintragen kann. Dazu fertigt man eine Schablone aus starker Pappe oder Plastik, die deutlich größer sein muss als ein normales Blatt Papier. In diese Schablone wird ein Schlitz geschnitten, der genau eine Zeile der Liste sichtbar macht, während alle anderen Zeilen verdeckt sind. Kommt eine Versuchsperson aus dem Laborraum zur Auszahlungsstelle, wird ihr die Liste vorgelegt, sie sieht nur ihren Namen und quittiert den Empfang des Geldes, ohne eine Chance zu haben, zu sehen, was die Anderen verdient haben. Das

---

[1] Dies wird beispielsweise in der Experimentsoftware z-Tree berücksichtigt.

A.18.1 Wenn die Universitätsverwaltung nicht mitspielt

Die experimentelle Wirtschaftsforschung hat sich erst in den letzten 30 Jahren als ein festes Instrument in der Ökonomik etablieren können und das hat zur Folge, dass an vielen Stellen erstmals Labore eingerichtet wurden. Dabei trat ein Problem auf, das manchmal auch heute noch beobachtet werden kann. Um Experimente durchführen zu können, muss man Drittmittel an Versuchspersonen auszahlen. Für die Wissenschaftler ist das kein Problem, aber für eine unerfahrene Verwaltung kann dies unter Umständen welche verursachen: Wie soll das verbucht werden?

Zum Glück ist das Problem im Laufe der Zeit immer kleiner geworden, weil es immer mehr Labore an renommierten Universitäten gab, auf die man verweisen konnte. Sollte ein Labor vor einem solchen Problem stehen, ist in jedem Fall anzuraten, die wissenschaftlichen Organisationen einzuschalten, die für experimentelle Ökonomen existieren. International ist das die Economic Science Association (ESA) und im deutschsprachigen Raum die Gesellschaft für experimentelle Wirtschaftsforschung (GfeW). Auch die Drittmittelgeber können ggf. behilflich sein.

Labor muss nur ein Blatt Papier pro Sitzung verwalten, um gegenüber der Verwaltung nachweisen zu können, dass die Experimentgelder tatsächlich ausgezahlt wurden.

- **Auszahlung bei Doppelblindanordnung**

Der Moment der Auszahlung ist gewissermaßen der „Knackpunkt" bei einer Doppelblindanordnung. Wie kann man erreichen, dass eine Versuchsperson ihr Geld bekommt, den Erhalt dieses Geldes quittiert und trotzdem sicher sein kann, dass niemand beobachten kann, wie hoch ihre Auszahlung war? Es gibt verschiedene Antworten auf diese Frage. Beginnen wir mit der Quittung. Eine Lösung setzt voraus, dass die Universitätsverwaltung ein gewisses Vertrauen in die verantwortlichen Experimentatoren setzt. Nach dem Experiment wird eine Liste erstellt, in der alle Auszahlungsbeträge, die im Experiment von den Versuchspersonen erreicht wurden, aufgeführt werden. Wird ein bestimmter Betrag mehrfach erzielt, muss er entsprechend oft in der Liste stehen. Die Versuchspersonen quittieren mit ihrer Unterschrift, dass sie einen der in der Liste aufgeführten Beträge erhalten haben, ohne dass aufgedeckt wird, welcher Betrag das war. Das ist eine einfache und pragmatische Lösung des Problems, die dann leicht umgesetzt werden kann, wenn die Verwaltung das Vertrauen hat, dass die Experimentatoren verantwortlich mit den Geldern umgehen.

Um der Versuchsperson das Geld übergeben zu können, ohne dass man ihre Identität erkennen kann, wird in Doppelblindanordnungen mit Identitätsnummern gearbeitet, die die Versuchspersonen zu Beginn des Experiments zufällig und verdeckt ziehen. Mit dieser Nummer identifizieren sie sich während des Experiments, so dass nachvollzogen werden kann, wie sich der Teilnehmer mit der Nummer XY verhalten hat. Am Ende kann man auch die Auszahlung für XY berechnen. Eine Möglichkeit, die Auszahlung zu organisieren besteht darin, dass in einem separaten Raum ein Mitarbeiter hinter einem Sichtschutz sitzt (zum Beispiel eine Stellwand, ein Paravent oder Ähnliches). Die Versuchsperson reicht die Karte, auf der ihre Identifikationsnummer steht, über den Sichtschutz, der Mitarbeiter ermittelt die Auszahlung für diese Nummer und reicht das Geld in einem Umschlag ebenfalls über den Sichtschutz. Auf diese Weise erhält XY sein Geld, ohne dass der, der hinter dem Sichtschutz sitzt, erfährt, wer XY ist.

Wem dieses Verfahren nicht sicher genug ist, kann auch Folgendes anwenden. Nachdem die Auszahlungen berechnet sind, wird das Geld in gefütterte Umschläge gegeben, auf denen die Identifikationsnummer steht. Die Umschläge kommen in einen Karton, der auf dem Flur vor dem Labor deponiert wird. Daneben steht ein weiterer Karton, in dem sich leere Umschläge der gleichen Art sowie der Stift befinden, mit dem die Geldumschläge beschriftet wurden. Nacheinander werden die Versuchspersonen gebeten, auf den Flur zu gehen, einen leeren Umschlag zu nehmen und ihn mit ihrer Identifikationsnummer zu beschriften. In den Umschlag legen sie die Karte, auf der ihre Nummer steht. Dann ersetzen sie in dem Geldkarton den Umschlag mit ihrer Nummer und dem Geld durch den mit ihrer Karte darin. Auf diese Weise ist sichergestellt, dass niemand, weder nachfolgende Versuchspersonen, noch Experimentatoren feststellen können, welche Versuchsperson welche Identifikationsnummer hatte. Dieses Verfahren ist umständlich, aber es ist gewissermaßen narrensicher und deshalb besonders geeignet, wenn es darauf ankommt, den Versuchspersonen glaubhaft zu versichern, dass ihr Verhalten nicht beobachtet werden kann.

Literatur

Andreoni J. (1988): Why free ride?: Strategies and learning in public goods experiments. *Journal of Public Economics*, 37, 291–304.

Bosch-Domenech, A., J.G. Montalvo, R. Nagel, A. Satorra (2002): One, two,(three), infinity,…: Newspaper and lab beauty-contest experiments. *American Economic Review*, 92(5), 1687–1701.

Dohmen, T., A. Falk, D. Huffman, U. Sunde, J. Schupp, G. Wagner (2011): Individual risk attitudes: Measurement, determinants, and behavioral consequences. *Journal of the European Economic Association*, 9(3), 522–550.

Fischbacher, U. (2007): z-Tree: Zurich toolbox for ready-made economic experiments. *Experimental Economics*, 10, 171–178.

Greiner, B. (2015): Subject pool recruitment procedures: organizing experiments with ORSEE. *Journal of the Economic Science Association*, 1(1), 114–125.

Horton, J.J., D.G. Rand, R.J. Zeckhauser (2011): The online laboratory: Conducting experiments in a real labor market. *Experimental Economics*, 14(3), 399–425.

Das Experiment aus statistischer Sicht

Die statistische Analyse der in einem Experiment gewonnenen Daten ist elementarer Bestandteil einer experimentellen Untersuchung. Sie ermöglicht es, sowohl die Resultate eines Experiments in der angemessenen Weise zu interpretieren und die experimentell zu untersuchende Fragestellung zu unterstützen als auch vorab den Versuchsaufbau zu verbessern, bevor das eigentliche Experiment begonnen hat. Unser Hauptziel ist, einen groben Leitfaden hinsichtlich der Verwendung statistischer Verfahren zu entwickeln, der einerseits die wichtigsten Klassen von Verfahren systematisiert und inhaltlich vorstellt und andererseits die wichtigsten Anwendungsvoraussetzungen offenlegt.

Inhaltsverzeichnis

Einleitung

> **»** „To call in the statistician after the experiment is done may be no more than asking him to perform a postmortem examination … he may be able to say what the experiment died of."
>
> R. A. Fisher, Indian Statistical Congress, Sankhya, 1938

Wenn eine wissenschaftliche Fragestellung experimentell beantwortet und die Antwort mit Hilfe statistischer Methoden gefunden werden soll, so muss der Experimentaufbau so gestaltet sein, dass er die Fragestellung „möglichst gut" beantwortet. „Möglichst gut" bedeutet in diesem Kapitel, dass die Auswahl so getroffen wurde, dass der statistische Charakter der produzierten Daten und die formale Analysemethode aufeinander abgestimmt sind und zueinander passen.

Das Zusammenspiel zwischen der zu untersuchenden Fragestellung, der Ausgestaltung des Experiments mit den daraus folgenden Rohdaten und der statistischen Datenanalyse lässt sich (zumindest ansatzweise) mit dem Kochen eines Gerichtes verbildlichen. Wie beim Kochen ist auch bei einem Experiment eine zeitlich strukturierte Vorab-Planung von elementarer Bedeutung. Beim Kochen heißt das, *bevor* wir in den Laden gehen und Zutaten kaufen und *bevor* wir uns auf einen bestimmten Koch festlegen, der uns diese Zutaten später in ein Gericht umwandelt, müssen Gericht, Zutaten und Koch präzise aufeinander abgestimmt werden, um am Ende den gewünschten Erfolg zu erzielen Dazu müssen wir nicht nur wissen, welche Rezepte sich als besonders gut erwiesen haben, sondern auch welcher der verfügbaren Köche welche speziellen Qualitäten hat, um „das Beste" aus den Zutaten für das Gericht herauszuholen.

Bei der Durchführung eines Experimentes verhält es sich ganz ähnlich. *Bevor* wir Versuchspersonen in das Labor schicken, die uns Rohdaten generieren, und *bevor* wir uns auf eine statistische Analysemethode festlegen, müssen Forschungsfrage (Gericht), Design des Experiments (Rezept), die daraus resultierenden Rohdaten (Zutaten) mit einer statistischen Analyse (Koch) genau aufeinander abgestimmt werden. Ein schlechtes Rezept führt zu einem schlechten Gericht, daran kann auch der weltbeste Koch kaum etwas ändern. Und ein schlecht gestaltetes Experiment führt zu einem schwachen wissenschaftlichen Ergebnis, daran kann auch die komplizierteste Analysemethode nichts ändern. Dagegen kann ein besonders qualifizierter Koch aus einem guten Rezept noch „das gewisse Etwas" herausholen und eine qualifizierte Analysemethode kann aus einem gut gestalteten Experiment eine noch gewichtigere, wissenschaftliche Erkenntnis ableiten.

In der experimentellen Praxis besteht leider sehr leicht die Gefahr, dass diese Abstimmung der einzelnen Komponenten einer Studie nicht oder nur unzureichend gut umgesetzt wird. Oftmals stehen insbesondere angehende Wissenschaftler unter großem Publikationsdruck und so entsteht das Verlangen, das Experiment möglichst schnell durchzuführen und sich erst dann mit statistischen Gesichtspunkten auseinanderzusetzen, wenn die Experimentdaten bereits vorliegen. In diesem Stadium der Arbeit stellt man dann nicht selten fest, dass notwendige Experimentanordnungen fehlen, wichtige Variablen in ungeeigneter Weise oder gar nicht erfasst wurden oder dass man nur einen kleinen Teil der Daten sinnvoll mit einer zulässigen statistischen Methode auswerten kann. Doch dann ist es oft zu spät und man muss Teile des Experiments korrigieren und eventuell noch einmal durchführen. Das fällt nicht nur Gutachtern von Fachzeitschriften negativ auf, sondern kostet am Ende des Tages auch mehr Geld und Zeit, als wenn man vor der Durchführung des Experiments etwas mehr von beidem in eine detaillierte und vor allem „zu Ende gedachte" Versuchsplanung investiert hätte.

19

Aus statistischer Sicht sollte man den Ablauf einer experimentellen Studie grundsätzlich in einen *Gestaltungs-* und einen *Durchführungsteil* unterteilen. Der zuerst durchzuführende *Gestaltungsteil* besteht aus folgenden Aufgaben und exemplarischen Fragestellungen:

- *Operationalisierung der Forschungsfrage*:
  - Welches sind die zentralen Größen, zu denen Daten im Rahmen des Experiments erhoben werden müssen, um die Forschungsfrage zu beantworten?
  - Können diese Größen als Variable *gemessen* werden?
  - Wie sollen diese Variablen gemessen werden?
  - Welches ist die abhängige Variable?
  - Welches sind unabhängige Variablen?
- *Ausgestaltung des statistischen Designs*:
  - Welche Variablen sollen in welcher Weise vom Experimentator manipuliert werden (Wahl der Anordnungen)?
  - Welche Variablen kann ich kontrollieren und wie kann man eine unerwünschte Variation der abhängigen Variablen minimieren?
  - Was ist die Beobachtungs- und was die Experimenteinheit?
  - Wie soll eine Stichprobe von Versuchspersonen bestimmt werden?
  - Wie viele Versuchspersonen benötige ich, um einen bestimmten Effekt mit einer gegebenen Wahrscheinlichkeit korrekt als „vorhanden" auszuweisen?
  - Welche Gruppen von Versuchspersonen sollen gebildet werden und mit welcher Methode erfolgt die Bildung dieser Gruppen?
  - Werden Variablen auf mehreren Ebenen gemessen (z. B. Within-Subject und Between-Subject)?
  - Wie oft und zu welchen Zeitpunkten soll die Variable eines Subjekts gemessen werden?
  - Welches sind qualitative und welches quantitative Variablen?
- *Übersetzung der Forschungsfrage in eine statistische Hypothese oder ein statistisches Modell*:
  - Welcher formale Zusammenhang könnte zwischen der beobachteten Variation der abhängigen Variable und der Variation der unabhängigen Variablen bestehen?
  - Welche sind „Fixed-Effects" und welches „Random-Effects" Variablen?
- *Auswahl geeigneter statistischer Analyseverfahren*:
  - Welchen Zweck verfolge ich mit einer statistischen Auswertung:
    - Deskriptive Darstellung der Daten und der Anordnungseffekte?
    - Statistischer Schluss auf Populationen (Inferenz)?
    - Prognose mit Hilfe eines geschätzten Modells?
  - Was sind die wesentlichen statistischen Merkmale des Experimentdesigns bzw. der daraus entstehenden Daten (Antworten aus vorherigen Fragen)?
  - Welche Analyseverfahren kommen vor dem Hintergrund der wesentlichen statistischen Merkmale in Frage?

Viele dieser Fragen haben wir in den ersten drei Teilen dieses Buches behandelt. Hier, im letzten Teil erfolgt die Betrachtung vor allem im Hinblick auf die statistische Analyse. Sobald der theoretische Gestaltungsteil feststeht, ist der praktische *Ausführungsteil* an der Reihe. Dazu gehört neben der eigentlichen Durchführung des Experiments (siehe Teil III des Buches):

- *Computergestützte Aufbereitung der Daten*
  - Gibt es fehlende Messwerte?
  - Mehrfachmessung: „langes" vs. „breites" Format
  - Konvertierung der Daten in das Format der statistischen Software
  - Gibt es Ausreißer?
  - Gibt es Versuchspersonen, die offensichtlich willkürlich entschieden haben?
  - Was sind kurze und dennoch verständliche Variablennamen?
  - Erstellen neuer Variablen aus (einer Kombination der) bereits erhobenen (z. B. Gruppendurchschnitte)
  - Erstellen einer Variablenliste mit Beschreibungen
- *Computergestützte Auswertung der Daten*
  - Beschreibung der Daten mit Hilfe von Kennzahlen
  - Grafische Darstellung der Daten
  - Anpassen des statistischen Modells an die Daten („Fitting") über das Schätzen der Modellparameter
  - Modelldiagnose
  - Bilden von Inferenzen
  - Prognose mit Hilfe des geschätzten Modells
- *Schlussfolgerungen*
  - Können Anordnungseffekte statistisch bestätigt werden?
  - Kann das Modell die beobachteten Daten gut erklären?
  - Besteht Bedarf an weiteren Versuchsanordnungen?

> **Wichtig**
> Jedes Experiment sollte immer vor der eigentlichen Durchführung aktiv und zielgerichtet ausgestaltet werden. Nur so kann es Daten produzierten, aus denen aussagekräftige und valide Schlüsse gezogen werden können. Keine noch so ausgefeilte, spätere Analysemethode kann qualitative Defizite im experimentellen Design ausgleichen.

Zu vielen der oben erwähnten Aufgaben und Fragestellungen existieren jeweils ganze Lehrbücher. Deshalb unterliegt der statistische Teil dieses einführenden Lehrbuchs starken Einschränkungen.

Erstens können wir nur eine kleine Teilmenge der verfügbaren Methoden vorstellen. Welche Methode wir aufgenommen haben und welche nicht, wurde durch die Faktoren Praxisrelevanz (Erlauben die Annahmen eine problemlose Anwendung in der Praxis?), Komplexität (Ist das Verfahren hinreichend einfach zu verstehen?) und Popularität (Welche Methode wird in renommierten experimentalökonomischen Fachzeitschriften besonders häufig verwendet?) maßgeblich beeinflusst. Eine Folge dieser Beschränkung ist, dass ein konkretes Verfahren, welches auf Basis dieses Leitfadens verwendet wird, nicht notwendigerweise das bestmögliche sein muss. In der Regel existieren für ein und dieselbe experimentierte Fragestellung mehrere zulässige statistische Verfahren und es kann durchaus angebracht sein, andere Methoden als die hier besprochenen zu verwenden. Die hier vorgenommene Klassifizierung ist daher keine starre und verbindliche Auswahlregel, sondern stellt nur eine erste grobe Orientierungshilfe dar. Der sehr selektive Charakter dieses statistischen Leitfadens bedeutet außerdem, dass man die Struktur eines klassischen Statistiklehrbuchs über Bord werfen muss. Insbesondere ein Springen in ganz unterschiedliche Teilbereiche der Statistik wird sich nicht vermeiden lassen.

19

Zweitens soll jede hier vorgestellte Methode nur in so weit behandelt werden, dass ihr grundsätzlicher Charakter und damit ihr Anwendungsbereich deutlich wird. Auf formale Darstellungen versuchen wir, soweit es geht, zu verzichten. Damit können wir natürlich nicht zeigen, wie man eine Methode herleitet oder wie genau die Theorie dahinter zu verstehen ist. Für diese Zwecke müssen wir den interessierten Leser auf die entsprechende statistische Literatur verweisen.

Operationalisierung der Forschungsfrage

20.1 Konstruktvalidität

Unter der Operationalisierung der Forschungsfrage versteht man die Übersetzung der zunächst verbal formulierten Grundidee des Experiments in eine non-verbale Form, die mit statistischen Verfahren kompatibel ist. Im Wesentlichen geht es dabei darum, für die zu untersuchenden Konstrukte der Forschungsfrage messbare Variablen zu finden, die das Konstrukt möglichst gut abbilden. Experimente die diese Eigenschaft aufweisen, nennt man *konstruktvalide* (Leonhart 2008). Konstruktvalidität herzustellen ist in einigen Forschungsfragen auf den ersten Blick recht einfach. Möchte man beispielsweise Altruismus untersuchen, so bietet es sich an, in einem Diktatorspiel die Abgabebeträge zu messen. Die Höhe des Abgabebetrags könnte dann den Grad des Verhaltenskonstrukts „Altruismus" messen. Aber der Teufel steckt wie so oft im Detail: Wo beispielsweise liegt die Grenze zwischen Eigennutz und Altruismus? Können wir jemanden, der 100 € besitzt und 1 ct abgibt, noch als altruistisch bezeichnen? Und messen wir wirklich unkonditionalen Altruismus oder hängt die Bereitschaft, etwas abzugeben von anderen Dingen (wie z. B. dem Experimenter Demand Effekt) ab?

Bereits an dieser Stelle wird deutlich, dass Konstruktvalidität nur dann vorliegen kann, wenn das Konstrukt selbst *eindeutig* definiert ist. Für andere Verhaltenskonstrukte tritt dieses Problem noch stärker zu Tage. Beispielsweise ist es kaum möglich, „Reziprozität" im Allgemeinen konstruktvalide zu untersuchen. Man unterscheidet unter anderem direkte Reziprozität (B hilft A, weil ihm von A geholfen wurde) sowie „Upstream" Reziprozität (B hilft C, weil ihm von A geholfen wurde) und „Downstream" Reziprozität (C hilft A, weil A zuvor B geholfen hat) (Nowak & Siegmund 2005). Ferner gibt es Auffassungen von Reziprozität, die auf Intentionen und Erwartungen höherer Ordnung aufbauen (z. B. Rabin 1993, Dufwenberg & Kirchsteiger 2004, Falk & Fischbacher 2006) und solche, die auf Typen (z. B. Levine 1998) oder emotionalem Status (z. B. Cox et al. 2007) basieren. Um Reziprozität konstruktvalide zu untersuchen, muss vorab entschieden werden, um welche Art von Reziprozität es sich handelt.

> **Wichtig**
> Bei der Übersetzung der Forschungsidee in messbare Variablen ist auf **Konstrukt-**
> **validität** zu achten. Das erfordert vorab eine eindeutige Definition des Konstrukts.
> Für diese ist wiederum häufig eine ausgiebige Recherche theoretischer Literatur
> vonnöten.

20.2 Arten von Variablen

Zur experimentellen Überprüfung einer Forschungsidee müssen verschiedene Arten von Variablen erzeugt werden. Nehmen wir beispielsweise an, die Forschungshypothese laute „Die Abgabebeträge im Ultimatumspiel sind niedriger, wenn der oder die Erstziehende gegen einen Computer, statt gegen einen Menschen spielt (und er dies weiß)". Die *abhängige* Variable ist in diesem Fall der Abgabebetrag des bzw. der Erstziehenden. Sie könnte auch *Ergebnisvariable* genannt werden, weil sie vom Experimentator beobachtet wird und das Ergebnis einer persönlichen Entscheidung jedes einzelnen Teilnehmers ist. Von einer *unabhängigen* Variable erwartet der Experimentator, dass sie einen Einfluss auf die abhängige Variable hat, aber dass dies umgekehrt nicht der Fall ist. Gemäß unserer Forschungshypothese erwarten wir konkret, dass die binäre Variable „Computergegner" (Ja/Nein) einen Einfluss auf die Abgabebeträge hat. Die Ausprägungen dieser unabhängigen Variablen werden in einem kontrollierten Experiment nicht beobachtet, sondern gezielt festgesetzt. Im obigen Beispiel wird die abhängige Variable „Abgabebeträge" einmal unter der Ausprägung „Ja" und einmal unter der Ausprägung „Nein" gemessen, so dass ein Vergleich beider Bedingungen möglich wird und die Forschungshypothese überprüft werden kann. In diesem Fall nennt man die unabhängige Variable auch *Treatmentvariable*, weil ihre Ausprägungen die Anordnungen (englisch „Treatments") bzw. Vergleichsbedingungen des Experiments darstellen, unter denen die abhängige Variable beobachtet wird. Die Ausprägungen der Treatmentvariablen heißen (Treatment-)*Bedingungen* (englisch „Conditions")[1].

Wenn mit der Studie ein *kausaler* Schluss hinsichtlich abhängiger und unabhängiger Variable gezogen werden soll (und das ist der Hauptzweck von kontrollierten Experimenten), so müssen noch weitere Überlegungen angestellt werden. Wenn wir einen Unterschied in den Abgabebeträgen einmal unter der Bedingung Computergegner „Ja" und einmal unter der Bedingung Computergegner „Nein" beobachten, so müssen wir ausschließen können, dass dieser Unterschied durch andere Einflüsse hervorgerufen wurde. Im schlechtesten Fall hat die Variable „Computergegner" in Wahrheit überhaupt keinen Einfluss auf den „Abgabebetrag", sondern der Unterschied entstand nur, weil wir den Abgabebetrag unter der Bedingung Computergegner „Ja" am Montagmorgen um 7:00 Uhr und den Abgabebetrag unter der Bedingung Computergegner „Nein" Freitagnachmittag um 16:00 Uhr gemessen haben. Wenn tatsächlich die Tageszeit einen kausalen Einfluss auf die Abgabehöhe darstellt, diese aber nicht expliziter Teil unserer Forschungshypothese bzw. unserer Untersuchung ist, so nennt man diese Variable eine *Störvariable* (englisch „Confounding Variable"). Störvariablen verwischen die Kausalität zwischen abhängiger und unabhängiger Variablen, weil sie einen „versteckten" Einfluss auf die abhängige Variable haben, der nicht expliziter Teil des Experiments ist. Der große Vorteil eines Laborexperiments z. B. gegenüber einer Feldstudie ist aber, dass verschiedene Treatments unter einer verhältnismäßig strikten *ceteris-paribus* Umgebung (lateinisch „unter sonst gleichen Bedingungen") durchgeführt werden können. In unserem Beispiel könnte man sofort den möglichen Einfluss der Variable „Tageszeit" ausschließen, indem man beide Treatments am gleichen Wochentag zur gleichen Uhrzeit durchführt. Wenn man die Variable Tageszeit in das Experiment mit aufnimmt und diese über alle Treatmentbedingungen konstant hält, hat man „für Tageszeit kontrolliert". Das bedeutet nichts anderes, als dass die Variable „Tageszeit" nicht für die Variation des Abgabebetrags ursächlich verantwortlich sein kann – denn sie blieb ja unverändert. In dieser Weise wird die ursprüngliche Störvariable „Tageszeit" zur so genannten *Kontrollvariable* „Tageszeit".

Leider gibt es auch Störvariablen, die nicht kontrolliert werden können. Das sind insbesondere solche Faktoren, die die individuelle Persönlichkeit eines Teilnehmers ausmachen. Beispiele hierfür sind Intelligenzquotient, Einkommen der Eltern, Allergien, Ausbildung, politische Gesinnung, räumliches Vorstellungsvermögen, sportliche Fitness und vieles andere. Natürlich sind längst nicht alle möglichen nicht-kontrollierbaren Variablen für unser eigenes Experiment relevant, da viele keinerlei Zusammenhang mit unserer abhängigen Variable aufweisen. Aber man sollte sich dennoch ausgiebig Gedanken darüber machen,

---

[1] Treatmentvariablen sind in der Regel *Faktorvariablen*, d. h. Variablen, die nur eine begrenzte Anzahl von Ausprägungen annehmen können. Die Ausprägungen einer Faktorvariablen bezeichnet man allgemein als „Levels".

was auf der einen Seite mit großer Wahrscheinlichkeit einen Einfluss auf unsere abhängige Variable hat, aber auf der anderen Seite von Versuchsperson zu Versuchsperson unterschiedlich ausfallen und gleichzeitig nicht von uns beeinflusst werden kann. Wenn wir im Folgenden von *unkontrollierten Variablen* sprechen, gehen wir immer davon aus, dass diese unsere abhängige Variable beeinflussen. Wir unterscheiden zwischen unkontrollierten Variablen, deren Ausprägung für jede Versuchsperson *messbar* ist, und solche, bei denen dies nicht möglich ist. Einkommen der Eltern ist recht leicht messbar, „politische Gesinnung" dagegen deutlich schwieriger.

20.3   Kontrolle, Randomisierung und Stichprobengröße

Ganz gleich, ob eine unkontrollierte Störvariable messbar ist oder nicht, ihr Einfluss auf unsere abhängige Variable sollte so gut wie möglich aus dem Experiment entfernt werden, da ansonsten kein eindeutiger kausaler Schluss auf unsere Treatmentvariable mehr möglich ist. Die messbare Störvariable hat den Vorteil, dass Versuchspersonen gemäß der Ausprägung dieser Variable geordnet werden können. Diese Tatsache nutzt die *Blockbildung* (englisch „Blocking") aus. Statt die Störvariable direkt für alle Versuchspersonen auf einen konstanten Wert zu setzen, unterteilt man die Versuchspersonen in Blöcke, so dass innerhalb eines Blocks die Störvariable einen konstanten Wert annimmt und somit kontrolliert ist. Wenn wir beispielsweise wissen, dass das Geschlecht der Versuchspersonen unsere abhängige Variable beeinflusst, wir aber kein Interesse daran haben diesen explizit zu modellieren, teilen wir die Gruppe der Versuchspersonen einfach in Männer und Frauen auf und führen die Treatments für jeden der Blöcke durch. Geschlecht ist dann eine *Blockvariable*, welche in keinem der Blöcke einen Einfluss auf die abhängige Variable haben kann.[2]

Deutlich schwieriger ist es, den Einfluss solcher Störvariablen zu eliminieren, die nicht kontrollierbar *und* nicht messbar sind. Eine hundertprozentige Kontrolle solcher Variablen ist kaum möglich, da viele dieser Variablen nicht nur nicht messbar, sondern auch unbekannt sind und daher ihren Einfluss „versteckt" geltend machen. Dennoch gibt es einen einfachen statistischen Trick, der den Einfluss dieser Form von Störung verringern kann. Die Grundidee ist, dass man zwei Gruppen von Versuchspersonen bildet, über die die möglichen Störfaktoren möglichst gleich verteilt sind. Dies geschieht über eine *zufällige* Zuordnung einer Versuchsperson zu einer der Gruppen (*Randomisierung*). Dabei ist zu beachten, dass die Gruppen aus einer *hinreichend großen* Anzahl *unabhängiger* Versuchspersonen bestehen. Wäre in den beiden Vergleichsgruppen jeweils nur eine einzelne Versuchsperson, so wäre die Wahrscheinlichkeit sehr groß, dass die beiden Versuchspersonen sich zufällig in einer nicht messbaren Störvariable stark unterscheiden.

Ähnlich problematisch ist es, wenn man zwar mehrere Versuchspersonen in jeder Vergleichsgruppe hat, diese aber innerhalb ihrer jeweiligen Gruppe keine voneinander unabhängigen Entscheidungen treffen (Zwillinge, nahe Verwandte, Freunde etc.). In diesem Fall wäre die ganze Gruppe als eine „große" Versuchsperson zu interpretieren, die eine ähnliche Problematik verursacht, wie eine einzelne Versuchsperson. Mit einer gewissenhaft durchgeführten Randomisierung bei der Erstellung von Gruppen, gleichen sich jedoch im Mittel die individuellen Unterschiede der Versuchspersonen über die beiden Gruppen aus. Wenn wir also beispielsweise davon ausgehen müssen, dass die Variable

20

---

2   Wir werden später im ▶ Abschn. 21.2 noch auf ein konkretes „Block"-Design eingehen.

„politische Gesinnung" einer Versuchsperson einen Einfluss auf das Abgabeverhalten im Diktatorspiel haben kann, dann wird sich bei einer Randomisierung die Menge besonders konservativer Versuchspersonen in beiden Gruppen ungefähr die Waage halten. Da das gleiche für besonders sozialdemokratische Versuchspersonen gilt, gleicht sich der Effekt von „politischer Gesinnung" nicht nur zwischen den Gruppen, sondern auch innerhalb der Gruppen aus. In diesem Sinne haben wir zwei *homogene* und damit vergleichbare Gruppen geschaffen. Wenn wir nun einer der Gruppen das Treatment verabreichen (z. B. „spiele gegen einen Computer") und einer nicht („spiele nicht gegen einen Computer"), so kann im besten Fall ein Unterschied im Abgabebetrag allein auf die Treatmentvariable „Computergegner" (ja/nein) zurückgeführt werden. Mögliche unbeobachtete Störvariablen wurden so gut es geht kontrolliert.

> **Wichtig**
>
> In einem Laborexperiment ist die zentrale Variable die abhängige Variable, deren Veränderung durch erklärende Variablen und verschiedene Störeinflüsse beeinflusst wird. Wenn die beobachtete Veränderung der abhängigen Variable kausal auf eine von dem Experimentator hervorgerufene Veränderung einer erklärenden Variablen zurückgeführt werden soll, so lauten die drei wichtigsten zu beachtenden Konzepte:
>
> 1. **Kontrolle:** halte alle unerwünschten Einflüsse konstant, die man konstant halten kann
> 2. **Randomisierung:** bilde im Mittel homogene Vergleichsgruppen, indem man es dem Zufall überlässt, welche Versuchsperson in welche Gruppe kommt
> 3. **Stichprobenumfang:** (englisch „Replication") achte auf hinreichend viele unabhängige Beobachtungen in einer Anordnung, d. h. hinreichend große Gruppen von Versuchspersonen, die kein systematisch gleiches Verhalten aufweisen.

20.4 Skalenniveaus

Ein weiteres wichtiges Klassifizierungsmerkmal für experimentelle Variablen ist das Informations- bzw. Skalenniveau, auf dem sie gemessen wurden. Für viele statistische Analyseverfahren macht es einen Unterschied, ob wir beispielsweise Alter in der Form „12", „18", „50", „80" oder in der Form „sehr jung", „jung", „alt", und „sehr alt" messen, denn die Skalenniveaus beider Messungen enthalten unterschiedliche Informationen.

Die Skala mit dem geringsten Informationsgehalt bzw. dem niedrigsten Skalenniveau ist die *Nominalskala* (auch Kategorieskala). Die Bezeichnung „Nominal" stammt aus dem Lateinischen und bedeutet so viel wie „zum Namen gehörend". Tatsächlich hat der Wert einer auf einer Nominalskala erfassten Variable auch keine andere Funktion, als einen eindeutigen Namen zu vergeben. Man stelle sich beispielsweise das Bürgerbüro einer Stadt (mit nur einer Sachbearbeiterin) zu einem bestimmten Zeitpunkt vor. Nun befragen wir zufällig zwei dort sitzende Personen nach ihrer Sozialversicherungsnummer. Die Antworten bzw. Realisationen sind nichts anderes als eine numerische Bezeichnung für die befragte Person selbst und lassen neben einer einfachen Unterscheidung der Person von einer anderen Person (F12345 ist eine andere Person als M12345) oder der eindeutigen Zuordnung einer Person in eine *Kategorie* (F12345 ist eine Frau und M12345 ein Mann) keine weiteren Rückschlüsse zu. Aus kategorial skalierten Daten lassen sich leicht die absoluten und relativen Häufigkeiten einer Kategorie ermitteln, die wiederum die Datengrundlage für geeignete statistische Methoden dieser Klasse darstellen. Andere Beispiele für kategoriale Variablen sind „Religion" (evangelisch/katholisch/muslimisch/…), „Angebot akzeptieren" (ja/nein) oder „Haarfarbe" (schwarz/braun/…).

Etwas mehr Informationen liefert eine auf der *Ordinalskala* (auch Rangskala) erfasste Variable, deren Ausprägungen immer auch eine Ordnung bzw. Reihenfolge abbilden. In unserem Bürgerbüro-Beispiel könnten wir zum Beispiel erneut zufällig zwei Personen fragen, diesmal aber nach der am Eingang gezogenen Bearbeitungsnummer. Angenommen die zwei Befragten haben die Zahlen 110 und 90, dann besitzen wir einerseits Informationen über einen Bezeichner, wie bei einer Nominalskala, aber darüber hinaus wissen wir, dass Person 90 zeitlich vor der Person 110 drankommen wird. Wir wissen ebenfalls, dass das Anliegen der Person 100 irgendwann zwischen Nummer 90 und 110 bearbeitet wird. Was sie dagegen bei einer ordinalen Messung von Zeit nicht wissen ist, ob zwischen Nummer 90 und 100 genau so viel Bearbeitungszeit vergeht wie zwischen Nummer 100 und 110. Das Größenverhältnis der Zahlen zueinander gibt allein die Reihenfolge bzw. den Rang der Realisationen vor, die Wertdifferenzen sind dagegen bedeutungslos.

Sobald Wertdifferenzen für die gemessene Größe eine Rolle spielen, bedient man sich einer *metrischen Skala* (auch Kardinalskala). Gleiche Differenzen auf dieser Skala entsprechen immer gleichen Differenzen im gemessenen Merkmal. Ein metrisch erfasstes Merkmal ist beispielsweise das Alter in Jahren. Kardinalskalen werden oftmals noch weiter differenziert. Wenn die Skala einen absoluten Nullpunkt aufweist, dann spricht man von *Ratioskalen*. Beispielsweise haben die Variablen Anzahl von Zahnfüllungen, Minuten eines Tages, in denen ferngeschaut wurde, oder Nettolohn eines Studierenden in den Ferien absolute Nullpunkte, weil eine Nullausprägung definiert ist und Sinn macht. In diesen Fällen kann man immer eine sinnvolle Verhältnisaussage (englisch „Ratio Statement") treffen, wie z. B. „Peter hat doppelt so viele Zahnfüllungen wie Anne". Fehlt dieser Nullpunkt oder wurde er *ad hoc* auf eine Untergrenze festgelegt, ist die metrische Skala eine *Intervallskala*. Beispielsweise besitzt das Merkmal Körpergewicht keinen natürlichen Nullpunkt, weil Personen mit Körpergewicht Null gar nicht existieren würden. Darüber hinaus weiß man nicht, welches die kleinstmögliche Realisation in der Erhebung sein wird. Würde man festsetzen, dass keine Person leichter als 50 kg oder schwerer als 150 kg sein wird, so wäre 50 kg der definierte Nullpunkt. Die Intervallskala reicht dann von 0 bis 100 kg und es ist klar, dass dann die Realisation 40 kg nicht das doppelte Gewicht abbildet wie die Realisation 20 kg.

20.5 Zufallsvariablen und ihre Verteilung

Im Rahmen einer statistischen Modellierung des Zusammenhangs von Variablen wird die abhängige Variable als *Zufallsvariable* interpretiert. In einem Ultimatumspiel bei dem genau 10 einzelne, nicht weiter teilbare Plastikmünzen aufzuteilen sind, ist von vorn herein klar, dass die Anzahl einbehaltener Münzen eine ganze Zahl zwischen 0 und 10 sein wird und der Entscheidungsraum durch eben diese Zahlen eingegrenzt ist. Welche Zahl aber nun tatsächlich im obigen Beispiel ausgewählt wird, weiß der Experimentator vorab nicht. Aus der Sicht des Experimentators ist eine Versuchsperson daher zunächst nicht viel mehr als ein Zufallsgenerator, der beispielsweise Zahlen zwischen 0 und 10 gemäß einer bestimmten Wahrscheinlichkeitsverteilung produziert. Die Elementarereignisse dieses Zufallsvorgangs sind realisierbare Zahlen. Es gibt allerdings auch Zufallsvorgänge, in denen die Realisationen nicht numerischer Natur sind. Man stelle sich den zweimaligen

Wurf einer einzelnen Münze vor. Sei K = Kopf und Z = Zahl, so ist die Menge an möglichen Elementarereignissen der Ereignisraum $\Omega = \{KK, KZ, ZK, ZZ\}$. Weil sich mit diesen Realisationen nicht so ohne Weiteres rechnen lässt, wird jedes der Ereignisse in genau eine Zahl gemäß einer sinnvollen, und auf jeden Fall gegebenen, Vorschrift zugewiesen. Beispielsweise könnte es sich bei dem Experiment um ein Gewinnspiel handeln, bei dem man für jede geworfene Kopfseite einen Euro bekommt. Eine sinnvolle Vorschrift wäre dann $KK \rightarrow 2\,€$, $KZ \rightarrow 1\,€$, $ZK \rightarrow 1\,€$, $ZZ \rightarrow 0\,€$.

Auch für das erwähnte Ultimatumspiel lässt sich eine solche Zuordnung finden. Wenn man zum Beispiel wissen möchte, wie viel Geld eine Versuchsperson für sich einbehält, wäre die entsprechende Zuordnungsvorschrift: 0 Münzen $\rightarrow$ 0 €, 1 Münze $\rightarrow$ 0,50 €, 2 Münzen $\rightarrow$ 1,00 €, ..., 10 Münzen $\rightarrow$ 5,00 €. Eine (eindimensionale) *Zufallsvariable X* ist eine gegebene Abbildung, die jeder möglichen Realisation eines Zufallsexperiments genau eine reelle Zahl zuordnet.

Welche Ausprägungen einer Zufallsvariable besonders wahrscheinlich sind und welche weniger, ist durch ihre *Verteilung* bestimmt. Die so genannte *Dichtefunktion* einer diskreten Zufallsvariable gibt die Wahrscheinlichkeit an, mit der eine bestimmte Ausprägung auftritt. Bei einem Würfelwurf zum Beispiel ist die Augenzahl gleichverteilt mit jeweils Wahrscheinlichkeit 1/6. Im Ultimatumspiel ist dagegen eher damit zu rechnen, dass zumindest nicht alle Abgabebeträge gleich wahrscheinlich sind. Wie aber genau die Verteilung der Abgaben aussieht, ist unbekannt. Im Fall einer stetigen Zufallsvariable, wie zum Beispiel der Zeit, welche die Versuchsperson im Ultimatumspiel bis zu ihrer Entscheidung benötigt hat, lässt sich die Wahrscheinlichkeit für eine einzelne Ausprägung nicht angeben. Wenn unendlich viele Ausprägungen existieren, muss die Wahrscheinlichkeit, die auf eine einzelne Ausprägung entfällt, eine Zahl unendlich dicht bei Null sein. Aus diesem Grund kann man bei stetigen Variablen konkrete Wahrscheinlichkeiten nur für Ausprägungsintervalle angeben, wobei die Gesamtfläche unterhalb der Dichtefunktion immer 1 ist. Die kumulative (stetige) *Verteilungsfunktion* stellt, mathematisch gesehen, das Integral der stetigen Dichtefunktion dar. Der Funktionswert an einer Stelle x gibt damit diejenige Wahrscheinlichkeit an, mit der die Zufallsvariable einen Wert kleiner oder gleich x annimmt.

Die Umkehrfunktion der Verteilungsfunktion nennt man *Quantilfunktion*. Sie dreht quasi die Rolle des Inputs und Outputs der Verteilungsfunktion um. Konkret heißt das, sie liefert uns das Quantil bzw. den möglichen Bereich von x-Werten, aus dem ein Wert mit einer vorgegebenen Eintrittswahrscheinlichkeit auftreten kann.

Die meisten statistischen Verteilungen besitzen bestimmte Parameter, die, je nach dem auf welchen Wert sie festgesetzt wurden, der Dichtefunktion eine andere Gestalt verleihen. Die drei wichtigsten Parameter sind *Erwartungswert*, *Varianz* und *Freiheitsgrad*. Der Erwartungswert ist der Durchschnitt aller gezogenen Werte, wenn man (theoretisch) unendlich oft eine Zufallsstichprobe unter der gegebenen Verteilung zieht. Da beispielsweise jede Zahl eines (normalen) Würfels gleich wahrscheinlich ist, beträgt der Erwartungswert hier $1/6 \cdot (1 + 2 + 3 + 4 + 5 + 6) = 3{,}5$. Der Erwartungswert einer Verteilung ist ein Lageparameter, der Auskunft darüber gibt, wo auf dem Zahlenstrahl sich die theoretische, mittlere Ausprägung befindet. Die *Varianz* ist die mittlere quadratische Abweichung aller Realisationen vom Erwartungswert und gibt damit eine Information über die Streuung der Zufallsvariable wieder. Je größer die Varianz ist, desto breiter und flacher verläuft die Dichtefunktion. Die „Mutter aller Verteilungen" ist die Normalverteilung. Sie besitzt als Parameter Erwartungswert μ und Varianz σ^2. Die Wahrscheinlichkeitsdichte ist „glockenförmig" und symmetrisch um μ, wo sie den größten Dichtefunktionswert aufweist. Jede normalverteilte Zufallsvariable kann durch eine einfache Transformation in eine *Standardnormalverteilung* mit $\mu = 0$ (Mitte der x-Achse) und Varianz $\sigma^2 = 1$ umgewandelt werden.

Andere wichtige Verteilungen werden nicht direkt über Erwartungswert und Varianz parametrisiert, sondern indirekt über so genannte *Freiheitsgrade*, die Erwartungswert und/oder Varianz beeinflussen. Die (studentische) t-Verteilung beispielsweise besitzt einen solchen Freiheitsgrad, der die Gestalt der Dichtefunktion mit größerem werdendem Wert immer mehr der Dichtefunktion der Standardnormalverteilung angleicht.

Neben der Gleich-, Normal- und t-Verteilung existieren natürlich noch eine Vielzahl weiterer statistischer Verteilungen, die jeweils speziellen Zufallsvariablen zu Grunde liegen. Da sich aber nur die Gestalt und die Parametrisierung, nicht jedoch die grundsätzliche Wesensart unterscheidet, gehen wir nicht weiter auf die verschiedenen Arten ein. Wer dennoch nach einem schönen Überblick sucht und gleichzeitig Funktionswerte von Dichte-, Verteilungs- und Quantilfunktion einfach und schnell berechnen möchte, dem sei das in der nun folgenden Box beschriebene Tool PQRS empfohlen, welches im weiteren Verlauf des Buches immer wieder zur Anwendung kommen wird.

A.20.1 Arbeiten mit statistischen Verteilungen

Das manuelle Berechnen der Funktionswerte von Dichte-, Verteilungs- oder Quantilfunktion einer Wahrscheinlichkeitsverteilung kann sehr aufwendig sein. Ebenfalls umständlich (und reichlich altmodisch) ist das Nachschlagen in Tabellen, die die Funktionswerte für einige Parameterkonstellationen der Verteilung auflisten. Warum also die Rechenarbeit nicht dem Computer überlassen? Ein geeignetes Programm ist das kostenlose Tool *PQRS* (Probabilities, Quantiles and Random Samples) erhältlich unter der Webseite ▶ http://www.pyqrs.eu/home/. Es beinhaltet sowohl die Formeln für die Dichte-, als auch für die Verteilungsfunktion von allen wichtigen Wahrscheinlichkeitsverteilungen. Wir verwenden hier die Version 3.4 (Nicht Python-Version). Nach dem Start des Programms erscheint die in ◻ Abb. 20.1 dargestellte Oberfläche.

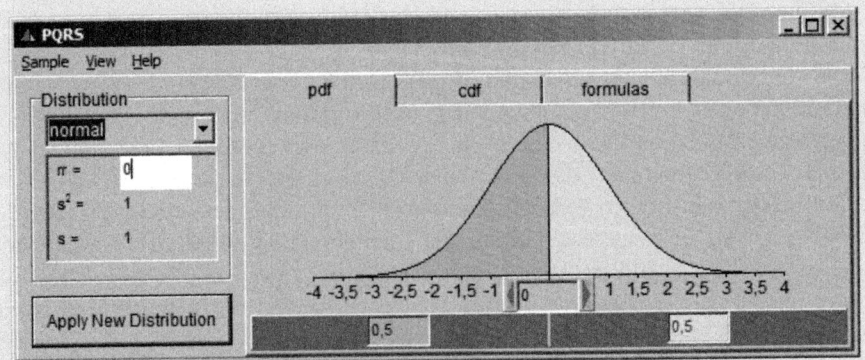

◻ **Abb. 20.1**   Standardnormalverteilung

Voreingestellt ist in PQRS eine Normalverteilung mit Erwartungswert 0 und Varianz 1 (Standard-normalverteilung). Unter dem Reiter „pdf" ist die Dichtefunktion dieser Verteilung dargestellt. Die Gesamtfläche unter dieser Funktion repräsentiert die Wahrscheinlichkeit 1 bzw. 100 %. In ◨ Abb. 20.1 ist diese in zwei gleich große Teile mit einer Wahrscheinlichkeit von je 50 % aufgeteilt und die Trennung ist bei der Zahl 0. Daraus können wir schlussfolgern, dass die Wahrscheinlichkeit eine beliebige negative Zahl aus der Standardnormalverteilung zu ziehen genauso groß ist, wie die, eine beliebige positive Zahl zu ziehen, nämlich 50 %. Mit den beiden Pfeilen unterhalb der Grafik können wir das eingestellte Quantil bzw. den x-Wert und somit die Größe der beiden Flächen relativ zueinander verändern. Wenn wir beispielsweise wissen möchten, wie groß die Wahrscheinlichkeit ist, eine Zahl kleiner oder gleich −2 zu ziehen, so geben wir in das Zahlenfeld zwischen den Pfeilen den Wert −2 ein, bestätigen mit der Enter-Taste und erhalten die in ◨ Abb. 20.2 enthaltene Grafik.

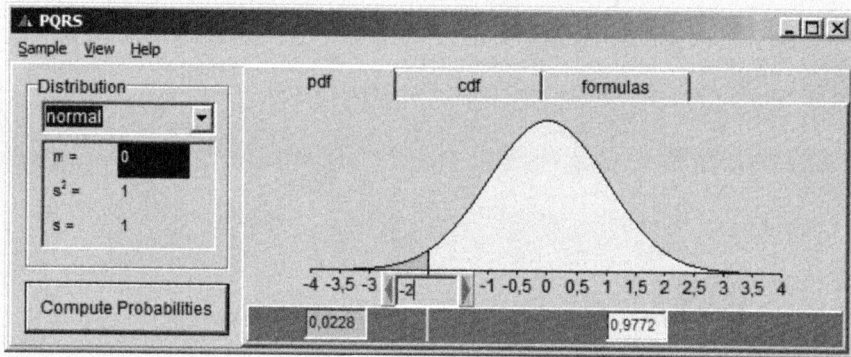

◨ **Abb. 20.2** Standardnormalverteilung mit Quantil −2

Das linke Zahlenfeld gibt die gesuchte Wahrscheinlichkeit i. H. v. 2,28 % wieder und das rechte Zahlenfeld die Gegenwahrscheinlichkeit, eine Zahl größer als −2 zu ziehen, i. H. v. 97,72 %. Die entsprechende Verteilungsfunktion erhalten wir mit einem Klick auf den Reiter „cdf" (englisch „Cumulative Distribution Function"; siehe ◨ Abb. 20.3).

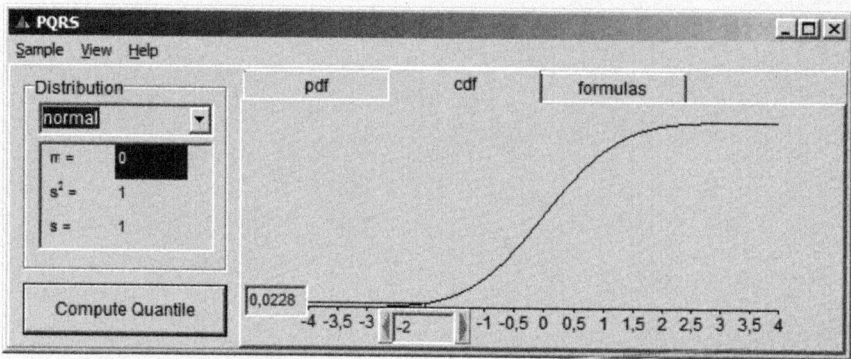

◨ **Abb. 20.3** Verteilungsfunktion der Standardnormalverteilung

Hier sehen wir zwei Zahlenfelder, von denen wir jeweils eines frei bestimmen können, und das andere wird von PQRS berechnet. Wenn wir einen Wert in das untere Feld eingeben und den Wert des linken Zahlenfeldes berechnen lassen, so entspricht das der Berechnung eines Verteilungsfunktionswertes. Dieser gibt eine Wahrscheinlichkeit bei gegebenem Quantil an. Drehen wir das Verfahren um und geben einen Wert in das linke Feld ein, dann erhalten wir ein Quantil bei gegebener Wahrscheinlichkeit. Dieses Verfahren wird später benötigt, um die kritischen Werte eines Hypothesentests zu berechnen.

Praktisch ist auch die Möglichkeit, eine Zufallsstichprobe aus der ausgewählten Verteilung ziehen zu können. Hierzu wählt man im oberen Menü den Eintrag „Sample" und dann „Draw random sample". Nach Eingabe der gewünschten Stichprobengröße n (auf 10 voreingestellt) und der Anzahl von Dezimalstellen (auf 3 voreingestellt) erhalten wir 10 Zufallszahlen (die sich natürlich nach jeder erneuten Ausführung ändern).

Wählen wir nun unter „Distribution" eine andere Verteilung aus, wie z. B. die t-Verteilung, so erscheinen automatisch die Parameter dieser Verteilung im Feld darunter. Geben wir hier als Freiheitsgrad die 4 ein, so erhalten wir beispielsweise die in ❏ Abb. 20.4 dargestellte t-Verteilung, mit der wir alle oben besprochenen Schritte gleichermaßen durchführen können.

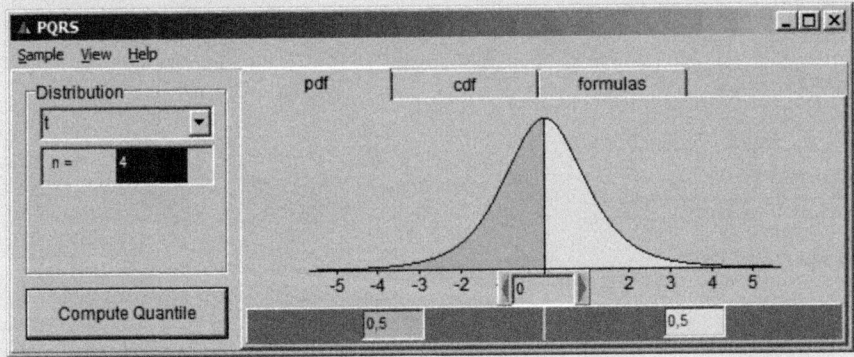

❏ **Abb. 20.4** t-Verteilung mit Freiheitsgrad 4

Ausgestaltung des statistischen Designs

© Springer-Verlag GmbH Deutschland, ein Teil von Springer Nature 2019
J. Weimann und J. Brosig-Koch, *Einführung in die experimentelle Wirtschaftsforschung*,
https://doi.org/10.1007/978-3-642-32765-0_21

21

21.1 Das Zusammenstellen von Beobachtungseinheiten

Die Auswahl einer bestimmten Menge von Versuchspersonen aus einer Gesamtpopulation nennt man in der Statistik das *Ziehen einer Stichprobe* (englisch „Sampling"). Die konkrete Ausgestaltung des Stichprobenzugs beeinflusst nicht nur die Kosten des Experiments, sondern auch Art und Stärke der statistischen Aussage, die am Ende des Experiments entstehen soll.

Erstens muss festgelegt werden, *woraus* eine Stichprobe gezogen werden soll. Diese Menge an Subjekten nennen wir *Population*. Bei den meisten Experimenten, die an Universitäten stattfinden, ist die größtmögliche Population die Menge aller eingeschriebenen Studierenden. Manchmal werden auch außerhalb der Universität Menschen für Laborexperimente rekrutiert und dem Versuchspersonenpool hinzugefügt. Grundsätzlich gilt: Je kleiner und spezieller die Population ist, aus der Subjekte gezogen werden, desto spezieller ist auch die statistische Aussage, die hinsichtlich dieser Population getroffen werden kann. Dem entsprechend können Aussagen, die auf kleinen speziellen Populationen beruhen, auch nicht besonders gut auf größere Populationen verallgemeinert werden (vgl. „Externe Validität", ► Kap. 5 in Teil 1 dieses Buches).

Zweitens muss man sich Gedanken über die *Stichprobengröße* machen, also die Frage „*Wie viele* Subjekte ziehe ich aus der festgelegten Population?". Leider wird diese Frage in der experimentellen Praxis häufig *ausschließlich* über das verfügbare Budget beantwortet, getreu dem Motto: „Wir nehmen einfach so viele Versuchspersonen, wie wir bezahlen können, egal ob diese Zahl groß oder klein genug ist." Natürlich stellt das Budget eine bindende Einschränkung dar. Insbesondere in den Neurowissenschaften sind Laborzeiten extrem teuer, so dass dort nicht selten Stichprobengrößen im einstelligen Bereich liegen (müssen). Allerdings sind solch kleine Stichproben insbesondere aus inferenzstatistischer Sicht problematisch. Die Wahrscheinlichkeit, dass ein statistischer Hypothesentest einen tatsächlich vorhandenen Effekt auch korrekt als vorhanden identifiziert (die so genannte „Power" eines Tests) sinkt drastisch mit kleineren Stichproben. Mit anderen Worten, selbst wenn in Wahrheit ein verhältnismäßig starker und wissenschaftlich relevanter Effekt in der Population vorliegt, wird dieser bestenfalls als „zufälliges Artefakt" und nicht als statistisch signifikanter Effekt erkennbar sein. Auf der anderen Seite gibt es auch ein „zu groß", was die Stichprobengröße angeht, denn zu große Stichproben können statistische Hypothesentests „zu sensibel" machen. Das bedeutet, dass selbst die kleinsten, wissenschaftlich möglicherweise vollkommen unbedeutenden Effekte, *statistisch* signifikant werden.[1] Daraus wird bereits deutlich, dass statistische Signifikanz nicht mit wissenschaftlicher Bedeutsamkeit verwechselt werden darf. Je nach Stichprobengröße kann beides vollkommen unterschiedlich sein, denn statistische Signifikanz wird maßgeblich von der Stichprobengröße beeinflusst, der zu entdeckende wahre Effekt in einer Population dagegen nicht.

Drittens stehen verschiedene Möglichkeiten zur Auswahl, *wie* man eine Stichprobe erhalten kann. Grundsätzlich unterscheidet man zwischen einem Sampling, bei dem die Wahrscheinlichkeit eines Subjektes gezogen zu werden angegeben werden kann, und einem Sampling, bei dem das nicht der Fall ist. Der bekannteste Vertreter der ersten Variante ist die *Zufallsstichprobe* (englisch „Random Sample"). Aus einer Population der Größe N werden n Subjekte *zufällig* ausgewählt. Die Wahrscheinlichkeit für jedes Subjekt gezogen

---

[1]   Wir werden in ► Kap. 23 noch genauer auf statistische Signifikanz sowie den Zusammenhang zwischen Stichprobengröße, Effektgröße und Power eingehen.

zu werden beträgt dann $1/N$. Wichtig ist hierbei, dass jedes Subjekt die gleiche Chance hat gezogen zu werden. Ist dies nicht der Fall, so ist die Stichprobe *nicht repräsentativ* für die Population und man spricht von einer *verzerrten Stichprobe* (englisch „Biased Sample"). Es ist wichtig, dafür zu sorgen, dass tatsächlich nur der Zufall bestimmt, ob ein Mitglied der Population gezogen wird oder nicht. Deshalb darf die Auswahl beispielsweise nicht persönlich von den Experimentatoren vorgenommen werden.

Ein Nachteil von Zufallsstichproben ist, dass wir eine recht große Stichprobe ziehen müssen, damit diese repräsentativ wird bzw. die Struktur der Population hinreichend gut abbildet. Betrachten wir beispielsweise eine Population von 1000 Studierenden der Wirtschaftswissenschaft. Davon kommen 100 Studierende aus einem armen Elternhaus („A") und beziehen BaföG und 900 Studierende haben reiche Eltern („R"), die das Studium finanzieren. Würden wir nun eine extrem kleine Stichprobe der Größe 2 ziehen, so gibt es nur drei zu unterscheidende Ergebnisse: (A,A), (A,R) bzw. (R,A) und (R,R). Alle drei Ergebnisse haben zwar unterschiedliche Eintrittswahrscheinlichkeiten, aber keine der Stichproben kann die Häufigkeitsstruktur der Population (10 % A und 90 % R) auch nur ansatzweise wiedergeben. Wenn das Elterneinkommen für den zu untersuchenden Zusammenhang eine Rolle spielt, dann ist klar, dass mit einem Sample der Größe 2 dieser nicht untersucht werden kann.

Der Hauptfehler hierbei liegt in der zu kleinen, nicht-repräsentativen Stichprobe. Ziehen wir dagegen 100 Personen statt nur 2, so wäre ein realistisches Ergebnis zum Beispiel „8 mal A und 92 mal R", was schon deutlich besser die wahre Struktur der Population abbildet. Wenn die Stichprobe schließlich genauso groß wäre, wie die Population selbst, so bekämen wir die exakte Häufigkeitsstruktur von 100 mal A und 900 mal R. Das macht aber natürlich keinen Sinn.

Eine leichte Abwandlung der Zufallsstichprobe ist der *systematische Zufallszug* (englisch „Systematic Random Sampling"). Hier würde man aus einer zufällig angeordneten Liste von Versuchspersonen (z. B. jede zehnte Person) auswählen. Somit hat jede Person *vor* dem Erstellen der Liste eine Auswahlwahrscheinlichkeit von 1/10 und es ist immer noch gewährleistet, dass die Auswahl nicht präferenzgesteuert ist. Dieses Verfahren setzt natürlich voraus, dass die Liste bzw. die Population selbst keiner Ordnung unterliegt.

Wenn klar ist, dass man sich eine (hinreichend große) Zufallsstichprobe nicht leisten kann und trotzdem eine repräsentative Stichprobe bekommen möchte, so bietet sich ein *stratifiziertes Ziehen* (englisch „Stratified Sampling") an. Hierbei wird vorab die Population in Subpopulationen (ein „Stratum") unterteilt, wobei die Subjekte innerhalb jeder Subpopulation mindestens ein Charakteristikum gemeinsam haben, welches sie von den Subjekten der anderen Subpopulationen abhebt. Anschließend wird aus jedem Stratum eine Zufallsstichprobe gezogen. Jede dieser Stichproben muss mengenmäßig denselben Anteil an der Gesamtheit aller Stichproben ausmachen wie ein Stratum an der Gesamtpopulation. Beispielsweise habe unsere Population 1000 Subjekte, davon sind 200 männlich und reich (20 %), 400 sind männlich und arm (40 %), 100 sind weiblich und reich (10 %) und 300 sind weiblich und arm (30 %). Unsere Studie erfordert es, dass auch bei verhältnismäßig kleinen Stichproben jedes dieser vier Strata zu den genannten Anteilen vertreten ist. Bei einer Stichprobengröße von 10 würden wir eine Zufallsstichprobe der Größe 2 aus dem Stratum „männlich und reich" ziehen, eine Zufallsstichprobe der Größe 4 aus „männlich und arm", eine Zufallsstichprobe der Größe 1 aus „weiblich und reich" und eine der Größe 3 aus „weiblich und arm". Insgesamt weist unsere Stichprobe damit die gleiche Häufigkeitsstruktur auf wie die Population. Stratifiziertes Ziehen funktioniert natürlich nur dann, wenn die wichtigsten Charakteristika aller Subjekte der Gesamtpopulation bekannt sind und so geeignete Strata gebildet werden können. In der Praxis ist es daher besonders wichtig einen Versuchspersonenpool zu verwenden, in dem die wichtigsten Eigenschaften der Versuchspersonen (Geschlecht, Studiengang, Experimenterfahrung etc.) vollständig erfasst sind und gut gepflegt sind.

„Non-Probability-Sampling" führt immer zu verzerrten Stichproben, da nicht jedes Subjekt die gleiche Wahrscheinlichkeit erhält, ausgewählt zu werden. In einem so genannten „Convenience Sample" werden beispielsweise nur solche Personen eingeladen, die leicht vom Experimentator erreicht werden können (z. B. Studierende in einer Vorlesung). Auch Stichproben, bei denen die Teilnahme am Experiment auf freiwilliger Eigeninitiative des Subjektes erfolgt (sogenannte „Voluntary Response Sample") sind verzerrt, da innerhalb der Population eine Selbstselektion derer stattfindet, die das größte Interesse an dem Experiment haben.

> **Wichtig**
> Größere, allgemeinere Populationen unterstützen die externe Validität des Experiments. Gleichzeitig ist es für das Ziehen von Stichproben von Vorteil zentrale Charaktereigenschaften aller Elemente der Population zu kennen, d. h. sie darf auch nicht „zu groß" sein. Die Art und Weise der Stichprobenauswahl beeinflusst den Charakter der Stichprobe und somit auch den der Experimentdaten. Bezüglich der Größe der Stichprobe gibt es ebenfalls ein „zu klein" und ein „zu groß".

21.2   Wie unterscheiden sich experimentelle Anordnungen?

Eine mögliche Klassifizierung von experimentellen Anordnungen erfolgt gemäß der *Anzahl der Faktorvariablen* und deren *Art und Anzahl möglicher Ausprägungen*. In einem *einfaktoriellen Design* wird nur eine einzige Variable verändert. Ist dies eine binäre Variable mit genau zwei Ausprägungsniveaus (englisch „Levels"), so spricht man von einem *1 × 2 Faktordesign*. Man unterscheidet zwischen *quantitativen* bzw. numerischen Faktorvariablen (z. B. 10 und 20 km/h) und *qualitativen* bzw. kategorialen (z. B. „langsam" und „schnell"). 1 × 2 Faktordesigns können besonders einfach ausgewertet werden, da man in der Regel nur die mittleren Ausprägungen der abhängigen Variablen unter diesen beiden Treatmentbedingungen vergleicht. Dieser Unterschied ist im Idealfall auf das Treatment zurückzuführen und heißt daher (einfacher) *Treatmenteffekt*. Die quantitative Differenz zwischen beiden Werten bezeichnet man als Größe des Treatmenteffekts oder kurz (unstandardisierte) *Effektgröße*. Hat die Faktorvariable dagegen mehr als zwei Ausprägungen, so heißt die Anordnung *Multilevel-Faktordesign*. In diesem Fall kann man die Mittelwerte der abhängigen Variable jeweils paarweise für zwei Ausprägungen vergleichen oder für alle Ausprägungen simultan. Auf die jeweiligen Auswertungsmethoden werden wir später noch etwas genauer eingehen.

Ein Design mit zwei Faktoren weist bereits eine deutlich höhere Komplexität auf als ein einfaktorielles Design. Für eine bessere Übersicht empfiehlt sich eine grafische Darstellung. Nehmen wir beispielsweise an, wir möchten experimentell untersuchen, wie sich die Faktoren „Spiele gegen den Computer" (Comp: nein/ja bzw. 0/1) und „der Experimentator weiß, wer ich bin" (Anon: nein/ja bzw. 0/1) auf das Abgabeverhalten im Diktatorspiel auswirken, dann könnte man dieses hypothetische 2×2 Faktordesign wie in ◘ Abb. 21.1 als so genannten Würfelplot (englisch „Cube Plot") darstellen.[2]

Die fett markierten Zahlen stellen die (hypothetischen) durchschnittlich abgegebenen Beträge bei einer Ausstattung i. H. v. 100 Labordollar dar. Jede dieser Zahlen sei in einem getrennten Experiment mit gleicher Versuchspersonenzahl ermittelt worden. Der Effekt von Comp ohne Anonymität beträgt $\Delta C_1 = 12 - 32 = -20$. Die Tatsache, dass eine Versuchsperson gegen einen Computer spielt, scheint demnach ihre Abgabebereitschaft zu senken, wenn sie weiß, dass der Experimentator sie kennt. Auch unter Anonymität ist dieser Effekt von Comp negativ i. H. v. $\Delta C_2 = 5 - 21 = -16$. Diese Effekte nennen sich die *einfachen Effekte* (englisch „Simple Effects") des Faktors Comp unter Nicht-Anonymität und unter Anonymität. Der *Haupteffekt* ΔC von Comp ist der Durchschnitt aus beiden einfachen Effekten, also $\Delta C = (\Delta C_1 + \Delta C_2)/2 = -18$. In gleicher Weise lassen sich die einfachen Effekte und der Haupteffekt von Anon berechnen. Es gilt $\Delta A_1 = -11$ und $\Delta A_2 = -7$ so dass $\Delta A = -9$.

Man beachte, dass im Experiment Anon $= 1$ und Comp $= 1$ zwei Faktoren gleichzeitig im Vergleich zum Basisexperiment Anon $= 0$ und Comp $= 0$ verändert wurden. Man kann also den Abgabebetrag 5 nicht direkt mit dem Abgabebetrag 32 vergleichen, da nicht klar ist, auf welchen Faktor die Differenz zurückzuführen ist. Dennoch ist es wichtig, die Anordnung Anon $= 1$ und Comp $= 1$ durchzuführen, denn sie liefert gleich *zwei* zusätzliche Schätzer: einen für den Effekt von Comp bei Anon $= 1$ und einen für den Effekt von Anon bei Comp $= 1$. Man erhält also mit nur einer weiteren Anordnung gleich die doppelte Menge an verwertbaren Informationen. Damit kann man insbesondere feststellen, ob der Effekt von Anon davon abhängt, auf welchem Ausprägungsniveau Comp ist, oder ob der Effekt von Comp davon abhängt, welche Ausprägung Anon hat. Ist das der Fall, so spricht man von einer *Interaktion* zwischen den Faktoren Comp und Anon. In unserem Beispiel sehen wir, dass der Effekt von Comp ohne Anonymität um 4 höher ist als mit Anonymität. Genauso ist der Effekt von Anon ohne Computer um 4 höher als mit Computer. Es besteht also eine (leichte) Interaktion.

Alles, was wir über das 2×2 Design gesagt haben, gilt auch für multifaktorielle Designs mit drei Faktoren (Würfelanordnung) und mehr (Hyperwürfelanordnung). Sei k die Anzahl der Faktoren mit je zwei Ausprägungen, dann beträgt die Anzahl der durchzuführenden Anordnungen in einem vollständigen Faktordesign 2^k. Da die Anzahl der

◘ **Abb. 21.1** Cube Plot eines beispielhaften 2×2 Faktordesigns

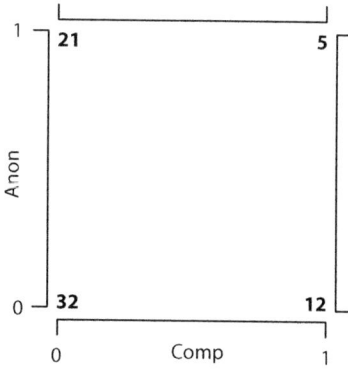

---

[2] Ein „echter" Würfel entsteht, wenn man drei Faktoren mit je zwei Levels betrachtet.

Anordnungen und somit die Kosten exponentiell in k wachsen, nimmt die Praxisrelevanz vollständiger Faktordesigns (zumindest in der Wirtschaftswissenschaft) schnell mit der Anzahl der Faktoren ab.

Eine andere Klassifikation von Experimentdesigns erfolgt gemäß der Art und Weise, wie die Versuchspersonen den einzelnen Treatmentkombinationen zugewiesen werden. Das einfachste Design ist das *vollständig randomisierte Design* (englisch „Completely Randomized Design", CRD). Darin erfolgt die Zuweisung der Versuchspersonen, wie der Name schon sagt, vollkommen zufällig über alle Gruppen. Generell sollte man versuchen, die Versuchspersonen in gleich große Gruppen bzw. Treatmentkombinationen aufzuteilen. Ungleiche Gruppengrößen stellen zwar aus statistischer Sicht kein unlösbares Problem dar, aber verkomplizieren die Auswertung meistens unnötigerweise. Wenn wir also beispielsweise 100 Versuchspersonen in einem 2×2 Design aufteilen möchten, so könnten wir die Nummern 1 bis 4 jeweils 25mal in einen Beutel legen, gut durchmischen und alle 100 Personen eine Nummer ziehen lassen.[3] So ist gewährleistet, dass wir 4 gleich große, *unverbundene* Gruppen haben. Bei einem 1×2 Design wären die Kontroll- und die Treatmentgruppe unverbunden. Da jede Versuchsperson entweder nur in der einen *oder* der anderen Gruppe sein kann, ist das CRD eine „Between-Subject" Anordnung. Die Vorteile des CRD sind eine Anwendbarkeit auf theoretisch beliebig viele Treatments, die Möglichkeit ungleicher Gruppengrößen und vergleichsweise einfache statistische Analysemethoden. Das Design darf dagegen nicht angewendet werden, wenn der Prozess der Randomisierung selbst infrage gestellt werden muss. Das ist der Fall, sobald viele Treatments in kleiner Gruppengröße getestet werden und/oder die zur Verfügung stehenden Versuchspersonen sehr heterogen sind.

Wenn die Versuchspersonen sehr heterogen bezüglich einer *messbaren* Störvariable sind, bietet sich ein *randomisiertes Block-Design* an (siehe dazu auch den ▶ Abschn. 20.2). Hierzu werden die Personen gemäß der möglichen Ausprägungen in „Blöcke" aufgeteilt. Kennzeichen dieser Blöcke ist, dass die Ähnlichkeit zweier Versuchspersonen innerhalb eines Blocks größer sein muss als diejenige zwischen zwei Blöcken. Im einfachsten Fall hat die Stör- bzw. Blockvariable, gemäß derer die Blöcke erstellt werden, nur zwei Ausprägungen. Wenn wir beispielsweise wissen, dass das Geschlecht einer Versuchsperson einen Einfluss auf das Abgabeverhalten im Diktatorspiel hat, wir aber gleichzeitig kein wissenschaftliches Interesse an diesem Effekt haben, dann ist der Einfluss des Geschlechts auf die Variation der abhängigen Variable unerwünscht und sollte eliminiert werden. Man unterteilt die Stichprobe also in die beiden Blöcke „Frauen" und „Männer" und führt das Experiment mit allen Treatments separat in jedem Block durch (*vollständiges* randomisiertes Block-Design). Wichtig ist dabei, dass innerhalb jedes Blocks die Zuordnung der Versuchspersonen auf die Kontroll- und Treatmentgruppen in gleicher Weise erfolgt. Mit anderen Worten, eine „Within-Block" Randomisierung darf sich nicht über verschiedene Blöcke hinweg unterscheiden. Den Gesamteffekt des Treatments erhält man dann durch eine Kombination der Effekte jedes Blocks. Da das Geschlecht in jedem der Blöcke unverändert bleibt, ist gewährleistet, dass jedes Treatment die gleiche Anzahl von Männern und Frauen erhält. Der eigentlich interessierende Effekt auf das Abgabeverhalten (z. B. `comp`) wird um den Einfluss von „Geschlecht" bereinigt und kann demnach effizienter geschätzt werden als ohne Blockbildung. Hätte `comp` in Wahrheit keinen Effekt und wir würden ein nicht-geblocktes, randomisierten Design verwenden, so besteht die Möglichkeit, dass trotzdem ein Unterschied zwischen Treatment- und Kontrollgruppe ausgewiesen wird,

---

[3]   Die gleiche Prozedur lässt sich natürlich auch schneller mit dem Computer simulieren.

hervorgerufen durch eine zufällige Ungleichverteilung der Geschlechter auf Kontroll- und Treatmentgruppe.

Die Idee der Blockbildung kann auch auf Blockvariablen mit vielen Ausprägungen übertragen werden. Im *Matched-Pairs Design* besteht ein Block aus genau zwei Versuchspersonen, die sich hinsichtlich einer bestimmten Ausprägung der Blockvariable ähneln. Beispielsweise möchten wir im Ultimatumspiel den Effekt von Anon auf den Abgabebetrag messen und dabei „Einkommen des Elternhauses" blocken, weil wir vermuten, dass dies eine Störvariable sein könnte. Der Einfachheit halber stehen nur 6 Versuchspersonen mit den Einkommen (in Tsd. €) 41, 33, 69, 68, 30 und 39 zur Verfügung. Dann entstehen in einem Matched-Pairs Design die drei Paare (30,33), (39,41) und (67,68). In jedem dieser Blöcke wird dann wieder per Zufall entschieden, welches Subjekt in die Treatment- (Anon = 1) und welches in die Kontrollgruppe (Anon = 0) kommt. Anschließend wird die Ergebnisvariable beider Personen in allen Blöcken gemessen. Ein hypothetisches Ergebnis ist in ◘ Abb. 21.2 dargestellt.[4]

Wir sehen, dass in allen Blöcken das Treatment (Anon = 1) zu einem niedrigeren Abgabebetrag führt. Wenn das Einkommen die einzige zu kontrollierende Variable wäre, könnte man schließen, *dass* Anon einen kausalen Einfluss auf die Abgabe ausübt, denn in jedem Block war die Störvariable mehr oder weniger konstant. Wenn man aber herausfinden möchte, *wie groß* der Treatmenteffekt ist, so wird schnell ein Problem der Blockbildung deutlich: Treatmentvariable und Blockvariable können interagieren. Mit anderen Worten, es ist unter Umständen nicht möglich, den Treatmenteffekt unabhängig von der Ausprägung der Blockvariable zu messen. In unserem konkreten Fall sieht man, dass der Effekt von Anon (paarweiser Abstand von schwarzem und grauem Punkt) größer wird, je größer die Blockvariable ist. Reiche Studierende reagieren demnach stärker auf eine Einführung der Anonymität als arme. In einem statistischen Modell, welches auf einem Blockdesign aufbaut, müssen daher immer Blockeffekte und Interaktionseffekte explizit mit modelliert werden.

Im Repeated Measures Design durchläuft jede Versuchsperson mehrere Messungen, entweder in ein und demselben Treatment zu verschiedenen Zeitpunkten („Longitudinal" Design) oder in verschiedenen Treatments, naturgemäß ebenfalls zu verschiedenen Zeitpunkten („Cross-Over" Design). Die Reihenfolge der Treatments, die ein Subjekt durch-

◘ **Abb. 21.2** Ergebnis eines (hypothetischen) Matched-Pairs Designs

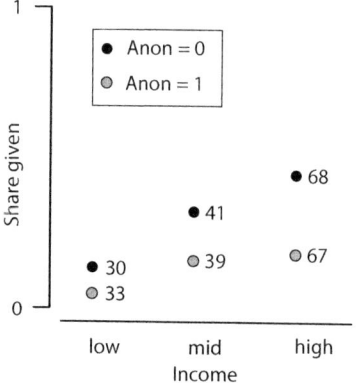

---

[4]   Diese Daten dienen nur didaktischen Zwecken und erheben keinerlei Anspruch auf Realitätsnähe.

läuft, ist wieder randomisiert. In jedem Fall erzeugt die Mehrfachmessung eine Within-Subject Struktur, bei der für jede Versuchsperson mehrere Beobachtungen vorliegen. Das statistische Hauptproblem bei Mehrfachmessungen ist die Abhängigkeit der Beobachtungen untereinander. In einem 1×2 Faktordesign mit Mehrfachmessung bekommen wir eine Kontrollgruppe (auf Ausprägungsniveau 1 gemessen) und eine Treatmentgruppe (auf Ausprägungsniveau 2 gemessen), die *verbunden* sind. Somit lässt sich ein gemessener Effekt der abhängigen Variable nicht mehr eindeutig dem Treatment zuordnen, da er genauso gut ein Zeit- oder Reihenfolgeeffekt sein könnte (z. B. Lernen, Gewöhnung, Ermüdung). Hier behilft man sich oftmals mit einem Ausgleich der Reihenfolge (englisch „Balancing"), d. h. man bildet zwei homogene Gruppen und misst eine Gruppe in der Reihenfolge Ausprägungsniveau 1, Ausprägungsniveau 2 und die andere in der Reihenfolge Ausprägungsniveau 2, Ausprägungsniveau 1. Für Faktoren mit mehr als zwei Ausprägungsniveaus existieren komplexere Designs, wie das so genannte *Lateinische Quadrat* (englisch „Latin Square"), die ebenfalls auf der Idee des „Balancing" basieren (Leonhart 2008). Die Vorteile von wiederholten Messungen sind geringere Kosten durch weniger Versuchspersonen, geringere Fehlerstreuung und damit höhere statistische Power als vergleichbare Between-Subject Designs und die Möglichkeit der Messung von Treatments über die Zeit (Dynamik). Die Nachteile, die man mit einem solchen Design in Kauf nimmt, sind deutlich komplexere Auswertungsverfahren wegen der Abhängigkeit der Beobachtungen und schwächere Kausalitäten durch Reihenfolge, Zeit- und Carry-Over-Effekte.

Natürlich ist die hier vorgestellte Auswahl experimenteller Anordnungen keineswegs vollständig und soll nur einen ersten Eindruck vermitteln, wie variabel die konkrete strukturelle Ausgestaltung eines Experimentes sein kann. Für vollständigere und detailliertere Darstellungen sei eines der vielen existierenden Lehrbücher empfohlen, die sich schwerpunktmäßig mit Experimentdesigns auseinandersetzen. Dazu gehören beispielsweise Box et al. (2005), Wu & Hamada (2009) oder Morris (2010).

Statistische Tests

© Springer-Verlag GmbH Deutschland, ein Teil von Springer Nature 2019
J. Weimann und J. Brosig-Koch, *Einführung in die experimentelle Wirtschaftsforschung*,
https://doi.org/10.1007/978-3-642-32765-0_22

22

Im Alltag erwischen wir uns nur allzu oft dabei, vollkommen unwissenschaftlich nicht-valide Schlüsse zu ziehen. „Stadt A ist eine kriminelle Stadt, ein Freund von mir ist dort schon ausgeraubt worden" oder „Den Autogurt benötigt man nicht, ich hatte schließlich noch keinen Unfall" sind Beispiele. Selbst ohne formale Analyse kann man sich ziemlich sicher sein, dass diese Schlüsse viel zu stark verallgemeinern, weil sie nur auf einer einzigen Beobachtung beruhen. Wie aber kann man konkrete Aussagen über die Qualität eines Schlusses machen? Wie sicher kann ein Experimentator sein, dass ein beobachteter Effekt nicht vollkommen zufällig ist? Hierzu verwendet man Hilfsmittel aus der schließenden Statistik (auch: Inferenzstatistik). Im Mittelpunkt steht dabei der so genannte statistische *Hypothesentest*. Mit seiner Hilfe lässt sich überprüfen, wie gut eine allgemeine Behauptung über Charakteristiken der Population mit den beobachteten Labordaten bzw. der Stichprobe vereinbar ist.

22.1 Formulierung von testbaren Hypothesen

Ausgangspunkt eines Hypothesentests ist die so genannte *Forschungshypothese*. Sie postuliert in der Regel den Inhalt der Forschungsfrage, also einen Unterschied bzw. einen Effekt hinsichtlich eines wissenschaftlich interessanten Charakteristikums der betrachteten Population. Im Ultimatumspiel könnte man beispielsweise folgende Behauptungen aufstellen:
a) *FH1*: Norddeutsche bieten im Schnitt nicht genau die Hälfte ihres Verfügungsbetrags an, sondern entweder mehr oder weniger als die Hälfte.
b) *FH2*: Norddeutsche Männer bieten im Schnitt weniger an, als norddeutsche Frauen.

Die erste Forschungshypothese postuliert einen Unterschied vom mittleren Abgabebetrag aller Norddeutschen (unbekannter Populationsparameter) von einem konkreten, vorgegebenen Wert dieses Populationsparameters i. H. v. 50 %. Zur Überprüfung durch statistische Hypothesentests reicht es hier prinzipiell aus, eine einzige Stichprobe, also eine Teilmenge aus allen Norddeutschen, zu ziehen, den mittleren Abgabebetrag zu bestimmen und zu prüfen, ob sich dieser Stichprobenwert hinreichend stark von 50 % unterscheidet. Wir werden später darauf eingehen, was „hinreichend stark" in diesem Zusammenhang bedeutet.

Die zweite Hypothese postuliert einen Effekt zwischen zwei unterschiedlichen Populationen. Dieser Effekt könnte getestet werden, indem man je eine Stichprobe aus beiden Populationen (Kontrolle und Treatment) zieht und deren jeweiligen mittlere Abgabeberträge miteinander vergleicht.

Damit derartige verbale Forschungshypothesen mit Hilfe standardisierter, statistischer Methoden überprüft werden können, müssen sie zunächst in eine ebenso standardisierte, nichtverbale Form gebracht werden. Das Hauptproblem hierbei ist, den verbalen Gehalt der Forschungshypothese über einen einzigen quantitativen Parameter der Grundgesamtheit hinreichend gut abzubilden. In unserem Beispiel wäre das der unbekannte, durchschnittliche Anteil an dem aufzuteilenden Betrag, den alle Norddeutschen im Ultimatumspiel dem anderen Spieler anbieten, also der Populationsmittelwert μ. So könnte FH1 in die statistische Hypothese $\mu \neq 0{,}5$ und FH2 in die statistische Hypothese $\mu_m < \mu_f$ bzw. $\mu_m - \mu_f < 0$ übersetzt werden. Kennzeichnend für eine solche statistische Formulierung der Forschungshypothese ist, dass in ihr kein Gleichheitszeichen auftritt, denn ein

Gleichheitszeichen wäre ja gleichbedeutend mit der Behauptung, es existiert kein Unterschied bzw. kein Effekt.

Grundsätzlich wären für die Überprüfung der Forschungshypothese zwei Ansätze denkbar:

a) Ansatz A: Wir nehmen an, dass die Forschungshypothese wahr ist, und versuchen Indizien zu finden, die *für* die Forschungshypothese sprechen.

b) Ansatz B: Wir nehmen an, dass das *Gegenteil* der Forschungshypothese wahr ist, und versuchen Indizien zu finden, die *gegen das Gegenteil* der Forschungshypothese sprechen.

Grundsätzlich wird das, was wir vorab als *wahr* annehmen als *Nullhypothese* H_0 formuliert und das Gegenteil bzw. Komplement davon als Alternativhypothese H_1. Für das Beispiel FH1 hieße das:

▬ *Ansatz A:*

   a) H_0: $\mu \neq 0{,}5$ (als wahr angenommene Forschungshypothese)

   b) H_1: $\mu = 0{,}5$

      (Ziel: Bestätige H_0)

▬ *Ansatz B:*

   a) H_0: $\mu = 0{,}5$ (als wahr angenommene Hypothese)

      H_1: $\mu \neq 0{,}5$ (Forschungshypothese)

      (Ziel: Widerlege H_0)

Da der Ansatz A darauf abzielt, die Forschungshypothese direkt zu testen, könnte man ihn zunächst als vorteilhaft gegenüber dem indirekten Ansatz B einschätzen. Wie man aber unschwer erkennen kann, enthält Ansatz A in der Nullhypothese ein Ungleichheitszeichen. Diese uneindeutige Formulierung lässt demnach beliebig viele wahre Werte $\mu \neq 0{,}5$ zu. Ein wahrer μ-Wert kann aber nicht beispielsweise 0,6 und gleichzeitig 0,4 betragen. Die Nullhypothese muss daher immer den eindeutigen Gleichheitsfall enthalten, so dass nur der „kompliziertere", indirekte Ansatz B in Frage kommt. Dieses Prinzip des statistischen Tests ist mit der Unschuldsvermutung in einer Gerichtsverhandlung vergleichbar. Die Ausgangs- bzw. Nullhypothese lautet: „Der Angeklagte ist unschuldig." Statt direkt zu zeigen, dass ein Angeklagter schuldig ist, werden mehr oder weniger starke Indizien vom Ankläger vorgetragen, die nicht mit der Unschuld des Angeklagten vereinbar sind. Sind diese Indizien stark genug, ist die Unschuldsvermutung nicht länger haltbar und der Angeklagte wird schuldig gesprochen. Gelingt es aber nicht, hinreichend starke Indizien gegen die Unschuldsvermutung aufzubringen, wird der Angeklagte auch nicht schuldig gesprochen, weil seine vorab als wahr angenommene Unschuld nicht widerlegt werden konnte. Genau so wird von der Nullhypothese so lange angenommen, dass sie wahr ist, bis die erhobenen Daten hinreichend stark gegen sie sprechen und sie verworfen werden muss. Sobald das zutrifft, wird die Alternativhypothese indirckt unterstützt. Können die Daten dagegen die Nullhypothese nicht widerlegen, muss weiterhin angenommen werden, dass sie wahr ist und die Forschungshypothese wird nicht unterstützt. Da man in einem Hypothesentest allein die Nullhypothese testet und versucht Anhaltspunkte zu finden, die gegen sie sprechen, kann man eine Nullhypothese nur ablehnen oder nicht ablehnen, aber streng genommen nicht annehmen.

Im Gegensatz zur zweiseitigen (auch: bidirektionalen oder ungerichteten) Forschungshypothese FH1 postuliert die Forschungshypothese FH2 eine einseitige (auch: direktionale oder gerichtete) Hypothese, denn sie gibt eine Richtung vor, in die der postulierte Effekt

22

zeigt. Genauer handelt es sich bei der Hypothese $\mu_m - \mu_f < 0$ um eine linksseitige Hypothese, weil postuliert wird, dass sich die Differenz $\mu_m - \mu_f$ links von der Null, also im negativen Bereich befindet. Würde das Vorzeichen umgedreht werden, entspräche das einer rechtsseitigen Formulierung. Auch bei einseitigen Hypothesen muss der Gleichheitsfall in der Nullhypothese enthalten sein, so dass für FH2 folgt:

$$H_0: \quad \mu_m - \mu_f \geq 0 \quad \text{versus} \quad H_1: \quad \mu_m - \mu_f < 0.$$

Alternativ wird auch häufig die vereinfachte Formulierung

$$H_0: \quad \mu_m - \mu_f = 0 \quad \text{versus} \quad H_1: \quad \mu_m - \mu_f < 0$$

verwendet. Die Vereinfachung ist zulässig, denn immer wenn $\mu_m - \mu_f = 0$ (nicht) abgelehnt wird, wird auch $\mu_m - \mu_f \geq 0$ (nicht) abgelehnt, das heißt „gleich" impliziert „größer oder gleich".

Die Frage, ob man die Hypothesen einseitig oder zweiseitig formulieren sollte, lässt sich nicht allgemeingültig beantworten, denn in der Statistik ist man sich nach wie vor uneinig über die Umstände, in denen die eine Verfahrensweise der anderen eindeutig überlegen ist (Sheskin 2000). Einzig, wenn von vornherein eine Testrichtung ausgeschlossen werden kann, weil eine Ablehnung der Nullhypothese in diese Richtung einfach viel zu unwahrscheinlich ist, wird vorzugsweise eine gerichtete Hypothese formuliert. Beispielsweise könnte man an einem Vergleich des durchschnittlichen Körpergewichts von Männern und Frauen interessiert sein. Diesem Vergleich könnte die begründete Erwartung vorausgehen, dass, wenn überhaupt ein statistisch bedeutsamer Unterschied zwischen den durchschnittlichen Gewichten besteht, er zugunsten der Männer ausfallen muss, weil das wahre Durchschnittsgewicht von Frauen nicht über dem der Männer liegen kann. Man schickt also der eigentlichen Hypothese eine Mutmaßung über die wahren Begebenheiten voraus und je nachdem, ob diese konsensfähig ist oder nicht, spricht dies mehr oder weniger für eine einseitige Hypothese. Sei also μ_m das durchschnittliche Körpergewicht von Männern und μ_f das von Frauen, dann würde man $H_0: \mu_m - \mu_f = 0$ versus $H_1: \mu_m - \mu_f > 0$ testen. Wenn nun unsere Vorab-Mutmaßung tatsächlich stimmt, würde man mit dieser Formulierung eher einen statistisch bedeutsamen Unterschied bekommen, als wenn man stattdessen die zweiseitige Hypothese $H_0: \mu_m - \mu_f = 0$ versus $H_1: \mu_m - \mu_f \neq 0$ formuliert hätte. Denn in der zweiseitigen Formulierung ist der Ablehnungsbereich rechts von der Null nur halb so groß wie in der einseitigen Formulierung. Mit anderen Worten: Die Wahrscheinlichkeit, eine tatsächlich falsche Nullhypothese korrekterweise abzulehnen ist unter diesen Umständen bei einem einseitigen Test größer als bei einem zweiseitigen.

Kommen wir zurück zum Ultimatumspiel mit der Forschungshypothese $H_1: \mu \neq 0{,}5$. Wir bestimmen $n = 10$mal zufällig ein Versuchspersonenpaar bestehend aus A- und B-Spieler und lassen jedes Paar das Ultimatumspiel gegeneinander spielen. Der Anteil, den A seinem Mitspieler B anbietet, wird in allen 10 Spielen notiert und das arithmetische Mittel daraus betrage beispielsweise 0,21. Angesichts dieses Ergebnisses ließe sich vermuten, dass die Nullhypothese verworfen werden müsste, weil die Zahl 0,21 „ziemlich weit weg" von der Zahl 0,5 liegt. Aber wie sicher können wir uns bei einer Ablehnung der Nullhypothese sein? Was bedeutet „ziemlich weit" in diesem Zusammenhang? Und, wenn die Nullhypothese abgelehnt werden kann, ab welchem Wert würde die Nullhypothese nicht mehr abgelehnt? Diese Fragen sollen nun beantwortet werden.

22.2   Funktionsweise der Inferenzstatistik

Die grundsätzliche Idee hinter dem genannten Entscheidungsproblem ist eigentlich sehr einfach: Man überprüft, ob die zehn Abgabebeträge, so wie sie aufgetreten sind, hätten erwartet werden können, wenn die Nullhypothese wahr ist. Wenn die Nullhypothese in unserem Ultimatumspiel wahr ist, dann müssen die realisierten Abgaben aus einer Verteilung mit Erwartungswert $\mu = 0{,}5$ stammen. Ein konkreter Wert für die Streuung dieser Verteilung muss ebenfalls gegeben sein. Er ist entweder von vornherein bekannt, was in der Praxis eher selten der Fall ist, oder er muss vorab auf Basis der realisierten Stichprobendaten geschätzt werden. Nehmen wir für den Augenblick einmal an, die Abgaben in unserem Ultimatumspiel seien normalverteilt mit Erwartungswert $\mu = 0{,}5$ und Varianz $\sigma^2 = 0{,}01$. Eine Stichprobe, die augenscheinlich mit der Nullhypothese vereinbar wäre, ist beispielsweise (0,50 0,77 0,38 0,59 0,25 0,46 0,68 0,71 0,51 0,41). Der Mittelwert beträgt $\bar{x} = 0{,}526$ und alle Werte könnten in etwa um den Wert 0,5 streuen. In diesem speziellen Fall können wir uns sogar ganz sicher sein, dass diese Stichprobe aus der Verteilung stammt, weil die Daten von PQRS aus der Normalverteilung mit vorgegebenem Erwartungswert $\mu = 0{,}5$ und Varianz $\sigma^2 = 0{,}01$ gezogen wurden. In einem Experiment werden die Daten aber natürlich nicht computergeneriert, sondern sind das Ergebnis von Entscheidungen der Versuchspersonen. Das heißt, selbst bei einer augenscheinlich „richtigen" beobachteten Stichprobe wie der obigen können wir nie mit Sicherheit sagen, dass sie tatsächlich aus der angenommenen Verteilung stammt. Schlimmer noch – wir können allein mit diesen zehn realisierten Zahlen noch nicht einmal eine Wahrscheinlichkeitsaussage zu dieser Vermutung formulieren. Das ist erst möglich, wenn man eine Zufallsvariable gefunden hat, die den in der Hypothese zu testenden Verteilungsparameter (hier Erwartungswert μ) möglichst gut auf Basis der realisierten Stichprobendaten schätzt. In Hinblick auf die Hypothese H_0: $\mu = 0{,}5$ versus H_1: $\mu \neq 0{,}5$, ist ein nahe liegender Kandidat für eine solche *Teststatistik* (auch: „Prüfgröße") natürlich der Mittelwert der Stichprobe $\bar{x}$. Tatsächlich kann man zeigen, dass $\bar{x}$ ein „erwartungstreuer" Schätzer für den Populationsmittelwert μ ist, also zumindest im Mittel bei unendlich vielen Wiederholungen den Wert μ trifft. Mathematisch gesehen ist die Teststatistik eine Stichprobenfunktion, die aus einem Vektor von Zahlen (unsere Stichprobe) eine einzige reelle Zahl macht. Statistisch gesehen, ist die Teststatistik immer eine Zufallsvariable, die bei jeder neuen zufälligen Realisation der Stichprobe einen neuen Wert annimmt. Das bedeutet, es würde sich eine neue Stichprobe und somit ein neuer Mittelwert $\bar{x}$ ergeben, wenn wir alle zehn Versuchspersonen noch einmal das Ultimatumspiel spielen ließen. Die Verteilung, der die Teststatistik $\bar{x}$ bei jeder neuen Stichprobe folgt, heißt *Stichprobenverteilung* (englisch „Sampling Distribution") bzw. *Nullverteilung*, wenn wir annehmen, dass die Nullhypothese wahr ist und somit die Stichprobe tatsächlich aus einer Verteilung mit Erwartungswert $\mu = 0{,}5$ stammt. Für konkrete Wahrscheinlichkeitsaussagen benötigen wir Dichte- und Verteilungsfunktionswerte, deren Bestimmung in der nun folgenden Box erläutert wird.

22.3   Mögliche Fehler und Trennschärfe eines Tests

So eindeutig unsere Testentscheidung mit dem beschriebenen Verfahren auch sein mag (lehne H_0 ab oder lehne sie nicht ab), muss man immer im Hinterkopf behalten, dass kein statistischer Test feststellen kann, ob eine Hypothese *tatsächlich* wahr oder falsch ist. Selbst wenn die Teststatistik der Stichprobe im kritischen Bereich liegt und wir zu dem

22

Nach dem Start des bereits in Box 20.1 vorgestellten Programms PQRS wählen wir unter dem Eintrag „Distribution" die gewünschte Verteilung aus. Unsere Nullverteilung des Ultimatumspiels sei eine Normalverteilung. Der Einfachheit halber nehmen wir zunächst an, die Parameter dieser Verteilung seien bekannt mit den Werten $\mu = 0{,}5$ und $\sigma^2 = 0.01$, also ändern wir die voreingestellten Werte in die richtigen Werte um und klicken dann auf „Apply New Distribution". Danach erscheint das in ◘ Abb. 22.1 dargestellte Bild.

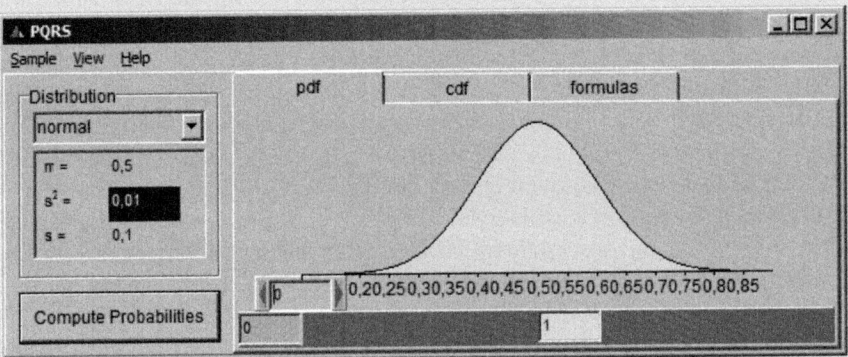

◘ **Abb. 22.1**   Normalverteilung mit Erwartungswert 0,5 und Varianz 0,01

Ein *Hypothesentest* widmet sich nun der Frage, ob der realisierte Wert der Teststatistik „wahrscheinlich" aus der Nullverteilung stammt oder ob der Wert so außergewöhnlich ist, dass er einfach „zu unwahrscheinlich" ist, um aus der Nullverteilung zu stammen. Was „wahrscheinlich" und „zu unwahrscheinlich" in diesem Zusammenhang bedeutet, muss natürlich vorher festgelegt werden. Beispielsweise könnte man festlegen, dass eine Zufallsvariable, die einen *kritischen Wert* kleiner 0,304 oder größer 0,696 annimmt, „zu ungewöhnlich" ist, als dass sie aus obiger Nullverteilung mit $\mu = 0{,}5$ und $\sigma^2 = 0.01$ stammen könnte, denn die Wahrscheinlichkeit hierfür beträgt nur 5 %. Wenn beispielsweise der Wert 0,8 realisiert wird und wir schlussfolgern, dass die Zufallsvariable nicht mit der Nullverteilung vereinbar ist, so besteht immer noch die Möglichkeit, dass sie doch aus der Nullverteilung stammt und wir nur das Pech hatten, eine unwahrscheinliche, aber dennoch mögliche Realisation von 0,8 zu beobachten. In diesem Fall ist unsere Schlussfolgerung falsch und die Wahrscheinlichkeit, einen solchen Fehler zu begehen, beträgt 5 %. Die Festlegung dieser Fehlerwahrscheinlichkeit (bzw. der damit verbundenen kritischen Werte) ist prinzipiell beliebig, aber es hat sich ein *Signifikanzniveau* von 5 % bei statistischen Schlüssen als gängige Norm etabliert. Für eine Wahrscheinlichkeitsaussage hinsichtlich der Teststatistik müssen wir natürlich die Nullverteilung kennen. Selbst wenn wir wüssten, dass die Abgabebeträge jeder Versuchsperson normalverteilt sind mit Erwartungswert $\mu = 0{,}5$ und Varianz $\sigma^2 = 0.01$, so bedeutet das aber noch nicht, dass der Mittelwert aus diesen Daten ebenfalls genau dieser Verteilung folgt. Man kann zeigen, dass die Nullverteilung des Mittelwertes von normalverteilten Zufallsvariablen zwar wieder eine Normalverteilung mit dem gleichen Erwartungswert (hier: $\mu' = \mu = 0{,}5$), aber mit der veränderten Streuung $\sigma' = \frac{\sigma}{\sqrt{n}} = \frac{0{,}1}{\sqrt{10}} = 0{,}0316$ ist. Die Streuung σ' der Teststatistik nennt man *Standardfehler* (englisch „Sampling Error", SE). Diese hängt bei der Verwendung des Stichprobenmittelwertes $\bar{x}$ als Schätzer für den wahren Populationsmittelwert μ natürlich von der Stichprobengröße ab, denn ein Mittelwert, der auf einer großen Stichprobe basiert, ist ein genauerer Schätzer für den Populationsmittelwert als ein Mittelwert, der beispielsweise nur auf zwei Beobachtungen basiert. Die kritischen Werte der Nullverteilung mit $\mu' = 0{,}5$ und $\sigma' = 0{,}0316$ bei einem Signifikanzniveau von 5 % betragen 0,438 und 0,562. Diese Werte erhalten wir, wenn wir die Wahrscheinlichkeitsmasse des Signifikanzniveaus i. H. v. 5 % zu je 2,5 % auf die beiden Enden der Normalverteilung aufteilen. Dazu geben wir einmal den Wert 0,025 in das rote Zahlenfeld ein und lesen das Quantil im grauen Zahlenfeld zwischen den beiden Pfeilen ab (siehe ◘ Abb. 22.2).

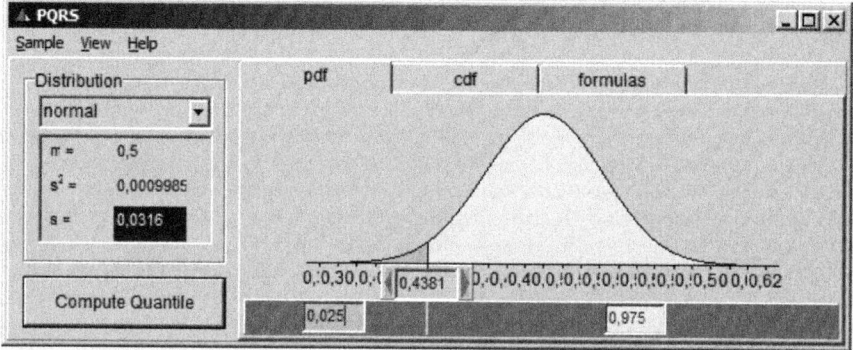

■ **Abb. 22.2** Bestimmung des kritischen Wertes bei einem Signifikanzniveau von 5 %

Den oberen kritischen Wert unseres zweiseitigen Hypothesentests erhalten wir analog, wenn wir 0,025 in das blaue Zahlenfeld eingeben. Für unsere konkrete Stichprobe ergab sich der Wert $\bar{x} = 0{,}526$, d. h. es ist statistisch gesehen vertretbar, ihn als „gewöhnlich" oder „nicht hinreichend extrem" zu interpretieren, weil er im Annahmebereich zwischen 0,438 und 0,562 liegt. Jeder Wert, der kleiner 0,438 oder größer 0,562 gewesen wäre, würde von uns als zu unwahrscheinlich angesehen, um mit der Nullhypothese $\mu = 0{,}5$ statistisch vereinbar zu sein, da die Wahrscheinlichkeit für ein solches Ereignis nur 5 % beträgt. Die Hypothese, dass unsere Stichprobe aus einer Verteilung stammt, deren Erwartungswert $\mu = 0{,}5$ beträgt, kann demnach statistisch nicht widerlegt werden.

Eine äquivalente Methode, zur (gleichen) Testentscheidung zu kommen, ist der Vergleich des *p-Wertes* mit dem Signifikanzniveau. Der *p*-Wert ist diejenige Wahrscheinlichkeit, mit der die realisierte Teststatistik oder eine extremere auftreten kann. Bei einem zweiseitigen Test $H_0 : \mu = 0{,}5$ versus $H_1 : \mu \neq 0{,}5$ wäre das die Wahrscheinlichkeit, ein $\bar{x}$ zu beobachten, das größer gleich 0,526 oder kleiner gleich $0{,}5 - 0{,}026 = 0{,}474$ ist. Wir geben in PQRS alle relevanten Werte ein und erhalten das in ■ Abb. 22.3 dargestellte Bild.

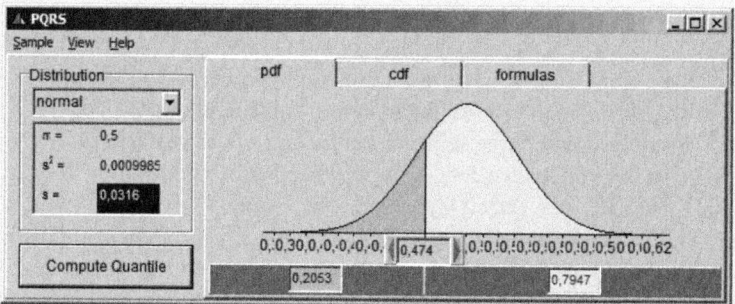

■ **Abb. 22.3** Bestimmung des p-Wertes

Daran lässt sich ablesen, dass die Wahrscheinlichkeit für das Ereignis $\bar{x} \leq 0{,}474$ gerade 0,2053 beträgt. Das entspricht wegen der Symmetrie der Normalverteilung um μ genau einem *p*-Wert von $2 \cdot P(\bar{x} \leq 0{,}474) = 2 \cdot 0{,}205 = 0{,}41$. Da diese Wahrscheinlichkeitsmasse größer ist als das Signifikanzniveau von 0,05 (bzw. die Wahrscheinlichkeitsmasse im Ablehnungsbereich), lehnt man die Nullhypothese nicht ab. Leider ist das geschilderte Vorgehen nur praktikabel, wenn man einen Computer mit PQRS oder einem anderen Statistikprogramm zur Verfügung hat. Um die kritischen Werte oder die Wahrscheinlichkeitsmassen der Nullverteilung zu bestimmen, bräuchte man nämlich

22

für jeden möglichen Wert von μ und σ^2 eine eigene Tabelle, also theoretisch unendlich viele. Daher werden beliebig normalverteilte Zufallsvariablen oft standardisiert. Wenn wir wissen, dass $\bar{x}$ normalverteilt ist mit Erwartungswert μ' und Standardabweichung $\sigma' = \sigma/\sqrt{n}$, dann ist $z = (\bar{x} - \mu')/\sigma'$ *standardnormalverteilt* mit $\mu = 0$ und $\sigma = 1$. Mit dieser Transformation benötigt man für beliebige Parameter μ und σ^2 der Normalverteilung nur noch eine einzige Tabelle, nämlich die der Standardnormalverteilung. In unserem Fall ergibt sich als standardisierte Teststatistik $z = (\bar{x} - \mu')/\sigma' = (0{,}526 - 0{,}5)/(0{,}1/\sqrt{10}) = 0{,}82$ und die zum unstandardisierten Vorgehen äquivalente Frage lautet: Ist der Wert $z = 0{,}82$ hinreichend stark von $\mu = 0$ verschieden, so dass wir mit einer Irrtumswahrscheinlichkeit von 5 % schließen können, dass die Stichprobe nicht aus einer Verteilung mit $\mu = 0{,}5$ stammt? Die kritischen Werte einer standardnormalverteilten Variablen lauten bei einem Signifikanzniveau von 5 % etwa $-1{,}96$ und $1{,}96$. Da $z = 0{,}82$ in diesem Annahmebereich liegt, lehnen wir die Nullhypothese wieder nicht ab. Der p-Wert berechnet sich erneut mit $2 \cdot P(z \leq -0{,}82) = 2 \cdot 0{,}205 = 0{,}41$. Diese Zahl kennen wir bereits aus dem vorherigen Absatz, was bestätigt, dass beide Testverfahren (einmal mit untransformierter und einmal mit transformierte Teststatistik) äquivalent sind.

Wird die Nullhypothese nicht abgelehnt, so wie in unserem Fall, dann gibt es keinen statistisch signifikanten Unterschied zwischen dem realisierten Wert der Teststatistik $\bar{x} = 0{,}526$ und dem in der Nullhypothese formulierten Wert des Populationsparameters $\mu = 0{,}5$. Man sagt dann „Die Nullhypothese kann nicht abgelehnt werden" bzw. „Der Wert $\bar{x} = 0{,}526$ ist *statistisch nicht signifikant* von 0,5 verschieden". Wenn der p-Wert dagegen unterhalb des Signifikanzniveaus liegt, dann ist der Unterschied statistisch signifikant. Den Grad der Signifikanz kennzeichnet man meistens mit ein bis drei Sternchen, ähnlich wie bei der Auszeichnung von Köchen. Oft wird festgelegt: Ein Stern (*) für $p < 0{,}100$, zwei Sterne (**) für $p < 0{,}050$ und drei Sterne (***) für $p < 0{,}010$.

Schluss kommen, dass die Nullhypothese abgelehnt werden soll, kann diese immer noch wahr sein. Dieser so genannte *Fehler 1. Art* ist umso wahrscheinlicher, je größer wir den kritischen Bereich bzw. das Signifikanzniveau wählen. Stellen wir uns für den Augenblick einmal vor, die Nullhypothese ist tatsächlich wahr, dann wird eine gute Teststatistik Werte liefern, die im Durchschnitt weit weg vom kritischen Bereich liegen. Vergrößern wir aber jetzt den kritischen Bereich, so wird es immer wahrscheinlicher, dass die Teststatistik der Stichprobe trotzdem in den kritischen Bereich fällt.

Nun stellen wir uns vor, dass die Nullhypothese tatsächlich falsch ist. In dieser Situation beginge man einen Fehler, wenn man die Nullhypothese nicht ablehnt, obwohl sie falsch ist (*Fehler 2. Art*). Auch hierfür gibt es eine Wahrscheinlichkeit β, die als Fläche unterhalb einer Dichtefunktion dargestellt werden kann. Allerdings ist diese Dichtefunktion eine andere als in der vorherigen Situation, weil die Nullverteilung nur dann gilt, wenn H_0 tatsächlich wahr ist. Die Verteilung, welche gilt, wenn H_1 wahr ist, nennen wir daher H_1-Verteilung. Die ◨ Abb. 22.4 stellt beide Verteilungen gegenüber und kennzeichnet mögliche Ablehnungs- und Nichtablehnungsbereiche für einen einseitigen Test.

Angenommen die Teststatistik unserer Stichprobe liegt links vom kritischen Wert. Dann liegen wir im Nichtablehnungsbereich der H_0-Verteilung und werden die Nullhy-

◨ **Abb. 22.4** H_0- versus H_1-Verteilung und deren Ablehnungs- und Nichtablehnungsbereiche für einen einseitigen Test

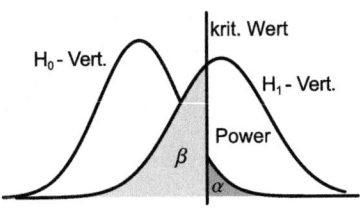

◘ Tab. 22.1 Überblick Fehlerwahrscheinlichkeiten

	Wahrheit	
	H_0 **wahr**	H_0 **nicht wahr**
Ablehnung H_0	Fehler 1. Art (Ws. α)	*Richtig*
Nichtablehnung H_0	*Richtig* (Ws. $1 - \alpha$)	Fehler 2. Art (Ws. $1 - \beta$)

pothese nicht verwerfen. Wenn also die Nullhypothese tatsächlich wahr ist, treffen wir mit hoher Wahrscheinlichkeit i. H. v. $1 - \alpha = 95\,\%$ die richtige Entscheidung. Wenn die Nullhypothese aber tatsächlich falsch ist (d. h. es gilt *nicht* die H_0-Verteilung), würden wir mit unserer Entscheidung eine falsche Hypothese nicht ablehnen. Die Wahrscheinlichkeit β für diesen Fehler 2. Art kann man an der H_1-Verteilung ablesen, denn diese gilt, wenn H_1 wahr (bzw. H_0 falsch) ist. Die Fläche β repräsentiert dann den Annahmebereich einer falschen Nullhypothese.

Nun nehmen wir an, die Teststatistik liege rechts vom kritischen Wert, dann werden wir die Nullhypothese ablehnen. Wenn H_0 tatsächlich wahr ist, würden wir mit unserer Entscheidung eine korrekte Hypothese ablehnen. Die Wahrscheinlichkeit für diesen Fehler 1. Art beträgt α. Wenn die Nullhypothese aber in Wahrheit falsch ist, würde die rechte H_1-Verteilung gelten und wir hätten eine falsche Hypothese korrekt abgelehnt. Die Wahrscheinlichkeit für dieses Ereignis $1 - \beta$ entspräche der Fläche des Ablehnungsbereiches der H_1-Verteilung. $1 - \beta$ ist damit die Wahrscheinlichkeit, mit der wir eine falsche Nullhypothese richtigerweise zurückweisen. Zugleich ist es die Wahrscheinlichkeit dafür, dass wir mit unserem Test die Forschungshypothese H_1 richtigerweise als zutreffend ausweisen. Man spricht in diesem Zusammenhang von der *Trennschärfe* oder „Power" eines Tests, weil $1 - \beta$ etwas darüber sagt, wie gut das gesamte Verfahren (Ziehen der Stichprobe, Anwendung der Teststatistik) geeignet ist, einen tatsächlich vorhandenen Effekt (der mit der Forschungshypothese formuliert ist) auch als vorhanden auszuweisen. Wie man sieht, ist die Power umso größer, je kleiner β ist. Zusammengefasst ergeben sich die in ◘ Tab. 22.1 dargestellten Fälle.

An ◘ Abb. 22.4 lässt sich unmittelbar die Abhängigkeit zwischen beiden Fehlertypen erkennen: Je größer man die Wahrscheinlichkeit für einen Fehler 1. Art α wählt, desto unwahrscheinlicher wird der Fehler 2. Art und umgekehrt. Es macht daher keinen Sinn, eine der Fehlerwahrscheinlichkeiten beliebig klein zu wählen, denn der jeweils andere Fehler würde dann immer wahrscheinlicher. Letztlich kommt es auf ein ausgewogenes Verhältnis an, bei dem die Konsequenzen beider Fehlertypen in die Entscheidung mit einfließen sollten.

22

> **Wichtig**
>
> Wird die Forschungsfrage in Form einer statistischen Hypothese formuliert, so kann man mit Hilfe von Hypothesentests statistische Schlüsse hinsichtlich dieser Hypothese ziehen. Eine gewisse Fehlerwahrscheinlichkeit bleibt jedoch immer bestehen. Kein Hypothesentest der Inferenzstatistik kann herausfinden, ob die Hypothese tatsächlich wahr oder falsch ist.

Aus dem bisher Gesagten wird deutlich, dass die Trennschärfe bzw. Power eines Experiments von großer Bedeutung ist. Das folgende Kapitel stellt die grundsätzliche Idee hinter der Trennschärfebestimmung vor.

Poweranalyse

© Springer-Verlag GmbH Deutschland, ein Teil von Springer Nature 2019
J. Weimann und J. Brosig-Koch, *Einführung in die experimentelle Wirtschaftsforschung*,
https://doi.org/10.1007/978-3-642-32765-0_23

23.1 Grundlagen

Ziel der nun folgenden Ausführungen ist es, die Funktionsweise der Poweranalyse vorzustellen. Dieses Ziel kann am besten erreicht werden, wenn wir zunächst von sehr vereinfachenden und damit praxisfernen Annahmen ausgehen. Für die Trennschärfebestimmung realer Experimente muss in der Regel von diesen vereinfachenden Annahmen abgewichen werden. Das wiederum hat zur Folge, dass die Analyse nicht mehr einem „Standardrezept" gleicht, welches einfach schrittweise abgearbeitet werden kann. In der Tat wird die Poweranalyse sehr schnell sehr komplex und aufwändig und fortgeschrittene statistische Konzepte werden vorausgesetzt. Daher existieren Lehrbücher, die speziell dieses Thema mit all seinen Problemen und Lösungsansätzen diskutieren (Cohen 1988, Ellis 2010, Murphy, Myors & Wolach 2014).

Der vermutlich einfachste Fall einer Poweranalyse ist der Folgende. Wir ziehen aus einer Normalverteilung mit bekannter Streuung σ^2 eine einzige Stichprobe und berechnen daraus den Mittelwert. Anhand dieser Ausprägung soll geprüft werden, ob die Hypothese „Der Populationsmittelwert μ nimmt einen bestimmten Wert μ_0 an" unterstützt werden kann oder nicht. Wir könnten uns beispielsweise wieder die prozentualen Abgabebeträge eines Diktators im Diktatorspiel vorstellen, die mit Populationsvarianz $\sigma^2 = 0{,}25$ bzw. $\sigma = 0{,}5$ normalverteilt seien. Die Gruppengröße betrage $n = 25$ und die Ausgangsvermutung laute, dass im Mittel nicht 40 % des verfügbaren Betrages abgegeben werden, d. h. wir testen $H_0: \mu = 0{,}4$ versus $H_1: \mu \neq 0{,}4$.

Unsere Teststatistik ist der Mittelwert $\bar{x}$ aus der Stichprobe vom Umfang $n = 25$. Wenn die Population, aus der diese Stichprobe gezogen wird, normalverteilt ist mit μ und σ^2, dann ist der Mittelwert $\bar{x}$ ebenfalls normalverteilt mit gleichem Erwartungswert μ, aber der veränderten Varianz $\sigma^2/n = 0{,}25/25 = 0{,}01$. Die Stichprobengröße n im Nenner der Formel trägt der Tatsache Rechnung, dass ein Stichprobenmittelwert immer genauer dem wahren Populationsmittelwert entspricht, je größer die Stichprobe ist, aus denen der Mittelwert gebildet wird.

Wenn die Nullhypothese wahr ist, also μ tatsächlich den Wert 0,4 annimmt, dann sieht die Stichprobenverteilung (Nullverteilung) wie in ◘ Abb. 23.1 dargestellt aus.

Die Ablehnungsbereiche mit je einer Wahrscheinlichkeitsmasse von 2,5 % werden durch die kritischen Werte 0,204 am linken Ende und 0,596 am rechten Ende der Verteilung begrenzt.

Nun nehmen wir an, die Nullhypothese sei falsch. Bei einer zweiseitigen Forschungshypothese bedeutet das, dass jede Abweichung des wahren μ vom Wert $\mu_0 = 0{,}4$ nach oben oder unten zu einer falschen Nullhypothese führt. Zum Beispiel könnte der wahre Popu-

◘ **Abb. 23.1** Stichprobenverteilung im Beispiel

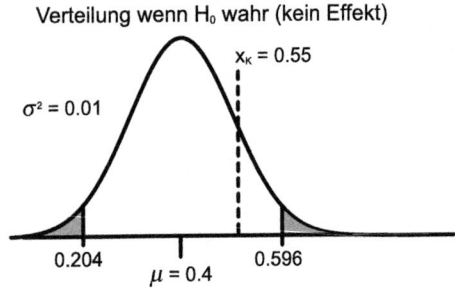

lationsmittelwert den Wert $\mu = 0,5$ (bei gleicher Varianz) annehmen, dann beinhaltet die Nullhypothese einen Fehler der „Stärke" +0,1 und das Zentrum der richtigen Stichprobenverteilung liegt um genau 0,1 weiter rechts als in der Nullverteilung angenommen (siehe ◗ Abb. 23.2).

Wieder würden wir die Nullhypothese ablehnen, wenn die Teststatistik bzw. der Stichprobenmittelwert kleiner als 0,204 oder größer als 0,596 wäre, da wir im Hypothesentest immer davon ausgehen, dass die Nullhypothese wahr ist und somit unsere Entscheidung anhand der grauen Nullverteilung und ihrer kritischen Werte getroffen wird. *Wenn* wir uns aber links von 0,204 oder rechts von 0,596 befinden, und *wenn* die H_1-Verteilung die „richtige" Stichprobenverteilung ist, würden wir mit der Ablehnung von H_0 nicht mehr einen Fehler (erster Art) begehen, sondern die *richtige* Entscheidung treffen, da die Nullhypothese dieses Mal tatsächlich falsch ist. Die Gesamtwahrscheinlichkeit, dass die Teststatistik kleiner 0,204 oder größer als 0,596 ist, lässt sich anhand der „richtigen" (hellgrauen) Stichprobenverteilung bestimmen. Sie ist die Summe der Fläche unterhalb der Dichtefunktion links von 0,204 und rechts von 0,596. Mit Hilfe von PQRS stellen wir fest, dass die linke Wahrscheinlichkeitsmasse 0,0015 beträgt und die rechte 0,1685.

Wenn also die Nullhypothese falsch ist, weil der wahre Populationsmittelwert $\mu = 0,5$ statt $\mu = 0,4$ beträgt, ist die Wahrscheinlichkeit, dass wir die falsche Nullhypothese korrekterweise ablehnen, $0,0015 + 0,1685 = 0,17 = 17\,\%$. Die gleiche Wahrscheinlichkeit ergibt sich, wenn wir den gleichen Fehler in die andere Richtung machen, d. h. das wahre μ beträgt 0,3 statt 0,4. Die Wahrscheinlichkeit 17 % ist die Trennschärfe bzw. „Power" des vorgestellten zweiseitigen Hypothesentestes. Dabei muss natürlich immer berücksichtigt werden, dass diese konkrete Zahl nur für die konkreten Abweichungen des wahren Wertes i. H. v. 0,1 oder −0,1 gilt. Genau genommen haben wir daher nicht die Power unter den Hypothesen $H_0: \mu = 0,4$ versus $H_1: \mu \neq 0,4$ bestimmt, sondern unter einer viel konkreteren Alternativhypothese, nämlich $H_0: \mu = 0,4$ versus $H_1: \mu = 0,5$ *oder* $\mu = 0,3$. Grundsätzlich können wir die Power nur dann wie beschrieben berechnen, wenn wir bereits ganz konkret die Größe desjenigen Fehlers in der Alternativhypothese postulieren, den wir machen würden, wenn wir die Nullhypothese fälschlicherweise als wahr annehmen. Das Besondere dabei ist, dass die Wahrscheinlichkeit, dennoch eine richtige Testentscheidung zu treffen, immer kleiner wird, je „weniger falsch" die Nullhypothese ist, oder einfacher ausgedrückt, der Test wird immer weniger trennscharf, je weniger sich H_0 und H_1 unterscheiden.

Zur Veranschaulichung stellen wir uns beispielsweise vor, der wahre Populationsmittelwert betrage $\mu = 0,401$ und die Nullhypothese laute immer noch $H_0: \mu = 0,4$. Dann liegt die H_1-Verteilung nur minimal um 0,001 verschoben rechts von der H_0-Verteilung.

◗ **Abb. 23.2** Stichprobenverteilung im Beispiel bei falscher Nullhypothese

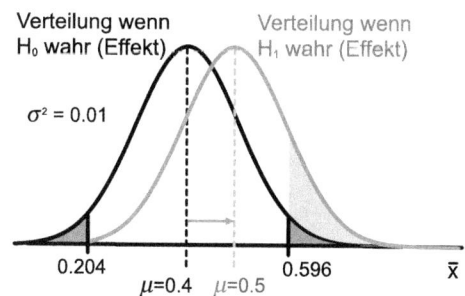

23

In diesem Fall gilt $\alpha \approx 1 - \beta$, d. h. das Signifikanzniveau von 5 % bei Gültigkeit der Nullhypothese wäre nur geringfügig kleiner als die Trennschärfe $1 - \beta$ bei Nichtgültigkeit der Nullhypothese (die Wahrscheinlichkeit, eine falsche Nullhypothese korrekterweise abzulehnen). Wenn wir nun die Nullhypothese $H_0: \mu = 0{,}4$ unter der Annahme testen, dass diese *wahr* ist, würden wir in $\beta \approx 95$ % aller Fälle einen Fehler zweiter Art begehen und die (sehr wahrscheinlich) falsche Nullhypothese nicht verwerfen. Je größer nun der Fehler ist, den die Nullhypothese postuliert, desto weiter rechts liegt die H_1-Verteilung von der H_0-Verteilung entfernt und desto größer wird die Trennschärfe $1 - \beta$. Umgekehrt bedeutet das, je stärker wir den Bereich der Forschungshypothese H_1 präzisieren, in welchem wir den wahren Wert vermuten, desto größer ist die Wahrscheinlichkeit, dass wir die Forschungshypothese annehmen, wenn der wahre Wert tatsächlich in dem durch H_1 festgelegten Bereich liegt. Das kann insbesondere dann erreicht werden, wenn man neben einer absoluten Abweichung des wahren Wertes μ vom postulierten Wert μ_0 auch die *Richtung* der Abweichung vorgibt. Beispielsweise wäre der einseitige Test von $H_0: \mu = 0{,}4$ versus $H_1: \mu = 0{,}5$ *ceteris paribus* trennschärfer als der zweiseitige Test $H_0: \mu = 0{,}4$ versus $H_1: \mu = 0{,}5$ *oder* $\mu = 0{,}3$. Für den einseitigen Fall ergeben sich die in ◗ Abb. 23.3 dargestellten Stichprobenverteilungen.

Der linke Ablehnungsbereich verschwindet und der rechte repräsentiert jetzt eine Wahrscheinlichkeitsmasse von $\alpha = 5$ % (statt vorher 2,5 %). Die resultierende Trennschärfe ist die Wahrscheinlichkeitsmasse rechts des kritischen Wertes 0,565 unter der Stichprobenverteilung. Mit Hilfe von PQRS stellen wir fest, dass diese Wahrscheinlichkeit $1 - \beta = 0{,}2595 = 25{,}95$ % > 17 % beträgt. Der Trennschärfeunterschied zwischen zweiseitigem und einseitigem Test beträgt somit *ceteris paribus* knapp 9 %.

❯ **Wichtig**

Hypothesentests weisen nicht *per se* eine bestimmte Power bzw. Trennschärfe auf. Insbesondere hängt die Wahrscheinlichkeit, eine wahre Forschungshypothese korrekterweise zu bestätigen, davon ab, wie präzise die Forschungshypothese formuliert wird bzw. wie viele Informationen über den zu untersuchenden Effekt vorab bekannt sind.

Die Erkenntnis, dass der Experimentator selbst die Power des Experiments beeinflussen kann, ist sehr wichtig. Wie aus den nun folgenden Ausführungen deutlich wird, ist sein Einfluss aber keineswegs auf die Art und Weise beschränkt, wie er die Forschungshypothese formuliert.

Klassischerweise beinhalten Experimente eine Kontroll- oder Basisanordnung und eine Treatmentanordnung, in der die Variable, für die kontrolliert werden soll, gezielt ver-

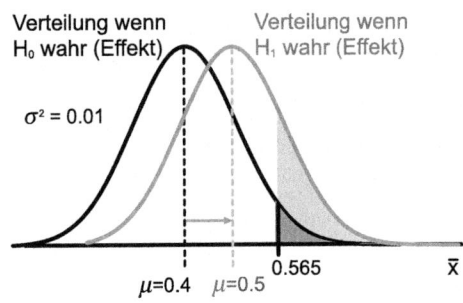

◗ **Abb. 23.3** Stichprobenverteilung bei einseitigem Test im Beispiel

ändert wurde. Die Forschungshypothese postuliert dabei einen Effekt des „Treatments" auf die erhobene Variable und die Nullhypothese postuliert, dass das Treatment keine Auswirkung hat. Beispielsweise könnte ein Treatment im Diktatorspielexperiment sein, die Versuchspersonen kommunizieren zu lassen, bevor der Diktator seine Aufteilung bekannt gibt. Wird das Diktatorspiel nun von zwei unabhängigen Gruppen gespielt, einmal ohne Kommunikation („A" wie „Anonym") und einmal mit Kommunikation („K" wie „Kommunikation"), dann könnte man untersuchen, ob die beiden Stichproben aus einer Population mit gleichem Erwartungswert $\mu_A = \mu_K$ stammen oder ob das Treatment dafür gesorgt hat, dass sich der Populationsmittelwert verändert hat, so dass $\mu_A \neq \mu_K$ gilt. Der Unterschied in den betrachteten Parametern $\Delta = \mu_K - \mu_A$, der nach dem Treatment entsteht, misst die Stärke des Effekts von Kommunikation auf die mittleren Abgabebeträge. Allgemein versteht man unter einer *Effektgröße* ein Maß, welches den Unterschied zwischen einem erwarteten Parameter unter der Nullhypothese und diesem erwarteten Parameter unter der Alternativhypothese quantifiziert.

Zunächst betrachten wir den Fall, dass die Nullhypothese $\mu_A = \mu_K$ bzw. $H_0: \Delta = 0$ wahr ist und Kommunikation keinen Einfluss auf den Populationsmittelwert der Abgaben hat. Dann sind die Stichprobenverteilungen beider Mittelwerte identisch, da auch die Populationen die gleiche Verteilung aufweisen.

Nun gehen wir von der Gültigkeit der Forschungshypothese aus, d. h. es existiert ein Einfluss von Kommunikation auf die mittleren Abgabebeträge in Höhe von $\Delta < 0$ oder $\Delta > 0$. In diesem Fall haben wir zwei *unterschiedliche* Populationen: mittlere Diktatorabgaben ohne Kommunikation und mittlere Diktatorabgaben mit Kommunikation. Im Fall von $\Delta > 0$ sehen die entsprechenden Stichprobenverteilungen wie in ◘ Abb. 23.4 aus.

Ziehen wir eine Stichprobe aus der Population „ohne Kommunikation", dann folgen die mittleren Abgabebeträge der linken Stichprobenverteilung. Diese Verteilung ist identisch mit der ursprünglichen Nullverteilung. Ziehen wir dagegen eine Stichprobe aus der Population „mit Kommunikation", so folgen die mittleren Abgabebeträge der rechten Verteilung, deren Erwartungswert $\mu_K > \mu_A$ beträgt. Die horizontale Distanz beider Gipfel voneinander entspricht der (unstandardisierten) Effektgröße von Kommunikation.

Da wir nur an der Differenz beider Erwartungswerte interessiert sind und nicht daran, auf welchem Niveau sich diese Differenz befindet, können wir statt der Verteilungen von $\bar{x}$ die Verteilung der Differenz Δ unter Null- und Alternativhypothese $\Delta = 0$ versus $\Delta > 0$ zu Grunde legen. Damit ergibt sich das in ◘ Abb. 23.5 dargestellte Bild.

Die dunkle Verteilung ist die Verteilung, aus der wir ziehen, wenn die Nullhypothese wahr ist, und die helle Verteilung ist die Verteilung, aus der wir ziehen, wenn eine tatsächliche Effektgröße von Δ_k vorliegt. Die Wahrscheinlichkeit, dass wir mit unserem Hy-

◘ **Abb. 23.4** Stichprobenverteilung bei wahrer Forschungshypothese im Beispiel

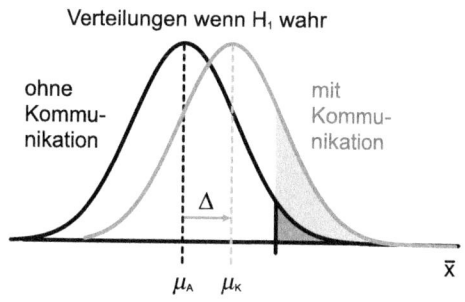

Verteilungen wenn H_1 wahr

ohne Kommunikation

mit Kommunikation

Δ

μ_A μ_K $\bar{x}$

Abb. 23.5 Verteilung der Differenz Δ unter Null- und Alternativhypothese

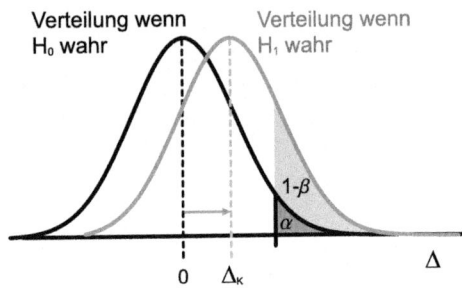

pothesentest die Existenz eines beliebigen Effektes ausweisen (weil wir die Nullhypothese korrekterweise ablehnen) ist die Trennschärfe $1 - \beta$, gegeben, dass die wahre Effektgröße genau Δ_k beträgt. Wie man leicht an der ◘ Abb. 23.6 ablesen kann, steigt diese Wahrscheinlichkeit, einen vorhandenen Effekt korrekt auszuweisen, wenn auch die wahre Effektgröße größer ist.

Das bedeutet, die Trennschärfe eines Zwei-Stichproben-Tests und die Effektgröße gehen immer Hand in Hand. Es macht wenig Sinn, qualitativ über die Power einer Zwei-Stichproben-Studie zu sprechen, ohne eine Effektgröße auszuweisen. Nehmen wir beispielsweise eine Trennschärfe von 90 %. In 90 % aller Fälle wird dann ein tatsächlich vorhandener Effekt von Kommunikation auf den durchschnittlichen Abgabebetrag auch als vorhanden ausgewiesen. Das klingt für sich genommen erst einmal gut. Dieses Qualitätsurteil wird aber schnell relativiert, wenn man beispielsweise von der (zugegebenermaßen hypothetischen) Situation ausgeht, dass nahezu alle Diktatoren unter Kommunikation nahezu alles abgeben, also ein äußerst großer Treatmenteffekt vorliegt. In diesem Licht wäre es fast schon enttäuschend, dass der Test nicht in mindestens 99 % aller Fälle einen vorhandenen Effekt als vorhanden ausweist. Wenn der wahre Effekt dagegen sehr klein ist, könnte möglicherweise bereits eine Power von 60 % als Qualitätsmerkmal herangezogen werden.

Das Problem an der ganzen Geschichte ist, dass der tatsächliche Effekt unbekannt ist. Wir wissen nicht, um wie viel die durchschnittlichen Abgabebeträge bei Kommunikation innerhalb der gesamten Population steigen würden. Wüssten wir dies, so bräuchten wir keine Hypothesen und keine Inferenzstatistik. Daher bleiben nur zwei Möglichkeiten, wenn man Power in die statistische Auswertung eines Experimentes miteinbeziehen will: Die erste Möglichkeit besteht darin, die wahre Effektgröße auf Basis der Differenz der beobachteten Stichprobenmittelwerte $\overline{x}_K - \overline{x}_A$ zu schätzen. Diese absolute Differenz ist allerdings einheitsabhängig. Eine Differenz in den Abgabebeträgen von 1000 Cent wäre

Abb. 23.6 Zunahme der Trennschärfe durch größere Effektgröße

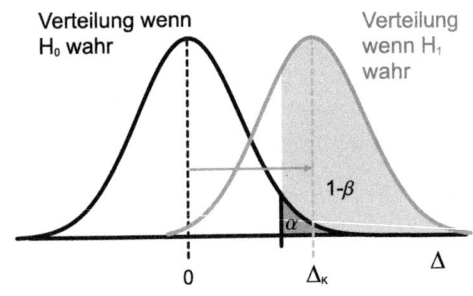

groß relativ zu einer Differenz von 10 €, obwohl beides Mal derselbe Geldbetrag verändert würde. Daher verwendet man oftmals standardisierte Effektgrößenmaße, die allerdings nicht frei von Kritik sind (z. B. Lenth 2001). Die gebräuchlichste aller Effektgrößen bei einem Zweistichprobentest, der Mittelwertvergleiche durchführt, ist Cohen's d (Cohen 1962), welches einfach die Differenz der Stichprobenmittelwerte durch die Populations-Standardabweichung unter der Annahme $\sigma_K = \sigma_A = \sigma$ teilt:

$$d = \frac{\overline{x}_K - \overline{x}_A}{\sigma}$$

Sei beispielsweise $\overline{x}_K = 0{,}55$, $\overline{x}_A = 0{,}4$ und $\sigma^2 = 0{,}025$, dann folgt $d = 0{,}9487$. Cohen selbst hat zur Beurteilung dieser Zahl eine „T-Shirt" Einteilung „Small" ($d < 0{,}2$), „Medium" ($0{,}2 < d < 0{,}5$) und „Large" ($d > 0{,}8$) vorgeschlagen.

Der zweite, weitaus weniger kontroverse Weg mit der unbekannten wahren Effektgröße umzugehen ist, diese von vorn herein unbekannt zu lassen und stattdessen *vor* der Durchführung des Experiments eine eigene Effektgröße festzulegen, unter der die Poweranalyse durchgeführt werden soll. Dies ist dann keine formale, statistische Fragestellung mehr, sondern eine subjektive, die aus der Sicht des jeweiligen Wissenschaftlers beantwortet werden muss. Gewöhnlicher Weise verwendet man die kleinstmögliche Effektgröße, die noch *praktische Signifikanz* in der jeweiligen Disziplin besitzt. Man könnte beispielsweise mit anderen Wissenschaftlern diskutieren, wie groß ein Effekt von Kommunikation auf die Abgabebeträge der Diktatoren mindestens sein müsste, um überhaupt eine wissenschaftliche Bedeutung zu erlangen. Alternativ kann man sich auch nach weiteren Studien umsehen, die in einem ähnlichen Zusammenhang bereits Effektgrößen geschätzt haben, welche dann von uns übernommen werden könnten.

In unserem Diktatorspielexperiment könnten wir beispielsweise $\Delta_k = 0{,}1$ festlegen und uns dann fragen, wie groß die Wahrscheinlichkeit ist, dass ein bestimmter Hypothesentest einen praktisch noch relevanten Treatmenteffekt von 0,1 ausweist. Kommt dabei heraus, dass diese Wahrscheinlichkeit nur beispielsweise 30 % beträgt, sollte man sich Gedanken machen, wie man die Studie so umgestalten kann, dass die Trennschärfe erhöht wird. Das bringt uns zur nächsten Größe, die Einfluss auf die Trennschärfe hat und die durch das experimentelle Design mitbestimmt wird.

Die *Stichprobengröße n* kann in gewissen Grenzen von dem Experimentator frei festgelegt werden. Diesem Freiraum in der Ausgestaltung des Experiments wird in der Phase der Versuchsplanung häufig zu wenig Aufmerksamkeit geschenkt, denn die Größe einer Zufallsstichprobe hat einen entscheidenden Einfluss auf die Wahrscheinlichkeit eines Fehlers erster und zweiter Art, und somit auch auf die Trennschärfe der Studie. Wie bereits besprochen, wird die Grundgesamtheit, aus der die Stichprobe gezogen wird, umso besser von der Stichprobe repräsentiert, je größer sie ist. Daraus folgt unmittelbar, dass die Teststatistik (z. B. der Mittelwert der Stichprobe) immer besser wird bei dem Versuch, den in der Nullhypothese als wahr angenommenen Parameter der Grundgesamtheit (z. B. μ) zu treffen. Anders ausgedrückt, die Ausprägungen der Teststatistik werden umso weniger um den wahren Populationsparameter variieren, je größer die Stichproben sind. Wenn wiederum die Teststatistik weniger streut, so wird ihre Verteilung schmaler und höher, d. h. es wird Wahrscheinlichkeitsmasse an den Enden weggenommen und in der Nähe des Erwartungswertes (Verteilungsmitte) hinzugefügt. Grafisch bedeutet das, dass unter sonst gleichen Bedingungen die Fehlerwahrscheinlichkeiten α und β abnehmen müssen, da sie von einer kleineren Fläche unter der Dichtefunktion repräsentiert werden.

23

Je mehr Versuchspersonen wir also gleichzeitig in das Labor schicken, desto kleiner wird die Wahrscheinlichkeit, dass wir einen nicht vorhandenen Effekt als vorhanden ausweisen (Fehler 1. Art), oder einen vorhandenen Effekt als nicht vorhanden ausweisen (Fehler 2. Art). Damit ist auch klar, dass eine Vergrößerung der Stichprobe die Power des Tests vergrößert, ohne dass deshalb die Wahrscheinlichkeit für einen Fehler erster Art steigen muss. Aus statistischer Sicht sollte daher die Stichprobe immer so groß wie möglich sein. Aus praktischer, experimenteller Sicht sprechen aber etliche Gründe zumindest für eine obere Grenze der Stichprobengröße. So sind in aller Regel die finanziellen Mittel, die Verfügbarkeit von Versuchspersonen und die Kapazität der Labore beschränkt.

Außerdem führen extrem große Stichproben zu einer „sehr hohen" Sensibilität des Testes. Das bedeutet, dass jeder auch noch so kleine tatsächlich vorhandene Treatmenteffekt, der aus praktischer Sicht völlig unbedeutend sein kann, statistisch signifikant wird, wenn die Stichprobe nur hinreichend groß ist. In diesem Fall spricht man auch von der „Fallacy Of Classical Inference". Das mag man als Nachteil interpretieren, aber auf der anderen Seite ist es durchaus möglich, Effekte zwar als statistisch signifikant aber ökonomisch unbedeutend zu klassifizieren.

Zusammengefasst lässt sich festhalten, dass es ein „zu wenig" und ein „zu viel" gibt, wenn es um die Frage der Stichprobengröße geht. Zu kleine Stichproben (englisch „Underpowered Studies") führen zu einer großen Streuung der Teststatistik um den wahren Wert und somit zu großen Standardfehlern bzw. breiten Stichprobenverteilungen. Die Wahrscheinlichkeit, dass die Teststatistik zufällig hinreichend dicht am wahren Wert landet, um die Nullhypothese korrekterweise abzulehnen, wird damit immer kleiner. Deswegen bleiben bei kleineren Stichproben selbst große, praktisch signifikante Effekte tendenziell statistisch insignifikant und damit unentdeckt. Die Durchführung einer Studie mit zu geringer Power ist überflüssig und verschwendet Ressourcen, da sie nicht in der Lage ist, tatsächlich vorhandene Effekte zuverlässig auszuweisen.

Darüber hinaus verschwenden auch zu große Stichproben (englisch „Overpowered Studies") knappe Ressourcen. Wenn man, sagen wir, 100 Versuchspersonen eingeladen hat und damit mit 80 %-iger Wahrscheinlichkeit einen Effekt der Größe 0,001 als vorhanden ausweisen kann, aber der minimale praktisch signifikante Effekt 0,1 beträgt und dieser auch mit 50 Versuchspersonen und der gleichen Power nachgewiesen werden könnte, dann kann man sich die monetären und nichtmonetären Kosten (Auszahlungen, Zeit, Belastungen etc.) von 50 Versuchspersonen sparen. Leonhart (2008, S. 82) fasst sehr treffend zusammen:

» Der optimale Stichprobenumfang ist so groß, dass ein für die Praxis relevanter Effekt statistisch abgesichert werden kann. Er ist wiederum so klein, dass nur praktisch bedeutsame Effekte auch statistisch bedeutsam werden.

Die optimale Stichprobengröße ist also ein Punkt, über den man bei der Konzeption eines Experimentes sorgfältig nachdenken sollte. Aber wie bestimmt man den *optimalen* Stichprobenumfang?

23.2   BEAN und der optimale Stichprobenumfang

Um es gleich vorwegzunehmen, der optimale Stichprobenumfang eines Experimentes lässt sich nicht *per se* berechnen, da eine solche Berechnung selbst bei vollständiger Information zu Populationsparametern (insb. der Varianz) immer noch zu viele Freiheitsgrade beinhaltet. Das wird deutlich, wenn man sich die vier aufeinander einwirkenden Faktoren einer Poweranalyse noch einmal vor Augen führt. Als Eselsbrücke wird hierzu häufig die Abkürzung „BEAN" verwendet:

1. **B**eta β (Wahrscheinlichkeit des Fehlers zweiter Art bzw. Power)
2. **E**ffektgröße (wahrer Einfluss des Treatments auf die erhobene Variable)
3. **A**lpha α (Wahrscheinlichkeit des Fehlers erster Art)
4. **N** („Number of Participants" bzw. Stichprobengröße)

Für sich gesehen, ist keiner dieser Faktoren „naturgegeben" und vorab eindeutig bestimmt. Vielmehr können sie alle mehr oder weniger frei festgelegt werden. Die Bestimmung des optimalen Stichprobenumfangs ist daher nicht einfach eine statische Rechnung, die für jedes Experiment gleichermaßen durchgeführt wird, sondern enthält zu großen Teilen ein „aufeinander Abstimmen" von subjektiven Faktoren (z. B. „Welche Fehlerwahrscheinlichkeit erster Art bin ich bereit zu akzeptieren?") oder exogenen Fakten (z. B. „Wie groß ist mein Labor?").

Zu Alpha und Beta haben sich in den meisten Wissenschaften bereits einheitliche Normen entwickelt. Die Bereitschaft, eine Nullhypothese fälschlicherweise nicht abzulehnen ist sehr klein und wird fast immer durch eine Irrtumswahrscheinlichkeit (Signifikanzniveau) in Höhe von nur 5 % quantifiziert. Ein Fehler zweiter Art wird meistens als weniger gravierend eingeschätzt. Daher wird Beta (wenn überhaupt) auf das Vierfache des Alpha-Niveaus (20 %) gesetzt. Die daraus resultierende Power von 80 % wird auch zunehmend vorab von Drittmittelgebern bei der Finanzierung von Experimentstudien vorausgesetzt, insbesondere dann, wenn die Konsequenzen eines Fehlers zweiter Art besonders drastisch sind und/oder der Förderbetrag besonders hoch ist. Diese ursprünglich von der American Psychological Association (APA) empfohlene Zahl scheint sich mittlerweile auch in anderen Disziplinen als Norm zu etablieren.

Sind zwei der vier Größen gegeben, so kann man durch die Festlegung einer dritten Größe die vierte verbleibende Größe berechnen. Anders ausgedrückt das „BEAN" eines Hypothesentests hat drei Freiheitsgrade. Für den Fall, dass beispielsweise beide Fehlerwahrscheinlichkeiten gegeben sind, kommen nur noch zwei zueinander inverse Fragen in Betracht:

1. Wenn man genau n Versuchspersonen finanzieren kann, welche minimale Effektgröße kann man dann noch mit 80 % Trefferwahrscheinlichkeit korrekt als „vorhanden" identifizieren?
2. Wenn der kleinstmögliche, praktisch signifikante Effekt Δ beträgt, wie viele Versuchspersonen benötigt man dann, um diesen mit 80 % Trefferwahrscheinlichkeit korrekt als „vorhanden" auszuweisen?

Gehen wir zunächst vom einfachsten Fall, dem Beispiel aus dem vorangegangenen Abschnitt aus. Dort wurde eine einzige Stichprobe der Gruppengröße $n = 25$ gezogen. Jetzt testen wir $H_0: \mu = 0,4$ versus $H_1: \mu = 0,5$ (rechtsseitig). Die Populationsvarianz der normalverteilten Abgaben sei wieder $\sigma^2 = 0,25$ bzw. $\sigma = 0,5$ bei unbekanntem Populationsmittelwert μ. Wir bestimmten die Power, indem wir die Wahrscheinlichkeitsdichte der H_1-Stichprobenverteilung im Ablehnungsbereich der H_0-Stichprobenverteilung berechneten. Der kritische Wert der Nullverteilung war $k = 0,565$. Bezeichne $F\left(x_0; \mu_1; \sigma/\sqrt{n}\right) = p(x \leq x_0)$ die kumulative Verteilungsfunktion der Stichprobenverteilung, die für ein gegebenes Quantil x_0 die Wahrscheinlichkeit für das Ereignis $x \leq x_0$

angibt, dann gilt für die Power in unserem Beispiel

$$1 - \beta = 1 - F\left(k;\mu_1;\frac{\sigma}{\sqrt{n}}\right) = 1 - F\left(0{,}5645;0{,}5;\frac{0{,}5}{\sqrt{25}}\right) = 0{,}2595 = 25{,}95\,\%.$$

Daraus folgt der eindeutige Zusammenhang

$$\beta = F\left(k;\mu_1;\frac{\sigma}{\sqrt{n}}\right).$$

Theoretisch lässt sich demnach die Wahrscheinlichkeit des Fehlers zweiter Art mit dieser Formel berechnen, wenn die H_1-Verteilungsfunktion F bekannt ist. Auch wenn sie nicht auf den ersten Blick sichtbar sind, die Gleichung enthält alle unsere BEAN Komponenten: **B**eta (β) und „**N**umber of Participants" (n) können direkt in der Formel lokalisiert werden. **A**lpha (α) steckt implizit im kritischen Wert k, denn zwischen beiden Größen besteht bei gegebenen Parameter μ_0 und σ_0 der Nullverteilung eine eindeutige Beziehung. Die „**E**ffektgröße" $\mu_1 - \mu_0$ wird durch den durch die Alternativhypothese vorgegebenen Wert μ_1 und den in der Nullverteilung bzw. k steckenden Wert μ_0 quantifiziert.

Das praktische Problem bei dieser Gleichung ist, dass sie sich nicht ohne Weiteres nach den Argumenten von F, wie z. B. n, auflösen lässt. Die Verteilungsfunktion F ist nicht in eine elementare Stammfunktion überführbar und es müssen numerische Methoden verwendet werden. Deswegen überlassen wir es besser dem Computer, diese Rechenarbeit zu verrichten. Hierzu benötigen wir wieder ein geeignetes Programm. In der nun folgenden Box stellen wir eine Auswahl unterschiedlicher Alternativen vor.

23.3   Poweranalyse und die „harte Wahrheit" ihrer Resultate

Eine der Hauptanwendungen einer Poweranalyse ist die *a-priori* Bestimmung der nötigen Stichprobengröße. Im einfachsten Fall ändern wir unser Arbeitsbeispiel einfach ab und fragen uns, wie viele Versuchspersonen wir benötigen, um statt 25 % Power den Standardwert i. H. v. 80 % zu erhalten. Im Programm StudySize wählen wir im Menu „Distribution Parameters" den Eintrag „Normal Distribution" und bestätigen „New Calculation" mit dem „Continue" Knopf. Anschließend füllen wir die Felder entsprechend der ◻ Abb. 23.7 aus und klicken auf den Knopf „Sample Size".

Daran können wir ablesen, dass wir 155 Versuchspersonen einladen müssten, um eine Power von 80 % zu erhalten, wenn unsere standardisierte Effektgröße 0,2 beträgt! Nun

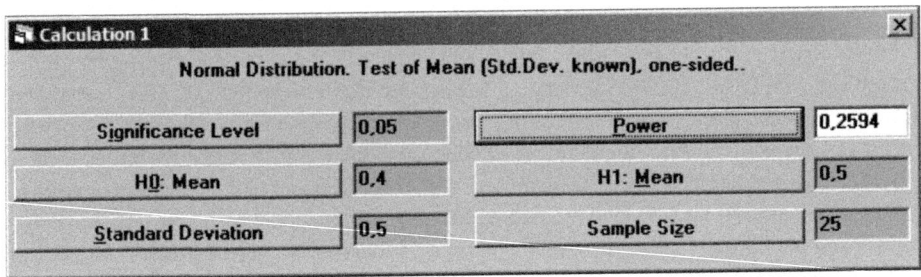

◻ **Abb. 23.7**   StudySize Power Analyse

A.23.1 Software für eine Poweranalyse

Für die meisten Programme, die speziell für eine Poweranalyse entwickelt wurden, gilt ein recht eindeutiger Trade-off zwischen Bedienkomfort/Leistung und den Kosten, die für die Nutzung des Programmes zu entrichten sind. Grundsätzlich existiert für so ziemlich jede Poweranalyse auch eine kostenlose Anwendung. Ein Problem ist aber, dass das eine Programm eine bestimmte Teilmenge von Analysen unterstützt und ein anderes eine andere, so dass man unter Umständen mehrere Programme benötigt, um ein möglichst vollständiges Anwendungsspektrum zu erhalten. Dieses Problem existiert (theoretisch) nicht für solche Programme, deren Quelltext ebenfalls frei verfügbar ist (Open-Source), denn hier kann sich jeder Anwender, die entsprechenden Programmier- und Statistikkenntnisse vorausgesetzt, ihr bzw. sein „eigenes" Power-Programm zusammenstellen.

Unter den Open-Source Lösungen ist ein recht spartanisches, aber trotzdem leistungsfähiges und einfach zu verwendendes Programm DSTPLAN (► http://biostatis-tics.mdanderson.org/SoftwareDownload/ProductDownloadFiles/DSTPLAN_V4.5v.zip). Es wurde von einem Konsortium von Biostatistikern an der Universität Texas entwickelt und deckt die gängigsten Poweranwendungen ab. Das Programm funktioniert im Prinzip nach dem BEAN-Verfahren, das wir eben erläutert haben. Man kann von sechs Werten, die im Wesentlichen BEAN Elemente darstellen, beliebige fünf eingeben und das Programm berechnet den sechsten Wert.

Eine modernere und deutlich leistungsfähigere Open-Source Lösung ist das modulare Programmpaket R (► http://www.r-project.com). Modular bedeutet, dass die Basisinstallation nur auf die grundlegendsten statistischen Funktionen beschränkt ist und alles andere, je nach Bedarf, in Form von Modulen oder Paketen (englisch „Packages") in die Basisinstallation eingebunden wird. Für eine Poweranalyse bietet sich beispielsweise das Paket „pwr" an, welches zusätzlich zur Basisinstallation von R installiert werden muss, um seine Funktionalität zu erhalten. Das Paket stellt dann etliche Befehle zur Poweranalyse bereit. Das Paket „pwr" beinhaltet neben dem recht artifiziellen Fall normalverteilter Variablen mit bekannter Populationsvarianz natürlich auch noch Befehle zu praktischeren Tests wie t-Tests oder F-Tests. Wem das Spektrum der verfügbaren Anwendungen dennoch nicht ausreicht, kann das Paket (oder ein beliebiges anderes) problemlos um eigene Befehle ergänzen.

Unter den freien Closed-Source Lösungen ist das Tool G*Power (► http://www.gpower.hhu.de) sehr beliebt, weil es – ähnlich wie PQRS – eine kompakte und übersichtliche grafische Benutzeroberfläche liefert. Schön ist auch die Möglichkeit, die Dichtefunktionen der jeweiligen H_0- und H_1-Verteilung grafisch darstellen zu können. Das Programm enthält die wichtigsten Poweranalysen aus praktischer Sicht. Rein didaktische Beispiele wie unser Arbeitsbeispiel mit bekannter Populationsvarianz lassen sich damit nicht reproduzieren. Da der Quelltext nicht öffentlich ist, lässt sich dieses Programm auch nicht direkt durch den Nutzer in der Funktionalität erweitern oder verändern.

Eine freie auf R basierende Online-Lösung für etliche Basis-Tests findet man unter ► http://www.powerandsamplesize.com. Neben ausführlichen Erläuterungen, einer grafischen Benutzeroberfläche und grafischen Darstellungen werden auch R-Codes angegeben, mit denen das ausgewählte Prozedere lokal in R umgesetzt werden kann.

Wer keine Kompromisse beim Funktionsumfang und Bedienkomfort einer Poweranalyse-Software machen will, für den existieren leistungsfähige aber auch sehr teure kommerzielle Softwarepakete wie NCSS Pass 14 (► http://www.ncss.com) oder nQuery Advisor + nTerim (► http://www.statsols.com). Einen der besten Kompromisse aus Preis und Funktionalität unter allen kommerziellen Programmen bietet aus unserer Sicht StudySize (► http://www.studysize.com), welches für unter $100 z. B. auch Monte-Carlo-Simulationen und Poweranalysen für nichtparametrische Tests unter einer grafischen Benutzeroberfläche anbietet. Eine 30-Tage Testversion ist ebenfalls kostenlos erhältlich.

23

nehmen wir an, wir können genau $n = 40$ Versuchspersonen finanzieren, welche minimale Effektgröße kann man dann noch mit 80 % Trefferwahrscheinlichkeit korrekt als „vorhanden" identifizieren? In diesem Fall lassen wir d unspezifiziert und spezifizieren stattdessen $n = 40$. Mit dem oben beschriebenen Programm berechnen wir dann, dass $d = 0{,}3931$ ist.

Der Wert $d = 0{,}3931$ entspricht einer (nicht-standardisierten Mittelwertdifferenz) von $d\sigma = 0{,}1965$. Das ist der kleinstmögliche Effekt, den wir mit einer Wahrscheinlichkeit von 80 % korrekt als vorhanden ausweisen können, wenn wir „nur" 40 Versuchspersonen gleichzeitig testen können.

Tun wir für den Augenblick einmal so, als wäre die obige Poweranalyse das Ergebnis einer real durchzuführenden Studie. Dann wäre das Ergebnis sehr ernüchternd: Um einen absoluten Effekt in Höhe von 0,1 in 80 % aller Fälle korrekt als vorhanden ausweisen zu können benötigen wir 155 Versuchspersonen. Diese Vorgabe sprengt unter Umständen das Budget. Wie würde man mit einer solchen Situation umgehen?

Dazu muss man überlegen, wie man neben der Vergrößerung der Stichprobe auch kostengünstigere Wege gehen kann, die Power einer statistischen Studie unter sonst gleichen Bedingungen zu erhöhen. Eine Möglichkeit wäre, Maßnahmen zu ergreifen, die zu einer Reduzierung des Standardfehlers führen. Je weniger der Mittelwert einer Stichprobe um den wahren Populationsmittelwert streut, desto geringer das Risiko einer zufällig extremen Ausprägung, die fälschlicherweise als Effekt ausgelegt werden könnte und in Wahrheit nur durch den Standardfehler hervorgerufen wurde. Ein wesentlicher Einflussfaktor auf den Standardfehler sind die bereits besprochenen Störvariablen. Individuelle Unterschiede der Versuchspersonen (Präferenzen, Intelligenz, Aufnahmefähigkeit, Motivation usw.) können den wahren Treatmenteffekt „verwischen", weil sie die gemessene Variable zufällig beeinflussen, ohne explizit berücksichtigt worden zu sein. Daher wäre es aus statistischer Sicht erstrebenswert, den Versuchspersonenpool so homogen wie möglich zu halten. Beispielsweise könnte man nur Studierende der Wirtschaftswissenschaft im 3. Semester rekrutieren. Je spezifischer aber die Menge an Versuchspersonen, aus der man auswählt, desto spezifischer werden auch mögliche, identifizierte Effekte. Diese könnten dann für die spezielle Gruppe von Versuchspersonen gelten, für andere aber nicht notwendigerweise.

Faktoren, die ein willkürliches Verhalten einiger Versuchspersonen zur Folge haben könnten, erhöhen ebenfalls den Standardfehler. Verständnisprobleme oder Ermüdungserscheinungen seitens der Versuchspersonen sollte bereits in der Planungsphase vorgebeugt werden. Auch vor diesem Hintergrund ist eine verständliche und eindeutige Formulierung der Instruktionen besonders wichtig. Versuchspersonen müssen genau wissen, was sie tun, damit sie nicht zufällig einen Effekt generieren, der eigentlich gar nicht existiert und somit die Trennschärfe einer statistischen Inferenz unnötig schmälern.

Parametrische Tests sind ebenfalls trennschärfer als ihre nichtparametrischen Pendants. Auch hier ist die Intuition hinter dieser Feststellung recht einfach. Nichtparametrische Tests verwenden in der Regel nur die Ränge der Beobachtungen und nicht die Beobachtung selbst. Vom Übergang einer metrischen Variable in eine ordinale gehen damit zwangsläufig Informationen zum untersuchten Effekt verloren, die von einem Test zu Gunsten der Trennschärfe hätten genutzt werden können. Nehmen wir beispielsweise an, wir hätten eine abhängige Variable in der Kontroll- und Treatmentgruppe in folgender Extremausprägung gemessen (siehe ◘ Tab. 23.1).

Ohne einen Test bemühen zu müssen, dürfte auch so klar sein, dass das Treatment einen sehr großen quantitativen Effekt hat. Konkret hat sich der Stichprobenmittelwert von 3 auf 25 erhöht. Ein parametrischer t-Test auf Gleichheit der Populationsmittelwerte liefert einen p-Wert i. H. v. 0,0002 und somit wird die Nullhypothese „Kein Effekt" bei einem Signifikanzniveau von 5 % klar abgelehnt. Das nichtparametrische Pendant zu diesem Test wäre ein Mann-Whitney-U-Test. Dieser verwendet als Informationsgrundlage ausschließlich die Ränge der Ausprägungen und prüft, wie groß die Wahrscheinlichkeit ist, dass die drei kleinsten Ränge in der einen und die drei Größten in der anderen Gruppe sind. In unserem Beispiel mit einer Stichprobengröße von $n = 3$ erhalten wir die Ränge 1,3,2 in der Kontrollgruppe und die Ränge 5,6,4 in der Treatmentgruppe. Dies ist bereits die am wenigsten zufällige Verteilung von Rängen über die beiden Gruppen, die möglich ist, da die drei kleinsten Ränge in der Kontrollgruppe und die drei größten Ränge in der Treatmentgruppe enthalten sind. Das bedeutet, es existiert keine andere Verteilung, die einen noch kleineren p-Wert liefert. Dieser kleinstmögliche p-Wert beträgt allerdings bei $n = 3$ immer noch 10 %, so dass die Nullhypothese zu einem Signifikanzniveau von 5 % niemals abgelehnt werden kann. Daraus wiederum folgt, dass die Wahrscheinlichkeit eine falsche Nullhypothese korrekterweise abzulehnen (die Power des Tests) Null ist. Damit dieser Test überhaupt in der Lage ist, einen vorhandenen Effekt als vorhanden auszuweisen, müssten wir ein Signifikanzniveau von mehr als 10 % akzeptieren.

Zu guter Letzt hat auch die spezifische Anordnung des Experiments (das „Design" im engeren Sinne) einen Einfluss auf die Trennschärfe. Beispielsweise ist ein „Repeated-Measures" Design, in dem von ein und derselben Person mehrere aufeinander folgende Messungen erfasst werden, trennschärfer als eines, in welchem jede Person genau einmal gemessen wird. Wenn also nur eine bestimmte Versuchspersonenzahl realisiert werden kann und wir bereits alle anderen Möglichkeiten zur Erhöhung der Power ausgeschöpft haben, so könnte man jede Versuchsperson mehrmals dem gleichen Entscheidungsproblem aussetzen und so die gesammelten Verhaltensinformationen je Versuchsperson erhöhen. In ähnlicher Weise gilt, dass wir, unter sonst gleichen Bedingungen, in einem Within-Subject Design mit paarweisen Beobachtungen je Versuchsperson eine höhere Power haben als ein einem Between-Subject Design mit zwei unabhängigen Gruppen.

> **Wichtig**
> In der Poweranalyse für ein Experiment geht es darum, die vier sich jeweils wechselseitig beeinflussenden BEAN-Parameter (Beta, Effektgröße, Alpha, N) so aufeinander abzustimmen, dass die Wahrscheinlichkeit, mit diesem Experiment einen real existierenden Effekt korrekt auszuweisen, hinreichend hoch ist. Keiner dieser Parameter ist „naturgegeben" bzw. *per se* auf einen bestimmten Wert festgelegt. Besondere Bedeutung hat die Streuung der Teststatistik. Diese möglichst klein zu halten ist ein zu großen Teilen kreativer Prozess, der sowohl Einfluss auf Alpha und Beta hat als auch auf die Effektgröße (sofern sie standardisiert wird).

▣ Tab. 23.1   Werte der abhängigen Variablen in der Kontroll- und Treatmentgruppe (Beispiel)

Kontrollgruppe	Treatmentgruppe
2,5	24,8
3,7	28,1
2,8	22,1

23

23.4 Fehlanwendungen und Missverständnisse in Poweranalysen

Experimentelle Wirtschaftsforscher beschäftigen sich hauptsächlich mit der Entdeckung und Quantifizierung von realen Verhaltenseffekten. In der Regel geht der konkreten Untersuchung die Vermutung voraus, dass dieser Effekt tatsächlich existiert. Wenn man also beispielsweise untersuchen möchte, inwieweit Kommunikation die Kooperationsbereitschaft in einem Gefangenendilemma beeinflusst, lautet die Ausgangsvermutung, dass das Treatment mit Kommunikation tatsächlich einen Verhaltenseffekt verursacht, da ansonsten eine explizite Untersuchung zwar Kosten verursachen würde, aber wenig Erkenntnisgewinn verspricht. Anders ausgedrückt: Primäres Interesse eines experimentellen Wirtschaftsforschers ist es, die *Existenz* eines Effektes zu zeigen und weniger seine Nicht-Existenz.

Damit eng verbunden ist die bereits erläuterte Wahrscheinlichkeit $1 - \beta$, dass eine Prüfgröße eine falsche Nullhypothese korrekterweise ablehnt bzw. einen tatsächlich existierenden Effekt (H_0 ist tatsächlich falsch bzw. H_1 ist tatsächlich wahr) auch als vorhanden ausweist. Wenn also ein experimenteller Wirtschaftsforscher Hypothesen deswegen testet, weil bereits ein Effekt vermutet wird, ist diese Wahrscheinlichkeit von größerer Bedeutung als die Wahrscheinlichkeit $1 - \alpha$, mit der die Nicht-Existenz eines Effektes (H_0 ist tatsächlich wahr) korrekt ausgewiesen wird (wir lehnen H_0 nicht ab).

Vor diesem Hintergrund sollte man eigentlich davon ausgehen, dass in jeder statistischen Auswertung eines Experimentes standardmäßig auch Angaben über die Teststärke und die Effektgröße gemacht werden. Genau das ist aber nicht der Fall. Stattdessen wird fast immer nur in fast schon mechanischer Weise das empirische Signifikanzniveau (*p*-Wert) mit dem theoretischen Signifikanzniveau (α) verglichen. Immer wenn der erste Wert größer ist als der zweite, gelten die erhobenen Daten als nicht hinreichend gut mit der Existenz eines Effektes vereinbar und die Nullhypothese wird nicht abgelehnt. Wenn denn *tatsächlich* kein Effekt existieren würde, läge man mit dieser Entscheidung fast immer richtig, denn bei einem Signifikanzniveau von 5 % würde diese Wahrscheinlichkeit 95 % betragen. Der Punkt ist aber: *Wir wissen nicht, ob tatsächlich kein Effekt vorliegt.* Genauso gut könnte einer existieren, wovon man ja sogar vorab in der Praxis ausgeht. Und unter dieser Annahme ist nichts darüber bekannt, wie wahrscheinlich es ist, eine richtige Entscheidung zu treffen, wenn man einen Effekt ausweist. Ohne jegliche *a-priori* Information über die Trennschärfe eines Tests erscheint es recht voreilig, allein deswegen die Forschungshypothese zu verwerfen, weil die Nullhypothese nicht abgelehnt wird. Bei einem Test mit geringer Power, sagen wir 40 %, beträgt die Wahrscheinlichkeit damit einen Fehler zweiter Art zu begehen 60 %. Dass bedeutet, man würde einen real existierenden Effekt in 60 % aller Fälle als nicht existent ausweisen. Andersherum erscheint es ebenfalls zu voreilig, auf die Entdeckung eines grandiosen Effektes zu schließen, nur weil die Nullhypothese abgelehnt wird. Die Wahrscheinlichkeit, dass wir mit dem Ablehnen der Nullhypothese einen realen Effekt korrekt ausweisen, beträgt nur 40 %. Ein Münzwurf wäre bei der Entdeckung eines Effektes zuverlässiger als dieser Test. Die Signifikanz oder Nichtsignifikanz sollte zumindest mit groben Anhaltspunkten zur Trennschärfe des verwendeten Tests kombiniert werden.

Wir wissen nun, dass eine Poweranalyse notwendig ist, um statistischen Inferenzen einen aussagekräftigen Inhalt zu verleihen. Mit der Poweranalyse verhält es sich aber leider ähnlich wie mit vielen anderen wichtigen Dingen in unserem Alltag wie beispielsweise der atomaren Kernspaltung, dem Internet oder einem Küchenmesser: Sie müssen *richtig* angewendet werden, um den gewünschten Nutzen zu generieren. Falsch angewendet können sie teils gravierende negative Konsequenzen haben. Im Folgenden sollen kurz die häufigsten Fehler bei der Anwendung von Poweranalysen besprochen werden.

Zunächst ist es der Begriff Power*analyse* selbst, der oft für Missverständnisse und die fehlerhafte Anwendung der Trennschärfebestimmung verantwortlich ist. Es handelt sich dabei nämlich nicht um eine Analyse in dem Sinne, dass bestehende Daten analysiert werden. Vielmehr versucht man mit Power verschiedene mögliche experimentelle Szenarien (Lade ich 10 oder 20 Studierende ein?, Nehme ich ein Within- oder Between-Subject Design?, Werde ich parametrische oder nichtparametrische Tests verwenden? usw.) gegeneinander abzuwägen und zu bewerten. In der Poweranalyse werden die Einflussfaktoren auf die Power eines Experiments sorgfältig aufeinander abgestimmt, und zwar ohne Bezug auf einen konkreten Datensatz.[1] Die Poweranalyse ist daher als ein Designwerkzeug zu verstehen, welches *vor* dem Experiment angewendet werden kann, aber nicht als Analysewerkzeug, welches bestehende Daten retrospektiv auswertet.

In der Praxis beobachtet man leider immer wieder, dass retrospektiv berechnete Power als Erklärung der experimentell beobachteten Resultate verwendet oder besser „missbraucht" wird. Nehmen wir an, ein Experiment liefert Daten mit einem statistisch nicht signifikanten Effekt, d. h. wir sind nicht in der Lage die Nullhypothese abzulehnen. Nun nehmen wir ein Maß für die Größe dieses beobachteten Effektes und berechnen (unter Zuhilfenahme der Stichprobengröße und des Signifikanzniveaus) einen Wert für die Power. Das falsche Argument, welches in diesem Zusammenhang immer wieder zu beobachten ist, lautet: „Weil die Wahrscheinlichkeit eine falsche Nullhypothese korrekterweise abzulehnen hoch ist, wir diese aber *nicht* abgelehnt haben, muss die Nullhypothese sehr wahrscheinlich wahr sein." Der Punkt ist aber, dass es faktisch nicht möglich ist, eine hohe Power zu haben, wenn die Nullhypothese bereits abgelehnt wurde. Power ist die Wahrscheinlichkeit eine falsche Nullhypothese korrekterweise abzulehnen. Wenn wir diese bereits *nicht* abgelehnt haben, existiert auch keine Wahrscheinlichkeit mehr sie korrekterweise abzulehnen. Der Fehler bei der Auslegung retrospektiver Power ist, dass wir grundsätzlich keine Wahrscheinlichkeitsaussagen über bereits beobachtete Ereignisse treffen können. Stellen wir uns beispielsweise einen Würfelwurf vor. *Bevor* wir den Würfel werfen, können wir sagen „Mit Wahrscheinlichkeit 1/6 *werden* wir eine 4 würfeln". Das ist äquivalent mit der Aussage „Wir werfen (theoretisch) unendlich oft den Würfel, dann werden wir in 1/6 aller Fälle eine 4 erhalten". Nun stellen wir uns vor, wir werfen tatsächlich den Würfel und beobachten eine 4, dann ist die Aussage „Mit Wahrscheinlichkeit von 1/6 haben wir eine 4 gewürfelt" schlichtweg Unsinn. Fakt ist, wir *haben* eine 4 gewürfelt – nicht mehr und nicht weniger. In gleicher Weise macht es auch keinen Sinn, eine Wahrscheinlichkeitsaussage über bereits beobachtete Experimentdaten zu treffen – und Power *ist* eine Wahrscheinlichkeit.

Der zweite Trugschluss bei der retrospektiv berechneten Power besteht darin, anzunehmen, dass dieser berechnete Wert Informationen liefert, die über die Informationen des p-Wertes hinausgehen. Hoenig & Heisey (2001) zeigen, dass zwischen dem p-Wert und der retrospektiven Power eines beliebigen Hypothesentests ein *eindeutiger* inverser Zusammenhang besteht. Je größer der p-Wert, desto kleiner die retrospektive Power und umgekehrt. Die Nichtsignifikanz einer Studie geht demnach *immer* mit einer niedrigen retrospektiven Power einher und es macht keinen Sinn Nichtsignifikanzen mit einer nied-

---

[1]   Im Verlauf des Kapitels werden wir eine Ausnahme besprechen.

23

rigen retrospektiven Power zu erklären oder zu „entschuldigen".[2] Lenth (2004) bemerkt in diesem Zusammenhang sehr treffend:

>> If my car made it to the top of the hill, then it is powerful enough to climb that hill; if it didn't, then it obviously isn't powerful enough. Retrospective power is an obvious answer to a rather uninteresting question.

Dass diese Tatsache nicht allen bekannt ist, deutet sich beispielsweise in folgendem Diskussionsbeitrag an, der in einer Nachbardisziplin veröffentlicht wurde: ▶ http://core.ecu.edu/psyc/wuenschk/stathelp/Power-Retrospective.htm. Offenbar fordert hier ein Editor einer wissenschaftlichen Fachzeitschrift *ex post* Poweranalysen zu den bestehenden Ergebnissen durchzuführen, um die Signifikanzen oder Nichtsignifikanzen aus einer anderen Perspektive neu zu bewerten. Natürlich ist die Frage nach der Zuverlässigkeit des zu publizierenden Ergebnisses vollkommen berechtigt – schließlich kann man ja mit der Ablehnung der Nullhypothese einen Fehler begangen haben. Und eine Information darüber, wie wahrscheinlich dieser Fehler ist, wäre in diesem Zusammenhang natürlich aufschlussreich. Der Punkt ist aber, dass die retrospektive Power nicht diese Wahrscheinlichkeit darstellt. Retrospektive Power ist nicht die Wahrscheinlichkeit, mit der wir in dieser Studie eine falsche Nullhypothese korrekterweise ablehnen bzw. abgelehnt haben. Vielmehr ist es die Wahrscheinlichkeit, dass wir in einer *zukünftigen* Studie einen vorhandenen Effekt korrekt ausweisen, wenn angenommen wird, dass *wahre* Streuung und die *wahre* Effektgröße der Population genau den *beobachteten* Werten der vormaligen Studie entspricht. In diesem Sinne kann retrospektive Power der einen Studie prospektiv für die nächste, möglicherweise besser designte Studie verwendet werden, aber nicht als Qualitätsmerkmal einer bereits durchgeführten Studie.

Genau wie retrospektive Power stellt auch der p-Wert eine singuläre Ausprägung einer Zufallsvariable dar. Jedes Mal, wenn das Experiment wiederholt wird, wird sich ein anderer Wert ergeben. Aus diesem Grund lassen sich aus einem einzigen p-Wert keine Informationen über die Zuverlässigkeit oder Genauigkeit des Ergebnisses ableiten. In den meisten Fällen wird aber ein kleiner p-Wert als verlässliches Signal für die Existenz oder Nichtexistenz eines Effektes interpretiert, wobei gilt: Je kleiner der p-Wert desto „besser" oder zuverlässiger. Was dabei aber in der Regel völlig ignoriert wird, ist die Frage, wie sehr dieser Wert streut, wenn man das Experiment wiederholt. Wäre die Streuung von p über mehrere Stichproben hinweg sehr klein und in der Nähe des ermittelten p-Wertes, so wäre dies nicht weiter schlimm. Cummings (2012) zeigt aber eindrucksvoll per Simulation, dass bereits in einem experimentellen Standardsetting (siehe dazu die folgende Fußnote) bei mehrfach replizierten Experimenten nahezu jeder p-Wert zwischen 0 und 1 mit ähnlich großer Wahrscheinlichkeit realisiert werden kann. Ein p-Wert allein verkäme damit zu einem äußerst unzuverlässigen Signal über das (Nicht-)Vorhandensein eines Effektes und die Frage, ob ein Effekt letztendlich als signifikant oder nicht signifikant ausgewiesen werden kann, wäre weitestgehend Glückssache.[3]

---

[2]   Ferner kann gezeigt werden, dass retrospektive Power etwa 50 % beträgt, wenn der p-Wert gleich dem Signifikanzniveau ist (Lenth 2007).

[3]   Cummings nennt diesen Effekt „Dance of the p-values" und demonstriert ihn auf YouTube (z. B. ▶ http://www.youtube.com/watch?v=5OL1RqHrZQ8).

Eine zulässige Methode, etwas mehr über die Zuverlässigkeit des eigenen Ergebnisses zu erfahren, stellt die Berechnung von so genannten Konfidenzintervallen dar, weil sie die Informationen eines Punktschätzers mit den Informationen über die Genauigkeit dieses Punktschätzers kombinieren.

> **Wichtig**
> Die Poweranalyse ist ein Designwerkzeug zur Ausgestaltung des Experiments *bevor* es durchgeführt wird. Eine Hauptanwendung ist die Planung der Stichprobengröße. Retrospektiv berechnete Power kann nicht zur Erklärung eigener Ergebnisse verwendet werden. Ferner gibt sie keine Informationen über die Zuverlässigkeit oder „Konfidenz" des experimentellen Ergebnisses.

Auswahl statistischer Tests

© Springer-Verlag GmbH Deutschland, ein Teil von Springer Nature 2019
J. Weimann und J. Brosig-Koch, *Einführung in die experimentelle Wirtschaftsforschung*,
https://doi.org/10.1007/978-3-642-32765-0_24

24.1 Was ist generell zu beachten?

Bei der „richtigen" Auswahl von Verfahren zur Analyse von Experimentdaten bewegt man sich immer zwischen zwei Extremen. Das erste Extrem ist eine vollkommen willkürliche Entscheidung für ein Analyseverfahren, welches ganz und gar unreflektiert angewendet wird. Das andere Extrem besteht in der Annahme, für jedes Experiment existiere genau ein einziges, perfekt passendes Analyseverfahren. Beide Wege sind natürlich gleichermaßen falsch. Auf der einen Seite kann und muss man sicherlich die Menge an zulässigen Verfahren einschränken, denn alle Experimentdaten weisen bestimmte Charakteristika auf, die gewisse statistische Analysen ausschließen und andere zulassen. Auf der anderen Seite ist ein Experiment nie so spezifisch, dass dafür genau ein einziges optimales Analyseverfahren in Frage kommt. Von der Vorstellung eines eindeutigen Leitfadens, der für jede Art von Experiment genau eine exklusive Art statistischer Analyse vorgibt, können wir uns also ebenso verabschieden wie von der Vorstellung, die Auswahl sei beliebig.

Der grundsätzliche Ansatz bei der Auswahl geeigneter statistischer Analyseverfahren besteht zunächst darin, die formalen Voraussetzungen für die Anwendung einer Methode mit den gegebenen Charakteristika der Daten abzugleichen. Sämtliche Methoden der Inferenzstatistik sowie der Korrelations- und Regressionsanalyse basieren auf bestimmten Annahmen, deren Verletzung mehr oder weniger gravierende Konsequenzen haben. Die Schwere dieser Konsequenzen reicht von „Die Analyse führt zu vollkommen falschen Ergebnissen und beschreibt in keiner Weise den untersuchten realen Zusammenhang" bis zu beispielsweise „Die Analyse führt zu Ungenauigkeiten, die bei der Auslegung der Ergebnisse berücksichtigt werden müssen".

In diesem Kapitel sollen die grundlegendsten Klassifizierungkriterien populärer statistischer Verfahren kurz vorgestellt werden, so dass eine grobe Einordnung der eigenen Daten in die Bereiche zulässiger Verfahren möglich wird. Das Hauptziel dieses Kapitels ist daher die schwerwiegendsten Fehler bei der Auswahl eines statistischen Analyseverfahrens zu vermeiden. Besonders wichtig ist hierbei, diese Überlegungen als Teil des Experimentdesigns zu sehen, welches *vor* dem eigentlichen Experiment aufgestellt wird. Denn wenn die Daten erst einmal vorliegen und man bemerkt erst dann, dass kein passendes Verfahren existiert, diese auszuwerten, dann ist es in der Regel zu spät für Korrekturen. Das Experiment bestimmt somit nicht vollkommen unidirektional die spätere statistische Methode, sondern bereits bei der Ausgestaltung des Experiments muss man die Menge möglicher Verfahren im Hinterkopf behalten, die dann nach der Durchführung des Experiments konkret angewendet werden soll. Natürlich gibt es auch hier wieder ein „zu viel des Guten". Auch der gestalterische Einfluss einer statistischen Methode auf das Experiment darf nicht überinterpretiert werden. Es macht wenig Sinn, zunächst nach einer eleganten oder gerade besonders „angesagten" Analysemethode zu suchen und sich erst dann zu überlegen, welche wissenschaftliche Fragestellung man damit untersuchen könnte. In diesem Sinne ist die statistische Analyse *immer* der experimentellen Fragestellung untergeordnet und nicht umgekehrt. Des Weiteren muss man eine Methode auch nicht zwangsläufig anwenden, nur weil man es unter formalen Gesichtspunkten „darf". Grundsätzlich sollte bei der statistischen Datenanalyse der fachliche Sachverstand immer eingeschaltet bleiben und eine statistische Methode sollte nur dann Verwendung finden, wenn deren Ergebnis einen wirklichen Erkenntnisgewinn hinsichtlich der experimentell untersuchten Fragestellung liefern kann. Eine *ad-hoc* Anwendung einer Methode nur „der Methode wegen" sollte vermieden werden, da dann oftmals die statistische Auswertung an der ursprünglichen Frage vorbeigeht.

24.2 Klassifizierung von Testverfahren

Statistische Hypothesentests können hinsichtlich mehrerer Kriterien unterschieden werden. Eines der grundlegendsten Unterscheidungsmerkmale statistischer Hypothesentests ist, wie viele Gruppen bzw. Stichproben mit diesem Test verglichen werden. Wird nur eine einzige Gruppe untersucht, so kann man beispielsweise testen, ob deren mittlere Ausprägung mit einem bestimmten, als wahr angenommenen Populationsparameter vereinbar ist. In dieser Weise erfolgt der Vergleich in Einstichproben-Tests zwischen der konkreten Stichprobe und einem postulierten, wahren Wert der Population. Sollen dagegen zwei Gruppen miteinander verglichen werden, wie beispielsweise in einem klassischen Kontroll- und Treatmentgruppenvergleich, geht man von zwei getrennten Populationen aus, aus denen die Stichproben gezogen wurden. In diesem Fall müssen andere Tests verwendet werden. Wieder andere Tests wurden für Vergleiche zwischen mehr als zwei Gruppen entwickelt.

Sobald mehrere Gruppen miteinander verglichen werden, spielt es für die Auswahl eines geeigneten Tests eine große Rolle, ob die Gruppen statistisch unabhängig voneinander sind (unverbunden) oder nicht (verbunden). Diese Frage wird maßgeblich vom verwendeten Experimentaufbau beantwortet. Sobald einzelne Versuchspersonen in mehreren Experimentbedingungen bzw. Gruppen erfasst werden, so führt dies zwangsläufig zu verbundenen Stichproben. Naturgemäß können zwei aufeinanderfolgende Entscheidungen derselben Person nicht unabhängig voneinander sein. Dabei spielt es keine Rolle, ob die Person nacheinander in zwei unterschiedlichen Treatments die Entscheidung trifft („Cross-Over" Design) oder in ein und demselben Treatment („Longitudinal" Design). Ist dagegen jede Versuchsperson nur einmal Entscheider, so kann man unter vollständiger Anonymität und ohne Feedback davon ausgehen, dass die Entscheidung der einen Person nicht die Entscheidung einer anderen Person beeinflusst.

Das dritte Kriterium, das einen Einfluss auf die Auswahl von statistischen Methoden hat, ist die Frage, welche Annahmen über die Wahrscheinlichkeitsverteilung der Variablen zutreffen. Je nach Antwort kommen Verfahren aus zwei großen Klassen in Frage: die parametrischen oder die nichtparametrischen Verfahren. Parametrische Verfahren liefern nur dann sinnvolle Ergebnisse, wenn konkrete Annahmen über die Form (z. B. Normalverteilung) und die Parameter (z. B. Mittelwert, Varianz, Freiheitsgrade) der Verteilung zutreffen. Das herauszufinden ist manchmal ganz offensichtlich, in den meisten anderen Fällen verbleibt zumindest eine Unsicherheit. So lange die Stichprobe sehr groß ist (in etwa größer 100), spielt diese Unsicherheit aufgrund des zentralen Grenzwertsatzes kaum eine Rolle. Selbst wenn die wahre Verteilung nicht normalverteilt ist und ein parametrischer Test die Normalverteilung voraussetzt, liefert dieser Test für große Stichproben immer noch zuverlässige Ergebnisse. Man sagt auch, für große Stichproben sind parametrische Tests robust (gegen Verteilungsabweichungen). Bei kleinen Stichproben dagegen sollte man sich schon sehr sicher sein, dass die Verteilungsannahmen eines Tests tatsächlich zutreffen. Selbst kleine Abweichungen von der angenommenen Verteilung können ein Testergebnis vollkommen unbrauchbar machen.

Eine Alternative hierzu sind die nichtparametrischen (auch verteilungsfreie) Verfahren. Sie hängen nicht von Form und Parameter der Verteilung der Population ab, aus der die Stichprobe gezogen wurde. Das bedeutet aber natürlich nicht, dass nichtparametrische Verfahren keinerlei Annahmen benötigen. Die Annahmen sind nur weniger restriktiv als im parametrischen Fall. Dennoch ist die Frage berechtigt, wozu es dann überhaupt

24

noch die verteilungsabhängigen Verfahren gibt. Kurz gesagt, der Vorteil der Unabhängigkeit von Verteilungsannahmen geht unmittelbar mit einem Nachteil einher. Die meisten nichtparametrischen Verfahren verwenden ordinale (Rang-)daten. Wenn aber metrisch skalierte Variablen in Rangdaten umgewandelt werden, so gehen zwangsläufig Informationen der ursprünglichen Stichprobe verloren. Dieser Informationsverlust bedeutet, dass verteilungsfreie Tests die tatsächlichen Gruppenunterschiede weniger zuverlässig als statistisch signifikant ausweisen können als vergleichbare Tests, die Verteilungsannahmen voraussetzen. Die Wahrscheinlichkeit einen Effekt als signifikant auszuweisen, wenn dieser tatsächlich vorherrscht (die „Power"), ist bei verteilungsfreien Methoden niemals größer als bei den Parametrischen. Dieser Nachteil wird leider wieder umso gravierender, je kleiner die Stichprobe ist. Kleine Stichproben bedeuten also nicht, dass verteilungsfreie Verfahren *per se* besser sind. Insbesondere, wenn die Daten metrisch skaliert sind und man sich sehr sicher sein kann, dass sie aus einer Normalverteilung stammen, sind parametrische Verfahren auch bei kleinen Stichproben in der Regel das kleinere Übel. Eine geringe Robustheit ist in dieser Situation vermutlich weniger nachteilig als eine geringe Power. Wenn aber Unsicherheit über die Verteilung herrscht und/oder die Daten bereits in der Ursprungsform ordinal sind, spricht dies für die Verwendung von nichtparametrischen Verfahren. Beide Klassen haben also ihre Daseinsberechtigung.

Solange man mit großen Stichproben zu tun hat, muss man sich keine allzu großen Gedanken darüber machen, welche Klasse die bessere Wahl ist. Ein parametrischer Test hat dann nur eine unbedeutend höhere Power als sein nichtparametrisches Pendant, aber dafür ist letzterer möglicherweise etwas einfacher durchzuführen. Die parametrische Variante ist robust gegen unterschiedliche Verteilungen und die nichtparametrische Variante ist davon ohnehin unabhängig. Sind wir damit das Auswahlproblem los? Leider nicht. Dummerweise sind gerade in der Experimentalökonomik die Stichproben eher klein. In neuroökonomischen Studien, in denen Magnetresonanztomographen verwendet werden, gelten sogar Stichprobengrößen von 10 als groß. Die Qualität eines statistischen Schlusses kann in derartigen Situationen maßgeblich davon abhängen, ob man parametrische oder nichtparametrische Verfahren einsetzt. Dass die meisten ökonomischen Experimente mit nichtparametrischen Verfahren ausgewertet werden, liegt aber weniger an den kleinen Stichproben als vielmehr an der Tatsache, dass die Daten oft von Natur aus nicht normalverteilt und ordinal sind (Davis & Holt 1993).

Alternativ zu der Unterscheidung parametrisch/nichtparametrisch kann man auch die Skalenniveaus der zu untersuchenden Daten heranziehen. Tests, die metrische Daten auswerten, werden oft als parametrische Tests klassifiziert und Tests, die nominale oder ordinale Daten auswerten, als nichtparametrische (Sheskin 2000). Im Folgenden werden wir uns auf die Skalenniveaus beziehen.

> **Wichtig**
> Für die Vorauswahl eines statistischen Hypothesentests müssen zumindest die folgenden Kriterien berücksichtigt werden:
> 1. Eine Gruppe oder mehrere Gruppen?
> 2. Verbundene oder unverbundene Gruppen?
> 3. Parametrisch oder nichtparametrisch bzw. Skalenniveaus der Daten?

24.3 Wie wähle ich einen konkreten Test aus?

Mit Hilfe der drei im vorangegangenen Abschnitt vorgestellten Klassifizierungskriterien lässt sich relativ schnell ein grobes Auswahlschema erstellen, in welches häufig verwendete Hypothesentests eigeordnet werden können.

Ein Beispiel ist in ◘ Tab. 24.1 dargestellt. Zeilenweise unterscheiden wir zwischen den verschiedenen Skalenniveaus, wobei die erste Zeile parametrische Tests und die letzten beiden Zeilen nichtparametrische Tests enthalten. Spaltenweise unterscheiden wir zwischen der Auswertung einer einzigen Stichprobe oder zwei Stichproben sowie der Frage, ob letztere statistisch unabhängig sind oder nicht.

Obwohl das Klassifizierungsschema der ◘ Tab. 24.1 recht allgemein ist, stellen die aufgeführten Tests natürlich nur eine sehr kleine Auswahl dar. Die Anzahl verfügbarer Testverfahren ist einfach zu groß, als dass sie im Rahmen dieses Buches vorgestellt werden könnten. Erstens existiert eine Vielzahl von weiteren Tests, die in das Schema der ◘ Tab. 24.1 passen würden, die wir aber aus Platzgründen nicht vorstellen können. Zweitens könnten die Klassifizierungsmerkmale der ◘ Tab. 24.1 noch erweitert werden. Beispielsweise verzichten wir hier auf den Vergleich von mehr als zwei Stichproben. Selbst zu speziellen Teilmengen aller Tests existieren ganze Bücher, die sich mit deren theoretischem Hintergrund und spezifischen Charakteristika auseinandersetzen. Leser, die einen möglichst vollständigen Leitfaden benötigen, müssen wir daher an dieser Stelle auf die aus unserer Sicht hilfreichsten Werke verweisen.

Der vermutlich ausführlichste Leitfaden zu statistischen Hypothesentests ist Sheskin (2000). Auf weit über 1000 Seiten werden parametrische und nichtparametrische Testverfahren ausführlich vorgestellt, wobei sowohl zwischen verbundenen und unverbundenen Gruppen als auch zwischen Ein- und Mehrstichprobentests unterschieden wird. Zu jedem Test wird erläutert (i) welche Hypothese getestet wird, (ii) was die wesentlichen Voraussetzungen und Annahmen sind, (iii) wie ein Beispiel aussehen könnte, (iv) wie die konkreten Berechnungen dieses Tests durchgeführt werden und (v) wie die Testergebnisse interpretiert werden müssen. Als ausführliche Referenz für Experimentalwissenschaftler, die großen Wert auf Hypothesentests legen, kann dieses Werk klar empfohlen werden.

Ebenfalls sehr hilfreich ist der Leitfaden von Kanji (2006). Dort werden 100 Tests in parametrische und verteilungsfreie Tests sowie Einstichproben-, Zweistichproben und

◘ Tab. 24.1 Eine einfache Klassifizierung von Testverfahren. Das Wort „Test" wurde aus Platzgründen bei jeder Bezeichnung weggelassen

Skalierung	Design		
	1 Stichprobe	**2 Stichproben**	
		Unabhängig/Between-Subject	**Abhängig/Within-Subject**
Metrisch	z, t	t	t
Ordinal	Kolmogorov Test	Wilcoxon-Rangsummen, Mann-Whitney-U	Wilcoxon-Vorzeichen-Rang
Nominal/Kategorial	Binomial, Multinomial	Fishers exakter X^2 ($2 \times k$)	McNemar

24

Mehrstichprobentests klassifiziert und sehr knapp auf jeweils ein bis zwei Seiten besprochen. Dieser Leitfaden ist ähnlich aufgebaut wie der von Sheskin (2000), konzentriert sich aber bei der Beschreibung der Tests und bei den Beispielen nur auf das Allernötigste. Für das „schnelle Nachschlagen" ist dieses nur knapp 250 Seiten umfassende Werk sehr zu empfehlen.

Darüber hinaus existieren einige exzellente Lehrbücher speziell zu nichtparametrischen Tests, die ebenfalls die Struktur eines klassifizierten Leitfadens aufweisen. Siegel & Castellan (1988) hat sich mittlerweile als Klassiker etabliert und ist aus der wirtschaftswissenschaftlichen Experimentpraxis kaum wegzudenken. Eine tabellarische Schnellübersicht mit allen vorgestellten Tests mit Bezug auf die jeweiligen Kapitel findet man dort in der Innenseite des Buchrückens. Connover (1999) beschränkt sich ebenfalls auf nichtparametrische Test. Dort wird zwar auf einen tabellarischen Leitfaden zur Auswahl von Tests verzichtet, aber dafür werden die einzelnen Verfahren und deren Rechenschritte noch ausführlicher und sehr anschaulich erläutert.

Im Folgenden werden die in ❏ Tab. 24.1 aufgelisteten Tests kurz vorgestellt. Wir beschränken uns dabei auf vier Aspekte. Als erstes besprechen wir, bei welcher Fragestellung der Test geeignet ist und wie die Hypothese formuliert wird, die es zu testen gilt. Als nächstes diskutieren wir kurz die speziellen Voraussetzungen, die erfüllt sein müssen, um den Test anwenden zu können. Im dritten Schritt stellen wir die jeweilige Teststatistik vor und ihre bei Gültigkeit der Nullhypothese resultierende Verteilung (Nullverteilung). Diese bildet die notwendige Voraussetzung für die Durchführung des Tests. Den Abschluss bildet meist ein Beispiel, mit dessen Hilfe beispielsweise die Testdurchführung in einem bevorzugten Statistikprogramm repliziert werden kann.

24.4   *z*-Test und *t*-Test für eine Stichprobe

Der z-Test für eine Stichprobe untersucht, ob der Mittelwert $\overline{x}$ einer gezogenen Stichprobe hinreichend gut mit einem vorgegebenen bzw. als wahr angenommenen Populationsmittelwert μ_0 vereinbar ist. Wenn der Unterschied zwischen $\overline{x}$ und μ_0 signifikant ist, dann unterstützen die Daten nicht die Hypothese, dass die Stichprobe aus einer Population mit Mittelwert $\mu = \mu_0$ gezogen wurde. Entsprechend lautet die Nullhypothese: $H_0: \mu = \mu_0$ und die Alternativhypothesen sind dann: $H_1: \mu \neq \mu_0$ oder $H_1: \mu < \mu_0$ oder $H_1: \mu > \mu_0$.

Da es sich um ein parametrisches Verfahren handelt, ist eine wichtige Voraussetzung, dass die Stichprobe aus einer normalverteilten Population mit bekannter Varianz σ^2 gezogen wurde. Die Stichprobengröße eines z-Testes sollte mindestens 30 Beobachtungen umfassen.

Die Teststatistik (z-Wert) ist der standardisierte Mittelwert $\overline{x}$ der Stichprobe und berechnet sich gemäß der Formel

$$z = \frac{\overline{x} - \mu_0}{SE}.$$

Diese Zufallsvariable ist standard-normalverteilt mit dem Mittelwert 0 und der Varianz 1 oder kürzer ausgedrückt $z \sim N(0;1)$. Die Standardabweichung der Teststatistik lautet

$$SE = \sqrt{\sigma^2/n},$$

wobei σ die Streuung der untersuchten Zufallsvariablen innerhalb der Population und n die Stichprobengröße darstellt.

In den allermeisten Fällen ist der Verteilungsparameter σ^2 unbekannt und muss daher vorab geschätzt werden. In diesem Fall lautet die Teststatistik

$$t = \frac{\overline{x} - \mu_0}{\widehat{SE}} \sim t_{n-1}.$$

und der Test lautet dem entsprechend t-Test. Die Schätzwerte sind in der Notation mit einem Dach kenntlich gemacht. Die Nullverteilung des t-Tests ist im Gegensatz zur Nullverteilung des z-Tests unterschiedlich für unterschiedlich große Stichprobenumfänge, denn sie hängt vom Freiheitsgrad $n - 1$ ab.

Der geschätzte Standardfehler lautet

$$\widehat{SE} = \sqrt{\hat{\sigma}^2/n}$$

mit dem Schätzer der Populationsvarianz

$$\hat{\sigma}^2 = \frac{1}{n - 1} S_{xx},$$

wobei $S_{xx} = \sum(x_i - \overline{x})^2$ die Summe aller quadrierten Abweichungen der x_i von ihrem Mittelwert darstellt (auch: „Variation" von x genannt).

Beispiel

Die Punktzahl eines landesweit erhobenen Mathetests sei normalverteilt mit einem Mittelwert von $\mu = 78$ Punkten und einer Standardabweichung von $\sigma = 12$ Punkten. Der Lehrer einer speziellen Schule möchte testen, ob seine neu eingeführte Methode, Mathe zu unterrichten, einen positiven signifikanten Einfluss auf die erreichten Punkte hat. Seine Forschungshypothese lautet daher $H_1 : \mu > 78$.

Die 36 Schüler seines Kurses erreichten eine mittlere Punktzahl von $\overline{x} = 82$ aus den Werten 94, 68, 81, 82, 94, 91, 89, 97, 92, 76, 74, 74, 92, 98, 70, 55, 56, 83, 65, 83, 91, 76, 79, 79, 86, 82, 93, 86, 82, 62, 93, 95, 100, 67, 89. Die Teststatistik lautet dann $z = (82 - 78)/(12/\sqrt{36}) = 2$.

Wenn wir die wahre Streuung der Population nicht kennen, berechnen wir die Variation der Stichprobe $S_{xx} = \sum(x_i - 82)^2 = 4892$. Daraus ermitteln wir $\hat{\sigma}^2 = \frac{1}{n-1} S_{xx} = \frac{1}{36-1} 4892 = 139{,}77$ und somit $\hat{\sigma} = \sqrt{139{,}77} = 11.82$. Dies ist eine recht gute Schätzung, denn der wahre Wert betrug $\sigma = 12$ Punkte. Der geschätzte Standardfehler ist dann $\widehat{SE} = \frac{11.82}{\sqrt{36}} = 1.97$ und die Teststatistik lautet $t = (82 - 78)/1{,}97 = 2{,}03$. Gibt man die Freiheitsgrade $v = n - 1 = 35$ und den Wert der Teststatistik $t = 2{,}03$ in die t-Verteilung von PQRS ein, ergibt sich ◘ Abb. 24.1.

Der p-Wert lautet demnach $2{,}5\,\% < 5\,\%$ und wir lehnen $H_0 : \mu = 78$ zum Signifikanzniveau von $5\,\%$ ab.

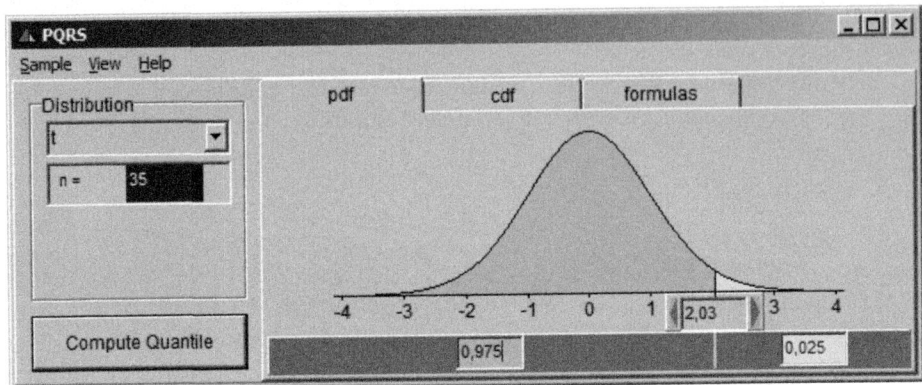

⬛ Abb. 24.1 Durchführung eines einseitigen *t*-Tests mit einer Stichprobe

24.5 *t*-Test für zwei unabhängige Stichproben (Between-Subject Vergleich)

Wenn wir zwei Stichproben miteinander vergleichen wollen, benötigen wir eine Abwandlung des *t*-Tests für eine Stichprobe. Zunächst gehen wir von dem Fall aus, dass keine Person in beiden Stichproben gleichzeitig vertreten ist und dass die Realisationen der einen Stichprobe in keiner Weise durch die der anderen Stichprobe beeinflusst wird. Getestet wird, ob sich die Mittelwerte $\overline{x_1}$ und $\overline{x_2}$ dieser unabhängig voneinander gezogenen Stichproben so stark unterscheiden, dass von einem signifikanten Unterschied zwischen den Populationsmittelwerten ausgegangen werden kann. Wenn der Unterschied zwischen $\overline{x_1}$ und $\overline{x_2}$ signifikant ist, dann unterstützen die Daten *nicht* die Hypothese, dass die Stichproben aus Populationen mit gleichem Mittelwert $\mu_1 = \mu_2$ gezogen wurden. Deshalb lautet die Nullhypothese: $H_0: \mu_1 - \mu_2 = \mu_0$, wobei in der Regel auf „kein Unterschied", d. h. $\mu_0 = 0$ getestet wird. Die Alternativhypothesen sind dann: $H_1: \mu_1 - \mu_2 \neq \mu_0$ oder $H_1: \mu_1 - \mu_2 < \mu_0$ oder $H_1: \mu_1 - \mu_2 > \mu_0$.

Wir sind nach wie vor im Bereich der parametrischen Verfahren, deshalb muss vorausgesetzt werden, dass die Stichproben zufällig aus jeweils einer normalverteilten Population mit unbekannter aber gleicher Varianz σ^2 gezogen wurden. Dabei ist es nicht erforderlich, dass beide Stichproben gleich groß sind. Ein sehr wichtiger Punkt ist, dass bei einem Between-Subject Design die Zuteilung der Versuchspersonen auf die unterschiedlichen Anordnungen zufällig erfolgt. Nur eine erfolgreiche Randomisierung kann sicherstellen, dass Selektionseffekte ausgeschlossen werden können (vgl. ▶ Abschn. 20.3). Die Standardfehler werden wie beim *t*-Test des vorangegangenen Abschnitts geschätzt.

Die Teststatistik ist *t*-verteilt mit $v = n_1 + n_2 - 2$ Freiheitsgraden, wobei n_1 bzw. n_2 die Größen der beiden Stichproben sind. Sie ist die standardisierte Differenz aus beiden Stichprobenmittelwerten

$$t = \frac{\overline{x_1} - \overline{x_2} - \mu_0}{\widehat{se}} \sim t_{(n_1 + n_2 - 2)}.$$

Der Standardfehler berechnet sich aus einem gewichteten Mittel der Stichprobenvarianzen

$$\widehat{SE} = \sqrt{S_1^2 + S_2^2} = \sqrt{\hat{\sigma}_1^2 \left(\frac{1}{n_1} + \frac{1}{n_2} \right) + \hat{\sigma}_2^2 \left(\frac{1}{n_1} + \frac{1}{n_2} \right)}$$

mit $\hat{\sigma}_1^2 = \frac{1}{n_1 + n_2 - 2} S_{x_1 x_1}$

$$\hat{\sigma}_2^2 = \frac{1}{n_1 + n_2 - 2} S_{x_2 x_2}.$$

24.6 *t*-Test für zwei abhängige Stichproben (Within-Subject Vergleich)

Eine weitere Veränderung des *t*-Testes wird benötigt, wenn die Realisierungen der einen Stichprobe nicht unabhängig von denen der anderen Stichprobe erfolgt sind. Das ist immer in einem Within-Subject Design eines Versuches der Fall, da eine Versuchsperson Entscheidungen in zwei unterschiedlichen Anordnungen bzw. Stichproben trifft. Es liegen deshalb Messwertpaare vor, in denen die Entscheidung derselben Versuchsperson in beiden Anordnungen abgebildet ist. Die Nullhypothese lautet: H_0: $\mu_1 - \mu_2 = \mu_0$, wobei in der Regel wiederum auf $\mu_0 = 0$ getestet wird, und die Alternativhypothesen: H_1: $\mu_1 - \mu_2 \neq \mu_0$ oder H_1: $\mu_1 - \mu_2 < \mu_0$ oder H_1: $\mu_1 - \mu_2 > \mu_0$.

Wiederum werden die Stichproben zufällig aus jeweils einer normalverteilten Population mit unbekannter aber gleicher Varianz σ^2 gezogen. Die Teststatistik ist die gleiche wie im 2-Stichprobenfall mit unabhängigen Stichproben. Der Standardfehler berechnet sich aus einem gewichteten Mittel der Stichprobenvarianzen, korrigiert um die Stärke des Zusammenhangs zwischen beiden Stichproben

$$\widehat{SE} = \sqrt{S_1^2 + S_2^2 - 2\rho S_1 S_2},$$

wobei ρ den (Bravis-Pearson) Korrelationskoeffizienten zwischen beiden Stichproben darstellt. Er berechnet sich aus

$$\rho = \frac{S_{x_1 x_2}}{\sqrt{S_{x_1 x_1} S_{x_2 x_2}}}.$$

Ferner gilt wieder

$$S_1^2 = \hat{\sigma}_1^2 \left(\frac{1}{n_1} + \frac{1}{n_2} \right)$$
$$S_2^2 = \hat{\sigma}_2^2 \left(\frac{1}{n_1} + \frac{1}{n_2} \right)$$

und

$$\hat{\sigma}_1^2 = \frac{1}{n_1 + n_2 - 2} S_{x_1 x_1}$$
$$\hat{\sigma}_2^2 = \frac{1}{n_1 + n_2 - 2} S_{x_2 x_2}.$$

24

24.7 **Kolmogorov-Test**

Der Kolmogorov-Test zählt zu den so genannten „Goodness-of-Fit"-Tests. Diese Tests prüfen, ob die Verteilung von Ausprägungen einer Stichprobe so hätte erwartet werden können, wenn man von einer spezifischen, vorgegebenen Verteilung ausgeht. Das bedeutet, man kann mit diesem Test statistische Evidenz dafür erhalten, ob eine Verteilungsannahme erfüllt ist oder nicht. Hierzu wird die empirische Verteilungsfunktion F_x der Stichprobe, also der Anteil der beobachteten x-Werte, die kleiner gleich einem speziellen x-Wert sind (für *alle* reellen x-Werte), mit der vorgegebenen bzw. vermuteten Verteilungsfunktion F_0 verglichen. Die Teststatistik D, die den Grad an Übereinstimmung erfasst, ist der maximal aufgetretene Abstand zwischen F_x und F_0.

Die Nullhypothese postuliert die Übereinstimmung von theoretischer und empirischer Verteilung und die Alternativhypothese besagt, dass die Stichprobe nicht aus der theoretischen Verteilung stammt. In der Praxis geht man daher meistens von einer zweiseitigen Hypothese aus, die eine Abweichung in beide Richtungen zulässt. Im Gegensatz zu den meisten anderen Tests möchte man beim Kolmogorov-Test, dass die Nullhypothese *nicht* abgelehnt wird, da in der Regel eine bestimmte Verteilungsannahme bestätigt werden soll (z. B. Normalverteilung). Je unähnlicher die Daten zur Referenzverteilung sind, desto höher die Wahrscheinlichkeit, dass die Nullhypothese abgelehnt wird.

■ **Voraussetzungen und Besonderheiten**

Technisch gesehen setzt der Kolmogorov-Test eine stetige Zufallsvariable (mit mindestens ordinal skaliertem Merkmal) voraus. Man kann zeigen, dass nur unter dieser Bedingung die Verteilung der Teststatistik D *unabhängig* von der konkreten Form der wahren Verteilung ist, aus der die Stichprobe gezogen wurde. In diesem Sinne wäre der Kolmogorov-Test ein „echt" verteilungsfreies Verfahren.

Bei diskreten Daten bietet sich als Alternative ein χ^2-Goodness-of-Fit-Test an, der aber wiederum eine verhältnismäßig große Stichprobengröße benötigt, um valide Testentscheidungen zu generieren. Möchte man den Kolmogorov-Test trotzdem auf diskrete Daten anwenden, so muss man entweder deutlich konservativere Testentscheidungen in Kauf nehmen oder bestimmte Modifikationen dieses Tests verwenden, die speziell auf diskrete Daten abzielen (Conover 1972)

■ **Teststatistik und Nullverteilung**

Die Teststatistik ist die maximale betragsmäßige Differenz zwischen beiden kumulativen Verteilungsfunktionen, die der Referenzverteilung F_0 und die der empirischen Verteilung F_x

$$D = \max |F_x - F_0| \sim F_D.$$

Die Teststatistik folgt einer eindeutigen, aber nicht gängigen Nullverteilung F_D, die nicht von F_x abhängt, sofern F_x stetig ist. Bis zu einem Stichprobenumfang von $n = 35$ sind die kritischen Werte von D tabelliert (Massey 1951). Für größere Stichproben lassen sie sich für ein Signifikanzniveau von 5 % gemäß der Formel

$$D_{\text{krit}} = \frac{1{,}3581}{\sqrt{n}}$$

berechnen. In nahezu jedem Statistikprogramm ist dieser Test (inklusive der kritischen Werte) bereits vorprogrammiert, so dass man in der Regel auch hier auf ein Tabellenwerk verzichten kann.

24.8 Wilcoxon-Rangsummen- und Mann-Whitney-*U*-Test

Der Wilcoxon-Rangsummentest ist eine gängige Alternative zum *t*-Test, wenn die Normalverteilungsannahme nicht realistisch erscheint und/oder die Daten nicht metrisch skaliert sind. Er vergleicht genau wie der *t*-Test die „Schwerpunkte" zweier unabhängiger Stichproben auf ihre Gleichheit. Wie der Name des Tests bereits anzeigt, werden im Wilcoxon-Rangsummentest ordinale Rangdaten zu Grunde gelegt. Für diese existieren keine arithmetischen Mittel der Daten mehr und man spricht allgemein in einem Gruppenvergleich von „zentralen Tendenzen".

Die Daten bestehen aus jeweils einer Beobachtung der n_1 bzw. n_2 Zufallsvariablen $(x_1, \ldots, x_{n1})$ und $(y_1, \ldots, y_{n2})$. Sowohl innerhalb einer Stichprobe $(x_1, \ldots, x_{n1})$ bzw. $(y_1, \ldots, y_{n2})$ als auch zwischen den Variablen x_i und y_i besteht stochastische Unabhängigkeit. Alle Zufallsvariablen sind stetig und mindestens auf einem ordinalen Skalenniveau gemessen.

Zunächst weist man den $n = n_1 + n_2$ Beobachtungen über beide Stichproben hinweg Ränge zu. Die kleinste der n Beobachtungen erhält den kleinsten Rang, die größte Beobachtung den größten. Im Idealfall können bei n Beobachtungen auch n unterschiedliche Ränge vergeben werden. Anschließend werden die Ränge jeder Stichprobe getrennt voneinander aufsummiert und man erhält die Rangsummen R_1 und R_2. Die für den Wilcoxon-Rangsummentest verwendete Teststatistik ist die kleinere der Rangsummen aus beiden Stichproben, also $R^\star = \min\{R_1, R_2\}$. Der *p*-Wert, für dessen Berechnung die Nullverteilung benötigt wird, ist dann die Wahrscheinlichkeit eben diese Rangsumme $R^\star$ oder eine extremere (im Sinne der Forschungshypothese H_1) zu erhalten.

Für die Bestimmung der Nullverteilung berechnet man zunächst die Gesamtanzahl möglicher Variationen V, mit denen die n Ränge auf die beiden Stichproben der Größen n_1 und n_2 verteilt werden könnten. Man kann zeigen, dass

$$V = \frac{(n_1 + n_2)!}{n_1! n_2!}$$

gilt. Die Nullverteilung besteht dann aus den V möglichen Rangvariationen in derjenigen Stichprobe, die die kleinere Rangsumme $R^\star$ aufweist. Um den *p*-Wert zu erhalten, zählt man die Rangsummen aller Variationen, die kleiner oder gleich (bei linksseitigem Test) bzw. größer gleich (bei rechtsseitigem Test) $R^\star$ sind, und teilt diese Zahl durch V.

In PQRS erhält man die Nullverteilung, indem man unter „Distribution" die Auswahl „Wilcoxon rank-sum" trifft und im Feld „*m*" die Größe der ersten Stichprobe (z. B. $m = 4$) und im Feld „*n*" die Größe der zweiten Stichprobe (z. B. $n = 6$) einträgt. Nach einem Klick auf „Apply New Distribution" erhält man das in ◗ Abb. 24.2 enthaltene Bild.

Durch Verschieben des Reglers auf der Abszisse (hier auf das Zentrum „22" eingestellt) können wir wieder beliebige Quantile festlegen und deren zugehörige Wahrscheinlichkeiten in der darunterliegenden Zeile ablesen. Im vorliegenden Fall sehen wir beispielsweise, dass die Wahrscheinlichkeit, einen Wert der Teststatistik $R^\star$ zu erhalten, der kleiner als 22 ist, gerade $0{,}4571 = 45{,}71\%$ beträgt. Die Wahrscheinlichkeit, genau den Wert 22 zu erhalten, beträgt $0{,}0857 = 8{,}57\%$. Demnach ist die Wahrscheinlichkeit, einen Wert kleiner

24

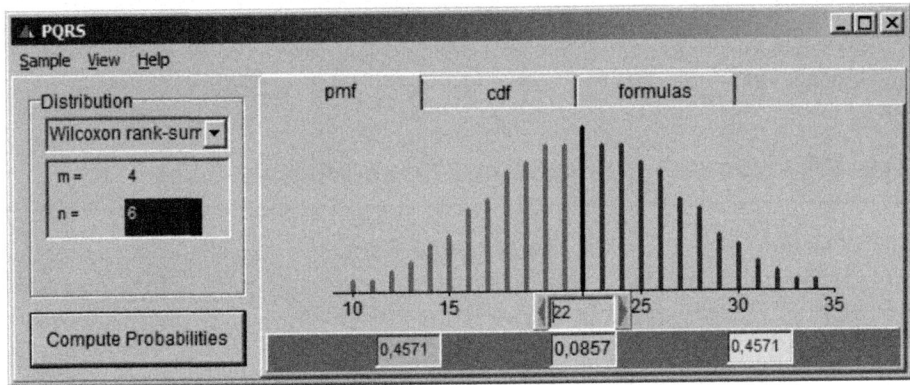

◘ Abb. 24.2 Nullverteilung eines Wilcoxon-Rangsummentests mit zwei unabhängigen Stichproben

oder gleich 22 zu erhalten, genau die Summe aus diesen beiden Wahrscheinlichkeiten, also $0{,}4571 + 0{,}0857 = 0{,}5428 = 54{,}28\,\%$. Bei großen Stichproben und gleichzeitig begrenzter Messgenauigkeit ist es nicht ungewöhnlich, dass man innerhalb einer Gruppe oder zwischen beiden Gruppen gleiche Ausprägungen erhält (englisch „Ties"). Die Anzahl gleicher Ausprägungen entspricht dann der Anzahl von Rängen, die eigentlich vergeben werden müssten, aber nicht vergeben werden können, weil ein Wert nicht vom anderen unterscheidbar ist. In der Praxis weist man allen diesen Ausprägungen den mittleren Rang aus dem vorherigen und dem nachfolgenden Rang zu. Hierzu bietet es sich zunächst an, die Beobachtungen aus beiden Stichproben in eine einzige Tabelle den Rängen nach geordnet zu schreiben. Ein Beispiel ist in ◘ Tab. 24.2 wiedergegeben:

Die Ausprägung 9,5 kommt insgesamt viermal vor. Der mittlere Rang ist in diesem Fall $(20 + 15)/2 = (16 + 17 + 18 + 19)/4 = 17{,}5$.

◘ Tab. 24.2 Vorgehen bei „Ties"

Gruppe 1	Gruppe 2	Rang
…	…	…
8,7		15
	9,5	(16) → 17,5
9,5		(17) → 17,5
	9,5	(18) → 17,5
	9,5	(19) → 17,5
	10,2	20
…	…	…

Wenn n_1 oder n_2 größer als 20 sind, dann lassen sich die Nullverteilungen beider Varianten durch eine Normalverteilung mit

$$\mu = \frac{n_1(N+1)}{2} \quad \text{und} \quad \sigma^2 = \frac{n_1 n_2(N+1)}{12}$$

approximieren. Die Teststatistik R^* lässt sich dann wie gewohnt in standardnormalverteilte z-Werte transformieren.

Ein alternatives Verfahren, welches aber immer zum selben Testergebnis führt, ist der Mann-Whitney-*U*-Test. Hier bestimmt man für jeden Rang einer Gruppe, wie viele kleinere Ränge es in der jeweils anderen Gruppe gibt (sog. Rang-„Scores"). Mit der Summe dieser Scores wird dann genauso verfahren wie mit der Rangsumme im Wilcoxon-Test, d. h. die Teststatistik S^* ist die kleinere der beiden Score-Summen. Bei der Approximation der Nullverteilung von S^* durch eine Normalverteilung muss nur der Erwartungswert angepasst werden. Er lautet

$$\mu = \frac{n_1 n_2}{2}.$$

Die Varianz ist die gleiche wie für die Wilcoxon-Rangsummen Teststatistik R^*.

Beispiel

Es soll getestet werden, ob Studierende der Wirtschaftswissenschaft (WIWI) signifikant weniger im Diktatorspiel abgeben als Studierende der Humanwissenschaft (HUM). Dazu stehen in der Gruppe WIWI $n_1 = 4$ und in der Gruppe HUM $n_2 = 5$ Beobachtungen zur Verfügung (vgl. ◘ Tab. 24.3).

Die Teststatistik ist die Rangsumme $R^* = R_1 = 12$, weil diese Zahl die kleinere der beiden Rangsummen ist. Ferner gilt für die Gesamtzahl der Variationen V, mit denen $N = 9$ Ränge auf zwei Stichproben der Größe 4 und 5 verteilt werden können,

$$V = \frac{(4+5)!}{4!5!} = 126.$$

◘ **Tab. 24.3** Beispieldaten zum Wilcoxon-Rangsummentest

WIWI		HUM	
Abgabe	**Rang**	**Abgabe**	**Rang**
13	4	25	9
14	5	15	6
8	2	9	3
6	1	22	8
		19	7
Summe	$R_1 = 12$		$R_2 = 33$

Der Größe nach geordnet lauten die möglichen Rangsummen für die Stichprobe WIWI:

1. $1+2+3+4=10$
2. $1+2+3+5=11$
3. $1+2+3+6=12$
4. $1+2+4+5=12$
5. $1+2+4+6=13$

… – …

126. $6+7+8+9=30$

Wir sehen, dass in nur 4 von 126 möglichen Fällen, die Rangsumme kleiner oder gleich $R^* = R_1 = 12$ ist. Demnach beträgt der p-Wert $4/126 \approx 0{,}0317 = 3{,}17\,\%$ und die Nullhypothese würde bei einem Signifikanzniveau von 5 % abgelehnt werden. In PQRS erhält man diesen Wert, indem man die Nullverteilung für $n_1 = 4$ und $n_2 = 5$ (bzw. m und n in PQRS) bestimmt und das Quantil 12 auswählt.

Wie man an ◘ Abb. 24.3 ablesen kann, ist die Wahrscheinlichkeit, einen R^*-Wert von 12 oder kleiner zu erhalten, die Summe aus 0,015873 (Wahrscheinlichkeit für $R^* < 12$) und 0,015873 (Wahrscheinlichkeit für $R^* = 12$), also wieder etwa $0{,}0317 = 3{,}17\,\%$.

Im Mann-Whitney-U-Test lauten die Scores wie in ◘ Tab. 24.4 dargestellt.

Es gilt $S^* = S_1 = 2$ und $V = 126$. Die geordneten Score Summen in der WIWI Gruppe lauten

1. $0+0+0+0=0$ (Ränge 1, 2, 3, 4)
2. $0+0+0+1=1$ (Ränge 1, 2, 3, 5)
3. $0+0+0+2=2$ (Ränge 1, 2, 3, 6)
4. $0+0+1+1=2$ (Ränge 1, 2, 4, 5)
5. $0+0+0+3=3$ (Ränge 1, 2, 3, 7)

… – …

126. $5+5+5+5=20$.

Wieder wird in nur 4 aus 126 Fällen der Wert der Teststatistik (hier: $S^* = 2$) nicht überschritten, d. h. der p-Wert ist analog zum Wilcoxon-Rangsummentest $4/126 = 0{,}032 = 3{,}2\,\%$. Die entsprechende Nullverteilung in PQRS ist in ◘ Abb. 24.4 dargestellt.

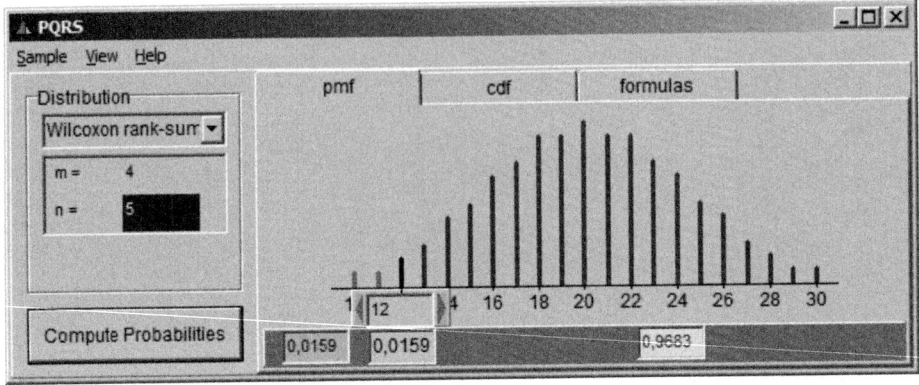

◘ **Abb. 24.3** Durchführung eines Wilcoxon-Rangsummentests

◻ Tab. 24.4 Scores im Mann-Whitney-U-Test

WIWI			HUM		
Abgabe	Rang	Score	Abgabe	Rang	Score
13	4	1	25	9	4
14	5	1	15	6	4
8	2	0	9	3	2
6	1	0	22	8	4
			19	7	4
Summe		$S_1 = 2$			$S_2 = 18$

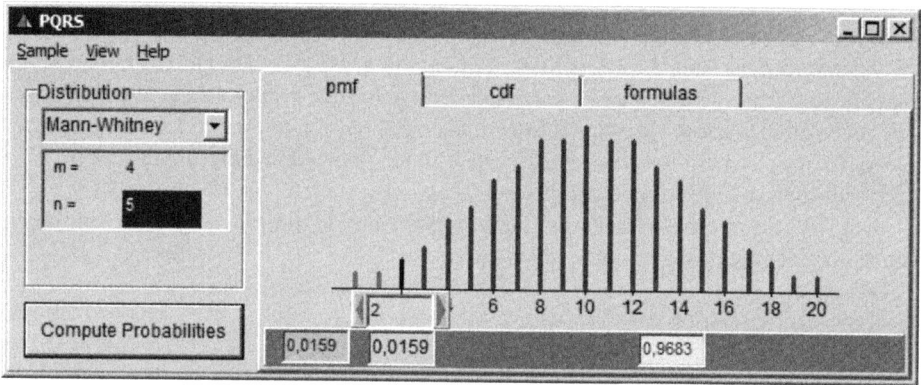

◻ Abb. 24.4 Durchführung eines Mann-Whitney-U-Tests

Wie man sieht, ist der einzige Unterschied ein angepasstes Quantil ($S^* = 2$ statt $R^* = 12$), aber der entsprechende p-Wert im Mann-Whitney-U-Test ist der gleiche wie im Wilcoxon-Rangsummentest.

24.9 Wilcoxon-Vorzeichen-Rang-Test (zwei abhängige Stichproben)

Genau wie der Wilcoxon-Rangsummentest als nichtparametrisches Pendant zum t-Test mit zwei unabhängigen Stichproben gesehen werden kann, so kann der Wilcoxon-Vorzeichen-Rang-Test als nichtparametrische Alternative zum t-Test mit zwei abhängigen Stichproben verwendet werden. Er zählt zu den Standardtests für ordinale Daten in einem Within-Subject oder Matched-Pairs Design.

Der Wilcoxon-Vorzeichen-Rang-Test basiert auf den Differenzen der Ausprägungen beider Stichproben. Dabei wird zwar die Richtung der Differenz berücksichtigt, aber das Ausmaß der Differenz geht in die Teststatistik nur als ordinaler Rang ein.

Die Hypothesen sind die gleichen wie im Wilcoxon-Rangsummentest. Unter Gültigkeit der Nullhypothese geht man davon aus, dass die Differenzen aus einer Population stammen, die symmetrisch um den Median von 0 verteilt ist. Das bedeutet, dass vor der eigentlichen Stichprobenrealisation die Wahrscheinlichkeit für die Ränge 1, 2, 3 usw. genauso groß ist wie die Wahrscheinlichkeit für die Ränge $-1, -2, -3$ usw., also jeweils 0,5. Man kann sich das Ziehen einer Stichprobe (bzw. das Durchführen eines Treatments) auch als Wurf von n von 1 bis n durchnummerierten Münzen vorstellen, bei denen auf der Oberseite die positive Nummer und auf der Unterseite die negative Nummer steht. Diese Eigenschaft gleicher Wahrscheinlichkeiten für Vorzeichen ist wichtig für die Herleitung der Nullverteilung.

Die Daten bestehen aus jeweils einer Beobachtung der n Zufallsvariablen-Tupel (x_1, y_1), $(x_2, y_2), \ldots, (x_n, y_n)$. Die Variablen x_i und y_i sind stochastisch nicht unabhängig voneinander, die Realisationen der Paare (x_i, y_i) dagegen schon. Alle Zufallsvariablen sind stetig und mindestens auf einem ordinalen Skalenniveau gemessen. Zur Herleitung der Teststatistik bestimmt man als erstes die *absoluten* Differenzen $|d_i| = |x_i - y_i|$ der Ausprägungen. Wenn wir für den Augenblick davon ausgehen, dass keine Null-Differenzen $|d_i| = 0$ und auch keine gleichgroßen Differenzen $|d_i| = |d_j|$ auftreten, so wissen wir, dass bei z. B. $n = 3$. Beobachtungen die Ränge 1,2,3 realisiert werden müssen. Ist die tatsächliche Differenz aus den Stichprobenwerten positiv (Wert der ersten Stichprobe größer als der Wert der zweiten Stichprobe), dann würde dem Rang ein Pluszeichen zugeordnet und im umgekehrten Fall ein Minuszeichen. Bei einer Stichprobengröße von $n = 3$ ergäben sich $m = 2^n = 2^3 = 8$ Möglichkeiten die Vorzeichen auf die drei Ränge zu verteilen (vgl. ◻ Tab. 24.5).

Die Rangsummen der positiven Ränge werden mit T^+ und die der negativen Ränge mit T^- bezeichnet, wobei in allen $m = 8$ Fällen gilt

$$T^+ + T^- = \frac{n(n+1)}{2} = 6.$$

Da die eine Rangsumme immer aus der anderen abgeleitet werden kann, spielt es keine Rolle, welche der beiden Werte T^+ oder T^- wir als Teststatistik verwenden. Wir entscheiden uns im Folgenden für T^+ und beziehen das gesamte weitere Vorgehen auf diese Wahl. Die Nullverteilung lautet dann bei $n = 3$ wie in ◻ Tab. 24.6 dargestellt.

Daran kann man ablesen, dass beispielsweise ein Wert der Teststatistik T^+ kleiner oder gleich 2 mit der Wahrscheinlichkeit $1/8 + 1/8 + 1/8 = 3/8 = 0,375$ realisiert wird.

In PQRS können wir die Stichprobenverteilung grafisch darstellen, indem wir unter „Distribution" die Auswahl „Wilcoxon Signed Rank" treffen und im Feld „n" den Wert 3 eingeben. Nach einem Klick auf „Apply New Distribution" erhalten wir das in ◻ Abb. 24.5 dargestellt Bild.

◻ **Tab. 24.5** Acht verschiedene Möglichkeiten zwei Vorzeichen auf drei Ränge zu verteilen							
Rang	**1.**	**2.**	**3.**	**4.**	**5.**	**6.**	**7.**	**8.**
1	–	–	–	–	+	+	+	+
2	–	–	+	+	–	–	+	+
3	–	+	+	–	+	+	–	+
T^+	0	3	5	2	4	1	3	6
T^-	6	3	1	4	2	5	3	0

□ **Tab. 24.6** Nullverteilung im Wilcoxon-Vorzeichen-Rang-Test

Mögl. Werte T^+	0	1	2	3	4	5	6	
Abs. H.	1	1	1	2	1	1	1	8
Ws.	1/8	1/8	1/8	2/8	1/8	1/8	1/8	1

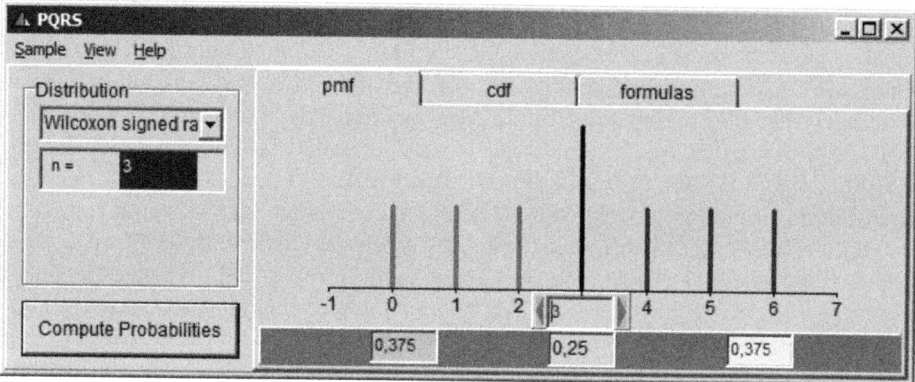

□ **Abb. 24.5** Nullverteilung im Wilcoxon-Vorzeichen-Rang-Test

An dieser Darstellung ist leicht zu erkennen, dass das kleinstmögliche Signifikanzniveau, auf das wir bei $n = 3$ testen können, $1/8 = 0{,}125 = 12{,}5\,\%$ beträgt. Wenn die Stichprobengröße erhöht wird, erhalten wir mehr mögliche Werte von T^+ und dementsprechend feinere Abstufungen in der Nullverteilung. Bereits bei $n = 10$ erhalten wir die Verteilung der □ Abb. 24.6.

Hier beträgt die Wahrscheinlichkeit, dass wir einen T^+ Wert von 12 oder kleiner erhalten, $0{,}0527 = 5{,}27\,\%$, was fast dem Standard-Signifikanzniveau von $5\,\%$ entspricht. Darüber hinaus kann man erkennen, dass die Verteilung schon jetzt einer Normalverteilung sehr ähnlich ist. Tatsächlich könnte man die Nullverteilung durch eine Normalverteilung mit den Parametern $\mu = n(n + 1)/4$ und $\sigma^2 = n(n + 1)(2n + 1)/24$ approximieren. Da es

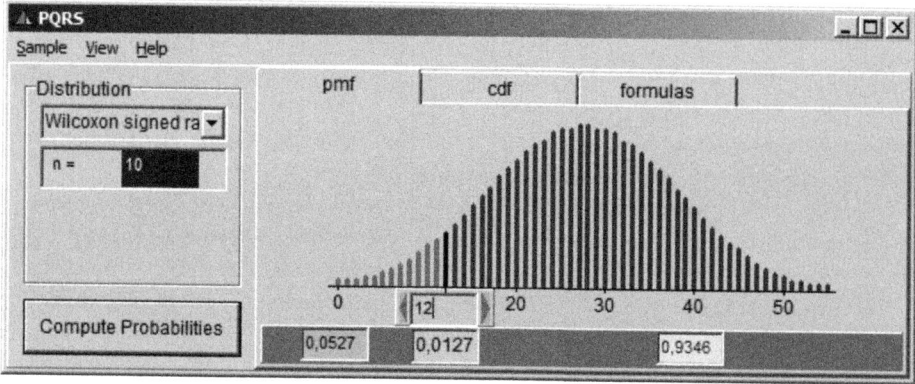

□ **Abb. 24.6** Nullverteilung im Wilcoxon-Vorzeichen-Rang-Test mit $n = 10$

sich bei der Normalverteilung aber um eine stetige Verteilung handelt, sollte man bei der Standardisierung der Teststatistik $(T^+ - \mu)/\sigma$ folgende Stetigkeitskorrektur vornehmen: Wenn $T^+ < \mu$, dann addiere den Wert 0,5 zu T^+ und wenn $T^+ > \mu$, dann subtrahiere den Wert 0,5 von T^+. In beiden Fällen wird der Abstand von T^+ zu μ und somit der Stichproben z-Wert verringert.

Abschließend sei erwähnt, dass das beschriebene Verfahren zunehmend problematisch wird, je mehr Nulldifferenzen $|d_i| = 0$ und Verbunddifferenzen $|d_i| = |d_j|$ (englisch „Ties") auftreten. Da der Test stetige Variablen voraussetzt, können bei hinreichend genauer Messung beide Varianten theoretisch nicht auftreten. Die Stetigkeitsannahme bedeutet also, dass die Wahrscheinlichkeit für das Auftreten von Null- und Verbunddifferenzen, zumindest theoretisch, Null sein muss. In der Praxis treten die genannten Ties jedoch häufiger auf, weil man die Variablen nicht immer beliebig genau messen kann. Geldbeträge in Euro sind beispielsweise auf zwei Kommastellen (kleinste Einheit Cent bzw. 1/100 €) begrenzt und es macht nicht viel praktischen Sinn, diese Einheit noch weiter zu verfeinern. Es wurden etliche Vorschläge in der Statistik-Literatur diskutiert. In der Praxis hat sich jedoch durchgesetzt, Null-Differenzen aus den Beobachtungen mit der Folge eines dann kleineren Stichprobenumfangs n^* herauszunehmen und Verbunddifferenzen den gemeinsamen mittleren Rang zuzuweisen. Die genaue Abgrenzung der verschiedenen Verfahren würde an dieser Stelle zu weit führen. Interessierte Leser seien beispielsweise auf Connover (1973) verwiesen.

Beispiel

Es soll der Einfluss der Gruppenzugehörigkeit auf das Verhalten der Trustors im Vertrauensspiel untersucht werden. In einem Experiment werden $n = 12$ Personen (6 Trustors und 6 Trustees) nacheinander zwei unterschiedlichen Experimentanordnungen ausgesetzt. Als erstes spielen sie paarweise das Vertrauensspiel ohne Information über das Studienfach des jeweiligen Spielpartners („ohne Info"). Im Spiel entscheiden die Trustors, ob sie 1, 2, ... oder 10 € an den Trustee senden möchten.. Der Trustee entscheidet dann per Strategiemethode, wie viel er jeweils an den Trustor zurückschicken möchte. Die Versuchspersonen bekommen nach Abschluss der ersten Anordnung kein Feedback über das Verhalten des jeweiligen Spielpartners. In der zweiten Anordnung spielen die gleichen Versuchspersonen noch einmal das gleiche Vertrauensspiel, aber sie erhalten zusätzlich die Information über das Studienfach des jeweiligen Spielpartners („mit Info"). Das Verhalten des Trustor in beiden Anordnungen sei in der ◻ Tab. 24.7 erfasst.

Da die Versuchsperson 4 keine Veränderung zwischen beiden Anordnungen zeigt, wird er aus der Auswertung herausgenommen, so dass sich die Stichprobengröße auf $n = 5$ reduziert (es gibt allerdings auch Verfahren, die diese Nulldifferenzen berücksichtigen, siehe z. B. Marascuilo & McSweeney 1977).

Angenommen es wird vermutet, dass die Information über das Studienfach des Spielpartners die Abgaben des Trustor verringert. Dann lauten die Hypothesen:

- H_0: $E(d) = 0$. Die erwartete Differenz der Abgaben des Trustor zwischen beiden Anordnungen ist Null, d. h. die Information über das Studienfach verringert die Abgaben nicht.
- H_1: $E(d) > 0$. Die erwartete Differenz der Abgaben des Trustor zwischen beiden Anordnungen ist größer Null, d. h. die Information über das Studienfach verringert die Abgaben.

Die Nullverteilung bei $n = 5$ sieht in PQRS wie in ◻ Abb. 24.7 aus.

Da wir einen rechtsseitigen Test vorliegen haben, betrachten wir das rechte Ende der Verteilung. Die Wahrscheinlichkeit, eine Teststatistik größer oder gleich 14 zu erhalten beträgt

Tab. 24.7 Daten zum Verhalten der Trustors

	Ohne Info	Mit Info	$|d|$	Rang $|d|$	+ Rang	− Rang
1	4	6	2	2		−2
2	6	5	1	1	+1	
3	6	3	3	3	+3	
4	3	3	0	−	−	−
5	8	4	4	4	+4	
6	10	1	9	5	+5	
					$T^+ = 13$	$T^- = 2$

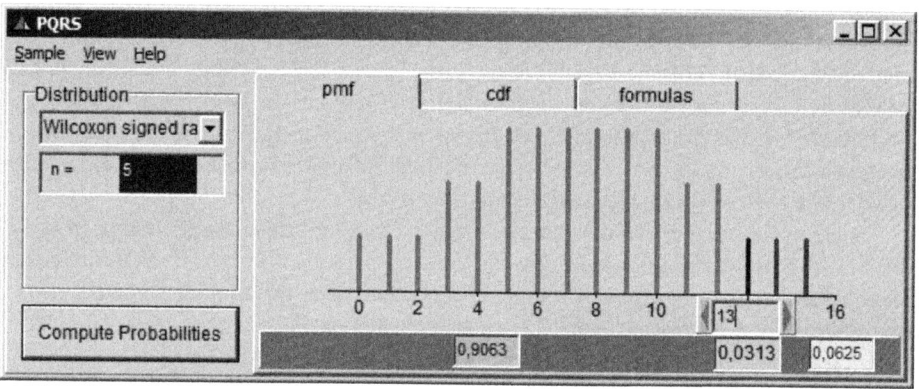

Abb. 24.7 Nullverteilung im Wilcoxon-Vorzeichen-Rang-Test mit $n = 5$

$0{,}0625 = 6{,}25\,\%$. Somit beträgt unser kritischer Wert 14 und das entsprechende Signifikanzniveau 6,25 %. Für eine Testentscheidung benötigen wir nur noch die Ausprägung der Teststatistik für unsere gegebenen Daten bzw. den dazugehörigen p-Wert.

Zunächst berechnen wir die Absolutwerte der Differenzen aus Bewertungsausprägung „ohne Info" und Bewertungsausprägung „mit Info". Diese sind in der Spalte $|d|$ eingetragen. Für die Werte $|d|$ werden dann Ränge gebildet und in Spalte „Rang $|d|$" eingetragen. Je nachdem, ob die Differenz der Bewertungsausprägungen positiv oder negativ war, setzt man ein Plus (+) oder Minus (−) vor die Werte in Spalte „+ Rang" bzw. „− Rang". Diese Zahlen nennen wir „Rang mit Vorzeichen" oder einfach „Vorzeichenränge". Daraus bilden wir jeweils die absolute Summe der positiven Werte T^+ und negativen Werte T^-. Eine dieser beiden Zahlen wählen wir als Teststatistik T. Wir entscheiden und für $T = T^+$, obwohl man das gleiche Testergebnis (bei leicht angepasster Testprozedur) auch mit $T = T^-$ erhält. Es folgt für die Teststatistik $T^+ = 1 + 3 + 4 + 6 = 13$. Da dieser Wert links von unserem kritischen Wert von 14 liegt, können wir die Nullhypothese bei einem Signifikanzniveau von 6,25 % knapp nicht ablehnen.

Die Daten unterstützen also nicht die Hypothese, dass sich die explizite Information über das Studienfach negativ auf die Abgaben des Trustor auswirkt. Das mag überraschen, denn ein flüchtiger „Blick-Test" hätte angesichts der Daten vermuten lassen, dass ein Effekt vorliegt: Vier von sechs Versuchspersonen hatten, nachdem sie die Information erhalten haben, eine geringere Abgabe geleistet, Versuchsperson 6 wies dabei sogar die maximal mögliche Veränderung von 10 auf 1 auf. Aber daran erkennt man den Informationsverlust bei der Verwendung ordinaler Rangdaten. Versuchsperson 6 bekam zwar den größtmöglichen Rang +5 zugewiesen, der aber im Verhältnis zur kardinalen Veränderung $10 - 1 = 9$ „zu klein" erscheint. Die Versuchsperson 5 hat im Vergleich dazu bereits bei einer kardinalen Veränderung von 4 den Rang von +4 erhalten. Unter dieser Voraussetzung und in Anbetracht der kleinen Stichprobengröße reicht bereits ein einziger negativer Rang von -2 aus, um die Veränderung in den Bewertungen insignifikant zu machen.

24.10 Der Binomialtest

Viele Variablen in Experimenten haben nur zwei mögliche Ausprägungen, wie „Angebot annehmen/Angebot ablehnen" im Ultimatumspiel, „kooperieren/defektieren" im Gefangenendilemmaspiel oder „wähle eine gerade Zahl/wähle eine ungerade Zahl" im Matching-Pennies-Spiel. Auch ein Münzwurf mit den Ergebnissen Kopf oder Zahl kann durch eine so genannte dichotome Variable abgebildet werden. Die einmalige Durchführung eines solchen Experiments nennen wir *Bernoulli-Versuch* und die beiden Ergebnisse *Erfolg* und *Misserfolg*. Die Wahrscheinlichkeit für eines der beiden Ergebnisse bei einer einmaligen Durchführung des Bernoulli-Versuchs ist die Erfolgs- bzw. Misserfolgswahrscheinlichkeit, die beispielsweise beim Wurf einer ungezinkten Münze bei 0,5 liegt.

In einem Laborexperiment, in dem Menschen Entscheidungen treffen, kennt man vorab die Wahrscheinlichkeit, mit der sich die Versuchspersonen für die eine oder die andere Handlungsalternative entscheiden, in der Regel nicht. Aber genau diese ist häufig besonders interessant. Gibt nämlich eine Theorie einen konkreten Wert vor, so ließe sich mit den Labordaten und einem geeigneten Hypothesentest prüfen, ob die Labordaten den konkreten theoretischen Wert statistisch stützen oder nicht. In dem erwähnten Matching-Pennies-Spiel beispielsweise sagt die Spieltheorie ein Gleichgewicht voraus, in dem beide Spieler beide Alternativen mit gleicher Wahrscheinlichkeit, also mit $p = P($„wähle eine gerade Zahl"$) = 1 - p = P($„wähle eine ungerade Zahl"$) = 0,5$ spielen. Lässt man nun dieses Spiel im Labor hinreichend häufig spielen, so erhält man durch einfaches Auszählen der jeweiligen Realisationen eine relative Häufigkeit für „gerade Zahl" („Erfolg") und „ungerade Zahl" („Misserfolg"). Diese Häufigkeit bezeichnet man auch als *empirische Erfolgswahrscheinlichkeit* $\hat{\pi}$. Der Binomialtest untersucht, ob der beobachtete Wert $\hat{\pi}$ so hätte erwartet werden können, wenn man davon ausgeht, dass in Wahrheit die Erfolgswahrscheinlichkeit einen festgesetzten Wert $p = p_0$ annimmt, also im Fall des Matching-Pennies-Spiels $p = 0,5$. Unterscheiden sich π und p_0 hinreichend stark, dann wird die Nullhypothese verworfen, das heißt der festgesetzte Wert p ist unter Berücksichtigung einer gegebenen Fehlerwahrscheinlichkeit nicht mit der beobachteten Stichprobe vereinbar. Kann die Nullhypothese dagegen nicht verworfen werden, so unterstützen die Experimentdaten die theoretische Prognose.

Die möglichen Hypothesen im Binomialtest lauten

	Zweiseitig	Linksseitig	Rechtsseitig
H_0:	$p = p_0$	$p \geq p_0$	$p \leq p_0$
H_1:	$p \neq p_0$	$p < p_0$	$p > p_0$

Die betrachtete Variable ist entweder dichotom, d. h. sie kann „von Natur aus" nur zwei Ausprägungen haben, wie z. B. das Ergebnis eines Münzwurfs, oder sie wird kategorial skaliert mit 2 Kategorien, z. B. Abgabebeträge im Diktatorspiel, die „hoch" sind, wenn sie einen bestimmten Betrag überschreiten, und ansonsten „niedrig". Ferner setzt die Theorie des Tests voraus, dass alle n Wiederholungen des Bernoulli-Versuchs stochastisch unabhängig voneinander sind und die Erfolgswahrscheinlichkeit p über alle Versuche konstant bleibt. Diese beiden Anforderungen können sich in vielen Experimenten als durchaus problematisch erweisen, weil sie einen Konflikt generieren. Auf der einen Seite sollen die Durchführungen stochastisch unabhängig voneinander sein. Das bedeutet in der Regel, dass zwei aufeinanderfolgende Wiederholungen des Versuchs nicht von ein und demselben Versuchspersonenpaar durchgeführt werden dürfen. Auf der anderen Seite sollen die Wahrscheinlichkeiten über alle Wiederholungen konstant bleiben. Das wiederum spricht eher dafür, einerseits kein Feedback über das Verhalten des Spielpartners zwischen den Wiederholungen zu geben und andererseits die Versuchspersonenpaare über mehrere Wiederholungen hinweg *nicht* auszutauschen, da jedes Individuum seine persönliche Eintrittswahrscheinlichkeit von vorn herein „mitbringt". Aber selbst bei Within-Subject Anordnungen können Lern- oder Ermüdungseffekte bei hinreichend vielen Wiederholungen für veränderte Erfolgswahrscheinlichkeiten sorgen. Ohne an dieser Stelle zu viel über das Design von Experimenten zu sagen, könnte ein Kompromiss sein, das Spiel einmalig von hinreichend vielen Paaren spielen zu lassen und bei deren Rekrutierung für eine hinreichende Randomisierung zu sorgen.

Die Teststatistik B ist die Anzahl der Erfolge in einem n-fach wiederholten Bernoulli-Versuch. Die Herleitung der Nullverteilung von B verläuft nach dem gleichen Schema wie bei der Herleitung anderer diskreter Dichtefunktionen. Sie lautet

$$\pi\,(x, n, p) = \binom{n}{x} p^x\,(1 - p)^{n-x}$$

und gibt die Wahrscheinlichkeit für x mal Erfolg unter n Versuchen bei einer Erfolgswahrscheinlichkeit von p an. Der Dichtefunktionswert $\pi(3, 10, 0, 5) = \binom{10}{3} 0{,}5^3\,(1 - 0{,}5)^{10-3} = 0{,}1172 = 11{,}72\,\%$ gibt beispielsweise an, wie wahrscheinlich es ist, dass bei 10 Bernoulli-Versuchen genau drei Mal die Beobachtung in die Kategorie „Erfolg" fällt, wenn beide Ausprägungen der Variablen gleich wahrscheinlich sind.[1]

In PQRS lässt sich diese Verteilung wie in ◼ Abb. 24.8 darstellen.

Die berechnete Wahrscheinlichkeit von $0{,}1172 = 11{,}72\,\%$ lässt sich an der Stelle 3 ablesen.

---

[1] Ein Beispiel ist ein Münzwurf, bei dem z. B. „Kopf" als Erfolgsfall festgelegt wird.

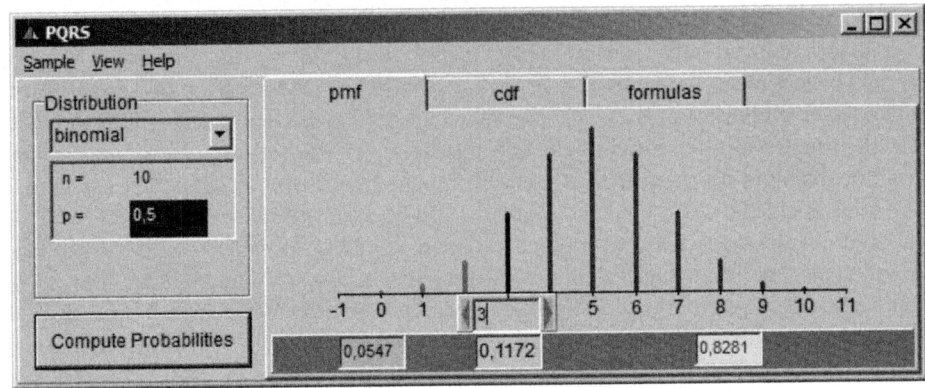

24

□ **Abb. 24.8** Nullverteilung im Binomialtest mit $n = 10$ und $p = 0,5$

Wenn die Stichprobengröße n „groß genug" ist, dann kann man die Nullverteilung durch die Normalverteilung mit $\mu = np_0$ und $\sigma^2 = np_0(1 - p_0)$ ersetzen. Die standardisierte Teststatistik lautet dann

$$z = \frac{x - np_0}{\sqrt{np_0(1 - p_0)}} = \frac{p - p_0}{\sqrt{\frac{p_0(1-p_0)}{n}}}.$$

Diese Testvariante ist auch unter dem Namen *z-Test auf Populationshäufigkeit* bekannt. Eine Daumenregel für „groß genug" ist $np_0(1 - p_0) \geq 9$ (Bortz & Lienert 2008, S. 42). Da wir wieder eine diskrete Verteilung mit einer stetigen Verteilung abbilden, bedeutet das insbesondere bei einem Stichprobenumfang $15 < n < 60$, dass wegen eines zusätzlichen Approximationsfehlers der resultierende p-Wert tendenziell zu klein ist und daher die Nullhypothese zu häufig abgelehnt wird. Dieser Fehler wird mit folgender Stetigkeitskorrektur ausgeglichen (Fleiss et al. 2003, S. 27):

$$z_{\mathrm{corr}} = \frac{p - p_0 - \frac{1}{2n}}{\sqrt{\frac{p_0(1-p_0)}{n}}}.$$

Beispiel
Ein Erstpreisauktionsexperiment wird einmalig mit 10 Versuchspersonen, die in der Rolle von Bietern agieren, durchgeführt. Von den 10 Bietern überbieten $B = 7$ das unter der Annahme von Risikoneutralität berechnete symmetrische Nash-Gleichgewicht und 3 unterbieten dieses Gleichgewicht. Es soll getestet werden, ob Über- und Unterbieten jeweils gleich wahrscheinlich sind, d. h. ob sich die Wahrscheinlichkeit des Überbietens signifikant von 50 % unterscheidet. Wenn wir vorab keine Vermutung über die Richtung einer Abweichung haben, müssen wir einen höheren Fehler 2. Art bzw. eine geringere Power in Kauf nehmen und testen die zweiseitige Hypothese H_0: $p = 0,5$ gegen H_1: $p \neq 0,5$. Die Nullverteilung sieht in PQRS wie in □ Abb. 24.9 aus.
Daran können wir ablesen, dass die Wahrscheinlichkeit für $B \geq 7$ oder $B \leq 3$ gerade $(0,1172 + 0,0547) \cdot 2 = 0,3438$ beträgt.[2] Dieser p-Wert ist größer als das Signifikanzniveau von

---

[2]   Es sei angemerkt, dass die Dichtefunktion der Binomialverteilung nur bei einer Erfolgs- bzw. Misserfolgswahrscheinlichkeit von 0,5 symmetrisch ist. Bei allen anderen Werten müsste man die Balken am linken und rechten Ende der Dichtefunktion einzeln aufaddieren um den p-Wert zu erhalten.

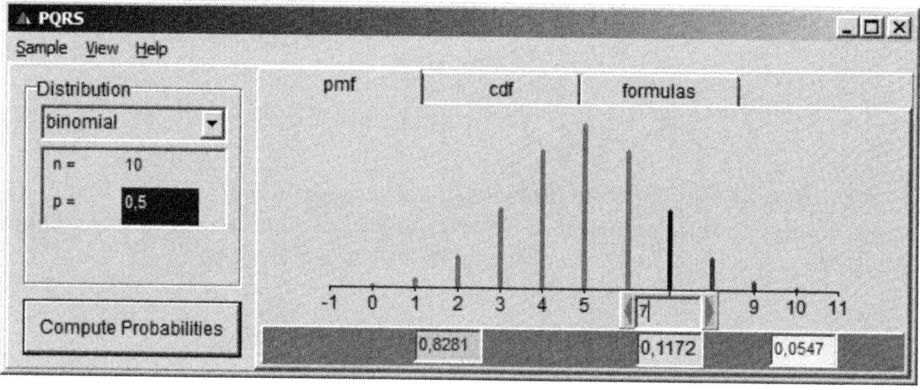

⬛ Abb. 24.9 Binomialtest im Beispiel

5 %, somit lehnen wir H_0: $p = 0,5$ nicht ab. Die empirische Erfolgswahrscheinlichkeit in Höhe von 0,7 unterscheidet sich demnach nicht hinreichend stark vom getesteten Wert 0,5. Mit anderen Worten, wenn H_0 wahr wäre und die Erfolgswahrscheinlichkeit tatsächlich 0,5 betrüge, so würden wir (bei sehr vielen Wiederholungen) in 34,38 % aller Fälle einen Wert $B = 7$ beobachten. Hätten wir $B = 8$mal Überbieten beobachtet und würden rechtsseitig testen, so würde sich der p-Wert bereits auf $0,0546 = 5,46 \%$ reduzieren.

Es gilt $10 * 0,5 (1 - 0,5) = 2,5 < 9$ und daher ist eine Approximation durch die Normalverteilung nicht geeignet. Wegen der kleinen Stichprobe ist die exakte Berechnung des p-Wertes aber auch noch recht einfach, so dass ein vereinfachender Approximativtest gar nicht nötig ist.

24.11 Der Multinomialtest ($1 \times k$)

Der Multinomialtest ist die Verallgemeinerung des Binomialtests auf kategoriale Variablen mit $k > 2$ Kategorien. Beispielsweise könnte es wünschenswert sein, Abgabebeträge im Dikatorspiel nicht nur in „hoch" und „niedrig" zu klassifizieren, sondern etwas stärker verfeinert in „hoch" „mittel" und „niedrig", was einer kategorialen Variable mit drei Kategorien entspräche. Das Testprinzip des Multinomialtests ist ansonsten vollkommen analog zu dem des Binomialtests. Es wird untersucht, ob die empirischen Häufigkeiten $\pi_1, \ldots, \pi_k$ der k Kategorien so hätte erwartet werden können, wenn man davon ausgeht, dass in Wahrheit die Erfolgswahrscheinlichkeiten der Kategorien einen bestimmten vorgegebenen Wert $p_1, \ldots, p_k$ annehmen (Nullhypothese).

Die Teststatistik im Multinomialtest ist die beobachtete, empirische Häufigkeit in allen k Klassen. Nehmen wir beispielsweise an, die Variable „Haarfarbe" habe nur die $k = 3$ Kategorien „Blond", „Schwarz" und „Sonstige". Aus einer gegebenen Population (z. B. alle Deutschen) wählen wir $n = 20$ Personen aus und ordnen sie den drei Kategorien gemäß ihrer Merkmalsausprägung „Haarfarbe" zu. Nach einer Auszählung der Klassen erhalten wir die absoluten Häufigkeiten $x_1 = 6$ $x_2 = 8$ und $x_3 = 6$ bzw. die empirischen Wahrscheinlichkeiten $\pi_1 = \frac{5}{20}$, $\pi_2 = \frac{8}{20}$ und $\pi_3 = \frac{7}{20}$.

Bezeichne $\boldsymbol{x}$ den Vektor der absoluten Häufigkeiten einer Klasse und $\boldsymbol{p}$ den Vektor der wahren Wahrscheinlichkeit in eine bestimmte Klasse zu fallen, dann lautet die Nullvertei-

24

lung (Multinomialverteilung)

$$\pi(n, \boldsymbol{x}, \boldsymbol{p}) = n! \prod_{i=1}^{k} \frac{\pi_i^{x_i}}{x_i!}.$$

Wenn beispielsweise in Deutschland insgesamt genau 30 % blond, 40 % schwarzhaarig und 30 % sonstige sind, dann lautet die Wahrscheinlichkeit unter 20 zufällig ausgewählten Deutschen genau 5 blonde, 8 schwarzhaarige und 7 sonstige zu ziehen

$$\pi(20, (5; 8; 7), (0,3; 0,4; 0,3)) = 20! \frac{0,3^5}{5!} \cdot \frac{0,4^8}{8!} \cdot \frac{0,3^7}{7!} = 0,03475.$$

Man sieht bereits an dieser Stelle, dass man mit sehr großen Zahlen rechnen muss (die Zahl 20! entspricht etwa 2432 Billiarden, also einer Zahl mit 19 Stellen). Nicht minder umständlich wird es, wenn man sich an die Berechnung eines p-Wertes macht. Man müsste hierzu als erstes alle k-dimensionalen Vektoren von Häufigkeiten bestimmen, die überhaupt gezogen werden können. Man kann zeigen, dass diese Zahl

$$\binom{n + k - 1}{k - 1}$$

beträgt. In unserem Fall hätte unsere Nullverteilung also bereits 231 Stellen für die wir den Wert $\pi(n, \boldsymbol{x}, \boldsymbol{p})$ berechnen müssten. Anschließend müsste man alle Realisationen heraussuchen, die eine Wahrscheinlichkeit kleiner gleich 0,03475 aufweisen und jeweils aufaddieren, um einen einzigen Punkt der Verteilungsfunktion, unseren p-Wert, zu erhalten. Nun stelle man sich eine Erhebung mit $n = 100$ Personen vor, dann müsste man bereits 5151 Wahrscheinlichkeiten berechnen, in denen sogar die Zahl 100! vorkommt und die bereits für sich genommen jeden normalen Taschenrechner in die Knie zwingen. Mit anderen Worten, ohne Computer und geeignete Software macht der exakte Multinomialtest nicht viel Sinn.[3]

Glücklicherweise existieren, genau wie für den Binomialtest, auch für den Multinomialtest approximative Alternativen, die durchaus gute Annäherungen liefern, wenn der Stichprobenumfang „hinreichend groß" ist. Ist im Multinomialtest keine der erwarteten Häufigkeiten kleiner als 5, so kann auch der χ^2-Anpassungstest verwendet werden. Er untersucht, genau wie der Multinomialtest, ob eine beobachtete Häufigkeitsverteilung über k Klassen mit einer theoretischen, erwarteten Verteilung vereinbar ist oder nicht. Der wesentliche Unterschied zum Multinomialtest besteht darin, dass asymptotische Eigenschaften der Unterschiede von beobachteter und erwarteter Häufigkeit für große Stichproben ausgenutzt werden. Sei e_i die erwartete Häufigkeit einer Klasse und b_i die beobachtete, dann kann man zeigen, dass für große Stichproben der Ausdruck

$$z_i = \sqrt{\frac{(b_i - e_i)^2}{e_i}}$$

---

[3]   Für die Durchführung eines Multinomialtests in R benötigen wir beispielsweise das Package „EMT" (Exact Multinomial Test) von Uwe Menzel, was auf jedem CRAN Server zur Verfügung steht. Die Durchführung geschieht dann mit Hilfe des Befehls multinomial.test().

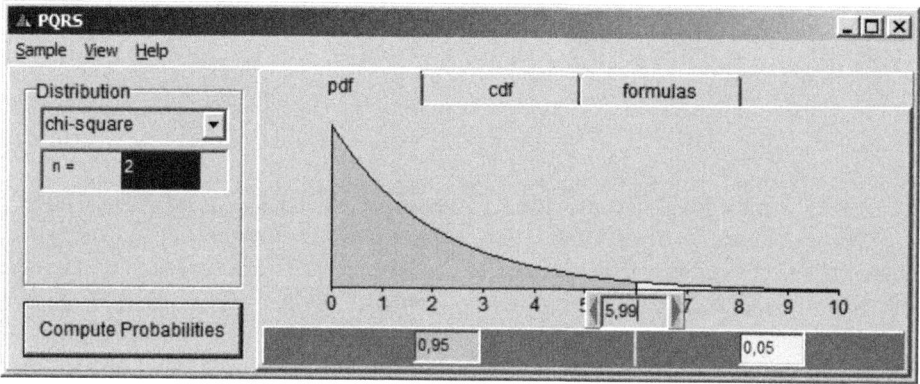

Abb. 24.10 Approximation des Multinomialtests mit der χ^2-Verteilung

approximativ standardnormalverteilt ist. Somit gilt für hinreichend große n, dass die Teststatistik

$$\chi^2 = \sum_{i=1}^{k} z_i^2 = \sum_{i=1}^{k} \frac{(b_i - e_i)^2}{e_i}$$

χ^2-verteilt ist mit k Freiheitsgraden. Anhand dieser Teststatistik testet der χ^2-Anpassungstest, ob alle Häufigkeiten, so wie sie beobachtet wurden, auch hätten erwartet werden können, oder ob zumindest eine Beobachtung von der entsprechenden Erwartung signifikant abweicht.[4] Im Gegensatz zur Multinomialverteilung ist die χ^2-Verteilung in PQRS enthalten. Mit $v = k - 1 = 2$ Freiheitsgraden ergibt sich die Nullverteilung der Abb. 24.10.

Unser anschließendes Beispiel erfüllt nicht nur das Kriterium $e_i > 5$ für alle $i = 1 \ldots k$, sondern hat darüber hinaus noch die Besonderheit, dass die Häufigkeiten unter der Nullhypothese gleichverteilt sind. Unter der zweiten Bedingung ist der χ^2-Test extrem robust, das heißt, er führt selbst dann noch zu brauchbaren Ergebnissen, wenn die erste Bedingung nicht oder nur knapp erfüllt ist (Zar 1999).

Beispiel

Brosig-Koch et al. (2011) haben vor ihrem eigentlichen Experiment unter den insgesamt $n = 144$ Versuchspersonen (Studierende) eine Befragung durchgeführt. Unter anderem wurde abgefragt, wie viel Geld den Studierenden im Monat zur Verfügung steht. Klassifiziert man die Antworten in „Poor", „Standard" und „Rich" ergeben sich die absoluten Häufigkeiten $x_1 = 47$, $x_2 = 56$ und $x_3 = 41$ bzw. die empirischen Wahrscheinlichkeiten $\pi_1 = \frac{47}{144}$, $\pi_2 = \frac{56}{144}$ und $\pi_3 = \frac{41}{144}$. Es soll nun getestet werden, ob der verfügbare Geldbetrag unter den Studierenden gleichverteilt ist, was der Nullhypothese $p_1 = p_2 = p_3 = 1/3$ entspricht. Stünde hierzu kein Computer zur Verfügung, müssten wir per Hand für 10.585 mögliche empirische Häufigkeitsverteilungen die jeweilige Eintrittswahrscheinlichkeit berechnen. Im Statistikpaket R erhalten wir über den Befehl `multinomial.test()` den Output

---

[4] Weil eine einzige Klasse ($k = 1$) keine Anhaltspunkte für eine Abweichung von Erwartung und Beobachtung ermöglicht, wird die Anzahl der Klassen für den Freiheitsgrad um Eins reduziert.

```
Exact Multinomial Test, distance measure: p
Events      pObs       p.value
10585       0.0018     0.3191
```

„Events" ist die bereits erwähnte Anzahl der Werte der Nullverteilung, „pObs" ist die Wahrscheinlichkeit, genau die beobachtete Häufigkeitsverteilung zu erhalten, wenn die Nullhypothese wahr ist, und „p.value" ist die Summe aller derjenigen Wahrscheinlichkeiten, die kleiner gleich 0,0018 sind (p-Wert). Wir sehen, dass die Nullhypothese $p_1 = p_2 = p_3 = 1/3$ nicht abgelehnt werden kann.

Für die Durchführung des χ^2-Anpassungstests bietet es sich an, zunächst die beobachteten und erwarteten Häufigkeiten so wie in ❑ Tab. 24.8 gegenüberzustellen.

Aus diesen Werten folgt die Ausprägung der Teststatistik

$$\chi^2 = \sum_{i=1}^{k} \frac{(x_i - e_i)^2}{e_i} = \frac{1}{48} + \frac{64}{48} + \frac{49}{48} = 2,375.$$

Gibt man diesen Wert als Quantil in PQRS ein, dann erhält man ❑ Abb. 24.11.

Daran lässt sich ablesen, dass, wenn die Nullhypothese stimmt, die Wahrscheinlichkeit eine ungewöhnlichere Stichprobe als die Beobachtete zu erhalten bei $p = 0{,}305 = 30{,}5\,\%$ liegt. Dieser Wert liegt bereits sehr nah am exakten p-Wert des Multinomialtests ($p = 0{,}3191$). Somit wird auch in dieser Betrachtung die Nullhypothese nicht abgelehnt, weil der p-Wert größer als die Wahrscheinlichkeit eines Fehlers erster Art ist. Die vorliegende Stichprobe spricht damit für die Hypothese, dass alle Klassen gleichwahrscheinlich auftreten.

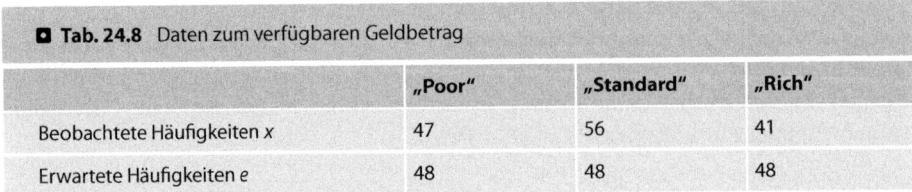

❑ **Tab. 24.8** Daten zum verfügbaren Geldbetrag

	„Poor"	„Standard"	„Rich"
Beobachtete Häufigkeiten x	47	56	41
Erwartete Häufigkeiten e	48	48	48

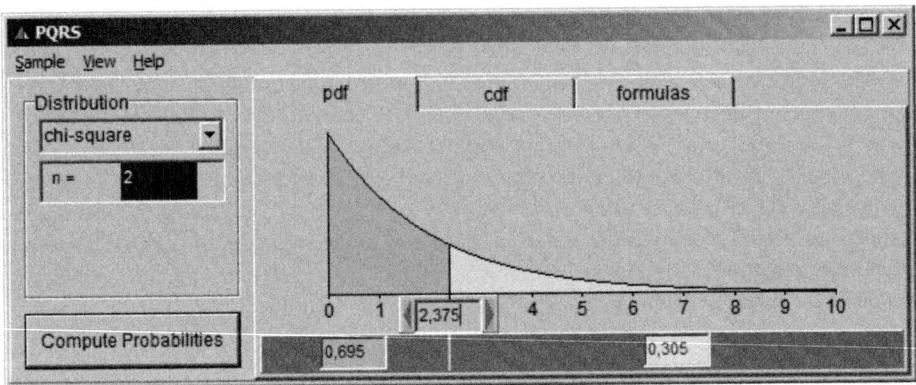

❑ **Abb. 24.11** Approximation des Multinomialtests mit der χ^2-Verteilung im Beispiel

24.12 Fishers exakter Test (2 × 2)

Der Multinomialtest bzw. seine Approximation, der χ^2-Test in der $1 \times k$ Variante, verglich die Häufigkeiten einer einzigen Stichprobe über k Kategorien mit den erwarteten Ausprägungen einer Referenzverteilung (z. B. Gleichverteilung über alle k Kategorien). Möchte man nun zwei unabhängige, kategorial skalierte Stichproben (bzw. Gruppen oder Anordnungen) miteinander vergleichen, so bietet sich Fishers exakter Test an. Wie zuvor auch, zählt man zunächst die beobachteten Häufigkeiten aus und fasst sie in einer Kontingenztabelle zusammen. Zeile und Spalte dieser Tabelle beinhalten die jeweiligen Ausprägungen der beiden kategorialen Variablen. Im einfachsten Fall mit nur $k = 2$ Kategorien der erfassten Variable ergibt sich ◘ Tab. 24.9 mit den vier Ausprägungen x_{ij}, wobei $i = 1 \ldots g$ den Index der Gruppe bzw. Stichprobe und $j = 1 \ldots k$ den Index der Kategorien darstellt.

Fishers exakter Test prüft nun, ob die Häufigkeiten x_{11} und x_{21} (oder alternativ $x_{12} = n_1 - x_{11}$ und $x_{22} = n_2 - x_{21}$) hinreichend verschieden voneinander sind, um von einem signifikanten Unterschied zwischen den Gruppen sprechen zu können. Die Nullhypothese unterstellt, dass die Populationshäufigkeiten $p_{1,j}$ und $p_{2,j}$ gleich groß sind bzw. die beiden Stichproben aus derselben Population stammen. Die Forschungshypothese kann sowohl links- oder rechtsseitig als auch zweiseitig formuliert werden.

Die Daten bestehen aus zwei unabhängigen Stichproben der Größen n_1 und n_2 bezüglich eines nominal oder ordinal skalierten Merkmals mit 2 Kategorien. Um die Stichproben- bzw. die Nullverteilung zu erhalten, benötigen wir zunächst ein neues gedankliches Zufallsexperiment. Gegeben sei eine Population der Größe N mit den zwei sich ausschließenden Merkmalsausprägungen $j = 1$ oder $j = 2$ und den dazugehörigen Populationshäufigkeiten N_1 und N_2, wobei $N = N_1 + N_2$ gilt. Angenommen wir ziehen genau n mal ein Element ohne Zurücklegen aus dieser Population, wie groß ist dann die Wahrscheinlichkeit, dass wir genau x mal die Merkmalsausprägung $j = 1$ (und somit $n - x$ mal Merkmalsausprägung $j = 2$) ziehen? Man kann zeigen, dass diese Wahrscheinlichkeit

$$P(N, N_1, n, x) = \frac{\begin{bmatrix} N_1 \\ x \end{bmatrix} \cdot \begin{bmatrix} N - N_1 \\ n - x \end{bmatrix}}{\begin{bmatrix} N \\ n \end{bmatrix}}$$

beträgt und man nennt diese diskrete Dichtefunktion *hypergeometrisch*.

◘ **Tab. 24.9** Vierfelder-Tabelle zu Fishers exaktem Test

		Erfasste kategoriale Variable		
		Kategorie $j = 1$	Kategorie $j = 2$	
Gruppe	Control $i = 1$	x_{11}	x_{12}	n_1
	Treatment $i = 2$	x_{21}	x_{22}	n_2
		N_1	N_2	N

24

Beispiel

Zur besseren Veranschaulichung stelle man sich vor, der Jahrgang eines berufsbegleitenden Studiengangs bestehe aus $N = 50$ Studierenden, von denen $N_1 = 40$ Abitur und $N - N_1 = 10$ kein Abitur haben. Man wählt aus dieser Population zufällig $n = 8$ Studierende aus und stellt fest, dass davon $x = 5$ Studierende Abitur haben. Die Wahrscheinlichkeit für dieses Ereignis ist

$$P(50,40,8,5) = \frac{\begin{bmatrix} 40 \\ 5 \end{bmatrix} \cdot \begin{bmatrix} 10 \\ 3 \end{bmatrix}}{\begin{bmatrix} 50 \\ 8 \end{bmatrix}} = 0{,}1471 = 14{,}71\,\%.$$

In PQRS ist auch die hypergeometrische Verteilung enthalten. Nach Eingabe der Parameter $N = 50$, $N_1 = 40$ und $n = 8$ und einem Klick auf „Apply New Distribution" erhalten wir ◘ Abb. 24.12.

Der Wert 0,1471 ist direkt unter dem Quantil $x = 5$ ablesbar.

Nun stellen wir uns vor, wir zählen unter den verbleibenden 42 Studierenden ebenfalls die Merkmalsausprägungen „Abitur" bzw. „kein Abitur" aus. Dann ist klar, dass wir in dieser „komplementären" Stichprobe $40 - 5 = 35$ Studierende mit Abitur und $10 - 3 = 7$ Studierende ohne Abitur finden werden. Die Wahrscheinlichkeit für das Auftreten dieser „komplementären" Stichprobe wäre genauso groß gewesen wie die der ersten Stichprobe, da sich durch die vorgegebenen Populationshäufigkeiten eine Stichprobe immer automatisch aus der Realisation der anderen ergibt. Dies kann man leicht anhand der zusammenfassenden ◘ Tab. 24.10 überprüfen.

Die fett markierten Randhäufigkeiten und die unterstrichene Ausprägung 5 geben alle verbleibenden Zahlen der Tabelle eindeutig vor. Wenn also die Wahrscheinlichkeit für die Ausprägung 5 (links oben) 14,71 % beträgt, so muss die Wahrscheinlichkeit für beliebige Kombinationen aller vier Ausprägungen 5, 3, 35 und 7 genauso groß sein (insbesondere auch die Realisation der gesamten Tabelle). In PQRS können wir beispielsweise bestätigen, dass die Wahrscheinlichkeit in einer Stichprobe der Größe $n_2 = 42$ aus $N = 50$ Studierenden, in der $N_1 = 40$

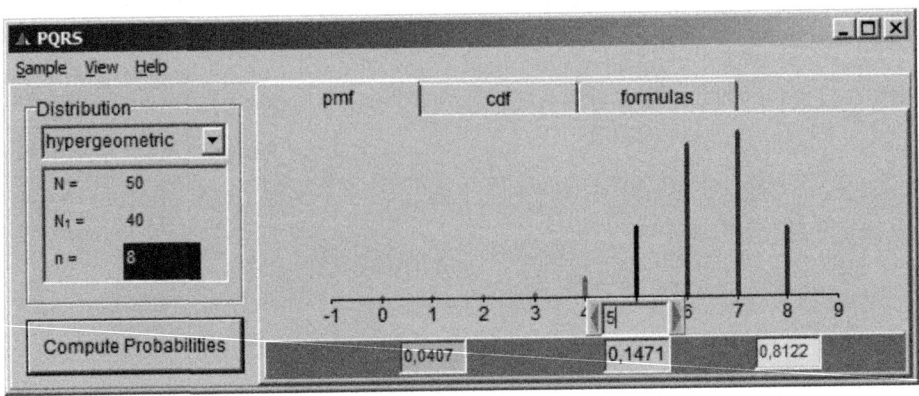

◘ **Abb. 24.12** Hypergeometrische Verteilung

Tab. 24.10 Vierfelder-Tabelle zu Fishers exaktem Test im Beispiel

		Erfasste kategoriale Variable		
		Abitur	Kein Abitur	
Stichprobe	1	5	3	8
	2	35	7	42
		40	10	50

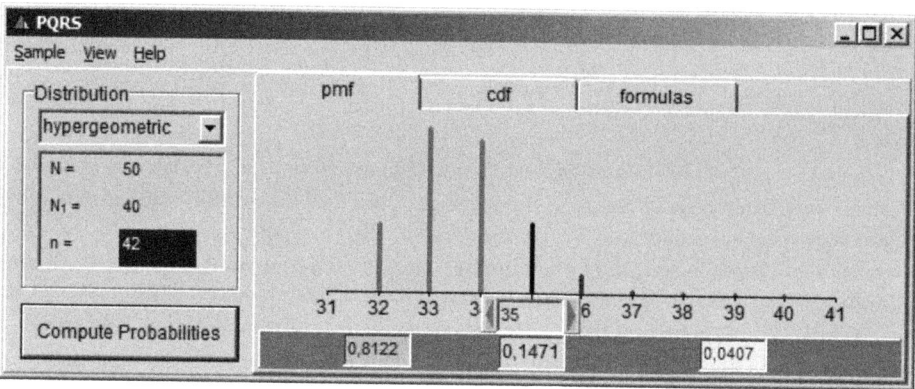

Abb. 24.13 Hypergeometrische Verteilung im Beispiel

Abitur haben, genau $x_{11} = 35$ Studierende mit Abitur zu ziehen, ebenfalls 14,71 % beträgt (vgl. Abb. 24.13).

Zur Berechnung der Wahrscheinlichkeit 14,71 % muss die Populationshäufigkeit $N_1 = 40$ (oder $N_2 = 10$) sowie $n_1 = 8$ (oder $n_2 = 42$) bekannt sein. In einem klassischen Vergleich zweier Gruppen kennt man die Populationshäufigkeiten natürlich nicht. Beispielsweise könnte man die Population von den 50 Studierenden eines Jahrgangs auf alle Studierende Deutschlands ausweiten und daraus zufällig $n_1 = 8$ männliche und $n_2 = 12$ weibliche Personen auswählen. In beiden Gruppen wird dann jeweils das Merkmal „Abitur" bzw. „kein Abitur" erfasst und es entsteht die (hypothetische) (Kontingenz-) Tab. 24.11.

Obwohl man jetzt die Randhäufigkeiten berechnen kann, kennt man aber natürlich immer noch nicht die Populationshäufigkeit „Anzahl männlicher Studierender" oder „Studierende mit Abitur" in ganz Deutschland. Der Trick beim exakten Fisher-Test besteht darin, dass man

Tab. 24.11 Kontingenztabelle 1 zu Fishers exaktem Test im Beispiel

		Erfasste kategoriale Variable		
		Abitur	Kein Abitur	
Geschlecht	Männl.	$x_{11} = 2$	$x_{12} = 6$	$n_1 = 8$
	Weibl.	$x_{21} = 9$	$x_{22} = 3$	$n_2 = 12$
		$N_1 = 11$	$N_2 = 9$	$N = 20$

so tut, als wäre die zusammengelegte Stichprobe der Größe N eine Population, aus der man Stichproben der Größen n_1 bzw. n_2 zieht. Denn unter dieser Annahme könnte man eine beliebige Ausprägung der Vierfelder-Tabelle als Teststatistik verwenden, deren Nullverteilung die hypergeometrische Verteilung ist. Die Wahrscheinlichkeit für das Auftreten der obigen Kontingenztabelle (bzw. eines einzelnen Wertes daraus) beträgt beispielsweise

$$P\,(20,11,8,2) = \frac{\begin{bmatrix} 11 \\ 2 \end{bmatrix} \cdot \begin{bmatrix} 20-11 \\ 8-2 \end{bmatrix}}{\begin{bmatrix} 20 \\ 8 \end{bmatrix}} = 0{,}0367 = 3{,}67\,\%.$$

Um den p-Wert einer einseitigen Nullhypothese zu berechnen, müssen wir nun noch die Wahrscheinlichkeiten für „extremere" Ausprägungen der Kontingenztabelle zugunsten von Alternativhypothese ermitteln. Hierzu machen wir die Werte x_{11} und x_{21} noch ungleicher, indem wir den kleineren Wert um Eins reduzieren und den Größeren um Eins erhöhen. Dann resultiert die (Kontingenz-)◘ Tab. 24.12.

Man beachte, dass bei gleicher Randhäufigkeit die Werte der zweiten Spalte „Kein Abitur" ebenfalls ungleicher werden. Die Wahrscheinlichkeit für diese extremere Kontingenztabelle beträgt

$$P\,(20,11,8,1) = \frac{\begin{bmatrix} 11 \\ 1 \end{bmatrix} \cdot \begin{bmatrix} 20-11 \\ 8-1 \end{bmatrix}}{\begin{bmatrix} 20 \\ 8 \end{bmatrix}} = 0{,}0031.$$

Die im Sinne der Alternativhypothese „extremste" aller Kontingenztabellen wäre schließlich die ◘ Tab. 24.13.

◘ **Tab. 24.12** Kontingenztabelle 2 zu Fishers exaktem Test im Beispiel

		Erfasste kategoriale Variable		
		Abitur	**Kein Abitur**	
Geschlecht	Männl.	$x_{11} = 1$	$x_{12} = 7$	$n_1 = 8$
	Weibl.	$x_{21} = 10$	$x_{22} = 2$	$n_2 = 12$
		$N_1 = 11$	$N_2 = 9$	$N = 20$

◻ **Tab. 24.13**	Kontingenztabelle 3 zu Fishers exaktem Test im Beispiel			
		Erfasste kategoriale Variable		
		Abitur	**Kein Abitur**	
Geschlecht	Männl.	$x_{11} = 0$	$x_{12} = 8$	$n_1 = 8$
	Weibl.	$x_{21} = 11$	$x_{22} = 1$	$n_2 = 12$
		$N_1 = 11$	$N_2 = 9$	$N = 20$

Die Eintrittswahrscheinlichkeit beträgt

$$P(20, 11, 8, 0) = \frac{\begin{bmatrix} 11 \\ 0 \end{bmatrix} \cdot \begin{bmatrix} 20 - 11 \\ 8 - 0 \end{bmatrix}}{\begin{bmatrix} 20 \\ 8 \end{bmatrix}} = 0{,}0001.$$

Die Wahrscheinlichkeit, dass die beobachtete oder eine extremere Verteilung der Häufigkeiten auftritt, ist demnach die Summe $p = 0{,}0367 + 0{,}0031 + 0{,}0001 = 0{,}0399$. Zu einem Signifikanzniveau von 5 % würde damit die Nullhypothese „Geschlecht hat keinen Einfluss auf Schulbildung" zugunsten der Alternativhypothese „Frauen erreichen ein höheres Schulbildungsniveau als Männer" abgelehnt.

24.13 χ^2-Test ($2 \times k$)

Der im vorangegangenen Abschnitt besprochene exakte Fisher-Test wird sehr schnell unpraktikabel, wenn die Anzahl der Klassen der kategorialen Merkmalsvariable oder die Anzahl der Beobachtungen wächst. Für diese Fälle bietet sich der χ^2-Test als vereinfachende Approximation an. Auch dieser Test zählt zu den Tests, die einen statistischen Schluss von Stichprobenhäufigkeiten auf Populationshäufigkeiten ermöglichen. Hierzu vergleicht der χ^2-Test die tatsächlich realisierten Ausprägungen in einer Kontingenztabelle mit denen, die erwartet werden könnten, wenn die Nullhypothese wahr ist. Ist die Gesamtheit der Unterschiede hinreichend groß, so spricht das gegen die Nullhypothese. In der $2 \times k$ Variante des Tests geht es um den Vergleich von 2 unabhängigen Stichproben bezüglich eines Merkmals mit k Kategorien. Die Nullhypothese lautet dann „Beide Stichproben stammen aus derselben Population" bzw. „Die Populationshäufigkeiten der beiden Stichproben unterscheiden sich nicht". In einem „Control/Treatment" Vergleich könnte man auch sagen „Das Treatment hat keinen Einfluss auf die Populationshäufigkeiten der Merkmalsklassen."

Die Daten bestehen aus zwei unabhängigen Stichproben der Größen n_1 und n_2 bezüglich eines nominal oder ordinal skalierten Merkmals mit k sich ausschließenden Kategorien. Die Teststatistik folgt nur approximativ, d. h. für hinreichend große Stichproben, einer χ^2-Verteilung. Eine verbreitete Daumenregel lautet daher: Mindestens 80 % aller erwarteten Häufigkeiten in der Kontingenztabelle müssen größer als 5 sein und die restlichen 20 % größer als 1 (Bortz & Lienert 2008).

Für die Teststatistik im χ^2-Test ($2 \times k$) werden zunächst die *erwarteten Häufigkeiten* e_{ij} der Kontingenztabelle berechnet. Diese berechnet sich nach dem Schema „Spaltensumme mal Zeilensumme geteilt durch N".

Zur Veranschaulichung betrachten wir noch einmal die 2×2 (Kontingenz)-◨ Tab. 24.13. Hätten wir eine „Population" der Größe N, in der N_1 Versuchspersonen Merkmalsausprägung 1 aufweisen und N_2 Versuchspersonen Merkmalsausprägung 2 sowie n_1 Versuchspersonen der Gruppe 1 angehören und n_2 Versuchspersonen der Gruppe 2, dann wäre die Wahrscheinlichkeit, dass eine zufällig ausgewählte Versuchsperson aus Gruppe 1 stammt *und* die Merkmalsausprägung 1 aufweist, gerade

$$\frac{n_1}{N} \cdot \frac{N_1}{N}.$$

Ziehen wir nun N mal zufällig (mit Zurücklegen) eine Versuchsperson, so würden wir erwarten, dass wir genau

$$e_{11} = \frac{n_1}{N} \cdot \frac{N_1}{N} \cdot N = \frac{n_1 N_1}{N}$$

Versuchspersonen ziehen, die Gruppe 1 angehören und Merkmalsausprägung 1 aufweisen. Allgemein können wir die erwartete Anzahl der Versuchspersonen als

$$e_{ij} = \frac{n_j N_i}{N}$$

schreiben. Diese erwarteten Häufigkeiten werden nun mit den tatsächlich realisierten Häufigkeiten verglichen. Je stärker die Unterschiede der Ausprägungen zwischen „Control" und „Treatment" sind, desto größer werden auch die Unterschiede zwischen erwarteten und tatsächlichen Realisationen in einer Zelle[5]. Daher stellen letztere Unterschiede die Grundlage für eine Teststatistik dar, anhand derer man entscheiden kann, ob zwischen „Control" und „Treatment" ein signifikanter Unterschied bezüglich der erhobenen Variable besteht.

Es seien die tatsächlichen und die erwarteten Ausprägungen x_{ij} und e_{ij} aller i und j gegeben, dann leistet eine bestimmte Ausprägung den χ^2-Beitrag in Höhe der normierten, quadrierten Differenz zwischen x_{ij} und e_{ij}. Die Summe aller dieser Abweichungen ist die χ^2-Teststatistik

$$\chi^2 = \sum_{i=1}^{2} \sum_{j=1}^{k} \frac{(x_{ij} - e_{ij})^2}{e_{ij}},$$

welche bei festen Randhäufigkeiten approximativ einer χ^2-Verteilung mit

$$(k-1)(2-1) = k-1$$

Freiheitsgraden folgt. In einer 2×2 Tabelle kann beispielsweise nur ein einziger der vier möglichen Werte (bzw. Summanden in der Teststatistik) frei variieren; die restlichen drei

---

[5]   Im Beispiel dieses Abschnittes wird das anhand eines Zahlenbeispiels verdeutlicht.

lassen sich immer aus den gegebenen Randhäufigkeiten errechnen. Daher ist in diesem Fall der Freiheitsgrad $(2-1)(2-1) = 1$.

Beispiel

Es soll geprüft werden, ob Alkohol die Reaktionsfähigkeit verändert. Hierzu wird in zwei Gruppen von Versuchspersonen (nüchtern/alkoholisiert, Größe je $n_1 = n_2 = 100$) das Merkmal Reaktionsgeschwindigkeit auf einem ordinalen Skalenniveau (schnell/langsam) gemessen. Es ergeben sich die Beobachtungen der ◘ Tab. 24.14.

Wir sehen, dass in der Gruppe ohne Verabreichung von Alkohol 90 % der Versuchspersonen eine schnelle Reaktion aufweisen und in der Gruppe mit Verabreichung von Alkohol nur 20 % der Versuchspersonen eine schnelle Reaktionsfähigkeit zeigen. Angesichts dieses großen Unterschiedes könnte man bereits jetzt vermuten, dass die Verabreichung von Alkohol einen Einfluss auf die Reaktionsfähigkeit hat. Dabei spielt es keine Rolle, ob man die (relativen) Häufigkeiten der schnellen oder der langsamen Versuchspersonen vergleicht. Ebenso könnte man auf einen Einfluss von Alkohol auf die Reaktionsfähigkeit schließen, wenn man beobachtet, dass in der Gruppe ohne Alkohol nur 10 % der Versuchspersonen eine langsame Reaktion aufweisen, aber in der alkoholisierten Gruppe dagegen 80 %. In beiden Fällen könnte man auf einen signifikanten Unterschied zwischen den Häufigkeiten schließen, wenn die Häufigkeiten in einer der Spalten hinreichend stark verschieden sind. Würde man in einer Spalte die beiden Häufigkeiten ähnlicher machen wollen, so würde sich bei gleichen Gruppengrößen die andere Spalte in gleicher Weise mit anpassen. Zur Verdeutlichung könnte man sich vorstellen, dass man statt Alkoholgehalt im Blut den Intelligenzquotienten der Versuchspersonen beider Gruppen auf einem ordinalen Niveau (hoch/niedrig) erfasst. Von diesem Merkmal könnte man vermuten, dass es keinen Einfluss auf die Reaktionsgeschwindigkeit hat. Beispielsweise wäre das Ergebnis der ◘ Tab. 24.15 denkbar.

Die Häufigkeiten in der linken Spalte haben sich um 29 reduziert bzw. um 39 erhöht. Bei der festen Gruppengröße von jeweils 100 folgt daraus, dass sich die Häufigkeiten rechts oben um 38 erhöht und die Häufigkeit rechts unten um 29 vermindert. In diesem Fall liegen die Häufigkeiten innerhalb einer Spalte jeweils sehr dicht beieinander und es ist nicht zu erwarten, dass sich die Häufigkeiten zwischen den Gruppen signifikant unterscheiden, d. h. der IQ hat keinen signifikanten Einfluss auf die Reaktionsfähigkeit.

Für die Durchführung des χ^2-Häufigkeitstest berechnen wir zunächst die erwarteten Häufigkeiten und die sich daraus ergebenden χ^2-Beiträge wie in ◘ Tab. 24.16 dargestellt (Werte in runden Klammern).

Die Teststatistik ist die Summe aller χ^2-Beiträge. Im ersten Fall ergibt sich $\chi^2 = 22{,}27 + 22{,}27 + 27{,}22 + 27{,}22 = 98{,}98$ und im zweiten $\chi^2 = 0{,}045 + 0{,}045 + 0{,}045 + 0{,}045 = 0{,}18$. Die

◘ Tab. 24.14   Kontingenztabelle 1 zum χ^2-Test im Beispiel

		Reaktionsgeschwindigkeit		
		Schnell	Langsam	
Alkohol	Nein	90	10	100
	Ja	20	80	100
		110	90	200

24

◘ Tab. 24.15 Kontingenztabelle 2 zum χ^2-Test im Beispiel

		Reaktionsgeschwindigkeit		
		Schnell	Langsam	
IQ	Niedrig	52	48	100
	Hoch	49	51	100
		101	99	200

◘ Tab. 24.16 Kontingenztabelle mit erwarteten Häufigkeiten im Beispiel

		Reaktionsgeschwindigkeit		
	Erw. Häufigk.	Schnell	Langsam	
Alkohol	Nein	55 (22,27)	45 (27,22)	100
	Ja	55 (22,27)	45 (27,22)	100
		110	90	200
	Erw. Häufigk.	Schnell	Langsam	
IQ	Niedrig	50,5 (0,045)	49,5 (0,045)	100
	Hoch	50,5 (0,045)	49,5 (0,045)	100
		101	99	200

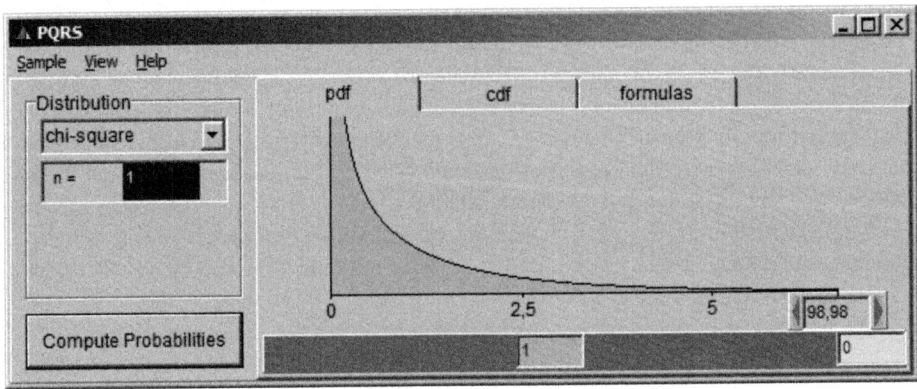

◘ Abb. 24.14 Nullverteilung im χ^2-Test im ersten Fall

Nullverteilung mit $k - 1 = 1$ Freiheitsgrad sieht in PQRS für den ersten Fall wie in ◘ Abb. 24.14 aus.

Daran erkennen wir einen p-Wert nahe Null, was für einen signifikanten Einfluss von Alkohol auf die Reaktionsfähigkeit spricht (Ablehnung der Nullhypothese). Im zweiten Fall ist die Nullverteilung die in ◘ Abb. 24.15 dargestellte.

Hier weist ein p-Wert von 67,14 % keinen signifikanten Einfluss des IQ auf das Reaktionsvermögen aus (Nichtablehnung der Nullhypothese).

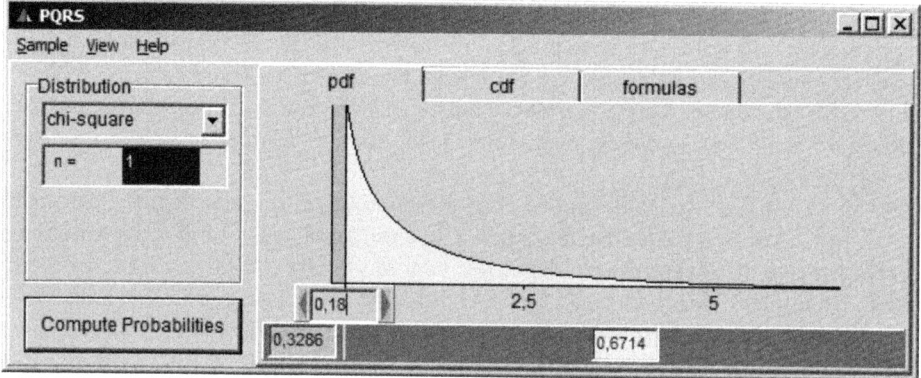

Abb. 24.15 Nullverteilung im χ^2-Test im zweiten Fall

24.14 McNemar-Test

Der McNemar-Test ist geeignet, wenn zwei verbundene bzw. abhängige Stichproben hinsichtlich eines dichotomen Merkmals verglichen werden sollen. Klassischerweise ist das experimentelle Design ein Within-Subject Design, bei dem dieselbe Gruppe von Versuchspersonen zwei unterschiedliche Experimentanordnungen durchläuft. Da dann jede einzelne Versuchsperson zweimal nacheinander eine Entscheidung trifft, müssen diese voneinander abhängen.

Grundlage für die Durchführung des McNemar-Tests ist erneut eine 2 × 2 Kontingenztabelle, die aber leicht verändert dargestellt wird (vgl. Tab. 24.17).

Die Häufigkeit a gibt an, wie viele Versuchspersonen sowohl vor als auch nach dem Treatment die Merkmalsausprägung $j = 1$, also keine Veränderung, aufweisen. Ebenfalls keine Veränderung weisen die Versuchspersonen in Feld d auf, dieses Mal allerding mit der Merkmalsausprägung $j = 2$. Die Veränderungen von $j = 1$ auf $j = 2$ gibt das Feld b und die Veränderungen von $j = 2$ auf $j = 1$ gibt das Feld c wieder. Das grundsätzliche Testprinzip ist das gleiche wie beim 2 × 2 χ^2-Test: Die realisierten Häufigkeiten werden mit den erwarteten verglichen und, wenn die Unterschiede hinreichend stark sind, wird die Nullhypothese „Es fand keine Veränderung hinsichtlich des Merkmals zwischen beiden Stichproben statt" abgelehnt. Der wesentliche Unterschied zum Vergleich zweier unabhängiger Stichproben ist die Art und Weise, wie die erwarteten Häufigkeiten berechnet werden.

Tab. 24.17 Kontingenztabelle 1 im McNemar-Test

		Treatment		
		Merkmal $j = 1$	Merkmal $j = 2$	
Control	Merkm. $j = 1$	a	b	$a + b$
	$j = 2$	c	d	$c + d$
		$a + c$	$b + d$	N

Die Daten bestehen aus zwei abhängigen Stichproben eines nominal oder ordinal skalierten Merkmals mit 2 sich ausschließenden Kategorien. Die Teststatistik folgt für hinreichend große Stichproben einer χ^2-Verteilung. Die erwarteten Häufigkeiten links unten und rechts oben in der Kontingenztabelle müssen gleich groß und beide größer als 5 sein (Bortz & Lienert 2008). Ist diese Bedingung nicht erfüllt, verwendet man einen Binomialtest.

Unter Gültigkeit der Nullhypothese erwartet man keine Veränderung der Merkmalshäufigkeiten vor und nach dem Treatment. Die Randhäufigkeit $a + b$ gibt die Anzahl der Versuchspersonen wieder, die *vor* dem Treatment Merkmal $j = 1$ aufweisen (davon wechselten b nach dem Treatment zu $j = 2$). Die Randhäufigkeit $= a + c$ gibt die Gesamtzahl der Versuchspersonen wieder, die *nach* dem Treatment Merkmal $j = 1$ aufwiesen (davon wechselten c nach dem Treatment zu Merkmal $j = 1$). Wenn die Nullhypothese gilt, erwartet man daher, dass $a + b = a + c$ bzw. $b = c = (b + c)/2$ gilt. Der Ausdruck $b = c$ bedeutet, dass, wenn es Wechsel gab, diese in beide Richtungen gleich groß waren. Die erwarteten Häufigkeiten $e = (b + c)/2$ werden nun wie auch im χ^2-Test, mit den tatsächlichen Häufigkeiten verglichen, indem man die normierten, quadrierten Differenzen aufaddiert. Daraus folgt die Teststatistik

$$\chi^2 = \frac{(b - e)^2}{e} + \frac{(c - e)^2}{e} = \frac{(b - c)^2}{b + c},$$

welche χ^2-verteilt ist mit einem Freiheitsgrad. Da die χ^2-Verteilung wieder nur eine stetige Approximation für eine in Wahrheit diskrete Nullverteilung ist, kann man mit folgender Stetigkeitskorrektur diese Approximation verbessern:

$$\chi^2 = \frac{(|b - c| - 1)^2}{b + c}.$$

Für den Fall, dass die erwarteten Häufigkeiten kleiner als 5 sind, lässt sich auch ein exakter Binomialtest verwenden. Unter Gültigkeit der Nullhypothese ist die Wahrscheinlichkeit unter allen Veränderungen eine Veränderung von $j = 1$ zu $j = 2$ genauso groß wie eine Veränderung von $j = 2$ zu $j = 1$, also 0,5. Als Teststatistik verwendet man die kleinere beider Häufigkeiten $x = \min(b, c)$. Diese ist (genauso wie die andere „Veränderungshäufigkeit") binomialverteilt mit der Nullverteilung $B(b + c; 0{,}5)$.

Beispiel
Wir möchten erneut den Einfluss der Information über das Studienfach auf die Abgaben des Trustor im Vertrauensspiels untersuchen, dieses Mal jedoch in einer Variante des Spiels, in dem der Trustor nur zwischen einer „hohen" oder einer „niedrigen" Abgabe an den Trustee entscheiden kann. Zudem werden dieses Mal $n = 104$ Personen (52 Trustors und 52 Trustees) nacheinander zwei unterschiedlichen Experimentanordnungen ausgesetzt. Als erstes spielen die Versuchspersonen paarweise das Vertrauensspiel ohne das Studienfach ihres Spielpartners zu kennen („ohne Info", Control). In der zweiten Anordnung spielen die gleichen Versuchspersonen noch einmal das Vertrauensspiel, aber sie erhalten zusätzlich die Information über das Studienfach ihres Spielpartners („mit Info", Treatment). Die Daten führen zur Kontingenztabelle ❑ Tab. 24.18.

Angenommen es gäbe eine theoretische Begründung dafür, dass die Information über das Studienfach, wenn überhaupt, nur einen negativen Einfluss auf die Abgabe ausüben kann,

◻ **Tab. 24.18** Kontingenztabelle 2 im McNemar-Test

		Mit Info		
		Hoch	Niedrig	
Ohne Info	Hoch	21	15	36
	Niedrig	6	10	16
		27	25	52

dann können wir die Forschungshypothese einseitig formulieren: „Die Wahrscheinlichkeit unter allen Veränderungen eine Veränderung von ‚hoch' nach ‚niedrig' zu ziehen (Feld b) ist größer als die Wahrscheinlichkeit eine Veränderung von ‚niedrig' nach ‚hoch' zu ziehen (Feld c)".

Die Teststatistik des exakten Binomialtestes ist $c = 6$ und die Parameter der Nullverteilung lauten $n = 15 + 6 = 21$ und $p = 0{,}5$. In PQRS erhalten wir nach Eingabe dieser Parameter die Dichtefunktion in ◻ Abb. 24.16.

Daran lässt sich der p-Wert der zweiseitigen Hypothese $p = 0{,}0133 + 0{,}0259 = 0{,}0392 = 3{,}92\,\% < 5\,\%$ ablesen. Der Einfluss der Information über das Studienfach hat damit einen signifikanten negativen Einfluss auf die Abgabe. Bei einer zweiseitigen Hypothese würde sich der p-Wert verdoppeln zu $p = 0{,}0784$, was auf einen nicht signifikanten Einfluss schließen lässt. Der Vollständigkeit halber und um den Einfluss der Stetigkeitskorrektur zu demonstrieren, wird nun auch die χ^2-Approximation für eine zweiseitige Forschungshypothese durchgeführt. Die Teststatistik ohne Stetigkeitskorrektur lautet

$$\chi^2 = \frac{(b - c)^2}{b + c} = \frac{(15 - 6)^2}{21} = 3{,}8571.$$

Die Nullverteilung ist eine χ^2-Verteilung mit einem Freiheitsgrad (vgl. ◻ Abb. 24.17).

Der p-Wert lautet demnach $p = 0{,}0495 = 4{,}95\,\% < 5\,\%$ für eine *zweiseitige* Hypothese. Der genaue zweiseitige p-Wert lautete $p = 0{,}0784 = 7{,}84\,\% > 5\,\%$, woran man erkennt, dass eine χ^2-Approximation ohne Stetigkeitskorrektur durchaus zu Fehlentscheidungen führen kann.

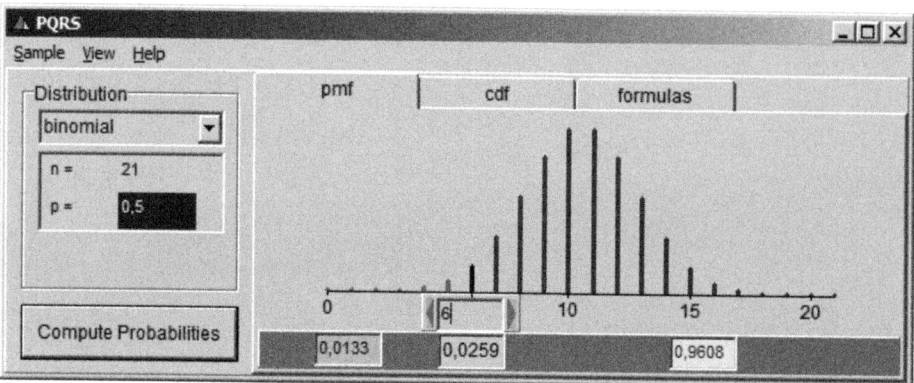

◻ **Abb. 24.16** Nullverteilung im McNemar-Test

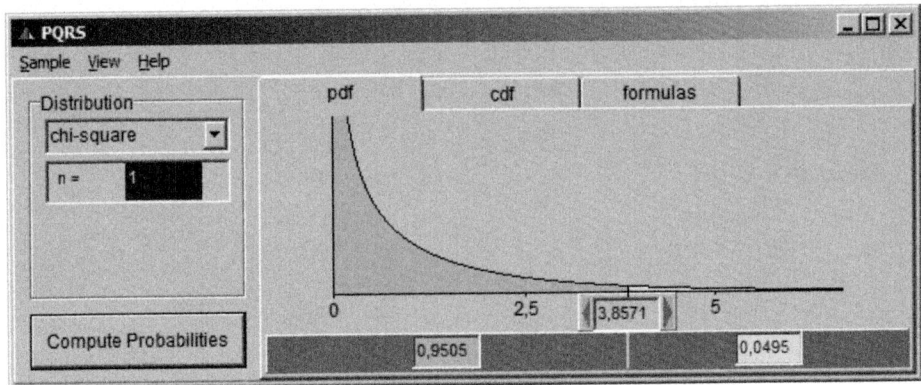

Abb. 24.17 Nullverteilung im McNemar-Test

Mit Stetigkeitskorrektur erhalten wir die Teststatistik

$$\chi^2 = \frac{(|b-c|-1)^2}{b+c} = \frac{(|15-6|-1)^2}{21} = 3{,}0476,$$

was in PQRS zum genaueren p-Wert $p = 0{,}0809 = 8{,}09\,\% > 5\,\%$ und zur „richtigen" Testentscheidung führt.

Statistische Modelle

© Springer-Verlag GmbH Deutschland, ein Teil von Springer Nature 2019
J. Weimann und J. Brosig-Koch, *Einführung in die experimentelle Wirtschaftsforschung*,
https://doi.org/10.1007/978-3-642-32765-0_25

25.1 Grundlagen

Viele experimentelle Studien beschränken sich nicht darauf, allein die statistische Signifikanz eines Treatmenteffekts in Form einer Hypothese zu überprüfen. Oftmals werden Daten von experimentell erfassten Variablen dazu verwendet, Zusammenhänge zwischen Variablen zu schätzen. Zu diesem Zweck wird ein *statistisches Modell* aufgestellt, welches die gegebenen Daten möglichst gut erklären soll. Mit Hilfe dieses Modells können weiterführende Fragen beantwortet werden, wie beispielsweise:

- In welcher Weise und wie gut lassen sich die Ausprägungen einer Variable durch andere Variablen erklären?
- Welchen Wert würde eine Variable voraussichtlich annehmen, wenn man von der Ausprägung einer anderen Variable ausgehen würde, die man im Experiment gar nicht erhoben hat?

Ausgangspunkt für ein statistisches Modell ist, dass wir die Veränderungen einer experimentell *beobachteten* Variable y modellieren bzw. mit Hilfe eines Modells *erklären* wollen. Die Variable y heißt daher auch *zu erklärende* Variable oder *Endogene*. Die Informationen die wir für die Erklärung der Endogenen verwenden stammen aus einer oder mehreren *erklärenden* Variablen (*Exogene*). Grundannahme für jedes statistische Modell ist, dass zwischen beiden Variablen ein wahrer Zusammenhang existiert, dieser aber unbekannt ist. In besonders einfachen Fällen, kann es angebracht sein, von einem wahren, *linearen* Zusammenhang zwischen der Endogenen y und *genau einer* Exogenen x auszugehen. Dieser hätte dann die Form

$$y = a + bx,$$

wobei die konstanten Parameter a und b dieser Geraden unbekannt sind.

Würde man es bei diesem Modell belassen, so würde es real erfasste Daten sicherlich nicht bestmöglich abbilden. Zur Verdeutlichung nehmen wir an, wir hätten für 4 Versuchspersonen im Experiment eine Treatmentvariable x mit den Ausprägungen $x = (1, 2, 3, 4)$ vorgegeben. Dies könnte beispielsweise eine vorgegebene Anfangsausstattung oder vorgegebene Kosten in einem ökonomischen Spiel sein. In Abhängigkeit dieser Vorgabe x wird die stetige Variable y mit den Ausprägungen $y = (7,6; 12,2; 11,1; 14,8)$ im Experiment gemessen. Wenn wir nun die Datenpunkte (x_1, y_1), (x_2, y_2), (x_3, y_3), (x_4, y_4) in ein x-y-Diagramm einzeichnen, dann ergeben sich die in ◼ Abb. 25.1 dargestellten Punkte.

Anhand dieser Grafik sehen wir, dass unser bisheriges Modell diesen Beobachtungen aus zweierlei Gründen nicht gerecht wird. Erstens handelt es sich bei den Beobachtungen nicht um eine stetige Funktion, sondern nur um 4 diskrete Punkte, jeweils bestehend aus x- und y-Koordinate. Aus diesem Grund diskretisieren wir die Variablen x und y des Modells mit Hilfe eines Beobachtungsindexes $i = 1, 2, 3, 4$ und erhalten das neue Modell

$$y_i = a + bx_i.$$

Jede einzelne Beobachtung y_i wird demnach deterministisch durch eine Lineartransformation einer einzelnen Beobachtung x_i erklärt. Deswegen heißt die rechte Seite dieser Gleichung auch (deterministischer) *linearer Prädiktor*.

Zweitens ist zu erkennen, dass der lineare Prädiktor für konstante Parameter a und b nicht *alle* Beobachtungen vollständig abbilden bzw. erklären kann. Anders ausgedrückt,

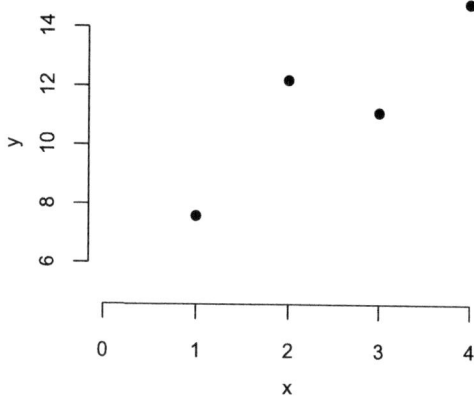

■ **Abb. 25.1** Darstellung der vier hypothetischen Beobachtungen der Variablen *x* und *y* im *x*-*y*-Diagramm

es existiert keine einzelne Gerade, auf der alle vier Beobachtungen liegen. Wie auch immer wir versuchen, eine Gerade in das Bild zu ziehen, einige Beobachtungspunkte liegen grundsätzlich oberhalb oder unterhalb dieser Geraden. Diese Abweichung einer tatsächlichen Beobachtung y_i von ihrem linearen Prädiktor $a + bx_i$ (wahre Gerade) wird über eine zufällige Störung u_i ausgeglichen, so dass gilt

$$u_i = y_i - (a + bx_i)$$

bzw.

$$y_i = a + bx_i + u_i.$$

Wie wir in ■ Abb. 25.2 erkennen können, ist diese Störung mal positiv und mal negativ, und mal stark und mal schwach, weil eine Beobachtung in unterschiedlichen Abständen mal oberhalb und mal unterhalb der wahren, gestrichelten Gerade liegt. Wir gehen also in unserem stochastischen Modell davon aus, dass die Versuchspersonen hinsichtlich der Variable y_i einem Zufallseinfluss unterliegen, der sie mal nach oben und mal nach unten vom wahren, deterministischen Wert $a + bx_i$ abweichen lässt.

Bezogen auf ein Experiment lässt sich diese zufällige Abweichung auf zweierlei Weise rechtfertigen. Wenn wir das Experiment mit ein und denselben vier Versuchspersonen

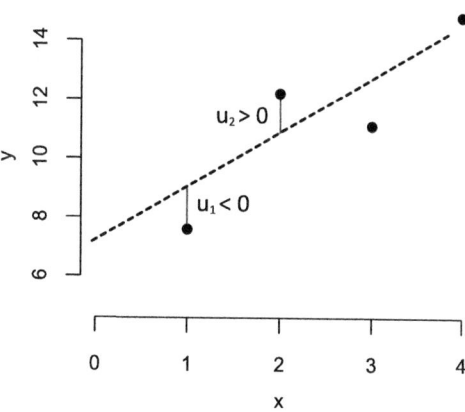

■ **Abb. 25.2** Zufällige Störungen in den vier Beobachtungen

mehrmals nacheinander durchführen, so unterliegt jede Person zu jedem Zeitpunkt einem neuen Zufallseinfluss. Beispielsweise könnte die Variable y die Abgabesumme im Ultimatumspiel messen. Dann wäre zu erwarten, dass an einem Tag, an dem Studierender 1 zufällig besonders gut gelaunt ist (er ist ausgeschlafen, es ist schönes Wetter, er hat Information über ein gutes Klausurergebnis bekommen usw.), auch der Abgabebetrag y_1 zufällig besonders hoch ausfällt. Die Variable „Laune" bleibt zwar im Experiment unbeobachtet und kann demnach auch nicht kontrolliert werden, hat aber gleichzeitig einen Einfluss auf die Endogene y.[1] In gleicher Weise lässt sich natürlich auch eine zufällig besonders niedrige Ausprägung rechtfertigen, wenn man davon ausgeht, dass Studierende zufällig an einem anderen Tag auch mal schlecht gelaunt sein können.

Alternativ können wir auch mehrmals nacheinander eine Gruppe *jeweils neuer* vier Studierender einladen bzw. aus einer Gesamtpopulation „ziehen", die am Experiment teilnehmen. In diesem Fall modellieren wir keinen Zufallseffekt Within-Subject über die Zeit, sondern Between-Subject über unterschiedliche Versuchspersonen. Denn jede individuelle Versuchsperson bringt in der Regel auch individuelle Charaktereigenschaften mit, die wir, genau wie „Laune", nicht alle beobachten und kontrollieren können.

Gemäß unseres stochastischen Modells unterliegt die Zufallsvariable y_i damit grundsätzlich zwei additiven Effekten: Erstens dem festen, nicht zufälligen Effekt b, der die Steigung des „wahren" Zusammenhangs darstellt. Je größer dieser Wert ist, desto stärker ist auch die durchschnittliche Zunahme der y_i-Werte bei einer Erhöhung von x_i.[2] Eine horizontale Gerade würde demnach einen fixen Effekt von Null repräsentieren, bei der die Variable y_i über eine Veränderung von x_i unbeeinflusst bleibt. Zweitens wirkt auf die Variation von y_i ein zufälliger Effekt, der nicht durch die Variation der erklärenden Variable entsteht. Wir machen es uns zunächst sehr einfach und fassen einfach alle denkbaren Zufallseinflüsse auf y_i in diesem Effekt zusammen. In diesem Fall nennen wir das Modell ein *ökonometrisches Modell* (vgl. von Auer 2016).[3]

Formal bildet man den zufälligen Effekt im einfachsten Fall über eine normalverteilte Zufallsvariable u_i mit dem Erwartungswert $\mu = 0$ und der konstanten Varianz σ^2 ab und die Kurzform hierzu lautet

$$u_i \sim N(0, \sigma^2).$$

Der Erwartungswert in Höhe von Null bedeutet, dass sich die positiven und negativen Ausprägungen der Zufallsstörungen für sehr viele Wiederholungen des Experiments im Mittel gerade ausgleichen. Daraus folgt, dass der Erwartungswert der Variablen y_i gerade dem wahren Wert des linearen Prädiktors entspricht,

$$E(y_i) = a + bx_i.$$

Die Varianz σ^2 stellt die Stärke des zufälligen Effektes dar. Je größer die Streuung der Zufallsstörung, desto stärker ist der zufällige Effekt auf die mögliche Höhe der Endogenen. In ❏ Abb. 25.2 wurde die zweihundertfache Wiederholung des hypothetischen Experiments mit den kontrollierten Werten $x = (1, 2, 3, 4)$ sowie dem festen Effekt $b = 2$ auf dem

---

[1]   Man nennt nicht beobachtbare Variablen manchmal auch *latente* Variablen.

[2]   Natürlich hat auch der Niveauparameter a einen Einfluss auf die Höhe von y. Dieser Einfluss ist aber für alle x-Werte gleich und bestimmt nur das Gesamtniveau auf dem sich der Zusammenhang befindet. Man spricht daher bei a nicht von einem Effekt.

[3]   Später werden wir diesen Gesamt-Zufallseinfluss weiter differenzieren und zufällige Effekte explizit modellieren.

Niveau $a = 6$ simuliert. In der linken ◯ Abb. 25.3 wurde ein vergleichsweise schwacher zufälliger Effekt in Höhe von $\sigma^2 = 0.5$ zu Grunde gelegt, so dass die Beobachtungen y_i wenig um den wahren Wert schwanken. Die rechte ◯ Abb. 25.3 zeigt dagegen einen stärkeren, zufälligen Effekt in Höhe von $\sigma^2 = 1.5$, der eine entsprechend größere Streuung verursacht. Gut zu erkennen ist in beiden Fällen die Normalverteilung der Störgröße, die um den wahren y-Wert die größte Wahrscheinlichkeits- bzw. Punktedichte aufweist. Nach oben und unten wird dagegen die Dichte an den Punkten immer geringer. Im linken Bild ist daher die Dichtefunktion schmal mit einem hohen Gipfel, im rechten Bild dagegen breit mit einem flacheren Gipfel.

Der fixe Effekt b, der zufällige Effekt σ^2 sowie das wahre Niveau a des Zusammenhangs sind in der Praxis immer *unbekannt*. Ziel einer *Regression* ist es, für diese unbekannten Parameter einen möglichst guten *Schätzer* $\hat{b}$, $\hat{\sigma}^2$ und $\hat{a}$ zu erhalten.[4] „Möglichst gut" bedeutet im statistischen Sinne, dass (i) über viele Wiederholungen der Mittelwert der Schätzwerte dem wahren Wert b, σ^2 bzw. a entsprechen sollte (*Erwartungstreue*) und dass (ii) unter allen erwartungstreuen Schätzern derjenige mit der geringsten Streuung bzw. höchsten Schätzgenauigkeit ausgewählt wird (*Effizienz*). Wir werden im Verlauf dieses Kapitels unterschiedliche Modelle kennen lernen, die jeweils unterschiedliche Schätzer erfordern. Ein erwartungstreuer und effizienter Schätzer in unserem einfachen linearen Modell ist der so genannte *Kleinst-Quadrate Schätzer*. Er bestimmt genau diejenigen Werte für a und b, die zu einer Gerade führen, welche ihren gesamten Abstand zu allen Datenpunkten so klein wie möglich macht.

Nehmen wir die Beobachtungen unserer abhängigen Variable betragen 7,5; 12; 11 und 14,5 dann liefert dieser Schätzer die Werte $\hat{a} = 6{,}25$ und $\hat{b} = 2$. Die resultierende Schätzgerade $\hat{y} = \hat{a} + \hat{b}x = 6{,}25 + 2x$ ist in ◯ Abb. 25.4 dargestellt. Der Abstand einer Beobachtung y_i zum Schätzwert $\hat{y}_i$ auf der Schätzgeraden nennt man *Residuum* $\hat{u}_t$. Es stellt denjenigen Anteil der Beobachtung y_t dar, der nicht durch unser geschätztes Modell erklärt werden kann.[5] In der Grafik sind die quadrierten Residuen durch ein graues Quadrat wiedergegeben. Die Kleinst-Quadrate Schätzer $\hat{a}$ und $\hat{b}$ minimieren die Summe

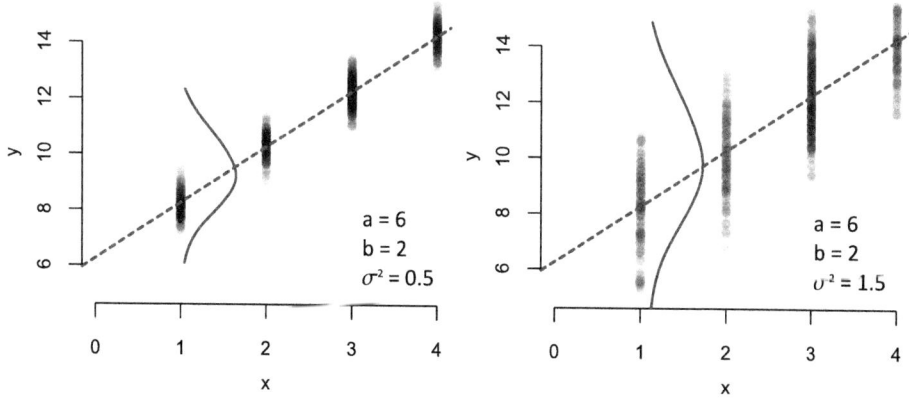

◯ **Abb. 25.3** Schwacher versus starker zufälliger Effekt in einem simulierten Experiment mit 200 Wiederholungen

---

[4] Im Folgenden werden wir Schätzwerte immer mit einem „Dach" kennzeichnen.

[5] Daher spricht man auch oft vom „unerklärten Rest".

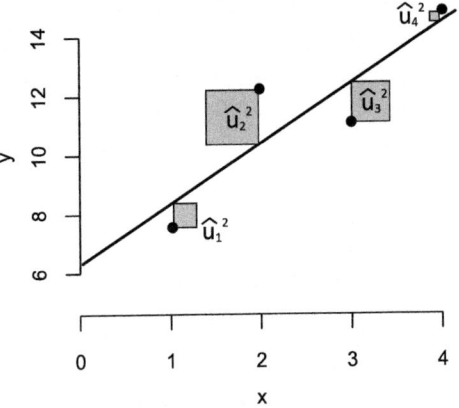

Abb. 25.4 Residuenquadrate bei vier Beobachtungen

genau dieser Quadrate. Demnach existiert keine andere Gerade, die zu einer kleineren Summe aller grauen Flächen führt, als $\hat{y} = 6{,}25 + 2x$. In unserem Beispiel beträgt diese Gesamtfläche 5,25 Für die Schätzung des zufälligen Effektes σ^2 berechnet man das *durchschnittliche* Residuumquadrat. Allerdings teilt man diese Summe der Residuenquadrate nicht durch die Anzahl der Beobachtungen T, sondern durch Anzahl der Beobachtungen, die einen Informationsgehalt hinsichtlich einer Streuung liefern, also $T - 2$.[6] Wir erhalten $\hat{\sigma}^2 = 5{,}25/(4 - 2) = 2{,}625$ als Schätzwert für den zufälligen Effekt.

Sobald ein Modell geschätzt wurde, ist das Prinzip der *Prognose* sehr einfach. Hierzu setzt man einen neuen x-Wert in die Schätzgleichung ein, und erhält einen prognostizierten y-Wert ohne Zufallseinfluss. Dabei ist natürlich darauf zu achten, dass man nicht zu sehr extrapoliert und x-Werte verwendet, die sehr weit weg von den bestehenden x-Werten liegen. Je weiter man sich von den Datenpunkten entfernt, die für die Schätzung des Modells herangezogen wurden, desto unzuverlässiger ist die Prognosefähigkeit des geschätzten Modells.

25.2 Verwendung statistischer Modelle

Statistische Modelle bestehen im einfachsten Fall aus nur einer einzigen Gleichung. Diese Gleichung erklärt die Variation einer beobachteten abhängigen Variable y (linke Seite der Gleichung) mit Hilfe eines funktionalen Terms f mit K erklärenden Variablen x und einem Zufallseinfluss u_i (rechte Seite der Gleichung). Man schreibt allgemein

$$y = f(x_1, x_2, \ldots, x_K, u_i).$$

Ein solches Modell unterliegt immer gewissen Annahmen. Dabei gilt, je mehr und je stärker Annahmen das Modell voraussetzt, desto einfacher wird es und umgekehrt. Das bereits in ▸ Abschn. 25.1 angesprochene einfache lineare Modell ist zwar sehr einfach zu verstehen und zu handhaben, aber fordert zum Teil sehr restriktive Voraussetzungen, die in der experimentellen Praxis oft nicht erfüllt werden können. Die wichtigsten von ihnen sind:

---

6   Zwei Beobachtungen sind in diesem Sinne immer „nutzlos", eine Regressionsgerade mit nur zwei Beobachtungen immer gena durch diese zwei Beobachtungen gehen wird, so dass die Residuen den Wert Null annehmen und folglich keinen Informationsgehalt hinsichtlich einer Streuung liefern.

A.25.1 Korrelation versus Kausalität

Die Stärke eines Zusammenhangs zwischen zwei Variablen kann aus quantitativer und qualitativer Sicht betrachtet werden. Qualitativ gesehen ist der stärkste Zusammenhang ein kausaler. Das bedeutet, dass die Ausprägung der einen Variable ursächlich für die Veränderung einer anderen Variable verantwortlich ist. Beispielsweise ist unter anderem die Kraft, die von einem Fuß auf einen Fußball übertragen wird, ursächlich dafür verantwortlich, wie weit der Fußball fliegt.

Eine qualitativ schwächere Form eines Zusammenhangs ist der korrelative Zusammenhang zwischen Variablen. Eine Korrelation zwischen zwei Variablen liegt vor, wenn lediglich beobachtet werden kann, dass die Erhöhung einer Variablen mit der Erhöhung oder Verringerung der anderen Variablen einhergeht. Selbst eine perfekte Korrelation bedeutet aber nicht notwendigerweise, dass die Variablen auch kausal in einer Ursache/Wirkung Beziehung stehen. Beispielsweise kann man beobachten, dass die Anzahl der Haare von Männern und ihr jeweiliges Einkommen invers zueinander sind, d. h. je weniger Haare Männer haben, desto höher ist ihr Einkommen. Gäbe es hier einen kausalen Zusammenhang, so würden sich vermutlich alle Männer die Haare abrasieren, in der Hoffnung reicher zu werden. Der eigentliche kausale Zusammenhang lässt sich leicht herstellen, wenn man eine dritte Variable, das Alter, miteinbezieht. Je älter ein Mann ist, desto mehr Berufserfahrungen hat er und bezieht deswegen im Durchschnitt ein höheres Einkommen. Gleichzeitig liegt es in der Natur der Dinge, dass der Haarausfall bei Männern ebenfalls altersbedingt ist. Alter wirkt also kausal auf beides, die Anzahl der Haare und das durchschnittliche Einkommen berufstätiger Männer. Jede Kausalität bedeutet eine Korrelation, aber nicht jede Korrelation bedeutet eine Kausalität. Anders ausgelegt: Wenn zwei Variablen nicht korreliert sind, kann auch kein kausaler Zusammenhang bestehen, aber wenn kein kausaler Zusammenhang besteht, kann durchaus eine Korrelation bestehen.

Ein einfaches statistisches Modell wie das beschriebene misst lediglich die Stärke eines Zusammenhangs und liefert daher rein quantitative Informationen über den Zusammenhang von Variablen. Ob die eine Variable ursächlich für die Veränderung der anderen Variable verantwortlich ist, ist nicht Gegenstand des statistischen Modells (zumindest nicht in der hier dargestellten Form). Der von einem statistischen Modell quantifizierte Zusammenhang ist immer nur insoweit kausal, wie es das vorab durchgeführte Design des Experiments zugelassen hat. Entscheidend für die Kausalität in einem Experiment sind die drei bereits besprochenen Faktoren Kontrolle, Wiederholung und Randomisierung. Experimente, in denen keine Randomisierung möglich ist, nennt man „Quasi-Experimente". In solchen Experimenten ist es deutlich schwieriger kausale Zusammenhänge herzuleiten, jedoch existieren hier spezielle statistische Modelle und Schätzverfahren, die die Bestimmung von Kausalitäten unterstützen (englisch „Regression Discontinuity Designs"). Hierzu zählen insbesondere die Instrumentvariablenschätzung sowie die Differences-in-Differences (DiD) Methode.

1. Im ökonometrischen Modell fehlen keine relevanten exogenen Variablen und die benutzten exogenen Variablen sind nicht irrelevant.
2. Der wahre Zusammenhang zwischen exogenen und endogener Variable ist linear.
3. Die Niveau- und Steigungsparameter sind für alle Beobachtungen konstant, d. h. sie weisen keinen Index t oder i auf.
4. Die Störgröße ist normalverteilt mit $\varepsilon_i \sim N(0, \sigma^2)$ für alle Beobachtungen i und die Störgrößen aller Beobachtungen i sind statistisch unabhängig voneinander.
5. Die Werte der unabhängigen Variable x sind statistisch unabhängig von der Störgröße ε.

Sind einzelne dieser Annahmen verletzt, führt das zu unterschiedlich schwerwiegenden Konsequenzen. In einigen Fällen muss die Kleinst-Quadrate Schätzung nur leicht angepasst werden, in anderen entstehen vollkommen neue Modelle mit jeweils speziellen Schätzverfahren. Wenn beispielsweise gezeigt werden kann, dass ein *univariates* Modell mit nur einer erklärenden Variable x unterspezifiziert ist, so müssen weitere Variablen hinzugefügt werden. Diese Modelle mit mehr als einer Variablen heißen *multivariat* oder *multiples Regressionsmodell*. Die Kleinst-Quadrate Schätzung kann in diesem Fall unter sonst gleichen Bedingungen weiterverwendet werden. Ist f linear in den Parametern, dann spricht man von einem *linearen* Modell, ansonsten von einem *nichtlinearen* Modell. Nichtlinearitäten in den exogenen Variablen können in der Regel durch Transformation linearisiert werden, Nichtlinearitäten in den Parametern dagegen nicht. *Dummyvariablen-* bzw. *Strukturbruchmodelle* eignen sich zur Modellierung sprunghaft veränderter Koeffizienten über zwei oder mehr Abschnitte der Beobachtungen (z. B. zwei unterschiedliche Zeitphasen). Variieren sie dagegen zufällig über Individuen, so können *Mehrebenenmodelle* (auch „Random Coefficient Models") verwendet werden.

Eine weitere zentrale Eigenschaft für die Klassifizierung von Regressionsmodellen ist der Charakter der zu erklärenden Variable. Insbesondere wenn die Störgröße nicht mehr normalverteilt ist mit Erwartungswert Null und konstanter Varianz, so wirkt sich das unmittelbar auf die Verteilung von y aus. Handelt es sich bei y um eine stetige, diskrete oder kategoriale Variable? Ist ihre Varianz konstant? Entspricht ihre Ausprägung im Erwartungswert dem linearen Prädiktor? Eine große Klasse von nicht-normalverteilten endogenen Variablen kann mit dem *verallgemeinerten linearen Modell* abgebildet werden. Oftmals wird auch eine Ober- oder Untergrenze für die endogene Variable eingeführt, die die Ausprägungen dieser Variable per Definition nicht überschreiten können. In diesem Fall spricht man von *zensierter* oder *gestutzter Endogener*, die jeweils auch eigene Schätzverfahren benötigen.

Erklärende Variablen x besitzen immer dann einen starken Erklärungsgehalt, wenn sie stark mit der zu erklärenden Variablen y korrelieren. Wenn nun aber eine Variable x gleichzeitig mit der Störgröße ε korreliert ist, dann folgt daraus unmittelbar eine Korrelation zwischen der zu erklärenden Variable y und der Störgröße ε. Diese Korrelation ist problematisch, denn sie führt zu verzerrten (und inkonsistenten) Schätzern. Ein Ausweg aus diesem so genannten „Endogenitätsproblem" stellt die so genannte Schätzung mit *Instrumentvariablen* dar. Auch hier kann die herkömmliche Kleinst-Quadrate Schätzung nicht verwendet werden, sondern man verwendet in der Regel eine zweistufige Variante davon („Two-Stage Least Squares").

Darüber hinaus spielt auch die Struktur der Daten eine Rolle für die korrekte Auswahl von Modellen: Wurden mehrere Individuen zu einem einzigen Zeitpunkt gemessen (*Querschnittsdaten*), wurde ein Individuum zu mehreren Zeitpunkten gemessen (*Zeitreihendaten*) oder wurden mehrere Individuen zu mehreren Zeitpunkten gemessen (*Paneldaten*)?

Wir sehen, es existieren etliche mögliche Abweichungen vom Standardfall „einfaches lineares Modell". Alle diese Fälle im Detail durchzusprechen und sowohl die Konsequenzen einer Verletzung als auch mögliche Therapiemaßnahmen vorzustellen würde den Rahmen des Buches sprengen. Deshalb verweisen wir auf eine Reihe guter Lehrbücher (von Auer 2016, Griffith et al. 1993, Kennedy 2008, Gujarati und Porter 2008).

Stattdessen wollen wir uns in diesem Abschnitt auf vier Spezialfälle konzentrieren, die bei experimentell erhobenen Verhaltensdaten besonders häufig vorkommen:

1. Die abhängige Variable ist nicht stetig, sondern hat nur eine abzählbare Anzahl von Ausprägungen.
2. Die abhängige Variable ist nicht normalverteilt.
3. Die Beobachtungen der abhängigen Variable sind statistisch nicht unabhängig voneinander.
4. Die abhängige Variable ist nach oben oder unten gestutzt.

Im Folgenden wird gezeigt, wie diese vier Fälle jeweils mit einer geeigneten Methodik modelliert werden können und wie ein typischer Computeroutput der zugehörigen Schätzung aussieht. Hierzu verwenden wir einfache hypothetische Beispiele. Um die Unterschiede dieser Modelle zum klassischen linearen Modell besser darstellen zu können, stellen wir zunächst das lineare Modell in einer mit den anderen Modellen kompatiblen Schreibweise vor und besprechen dann anschließend die erweiterten Modelle.

25.3 Das lineare Modell (LM)

Das lineare Modell erklärt eine stetige endogene Variable y_i durch einen linearen Prädiktor η bestehend aus K stetigen und/oder kategorialen, exogenen Variablen $x_{1i}...x_{Ki}$. Sämtliche Zufallseinflüsse auf y_i werden durch die Zufallsvariable u_t modelliert. Es gilt

$$y_i = \eta + u_i$$
$$u_i \sim N(0, \sigma^2)$$

mit

$$\eta = b_0 x_{0i} + b_1 x_{1i} + \ldots + b_K x_{Ki}.$$

Der Wert der künstlichen „Variablen" x_{0i} beträgt immer 1, so dass b_0 der Niveauparameter ist.

Würden wir bei festen Werten der Exogenen immer wieder eine Zufallsstichprobe ziehen und somit immer neue Realisationen der Zufallsvariablen u_i und y_i bekommen, so würden wir bei sehr vielen Wiederholungen im Mittel einen Punkt auf der „wahren" Gerade bzw. Ebene erreichen. Diesen zur Ausprägung x_i gehörenden Erwartungswert der Endogenen nennen wir im Folgenden μ_i. In ◘ Abb. 25.2 ist beispielsweise $\mu_1 = 8$ an der Stelle $x = 1$ und $\mu_2 = 10$ an der Stelle $x = 2$. Da die Störgröße den Erwartungswert Null hat, gilt allgemein

$$E(y_i) = \mu_i = \eta$$

und somit

$$y_i \sim N(\eta, \sigma^2).$$

Das heißt, der Erwartungswert der Endogenen (bzw. das „wahre" y_i ohne Zufallseinfluss) wird durch den linearen Prädiktor bzw. eine Linearkombination von gegebenen Exogenen vorhergesagt. Im Beispiel der ◘ Abb. 25.4 aus ▶ Abschn. 25.1 lautet diese Linearkombination $\eta = 6 + 2x$ („wahre" Gerade). Wir sehen, dass in dieser Art von Modell eine konstante Veränderung einer Exogenen auch zu einer konstanten Veränderung des Erwartungswertes der Endogenen führt. Anders ausgedrückt heißt das lineare Modell deswegen „linear", weil es linear in den $N = K + 1$ Parametern $b_0...b_K$ ist. Die exogenen Variablen können durchaus in nicht-linearer Weise transformiert werden und es handelt sich immer noch um ein lineares Modell. Beispielsweise ist das Modell

$$y_i = b_0 + b_1 \ln(x_{1i}) + b_2 \sqrt{x_{2i}} + u_i$$

◻ **Tab. 25.1** Typischer Computeroutput einer linearen Regression

	coef	std.err	t.value	p.value
(Intercept)	6.2500	1.9843	3.1497	0.0877
X	2.0000	0.7246	2.7603	0.1100

Number of observations:	4
Number of coefficients	2
Degrees of freedom:	2
R-squ.:	0.7921
Adj. R-squ.:	0.6881
Sum of squ. resid.:	5.25
Sig.-squ. (est.):	2.625
F-Test (F-value):	7.619
F-Test (p-value):	0.11

ein lineares Modell, das Modell

$$y_i = b_0 + x_{1i}{}^{b_1} + e^{b_2} x_{2i} + u_i$$

dagegen nicht.

Das lineare Modell aus ▶ Abschn. 25.1 mit nur einer unabhängigen Variable lautete $y_i = b_0 + b_1 x_i + u_i$. Mit den gegebenen Daten kann man das Modell mit Hilfe eines Computerprogramms schätzen und ein typischer Computeroutput könnte wie in ◻ Tab. 25.1 dargestellt aussehen.

Diese Darstellung ist untergliedert in zwei Teile, der Regressionstabelle und den darunter aufgeführten sonstigen Kennziffern.

Die Regressionstabelle besteht in unserem Fall aus vier Spalten. In der ersten Spalte sind die Schätzwerte für die Parameter enthalten: Der Niveauparameter bzw. y-Achsenabschnitt der Schätzgeraden $\hat{b}_0$, gekennzeichnet durch den Zeilennamen (Intercept), und $\hat{b}_1$, die Steigung der Schätzgeraden, gekennzeichnet durch den Zeilennamen x, der die Bezeichnung der zugehörigen exogenen Variable darstellt. Die Spalte std.err ist die geschätzte Streuung beider Schätzer, also ein geschätztes Maß für ihre Genauigkeit beim Versuch, den wahren Wert b_0 bzw. b_1 zu treffen. Verbildlicht könnte man sich einen präzisen und einen unpräzisen Schätzer jeweils als einen professionellen Biathleten und einen gewöhnlichen Menschen vorstellen, die versuchen, mit einem Gewehr in das Schwarze einer Zielscheibe zu treffen. Wenn jeder 20mal unter sonst gleichen Bedingungen schießt, wird die Streuung der 20 Einschusslöcher beim Biathleten deutlich kleiner sein als beim gewöhnlichen Schützen. Genauso liegt bei einem präzisen Schätzer mit kleiner Streuung im Mittel der Schätzwert dichter am wahren Wert als bei einem unpräzisen Schätzer mit großer Streuung.

Aus Schätzwert und geschätzter Streuung kann man den Stichproben-t-Wert eines t-Tests mit Nullhypothese „Wahrer Parameter $= q$" bestimmen. Die Standardisierungsformel hierfür lautet

$$t = \frac{\text{Schätzwert} - q}{\text{gesch. Streuung}}.$$

Am häufigsten wird überprüft, ob ein Parameter signifikant von Null verschieden ist. In diesem Fall gilt $q = 0$ und die Werte der Spalte `std.err` ergeben sich, indem man die Werte der ersten Spalte durch die der zweiten teilt. Für die Nullhypothese $b_0 = 0$ ergibt sich beispielsweise der entsprechende t-Wert aus $(6,3 - 0) / 2,0703 = 3,0430$. Vergleicht man nun die Stichproben-t-Werte mit den kritischen t-Werten, die in Abhängigkeit des veranschlagten Signifikanzniveaus separat ermittelt werden müssten, könnte man eine Testentscheidung fällen. Schneller geht es aber, wenn man sich die entsprechenden p-Werte der letzten Spalte `p.value` anschaut. Sind diese kleiner als das veranschlagte Signifikanzniveau (z. B. 5 %), so wird die Nullhypothese „Wahrer Parameter $= 0$" abgelehnt und der Parameter ist statistisch signifikant von Null verschieden.[7]

Die unterhalb der Regressionstabelle stehenden Kenngrößen sind teilweise selbst erklärend. Bei den ersten drei Werten handelt es sich um die Anzahl der Beobachtungen, die Anzahl geschätzter Modellparameter und die Differenz aus beiden, auch „Freiheitsgrade" des Modells genannt. Letzterer ist beispielsweise nötig, um den kritischen Wert in einem Hypothesentest zu diesem Modell zu bestimmen.

Die vierte Zahl, `R-squ.`, ist das so genannte *Bestimmtheitsmaß*. Es misst denjenigen Anteil der Gesamtstreuung in den Beobachtungen y_i, der durch das geschätzte Modell erklärt werden kann. Ist dieser Anteil sehr niedrig, so hat das Modell keinen großen Erklärungsgehalt. Das ist insbesondere dann der Fall, wenn die Streuung der Beobachtungen um die Schätzgerade und somit die Summe der Residuenquadrate bzw. die „unerklärte" Streuung sehr hoch ist. Die ermittelte Schätzgerade hat dann insofern wenig Wert, als dass eine vollkommen andere Gerade gleichermaßen realistisch gewesen wäre. Ein hohes Bestimmtheitsmaß spricht dagegen für eine geringe Streuung der Störgröße, so dass man vermutlich eine repräsentative Gerade ermittelt hat, die sich bei Wiederholung des Experiments nicht allzu stark verändern dürfte. Ein perfekt linearer Zusammenhang hat demnach ein Bestimmtheitsmaß von 1 bzw. 100 %, weil die Lage der Beobachtungen vollständig erklärt wird. Die Wurzel des Bestimmtheitsmaßes heißt Korrelationskoeffizient und misst wie linear der Zusammenhang ist. Ein Wert von -1 steht für einen perfekt linearen Zusammenhang mit negativer Steigung, ein Wert von $+1$ dagegen für einen perfekt linearen Zusammenhang mit positiver Steigung.[8] Liegt überhaupt kein Zusammenhang zwischen der Endogenen und der Exogenen vor, so ist sowohl der Korrelationskoeffizient als auch das Bestimmtheitsmaß Null. In diesem Fall liefert auch der Kleinst-Quadrate Schätzer für den Steigungsparameter den Wert Null. Eine Erhöhung der erklärenden Variable um eine Einheit hätte demnach keinerlei Einfluss auf die zu erklärende Variable und man sollte die Sinnhaftigkeit dieser Variable im Modell hinterfragen.

Zu Spezifikationszwecken ist das Bestimmtheitsmaß nur bedingt geeignet, da dessen Wert niemals sinken kann, wenn man eine weitere Variable in das Modell aufnimmt. So-

---

[7]   Der Wortlaut „von Null verschieden" wird häufig weggelassen und man sagt dann nur noch ein Parameter ist „statistisch signifikant".

[8]   Natürlich kann man aus dem Bestimmtheitsmaß keine Rückschlüsse über das Vorzeichen ziehen, weil beim Wurzelziehen beide Vorzeichen möglich wären.

mit kann man problemlos ein Bestimmtheitsmaß nahe 100 % künstlich generieren, indem man einfach nur genügend Variablen in das Modell aufnimmt – seien diese sinnvoll oder nicht. Das korrigierte Bestimmtheitsmaß trägt diesem Umstand Rechnung, indem es die Anzahl der Variablen negativ in seine Berechnung mit aufnimmt. Eine zusätzliche Variable kann somit durchaus zu einem geringeren korrigierten Bestimmtheitsmaß führen. Ein Nachteil dieses Maßes ist, dass es nicht mehr als Anteil interpretiert werden kann, da es unter Umständen auch negative Werte annimmt. Als ein Wert für sich hat das korrigierte Bestimmtheitsmaß daher recht wenig Aussagekraft. Und selbst zu Spezifikationszwecken im Vergleich alternativer Modelle wird in der Regel nicht das korrigierte Bestimmtheitsmaß, sondern andere Kenngrößen wie das Akaike Informationskriterium herangezogen.

Die beiden darauffolgenden Werte des Computer-Outputs sind die bereits besprochene Summe der Residuenquadrate (`Sum of squ. resid.`) und der geschätzte zufällige Effekt bzw. die Störgrößenstreuung (`Sig.-squ. (est.)`).

Schließlich geben die letzten beiden Werte die Teststatistik und den p-Wert zu einem simultanen Signifikanztest *aller* Steigungsparameter im Modell wieder. Da in unserem Beispielmodell nur ein einziger Steigungsparameter enthalten ist, sind der F-Test und der t-Test in der Regressionstabelle identisch. Beide liefern den gleichen p-Wert und die F-Statistik entspricht der quadrierten t-Statistik.

25.4 Modelle bei diskreten und/oder nicht normalverteilten abhängigen Variablen

Das im vorangegangenen Abschnitt besprochene lineare Modell gehört zu den am häufigsten verwendeten statistischen Modellen. Diesem Modell lag ein wahrer linearer Zusammenhang zu Grunde, auf dem für eine gegebene Ausprägung der Exogenen der Erwartungswert der Endogenen liegt, das heißt

$$E(y_i) = \mu_i = b_0 x_{0i} + b_1 x_{1i} = \eta.$$

Man könnte diesen Zusammenhang $\mu_i = \eta$ auch etwas erweitert schreiben als

$$g(\mu_i) = \eta,$$

wobei $g(z) = z$ die Transformationsfunktion „ohne Auswirkung", nämlich die Winkelhalbierende ist. Natürlich erschließt sich der Sinn einer solchen Transformationsfunktion erst, wenn sie nicht der Winkelhalbierenden entspricht – ansonsten könnte man sie ja auch einfach weglassen. Im Folgenden werden wir von genau solchen Fällen ausgehen. Hauptmerkmal von Funktion g ist, dass sie umkehrbar und differenzierbar sein muss. Ansonsten kann sie prinzipiell eine beliebige lineare oder nichtlineare Form annehmen.

Die Grundidee des von Nelder & Wedderburn (1972) entwickelten *verallgemeinerten linearen Modells* (englisch „Generalized Linear Model", kurz GLM) ist, nicht-normalverteilte abhängige Variablen so zu transformieren, dass sie am Ende immer mit Hilfe des linearen Prädiktors erklärt werden können. Über g kann somit eine Verknüpfung („Link") zwischen einer nicht-normalverteilten und/oder nicht stetigen abhängigen Variable und einer Linearkombination unabhängiger Variablen hergestellt werden. Funktion g wird aus diesem Grund auch *Link-Funktion* genannt. So erweitert sich der Anwendungsbereich des GLM z. B. auf die Modellierung von *kategorialen* Größen, die eine abzählbare Anzahl an

Ausprägungen haben (z. B. Annahme/Ablehnung im Ultimatumspiel, drei Verhaltenstypen „eigennützig, positiv reziprok, negativ reziprok") oder Häufigkeiten (wie oft kam es zur Erstellung eines öffentlichen Gutes im öffentliches-Gut-Spiel?). Die „Kosten" dieser Verallgemeinerungen schlagen sich im Wesentlichen in einer komplizierteren Schätzung des Modells nieder. Statt einer einfachen Kleinst-Quadrate Schätzung wird eine iterative, gewichtete Variante davon verwendet, die zu Maximum-Likelihood Schätzern führt (McCullagh & Nelder 1989). Da dieses Verfahren in den meisten Statistikprogrammen enthalten ist, ersparen wir uns die technischen Details und konzentrieren uns auf die Funktionsweise und Anwendung möglicher Modelle.

Für ein konkretes Beispiel, welches die Flexibilität des GLM verdeutlichen soll, nehmen wir an, unsere zu erklärende Variable könne nur zwei Ausprägungen annehmen. Diese Ausprägungen folgen einer Bernoulli-Verteilung, wobei die Erfolgswahrscheinlichkeit p unbekannt ist und geschätzt werden soll. Beispielsweise möchten wir im Ultimatumspiel das Annahme- bzw. Ablehnungsverhalten y_i des Zweitziehenden durch die Höhe des vom Erstziehenden vorgeschlagenen Abgabebetrags x_i erklären. Es dürfte sofort klar sein, dass ein lineares Modell der Art $y_i = b_0 + b_0 x_i + u_i$ wenig Sinn machen würde, da die rechte Seite der Gleichung auch Ausprägungen zwischen „Ja" und „Nein" abbilden würde. Somit käme man zu Aussagen wie „bei $x_i = 30$ % würde der Zweitziehende mit einer 73-prozentigen Annahme antworten". Eine 73-prozentige Annahme gibt es aber nicht, entweder man lehnt ab oder nicht. Stattdessen macht es hier mehr Sinn, die *Wahrscheinlichkeit* für eine Annahme zu modellieren, so dass die o. g. Aussage lautet „bei $x_i = 0.3$ würde der Zweitziehende mit einer Wahrscheinlichkeit von 73 % annehmen". Auf der linken Seite unserer Modellgleichung steht also nicht eine binäre zu erklärende Variable, sondern eine Wahrscheinlichkeit mit einem Wertebereich zwischen Null und Eins. Diesen Wertebereich gilt es nun mit Hilfe einer geeigneten Link-Funktion festzulegen. Aus $g(\mu_i) = \eta$ folgt die Umkehrfunktion

$$g^{-1}(\eta) = \mu_i$$

und von μ_i, dem mittleren y-Wert, wissen wir, dass er zwischen Null und Eins liegen soll. Das bedeutet, wir suchen eine Funktion, die die reellen Zahlen auf das Intervall $(0,1)$ abbildet, also $g^{-1}: R \rightarrow (0,1)$. Zwei sehr populäre Kandidaten sind

$$g_1^{-1}(\eta) = \frac{e^\eta}{e^\eta + 1} = \text{expit}(\eta) = p$$

sowie die Verteilungsfunktion der Standardnormalverteilung $g_2^{-1}(\eta) = p$, die allerdings deutlich schwieriger als expliziter Term darstellbar ist (deswegen verzichten wir an dieser Stelle darauf). Zur grafischen Veranschaulichung sind beide Funktionen in ❏ Abb. 25.5 dargestellt. Bilden wir nun aus beiden Funktionen erneut die Umkehrfunktion, so erhalten wir

$$g_1(p) = \ln\left(\frac{p}{1-p}\right) = \text{logit}(p) = \eta$$
$$g_2(p) = \text{probit}(p) = \eta.$$

Beide Gleichungen stellen einen Zusammenhang zwischen der (transformierten) Wahrscheinlichkeit p und dem deterministischen linearen Prädiktor $\eta = b_0 + x_{1i}$ her.

Die erste Gleichung ist das Modell für die *logistische Regression* (auch *Logit Schätzung*) und die zweite ist das Modell für die *Probit Schätzung*. Beide unterscheiden sich kaum in ihrer Wesensart und auch in der Praxis spielt die Entscheidung für das eine Modell und gegen das andere keine große Rolle.

In der Logit-Variante lautet unser Modell

$$\ln\left(\frac{p}{1-p}\right) = b_0 + b_1 x_{1i}.$$

Würde man die Gleichung nach p auflösen, so ergäbe sich die (nichtlineare) Schätzgleichung. Die Parameter b_0 und b_1 werden in allen GLMs mittels Maximum-Likelihood-Verfahren sowie Abwandlungen davon geschätzt.

Beispiel
Gegeben sei der in ◘ Tab. 25.2 dargestellten Datensatz. Die Maximum-Likelihood Schätzung unseres Modells führt zu den Schätzwerten $\hat{b}_0 = -5.45$ und $\hat{b}_1 = 23.04$. Der geschätzte lineare Zusammenhang zwischen den Logits und dem linearen Prädiktor ist in ◘ Abb. 25.6a dargestellt.

Aus rein formaler Sicht lässt sich die Aussage treffen, dass eine Erhöhung des Abgabeanteils um 0,1 die Logits um $\hat{b}_1/10 = 2{,}304$ erhöhen würde. Inhaltlich ist diese Erkenntnis allerdings kaum sinnvoll zu interpretieren. Daher werden Logits meistens in die ursprüngliche Einheit „Odds" über die Exponentialfunktion rücktransformiert. Odds sind das Verhältnis der Wahrscheinlichkeiten komplementärer Ereignisse. Sei beispielsweise $p = 0{,}2$ die Wahrscheinlichkeit dafür, dass ein Pferd ein Rennen gewinnt und $(1 - p) = 0{,}8$ die

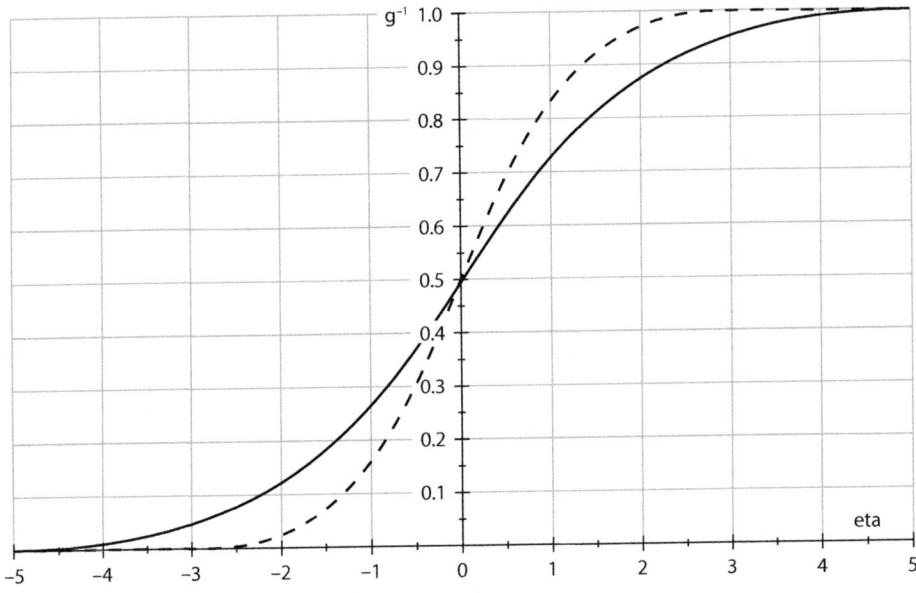

◘ **Abb. 25.5** Zwei mögliche „Sigmoid"-Funktionen (S-Kurven) zum Modellieren von Wahrscheinlichkeiten: Die expit-Funktion (*durchgezogen*) und die Verteilungsfunktion der Standardnormalverteilung (*gestrichelt*)

Gegenwahrscheinlichkeit, dann sind die Odds = 1/4, welche in (kontinentaleuropäischen) Pferderennen als Quote 4:1 ausgewiesen wird, d. h. im Gewinnfall würde man je eingesetztem Euro 4 Euro ausgezahlt bekommen. Anschließend könnte man die Schätzgleichung nach p auflösen und erhält sie in einer nicht-linearen, aber besser interpretierbaren Form (s. ❏ Abb. 25.6b). Dann ist zu erkennen, dass der marginale Effekt der Variable „Offer" auf die Wahrscheinlichkeit anzunehmen (p) nicht konstant ist. Ferner kann man ablesen, wie groß die prognostizierte Wahrscheinlichkeit für eine Annahme bei einem gegebenen Abgabeanteil ist. Beispielsweise ist es fast sicher, dass der Receiver annimmt, wenn das Angebot 40 % der Erstziehenden-Anfangsausstattung beträgt. Würde man die gleiche Schätzung mit der *probit*-Link-Funktion durchführen, so bekäme man auf der Ordinate in ❏ Abb. 25.6a statt der Logits die z-Werte der Standardnormalverteilung und eine direkte Interpretation wäre ebenfalls schwierig. Nach einer Rücktransformation nach p würde sich aber fast exakt die gleiche Schätzkurve ergeben wie im rechten Teil der ❏ Abb. 25.6.

Ein typischer Computeroutput einer logistischen Regression mit den Daten unseres Beispiels ist in ❏ Tab. 25.3 dargestellt.

Neu an diesem Output sind die Werte „Null Deviance", „Residual Deviance" und „AIC". Grob gesagt ist die „Deviance" in verallgemeinerten linearen Modellen – ähnlich wie das R^2 in linearen Modellen – ein Maß dafür, wie gut das Modell an die Daten

❏ **Tab. 25.2** Hypothetischer Datensatz zum Abgabeverhalten im Ultimatumspiel mit 20 Beobachtungen. „offer" bezeichnet den anteiligen Abgabebetrag an der eigenen Ausstattung und „acc" gibt die Annahme (Wert 1) oder Ablehnung (Wert 0) wieder

offer	acc	offer	acc	offer	acc	offer	acc	offer	acc
0,11	0	0,32	1	0,21	0	0,44	1	0,32	1
0,2	1	0,29	1	0,24	0	0,15	0	0,43	1
0,16	1	0,33	1	0,47	1	0,18	0	0,36	1
0,05	0	0,42	1	0,21	0	0,27	0	0,35	1

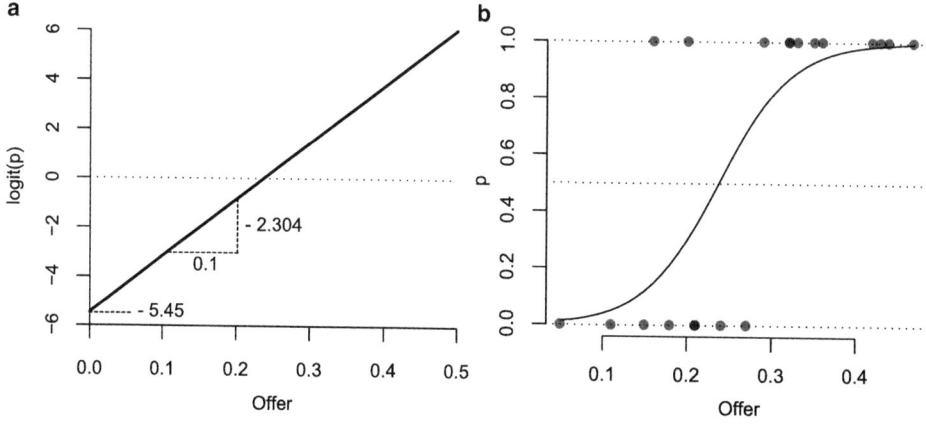

❏ **Abb. 25.6** Zwei Darstellungen der Schätzgleichung einer logistischen Regression. In **b** sind zusätzlich die 20 Beobachtungen als Punkt eingezeichnet. Je *dunkler* ein Punkt ist, desto mehr Beobachtungen liegen übereinander

◙ Tab. 25.3 Typischer Computeroutput einer logistischen Regression

```
            Estimate Std. Error z value Pr(>|z|)
(Intercept)  -5.4522     2.4868 -2.1925  0.02834 *
offer        23.0400     9.9453  2.3167  0.02052 *


    Null deviance: 26.9205  on 19  degrees of freedom
Residual deviance: 14.2276  on 18  degrees of freedom
AIC: 18.2276
```

25

angepasst ist. Je kleiner diese Zahl desto besser stimmen die Schätzgleichung und die beobachteten Daten überein. „Null Deviance" ist diese Kennziffer für das so genannte „Nullmodell", in welchem keine unabhängigen Variablen enthalten sind und nur der y-Achsenabschnitt geschätzt wird. „Residual Deviance" bezieht sich dagegen auf unser tatsächlich geschätztes Modell, also mit genau einer unabhängigen Variable. Die Differenz aus beiden Werten gibt Aufschluss darüber, wie sehr die Aufnahme der Variablen „offer" in das Modell die Anpassung an die Daten verbessert. In unserem Fall ergibt sich ein Wert in Höhe von 26,92 − 14,23 = 12,69. Ob diese Zahl signifikant von Null verschieden ist, kann man mit einem χ^2-Test herausfinden. Die Freiheitsgrade der Nullverteilung dieses Tests entsprechen gerade der Differenz der Freiheitsgrade beider Modelle, also in unserem Fall 19 − 18 = 1. Somit ergibt sich die in ◙ Abb. 25.7 dargestellte Nullverteilung, an der wir einen p-Wert in Höhe von 0,0004 ablesen können. Das bedeutet, unser Modell liefert im Vergleich zum Nullmodell einen statistisch signifikanten Beitrag zur Erklärung der Daten.

Der Wert AIC steht für „Akaike Informationskriterium" und stellt das Pendant zum korrigierten Bestimmtheitsmaß in linearen Modellen dar. Mit Hilfe dieser Kennzahl lassen sich verallgemeinerte lineare Modelle (re-)spezifizieren. Sind zwei Modelle identisch, bis auf eine einzige Variable, die in einem Modell vorhanden ist und in dem anderen nicht, dann ist das Modell mit dem kleineren AIC-Wert vorzuziehen.

Ein weiterer Typ von abhängigen Variablen, der recht häufig in der experimentellen Ökonomik auftritt, ist die Zählvariable. Beispielsweise könnte man modellieren wollen,

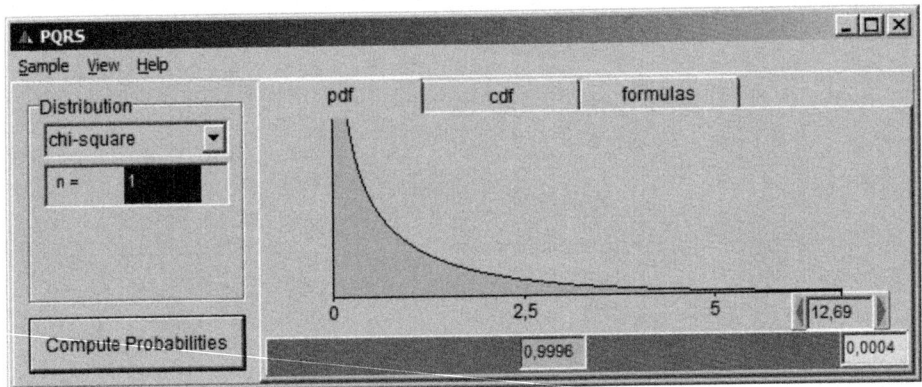

◙ Abb. 25.7 Nullverteilung im Test auf Erklärungsgehalt der logistischen Regression

wie oft Versuchspersonen in einem wiederholten öffentliches-Gut-Spiel freifahren und von welchen Faktoren diese Anzahl beeinflusst wird. Mögliche Ausprägungen dieser zu erklärenden Variable wären dann 0, 1, 2, 3, … und sie würde einer Poisson-Verteilung folgen. Auch diese Art von Verteilung kann von einem GLM sehr einfach abgebildet werden. Die einzige wesentliche Änderung zur Schätzung eines Poisson-Modells ist die Veränderung der Link-Funktion in den natürlichen Logarithmus.

Den vollen Anwendungsbereich von GLMs vorzustellen ist im Rahmen dieses Kapitels natürlich nicht möglich. Interessierte Leser seien an dieser Stelle auf das Original-Buch von McCullagh & Nelder (1989) verwiesen. Die Hauptvorteile eines GLMs sind:

- Viele häufig auftretende Arten von Variablen (stetig, normal- oder nicht-normalverteilt, diskret, kategorial) können modelliert werden.
- Eine nicht-normalverteilte abhängige Variable muss nicht in eine normalverteilte Variable transformiert werden, damit sie modelliert werden kann.
- Hohe Flexibilität in der Modellierung durch nahezu freie Auswahl der Link-Funktion.
- Basiert auf einer Maximum-Likelihood Schätzung und besitzt daher statistisch wünschenswerte Eigenschaften der Schätzer.
- Ist standardmäßig in Statistik-Programmen enthalten, d. h. einfache Durchführung der Schätzung.

> **Wichtig**
>
> Wenn die zu erklärende Variable nicht stetig und/oder nicht normalverteilt ist, bietet sich das Verallgemeinerte Lineare Modell (GLM) an. Es umfasst ein weites Spektrum von Modellen und ist in allen großen Statistikprogrammen standardmäßig enthalten.

Die beiden ersten unserer vier genannten Probleme haben wir damit gelöst. Das dritte Problem abhängiger Beobachtungen bei Mehrfachmessungen kann aber auch ein GLM nicht lösen, denn es setzt voraus, dass die Beobachtungen statistisch unabhängig voneinander sind. Diesem Problem widmen wir uns jetzt.

25.5 Modelle bei statistisch abhängigen Beobachtungen

Statistisch abhängige Beobachtungen kommen sehr häufig in der experimentellen Ökonomik vor. Stellen wir uns vor, die Gesamtheit aller beobachteten Entscheidungen einer einzelnen Versuchsperson stellt ein „Cluster" oder eine Klasse von Entscheidungen dar. Allgemein können dann zwei Arten von Abhängigkeiten auftreten. Die erste ist eine Abhängigkeit *zwischen* den Klassen (englisch „Between-Class Dependence" oder „Inter-Subject Dependence"). Das bedeutet, die Entscheidung einer Versuchsperson wird von vergangenen Entscheidungen einer anderen Versuchsperson beeinflusst. In einem öffentliches-Gut-Spiel beispielsweise kann eine solche Abhängigkeit recht schnell auftreten. Wiederholtes kooperatives Verhalten des einen Mitglieds der Gruppe kann dazu führen, dass ein anderes Mitglied dieser Gruppe ebenfalls kooperativ spielt. In diesem Fall stellt diese Abhängigkeit möglicherweise einen konkreten Untersuchungsgegenstand dar und müsste explizit modelliert werden. Die Modelle und Methoden, die wir in diesem Kapitel besprechen, setzen allerdings voraus, dass keine Abhängigkeit zwischen den Subjekten vorliegt. Durch ein geeignetes experimentelles Design lässt sich diese Anforderung recht leicht erfüllen. Hoffmann et a.l (2013) verwenden beispielsweise die bereits besprochene „Round-Robin" Anordnung (▶ Abschn. 14.1 in Teil 2), bei der jede Versuchsperson zwar mehrmals nacheinander eine Entscheidung trifft, aber jede Runde gegen neue anonyme Versuchspersonen spielt, so dass zwischen den Klassen keine Abhängigkeit der Entscheidungen zu erwarten ist. Wenn jede Versuchsperson über dieses Design informiert ist, stellen die Spiele einer Session eine Sequenz von untereinander unabhängigen „One-Shot"-Spielen dar.

Die zweite Art von Abhängigkeit tritt zwischen den Beobachtungen *innerhalb* einer Klasse auf (englisch „Within-Class Dependence" oder „Intra-Subject Dependence"). In wiederholten Spielen kann diese Art von Abhängigkeit per Definition nicht vermieden werden. Sobald eine Versuchsperson ein Spiel ein zweites Mal spielt – sei es gegen einen neuen anonymen Gegner oder nicht – hängt die zweite Beobachtung zwangsläufig von der ersten ab, da es ein und dieselbe Person mit den gleichen Charakteristiken und Präferenzen war, die beide Entscheidungen getroffen hat. Das Hauptproblem abhängiger Beobachtungen innerhalb einer Klasse ist, dass nachfolgende Entscheidungen einer Versuchsperson weniger „exklusive" oder „abgrenzende" Informationen aufweisen, als die erste. Je mehr „Intra-Class" Entscheidungen als statistisch unabhängig behandelt werden (obwohl sie es nicht sind), desto mehr nicht vorhandene Informationen werden fälschlicherweise berücksichtigt und desto stärker werden Standardfehler dieser Beobachtungen systematisch unterschätzt. Verzerrte Schätzer für Standardfehler führen zu verzerrten Schätzern von Teststatistiken und somit zu falschen Inferenzen. Aus statistischer Sicht stellen Within-Class Abhängigkeiten daher ein ernsthaftes Problem dar, welches gelöst werden muss.

Der einfachste Ansatz Within-Class Abhängigkeit zu vermeiden ist, die Daten innerhalb einer Klasse zu aggregieren, indem man einfach die Gruppenmittelwerte als Daten verwendet. Dabei gehen zwangsläufig Informationen über die Dynamik des Verhaltens verloren und an diesen Informationen ist man in der Regel gerade interessiert, wenn man Versuchspersonen wiederholt misst. Alternativ dazu kann man – anstatt die Daten direkt zu aggregieren – nur die Standardfehler gemäß ihrer Korrelation innerhalb der Klasse (in der Regel nach oben) korrigieren (z. B. Hilbe 2009). Viele Softwarepakete bieten zu diesem Zweck in ihren Regressionsbefehlen eine Option „Cluster" an, die in mehreren, unterschiedlich stark korrigierenden Varianten verwendet werden kann:
1. *None*: Kein Clustering, alle Beobachtungen werden als unabhängig behandelt.
2. *Individual*: Eine Person wird als Cluster aller x getroffenen Entscheidungen behandelt.
3. *Session*: Eine Session wird als Cluster von y Personen, die x Entscheidungen treffen, behandelt.

Solch angepasste Standardfehler werden „Huber-White-", „Sandwich-" oder „Empirische" Standardfehler genannt. Beim Clustern der Standardfehler bleiben die Regressionskoeffizienten unverändert und nur die Inferenzen verändern sich bei hinreichend starker Korrektur.

Beide genannten Ansätze stellen in gewisser Weise nur „Reparaturmaßnahmen" dar. Eleganter und konsequenter ist die Verwendung statistischer Modelle, die die Abhängigkeit von Beobachtungen von vorn herein und explizit in das Modell mit einbezieht. Die beiden bekanntesten Ansätze sind *Mehrebenenmodelle* (englisch „Multilevel-Models", MLM) und *verallgemeinerte Schätzgleichungen* (englisch „Generalized Estimating Equations", GEE). Beide Ansätze sollen nun kurz vorgestellt werden.

Mehrebenenmodelle bieten sich grundsätzlich zur Modellierung von gruppierten Daten an. Je nachdem, wie die Gruppierung konkret aussieht und in welcher Wissenschaft sie verwendet werden, tragen diese Modelle oft unterschiedliche Namen. Soziologen beispielsweise untersuchen oft hierarchisch angeordnete Gruppen. Ein klassischer Untersuchungsgegenstand ist hier der Zusammenhang zwischen sozioökonomischem Status und der schulischen Leistungsfähigkeit von Schülern. Eine spezielle Schulklasse stellt dann die unterste Hierarchieebene dar, Schule, Region, Bundesland, Staat etc. die nächsthöheren. Mehrebenenmodelle, die diese hierarchische Datenstruktur berücksichtigen, werden *hierarchische lineare Modelle* (kurz HLM) genannt.

In der experimentellen Ökonomik kommen hierarchische Datenstrukturen eher selten vor. Viel häufiger findet man den Fall, dass die Veränderung von individuellem Verhalten über die Zeit in verschiedenen Treatments beobachtet wird (*longitudinale Daten*). In diesem Fall stellt jede einzelne Versuchsperson eine Gruppe von Beobachtungen über die Zeit dar. Auch hierfür eignen sich Mehrebenenmodelle, die dann allerdings wieder andere Namen tragen wie beispielsweise „Multilevel Model for Change" (kurz MMC) (Singer & Willett 2003). Ein solches Modell kann auf die unterschiedlichsten Formen longitudinaler Daten angewendet werden. Zeit kann in einer beliebigen Einheit gemessen werden und der zeitliche Abstand zwischen den Messungen kann entweder fix sein (jede Person wird in gleichen Zeitabständen gemessen) oder unterschiedlich (jede Person hat einen eigenen Zeitplan). Selbst die Anzahl der Messzeitpunkte muss nicht über alle Personen gleich groß sein.

Im einfachsten Fall modelliert ein Mehrebenenmodell zwei Ebenen bzw. „Level", die jeweils unterschiedliche Perspektiven auf die Daten darstellen:

1. Level 1 („Within-Person" oder „Within-Individual" oder „Within-Subject"): Es wird der Zusammenhang zwischen Zeit und abhängiger Variable innerhalb jeder einzelnen Person betrachtet. Typische Fragen auf Level 1 sind: Beobachten wir eine Person mit steigendem Zusammenhang? Gibt es Personen, die einen fallenden Zusammenhang aufweisen? Ist der Zusammenhang einer Person linear? Untersuchungsgegenstand einer Level 1 Analyse ist immer die individuelle Trajektorie einer Versuchsperson. Ein typisches Beispiel ist das Beitragsverhalten einer Person in einem öffentliches-Gut-Spiel über eine bestimmte Anzahl von Wiederholungen des Spiels.

2. Level 2 („Between-Person" oder „Between-Individual" oder „Between-Subject"): In dieser Betrachtungsweise interessiert der Zusammenhang zwischen Zeit und abhängiger Variable *zwischen* den Personen. Beispielsweise lautet eine typische Level 2 Frage: Warum startet die eine Trajektorie auf einem niedrigen Niveau und eine andere auf einem hohen? Können wir beobachtete Unterschiede zwischen den Trajektorien bezüglich der Niveauparameter und/oder der Steigung durch eine andere Variable erklären? Liegen beispielsweise im öffentliches-Gut-Spiel die (fallenden) Abgaben von Frauen über den fallenden Abgaben von Männern? Hat der MPCR einen Einfluss auf das Niveau oder die Steigung der Trajektorien?

Die konkrete Funktionsweise eines Mehrebenenmodells soll nun anhand eines stark vereinfachten Beispiels verdeutlicht werden.

Beispiel

Gegeben sei der in ◘ Tab. 25.4 dargestellte Datensatz eines hypothetischen öffentliches-Gut-Spiels. Zwei Gruppen mit je 4 Personen (2 Männer und 2 Frauen) konnten über 5 Runden zu einem öffentlichen Gut beitragen. Die Beiträge wurden alle 2 Minuten ab Beginn des Spiels abgefragt. Das Spiel der ersten Gruppe hatte einen MPCR in Höhe von 0,3 (kodiert mit „low"), das Spiel der zweiten Gruppen einen MPCR in Höhe von 0,4 (kodiert mit „high"). Männer wurden mit der Zahl 0 und Frauen mit der Zahl 1 kodiert.

�’ Tab. 25.4 Hypothetischer Datensatz zu einem öffentliches-Gut-Spiel

			Messzeitpunkt (Minute)					
subj	group	mpcr	2	4	6	8	10	gender
1	1	low	52	48	35	36	25	1
2	1	low	44	47	30	22	11	0
3	1	low	35	22	15	14	8	0
4	1	low	49	51	44	32	21	1
5	2	high	65	55	53	56	34	0
6	2	high	70	70	73	65	55	1
7	2	high	75	70	73	68	53	1
8	2	high	60	58	54	49	30	0

25

Bevor wir ein konkretes Modell aufstellen, müssen wir die Maßeinheit des zeitlichen Prädiktors so wählen, dass spätere geschätzte Parameter eine sinnvolle Interpretation erhalten. Dies betrifft insbesondere den Niveauparameter, da dieser immer den entsprechenden Schätzwert der abhängigen Variable wiedergibt, wenn alle unabhängigen Variablen den Wert Null annehmen. Würden wir beispielsweise in der jetzigen Maßeinheit „Minute" einen Niveauparameter in Höhe von 80 erhalten, so hieße das, dass die Versuchspersonen im Mittel bei Minute 0 einen Beitrag von 80 leisten. In Minute 0 wurden aber keine Beiträge geleistet, da die ersten Beiträge erst in Minute 2 abgefragt wurden. Somit verschieben wir die Zeit einfach um zwei Einheiten, indem wir von allen Werten der Variable `minute` die Zahl Zwei abziehen. Diese Variable nennen wir im Folgenden `time`. Sie wird ebenfalls in Abständen von zwei Minuten gemessen, aber ihr Nullpunkt liegt im Zeitpunkt der ersten Abgaben.[9]

Im linken Teil der ◘ Abb. 25.8 ist der Verlauf der abhängigen Variable über die Zeit, im Folgenden *Trajektorie* genannt, für alle 8 Personen zu sehen. Über alle Individuen liegt ein Abwärtstrend in den Beiträgen vor. Ferner ist zu erkennen, dass die Beiträge zwischen den einzelnen Individuen sehr stark streuen, da die Trajektorien auf sehr unterschiedlichen Niveaus liegen. Innerhalb eines Individuums streuen die Beobachtungen dagegen in etwa gleich stark, da die Beobachtungen entlang einer Trajektorie in etwa die gleichen Abweichungen nach oben und unten aufweisen.

Der erste „naive" bzw. extreme Ansatz für ein statistisches Modell ist ein einfaches lineares Modell mit gepoolten Daten. Es hat die Form

$$\text{contrib}_t = a + b \cdot \text{time}_t + u_t$$
$$u_i \sim N\left(0, \sigma^2\right).$$

Für jeden der Werte $\text{time}_1 = 0$, $\text{time}_2 = 2$, … $\text{time}_5 = 8$ gibt es nun 8 contrib Werte der 8 Versuchspersonen. Da die Variablen keinen Index i mehr aufweisen, wird die Tatsache

---

[9] Ein noch deutlicheres Beispiel wäre eine Regression von „Lohnhöhe" auf „Alter", wobei die ersten Beobachtungen ab einem Alter von frühestens 16 Jahren zu erwarten sind. Ein positiver Niveauparameter von beispielsweise 300 € hieße dann ohne Nullpunktzentrierung, dass Neugeborene im Mittel 300 € Lohn erhalten.

◘ **Tab. 25.5** „Naive" Kleinst-Quadrate Schätzung mit gepoolten gruppierten Daten

	coef	std.err	t.value	p.value
(Intercept)	58.3000	4.6516	12.5333	<0.0001
time	-3.1562	0.9495	-3.3241	0.002

Number of observations:	40
Number of coefficients	2
Degrees of freedom:	38
R-squ.:	0.2253
Sum of squ. resid.:	10962.9625
Sig.-squ. (est.):	288.499

ignoriert, dass die 8 Beobachtungen zu einem bestimmten Zeitpunkt von unterschiedlichen Individuen stammen. Implizit nehmen wir also an, dass es sich bei den Individuen nicht um Individuen mit jeweils unterschiedlichen Eigenschaften, sondern um vollkommen einheitliche Charaktere handelt, die auf dem gleichen Niveau starten und mit der gleichen Rate über die Zeit Abgaben tätigen. Unterschiede im Niveau der Abgaben werden dabei als vollständig zufällig angesehen. Rein technisch ist eine solche Kleinst-Quadrate Schätzung problemlos durchführbar und würde zu den Ergebnissen in ◘ Tab. 25.5 führen.

Die Schätzgerade zu diesem Modell ist gestrichelt in der rechten Grafik von ◘ Abb. 25.8 zu sehen. Dieses Modell schätzt zwar den mittleren Abwärtstrend einigermaßen zuverlässig, aber insbesondere die Schätzung des Niveauparameters unterliegt einem großen Standardfehler. Dies ist nicht verwunderlich, denn sämtliche individuelle Eigenschaften der Versuchspersonen werden nicht vom Modell explizit berücksichtigt, sondern gehen im-

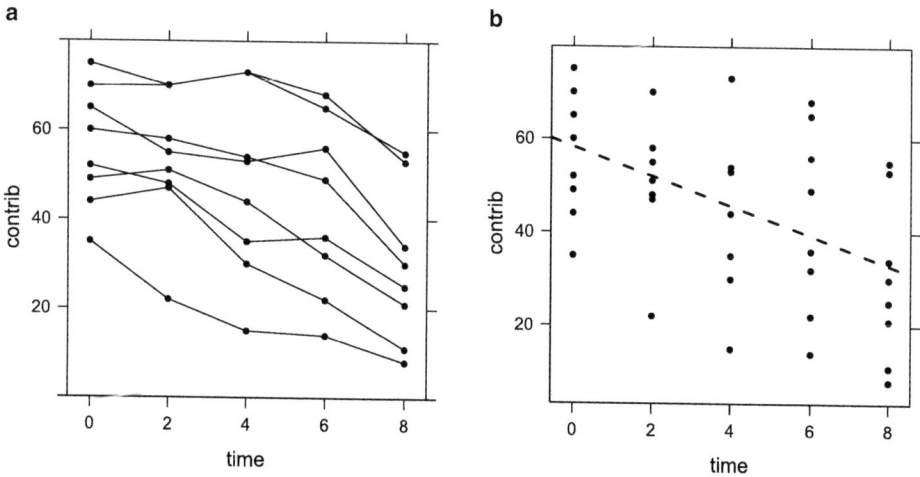

◘ **Abb. 25.8** Daten des Beispiels grafisch dargestellt. In **a** wurden die Beiträge aller 8 Versuchspersonen über die Zeit (Trajektorien) abgetragen. In **b** wurden die Daten gepoolt und eine „naive" Kleinst-Quadrate Schätzung durchgeführt (*gestrichelte Gerade*)

plizit in die Zufallsstörung u_t ein. Die große Streuung der Beobachtungen um die Schätzgerade schlägt sich natürlich auch in einem geringen Erklärungsgehalt von nur 22,5 % und einer sehr großen geschätzten Streuung der Störgröße in Höhe von 288,5 nieder. Eine Erklärung dafür, *warum* die Niveaus der Beiträge so stark variieren, liefert dieses Modell ebenfalls nicht.

In unserem Beispiel stimmen der individuelle Abwärtstrend der Beiträge und der aggregierte Abwärtstrend der gepoolten Daten ziemlich gut überein. Wenn wir nur an einem mittleren Trend der Abgabeträge interessiert sind, so liefert eine gepoolte OLS Schätzung oftmals durchaus brauchbare Ergebnisse. Dass aber das vollständige Ignorieren individueller Heterogenität durchaus problematisch sein kann, soll nun durch einen kurzen Exkurs verdeutlicht werden.

Wir haben gesehen, dass die „naive" Kleinst-Quadrate Schätzung mit gepoolten Daten die Unterschiede zwischen den Individuen und damit die für eine Schätzung zusätzlich nutzbaren Informationen ignoriert und Simpsons Paradox zeigt, dass das unter Umständen zu falschen Schlüssen führen kann. Das andere Extrem einer Modellierung besteht darin, die Unterschiede zwischen den Individuen vollständig im Modell abzubilden. In diesem Fall würde man für jedes Individuum ein eigenes lineares Modell schätzen, also

$$\text{contrib}_{it} = a_i + b_i \cdot \text{time}_{it} + u_{it}$$
$$u_{it} \sim N\left(0, \sigma_u^2\right).$$

(Modell FE)

Die Variable time_{it} ist nun für jede Versuchsperson i und zu jedem Zeitpunkt t gegeben. Das Modell basiert auf der Annahme, dass der wahre Zusammenhang zwischen Zeit und Abgabebetrag für jede Versuchsperson $i = 1 \dots 8$ linear ist. Die Parameter a_i und b_i sind jeweils Niveauparameter und Steigung des Individuums i. Sie nehmen sämtliche zeitkonstanten, individuellen Charakteristiken der Versuchspersonen in sich auf, für die nicht explizit durch eine entsprechende Variable kontrolliert wird. Beispiele für nicht beobachtbare Charakteristiken sind „Intelligenz" oder „politische Gesinnung". „Alter" (in Jahren) oder „Geschlecht" können ebenfalls als zeitkonstant betrachtet werden, sind aber prinzipiell beobachtbar und sollten, sofern sie einen Erklärungsgehalt besitzen, auch in das Modell aufgenommen werden. u_{it} ist ein zufälliger Fehler, der jeder Versuchsperson in jeder Periode unterschiedlich unterlaufen kann. In der einen Periode kann eine positive Abweichung vom wahren Wert entstehen, in einer anderen Periode eine negative.

Die Schätzung dieser Art von „Fixed-Effects" Modellen ist mit Hilfe von *Dummyvariablen* möglich. Über diese binären Variablen kann die Heterogenität zwischen den Individuen bzw. Gruppen sowohl hinsichtlich des Niveauparameters als auch hinsichtlich der Steigung abgebildet werden. Das grundsätzliche Vorgehen ist dabei, eine Gruppe als „Basisgruppe" festzulegen und die Unterschiede aller anderen Gruppen zu dieser Basisgruppe über eine Kleinst-Quadrate Schätzung zu schätzen. Die Differenz zweier Gruppen in Niveau oder Steigung stellt dann der geschätzte Parameter der entsprechenden Dummyvariable dar. Unter Ökonomen ist dieses Modell auch als „Least Squares Dummy Variable" (LSDV) bekannt. Da wir dieses Modell nur als Zwischenschritt benötigen, gehen wir auf die Details einer Schätzung hier nicht ein. Das Level, auf dem sich dieses Modell bewegt, ist das bereits erwähnte „Within-Individual" Level 1.

Wie in ◨ Tab. 25.6 dargestellt, erhält nun jedes Individuum eine eigene Schätzgerade mit jeweils eigenem geschätzten Niveauparameter $\hat{a}$ und eigener geschätzter Steigung $\hat{b}$. Die jeweiligen Schätzgeraden aller 8 Individuen sind im linken Teil von ◨ Abb. 25.10 zu sehen.

Nehmen wir an, wir möchten den Zusammenhang zwischen dem Alkoholgehalt im Blut (in Promille) und der Fahrtüchtigkeit schätzen. Die Fahrtüchtigkeit werde gemessen in Anzahl der in einem Fahrzeug ohne Kollision in einem Hindernisparcours zurückgelegten Meter. Wir laden die drei Versuchspersonen Anne, Bob und Cindy ein, die jeweils mit 5 unterschiedlichen Promille-Gehalten den Parcours absolvieren. Der über alle drei Individuen gepoolte Datensatz ist im linken Teil der ◘ Abb. 25.9 zu sehen. Würden wir eine lineare Regression durchführen, so ergäbe sich eine steigende Schätzgerade, die suggeriert, dass die Verkehrstüchtigkeit mit erhöhtem Alkoholkonsum zunimmt.

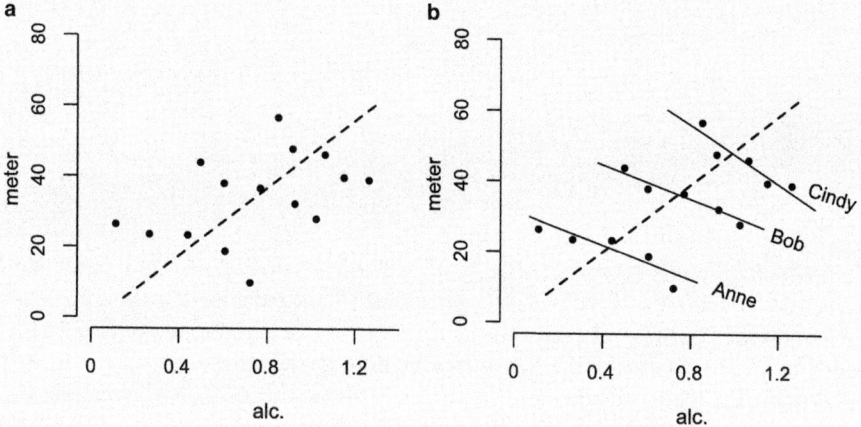

◘ **Abb. 25.9** Verdeutlichung von Simpsons Paradox. Gepoolte Daten (**a**) und individuelle Regressionen (**b**)

Dieser Trugschluss entsteht durch die fehlende Berücksichtigung der Heterogenität *zwischen* den Individuen. Tatsächlich weist nämlich jede der drei Versuchspersonen für sich betrachtet einen *fallenden* Zusammenhang zwischen Alkohol und Fahrtüchtigkeit auf (vgl. ◘ Abb. 25.9b). Die Versuchspersonen haben lediglich zufällig besondere individuelle Eigenschaften, die für leichte Unterschiede in den negativen Steigungen und stärkere Unterschiede im Niveau des Zusammenhangs sorgen. Beispielsweise könnte Cindy eine besonders leistungsfähige Leber haben, die dafür sorgt, dass Cindy auch bei verhältnismäßig hohem Alkoholkonsum immer noch verhältnismäßig verkehrstüchtig ist. Daher liegt ihre Schätzgerade im Vergleich mit den anderen auf einem besonders hohen Niveau. Ebenfalls nicht beobachtbar aber dennoch relevant für den individuellen Niveauparameter ist, was und wie viel die Versuchspersonen vor dem Experiment gegessen haben. Anne mag zum Beispiel einen nüchternen Magen haben, Cindy hat möglicherweise vorher noch eine Thunfischpizza mit doppelt Käse gegessen. Es ist also möglich, dass bei starker Heterogenität zwischen den Gruppen die aggregierte und die individuelle Sicht auf die Daten zu widersprüchlichen Aussagen führen. Dieses Phänomen geht auf Simpson (1951) zurück und wird daher „Simpsons Paradox" genannt.

Da die Gesamtstreuung der Beobachtungen nun auf 8 individuelle Schätzungen verteilt wird, liefert jede Schätzung für sich genommen einen deutlich höheren Erklärungsgehalt für ein einzelnes Individuum. Die Bestimmtheitsmaße liegen zwischen 60 und 90 %. Die geschätzten Standardabweichungen der Schätzer sind dagegen nicht wirklich kleiner geworden. Das liegt daran, dass die gleiche Gesamtzahl an Beobachtungen für eine deutlich größere Anzahl zu schätzender Parameter herhalten muss. Bereits bei 8 Individuen sind

Tab. 25.6 Kleinst-Quadrate Schätzungen bei gruppierten Daten für jede Gruppe individuell. Jeweils in Klammern dargestellt sind die geschätzten Standardabweichungen der Schätzer

	Individual							
	contrib							
	(1)	(2)	(3)	(4)	(5)	(6)	(7)	(8)
Time	-3.300***	-4.550**	-3.100**	-3.750**	-3.050*	-1.750	-2.300*	-3.450**
	(0.542)	(0.810)	(0.594)	(0.810)	(1.100)	(0.810)	(0.872)	(0.934)
Constant	52.400***	49.000***	31.200***	54.400***	64.800***	73.600***	77.000***	64.000***
	(2.653)	(3.967)	(2.912)	(3.967)	(5.387)	(3.967)	(4.271)	(4.576)
Observations	5	5	5	5	5	5	5	5
R2	0.925	0.913	0.901	0.877	0.719	0.609	0.699	0.820
Std. Error (df = 3)	3.425	5.122	3.759	5.122	6.955	5.122	5.514	5.908

Note: *p<0.1; **p<0.05; ***p<0.01

es insgesamt $8 \cdot 2 = 16$ Parameter. Das verringert die Freiheitsgrade und somit die Genauigkeit der Schätzer in Form höherer geschätzter Standardabweichungen. Ein weiteres Problem dieses reinen Level 1 Modells ist, dass wir nur Informationen über einzelne Individuen erhalten. Rückschlüsse auf einen Zusammenhang zwischen geleistetem Beitrag und Zeit auf Populationsebene können wir nicht ziehen. Zusätzlich können wir Unterschiede zwischen den Individuen nicht erklären. So können wir beispielsweise sehen, dass Individuum 5 auf einem deutlich höheren Niveau abgibt als Individuum 3, aber wie dieser Unterschied zu Stande kommt, wissen wir nicht.

Ein Mehrebenenmodell ist ein Kompromiss aus den beiden genannten Extremvarianten einer Modellierung. Es erlaubt die grundsätzliche Logik individueller Regressionen anzuwenden, ohne diese Regressionen tatsächlich durchzuführen (Bliese & Ployhart 2002). Auf der einen Seite orientiert es sich an der Pooling-Lösung, da auch in einem Mehrebe-

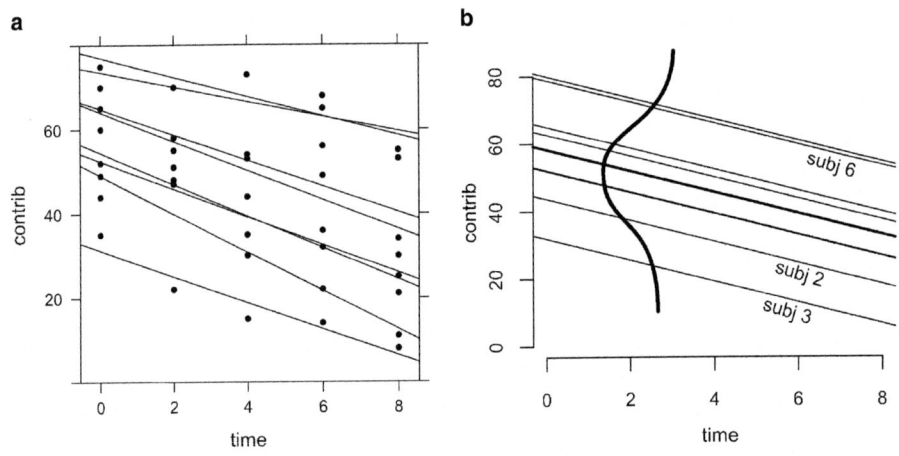

Abb. 25.10 Schätzergebnisse des Level 1 Modells (**a**) und Modellierung des Abgabeniveaus über einen Random Effect (**b**)

nenmodell versucht wird, die Freiheitsgrade so groß wie möglich zu halten und möglichst wenig Parameter zu schätzen. Auf der anderen Seite ignoriert es nicht die Heterogenität zwischen den Versuchspersonen, sondern berücksichtigt diese als expliziten Teil des Modells. Es kann nicht nur die Beobachtungen *innerhalb* eines Individuums auf Level 1 erklären, sondern zusätzlich auch die Unterschiede *zwischen* den Trajektorien bzw. den Niveau- und/oder Steigungsparametern der einzelnen Individuen auf Level 2. Diese Unterschiede gehen zurück auf eine Veränderung der Level 1 Parameter a_i und b_i zwischen den Individuen. Der „Trick" ist, dass man die Unterschiede dieser Parameter zwischen den Individuen durch ein eigenes Modell *mit Zufallseinfluss* erklärt. Selbst wenn man sich bei einem solchen Level 2 Modell wieder nur auf lineare Ansätze beschränkt, ist man bei der Gestaltung des gesamten Modells sehr flexibel. Wir werden nun Schritt für Schritt mögliche Spielarten durchgehen.

Zunächst gehen wir davon aus, dass das Niveau a der Abgabebeträge zwischen den einzelnen Individuen zufällig um einen konstanten erwarteten Wert γ_a streut. Auf dem Level 2 muss daher eine neue individuenspezifische Störgröße $\varepsilon_{ai} \sim N\left(0, \sigma_{\varepsilon a}^2\right)$ für die Erklärung der individuellen Steigungsparameter eingeführt werden und die Modellgleichung für die Erklärung der unterschiedlichen Niveauparameter lautet $a_i = \gamma_a + \varepsilon_{ai}$. Die Steigung b unterliege keinem Einfluss und nehme daher für alle Individuen einen konstanten Wert $b_i = \gamma_b$ an. Der verbleibende Teil v_{it} der Gesamtstreuung variiert innerhalb eines Individuums über die Zeit und ist daher die Level 1 Störgröße. Insgesamt erhalten wir dann folgendes Mehrebenenmodell:

Level 1 (Within-Subject):

$$\text{contrib}_{it} = a_i + b_i \cdot \text{time}_{it} + v_{it} \qquad \textbf{(Modell A)}$$

Level 2 (Between-Subject):

$$a_i = \gamma_a + \varepsilon_{ai}$$
$$b_i = \gamma_b.$$

Die Mehrebenendarstellung kann auch in eine zusammengeführte Form (englisch „Composite Model") gebracht werden. Hierzu setzt man einfach die Level 2 Gleichungen in die Level 1 Gleichung ein und erhält
Composite (Within- und Between Subject):

$$\text{contrib}_{it} = \gamma_a + \gamma_b \cdot \text{time}_{it} + \varepsilon_{ai} + v_{it}.$$

Wir sehen, dass sich die zusammengeführte Darstellung des Mehrebenenmodells vom reinen Fixed-Effect Modell (Modell FE) nur in der Modellierung des zufälligen Teils unterscheidet. Das Modell FE modelliert eine Abweichung der tatsächlich beobachteten Abgabe vom erwarteten Wert vollständig über einen Zufallseinfluss u_{it}, dem Individuum i allein in Zeitpunkt t unterlag. Das Mehrebenenmodell (Modell A) teilt diese Abweichung dagegen in einen „Between-" und einen „Within"-Teil auf. Der Teil ε_{ai} sorgt für zufällige Unterschiede im Niveauparameter *zwischen* den Individuen, ist aber für ein gegebenes Individuum in allen Perioden gleich groß. Da dieser Effekt auf den Niveauparameter zufällig ist, heißt er (individuenspezifischer) Zufallseffekt bzw. *Random Effect*. Der Teil v_{it} ist der verbleibende Teil der Gesamtstreuung, der innerhalb eines gegebenen Individuums i für zufällige Abweichungen über die Zeit sorgt.

25

❏ **Tab. 25.7**   Schätzergebnisse des Modells A

Random effect parameters:							Random effects:	
Groups	Name	Variance	Std.Dev.				(Intercept)	
subj	(Intercept)	283.115	16.8260				1	−6.35
Residual		27.735	5.2664				2	−14.59
							3	−26.36
Number of obs: 40, groups: subj, 8							4	−6.15
							5	6.79
Fixed effect (parameters):							6	20.52
	Est.	SE	df	t	Pr(>|t|)		7	21.70
(Intercept)	58.30	6.12	7.55	9.52	<0.0001	***	8	4.44
time	−3.16	0.29	31.00	−10.72	<0.0001	***		

Zur Veranschaulichung dieses Zusammenhangs betrachten wir die Schätzergebnisse des Modells A in ❏ Tab. 25.7 und die ❏ Abb. 25.11.

In der Spalte Random Effects der ❏ Tab. 25.7 sehen wir, dass der Random Effect der Versuchsperson 3 gerade −26,36 beträgt. In der ❏ Abb. 25.11 entspricht dieser Wert dem vertikalen Abstand zwischen der durchschnittlichen, populationsbezogenen Schätzgerade des Modells (fett gezeichnet) und der individuellen Gerade der Versuchsperson $i = 3$ (dünn gezeichnet). Dieser Niveauunterschied ist durch eine zufällig aufgetretene, zeitkonstante Eigenschaft dieser Person entstanden. Sie sorgte dafür, dass sie über alle Perioden zufällig $\varepsilon_{a3} = -26{,}36$ weniger abgegeben hat als im Mittel aller Versuchspersonen. Dieser Teil der Gesamtabweichung der tatsächlichen Beobachtung von der mittleren Schätzgeraden entspricht der zufälligen „Between-Group" Abweichung, der jedes Individuum zeitunabhängig unterliegt. Dagegen betrug die Abweichung innerhalb dieses Individuums $i = 3$ zum Zeitpunkt $t = 2$ noch einmal $v_{32} = -0{,}82$, so dass die Gesamtabweichung zum Zeitpunkt $t = 2$ genau $u_{32} = -26{,}36 - 0{,}82 = -27{,}18$ beträgt.

Random Effects können prinzipiell durch solche Variablen entstehen, deren beobachtete Ausprägungen nur einen kleinen Teil einer größeren Population abbilden (z. B. Bolker et al. 2009). Beispielsweise könnte eine zeitunabhängige Zufallsstörung eine zufällig be-

❏ **Abb. 25.11** Aufteilung der Gesamtabweichung der Versuchsperson 3 zum Zeitpunkt 2 in einen „Between-Group" und einen „Within-Group" Teil

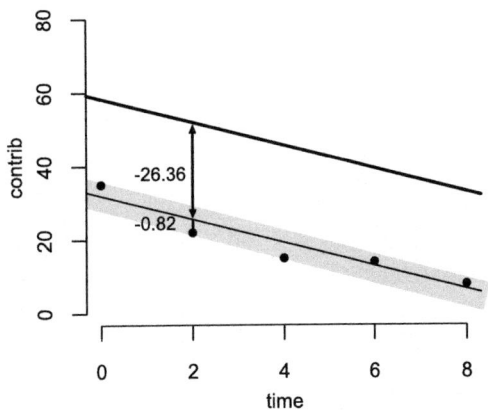

sonders gute Laune einer Versuchsperson sein, die dafür sorgt, dass ihr Abgabeniveau zufällig über alle Runden höher ist als sonst. Damit sie aber als Variable gelten kann, die einen Random Effect hervorruft, müsste sie gemäß dieser Bedingung sicherlich mehr als die beiden Ausprägungen „gut" und „schlecht" annehmen können, da man sonst ihren Einfluss eher als einen Fixed Effect modellieren würde. Welche Variable das aber konkret ist, spielt letzten Endes keine Rolle für das Modell. Ein Random Effect kann prinzipiell die Einflüsse aller solcher Variablen in sich aufnehmen, die zufällig und zeitkonstant auf die individuellen Parameter a_i bzw. b_i einwirken und gleichzeitig entweder nicht vollständig beobachtbar oder nicht direkter Untersuchungsgegenstand sind.

Wenn wir uns nun für die Modellierung der unterschiedlichen Abgabeniveaus durch einen Random Effect entschieden haben, so hieße das, dass sich bei einer Wiederholung des Experiments mit neuen Versuchspersonen die jeweiligen Trajektorien vollkommen zufällig in vertikaler Richtung umsortieren. Zur Verdeutlichung betrachten wir den rechten Teil der ◘ Abb. 25.10. Dort sehen wir das gesamte Schätzergebnis grafisch dargestellt. Ausgehend von der fett gezeichneten populationsbezogenen Schätzgerade weicht die individuelle Schätzgerade jeder Versuchsperson um die jeweilige Ausprägung des Random Effects nach oben oder unten ab. In diesem Fall wäre Versuchsperson 3 besonders schlecht und Versuchsperson 6 besonders gut in den Tag gestartet und hat entsprechend niedrige bzw. hohe Abgabeniveaus über alle Runden geleistet. Eine erneute Durchführung des Experiments würde einer neuen zufälligen Realisierung von Abweichungen für jede Versuchsperson gleichkommen. Somit wäre es durchaus möglich, dass in dieser Runde Versuchsperson 6 besonders niedrige und Versuchsperson 3 mittelgroße Abgabeniveaus über die Zeit leistet.

Aus dieser Betrachtung wird deutlich, dass die konkrete Ausprägung eines Random Effects keine große Aussagekraft hat. Wenn beispielsweise Versuchsperson 6 heute über alle Runden besonders hohe Beiträge leistet, weil sie besonders gut gelaunt ist, dann hilft uns das bei der Erklärung von beobachteten Abgaben nicht weiter, da dieser Effekt vollkommen zufällig positiv war. Charakteristisch für Random Effects sind daher nicht ihre konkreten Ausprägungen zu einem bestimmten Zeitpunkt, sondern vielmehr die Parameter ihrer Verteilung. Der Erwartungswert beispielsweise gibt uns Auskunft darüber, ob sich positive und negative Abweichungen im Mittel gerade ausgleichen, und die Standardabweichung liefert eine Information über die Stärke des Random Effects.

Im Abschnitt „Fixed Effects (Parameters)" der ◘ Tab. 25.7 finden wir die Daten zur populationsbezogenen Schätzgerade. Sie hat einen y-Achsenabschnitt in Höhe von $\hat{\gamma}_a = 58{,}3$ und eine Steigung in Höhe von $\hat{\gamma}_b = -3{,}16$. Damit liefert diese Variante eines Mehrebenenmodells die gleiche Schätzgerade wie die „naive" Kleinst-Quadrate Schätzung mit gepoolten Daten. Wo liegt dann der Unterschied zwischen beiden Modellen? Um dies zu verstehen, rufen wir uns noch einmal ins Gedächtnis, wie die jeweiligen Modelle eine Zufallsstörung modellieren. Die „naive" Kleinst-Quadrate Schätzung mit gepoolten Daten nahm an, dass in einem Zeitpunkt t eine Zufallsstörung u_t herrscht. In diese Zufallsstörung wurden pauschal alle Einflüsse auf einen Abgabebetrag aufgenommen, für die wir nicht kontrollieren konnten – so auch die unterschiedlichen persönlichen Charakteristiken zwischen den Versuchspersonen. Tatsächlich liefert unsere gruppierte Datenstruktur aber zumindest Informationen über die *Ausprägungen* unterschiedlicher persönlicher Charakteristiken zwischen den Versuchspersonen. Eine Versuchsperson $i = 1$ liefert zum Beispiel über die Zeit zufällig ein relativ hohes Abgabeniveau, eine andere Versuchsperson $i = 2$ liefert zufällig ein verhältnismäßig niedriges Abgabeniveau. Diese Information kann explizit in die Modellierung der Zufallsstörung aufgenommen werden. Konkret geschieht dies durch die bereits erwähnte Aufteilung der Störgröße in zwei Komponenten. Das Modell A teilt den gesamten Zufallseinfluss u_t, der nicht über Individuen differenziert, in einen Teil u_{it}, der speziell für Individuum i in Zeitpunkt t („Within-Group") gilt und einen davon unabhängigen Teil ε_i, dem das Individuum i in allen Zeitpunkten unterliegt („Between-Group"). Da sich beide Teile wieder zu u_t addieren, ergibt sich kein quantitativer Unterschied zwischen beiden Modellen in der Abschätzung von Niveau- und Steigungsparameter auf Populationsebene.

Der Unterschied zwischen beiden Modellen ist vielmehr *qualitativer* Natur. Die „naive" Kleinst-Quadrate Schätzung ist deswegen „naiv", weil sie von der Unabhängigkeit der Beobachtungen ausgeht, obwohl sie nicht unabhängig sind. Anders ausgedrückt nimmt die „naive" Kleinst-Quadrate Schätzung an, dass die zeitlich nachfolgenden Beobachtungen eines Individuums genauso viele Informationen für eine Schätzung liefern, wie die erste. Tatsächlich werden die exklusiven Informationen der Beobachtungen innerhalb eines Individuums mit der Zeit aber immer kleiner. Mit diesem Fehler ist zwangsweise eine systematische Unterschätzung der Standardfehler beider Schätzer „Niveau" und „Steigung" verbunden. Der vom „naiven" Modell ausgewiesene Wert des Niveauparameters in Höhe von 4,65 muss deswegen als zu klein angesehen werden. Das Modell A vermeidet diesen Fehler durch die differenziertere Modellierung der Störgröße und weist daher einen höheren, unverzerrten Wert in Höhe von 6,12 aus. Konkret wird in Modell A die zeitunabhängige Störung ε_{ai} eingeführt, deren Effekt auf die Abgaben in allen Perioden gleich ist. Damit werden die Störungen eines Individuums über die Zeit „verlinkt", so dass die Störung der einen Periode nicht mehr unabhängig von der Störung einer andern sein kann. Genau diese so genannte *Autokorrelation* ist aber die Eigenschaft, die wir für die Modellierung mit gruppierten Daten benötigen und die eine „naive" Kleinst-Quadrate Schätzung nicht abbildet.

In diesem Zusammenhang drängt sich die Frage auf, wie man beurteilen kann, ob die Verwendung einer differenzierten Störgröße anstelle einer normalen gerechtfertigt ist. Hierzu betrachten wir noch einmal die Random Effects der acht Versuchspersonen in ◘ Tab. 25.7. Die zufällige vertikale Abweichung der Trajektorie der Versuchsperson 1 von der Schätzgeraden beträgt beispielsweise $\varepsilon_1 = -6{,}35$ Einheiten, die der Versuchsperson 2 $\varepsilon_2 = -14{,}59$ Einheiten und die der Versuchsperson 3 $\varepsilon_3 = -26{,}36$ Einheiten. Je größer diese Abweichungen im Mittel über alle Versuchspersonen sind, desto größer ist die Varianz zwischen den Gruppen bzw. die Stärke des Random Effects. In unserem Beispiel erhalten wir einen Wert in Höhe von $\sigma^2_{\varepsilon a} = 283{,}12$. Der verbleibende Anteil an der Gesamtvarianz, der *nicht* durch eine zufällige Streuung individueller Charakteristiken zwischen den Versuchspersonen erklärt werden kann, ist der Anteil $\sigma^2_v = 27{,}74$. Somit können $283{,}12 \,/\, (283{,}12 + 27{,}74) = 91{,}08\,\%$ der Gesamtstreuung durch eine Streuung zwischen den Gruppen erklärt werden. Diese Zahl nennt man „*Intraclass Correlation Coefficient*" (kurz ICC). Sie gibt Auskunft darüber, wie stark die Beobachtungen innerhalb einer Gruppe bzw. eines Individuums korreliert sind, und somit auch darüber, wie stark der Fehler wäre, wenn man eine nicht-differenzierte Störgröße verwendet. In unserem Fall ist die Korrelation von Beobachtungen innerhalb der Gruppen extrem hoch. Das sieht man beispielsweise an den Beobachtungen des Individuums 3 in ◘ Abb. 25.10a. Die erste Beobachtung liegt deutlich unterhalb der Schätzgerade, genau wie die zweite, dritte, vierte und fünfte. Für ein anderes Individuum liegen dagegen alle fünf Beobachtungen deutlich oberhalb der Schätzgeraden. Damit der ICC kleiner wird, müssten die Beobachtungen innerhalb eines Individuums mehr streuen und auch ab und zu einmal die Schätzgerade „kreuzen". Im (theoretischen) Extremfall eines ICC = 0 % würde zwischen einer gewöhnlichen Kleinst-Quadrate Schätzung und dem Modell A kein Unterschied existieren.

Zum Abschluss der Interpretation des Modells A schauen wir auf die geschätzte Standardabweichung des Steigungsparameters und vergleichen diese mit derjenigen des Pooling-Modells. Es fällt auf, dass diese mit einem Wert in Höhe von 0,29 deutlich unter der im „naiven" Modell in Höhe von 0,95 liegt. Der Grund ist, dass das Modell A erstens von unterschiedlichen Individuen und zweitens von *gleichen* „wahren" Steigungen aller Individuen ausgeht. Würde man das Experiment häufig wiederholen, so würden sich immer neue geschätzte Steigungen ergeben, die aber zwischen den Versuchspersonen gleich groß sind. Unter diesen Bedingungen lässt sich die wahre mittlere Steigung präziser abschätzen, als wenn nach jeder Wiederholung die Steigung zwischen den Individuen ebenfalls unterschiedlich wäre. Wir werden in einem weiteren Modell untersuchen, inwieweit diese Annahme gerechtfertigt ist. Betrachtet man aber die einzelnen Trajektorien der Versuchspersonen, so kann man jetzt schon sagen, dass sie zumindest nicht vollkommen unrealistisch ist.

Nun gehen wir davon aus, dass das Niveau der Abgabebeträge nicht mehr vollkommen zufällig variiert, sondern zumindest teilweise durch eine weitere Variable erklärt werden kann. Wenn wir beispielsweise vermuten, dass Männer und Frauen grundsätzlich unterschiedlich hohe Abgabeniveaus leisten, dann könnte eine erklärende Variable für den Niveauunterschied in den einzelnen Trajektorien das Geschlecht bzw. die Faktorvariable gender sein. Somit ergibt sich ein Gesamtmodell, welches sich wieder aus zwei unterschiedlichen Ebenen bzw. Levels zusammensetzt:

Level 1 (Within-Subject):

$$\text{contrib}_{it} = a_i + b_i \text{time}_{it} + v_{it}$$

(Modell B)

Level 2 (Between-Subject):

$$a_i = \gamma_a + \delta_a \text{gender}_i + \varepsilon_{ai}$$
$$b_i = \gamma_b.$$

γ_a ist der wahre, mittlere Abgabebetrag von Männern (d. h. *gender* = 0) in der ersten Runde des Spiels (d. h. *time* = 0). Der Parameter δ_a gibt die *Veränderung* dieses Werts an, wenn sich *gender* von 0 auf 1 ändert. Somit ist $\gamma_a + \delta_a \cdot 1$ der mittlere, wahre Abgabebetrag von Frauen in der ersten Runde des Spiels. Der tatsächlich realisierte Abgabebetrag a_i einer Versuchsperson i in der ersten Runde (sei es der eines Mannes oder der einer Frau) unterscheidet sich vom wahren Wert zufällig um den Wert $\varepsilon_{ai} \sim N\left(0, \sigma_\varepsilon^2\right)$. In der zusammengeführten Darstellung erhalten wir

$$\text{contrib}_{it} = \gamma_a + \gamma_b \text{time}_{it} + \delta_a \text{gender}_i + \varepsilon_{ai} + v_{it}.$$

Das individuelle Abgabeniveau a_i wird nun nicht mehr nur durch den Random Effect ε_{ai} erklärt, sondern auch durch den *Fixed Effect* δ_a. Fixed Effects sind dadurch gekennzeichnet, dass ihre Ausprägungen beobachtet wurden und im unmittelbaren Interesse des Experimentators liegen. In unserem Fall haben wir eine konkrete Vermutung über den Einfluss des Geschlechts auf das Abgabeniveau und möchten diesen Effekt quantifizieren. Neben miterhobenen Variablen mit nur wenigen Ausprägungen wie „Geschlecht", „Herkunft" oder „gesprochene Fremdsprachen" sind auch Treatmentvariablen, wie z. B. der von dem Experimentator vorgegebene MPCR, klassische Beispiele für Variablen mit einem

Fixed Effect. Ein lineares Modell, in dem Level 1 Parameter sowohl über einen Random- als auch einen Fixed Effect modelliert werden heißen *„Linear Mixed (Effect) Model"* (LMM).

◼ Abb. 25.12 verdeutlicht die Funktionsweise dieses Modells. Gestrichelt dargestellt sind die Schätzgerade auf Polulationsebene (dick) und die Random Effect Abweichungen (dünn) der Frauen, durchgezogen sind diejenigen der Männer. Wir sehen, dass die Schätzgerade der Frauen oberhalb derjenigen der Männer liegt. Das lässt vermuten, dass Frauen im Mittel mehr abgeben als Männer. Würden wir auch hier wieder das Experiment mit neuen Versuchspersonen wiederholen, so würden sich im Gegensatz zu einem reinen Random Effects Modell auf Level 2 die Trajektorien nicht vollkommen zufällig in vertikaler Richtung umsortieren. Stattdessen sorgt der Fixed Effect dafür, dass die Trajektorien der Frauen auch im wiederholten Experiment in einem Bereich oberhalb der Trajektorien der Männer liegen. Der nach wie vor vorhandene Random Effect bewirkt, dass *innerhalb* der Gruppe der Männer (unterer Bereich) und der Gruppe der Frauen (oberer Bereich) die vertikale Anordnung der Trajektorien wieder zufällig ist.

Genauere Informationen über beide Effekte liefert die Schätzung des Modells B in ◼ Tab. 25.8. Wenig überraschend ist, dass der Schätzwert für die Steigung der gleiche ist wie in Modell A, denn nach wie vor modellieren wir nur die Variationen im Niveauparameter, nicht aber in der Steigung. Der ursprüngliche Niveauparameter in Höhe von 58,30 wird dagegen differenzierter modelliert. Der Niveauparameter für Männer beträgt $\hat{\gamma}_a = 50{,}73$ und der geschätzte Fixed Effect der Variable „gender" beim Wechsel von Mann (gender = 0) zu Frau (gender = 1) beträgt $\hat{\delta}_a = 15{,}15$. Somit liegt der geschätzte Niveauparameter der Frauen bei 50,72 + 15,15 = 65,87.

Auffällig ist, dass der Effekt von gender nicht signifikant ist, obwohl der Unterschied in den mittleren Abgaben zwischen Männern und Frauen über 15 Prozentpunkte beträgt! Hier zeigt sich wieder in aller Deutlichkeit der Unterschied zwischen ökonomischer und statistischer Signifikanz, denn ökonomisch signifikant im Sinne von „relevant" ist ein so großer Effekt allemal. Situationen wie diese rufen immer dann sehr leicht Interpretations- und Spezifikationsfehler hervor, wenn man zu sehr p-Wert fokussiert ist und weder hinterfragt, was diese Zahl bedeutet, noch wie sie zu Stande gekommen ist. An ◼ Abb. 25.12 ist klar zu erkennen, dass nicht nur der Fixed Effect in Höhe von 15 Prozentpunkten sehr groß ist (vertikaler Abstand zwischen den beiden fetten Geraden), sondern auch die Streuung innerhalb der beiden Gruppen „Mann" und „Frau". Starke Random Effects innerhalb der Gruppen bedeuten, dass sich ihre Ausprägungen leicht „überschneiden" können. Dann fallen einige gestrichelte Geraden der Frauen (oberer Bereich) in den

◼ **Abb. 25.12** Modellierung der Niveauunterschiede im Abgabeverhalten über den Fixed Effect „gender" und einen Random Effect (Modell B). *Gestrichelt* sind die Trajektorien der Frauen dargestellt, *durchgezogen* die der Männer

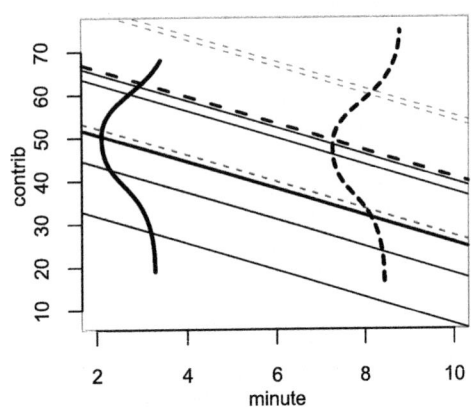

◻ Tab. 25.8 Schätzergebnisse des Modells B

```
Random effect parameters:                      Random effects:
Groups    Name         Variance  Std.Dev.      (Intercept)
  subj    (Intercept)  254.718   15.9599       1  -13.75
  Residual              27.735    5.2664        2   -7.14
                                                3  -18.89
Number of obs: 40, groups:  subj, 8            4  -13.55
                                                5   14.19
Fixed effect (parameters):                      6   13.07
            Est.    SE    df      t    Pr(>|t|) 7   14.24
(Intercept) 50.73  8.15  6.26   6.22  0.0007 *** 8  11.84
time        -3.16  0.29 31.00 -10.72 <0.0001 ***
gender1     15.15 11.41  6.00   1.33  0.2324
```

unteren Bereich der Männer (durchgezogene Geraden) und umgekehrt. Wenn aber die beiden Bereiche zwischen Mann und Frau nicht klar genug voneinander unterscheidbar sind, weil sie sich zu stark überlagern, fällt es einem Signifikanztest schwer, einen tatsächlich vorhandenen Effekt zwischen diesen Gruppen auch als vorhanden auszuweisen. Die bereits besprochene Power eines Tests ist in diesem Fall klein und ihre Alternativbezeichnung „Trennschärfe" bekommt eine klare Bedeutung.

Würden wir nun ökonomische mit statistischer Signifikanz gleichsetzen, dann könnte man versucht sein, die Variable gender aus dem Modell herauszunehmen. Das wäre allerdings ein klarer Spezifikationsfehler, denn wie wir gleich sehen werden, ist diese Variable sowohl ökonomisch als auch statistisch signifikant. Wir wissen bereits, dass die große Streuung innerhalb der beiden Gruppen für eine geringe Trennschärfe und somit einen großen Fehler zweiter Art sorgt. Aber warum ist die Streuung so groß? Nun, sie nimmt Unterschiede zwischen den Individuen in sich auf, die nicht explizit über eine eigene Variable enthalten sind, d. h. für die nicht kontrolliert wird. Wenn also die Streuung innerhalb der Gruppen relativ zum Effekt zwischen den Gruppen unerwartet groß ist, spricht das dafür, dass das Modell unterspezifiziert ist. Wir müssen daher nicht Variablen bzw. Informationen aus dem Modell herausnehmen, sondern genau das Gegenteil ist der Fall. Um dies zu zeigen, wollen wir nun die Unterscheide im Niveauparameter durch eine weitere Fixed Effect Variable erklären.

Die offensichtlichste Variable, die es noch in das Modell aufzunehmen gilt, ist mpcr. Sie ist schließlich nicht „nur" eine miterhobene Kovariable der Versuchspersonen wie das Geschlecht, sondern eine explizit von dem Experimentator festgelegte Treatmentvariable. Daher sind wir an dem Effekt dieser Variable besonders interessiert. Eine Forschungsfrage könnte beispielsweise lauten: „Kann ein Unterschied in den Abgabeniveaus (teilweise) durch einen Unterschied in den MPCRs erklärt werden?" Wir fügen die Variable mpcr auf Level 2 mit ein und erhalten das Modell:

Level 1 (Within-Subject):

$$\text{contrib}_{it} = a_i + b_i \text{time}_{it} + u_{it}$$

(Modell C)

> ◻ **Tab. 25.9** Schätzergebnisse von Modell C

```
Random effect parameters:                          Random effects:

Groups    Name          Variance  Std.Dev.          (Intercept)

  subj    (Intercept)    9.746    3.1219         1    -0.27
  Residual               27.735   5.2664         2     4.03
                                                 3    -3.62
Number of obs: 40, groups:  subj, 8              4    -0.14
                                                 5     0.56
                                                 6    -0.18
Fixed effect (parameters):                       7     0.59
              Est.   SE    df      t    Pr(>|t|)  8    -0.97
(Intercept)  64.35  2.67  7.64   24.11 <0.0001 ***
time         -3.16  0.29 31.00  -10.72 <0.0001 ***
gender1      15.15  2.77  5.00    5.48  0.0028 **
mpcrlow     -27.25  2.77  5.00   -9.85  0.0002 ***
```

Level 2 (Between-Subject):

$$a_i = \gamma_a + \delta_a \text{gender}_i + \tau_a \text{mpcr}_i + \varepsilon_{ai}$$

$$b_i = \gamma_b.$$

Technisch unterscheidet sich das Modell C vom Modell B im Wesentlichen darin, dass ein weiterer Parameter τ_a auf Level 2 geschätzt wird. Die Ergebnisse sind in ◻ Tab. 25.9 zu sehen.

Der Effekt der Aufnahme von `mpcr` in das Modell spricht eine klare Sprache: Der Wechsel von „high" auf „low" geht mit einem mittleren Rückgang der Abgabebeträge von 27,25 Prozentpunkten einher (sowohl bei den Männern als auch bei den Frauen). Die Varianz des Random Effects ist von 254,72 auf 9,74 gefallen. Die daraus resultierende größere Trennschärfe ist deutlich in ◻ Abb. 25.13a zu erkennen. Alle 4 Gruppen (Männer mit niedrigem/hohen MPCR sowie Frauen mit niedrigem/hohem MPCR) sind klar voneinander unterscheidbar. Keine Gerade einer Gruppe ragt in den Bereich einer anderen Gruppe hinein. Somit hat auch ein Hypothesentest keine Probleme einen tatsächlichen Effekt auch als vorhanden auszuweisen. Sowohl der Effekt von `gender` als auch der von `mpcr` ist statistisch signifikant mit *p*-Werten deutlich kleiner als 5 %.

> ❯ **Wichtig**
> *p*-Werte sind für das Spezifizieren von Modellen ungeeignet. Aus „Nicht-Signifikanz" folgt nicht „Irrelevanz".

Zu guter Letzt könnte man sich fragen, ob die Variationen in den Steigungen ebenfalls erklärt werden müssen. Hierzu führen wir, ausgehend von Modell B, einen weiteren Random Effect für die Erklärung der Steigung auf Level 2 ein. Somit lautet das Modell D:

Level 1 (Within-Subject):   **(Modell D)**

$$\text{contrib}_{it} = a_i + b_i \text{time}_{it} + u_{it}$$

Level 2 (Between-Subject): $a_i = \gamma_a + \delta_a \text{gender}_i + \varepsilon_{ai}$

$$b_i = \gamma_b + \varepsilon_{bi}.$$

γ_b ist die wahre, mittlere Rate mit der sich die Abgabebeträge eines Individuums über die Zeit verändern und $\varepsilon_{bi} \sim N\left(0, \sigma_{\varepsilon b}^2\right)$ ist die zeitunabhängige, zufällige Abweichung von diesem Wert. In der zusammengeführten Darstellung erhalten wir

$$\text{contrib}_{it} = \gamma_a + \delta_a \text{gender}_i + \gamma_b \text{time}_{it} + \varepsilon_{ai} + \varepsilon_{bi} \text{time}_{it} + u_{it}.$$

Die erste Zeile in dieser Darstellung ist der deterministische Teil des Modells und die zweite Zeile der zufällige. Im zufälligen Teil fällt eine neue Komponente auf: $\varepsilon_{bi}\,time_{it}$ ist eine Zufallsvariable, die nicht vollkommen frei variieren kann, sondern deren Ausprägung davon abhängt, in welcher Periode wir uns befinden. Eine solche Struktur von Ausprägungen kann nur von einer Zufallsvariable generiert werden, deren Verteilung eine nicht konstante Varianz aufweist. Damit ist das Modell D im Vergleich zu Modell B nicht nur in der Lage Autokorrelation, sondern zusätzlich auch noch *Heteroskedastizität* abzubilden – ebenfalls eine Eigenschaft unter der eine klassische Kleinst-Quadrate Schätzung versagt.

In ◘ Abb. 25.13b ist das Modell D grafisch dargestellt. Der einzige Unterschied zu ◘ Abb. 25.10 bzw. zum Modell B ist, dass nicht nur die Niveaus, sondern auch die Steigungen der einzelnen Geraden zufällig variieren dürfen. Obwohl wir dies explizit im Modell zulassen, beobachten wir kaum Unterschiede in den Steigungen.

Betrachten wir die Schätzergebnisse in ◘ Tab. 25.10, so fällt zunächst auf, dass wir zwei Spalten für die Ausprägungen der Random Effects bekommen haben, eine für die Modellierung des Niveauparameters und eine für die Modellierung der Steigung. Ein Vergleich der beiden Spalten offenbart, dass die Ausprägungen perfekt korreliert sind (siehe auch: Spalte `Corr` im Abschnitt „Random Effects Parameters"). Dieses Phänomen tritt auf, wenn für einen der Parameter, die wir über einen Random Effect modellieren wollen, zu wenig Variation vorliegt. Dieser Informationsmangel führt dazu, dass beide Effekte nicht gleichzeitig geschätzt werden können und das Statistikprogramm generiert dann perfekt korrelierte Ausprägungen der Random Effects. Tatsächlich ist das Modell D „überparametrisiert", denn wir versuchen mit der Einführung des Random Effects für die Steigung einen Effekt zu erklären, der vermutlich gar nicht existiert. Unser Datensatz spricht für eine konstante Abgaberate über alle Individuen. In diesem Fall wäre ein reines Random-Intercept-Modell wie Modell C vorzuziehen.

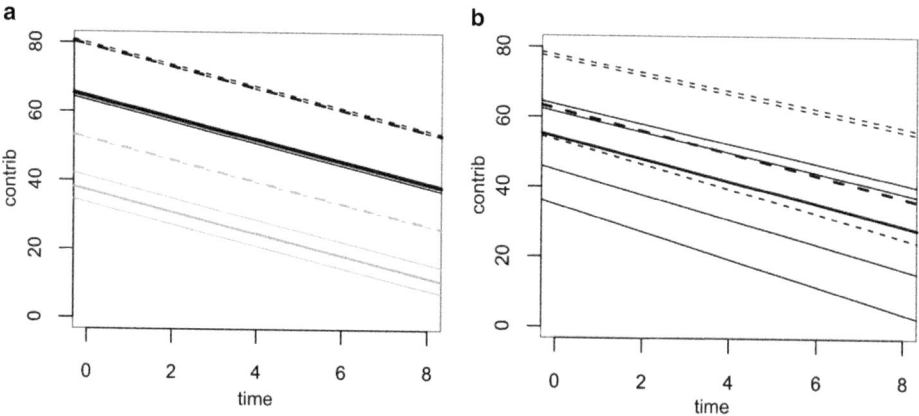

◘ **Abb. 25.13** Grafische Darstellung von Modell C (**a**) und Modell D (**b**). Im Modell C ist das Treatment „MPCR low" *grau* und das Treatment „MPCR high" *schwarz* dargestellt

Tab. 25.10 Schätzergebnisse zu Modell D

```
Random effect parameters:                     Random effects:

Groups    Name       Variance  Std.Dev. Corr      (Intercept)  time

  subj  (Intercept)  195.02    13.97         1    -8.91       -0.33

          time         0.25     0.50  1.000  2    -9.49       -0.36

  Residual            25.07     5.01         3   -19.32       -0.72

                                             4    -8.84       -0.33

Number of obs: 40, groups:  subj, 8          5     9.29        0.35

                                             6    14.61        0.55

Fixed effect (parameters):                   7    15.50        0.58

            Est.     SE    df      t   Pr(>|t|)  8     7.17      0.27

(Intercept) 54.28  7.04   6.52   7.71  0.0002 ***

time        -3.16  0.34  10.65  -9.38 <0.0001 ***

gender1      8.05  9.63   6.54   0.84   0.43
```

Der Vollständigkeit halber sei erwähnt, dass auch die Variation des Steigungsparameters über einen Mixed Effect modelliert werden kann. Da dann aber die gleiche Problematik wie in Modell C auftreten würde, verfolgen wir diese Idee an dieser Stelle nicht weiter. Rein populationsbezogene Modelle werden oftmals mit der Methode der *Verallgemeinerten Schätzgleichungen* (englisch „Generalized Estimating Equations", GEE) (Liang & Zeger 1986) geschätzt. Die Idee dahinter ist, die Schätzung Verallgemeinerter Linearer Modelle (GLMs) so zu erweitern, dass sie auch auf longitudinale Daten und die damit verbundene intraindividuelle Abhängigkeit der Beobachtungen anwendbar ist. Hierzu legt man *a priori* eine Korrelationsstruktur der Beobachtungen zwischen zwei Zeitpunkten fest, die die Abhängigkeit der Beobachtungen über die Zeit möglichst gut beschreibt. Angenommen wir betrachten drei Zeitpunkte *t*, über die ein Individuum gemessen wurde, und ρ bezeichne das Korrelationsmaß zwischen den Beobachtungen zweier Zeitpunkte, dann lassen sich verschiedene Korrelationsstrukturen als Matrix darstellen:

1. *Unabhängig (Independent)*: Die Beobachtungen zweier beliebiger Zeitpunkte haben keine Korrelation.

$$\begin{pmatrix} 1 & 0 & 0 \\ 0 & 1 & 0 \\ 0 & 0 & 1 \end{pmatrix}$$

2. *Austauschbar (Exchangeable)*: Die Beobachtungen zweier beliebiger Zeitpunkte haben die gleiche Korrelation.

$$\begin{pmatrix} 1 & \rho & \rho \\ \rho & 1 & \rho \\ \rho & \rho & 1 \end{pmatrix}$$

A.25.3 Interpretation der Koeffizienten: Marginal vs. konditional

Für Mehrebenenmodelle existieren zwei unterschiedliche Varianten geschätzte Parameter zu interpretieren. Um diese besser gegeneinander abgrenzen zu können, betrachten wir zunächst noch einmal das einfache lineraren Modell $y_i = a + bx_i + u_i$ bzw. $y_i = \eta + u_i$ mit $u_i \sim N(0, \sigma^2)$. Da die Störgröße einen Erwartungswert in Höhe von Null hat, entspricht der Erwartungswert der Beobachtungen y_i genau dem linearen Prädiktor, d. h. es gilt $E(y_i) = \mu_i = \eta = a + bx_i$. Ein geschätzter Parameter des Modells bezieht sich immer auf die Abschätzung der „wahren Werte" a und b in diesem Mittelwert. Ein Koeffizient $\hat{b} = 3$ bedeutet beispielsweise, dass sich der Erwartungswert um drei Einheiten erhöht, wenn man x (*ceteris paribus*) um eine Einheit erhöht. Damit stellt der Schätzwert $\hat{b} = 3$ die Steigung der Schätzgeraden $E(y_i) = \hat{a} + \hat{b}x_i$ dar. Aus dieser Interpretation einer Steigung entwickelte sich der Begriff des *marginalen Effekts*, denn die Steigung einer Funktion in einem Punkt ist insbesondere bei nichtlinearen Funktionen gerade das Verhältnis einer marginalen Veränderung des y-Werts zu einer marginalen Veränderung des x-Werts. Besitzt ein Modell eine solche Interpretation, spricht man oft von einem *Marginalmodell*. Weiteres Kennzeichen des einfachen linearen Modells ist, dass der marginale Effekt eine Aussage auf Populationsebene und nicht für ein spezielles Individuum oder eine bestimmte Gruppe macht. In diesem Fall spricht man von einem *„Population-Average Model"*.

Da das Mehrebenenmodell differenzierter ist als das einfache lineare Modell, muss auch die Interpretation der Koeffizienten differenzierter ausfallen. Betrachten wir beispielsweise die einfachste Variante $y_{it} = \gamma_a + \gamma_b x_{it} + \varepsilon_{ai} + v_{it}$, in der der Niveauparameter a über einen Random Effect ε_{ai} modelliert wird (Modell A). Der Erwartungswert lautet dann $E(y_{it}) = \gamma_a + \gamma_b x_{it} + \varepsilon_{ai}$. Wir sehen, dass der Erwartungswert nicht wie im einfachen linearen Modell dem linearen Prädiktor entspricht. Vielmehr hängt der konkrete Wert davon ab, welche Ausprägung der Random Effect ε_{ai} besitzt. Im Gegensatz zu einem Population-Average Model kann die Interpretation des Steigungsparameters daher nur *konditional* für ein gegebenes Individuum mit gegebenem Random Effect ε_{ai} erfolgen. Grafisch bedeutet das, man interpretiert die Gerade eines speziellen Individuums. Die populationsbezogene Sichtweise erhält man, wenn man ein weiteres Mal den Erwartungswert über den Random Effect bildet. Dann entspricht der Erwartungswert $E(E(y_{it})) = \gamma_a + \gamma_b x_{it}$ dem linearen Prädiktor und man bezieht sich auf die populationsbezogene Schätzgerade. Mehrebenenmodelle beinhalten daher beides, eine konditionale bzw. individuenspezifische und eine marginale bzw. populationsbezogene Interpretation. Dies wird von einigen Statistikern als Vorteil gegenüber rein populationsbezogenen Modellen angesehen (z. B. Lee & Nelder 2004).

3. *m-Abhängig (m-Dependent)*: Die Beobachtungen mit einer Periode Abstand haben die gleiche Korrelation ρ_1, mit zwei Perioden Abstand haben sie die gleiche Korrelation ρ_2 und mit m Perioden Abstand die gleiche Korrelation ρ_m. Hier: 1-abhängig

$$\begin{pmatrix} 1 & \rho_1 & 0 \\ \rho_1 & 1 & \rho_1 \\ 0 & \rho_1 & 1 \end{pmatrix}.$$

25

⬛ Tab. 25.11 Schätzergebnisse der Generalisierten Schätzgleichung

```
Mean Model:
  Mean Link:                      identity
  Variance to Mean Relation: gaussian

  Coefficients:
                estimate      san.se         wald          p
  (Intercept)   64.35000        1.94      1096.75    <0.0001
  time          -3.15625        0.28       124.35    <0.0001
  gender1       15.15000        2.19        48.03    <0.0001
  mpcrlow      -27.25000        2.19       155.38    <0.0001
```

4. *Autoregressiv:* Die Abhängigkeiten zwischen zwei Beobachtungen nehmen exponentiell ab mit jeder Periode, die zwischen ihnen liegt.

$$\begin{pmatrix} 1 & \rho^1 & \rho^2 \\ \rho^1 & 1 & \rho^1 \\ \rho^2 & \rho^1 & 1 \end{pmatrix}$$

5. *Unstrukturiert (Unstructured):* Jedes Paar von Beobachtungen erhält seine eigene Korrelation.

$$\begin{pmatrix} 1 & \rho_1 & \rho_2 \\ \rho_1 & 1 & \rho_3 \\ \rho_2 & \rho_3 & 1 \end{pmatrix}$$

Bemerkenswert ist, dass die Auswahl der Korrelationsstruktur keinen Einfluss auf die Konsistenz der Schätzer, sondern lediglich auf deren Effizienz hat. Bei hinreichend großer Anzahl von Beobachtungen spielt daher die Entscheidung für eine konkrete Korrelationsstruktur eine untergeordnete Rolle. Dennoch werden in der Praxis GEEs mit verschiedenen Korrelationsstrukturen geschätzt und mit den einzelnen Schätzungen eine Sensitivitätsanalyse durchgeführt. Ferner sei erwähnt, dass die Schätzer in einer GEE per Quasi-Likelihood Methode ermittelt werden und eine GEE nicht immer eine innere Lösung besitzt.

Im Fall eines linearen Modells unterscheiden sich die Schätzer und deren Interpretation eines LMM und einer GEE nicht. Wenn wir beispielsweise das verallgemeinerte lineare Modell mit dem linearen Prädiktor $\mu_i = a + b_1 \text{time}_t + b_2 \text{gender}_t + b_3 \text{mpcr}_t$ und der Link-Funktion $g(z) = z$ per GEE (Korrelationsstruktur „Exchangeable") schätzen, erhalten wir die in ⬛ Tab. 25.11 dargestellten Ergebnisse. Die Koeffizienten stimmen mit denen des bereits besprochenen Mehrebenenmodells C überein.

Longitudinale Daten mit diskreter zu erklärenden Variable

Fassen wir kurz zusammen: Verallgemeinerte Lineare Modelle können Daten mit nicht-normalverteilter, diskreter endogener Variable modellieren. Lineare Mehrebenenmodelle und (lineare) Verallgemeinerte Schätzgleichungen sind dagegen in der Lage, abhängige Beobachtungen innerhalb einer Gruppe adäquat abzubilden. Es drängt sich nun die Frage auf, was passiert, wenn beide Sonderfälle gleichzeitig vorliegen. Wie beispielsweise wäre das dichotome Annahmeverhalten des Responder im Ultimatumspiel zu modellieren, wenn ein und dieselbe Person über mehrere Runden über Annahme und Ablehnung des Angebots entscheiden muss? Besonders einfach ist dieser Schritt für Verallgemeinerte Schätzgleichungen, da diese bereits auf dem Verallgemeinerten Linearen Modell basieren, welches wiederum von vorn herein darauf ausgelegt ist, nicht-normalverteilte endogene Variablen erklären zu können. Anstatt die Identitätsfunktion als Link-Funktion auszuwählen, könnten wir einem GEE-Schätzbefehl einfach per Parameter (z. B. `link = "logit"`) mitteilen, dass die Logit-Funktion als Link-Funktion verwendet werden soll. In dieser Weise können wir schnell und einfach eine logistische Regression mit abhängigen Beobachtungen durchführen.

Ein Nachteil an dem genannten Vorgehen ist, dass wir mit einer GEE immer „nur" ein marginales, populationsbezogenes Modell erhalten. Möchte man ein analoges *konditionales* Modell, so gibt es zwei Möglichkeiten. Eine Möglichkeit ist, wieder das Verallgemeinerte Lineare Modell zu erweitern – in diesem Fall um individuenspezifische Effekte. So wird aus einem GLM („Generalized Linear Model") ein GLMM („Generalized Linear MIXED Model"). Die zweite Möglichkeit ist, das Mehrebenenmodell so anzupassen, dass es auch auf nicht-normalverteilte zu erklärende Variablen anwendbar ist. Dies geschieht hauptsächlich durch die Lockerung der Annahme normalverteilter Störgrößen und der Einführung eines Links zwischen Erwartungswert und linearem Prädiktor. In diesem Fall verallgemeinern wir das LMM („Linear Mixed Model") zum GLMM („Generalized Linear Mixed Model"). Bezeichne OR die „Odds-Ratio" $p/(1-p)$, dann erhalten wir im einfachsten Fall mit nur einem zufälligen Effekt ε_{ai} für das Niveauparamter a das *konditionale* Modell

$$OR = \exp\left(a + bx_{it} + \varepsilon_{ai}\right).$$

In diesem Modell hängen die Odds-Ratios davon ab, wie die individuenspezifische Ausprägung des zufälligen Effekts ε_{ai} lautet. Im Erwartungswert lautet dann die „mittlere" OR in der populationsbezogenen Interpretation des konditionalen Modells

$$E(OR) = \exp\left(a + bx_{it}\right) \cdot E(\exp(\varepsilon_{ai})) = \exp\left(\eta_{it}\right) \cdot E(\exp(\varepsilon_{ai})).$$

In der GEE Schätzung lautet dagegen das entsprechende *marginale* Modell

$$OR = \exp\left(\eta_{it}\right).$$

Daran erkennen wir, dass sich die mittlere Schätzung der Odds im GLMM und im GEE um den Faktor $E(\exp(\varepsilon_{ai}))$ unterscheiden. Wie wir bereits anhand eines Beispiels überprüft haben, sind die Schätzungen der Parameter beider Methoden äquivalent, wenn die Link-Funktion eine lineare Funktion $\text{lin}(\cdot)$ ist. In diesem Fall gilt für die mittlere OR im konditionalen Modell
$$E\left(OR\right) = E\left(\text{lin}^{-1}\left(a + bx_{it} + \varepsilon_{ai}\right)\right) = \text{lin}^{-1}\left(a + bx_{it}\right) + dE(\varepsilon_{ai}) = \text{lin}^{-1}\left(\eta_{it}\right),$$ was auch der OR im marginalen Modell entsprechen würde. ORs oder Wahrscheinlichkeiten mit einem linearen Modell zu schätzen ist aber eher ungewöhnlich, weil dann Interpretationsschwierigkeiten wie beispielsweise Wahrscheinlichkeiten größer 1 oder kleiner 0 auftreten können.

GLMMs an dieser Stelle im Detail durchzusprechen würde wieder den Rahmen des Buches sprengen. Interessierte Leser seien erneut auf die entsprechende Literatur verwiesen. Einen schönen und kompakten Übersichtsartikel liefern beispielsweise Rabe-Hesketh & Skrondal (2010). Die gleichen Autoren haben auch ein Lehrbuch verfasst, welches ebenfalls eine gute Quelle für tiefer gehende Informationen zu GLMMs darstellt (Rabe-Hesketh & Skrondal 2004).

25.6   Modelle mit beschränkter zu erklärender Variable

Beschränkte Variablen besitzen eine natürliche oder definierte Ober- oder Untergrenze (oder beides). Beispielsweise hat die Anzahl der Tage, an denen ein Arbeitnehmer im Jahr arbeitet, die Untergrenze Null und die Obergrenze 365. In ökonomischen Zusammenhängen treten solche Variablen besonders häufig auf, da viele ökonomische Variablen nur für ein beschränktes Intervall interpretierbar sind (Nachfrage, Produktionsmenge, Kapazitäten etc.). Man unterscheidet grundsätzlich zwischen *zensierten* (englisch „Censored") und *gestutzten* (englisch „Truncated") Daten. ❏ Tab. 25.12 fasst die wichtigsten Unterschiede zusammen.

Beispiel

Ein Dozent möchte wissen, ob ein Zusammenhang zwischen der Verspätung y_t seiner 50 Studierende in Minuten und ihrem Anfahrtsweg x_t in Metern besteht. Die tatsächlichen Daten aller 50 Studierenden sind in ❏ Abb. 25.14 dargestellt.

Das Problem des Dozenten ist nur, dass er selber regelmäßig etwas mehr als 5 min zu spät zu seiner eigenen Veranstaltung kommt. Daher weiß er von den bereits anwesenden Studierenden nicht, ob, und wenn ja, wie viel sich diese verspätet haben. Erst ab dem Zeitpunkt seiner eigenen Ankunft kann er die Zeiten der eintreffenden Studierenden erfassen. Wie geht er mit den bereits anwesenden Studierenden um? Nun, er könnte zumindest die wenigen Informa-

❏ **Tab. 25.12**   Vergleich von zensierten und gestutzten Daten

	Zensiert	**Gestutzt**
Grenzen	Zugelassen und beobachtet	Nicht zugelassen (auch wenn beobachtet)
Anz. Beobachtungen	n	$< n$
Informationsverlust	Moderat	Stärker
Mittelwert	Tendiert zu Grenze	Tendiert nicht zu Grenze

❏ **Abb. 25.14**   Nicht beschränkte Daten des Beispiels mit KQ-Schätzgerade

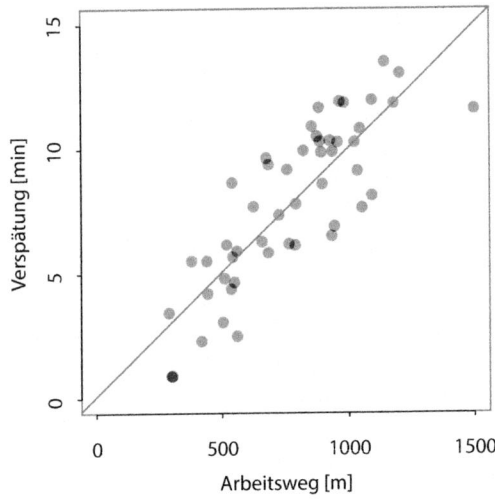

tionen verwenden, die ihm zu diesen Studierenden vorliegen. Er weiß nämlich, dass keiner der anwesenden Studierenden mehr als 5 min Verspätung hat. Der Dozent macht dann keinen Unterschied zwischen Studierenden, die vollkommen pünktlich sind ($y_t = 0$), und solchen, die sich 5 min ($y_i = 5$) oder weniger verspäten. Alle diese Studierenden bekommen pauschal den unteren Verspätungswert $y_i^{min} = 5$ zugewiesen. Dieser Vorgang entspricht einer *Zensur* der „außerhalb liegenden" Daten. Manchmal spricht man in diesem Zusammenhang auch vom „Bottom-Coding" (bzw. „Top-Coding" bei einer Obergrenze). Grafisch bedeutet das eine vertikale Verschiebung aller unbeobachteten Datenpunkte mit einem Wert $y_i < 5$ nach oben bis zum Niveau $y_i^{min} = 5$ (vgl. ◘ Abb. 25.15a). Es sind also nach wie vor alle 50 Studierenden im Datensatz enthalten, aber von einigen ist der genaue y_i-Wert nicht bekannt – nur, dass es höchstens 5 min sind.

Eine andere Möglichkeit wäre, die bereits anwesenden Studierenden aus dem Datensatz herauszunehmen. In diesem Fall würde man den Datensatz „abschneiden" und es entstünde ein *gestutzter Datensatz* (vgl. ◘ Abb. 25.15b).

Anhand der ◘ Abb. 25.15 ist gut zu erkennen, dass ein herkömmlicher Kleinst-Quadrate Schätzer sowohl für zensierte als auch gestutzte Daten verzerrt wäre. Der Niveauparameter würde systematisch überschätzt und der Steigungsparameter systematisch unterschätzt. Hätte der Dozent aus dem vorangegangenen Beispiel auch die genauen Zeiten der bereits anwesenden Studierenden, so wäre es daher am besten, diese auch zu verwenden. Immer wenn die endogene Variablen für alle Beobachtungen erhoben wurde und diese Ausprägungen grundsätzlich möglich sind, macht es natürlich keinen Sinn, sie im Nachhinein zu zensieren oder zu stutzen. Im Beispiel könnte der Dozent das Problem begrenzter Variablen einfach vermeiden, indem er selbst pünktlich kommt.

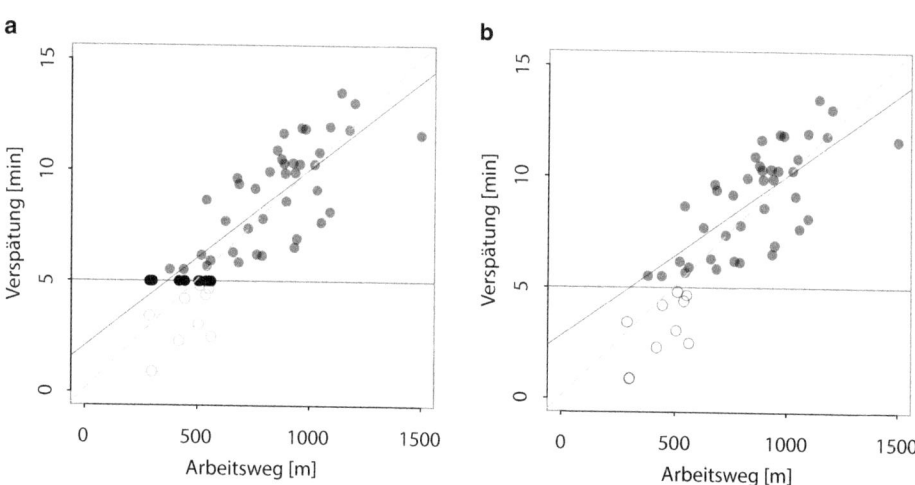

◘ **Abb. 25.15** Zensierte (**a**) versus gestutzte Daten (**b**). Im Fall zensierter Daten werden alle Beobachtungen unterhalb der horizontalen Linie von ihrer ehemaligen Position (*grauer Kreis*) auf das Niveau $y_t^{min} = 5$ gehoben. Informationen über die erklärende Variable (Arbeitsweg) bleiben erhalten, diejenigen der zu erklärenden Variable gehen verloren. Bei gestutzten Daten werden alle Beobachtungen unterhalb der horizontalen Linie aus dem Datensatz herausgenommen, d. h. Informationen zu beiden Variablen gehen verloren. *Gestrichelt* dargestellt ist jeweils die Schätzgerade, die sich bei einer nicht beschränkten Endogenen ergeben hätte

In anderen Fällen ist eine Umgehung dieses Problems aber nicht so einfach. Man stelle sich beispielsweise den Ticketverkauf zum Endspiel einer Fußball-WM vor.

Das Stadion hat eine obere „natürliche" Kapazitätsgrenze y^{max}. Ist die tatsächliche Nachfrage nach Tickets größer als diese Grenze, dann ist für diese Beobachtung nur bekannt, dass die Nachfrage größer als y^{max} ist, aber nicht wie groß genau. In diesem Fall müsste man die Beobachtung entweder auf y^{max} zensieren oder herausnehmen bzw. stutzen. Die Nachfrage nach Tickets ist in diesem Fall eine *latente* Variable. Bis zur Kapazitätsgrenze entspricht sie der Anzahl verkaufter Tickets, ab dieser Grenze ist sie nicht mehr beobachtbar.

Ein anderes Beispiel ist die staatlich initiierte Begrenzung der Tachometer in allen US-Kraftfahrzeugen der achtziger Jahre auf 85 mph. Ganz egal, wie schnell das Fahrzeug tatsächlich fahren konnte, eine Geschwindigkeit größer als 85 mph konnte beim Fahren der tatsächlichen Maximalgeschwindigkeit nicht beobachtet werden. Die tatsächliche Geschwindigkeit ist in diesem Fall die latente, nicht vollständig beobachtbare Variable. Würde man die Daten zensieren, hieße das, man würde die Studie zwar mit allen Fahrzeugen durchführen, aber eine große Anzahl von Beobachtungen (insbesondere die Sportwagen und Motorräder) sammelt sich an der 85 mph-Grenze und kann diese per Definition nicht überschreiten. Das Stutzen der Daten bedeutet dagegen, dass die Untersuchung nur für diejenigen Fahrzeuge durchgeführt wird, die tatsächlich eine Maximalgeschwindigkeit von weniger als 85 mph aufweisen.

Wichtig ist anzumerken, dass spezielle Schätzverfahren nicht angewendet werden müssen, wenn zwar theoretisch eine Unter- und/oder Obergrenze existiert, diese aber gar nicht oder kaum realisiert wurde. Wenn beispielsweise in einem Mathetest die schlechteste mögliche Punktzahl 0 und die beste 100 ist und gleichzeitig kein Studierender diese Extreme erreicht hat, so entsteht auch keine Verzerrung der Schätzer. Je mehr Datenpunkte jeweils auf den Grenzen liegen (im Verhältnis zu den anderen Datenpunkten), desto schwerwiegender sind aber die negativen Konsequenzen, wenn man das Problem ignoriert.

Modelle, die mit beschränkten Daten umgehen können, heißen ganz allgemein „Limited-Dependent Variable Models". Das bekannteste Modell, welches für *zensierte* Daten geeignet ist, ist das *Tobit Modell*. Es setzt nicht-negative Beobachtungen mit einer bzw. zwei realisierten Datenbegrenzungen voraus und kann genau wie die Logit- und Probit-Modelle als „Latent Variable Model" formuliert werden. In unserem Dozenten-Beispiel erhält die zu erklärende Variable y den Wert der unvollständig beobachteten *latenten Variable* y^* (tatsächliche Verspätung), wenn diese beobachtet werden konnte, d. h. wenn $y^* > 5$, dann ist $y = y^*$ (vollständig beobachtbar). Wenn dagegen $y^* \leq 5$, dann gilt $y = y^{min} = 5$, was einer unvollständigen Beobachtung entspricht, da man ja immer noch die Informationen über den Arbeitsweg aller Studiereden hat. In Kurzform bedeutet das

$$y = \max(y^{min}, y^*).$$

Für die latente Variable y^* wird der lineare Zusammenhang

$$y^* = a + bx_i + u_i$$

angenommen. Die Störgröße u_i ist an die gleichen Voraussetzungen gebunden wie im einfachen linearen Modell. Es kann aber gezeigt werden, dass die Tobit Schätzung noch sensibler auf Verletzungen dieser Annahmen reagiert als die Kleinst-Quadrate Schätzung

◗ Tab. 25.13 Vergleich Kleinst-Quadrate Schätzungen und Tobit Regression

	OLS (1)	OLS (2)	Tobit (3)
x	0.010*** (0.001)	0.008*** (0.001)	0.010*** (0.001)
logSigma			0.542*** (0.114)
Constant	0.110 (0.775)	2.060*** (0.667)	0.539 (0.873)
Observations	50	50	50
Residual Std. Error (df = 48)	1.783	1.534	
Note:		*p<0.1; **p<0.05; ***p<0.01	

im linearen Modell (insbesondere eine Verletzung von Homoskedastizität). Eine Überprüfung der Störgrößenannahmen ist daher für Tobit-Modelle noch wichtiger, als es ohnehin schon für das normale lineare Modell ist.

◗ Tab. 25.13 zeigt drei Spalten mit je einer Regression. Die erste Spalte zeigt eine normale Kleinst-Quadrate Schätzung unter vollständiger Information, d. h. wir können alle Datenpunkte vollständig beobachten (Dozent kommt pünktlich). Diese Schätzung stellt die Referenz dar. In der zweiten Spalte ist die Kleinst-Quadrate Schätzung für den zensierten Datensatz dargestellt. Auch wenn die Steigung sich absolut gesehen „nur" um den Wert 0,002 unterscheidet, so hat dieser Unterschied wegen der Messung des Arbeitsweges in Metern (und dem damit verbundenen extremen Maßstab) eine starke Auswirkung auf den Zusammenhang. Das erkennt man, wenn man sich den Unterschied zwischen den geschätzten Niveauparametern ansieht. Der verzerrte Wert ist fast zwanzigmal größer als der unverzerrte.

Das Tobit Modell ist in der dritten Spalte von ◗ Tab. 25.13 dargestellt. Es schätzt den Steigungsparameter nahezu genauso wie das Referenzmodell, so dass sich auch eine deutlich geringere Abweichung im Niveauparameter ergibt.

Die geschätzten Parameter einer Tobit Schätzung beziehen sich immer auf den marginalen Effekt von x auf die unzensierte *latente* Variable y^* und nicht auf y. Im Dozenten-Beispiel könnten wir sagen, dass die geschätzte zusätzliche Verspätung je zusätzlichem Meter Arbeitsweg 0,01 Minuten beträgt.

Statistiksoftware

In nahezu allen Laborexperimenten ist die Menge an Daten zu groß, als dass sie in vertretbarer Zeit per Hand ausgewertet werden könnte. Zudem liefert jede verwendete Experimentsoftware bereits Daten in elektronischer Form. Die Experimentsoftware *zTree* ist beispielsweise in der Lage, Daten im xls- oder csv-Format zu speichern. Somit ist die erste Frage, die wir uns im Rahmen der statistischen Auswertung stellen müssen, welches Softwarepaket für unsere Zwecke geeignet ist.

Klassischerweise machen Studierende ihre ersten Datenanalysen mit Microsoft EXCEL. Der große Vorteil dieser Software ist, dass man in relativ kurzer Zeit mit ihr vertraut ist und schnell zu ersten eigenen Auswertungen kommt. Insbesondere für eine erste Aufbereitung oder grafische Darstellung der Daten eignet sich EXCEL gut. Wenn man allerdings sehr große Datensätze hat oder spezielle Verfahren wie z. B. nichtparametrische Tests benötigt, stößt man schnell an die Grenzen dieses Programms. Experimentatoren, die bereits wissen, dass sie längerfristig in einer Experimentalwissenschaft tätig sein werden, sind deswegen besser mit einer flexibleren, leistungsfähigeren und effizienter programmierten Softwarelösung beraten. Gängige Beispiele sind SPSS (▶ http://ibm.com), SAS (▶ http://www.sas.com), S+ (▶ http://spotfire.tibco.com), GAUSS (▶ http://www.aptech.com) oder MATLAB (▶ http://www.mathworks.com). Unter Ökonomen ist STATA (▶ http://www.stata.com) sehr beliebt. Das statistische Leistungsspektrum dieser Softwarepakete übersteigt bei Weitem die von Excel. Allerdings handelt es sich bei den meisten um eine eigene Programmiersprache, die es zumindest in Grundzügen zu erlernen gilt und daher Viele erst einmal abschreckt. Zudem sind die Anschaffungskosten bzw. Lizenzgebühren teils erheblich. Zu allen kommerziellen Produkten existieren kostenlose Alternativen. Kostenlose Varianten zu EXCEL sind CALC (▶ http://www.openoffice.org) oder SOFA (▶ http://www.sofastatistics.com), SPSS kann größtenteils ersetzt werden durch PSPP (▶ http://www.gnu.org/software/pspp), MATLAB durch Octave (▶ http://www.gnu.org/software/octave) und S+ durch R (▶ http://www.r-project.org). Eine Übersicht über nicht-kommerzielle Statistiksoftware liefert die Seite ▶ http://statpages.org/javasta2.html.

Falls keine Komplettpakete benötigt werden, sondern nur Spezial-Tools für spezielle Auswertungen, so kann man auch hier auf leistungsfähige und kostenlose Programme zurückgreifen. PQRS (▶ http://members.home.nl/sytse.knyp-stra/PQRS) liefert zu allen erdenklichen Wahrscheinlichkeitsverteilungen die Dichte- und Verteilungsfunktion. Sämtliche Parameter sind frei variierbar, so dass insbesondere kritische Werte und p-Werte von Hypothesentests schnell und unkompliziert bestimmt werden können. Das Tool steht in drei Varianten zur Verfügung: Version 2 ist ohne Installation von Drittsoftware sofort auf jedem Windows-Rechner ausführbar. Bei neueren Versionen (derzeit Version 2.7) handelt es sich um ein ausführbares Python-Programm, so dass diese Programmiersprache installiert sein muss, um PQRS auszuführen. Darüber hinaus wird eine App angeboten die problemlos auf allen mobilen Android-Geräten läuft.

Für eine Poweranalyse von statistischen Hypothesentests steht das ebenfalls kostenlose Programm G*Power (▶ http://www.gpower.hhu.de) zur Verfügung. Auch dieses erweist sich für schnelle unkomplizierte Auswertungen als äußerst hilfreich.

Literatur

Bliese, P., E.E. Ployhart (2002): Growth Modeling Using Random Coefficient Models: Model Building, Testing, and Illustrations. *Organizational Research Methods*, 5 (4), 362–387.

Bolker, B.M., M. E. Brooks, C.J. Clark, S.W. Geange, J.R. Poulsen, M.H.H. Stevens, J.-S.S, White (2009): Generalized linear mixed models: a practical guide for ecology and evolution. *Trends in Ecology & Evolution*, 24 (3), 127–135.

Bortz, J., G.A. Lienert, (2008): *Kurzgefasste Statistik für die klinische Forschung: Leitfaden für die verteilungsfreie Analyse kleiner Stichproben*. 3. Auflage, Springer-Verlag.

Box, G.E.P., J.S. Hunter, W.G. Hunter (2005): *Statistics for Experimenters: Design, Innovation, and Discovery*. 2. Auflage, John Wiley & Sons.

Brosig-Koch, J., C. Helbach, A. Ockenfels, J. Weimann (2011): Still different after all these years: Solidarity behavior in East and West Germany. *Journal of Public Economics*, 95 (11–12), 1373–1376.

Cohen, J. (1988). *Statistical Power Analysis for the Behavioral Sciences*. 2. Auflage, Lawrence Erlbaum Associates

Conover, W.J. (1972): A Kolmogorov goodness-of-fit test for discontinuous distributions. *Journal of the American Statistical Association*, 67 (339), 591–596.

Conover, W.J. (1973): On Methods of Handling Ties in the Wilcoxon Signed-Rank Test. *Journal of the American Statistical Association*, 68 (344), 985–988.

Conover, W.J., (1999): *Practical Nonparametric Statistics*. 3. Auflage, John Wiley & Sons.

Cox, J.C., D. Friedman, S. Gjerstad (2007): A tractable model of reciprocity and fairness, *Games and Economic Behavior*, 59, 17–45.

Cumming, G. (2013): The New Statistics: Why and How. *Psychological Science*, 25 (1), 7–29.

Davis, D.D., C.A. Holt (1993): *Experimental Economics*. Princeton University Press.

Dufwenberg, M. Kirchsteiger (2004): A theory of sequential reciprocity. *Games and Economic Behavior*, 47, 268–298.

Falk, A., U. Fischbacher (2006): A theory of reciprocity. *Games and Economic Behavior*, 54 (2), 293–315.

Fleiss, J.L., B. Levin, M.C. Paik (2003): *Statistical Methods for Rates and Proportions*. 3. Auflage, John Wiley & Sons.

Griffiths W.E., R.C. Hill, G.G. Judge (1993): *Learning and practicing econometrics*. John Wiley & Sons.

Gujarati, D., D. Porter (2008): *Basic Econometrics*, 5. Auflage, McGraw-Hill.

Hilbe, J.M. (2009): *Logistic Regression Models*. Chapman & Hall/CRC.

Hoenig, J.M., D.M. Heisey (2001): The Abuse of Power: The Pervasive Fallacy of Power Calculations for Data Analysis. *The American Statistician*, 55 (1), 19–24.

Hoffmann, S., B. Mihm, J. Weimann (2015). To commit or not to commit? An experimental investigation of pre-commitments in bargaining situations with asymmetric information. *Journal of Public Economics*, 121, 95–105.

Kanji, G.K. (2006): *100 Statistical Tests*. 3. Auflage, Sage Publications Ltd.

Kennedy, P. (2008): *A Guide to Econometrics*. 6. Auflage, Wiley-Blackwell.

Lee, Y., J.A. Nelder (2004): Conditional and Marginal Models: Another View. *Statistical Science*, 19 (2), 219–228.

Lenth, R. (2000): Two Sample-Size Practices that I Don't Recommend. *Comments from panel discussion at the 2000 Joint Statistical Meetings in Indianapolis*, http://www.stat.uiowa.edu/~rlenth/Power/2badHabits.pdf. Zugriff 13.07.2018

Lenth, R. (2001): Some Practical Guidelines for Effective Sample Size Determination. *The American Statistician*, 55 (3), 187–193.

Lenth, R. (2007): Post Hoc Power: Tables and Commentary. *Technical Report No. 378*, University of Iowa, Department of Statistics and Actuarial Science, http://www.stat.uiowa.edu/files/stat/techrep/tr378.pdf.

Leonhart, R. (2008): *Psychologische Methodenlehre /Statistik*. UTB

Levine, D. K. (1998): Modeling altruism and spitefulness in experiments. *Review of Economic Dynamics*, 1 (3), 593–622.

Liang, K.-Y., S.L. Zeger (1986): Longitudinal data analysis using generalized linear models. *Biometrika*, 78, 13–22.

Marascuilo, L.A., M. McSweeney (1977): *Nonparametric and Distribution-free Methods for the Social Sciences.* Brooks/Cole.

Massey, F.J. (1951): The Kolmogorov-Smirnov Test for Goodness of Fit. *Journal of the American Statistical Association*, 46, 68–78.

McCullagh, P., J.A. Nelder (1989): *Generalized Linear Models.* 2. Auflage, Chapman and Hall.

Morris, M. (2010): *Design of Experiments – An Introduction Based on Linear Models.* Chapman and Hall.

Murphy, K.R., B. Myors, A. Wolach (2014): *Statistical Power Analysis: A Simple and General Model for Traditional and Modern Hypothesis Tests.* 4. Auflage, Routledge.

Nelder, J.A., R.W.M. Wedderburn (1972): Generalized Linear Models. *Journal of the Royal Statistical Society*, Series A (General), 135 (3), 370–384.

Nowak, M.A., K. Siegmund (2005): Evolution of indirect reciprocity, *Nature*, 437, 1291–1298.

Rabe-Hesketh, S., A. Skrondal (2010): Generalized linear mixed models. In P. Peterson, E. Baker, B. McGaw (Hrsg.): *International Encyclopedia of Education.* Elsevier, 171–177.

Rabe-Hesketh, S., A. Skrondal (2004). *Generalized Latent Variable Modelling: Multilevel, Longitudinal, and Structural Equation Models.* Chapman & Hall/CRC.

Rabin, M. (1993): Incorporating Fairness into Game Theory and Economics. *American Economic Review*, 83, 1281–1302.

Sheskin, D.J. (2000): *Parametric and Nonparametric Statistical Procedures.* CRC Press.

Siegel, S., N.J. Castellan (1988): *Nonparametric Statistics for the Behavioral Sciences.* 2. Auflage, McGraw-Hill.

Simpson, E.H. (1951): The Interpretation of Interaction in Contingency Tables. *Journal of the Royal Statistical Society.* Series B (Methodological), 13 (2), 238–241.

Singer, J.D., J.B. Willett (2003): *Applied Longitudinal Data Analysis – Modeling Change and Event Occurrence*, Oxford University Press

von Auer, L., (2016): *Ökonometrie: Eine Einführung.* 7. Auflage, Gabler Verlag.

Wu, C.F.J., M.S. Hamada, (2009): *Experiments: Planning, Analysis, and Optimization.* 2. Auflage. John Wiley & Sons.

Zar, J.H. (1999): *Biostatistical Analysis.* 4. Auflage, Prentice Hall.

Serviceteil

© Springer-Verlag GmbH Deutschland, ein Teil von Springer Nature 2019
J. Weimann und J. Brosig-Koch, *Einführung in die experimentelle Wirtschaftsforschung*,
https://doi.org/10.1007/978-3-642-32765-0

Anhang A

A.1. Grundlegende spieltheoretische Begriffe

A.1.1 Gegenstand der Spieltheorie

Die Spieltheorie befasst sich mit der Analyse strategischer Interaktionen. Eine solche liegt vor, wenn Akteure sich durch ihre Entscheidungen wechselseitig in dem Nutzen beeinflussen, den sie in einer Entscheidungssituation erfahren können. Betrachten wir beispielhaft eine strategische Interaktion zwischen zwei Spielern A und B. Beide haben eine vorgegebene Anzahl möglicher Aktionen, die sie in einer bestimmten Situation ausführen können. Beide Spieler wollen durch die Wahl ihrer Aktion einen möglichst hohen Nutzen für sich realisieren, aber die Frage, welche Aktion die beste für Spieler A ist, hängt davon ab, welche Aktion Spieler B durchführt, und die beste Aktion für Spieler B hängt davon ab, was A tut. In dieser wechselseitigen Abhängigkeit besteht die strategische Interaktion. Beispielsweise könnten A und B Unternehmen sein, die auf dem gleichen Markt agieren. Die Frage, welchen Preis A wählen soll, um seinen Gewinn zu maximieren, hängt davon ab, welchen Preis B wählt. Genauso hängt die Wahl des gewinnmaximalen Preises von B davon ab, welchen Preis A setzt.

Die Spieltheorie analysiert solche strategischen Interaktionen aus der Perspektive einer normativen Theorie, d. h. sie fragt nicht danach, wie sich reale Personen wohl in einer strategischen Interaktion verhalten werden, sondern sie setzt voraus, dass die Spieler strikt rational i. S. d. Erwartungsnutzentheorie entscheiden. Die Spieltheorie beschreibt, welche Gleichgewichte (siehe ▶ Abschn. A.1.3) sich unter dieser Voraussetzung einstellen. Die Verhaltensannahmen, die die Spieltheorie trifft, sind sehr umfassend. So setzt sie nicht nur voraus, dass Spieler stets die Aktion wählen,

die ihnen die höchste Auszahlung (gemessen als Nutzen) gewährt. Sie unterstellt auch, dass sich Spieler dabei strategisch verhalten. Das bedeutet, dass sie sich der strategischen Interaktion vollständig bewusst sind und die strikt rationalen Überlegungen der anderen Spieler ihrerseits voll rational berücksichtigen. Dazu ist es notwendig zu unterstellen, dass die Rationalität der Spieler gemeinsames Wissen (englisch „Common Knowledge") ist. Das bedeutet, dass allen Spielern bekannt ist, dass alle Spieler sich rational und strategisch verhalten, und allen ist bekannt, dass dies allen bekannt ist, und allen ist bekannt, dass allen bekannt ist, dass dies allen bekannt ist usw.

Die formale Analyse strategischer Interaktionen wird dadurch möglich, dass sie als „Spiel" abgebildet werden (siehe ▶ Abschn. A.1.2). Die Beschreibung dieses Spiel formalisiert die Interaktion in einer Weise, die sie einer analytischen Behandlung zugänglich macht. Die Identifikation eines Gleichgewichts in einem solchermaßen beschriebenen Spiel liefert eine Prognose darüber, wie sich die einzelnen Spieler verhalten werden, wenn sie den Verhaltensannahmen der Theorie entsprechen.

Innerhalb der experimentellen Wirtschaftsforschung werden überwiegend strategische Interaktionen betrachtet, die relativ einfach strukturiert sind (dies ist wichtig, um sicherzustellen, dass das Verhalten der Versuchspersonen nicht durch grundlegende Verständnisprobleme verzerrt wird), so dass sich die Theorie hier besonders einfach testen lässt. In der theoretischen Forschung werden dagegen auch sehr komplexe Spiele betrachtet. Komplexität entsteht beispielsweise dadurch, dass man gemischte Strategien der Spieler zulässt. Das bedeutet, dass Spieler nicht darüber entscheiden, welche Aktion sie wählen, sondern lediglich die Wahrscheinlichkeit festlegen, mit der sie die verschiedenen möglichen Aktionen wählen. Spiele können statisch sein (alle Spieler entscheiden simultan i.S.v. kein Spieler weiß, welche Strategien die anderen Spieler gewählt haben, wenn er oder sie selbst am Zug ist) oder dynamisch (Spieler entscheiden sequentiell). Wenn wenigstens ein Spieler nicht genau über die Präferenzen eines anderen Spielers bezüglich der möglichen Spielausgänge informiert ist, kann dies ebenfalls dazu führen, dass strategische Situationen komplex werden. Man bezeichnet diese Art von Spielen als Spiele mit unvollständiger Information. Solche Spiele können unter bestimmten Voraussetzungen in Spiele mit imperfekter Information überführt werden, das heißt Spiele, in denen nicht alle Züge der Spieler beobachtbar sind. Der Vorteil der Überführung besteht darin, dass für Spiele mit imperfekter Information Lösungskonzepte existieren, die eine Prognose des Verhaltens erlauben.

A.1.2 Die Beschreibung eines Spiels

In gewisser Weise ähnelt die Beschreibung eines Spiels den Beschreibungen, die man bei Gesellschaftsspielen findet. Als erstes wird angegeben, wer Spieler ist, d. h. wer im Laufe des Spiels Entscheidungen treffen kann (nur das sind Spieler). Grundsätzlich ist die Zahl der Spieler nicht beschränkt, wenn man davon absieht, dass es mindestens zwei sein müssen, weil andernfalls keine strategische Interaktion entstehen kann. Um die Darstellung zu vereinfachen, führen wir zunächst eine Notation ein.

Wir nummerieren die Spieler mit $i = 1$, $2, \ldots, n$. Für jeden der Spieler wird der sogenannte Strategienraum S_i definiert. Dabei handelt es sich um die Menge der möglichen Strategien s_i, die dem Spieler i insgesamt zur Verfügung stehen, d. h. aus denen er wählen kann. Der Strategienraum eines Spielers definiert damit die Handlungsoptionen, die dem Spieler zur Verfügung stehen. Diese sind fest vorgegeben, der Spieler kann sie nicht verändern und neue Strategien kreieren. Ein Strategienprofil $s = (s_1, s_2, \ldots, s_n)$ enthält eine Kombination von n Strategien der n Spieler. Mit $s_{-i} = (s_1, \ldots, s_{i-1}, s_{i+1}, \ldots, s_n)$ bezeichnet man ein Strategienprofil, das aus der Sicht des Spielers i die Strategien der $n - 1$ anderen Spieler enthält. $S = S_1 \times S_2 \times \ldots \times S_{n-1} \times S_n$ bezeichnet alle möglichen Strategiekombinationen, die in dem Spiel möglich sind. Auf diese Menge der möglichen Spielausgänge ist die Auszahlungsfunktion definiert, denn sie ordnet jedem Element von S eine reelle Zahl zu: $u_i: S \to \Re$, $i \in \{1, \ldots, n\}$. Bei dieser Funktion handelt es sich einfach um eine Bewertung jedes einzelnen Spielausgangs durch jeden Spieler. Die Auszahlungsfunktion ist also nichts anderes als eine Abbildung der Präferenzen, die die Spieler über die möglichen Spielausgänge besitzen.

Zu der Beschreibung eines Spiels gehört neben der Angabe der Spieler, ihrer Strategiemengen und Auszahlungsfunktionen auch die Information darüber, welcher Spieler wann eine Entscheidung treffen kann und über welche Information er zum Zeitpunkt dieser Entscheidung verfügt. Bei statischen Spielen entscheiden alle Spieler simultan und kennen deshalb zum Zeitpunkt der Entscheidung auch nicht die Strategien, die die anderen Spieler gewählt haben. Bei einem dynamischen Spiel entscheiden die Spieler nacheinander (ähnlich wie beim Schach). Bei Spielen mit perfekter Information können die Spieler die Züge beobachten, die die Spieler durchführen, die vor ihnen ziehen. Aber diese Beobachtbarkeit kann eingeschränkt sein, d. h. es kann sein, dass bestimmte Züge nicht beobachtet werden können. In dem Fall handelt es sich um Spiele mit imperfekter Information.

Statische Spiele werden durch ihre sogenannte Normalform notiert. Diese enthält die Strategienräume und die Auszahlungsfunktionen aller Spieler. Bei zwei Spielern und einer diskreten Zahl von Strategien kann dies in Form einer Matrix erfolgen. ◘ Tab. A.1 zeigt die Normalform eines 2×2 Spiels, d. h. für zwei Spieler (A, B), die jeweils zwei Strategien zur Verfügung haben: (a_1, a_2) für Spieler A und (b_1, b_2) für Spieler B.

Die Werte in den Tabellenfeldern geben die Auszahlungen an die beiden Spieler bei der entsprechenden Strategiekombination an. π_{B11}

◘ Tab. A.1 Normalform eines 2 × 2 Spiels

Spieler B ↓	Spieler A →	a_1	a_2
b_1		π_{B11}, π_{A11}	π_{B12}, π_{A12}
b_2		π_{B21}, π_{A21}	π_{B22}, π_{A22}

◘ Abb. A.1 Extensive Form eines 2 × 2 Spiels

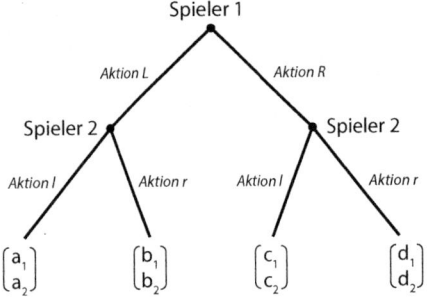

bezeichnet zum Beispiel die Auszahlung an den Spieler B bei der Strategiekombination (a_1, b_1).

Bei einem dynamischen Spiel erfolgt die Angabe mit der sogenannten extensiven Form. Dabei handelt es sich um einen Spielbaum, dessen Knoten die Punkte bezeichnen, an denen ein Spieler eine Entscheidung treffen kann, und dessen Äste die Aktionen bezeichnen, die an einem Knoten zur Wahl stehen. An den Endknoten stehen die Auszahlungen, die realisiert werden, wenn der entsprechende Endknoten im Spiel erreicht wird. ◘ Abb. A.1 zeigt einen Spielbaum für den Fall eines dynamischen Spiels zweier Spieler, die an jedem Knoten zwei Aktionen wählen können.

Eine Strategie in einem dynamischen Spiel sagt dem Spieler, welche Aktion er an welchem Knoten wählen soll. Dabei werden alle möglichen Knoten erfasst, so dass eine Strategie ein vollständiger Plan ist, der den Spieler anweist, was zu tun ist, gleichgültig an welche Stelle des Spiels er gelangt. Da der Spieler 2 in dem Beispiel zwei Knoten hat, an denen er jeweils zwischen zwei Aktionen zu entscheiden hat, stehen ihm insgesamt $2^2 = 4$ Strategien zur Verfügung.

A.1.3 Das Nash-Gleichgewicht

Wie kommt man von der reinen Beschreibung eines Spiels zu einer Lösung bzw. zu einer Analyse der strategischen Interaktion? Die Grundidee besteht darin, dass nach Situationen – besser gesagt nach Strategiekombinationen – gesucht wird, die ein Gleichgewicht in dem Sinne darstellen, dass keiner der Spieler mehr einen Anlass hat, sein Verhalten zu ändern, wenn er sich in diesem Gleichgewicht befindet. Das wichtigste Gleichgewichtskonzept, das dabei zur Anwendung kommt, ist das des Nash-Gleichgewichts, das auf John Nash (1950) zurückgeht. Der Originalartikel, in dem das Gleichgewichtskonzept vorgestellt und das Nash-Theorem bewiesen wird, umfasst nur eine Seite, aber er hat die Wirtschaftstheorie revolutioniert und John Nash den Nobelpreis eingebracht.

Um das Nash-Gleichgewicht zu erläutern, empfiehlt es sich zunächst zu erklären, was eine „beste Antwort" ist. In einem Zwei-Personen-Spiel versteht man darunter eine Strategie, die bei gegebener Strategie des anderen Spielers die eigene Auszahlung maximiert. Bei mehr als zwei Spielern gilt die Definition analog, nur dass hier die Strategien aller anderen Spieler als gegeben angesehen werden. Ein Nash-Gleichgewicht ist nichts anderes als eine Strategiekombination, für die gilt, dass jede darin enthaltene Strategie gleichzeitig beste Antwort auf die anderen in der Kombination enthaltenen Strategien ist. Ein Nash-Gleichgewicht besteht deshalb aus wechselseitig besten Antworten aller beteiligten Spieler. Die große Bedeutung dieses Gleichgewichtskonzepts ist dadurch zu erklären, dass John Nash bewiesen hat, dass jedes Spiel mit einer endlichen Zahl von Spielern und einer endlichen Zahl von Strategien je Spieler mindestens ein solches Gleichgewicht besitzt. Damit ist klar, dass es für einen Großteil der strategischen Interaktionen auch eine Lösung in Form eines Nash-Gleichgewichts gibt. Für Theoretiker ist dies eine äußerst vorteilhafte Situation. Wenn sie sich an die Analyse eines solchen Spiels begeben, können sie sicher sein, dass es eine Lösung gibt – man muss sie nur noch finden. Allerdings liefert das Nash-Gleichgewicht nicht immer plausible Prognosen, so dass mit der Zeit weitere Lösungskonzepte entwickelt wurden. Eines davon schauen wir uns im nächsten Abschnitt an.

Der Beweis von Nash sagt nicht, dass es für jedes Spiel genau ein Gleichgewicht gibt, sondern dass es mindestens ein Gleichgewicht gibt. Das schließt ein, dass es mehrere geben kann. Wenn das der Fall ist, dann stellt sich die Frage, welches der Gleichgewichte am Ende realisiert wird bzw. worin die Prognose der Spieltheorie besteht. Dieses Problem der Gleichgewichtsauswahl hat die Spieltheoretiker lange beschäftigt, ohne dass eine allgemeine Lösung erreicht worden wäre. Häufig kann man einzelne Gleichgewichte nicht als „besonders" hervorheben, sondern muss sich damit zufriedengeben, dass es eben mehrere Gleichgewichte gibt. Der Beweis von Nash setzt zudem voraus, dass auch gemischte Strategien zugelassen sind, also Wahrscheinlichkeitsverteilungen über den Strategienraum des Spielers. Ein schönes Beispiel dafür ist der Elfmeter beim Fußball. Kein Schütze wählt eine reine Strategie (z. B. „schieße immer nach rechts"). Die Schützen mischen. Mal wählen sie die linke, mal die rechte Ecke.

A.1.4 Extensive Form und Teilspielperfektheit

So wie in statischen Spielen existieren auch in dynamischen Spielen Nash-Gleichgewichte. Das Problem ist, dass es hier zu viele davon gibt. Es kann sein, dass eine Strategiekombination ein Nash-Gleichgewicht bildet, das gewissermaßen „unterwegs", also auf dem Weg durch den Spielbaum, vorsieht, dass einer der Spieler nicht seine beste Antwort spielt. Ein solches Gleichgewicht ist wenig plausibel.

Um die nicht-plausiblen Nash-Gleichgewichte aussortieren zu können, müssen wir zunächst den Begriff des Teilspiels einführen. In einem Spielbaum besteht ein Teilspiel aus einem Knoten und allen seinen Nachfolgern. ◻ Abb. A.2 zeigt eine vereinfachte extensive Form,[1] die über insgesamt vier Teilspiele (ohne das Gesamtspiel) verfügt.

Mit der Kenntnis darüber, was ein Teilspiel ist, können wir nun das „teilspielperfekte Gleichgewicht" einführen, das auf Reinhard Selten (1965) zurückgeht und das seinem Entdecker ebenfalls den Nobelpreis eingebracht hat. Ein teilspielperfektes Gleichgewicht ist eines, für das gilt, dass es in allen Teilspielen ein Nash-Gleichgewicht ist und im Gesamtspiel ebenfalls. Damit sind Strategien, die nicht

◻ **Abb. A.2** Teilspiele in einer extensiven Form

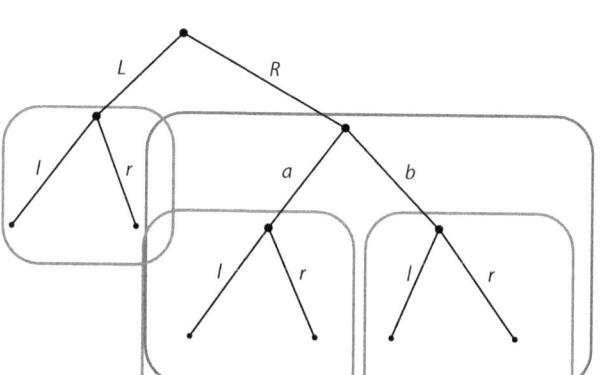

---

[1] Die Auszahlungen und die Bezeichnung der Spieler an den Knoten sind der Einfachheit halber weggelassen.

beste Antworten enthalten, keine Kandidaten mehr für ein teilspielperfektes Gleichgewicht und das oben geschilderte Problem ist gelöst.

Um teilspielperfekte Gleichgewichte zu bestimmen, wendet man das Prinzip der Rückwärtsinduktion an. Dazu identifiziert man zunächst für alle Teilspiele am Ende des Spielbaums die Nash-Gleichgewichte. Danach ersetzt man das Endteilspiel durch die Auszahlungen, die in diesem Gleichgewicht resultieren (liegen mehrere Gleichgewichte vor, muss man eines der Gleichgewichte auswählen). Danach wiederholt man beide Schritte für das auf diese Weise reduzierte Spiel. Das Verfahren wird dann solange fortgesetzt, bis man alle Züge im gesamten Spiel bestimmt und damit das teilspielperfekte Nash-Gleichgewicht gefunden hat. Das Verfahren muss für jedes der Nash-Gleichgewichte wiederholt werden, die in dessen Verlauf identifiziert werden.[2]

Die bisherigen Ausführungen fokussieren auf Spiele mit vollständiger Information. Es soll nicht verschwiegen werden, dass es auch spezifische Lösungskonzepte für Spiele mit unvollständiger Information gibt, sogenannte Bayesianische Gleichgewichte. Für diesbezügliche Ausführungen seien interessierte Leser auf einschlägige Lehrbücher für Spieltheorie verwiesen. Die zuvor dargestellten Lösungskonzepte sollten ausreichen, um die wesentlichen strategischen Anreize in den hier beschriebenen experimentellen Studien zu verstehen.

---

[2] Brosig-Koch et al. (2015) untersuchen, inwiefern diese Fähigkeit in verschiedenen Altersgruppen ausgeprägt ist. Sie finden, dass es Menschen grundsätzlich schwer fällt, das Prinzip der Rückwärtsinduktion anzuwenden. Allerdings reduzieren sich diese Schwierigkeiten mit dem Alter. Auch sind Teams besser in der Lage rückwärts zu induzieren als einzelne Entscheider (Brosig-Koch et al. 2014).

Anhang B

B.1. Wichtige Experimente

In diesem Anhang werden wichtige Experimenttypen der experimentellen Wirtschaftsforschung vorgestellt. Die Darstellung beschränkt sich auch hier auf das Wesentliche und ist dafür gedacht, Lesern, die mit den entsprechenden Anordnungen nicht vertraut sind, einen Einblick zu geben. Es wird jeweils das grundlegende Design des Experiments vorgestellt, ohne dass auf die vielen Varianten, die es zu diesen Basisanordnungen gibt, eingegangen werden kann. Außerdem werden wir kurz den ökonomischen Hintergrund der Experimente erläutern und die aus unserer Sicht wichtigsten Befunde nennen.

B.1.1 Gefangenendilemmaspielexperiment und öffentliches-Gut-Experiment

Das Gefangenendilemma ist ein Spiel, mit dem sich ein grundlegender und in der Ökonomik sehr wichtiger Konflikt zwischen individueller und kollektiver Rationalität abbilden lässt. Man könnte auch sagen, dass mit dem Gefangenendilemma eine Art „Kooperationsparadoxon" abgebildet wird, das man wie folgt zusammenfassen kann: Gerade dadurch, dass die Spieler vollständig rational (also ohne einen Fehler zu begehen) das Ziel verfolgen, ihre eigene Auszahlung zu maximieren, geraten sie in ein Gleichgewicht, zu dem es eine Alternative gibt, bei der alle Spieler eine höhere Auszahlung erreichen könnten, wenn sie auf die rationale Verfolgung ihres Eigeninteresses verzichtet hätten.

Bei dem in ◨ Tab. B.1 dargestellten Gefangenendilemmaspiel handelt es sich um ein Zwei-Personen-Spiel, in dem beide Spieler zwei Strategien haben und simultan zwischen diesen

auswählen. Diese seien mit D (für Defektion) und K (für Kooperation) bezeichnet.

Beide Spieler verfügen über eine dominante Strategie. Gleichgültig, ob der andere Spieler K oder D wählt, es ist immer beste Antwort selbst D zu wählen. Damit ist das Nash-Gleichgewicht dieses Spiels (D_A, D_B) und beide Spieler realisieren eine Auszahlung von 3. Die kooperative Lösung (K_a, K_B) würde ihnen eine Auszahlung verschaffen, die doppelt so hoch ist, aber die ist unter den Regeln des Spiels für rationale und strikt eigennützige Spieler nicht erreichbar, weil K niemals beste Antwort ist. Kooperation könnte beide Spieler besserstellen, aber gerade diese Kooperation ist aus der Sicht des einzelnen auszahlungsmaximierenden Spielers nicht rational.

In ein solches Kooperationsparadoxon können auch größere Gruppen mit n Spielern geraten. Das öffentliches-Gut-Spiel wird in der experimentellen Wirtschaftsforschung benutzt, um das Phänomen öffentlicher Güter abzubilden. Das Standardverfahren besteht dabei darin, den sogenannten „Voluntary Contribution Mechanism" (VCM) anzuwenden, der auf Isaac & Walker (1988) zurückgeht. In dem VCM-Spiel verfügt jeder Spieler über eine Anfangsausstattung in Höhe von z_i. Es stehen zwei Anlageformen zu Verfügung, in die beliebige Anteile von z_i investiert werden können. Eine private Anlage, die pro investierter Einheit p an den Spieler auszahlt, der investiert hat, und eine öffentliche Anlage, bei der jeder Spieler eine Auszahlung in Höhe von a/n

◨ **Tab. B.1** Normalform eines Gefangenendilemmaspiels (die erste Zahl gibt die Auszahlung des Spielers A, die zweite Zahl die des Spielers B an)

Spieler A Spieler B→ ↓	K_B	D_B
K_A	6, 6	1, 7
D_A	7, 1	3, 3

multipliziert mit der Summe der investierten Beiträge erhält. Der Parameter a beschreibt die marginale Produktivität des öffentlichen Gutes. Bezeichnen wir mit b_i die Investition des i-ten Spielers in die öffentliche Anlage, dann sieht die Auszahlungsfunktion dieses Spiels wie folgt aus:

$$\pi_i = (z_i - b_i)\, p + \frac{a}{n} \sum_{i=1}^{n} b_i$$

$$\text{mit} \quad a > p > \frac{a}{n}.$$

Gegeben diese Parameter ist es im simultanen öffentliches-Gut-Spiel für rationale und strikt eigennützige Spieler dominante Strategie, keine Investition in das öffentliche Gut zu leisten. Wählen die Spieler ihre dominante Strategie, erzielen sie eine Auszahlung in Höhe von pz_i. Würden alle Spieler ihre gesamte Ausstattung in die öffentliche Anlage investieren, wäre die Auszahlung an jeden Spieler $az_i > pz_i$. Damit erhält man das gleiche Resultat wie im Zwei-Personen-Gefangenendilemma. Strikt rationale Verfolgung des Eigeninteresses führt zu einer Auszahlung, die kleiner ist als die, die erreicht werden kann, wenn alle Spieler darauf verzichten, ihr Eigeninteresse zu verfolgen.

Die öffentliche Anlage in dem Spiel erfüllt die Bedingungen, die ein öffentliches Gut charakterisieren: Es erfolgt kein Konsumausschluss und es gibt keine Rivalität im Konsum. Öffentliche Güter spielen in modernen Gesellschaften eine überaus große Rolle. Klimaschutz, die Bereitstellung von Umweltgütern oder Landesverteidigung sind prominente Beispiele für öffentliche Güter. Analog zum Gefangenendilemma spricht man beim öffentliches-Gut-Spiel von einem sozialen Dilemma, in dem sich die Spieler befinden.

Die Experimente zum öffentliches-Gut-Spiel werden in der Regel wiederholt durchgeführt, häufig über 10 Runden. Ziel ist es zu untersuchen, ob die Versuchspersonen in der Lage sind, dem Dilemma zu entkommen und eine effiziente Lösung durch kooperatives Verhalten herbeizuführen. Im eindeutigen teilspielperfekten Gleichgewicht dieses wiederholten Spiels sollte in jeder Runde striktes Freifahren beobachtet werden. Es gibt eine Vielzahl von Experimenten, deren reproduzierbare Ergebnisse folgendermaßen skizziert werden können. Die Kooperationsrate liegt in den ersten Runden bei ca. 40 bis 50 % des effizienten Niveaus, sinkt dann aber im Verlauf des Experiments auf eine Größenordnung von etwa 10 % ab.[1] Damit wird zwar die Prognose des strikten Freifahrens in diesen Experimenten widerlegt, die beobachtete Differenz zwischen der effizienten und der realisierten Gesamtauszahlung ist dennoch sehr hoch, obwohl die Versuchspersonen (häufig Studierende der Wirtschaftswissenschaft) das Dilemma genau kennen und wissen, dass sie ihre Gesamtauszahlung durch Kooperation massiv erhöhen könnten. Die Bereitstellung öffentlicher Güter ist also auch unter idealen Laborbedingungen ein nicht einfach zu lösendes Problem.

B.1.2 Ultimatumspielexperiment

Das Ultimatumspiel bildet auf sehr einfache Weise eine Verhandlungssituation zwischen zwei Personen ab. Es geht um die Aufteilung eines vorgegebenen Geldbetrages in Höhe von x. Die beiden Spieler haben unterschiedliche Rollen. Als erstes ist der sogenannte „Proposer" am Zug. Er (oder sie) kann dem zweiten Spieler – dem „Responder" – ein Angebot machen, indem er ihm (oder ihr) einen Anteil ax anbietet ($0 \le a \le 1$) und $x(1 - a)$ für sich selbst verlangt. Auf der zweiten Stufe des Spiels hat der Responder zu entscheiden, ob er die vorgeschlagene Aufteilung akzeptiert oder nicht. Akzeptiert er, wird entsprechend aufgeteilt und das Spiel ist beendet. Lehnt er das Angebot ab, endet das Spiel ebenfalls und beide Spieler erhalten eine Auszahlung von Null. Das Angebot des Proposer ist also ein Ultimatum, das nicht weiter verhandelt werden kann (daher der Name des Spiels).

---

[1] Für einen frühen Überblick vergleiche Ledyard (1995), für einen jüngeren selektiven Überblick Chaudhuri (2011).

Das teilspielperfekte Gleichgewicht dieses Spiels wird durch Rückwärtsinduktion ermittelt. Auf der letzten Stufe wird der Responder jedes Angebot annehmen, das ihn besser stellt als die Ablehnung. Da er bei Ablehnung eine Auszahlung von Null bekommt, wird er damit jedes Angebot mit einer Auszahlung größer Null annehmen. Bei einem Angebot von Null ist der Responder indifferent zwischen Annehmen und Ablehnen. Dies antizipiert der Proposer. Seine beste Antwort auf diese Strategie des Responder besteht darin, ihm den kleinstmöglichen Anteil von x anzubieten und für sich den maximal möglichen Rest zu beanspruchen. Dies wird der Responder akzeptieren. Im Gleichgewicht des Ultimatumspiels kommt es also zu einer extrem ungleichen Aufteilung.

Erstmals experimentiert wurde das Ultimatumspiel von Güth et al. (1982). Ziel war es dabei zu überprüfen, ob die spieltheoretische Prognose zutrifft, obwohl sie dem Responder eine sehr unfaire Aufteilung zumutet. Es zeigte sich, dass die Responders nicht mit den gleichgewichtigen Auszahlungen einverstanden waren und deshalb häufig ungleiche Angebote ablehnten, obwohl sie sich dadurch gegenüber einer Annahme verschlechterten. Die Proposers antizipierten dieses Verhalten und boten für gewöhnlich deutlich höhere Anteile an als es das Gleichgewicht vorsieht. Häufig wird eine Aufteilung von 50 : 50 angeboten und diese wird immer akzeptiert. Verlangt der Proposer einen größeren Anteil für sich, muss er auch bei Angeboten von 80 : 20 oder 70 : 30 durchaus damit rechnen, dass der Responder ablehnt. Diese Resultate haben sich seitdem in einer großen Zahl von Experimenten zum Ultimatumspiel immer wieder bestätigt. Das Ultimatumspiel gilt zurecht als eines der am besten untersuchten Spiele in der experimentellen Wirtschaftsforschung.[2]

B.1.3 Diktatorspielexperiment

Das Diktatorspiel ist dem Ultimatumspiel ähnlich, aber es sieht für den Responder nicht die Möglichkeit vor, das Angebot des Proposer abzulehnen. Der Responder wird also auf die Rolle des sogenannten „Receiver" reduziert. Dadurch wird der Proposer zum „Diktator", der allein festlegen kann, wie der Betrag x zwischen den beiden Spielern aufgeteilt wird. Genau genommen handelt es sich bei dem Diktatorspiel nicht um ein Spiel im spieltheoretischen Sinne, denn es gibt keine strategische Interaktion mit dem Receiver. Die Abwesenheit einer strategischen Interaktion macht das „Spiel" aber gerade interessant, denn man kann davon ausgehen, dass die Entscheidung des Diktators nicht von Erwartungen bezüglich des Verhaltens des Receivers beeinflusst ist. Das aber bedeutet, dass sich in seiner Entscheidung ausschließlich seine Präferenz über die möglichen Auszahlungsaufteilungen ausdrückt. Deshalb kann man das Diktatorspielexperiment dazu benutzen, Auskunft über diese Art der Präferenzen zu bekommen.

Es liegt nahe, die Ergebnisse des Ultimatumspielexperiments mit denen von Diktatorspielexperimenten zu vergleichen (siehe beispielsweise Forsythe et al. 1994). Dabei zeigt sich, dass die Abgaben der Diktatoren deutlich niedriger ausfallen als die der Proposers im Ultimatumspielexperiment. Das legt nahe, dass ein Teil der Angebote, die im Ultimatumspielexperiment beobachtet werden, von der Erwartung getrieben ist, dass zu niedrige Angebote abgelehnt werden könnten. Dessen ungeachtet zeigen sich auch in Diktatorspielexperimenten relativ hohe Abgaben an den Receiver. Es wurde allerdings auch beobachtet, dass das Abgabeverhalten sehr sensitiv auf einzelne Elemente des Designs reagiert. Wir berichten in Teil 2 des Buches ausführlicher über diese Effekte.

---

[2] Für einen Überblick siehe Güth & Kocher (2014).

B.1.4 Vertrauensspielexperiment und Gift-Exchange-Experiment

Das Vertrauensspielexperiment („Trust Game" oder manchmal auch „Investment Game") wurde von Berg et al. (1995) in die Literatur eingeführt. Es bezeichnet ein sequentielles Zwei-Personen-Spiel, in dem zunächst beide Versuchspersonen eine Anfangsausstattung A bekommen. Der erstziehende Spieler (der sogenannte „Trustor") hat die Möglichkeit, einen beliebigen Anteil $0 \leq \alpha \leq 1$ an den zweiten Spieler (den sogenannten „Trustees") abzugeben. Der Abgabebetrag wird von dem Experimentator verdreifacht, d. h. beim Trustee kommt der Betrag $3\alpha A$ an. Auf der zweiten Stufe des Spiels hat der Trustee die Möglichkeit einen beliebigen Teil $0 \leq \beta \leq 1$ seiner Ausstattung $(A + 3\alpha A)$ an den Trustor zurückzugeben.

Das teilspielperfekte Gleichgewicht dieses Spiels ist leicht mittels Rückwärtsinduktion zu bestimmen: Auf der zweiten Stufe hat der Trustee keinen Anlass dem Trustor etwas zurückzugeben, denn er hat eine dominante Strategie und die besteht darin $\beta = 0$ zu wählen, weil jedes positive β seine Auszahlung reduziert. Die beste Antwort, die der Trustor auf diese Strategie geben kann, ist es $\alpha = 0$ zu wählen, d. h. nichts an den Trustee abzugeben. Damit kommt es im Gleichgewicht zu keiner Abgabe und damit auch nicht zu dem effizienten Ergebnis, das bei einer Abgabe durch die Verdreifachung des Betrages erzielbar ist. Im Gleichgewicht ist die Auszahlung deshalb für beide Spieler gleich A. Würde der Trustor seine gesamte Anfangsausstattung an den Trustee senden, wäre die Gesamtauszahlung an beide Spieler gleich $4A$. Gibt der Trustee $2A$ an den Trustor zurück, könnten beide Spieler dadurch, dass sie vertrauen (Erstziehender) und sich vertrauenswürdig (Zweitziehender) verhalten, ihre Auszahlung gegenüber dem Gleichgewicht verdoppeln.

Das Vertrauensspielexperiment hat eine gewisse Ähnlichkeit mit dem Gefangenendilemma, denn in beiden Fällen ist das Nash-Gleichgewicht (bzw. das teilspielperfekte Gleichgewicht) ineffizient. Anders ausgedrückt: durch Abweichung vom eigennützigen Rationalverhalten können die Spieler insgesamt in beiden Fällen erhebliche Gewinne realisieren. Im Gefangenendilemma setzt das allerdings wechselseitige Kooperationsbereitschaft voraus und im Vertrauensspielexperiment eben Vertrauen und Vertrauenswürdigkeit. Die experimentelle Überprüfung des Vertrauensspiels läuft deshalb auf die Frage hinaus, ob und in welchem Umfang reale Menschen unter Laborbedingungen in der Lage sind, Vertrauen zu haben und sich als vertrauenswürdig zu erweisen.

Die sequentielle Struktur des Vertrauensspiels schafft Raum für reziprokes Verhalten. Darunter versteht man, dass Menschen auf „nettes" Verhalten anderer Menschen mit ebenfalls „nettem" Verhalten reagieren und bereit sind solche Menschen zu bestrafen, die ihnen geschadet haben. Im Vertrauensspielexperiment zeigt sich, dass Reziprozität durchaus eine Erhöhung der Gesamtauszahlung zur Folge haben kann.

Eng mit dem Vertrauensspielexperiment verwandt und unmittelbar auf reziprokes Verhalten abzielend ist das Gift-Exchange-Spiel, das vor allem von Fehr et al. (z. B. 1998) untersucht worden ist. Dieses Spiel hat in der Regel einen ganz speziellen Rahmen (einen sogenannten „Frame"), denn es wird als ein Spiel zwischen Arbeitgeber und Arbeitnehmern präsentiert. Die Versuchspersonen, die die Arbeitgeber repräsentieren, offerieren den Arbeitnehmern Lohnangebote. Die Arbeitnehmer wählen aus den Angeboten aus und entscheiden dann über die Arbeitsanstrengung, die sie als Gegenleistung für den Lohn erbringen wollen. Die Anstrengung verursacht Kosten, d. h. je mehr sich die Arbeitnehmer bei gegebenem Lohn anstrengen, umso geringer ist ihre Auszahlung und umso höher ist die der Arbeitgeber. Deshalb haben die Arbeitnehmer auf der zweiten Stufe des Spiels eine dominante Strategie, die darin besteht, die minimal mögliche Anstrengung zu wählen. Die beste Antwort der Arbeitgeber darauf ist es, den geringstmöglichen Lohn anzubieten. Damit erhalten wir wiederum ein ineffizientes teilspielperfektes Gleichgewicht, denn würden die Arbeitgeber höhere Löhne zahlen und die Arbeitnehmer dafür höhere Anstrengungsniveaus wählen, könnten sich beide Seiten gegenüber dem Gleichgewicht verbessern. Die Ähnlichkeit zum Vertrauensspiel ist offensichtlich, aber das Gift-Exchange-Spiel betont noch stärker den Austausch von „nicht-besten Antworten", der zu einer Erhöhung der Gesamtauszahlung führen kann.

Die experimentellen Befunde sowohl zum Vertrauensspiel als auch zum Gift-Exchange-Spiel sprechen dafür, dass reziprokes Verhalten relativ häufig gewählt wird. Menschen sind demnach sehr wohl in der Lage, durch Vertrauen und Vertrauenswürdigkeit, aber auch durch den Austausch von „Geschenken" eine Erhöhung der Gesamtauszahlung zu realisieren. Allerdings gelingt dies nicht perfekt. In vielen Experimenten ist eben nicht die maximale Gesamtauszahlung zu beobachten, die in diesen Spielen erreichbar ist, und insbesondere das Verhalten der Zweitziehenden im Vertrauensspielexperiment ist nicht immer darauf ausgerichtet, die gesamte Auszahlung gleichmäßig zwischen den beiden Spielern zu verteilen. Häufig sind die Rückgaben an den Trustor so gestaltet, dass sie ihn so stellen, dass er durch die Abgabe an den Trustee keinen Nachteil erleidet (aber eben auch keinen Vorteil).

B.1.5 Marktexperimente

Mit „Marktexperimente" wird keine spezielle Versuchsanordnung bezeichnet, sondern eine ganze Klasse von Experimenten. Es geht dabei um die Abbildung von Marktprozessen im Labor. Insbesondere geht es dabei um die Frage, wie die Preisbildung auf Wettbewerbsmärkten vonstattengeht und ob Märkte bzw. Marktteilnehmer in der Lage sind, allein auf der Grundlage der individuellen Entscheidungen von Anbietern und Nachfragern in ein effizientes Marktgleichgewicht zu gelangen. Das

Verfahren, das dabei häufig zur Anwendung kommt, lässt sich grob wie folgt beschreiben.

Der Experimentator teilt die Versuchspersonen in Anbieter und Nachfrager ein. Jeder Anbieter erhält dann eine private Information darüber, welche Kosten ihm entstehen, wenn er eine Einheit des fiktiven Gutes verkauft, das auf dem Labormarkt gehandelt wird. Diese Kosten sind zugleich sein Reservationspreis, denn zu einem Preis, der unter diesen Kosten liegt, sollte der Anbieter nicht verkaufen. Sein Gewinn ist bei jeder realisierten Transaktion gleich *Kaufpreis – Kosten*. Die Nachfrager erhalten die Information, welche Auszahlung sie erhalten, wenn sie eine Einheit des Gutes erwerben. Ihr Gewinn ist gleich *Auszahlung – Kaufpreis*. Die Auszahlung stellt somit für die Nachfrager ihre maximale Zahlungsbereitschaft dar. Die Verteilung der Kosten und Auszahlungen kann beispielsweise so vorgenommen werden, dass sich insgesamt eine mit dem Preis steigende Angebotsmenge ergibt und eine mit dem Preis fallende Nachfragemenge sowie ein Marktgleichgewicht, das – wenn es realisiert wird – die Gesamtauszahlung maximiert, die durch Handel im Markt erreicht werden kann. Die Frage ist dann, ob die privaten Informationen über die jeweiligen eigenen Reservationspreise und Auszahlungen ausreichen, damit ein solches Gleichgewicht resultiert. Die Ergebnisse der Marktexperimente von beispielsweise Smith (1962) zeigen, dass auch unter diesen eingeschränkten Informationen der Marktteilnehmer ein solches Marktgleichgewicht erreicht werden kann. Ob und wie schnell das geschieht, hängt jedoch von dem konkreten Design der Märkte ab, das heißt, auf welche Art und Weise die Preisforderungen der Anbieter und die Gebote der Nachfrager ausgetauscht und akzeptiert werden. Als besonders robust hat sich hier das Design der sogenannten doppelten Auktion (englisch „Double Auction") erwiesen, das von Vernon Smith entwickelt wurde. Vernon Smith wurde für seine Forschung zur Funktionsweise von Märkten als erstem experimentellen Wirtschaftsforscher im Jahr 2002 der Nobelpreis verliehen.

Anzumerken ist an dieser Stelle, dass experimentelle Märkte in einem wichtigen Punkt von vollständigen Wettbewerbsmärkten abweichen. Auf diesen herrscht per Annahme sowohl bei den Anbietern als auch bei den Nachfragern atomistische Konkurrenz, das heißt, die Akteure haben keinerlei Preissetzungsspielraum und agieren deshalb als „Preisnehmer". Das ist bei den Labormärkten aufgrund der Beschränkungen bezüglich der Versuchspersonenzahl erkennbar anders. Dennoch hat insbesondere Vernon Smith gezeigt, dass sich bei doppelten Auktionen Preise und Mengen einstellen, die denen im Gleichgewicht eines vollständig kompetitiven Marktes entsprechen. Der strategische Spielraum, den die Spieler in Labormärkten besitzen, wirkt sich hier also nicht auf die Effizienz der Allokation aus.

B.1.6 Lotteriewahl-Experimente

Innerhalb der ökonomischen Forschung spielen Entscheidungen unter Risiko eine wichtige Rolle. Risiko ist ein sehr wichtiger Faktor in vielen realen Entscheidungssituationen. Die Welt ist stochastisch und deshalb weiß man in den seltensten Fällen mit Sicherheit, welche Konsequenzen eine Entscheidung tatsächlich haben wird. Für die Abbildung von Entscheidungen unter Risiko ist die sogenannte Risikopräferenz sehr wichtig. Damit ist die Einstellung der Entscheiderin bzw. des Entscheiders zum Risiko gemeint. Eine Funktion von Lotteriewahl-Experimenten ist es, ganz allgemein das Verhalten in risikobehafteten Situationen zu analysieren oder spezifische Informationen zur Risikopräferenz von Versuchspersonen zu erheben.

Das Vorgehen bei solchen Experimenten lässt sich einfach an einem Versuch erläutern, der dazu benutzt werden kann, die Risikopräferenz einer Entscheiderin bzw. eines Entscheiders zu ermitteln. Ganz grundsätzlich ist die Lotteriewahl kein Spiel, denn es findet keine strategische Interaktion zwischen Versuchspersonen statt. Es geht hier lediglich darum, eine Entscheidung zwischen verschiedenen Lotteri-

en zu treffen. In einem typischen Experiment wird den Versuchspersonen beispielsweise eine Lotterie vorgelegt, die mit der Wahrscheinlichkeit p eine Auszahlung von X realisiert und mit $(1-p)$ eine Auszahlung von Null. Der Erwartungswert dieser Lotterie ist damit pX. Dann bietet man der Versuchsperson an, diese Lotterie gegen eine sichere Auszahlung zu verkaufen und variiert dabei den Verkaufspreis. Dabei interpretiert man die sichere Auszahlung als eine Lotterie, die mit der Wahrscheinlichkeit 1 diese Auszahlung hat. Aus den Entscheidungen der Versuchsperson kann man dann auf die Risikopräferenz schließen (siehe dazu die Ausführungen im ▶ Abschn. 10.1 im zweiten Buchteil). Möchte man den Reservationspreis für die Lotterie direkt ermitteln, findet häufig das *Becker-DeGroot-Marschak* Verfahren Anwendung (Becker et al. 1964; siehe auch dazu ▶ Abschn. 10.1 des zweiten Buchteils). Dieses Verfahren soll sicherstellen, dass die Versuchspersonen ihren wahren Reservationspreis für die Lotterie angeben. Man legt der Versuchsperson dazu beispielsweise eine Liste mit aufsteigend sortierten Preisen vor und bittet sie den Preis zu benennen, ab dem sie die Lotterie zu verkaufen bereit ist. Dann wird aus der Menge der aufgelisteten Preise einer per Zufallszug ausgewählt. Liegt der Preis über der von der Versuchsperson genannten Schwelle, wird die Lotterie zu dem gezogenen Preis verkauft. Liegt der Preis darunter, wird die Lotterie ausgeführt und die Versuchsperson bekommt entweder X oder Null – je nach Ausgang der Lotterie.

Unter der Regel des *Becker-DeGroot-Marschak* Verfahrens ist es schwach dominante Strategie seinen wahren Reservationspreis als Grenze anzugeben. Liegt dieser unter pX, offenbart die Versuchsperson damit, dass sie risikoavers ist, weil sie eine sichere Auszahlung einer Lotterie vorzieht, deren Erwartungswert über dieser sicheren Auszahlung liegt. Ist der Preis gleich pX, spricht man von risikoneutralem Verhalten, und bei einem Preis, der über pX liegt, spricht man von risikofreudigem Verhalten. Voraussetzung für die Anwendbarkeit dieses Verfahrens ist, dass sich die

Versuchspersonen gemäß der Annahmen der Erwartungsnutzentheorie verhalten.

Lotteriewahl-Experimente werden aber nicht nur dazu verwendet, Risikopräferenzen aufzudecken. Sie werden beispielsweise auch dafür genutzt, um grundlegende Annahmen der Erwartungsnutzentheorie, die das Verhalten unter Risiko abbildet, und ihrer Alternativen zu testen. Prominente Beispiele für die Aufdeckung von systematischen Abweichungen von der Erwartungsnutzentheorie sind das Ellsberg-Paradox und das Allais-Paradox. Die Ergebnisse der diesbezüglichen Experimente implizieren eine Verletzung des Unabhängigkeitsaxioms, das der Erwartungsnutzentheorie zugrunde liegt.

Literatur zum Anhang

Becker, G. M., M.H. DeGroot, J. Marschak (1964): Measuring utility by a single-response sequential method. *Systems Research and Behavioral Science*, 9(3), 226–232.

Berg, J., J. Dickhaut, K. McCabe (1995): Trust, Reciprocity, and Social History. *Games and Economic Behavior*, 10 (1), 122–142.

Brosig-Koch, J., Heinrich, T., Helbach, C. (2014): Does truth win when teams reason strategically? *Economics Letters*, 123 (1), 86–89.

Brosig-Koch, J., T. Heinrich, C. Helbach (2015): Exploring the capability to reason backwards: An experimental study with children, adolescents, and young adults. *European Economic Review*, 74, 286–302.

Chaudhuri, A. (2011). Sustaining Cooperation in Laboratory Public Goods Experiments: A Selective Survey of the Literature. *Experimental Economics*, 14(1), 47–83.

Fehr E., E. Kirchler, A. Weichbold, S. Gächter (1998): When social norms overpower competition: Gift exchange in experimental labor markets. *Journal of Labor Economics*, 16, 2, 324–351.

Forsythe, R., J.L. Horowitz, N.E. Savin, M. Sefton (1994): Fairness in simple bargaining experiments. *Games and Economic Behavior*, 6(3), 347–369.

Güth, W., M.G. Kocher (2014): More than thirty years of ultimatum bargaining experiments: Motives, variations, and a survey of the recent literature. *Journal of Economic Behavior & Organization*, 108, 396–409.

Güth, W., R. Schmittberger, B. Schwarze (1982): An experimental analysis of ultimatum bargaining. *Journal of Economic Behavior & Organization*, 3, 367–388.

Isaac, R. M., J. M. Walker, (1988): Group Size Effects in Public Goods Provision: The Voluntary Contributions Mechanism. *Quarterly Journal of Economics*, 103(1), 179–99.

Ledyard, J. O. (1995): Public Goods: A Survey of Experimental Research. In J.H. Kagel, A.E. Roth (Hrsg.): *The Handbook of Experimental Economics*. Princeton University Press, 111–194.

Nash, J. F. (1950): Equilibrium points in n-person games. *Proceedings of the National Academy of Sciences*, 36(1), 48–49.

Selten, R. (1965): Spieltheoretische Behandlung eines Oligopolmodells mit Nachfrageträgheit. *Zeitschrift für die gesamte Staatswissenschaft*, 121, 301–324.

Smith, V. L. (1962): An experimental study of competitive market behavior. *Journal of Political Economy*, 70, 111–137:

Sachverzeichnis

A

Ablaufplan **202**
Ablehnungsbereich **254**
Akaike-Informations-
 kriterium **320**, 324
Alternativhypothese **245**, 255,
 300
Ankereffekt **129**, 158
Antwort, beste **358**
Arbeitsplatz **190**
– Anzahl **191**
Auszahlung
– bei Doppelblind-
 anordnung **212**
– Organisation **210**
Auszahlungsfunktion **60**, 66, 67,
 109, 198, 199, 357
Auszahlungsmechanismus **97**,
 101, 202
Autokorrelation **336**

B

Balancing **242**
BEAN **261**
Becker-DeGroot-Marschak-
 Verfahren **96**, 101, 366
Behavioral Genetics **48**
Beliefs **99**
Bernoulli-Versuch **290**, 291
Bertrand-Oligopol **139**
Bestimmtheitsmaß **319**, 324, 331
Between-Class Dependence **325**
Between-Individual **327**
Between-Person **327**
Between-Subject **327**
Between-Subject Random Lottery
 Incentive Mechnism **97**
Between-Subject-Design **157**,
 159, 160, 242, 265, 278
Binomialtest **290**, 293, 306
Blockbildung **228**, 241
Block-Design,
 randomisiertes **240**
Blockvariable **228**, 240, 241
Bottom-Coding **347**

C

Ceteris-paribus-Umgebung **227**

Cheap Talk **137**, 142
Chi-Quadrat-Anpassungs-
 test **295**, 296
Chosen Effort-Design **154**
Cohen's d **259**
Common Knowledge **40**, 125,
 127, 290, 356
Composite Model **333**
Compound Lottery **93**
Convenience Sample **238**
Cross-Over Design **241**, 273

D

Daten
– gestutzte **346**, 347
– longitudinale **327**
– zensierte **346**
Deception **76**
Decomposed Game **121**
Design **58**, 196, 221, 236, 238,
 239, 265
– des Experiments **120**
– einfaktorielles **238**
– vollständig
 randomisiertes **240**
Deviance **323**
Dichtefunktion **231**, 250, 291
Differences-in-Differences (DiD)-
 Methode **315**
Diktatorspiel **36**, 37, 66, 73, 77,
 81, 100, 109, 114, 118, 119, 139,
 226, 240, 257, 363
Dilemma, soziales **362**
Distanz, soziale **118**, 133, 134,
 147
Dominanz **62**, 67
Doppelblindanordnung **118**,
 212
Double Blind Procedure *siehe*
 Doppelblindanordnung
Druck, sozialer **110**, 111, 114
Dummyvariable **316**, 330

E

Effekt
– fixer **312**
– marginaler **343**
– zufälliger **312**
Effektgröße **238**, 257, 262, 266

– wahre **268**
Effizienz **313**, 344
Einfachblindanordnung **118**
Einkommenseffekt **98**, 169
Emoscan **137**
Endogene **310**, 312, 317, 320
– zensierte (gestutzte) **316**
Endogenitätsproblem **316**
Erfahrung **39**, 65, 200
Erfolgswahrscheinlichkeit,
 empirische **290**, 293
Ersatzperson **204**
Erwartungen **99**, 100, 124, 145
Erwartungsnutzentheorie **16**, 25,
 68, 92, 356, 367
Erwartungstreue **313**
Erwartungswert **92**, 146, 231,
 247, 257, 283, 317, 343
Ethik-Kommission **205**
Exogene **310**, 317, 319, 320
Experimental Economics **14**, 78
Experimentallabor **188**
Experimentatoreffekt **108**, 113,
 117–119, 126, 129, 158, 167, 199
– kognitiver **109**, 110
– potentieller **109**
Experimentatorplatz **190**, 191
Experimenteffekt **117**
Experimenter Demand
 Effects **108**

F

Fakten, stilisierte **32**, 33, 36, 58,
 162
Faktorvariable **238**, 337
Fehler
– 1. Art **250**, 260
– 2. Art **250**, 260
Feldexperiment
– kontrolliertes **34**
– natürliches **34**
Fishers exakter Test **297**
Fixed-Effects-Modell **330**, 333,
 337
Form, extensive **358**
Forschungshypothese **226**, 244,
 246, 251, 256
Forschungsprogramm,
 paretianisches **22**
Frame **121**, 126, 200, 364

The manufacturer's authorised representative in the EU is Springer
Nature Customer Service Centre GmbH, Europaplatz 3, 69115 Heidelberg,
Germany. If you have any concerns regarding our products, please
contact ProductSafety@springernature.com

Printed and bound by CPI Group (UK) Ltd, Croydon, CR0 4YY
29/04/2026
02099513-0001